PE

Dr. Joseph Murphy

ASW
Ihre Außersinnliche Kraft

Der Schlüssel zu Gesundheit und Reichtum

Verlag PETER ERD · München

PSYCHIC PERCEPTION
The Magic of Extrasensory Power
by Dr. Joseph Murphy
Original English language edition published by
Parker Publishing Company, West Nyack, N.Y.
Copyright © 1971 by Parker Publishing Co., West Nyack, N.Y.

Aus dem Amerikanischen übertragen von Manfred G. Schmidt
Copyright © der deutschen Ausgabe Verlag PETER ERD, München 1978
Alle Rechte, auch die des auszugsweisen Nachdrucks, der Übersetzung
und jeglicher Wiedergabe vorbehalten.
Printed in West-Germany
ISBN 3-8138-0001-6
Druck und Bindung: Ebner Ulm

Inhalt

Was dieses Buch für Sie tun kann 9
1. Kapitel: Das Bewußtwerden der übersinnlichen Kraft des Geistes. 15
Sie haben übersinnliche Fähigkeiten 16
Ein bemerkenswertes Telefongespräch 18
Ein Traum wurde Wirklichkeit 19
Operation, ja oder nein – eine erstaunliche Antwort auf diese Frage 20
Außersinnliche Wahrnehmung beseitigt Einsamkeit 20
Die Ein-Wort-Zauberformel 21
Ein Versuch überzeugt: es funktioniert 23
Wie eine Sekretärin die Ein-Wort-Zauberformel anwandte 23
Wie Außersinnliche Wahrnehmungsfähigkeit entwickelt wird 24
Zusammenfassung 25

2. Kapitel: Die übersinnlichen Kräfte in uns 29
Entwicklung Ihrer übersinnlichen Kräfte 30
Umkehren negativer Denkmuster 30
Erforschung des Übersinnlichen 31
Sie las die Todesanzeige bevor es geschah 31
Außersinnliche Wahrnehmung rettete das Leben seines Vaters 32
Sie können einem Vortragenden telepathische Botschaften senden 33
Sie sagte: „Ich verlasse diese Welt." 33
Die „American Society of Mathematics" 34
Plötzlich hörte sie eine Stimme und fand das Testament 34
Zwiesprache mit sogenannten Toten ist nichts Ungewöhnliches 35
Ein Offizier hört die Stimme seines Bruders: „Du wirst gerettet" 36
Zusammenfassung 37

3. Kapitel: Wie Außersinnliche Wahrnehmung im täglichen Leben angewandt werden kann 39
Sie erschien mir im Augenblick ihres Todes 40
Außersinnliche Reisen 41
Außersinnliche Übermittlung beendet einen Rechtsstreit 42
Außersinnliche Kommunikation bringt zwei Liebende zusammen 43
Außersinnlicher Schutz gegen Voodoo 44
Zusammenfassung 46

4. Kapitel: Wie Sie Ihre übersinnlichen Kräfte freisetzen können. 49
Ein außersinnliches Drama, von einer Ärztin nacherlebt 50
Befolgen Sie intuitive Wahrnehmungsblitze aus Ihrem Unterbewußtsein 51

Sie sind wunderbarer, als Sie sich jemals vorgestellt haben	51
Sie entdeckte die heilende Kraft in sich	52
Wie Sie die intuitiven Gefühle aus Ihrem Unterbewußtsein erkennen	53
Seine innere Stimme rettete ihm das Leben	54
Sie können Ihre Intuition entwickeln	54
Wie Sie neue Einfälle für Ihr Verkaufsprogramm oder Ihr Geschäft bekommen	55
Zwei Gründe, weshalb Sie Ihre Vorahnungen nicht als solche erkennen	56
Das Kultivieren Ihrer intuitiven Fähigkeiten ist von allerhöchster Wichtigkeit	56
Die Bedeutung des inneren Hörens	57
Zusammenfassung	58

5. Kapitel: Außersinnliche Reisen und Erfahrungen außerhalb des Körpers ... 61

Erfahrungen außerhalb des Körpers	61
Eine außersinnliche Reise nach Sydney	62
Eine Mutter erschien ihrer Tochter	63
Ein New Yorker Kriminalbeamter löst einen Fall durch außersinnliche Reise	64
Durch Außersinnliche Wahrnehmung wußte sie, daß ihr Sohn am Leben war	66
Außersinnliche Wahrnehmung führt zu verlorenem Topas	66
Dr. P. P. Quimby's Experimente mit Hellsehen und Außersinnlichen Wanderungen im Mai 1862	67
Dr. Phineas Parkhurst Quimby's Experiment mit hellsichtigen Wanderungen	69
Zusammenfassung	70

6. Kapitel: Außersinnliche Wahrnehmung und Heilung ... 73

Wie das Gebet einer Mutter eine Amputation verhütete	73
Wie der Traum von einer Herzattacke half, eine Tragödie zu verhüten	74
Wie Hellhören (Clairaudience) einen Zug Soldaten rettete	75
Außersinnliche Wahrnehmungen und Heilung in der Bibel	76
Der Sterbende richtete sich auf und begann zu sprechen	78
Die Auferstehung der sogenannten Toten	79
Eine Frau weigerte sich, einen Arzt zu konsultieren	79
Weshalb Sie die ärztliche Kunst würdigen sollten	80
Warum ein Atheist an einem Wallfahrtsort eine bemerkenswerte Heilung erfuhr	81
Zusammenfassung	82

7. Kapitel: Sie werden ewig leben ... 85

Leben ist Fortentwicklung	86
Sie leben ewig	86
Lehrer aus der vierten Dimension nehmen an Vortragsveranstaltungen teil	87
Außersinnlich weitentwickelte Menschen können nach Belieben erscheinen und wiedererscheinen	88
Ein Sterbender spricht mit Angehörigen in der nächsten Dimension	90

Ihre abgeschiedenen Lieben sind genau dort, wo Sie sind	91
Vernichten Sie den hypnotischen Bann	91
Verstorbener Vater kehrte zurück und verfügte Wiedergutmachung eines Unrechts	92
Balsam der Freude für die Trauernden	93
Eintritt in eine höhere Schwingung	94
Zusammenfassung	94

8. Kapitel: Wie Außersinnliche Wahrnehmung sich im Traum bemerkbar macht ... 97

Die Bedeutung der Symbole in Ihren Träumen	98
Traum enthüllt kleines Vermögen in Dollarnoten	98
Wie ein Traum einen großen psychologischen Schock verhüten konnte	99
Der Grund für ihre Träume	100
Es gibt vielerlei Traumarten	100
Wie ein Traum den zukünftigen Ehemann vorstellte	100
Die wahre Ursache einer Voraussicht	101
Außersinnliche Wahrnehmung wird im Schlaf aktiviert	102
Wie man zu Erfindungen und Neuentdeckungen kommt	102
Zusammenfassung	103

9. Kapitel: Wie Ihr außersinnlicher Geist durch Traumeindrücke Probleme löst ... 107

Der Bildschirm seines Geistes enthüllte die Antwort	107
Wie ein Traum ihr Leben rettete	108
Ihr spezielles Gebetsprogramm	108
Der Grund für ihren Traum	109
Sie konnte an der Autofahrt nicht teilnehmen	109
Er sagte: „Ich träume niemals"	110
Ihr Traum bewahrte sie vor einer nicht ungefährlichen Operation	110
Der Grund, weshalb das Unterbewußtsein das Hexagramm auswählte	111
Das Geheimnis ihres außergewöhnlichen Erfolges: Eine Malerin kann jederzeit einen unterbewußten Bewußtseinszustand herbeiführen	111
Er hörte auf seinen inneren Monitor und blieb am Leben	111
Zusammenfassung	112

10. Kapitel: Außersinnliche Wahrnehmung und Ihr Unterbewußtsein ... 115

Ihr Unterbewußtsein ist ein offenes Buch	115
Ihr Charakter kann entschlüsselt werden	116
Wie sie die Prophezeihung eines Unfalls neutralisierte	116
Wie sie Bejahungen positiver Art anwandte	117
Ihre Technik, eine negative Prophezeiung unwirksam zu machen	117

Wie Sie lernen, Ihr Schicksal selbst zu gestalten 117
Wie Sie das Gesetz des Durchschnitts überwinden können 118
Wie Sie sich ein wunderbares Leben prophezeihen 119
Wie ein Indianerjunge Blutungen stillte................................. 119
Weshalb er bei der Heilung anwesend sein mußte....................... 120
Zusammenfassung 120

11. Kapitel: Die dynamische Kraft des übersinnlichen Denkens .. 123

Wie er die Kraft des Denkens unter Beweis stellte........................ 123
Lernen Sie die gewaltigste Kraft im Universum kennen 124
Sie entdeckte die Wunder des rechten Denkens 125
Ein bekannter Schauspieler erhält eine erstaunliche Antwort durch
das Unterbewußtsein eines anderen..................................... 125
Wie sie ihr Unterbewußtsein aktivierte 127
Erfolgbringendes Denken (Gebet) 127
Rechtes Denken verhalf ihr zu vierzig Pfund Gewichtsabnahme............. 127
Sie sind der einzige Denker in Ihrem Universum 128
Die Macht der Gedanken und Ihr Körper................................ 129
Gebrauchen Sie die schöpferische Kraft mit Klugheit 129
Denken und Gedanke – ihre wirkliche Bedeutung....................... 129
Zusammenfassung 130

12. Kapitel: Wie Geheimnisse der Außersinnlichen Wahrnehmung zur Problemlösung eingesetzt werden 133

Ihre Bildtechnik 133
Wie Außersinnliche Wahrnehmungen ihn von krankhafter Eifersucht kurierte. 134
Die angewandte Heilungstechnik....................................... 135
Wie Tom seine Alpträume überwand 135
Die Technik, die er anwandte, um schreckliche Alpträume zu vertreiben 136
Ignorieren Sie niemals Ihre Träume..................................... 136
Wie Ann's außersinnliche Kräfte die Situation am Arbeitsplatz harmonisierten 137
Wie Ann die Hürde nahm... 138
Wie eine junge Dame Außersinnliche Wahrnehmung anwandte,
um ihren lange verschollenen Vater aufzufinden 138
Wie ihr die Bewußtheit eines Astralkörpers die entscheidende Hilfe brachte... 139
Die interessanten Folgen ihrer Astralreise................................ 140
Wie sie außerhalb ihres Körpers funktionierte 140
Außersinnliche Wahrnehmung und der Mann aus Kalkutta,
der seiner Tochter das Leben rettete 140
Die Schwester konnte niemanden wahrnehmen......................... 141
Zusammenfassung 142

13. Kapitel: Wie Sie durch Außersinnliche Wahrnehmung zu wachsendem Wohlstand gelangen 145

Wie ein Geschäftsmann begriff, daß grenzenloser Reichtum
für ihn vorhanden war 145
Ihre unsichtbare Versorgung 146
Sie gründete ihren Erfolg auf Service 146
Das Gesetz des Seins ist Überfluß 147
Mietrückstände und überzogenes Konto – wie er diese deprimierenden
Zustände überwand 148
Eine wirksame Technik für Erfolg und Wohlstand 149
Ein Geschäftsmann stellte fest, daß der Reichtum nicht zu ihm,
sondern von ihm strömte 151
Der magische Schlüssel zu Wohlstand und Aufstieg 152
Zusammenfassung 153

*14. Kapitel: Die Wunder einer disziplinierten schöpferischen
Imagination (Vorstellung)* 157

Wie sie das Unmögliche möglich machte 158
Wie eine 72jährige Witwe die Einsamkeit überwand 159
Wie sie sich das mentale Äquivalent für eine Million Dollar schuf ... 161
Wie Sie mit dem Schöpfer und Gestalter in Ihrem Innern bekannt werden 161
Schöpferische Imagination – die Werkstatt Gottes 162
Zusammenfassung 164

*15. Kapitel: Wie Sie mit den geheimnisvollen Kräften
Ihres Geistes vertraut werden* 167

Was Erfahrungen über Ihr Unterbewußtsein enthüllen 168
Ihm wurde eingeredet, er sei vom Teufel besessen 168
Wie Pat den Himmel beschrieb 169
Sie tranken Wasser und waren betrunken – Experimente mit Studenten 170
Ihre Autosuggestion (Selbstsuggestion) kann Sie vor ungewollter Hypnose
schützen 170
Weshalb der Hypnotiseur versagte 171
Wie sie von einem sogenannten bösen Geist befreit wurde 171
Die Ursache ihres inneren Aufruhrs 172
Sie wußte nichts von der Kraft der Autosuggestion 173
Wie sie sich selbst heilte und Seelenfrieden erfuhr 173
Schutz des allmächtigen Gottes unter allen Gefahren 174
Die Sache mit dem Ouija-Brett 175
Ein Straßenmädchen spricht wie eine Göttin 176
Oftmals empfangen Sie eine außersinnliche Botschaft von sich selbst 177
Bemerkenswerte Ausnahmen 178
Zusammenfassung 180

16. Kapitel: Außersinnliche Wahrnehmung und Kindererziehung. 185
Der Vater läßt ihm zuviel durchgehen – meint der Sohn 189

Erziehen Sie Ihr Kind mit ASW 189
Weshalb übertriebenes Gewährenlassen immer falsch ist 190
Vermeiden Sie eine diktatorische, autoritäre und totalitäre Haltung 190
Das spezielle Gebet 191
Sie fragte: „Warum sind meine Eltern nicht glücklich?" 192
Unterschätzen Sie niemals die Macht ihrer Worte 193
Wie Sie die Gottesgegenwart in Ihrem Heim wachhalten 194
Ein zwölfjähriges Mädchen spricht mit Gott und löst ihr Problem 195
Ein Plan für Eltern und Kinder 195
Zusammenfassung 196

17. Kapitel: Wünsche werden Wirklichkeit durch Außersinnliche Wahrnehmung 199

Wie sie ihren Traum verwirklichte durch Aktivierung ihres Unterbewußtseins. 199
Führung, eindeutig und unmißverständlich – aus den Tiefen des Unbewußten. 200
Wie Dave ein solides Fundament baute 201
Seine Fundamental-Technik 202
Seine veränderte Einstellung und Außersinnliche Wahrnehmung
brachten ihm eine Viertelmillion 202
Seine „Filmtechnik" 204
Gesichtszucken ruinierte seine Karriere 204
Er fügte hinzu: „Sie hatten recht – oftmals liegt die Heilung in der
Erklärung" 206
Wie sie ihre Einsamkeit überwand 206
Zusammenfassung 208

18. Kapitel: Außersinnliche Wahrnehmung früherer Leben 211

Ihr Unterbewußtsein erwägt nicht – es nimmt nur an 211
Ein mißglücktes Hypnoseexperiment 212
Weshalb das Experiment mißglückte 212
Ein Experiment mit der Schwester des Mr. X. 213
Haben Sie schon vorher gelebt? 214
Wichtige Punkte, die es festzuhalten gilt 214
Die psychologische Erklärung für das Gefühl, mit bestimmten Orten
bestens vertraut zu sein 215
Weshalb wir manchmal sagen können: „Mir ist, als hätte ich ihn schon
immer gekannt" 216
Die Möglichkeit, sich an jedes Ereignis zu erinnern 216
Es gibt nur ein Sein oder Lebensprinzip 217
Woher kommen wir? 218
Warum kommt ein unschuldiges Kind taub, blind oder verkrüppelt
auf die Welt? 218
Reinkarnation und Zeitfolgen 219
Sie sind das, was Sie den ganzen Tag denken 220

Wir sind hier, um die Gesetzmäßigkeiten des Lebens zu lernen 220
Krankheit, Unfälle und Tragödien im Leben von Kleinkindern 221
Das Gesetz des Geistes ist gut und fair 222
Sie behaupte, in einem früheren Leben Menschen gewürgt zu haben 222
Die Erklärung 222
Weshalb es blind, taub und deformiert geborene Kinder gibt 224
Das Gesetz des Durchschnitts – was ist das? 224
Das Mysterium der Wunderkinder 225
Eine Rückschau auf Ihre Ahnenreihe 226
Ein neuer Anfang ist ein neues Ende 226
Ihre gentische Vergangenheit 227
Was ist biologischer Atavismus 227
Was ist ein Genie? 227
Weshalb mathematische Wunderkinder ihre Begabung verlieren 228
Einige bemerkenswerte Fälle 228
Die große Wahrheit 229
Ihr Gedächtnis – ein Vorratshaus 229
Ungleichheit bei der Geburt – warum? 231
Ansichten über Gerechtigkeit 232
Sie sind kein Opfer von Karma 232
Nehmen Sie Ihr Gutes jetzt an 233
Jetzt ist die Zeit 234
Meine Ansichten über Reinkarnation 234
Zusammenfassung 237

EINFÜHRUNG

Was dieses Buch für Sie tun kann

Jeder Mensch besitzt übersinnliche Kräfte und kann diese Tatsache jederzeit an sich erfahren. Es ist nicht ausgeschlossen, daß Sie jetzt, in diesem Augenblick, Erfahrungen machen, die das Fassungsvermögen der fünf Sinne übersteigen. Sie können ohne Schwierigkeiten lernen, diese außerordentlichen Kräfte im täglichen Leben sinnvoll einzusetzen, und das mit Ergebnissen, die Sie nicht für möglich gehalten hätten.

Unzählige Menschen aus allen Bevölkerungsschichten wenden diese Kräfte ständig an – Kräfte wie Clairvoyance (Hellsichtigkeit), die Fähigkeit, an entfernten Orten sich abspielende Begebenheiten oder Situationen wahrzunehmen; Präkognition, die Fähigkeit, zukünftige Ereignisse im Bewußtsein vorweg zu erleben; Telepathie, die geistige Kommunikation mit anderen, bei gleichzeitiger Überwindung der Barrieren von Zeit und Raum; und Retrokognition, die Fähigkeit, vergangene Ereignisse zu sehen und nachzuerleben. Diese Kräfte sind latent in uns allen vorhanden.

In diesem Buch werden Sie in zahlreichen Beispielen von Menschen lesen, die durch außersinnliche Wahrnehmung in der Lage waren, anderen Menschen zu helfen – ihnen das Leben zu retten, sich selbst bzw. andere vor Unglücksfällen oder finanziellen Katastrophen zu bewähren, oder diese Kräfte auf anderen Sektoren unseres vielfältigen Alltagslebens wirksam werden zu lassen.

Weshalb Sie dieses Buch brauchen

Durch dieses Buch lernen Sie, die Herausforderungen, Schwierigkeiten, Prüfungen und andere Probleme des täglichen Lebens zu überwinden. Es zeigt Ihnen, wie Sie mit der Unendlichen Heilenden Gegenwart in sich in Kontakt kommen und macht Sie vertraut mit bestimmten Techniken und Verfahrensweisen, durch die Ihre übersinnlichen Kräfte augenblicklich in Gang gesetzt werden können, um Ihnen praktischen Nutzen zu bringen.

Dieses Buch wurde in der Absicht geschrieben, Sie, meine Leser, auf schnellstmögliche Weise – sozusagen im Eilverfahren – in die Lage zu versetzen, sich auf diese außerordentlichen Kräfte einzustimmen und sie in Ihrem täglichen Leben anzuwenden. Ich bin bemüht, Ihnen auf jeder Seite alle mit übersinnlichen Kräften zusammenhängenden Begriffe nahezubringen: Außersinnliche Wahrnehmung und Heilung; Vorahnungen; wie Träume Tragödien verhüten; Clairaudience (Hellhörigkeit); wie Träume Reichtum brachten; Präkognition (Vorauserleben); spezielle Techniken, um negative Voraussagen unwirksam zu machen; Astralwanderung; Außersinnliche Wahrnehmung und das Gesetz der Fülle in allen seinen Aspekten, einschließlich der finanziellen.

Was Außersinnliche Wahrnehmung für andere bewirkt hat

Seit mehr als 30 Jahren lehre ich die Wissenschaft von der Macht des Geistes. In meinen Büchern und Vorträgen in allen Teilen der Welt, behandle ich Themen wie Träume, Hellsehen, Erfahrungen außerhalb des Körpers, und viele andere wunderwirkende Kräfte des Geistes. Solange ich zurückdenken kann, hatte ich übersinnliche Erfahrungen – konnte ich Begebenheiten wahrnehmen, lange bevor sie sich dann tatsächlich ereigneten – in einigen Fällen sogar 20 Jahre vorher. Gewaltige Veränderungen im Leben vieler Tausender wurden mir zur Kenntnis gebracht, vieles konnte ich selbst bezeugen. Alles das brachten Menschen zuwege, die ihre übersinnlichen Kräfte sinnvoll einsetzten:
– Wohlstand, zuteil geworden in Lawinen des Überflusses

- Aufspüren versteckter Schätze
- Geistige Heilung scheinbar unheilbarer Leiden
- Auffinden verschollener Angehöriger und Freunde
- Spezielle und nutzbringende Resultate von Astralwanderungen und Erlebnissen außerhalb des Körpers
- Lebensrettungen aufgrund außersinnlicher Vorwarnungen vor drohenden Gefahren
- Öffentliche Ehrungen und Anerkennung
- Erstaunliche Antworten auf Alltagsprobleme, im Traum enthüllt
- Glücklichere Ehen, mehr Lebensfreude
- Neue Verkaufsideen, solide Geschäftsentwicklungen
- Verhütung vieler unnötiger Tragödien
- und vor allem: das dankbar-frohe Bewußtsein, außersinnliches Gewahrsein zur Lösung der vielschichtigen Probleme des täglichen Lebens erfolgreich angewandt zu haben.

Außersinnliche Wahrnehmung wirkt in allen Bereichen des Lebens und auf allen Ebenen

Nach meinen Beobachtungen und Erfahrungen sind es Menschen aller Bevölkerungsschichten und Einkommensklassen, die Außersinnli Wahrnehmung in ihrem alltäglichen Leben anwenden. Es sind Taxifahrer, Hausfrauen, Büroangestellte, Ärzte, Studenten, Universitätsprofessoren, Filmstars, Heilpraktiker, Apotheker, Raumfahrtexperten und Lastwagenfahrer – um nur einige zu nennen. Diese Menschen entdeckten, daß ein empfängliches Gewahrsein ihrer übersinnlichen Fähigkeiten ihnen im täglichen Leben einen konkreten Nutzen bringen konnte. Sie erfuhren die wunderbaren Resultate einer disziplinierten Imagination; überwanden Einsamkeitsgefühle und Zwangsvorstellungen; festigten das mentale Äquivalent für ein Millionen-Dollar-Vermögen in ihrem Unterbewußtsein; waren durch Vorhersehen in der Lage, drohende Gefahren von sich und anderen abzuwenden; lösten Rechtsstreitigkeiten; befreiten sich von sogenannten Voodoo-Bannflüchen, dem „Bösen Blick" oder ähnlichen Psycho-Terror-Angriffen und gewannen erneut

Vertrauen und inneren Frieden und die feste Überzeugung, jede Situation erfolgreich handhaben zu können – kurz: sie schufen sich alle Voraussetzungen für ein herrliches neues Leben.

Besonderheiten dieses Buches

Hervorstechende Merkmale dieses Buches sind seine Praxisbezogenheit und nutzbringende Verwendbarkeit im täglichen Leben. Sie werden lernen, Ihre angeborenen außerordentlichen Fähigkeiten sinnvoll einzusetzen, um zukünftige Begebenheiten vorherzusehen und sie bei Anzeichen negativer Art durch wissenschaftliches Gebet zu verändern. Sie werden lernen, Ihre Intuition und andere psychische Kräfte zu entwickeln und damit auf den sicheren und schnellsten Weg zu Glück und Seelenfrieden gelangen. Sie werden frei sein von jeglicher Begrenzung.

Wie die Unendliche Heilende Gegenwart antwortet, in Träumen und Nachtvisionen

Sie werden in diesem Buch faszinierende Berichte lesen, von Erlebnissen außerhalb des Körpers – auch Astralwanderung genannt; von Hellsehen, Hellhören; Sie werden lernen, Außersinnliche Wahrnehmung für sich nutzbar zu machen; Sie werden erfahren, auf welche Weise es außersinnlich weitentwickelten Personen möglich ist, anderen nach Belieben zu erscheinen und wieder zu verschwinden; Sie lesen von Kommunikationen mit Angehörigen in der jenseitigen Sphäre; vom Pro und Contra der Reinkarnationslehre, und weshalb der Autor in diesem Zusammenhang die bekannten Mythen über Karma, Lebenszyklen etc. sprengt. Das Kapitel über Reinkarnation behandelt alle einschlägigen Themen, wie Erinnerung an frühere Leben, das Phänomen Wunderkind, Ungleichheit bei der Geburt, die Behinderten und sogenannten Benachteiligten. Es wird mit althergebrachten Tabus brechen, mit Restriktionen, Gebundenheiten und Knechtschaft als Hauptursachen von Frustrationen und wiederholten Fehlschlägen.

Lassen Sie in Ihrem Leben Wunder geschehen – von jetzt an!

Die größte anwendbare Wahrheit im Leben ist zugleich die einfachste. In diesem Buch zeige ich neue Seiten der Reinkarnationslehre auf, der Kommunikation mit den sogenannten Toten und präsentiere die großen Wahrheiten mit einem Maximum an Einfachheit und anschaulicher Klarheit, um Ihnen bei der Entwicklung Ihrer außersinnlichen Wahrnehmungsfähigkeiten behilflich zu sein.

Dieses Buch wird Ihnen zeigen, wie Sie Ihre Probleme im täglichen Leben bewältigen können, Führung erhalten, und alle Segnungen erfahren, die mit wirklicher Bewußtheit einhergehen. Fangen Sie noch heute an – jetzt! Lassen Sie Wunder geschehen in Ihrem Leben! Nehmen Sie dieses Buch als Leitfaden, bis das Licht für Sie zum Durchbruch kommt – das Licht Außersinnlicher Wahrnehmung – das Ihnen die absolute Herrschaft über Ihr Leben verleiht – ein Leben, so wie Sie es haben wollen.

Der Autor

KAPITEL 1

Das Bewußtwerden der übersinnlichen Kraft des Geistes

Das erste Kapitel dieses Buches schrieb ich auf Hawaii, im Kona-Inn, mit herrlichem Ausblick auf den pazifischen Ozean. Hunderte von Segelbooten waren draußen; am Tag zuvor hatte ich eine Bootsfahrt mit einem der Fischer unternommen. An Bord mit uns war auch ein zwölfjähriger Junge, der seine ersten praktischen Erfahrungen mit der Navigation machen sollte. Als ich erwähnte, daß ich meinen Aufenthalt auf der Insel in der Hauptsache dazu benutzen wollte, ein Buch zu schreiben, das sich mit übersinnlichen Prinzipien befaßt, berichtete er mir von einer eigenen Erfahrung auf diesem Gebiet. Als vor einem Monat sein Vater plötzlich starb, auf der mehrere hundert Kilometer entfernten Insel Oahu, wußte er es augenblicklich. Er rannte ins Haus und sagte zu seiner Mutter: „Mami, Papa ist tot. Ich habe ihn gesehen und mit ihm gesprochen." Wie sich später herausstellte, stimmte der Zeitpunkt des Todes mit der Wahrnehmung des Jungen genau überein.

Zeit oder Raum existieren nicht im Geistprinzip. Als der Vater in die nächste Lebensdimension hinüberwechselte, hatte er den starken Wunsch, das seiner Familie mitzuteilen. Sein sehr sensitiver (für Außersinnliche Wahrnehmungen empfänglicher) Sohn hatte die telepathische Botschaft aufgefangen. Der Junge hatte zugleich eine hellsichtige Vision von seinem Vater. Er war ihm erschienen, um sich zu verabschieden.

Jeder Mensch besitzt solche übersinnlichen Fähigkeiten, das ist eine erwiesene Tatsache. Sie sind latent vorhanden, jedoch mehr oder weniger unerweckt. Offenbar geworden, werden sie oftmals unterdrückt, um nicht von der Umwelt ins Lächerliche gezogen zu werden.

Sie haben übersinnliche Fähigkeiten

Wie oft haben Sie schon an eine bestimmte Person gedacht, nur um im nächsten Augenblick das Telefon klingeln zu hören – und siehe da, der Anrufer war genau diese Person; oder Sie hatten das Gefühl, ein Ihnen nahestehender Mensch brauchte Sie dringend und stellten durch Anruf fest, daß Ihre Wahrnehmung richtig war.

Am gleichen Tag hatte ich ein Gespräch mit einem Hawaiianer japanischer Abstammung. Wir trafen uns morgens beim Frühstück in einem der behaglichen japanischen Restaurants auf der Insel. Als ich ihm von meinen Schreibplänen erzählte und übersinnliche Phänomene zur Sprache kamen, fragte er mich, ob ich in der Lage sei, einem Mädchen zu helfen, das langsam aber sicher zugrunde ging, weil sie der Überzeugung war, daß jemand auf Tahiti einen „Fix" – einen Eingeborenenfluch – über sie verhängt hatte. Wir besuchten sie zuhause und ich redete stundenlang auf sie ein. Ich machte ihr klar, daß die Suggestionen anderer keinerlei Macht besitzen, solange sie selbst durch ihre eigene Überzeugungskraft nicht den anderen Machtanteil hinzufügt und das Ganze damit zur Autosuggestion werden läßt. Ich erklärte ihr eindringlich, daß sie im Begriff war, sich selbst zu zerstören. Es begann ihr zu dämmern, daß sie das Opfer einer Suggestion geworden war, und daß ihr einziger Feind die Furcht in ihrem eigenen Bewußtsein war. Hiob sagte: „*Was ich gefürchtet habe, ist über mich gekommen.*" (Hiob 3:25)

Das Mädchen war in einer Klosterschule erzogen worden und hatte recht gute religiöse Kenntnisse. Die folgenden großen Wahrheiten schrieb ich für sie auf:

Ist Gott für uns, wer mag wider uns sein? (Römer 8:31)
Niemand wird dich antasten, um dir Böses zuzufügen (Apostelgesch. 18:10)
Er wird euch keinen Schaden zufügen (Lukas 10:19)
Dem Gerechten widerfährt kein Leid (Sprüche 12:21)
Es wird keine Plage deiner Hütte sich nahen (Psalm 91:10)
Sie werden dich auf Händen tragen, daß dein Fuß nicht an einen Stein stoße (Psalm 91:12)

Ob tausend fallen an deiner Seite, zehntausend zu deiner Rechten, dich trifft es nicht (Psalm 91:7)

Wir beteten diese Wahrheiten miteinander und ich wies sie an, bei jedem Anflug eines Furchtgedankens sofort zu bejahen: „Ich bin erfüllt vom Leben Gottes". Meine Erklärungen konnten sie überzeugen und brachten die Heilung. Zum großen Erstaunen meines japanischen Freundes aß sie einen herzhaften Thanksgiving-Lunch mit uns an diesem amerikanischen Erntedankfesttag, lachte fröhlich und war zu allen möglichen Späßen aufgelegt. Beim Abschied sagte sie mir: „Ich werde niemals wieder an der Wahrheit zweifeln, daß es nur eine Kraft gibt, die sich zum Guten bewegt." Jetzt schäumt sie über vor Lebensfreude. Außersinnliche Wahrnehmung, Einblick in die Ursache ihrer Schwierigkeit, verhalf ihr zu einem neuen Leben.

Eigentlich hatte ich vorgehabt, am Morgen dieses Thanksgiving Day im Kona-Inn, meinem Hotel, zu frühstücken – aber plötzlich überkam mich ein überwältigendes Verlangen nach einem Spaziergang. Ich fühlte mich gedrängt, die Straße entlang zu gehen, bis ich dieses japanische Restaurant erreicht hatte, wo mir ein Hinweisschild sagte, daß das Frühstück gerade serviert würde. Und hier war es, wo ich auf den Mann traf, der so verzweifelt bemüht war, dem erwähnten Mädchen zu helfen. Er hatte nichts unversucht gelassen – medizinische, psychiatrische und geistliche Beratungen – alles ohne Erfolg; kein Arzt, kein Geistlicher konnte sie überzeugen. Sie beharrte auf ihrer fixen Idee, bald sterben zu müssen. Verständlicherweise war er sehr deprimiert, denn diese junge Frau stand ihm sehr nahe – er wollte sie heiraten.

Soweit es meine Person betraf, handelte es sich hier eindeutig um eine Außersinnliche Wahrnehmung. Die Unendliche Intelligenz meines Unterbewußtseins wirkte auf mich ein und drängte mich zu dem morgenlichen Spaziergang, der schließlich in das japanische Restaurant führte, wo ich diesen zutiefst aufgewühlten und verstörten Mann traf und ihm die Lösung seines Problems bringen konnte. Die Schöpferische Intelligenz war es, die uns beide zusammenführte, in Göttlicher Ordnung. Wahrhaftig: „Der Mensch kennt nicht die Ursachen seiner Handlungen."

Ein bemerkenswertes Telefongespräch

Am gleichen Nachmittag – während ich an diesem Kapitel weiter schrieb – erreichte mich ein Anruf von der Insel Maui. Es war eine alte Freundin, die ich einige Tage zuvor besucht hatte, mit einer erfreulichen Nachricht: ein Arzt, für den wir gebetet hatten, weil er infolge einer Verletzung seit Tagen bettlägerig und völlig bewegungsunfähig war, hatte sie angerufen und gesagt: „Am Dienstag ist etwas wundervolles geschehen! Ein seltsames Gefühl überkam mich; ich spürte wie eine heilende Kraft mich durchströmte." Heute fühlt er sich wieder vollkommen wohl, und möchte – der amerikanischen Gepflogenheit entsprechend – am Thanksgiving-Dinner teilnehmen.

Auch hier – Außersinnliche Wahrnehmung in Aktion. Bei meinem Besuch in ihrem gemütlichen Heim vor einigen Tagen bat mich meine Gastgeberin, gemeinsam mit ihr für den befreundeten Arzt zu beten, der sich eine so ernste Rückenverletzung zugezogen hatte, daß er weder gehen noch arbeiten konnte und völlig bewegungsunfähig im Bett liegen mußte. Wir beteten wie folgt: „Der Göttliche Geist, der alles kennt und weiß, kennt auch diesen Arzt. Die Unendliche Heilende Gegenwart, die ihn geschaffen hat, weiß auch, wie sie seine völlige Wiederherstellung bewirken kann. Die vitalisierende, heilende, kräftigende Macht des Unendlichen Einen durchströmt diesen Arzt jetzt und macht ihn gesund, heil und vollkommen. Der Strom des Friedens und der Liebe durchtränkt sein ganzes Wesen und die wunderwirkende Kraft des Unendlichen Lebens erhält und belebt ihn, so, daß in diesem Moment jedes Atom seines Wesens in Bewegung ist. Jedes Atom seines Wesens tanzt zum Rhythmus der ewigen Gottesgegenwart in ihm."

Wir meditierten über diese Wahrheiten etwa fünf Minuten lang. Wir machten uns bewußt, daß die Kraft der Heilung in ihm wiederhergestellt war, und der Anruf war die Bestätigung unseres Bewußtwerdens der Unendlichen Heilenden Gegenwart. *Sprich nur ein Wort, so wird mein Knecht geheilt werden* (Lukas 7:7). Dieser Bibelspruch bedeutet nicht etwa, daß man jemandem eine Heilungs-Welle oder Gedanken-Welle zusendet, sondern er beschreibt ein tiefes, von Überzeugung getragenes inneres Gefühl, ein Gewahrwerden des Wiederauflebens der heilenden

Liebe Gottes im Unterbewußtsein der anderen Person. Hat man diese tiefe Überzeugung in sich gefestigt, erfolgt die Heilung. Unabdingbare Voraussetzung dafür ist jedoch die unvoreingenommene Empfänglichkeit und Aufgeschlossenheit der Person, für die man betet. So läßt man die Außersinnliche Wahrnehmung (Psychische Perception) für sich arbeiten. Psyche bedeutet Seele, Bewußtsein oder Geist; Perception bedeutet Bewußtwerden der Wahrheit über einen Menschen oder eine Situation. Es bedeutet, die Wahrheit über jedes Problem innerlich zu empfinden, gleichgültig, worum es sich handelt – Mathematik, Navigation, oder was auch immer.

Ein Traum wurde Wirklichkeit

Ein sehr interessantes Gespräch hatte ich mit einem Taxifahrer, dessen Vater Chinese und dessen Mutter gebürtige Hawaiianerin ist. Er erzählte mir, daß er sich vor fünf Jahren regelmäßig gesagt hatte: „Ich brauche mehr Wohlstand, ich brauche ein Heim für meine Familie." Eines Nachts hatte er einen lebhaften Traum: ein chinesischer Weiser erschien ihm, zeigte ihm ein bestimmtes Stück Land nahe der Kona-Küste und wies ihn an, dieses Land zu kaufen. Er tat genau das – und heute beträgt der Wert des Grund und Bodens bereits das Fünfzehnfache.

Dieser Traum hat ihn reich und damit finanziell unabhängig gemacht. Er war wachsam und auf dem qui vive (dem Posten). Er folgte bedingungslos der Führung, die aus den Tiefen seines Unterbewußten kam. Er wußte so gut wie nichts über die Wirkungsweise seines Unterbewußtseins, dennoch arbeitete das Gesetz für ihn, weil er sich ruhig und mit gefühlter Überzeugung gesagt hatte: „Ich brauche mehr Geld, ich brauche ein neues Haus, und die Antwort wird kommen – irgendwie!" Er war sich der hier wirksam werdenden Kräfte seines tieferen Gemüts nicht bewußt; nichtsdestoweniger reagierten sie in Form eines Traumes, den er wiederum genau zu deuten wußte, und entsprechend handelte er. Die Bibel sagt: *Ich, der Herr, offenbare mich ihm in Gesichten und rede in Träumen mit ihm* (Numeri 12:6).

Operation, ja oder nein – eine erstaunliche Antwort auf diese Frage

Eine junge Sekretärin suchte meinen Rat. Sie hatte um Führung und Klärung der Frage gebetet, ob sie sich einer Fußoperation unterziehen sollte oder nicht. Daraufhin hatte sie in fünf aufeinanderfolgenden Nächten immer den gleichen wiederkehrenden Traum: jedesmal erschien ein Mann der ihr sagte: „Frag' den Mann mit dem *I Ging*!" Sie kam an meinen Tisch und sagte: „Wie ich sehe lesen Sie das Buch *I Ging*. Ich kenne es nicht, habe noch nie davon gehört, aber mein Traum muß eine tiefere Bedeutung haben."

Ich erklärte ihr kurz die mathematischen Prinzipien hinter dem *I Ging*. Für sie ging es um die Frage: „Wird mein Fuß geheilt durch osteopathische Behandlung und Ultraschall-Therapie?" Die Antwort war: „Befreiung" – ein sehr positives, eindeutiges Ja. Sie war mehr als erfreut: „Das ist die wunderbarste Antwort! Ich weiß, daß sie wahr ist! Gestern hatte ich mich fachärztlich untersuchen lassen. Befund: Heilung durchaus möglich."

Sie hatte nach einer Antwort verlangt, ihr Unterbewußtsein gab sie ihr in der erwähnten Traumhandlung. Es empfahl das *I Ging*. Weshalb? Niemand weiß das. Jesaja sagt: *So hoch der Himmel über der Erde ist, soviel sind meine Wege höher als eure Wege* (Jes. 55:9).

Außersinnliche Wahrnehmung beseitigt Einsamkeit

Bei einem früheren Besuch der Insel Hawaii, vor drei Jahren, beklagte sich eine Kellnerin bei mir über ihre Einsamkeit und den Umstand, dem richtigen Mann noch nicht begegnet zu sein. Ich erläuterte ihr eine sehr alte, aber einfache Technik, dem Unterbewußtsein etwas aufzuprägen. Nach meinen Instruktionen stellte sie sich abends vor dem Einschlafen spürbar einen Ehering an ihrem Finger vor. Sie wiederholte das Nacht für Nacht – vor dem Hinübergleiten in den Schlummer fühlte sie das Gewünschte als vollendete Tatsache. Das Fühlen des Ringes an ihrem Finger beinhaltete für sie gleichzeitig die Tatsache, mit dem idealen Mann verheiratet zu sein – einem Ehepartner, mit dem sie in jeder Weise harmonierte.

Jetzt – drei Jahre später – machte mich die junge Dame am Swimming-Pool des Kona-Inn-Hotels mit ihrem Ehemann bekannt. Sie führen eine ideale Ehe. Sie verriet mir, daß sie auch ihre beiden Schwestern mit dieser einfachen Technik vertraut gemacht hat, die ihrerseits damit zwei großartige Ehepartner zu sich heranzogen. Diese einfache Handlungsweise – ständig wiederholt – gibt den Gedanken an das Unterbewußtsein weiter, und die Weisheit des Unterbewußtseins antwortet auf seine eigene Weise. Es führte die junge Dame und ihren zukünftigen Ehemann zusammen, in Göttlicher Ordnung. Das ist Außersinnliche Wahrnehmung, oder – anders ausgedrückt: das Gesetz der Anziehung in Aktion.

Die Ein-Wort-Zauberformel

Viele Menschen, die von finanzieller Mangelerscheinung und Unsicherheit bedrückt, meinen Rat in Anspruch nehmen, sind übereinstimmend der Ansicht: mir fehlt nichts, das nicht mit 50000 Dollar zu heilen wäre. Ich gebe ihnen dann ein ganz einfaches Rezept – meine Ein-Wort-Zauberformel. Sie lautet *Wohlstand*. Ich frage dann jeden von ihnen: „Glauben Sie an Wohlstand?" Die Antwort kommt mit unfehlbarer Sicherheit: „Selbstverständlich! Ich sehe Wohlstand überall um mich herum" oder Antworten, die auf das gleiche hinauslaufen.

Die folgenden Gedanken stelle ich dann klar heraus: „Wenn Sie die Straße entlang gehen, dann sehen Sie Tempel, Kirchen, Banken, Geschäfte mit Waren jeglicher Art, Millionen Autos und auch zahllose Maschinen und Geräte aller Art – alles das einmal vom Geist des Menschen erschaffen. Jede Anlage, jede Erfindung, wie etwa das Radio, Fernsehen, Automobil, Schreibmaschine, Nähmaschine, Häuser, Wolkenkratzer usw. waren zunächst unsichtbar, noch nicht verwirklicht; aber sie waren Ideen oder Gedankenimpressionen im Geist des Menschen. Mental und emotional genährt sickerte dieser Denkimpuls ins Unterbewußtsein, das seinerseits den Menschen zum Handeln drängte. Darüber hinaus zog es alles zur Verwirklichung des Traumes erforderliche heran. Unsere Welt enthält ausreichend Materialien um jeden Mann wie einen König und jede Frau wie eine Königin zu kleiden. Mehr noch: die Natur ist üppig, extravagant, reichhaltig und verschwenderisch. Blicken wir auf die noch unerschlossenen Schätze in den Tiefen der Erde, des Meeres und in der Luft. Sie sind noch nicht einmal aufgespürt."

Nach einer solchen Einführung beginnen meine Zuhörer gewöhnlich, den Begriff „Wohlstand" in seiner ganzen Bedeutung zu erfassen. Sie begreifen, daß Wohlstand eine Geisteshaltung ist – eine Idee, eine gedankliche Vorstellung – nichts anderes. Und wenn diese Gedankenabläufe mit Kraft und Leben, also Gefühl erfüllt sind, wird das Wachbewußtsein des Menschen von seinem Unterbewußtsein aktiviert, und das Gesetz der Anziehung setzt Reichtümer zu ihm in Bewegung – außersinnlich, geistig und materiell. Der ganze Modus ist äußerst einfach: Sie halten unmittelbar vor dem Hinübergleiten in den Schlaf nur einen Gedanken fest, nur ein Wort: „Wohlstand". Wohlstand, Reichtum – diese Begriffe in ihrer ganzen Bedeutung erfaßt und empfunden.

Wohlstand oder Reichtum – ein solches Wort immer wieder langsam und gefühlvoll gesprochen oder gedacht, unmittelbar vor dem Einschlafen, bewirkt das Eindringen der Idee des Reichtums in die Tiefen des Unbewußten. Letzteres reagiert darauf, indem es oftmals verborgene Talente freisetzt, die wiederum neue Türen öffnen. Oder durch neue Ideen, Erfindungen und Entdeckungen, oder indem es zu den Schätzen der Erde hinführt und zu den geistigen und außersinnlichen Schätzen im Innern des Menschen.

Wann immer Menschen diesen Anweisungen gefolgt sind, waren die Resultate bemerkenswert und außerordentlich erfolgreich. Die wenigen Erfolglosen mußten ihre Verfahrensweise korrigieren. Sie hatten die festgefahrene Gewohnheit, im Wachzustand den Gedanken an Wohlstand abzuweisen, sie lebten in einem Mangelbewußtsein. In anderen Worten: sie verneinten tagsüber das, was sie vor dem Einschlafen bejaht hatten und neutralisierten damit die Bejahung ihres Guten, machten seine Verwirklichung unwirksam. Nachdem sie diesen entscheidenden Fehler behoben hatten, stellten sich Resultate ein. Wenn ihnen negative Gedanken kamen, wie etwa „Ich kann diesen Banktermin nicht einhalten" oder „Ich kann mir den neuen Wagen nicht leisten", dann begegneten sie ihnen sofort wieder und wieder mit der Bejahung: „Ich verfüge jetzt über Reichtum, ich bin wohlhabend." Damit wurde ihnen der Gedanke an Reichtum nach und nach zur Gewohnheit – und wir sollten uns im klaren darüber sein, daß Beten gleichfalls eine Gewohnheit ist, und daß unser Unterbewußtsein der Ursprung jeder Gewohnheit ist. Reichtum ist eine gute Gewohnheit, Armut dagegen eine schlechte – das ist der ganze Unterschied zwischen Reichtum und Armut.

Ein Versuch überzeugt: es funktioniert

Ein Bekannter von mir, von Beruf Geologe, erhielt vor einigen Monaten den Auftrag, in Australien weitere Möglichkeiten für den Bergbau in der westlichen Welt zu erforschen. Das Gebiet war für ihn kartographisch gut vorbereitet – jedoch hatte man ihm wohlweislich verschwiegen, daß vor ihm bereits zwei außerordentlich fähige Kollegen, ausgerüstet mit allen erforderlichen Geräten, die Gegend systematisch durchgearbeitet hatten und mit negativem Ergebnis in das Hauptquartier zurückgekehrt waren. Ihre Ansicht war eindeutig: „Kein Befund". Mein Freund hingegen entdeckte eine Silberader und reichhaltige Uranvorkommen schon am zweiten Tag seines Aufenthaltes in dem skizzierten Areal.

Schon vor seiner geplanten Reise nach Australien hatte er sich jeden Abend in den Schlaf gelullt mit dem Wort „Reichtum". Sein Unterbewußtsein enthüllte ihm, wo sich dieser Reichtum befand. In Australien angekommen, fühlte er sich zu einer Mine geleitet, die nun bald erschlossen werden soll. Der gleiche Geologe entdeckte Erdöl und andere Reichtümer der Natur. Er ist sich im klaren darüber, daß Wohlstand ein Bewußtseinszustand ist, und nachdem er ihn in seinem Wachbewußtsein etabliert hatte, fühlte er sich dorthin geführt, wo er ihn zutage fördern konnte. Die anderen Geologen hatten dieses Bewußtsein des inneren Reichtums nicht, so entging ihnen der Reichtum des Bodens.

Wie eine Sekretärin die Ein-Wort-Zauberformel anwandte

„Wenn mir jemand noch vor einem Jahr gesagt hätte, daß ich heute einen Lincoln fahren, einen Nerz tragen, kostbare Juwelen besitzen, im eigenen Haus wohnen, und mit einem wundervollen Mann verheiratet sein würde, dann hätte ich wohl laut gelacht!" Das sagte mir eine Sekretärin, die regelmäßig meine sonntäglichen Vorträge im Wilshire Ebell Theatre in Los Angeles hört. Diese junge Dame nahm meine Instruktionen sehr ernst. Sie erschienen ihr sinnvoll und einleuchtend und sie entschloß sich, sie in der Praxis anzuwenden. Um sich nicht hämischer Kritik und dem Gespött ihrer Kolleginnen auszusetzen, behielt sie ihr Wissen für sich. Bereits drei Monate nachdem sie voller Vertrauen und vom Gelingen überzeugt ihr Unterbewußtsein entsprechend programmiert hatte, begannen Reichtum, Glück und Überfluß an allem Guten lawinenartig in ihr Leben zu strömen.

Wie Außersinnliche Wahrnehmungsfähigkeit entwickelt wird

Entspannen Sie Ihren Körper allabendlich mit ruhigen Bejahungen folgendermaßen: „Meine Zehen sind entspannt, meine Füße sind entspannt, meine Fersen sind entspannt, meine Beine sind entspannt, meine Schenkel sind entspannt, sämtliche Muskeln meines Unterleibs sind entspannt, mein Herz und meine Lungen sind entspannt, mein Nacken ist entspannt, meine Hände und Arme sind entspannt, mein Kopf ist entspannt, meine Augen sind entspannt, mein Gehirn ist entspannt – mein gesamtes Sein ist entspannt und ich bin voller Frieden." Diese Bejahungen werden Ihren ganzen Körper auf wunderbare Weise entspannen.

Dieser entspannte Zustand versetzt Sie in die Lage Ihrem Unterbewußtsein vor dem Einschlafen die folgenden Gedanken einzuprägen: „Die Unendliche Intelligenz in meinem Unterbewußtsein enthüllt mir alles, was ich an Wissen benötige, in jedem gegebenen Moment und an jedem Ort. Ich werde Göttlich inspiriert und Göttlich geführt auf allen meinen Wegen. Göttliche Führung ist jetzt mein. Ich bin in der Lage, jedesmal die *Führung* zu erkennen, die meinem bewußten, abwägenden Geist zuteil wird. Intuitiv wird mir die eigentliche Wahrheit über jede gegebene Situation bewußt. Ich höre die Wahrheit, ich sehe die Wahrheit, ich kenne die Wahrheit. Die Motivationen anderer sind mir klar erkennbar, ich weiß sie zu deuten, und wenn sie in irgendeiner Weise hinterhältig sein sollten, verwandle ich sie, indem ich die Allgegenwart von Gottes Liebe, Frieden und Harmonie bejahe, wo immer ein Mißklang ist. Göttliche Harmonie ist jetzt mein. Göttlicher Erfolg ist jetzt mein. Göttliches rechtes Handeln ist jetzt mein. Göttliches Gesetz und Göttliche Ordnung sind jetzt mein. Göttlicher Frieden erfüllt jetzt meine Seele. Göttliche Liebe durchdringt jetzt mein ganzes Wesen. Ich bin von Göttlicher Weisheit erleuchtet und ich bin hellsichtig und hellhörig von geistiger Sicht aus. Die einzige Stimme die ich höre, ist die Stimme Gottes in meinem Innern, die mir Frieden vermittelt. Meine Hellsichtigkeit ist meine Befähigung, Frieden zu sehen, wo Zwietracht ist, Liebe, wo Haß ist, Freude, wo Traurigkeit ist, Frieden, wo Schmerz ist, und Leben, wo der sogenannte Tod ist."

Was du erblickst, o Mensch, zu dem sollst du werden – Gott, wenn Gott du siehst und Staub, wenn du Staub siehst.

ZUSAMMENFASSUNG

1. Ein zwölfjähriger Junge lief nachhause und sagte seiner Mutter: „Mami, Papa ist tot. Ich habe ihn gesehen und mit ihm gesprochen." Der Tod des Vaters wurde später fernmündlich bestätigt. Wir sollten uns klarmachen, daß jeder Mensch übersinnliche Fähigkeiten hat. Dieser Junge hatte eine hellsichtige Vision von seinem Vater. Er war ihm erschienen, um sich zu verabschieden.
2. Sie haben übersinnliche Fähigkeiten. Wie oft haben Sie schon an eine bestimmte Person gedacht, nur um im nächsten Augenblick das Telefon klingeln zu hören – und siehe da, der Anrufer war genau diese Person; oder Sie hatten das Gefühl, daß ein Ihnen nahestehender Mensch Sie brauchte, und Sie stellten durch Anruf fest, daß Ihre intuitive Wahrnehmung richtig war.
3. Eine junge Frau war im Begriff, allmählich zugrunde zu gehen, weil sie überzeugt war, mit einem „Fix" – einem Eingeborenenfluch eines Tahiti-Insulaners behaftet zu sein. Sie erlangte vollkommene

Heilung, nachdem sie ihr Bewußtsein mit dem großen Wahrheitsgedanken angefüllt hatte: „Ich bin erfüllt vom Leben Gottes."
4. Wenn Sie für einen anderen Menschen beten, dann senden Sie ihm keineswegs eine Heilungs- oder Gedankenwelle. Am wirksamsten ist ein tief inneres Gefühl, eine Überzeugung, ein Gewahrwerden vom Wiederaufleben der heilenden Liebe Gottes im Unterbewußtsein der anderen Person. Das bringt sichere Resultate.
5. Ein Taxifahrer hatte nach einer geistigen Behandlung für Wohlstand einen lebhaften Traum: ein chinesischer Weiser war ihm erschienen, hatte ihm ein Stück Land nahe der Kona-Küste gezeigt, und ihn angewiesen, dieses Land zu erwerben. Er folgte dieser Eingebung und besitzt heute Grund und Boden, dessen Wert inzwischen um das fünfzehnfache gestiegen ist. Ein Traum kann Sie reich und damit finanziell unabhängig machen.
6. Einen immer wiederkehrenden Traum hatte eine Sekretärin, nachdem sie um Führung gebetet hatte. Jedesmal erschien ein Mann, der ihr sagte: „Frag' den Mann mit dem *I Ging*." Sie suchte mich auf und stellte die Frage des *I Ging*: „Wird mein Fuß geheilt werden durch osteopathische Behandlung?" Die Antwort hieß „Befreiung" und erwies sich als richtig. Ihr Unterbewußtsein faßte die Antwort in ein Traumgeschehen mit dem Buch *Geheimnisse des I Ging* als Mittelpunkt.
7. Reichtum ist ein Bewußtseinszustand – eine Idee oder gedankliche Vorstellung. Die Ein-Wort-Zauberformel „Reichtum" wieder und wieder gedacht und empfunden, wird mit Lebenskraft erfüllt und setzt das Gesetz der Anziehung in Gang und bewirkt außersinnlichen, geistigen und materiellen Wohlstand.
8. Verneinen Sie niemals das gerade zuvor bejahte wieder, das neutralisiert Ihr Gutes. Wenn Ihnen ein Gedanke kommt wie: „Ich kann mir den neuen Wagen nicht leisten", bejahen Sie sofort: „Reichtum ist jetzt mein" wieder und wieder. Nach einer Weile wird die Geisteshaltung des Reichseins in Ihrem Unterbewußtsein eingeprägt sein.
9. Ein Geologe hatte den Begriff „Reichtum" jeden Abend unmittelbar vor dem Einschlafen lebhaft gedacht und empfunden. Daraufhin

enthüllte ihm sein Unterbewußtsein, wo sich dieser Reichtum befand und führte ihn zu der richtigen Stelle. Hier konnte er bislang unentdeckte Bodenschätze erschließen.
10. Eine Sekretärin bejahte regelmäßig: „Ich fahre einen luxuriösen Wagen, trage einen Nerzmantel und teure Juwelen, ich lebe im eigenen Haus und bin glücklich verheiratet." Nach Ablauf von etwa drei Monaten verwirklichte sich alles, als Folge ihrer vertrauensvollen Unterbewußtseinseingebung.
11. Empfänglichkeit für Außersinnliche Wahrnehmungen kann entwickelt werden. Voraussetzung dafür ist ein völliges Entspannen des Körpers. Bejahren Sie: „Meine Zehen sind entspannt, meine Füße sind entspannt, meine Fersen sind entspannt, meine Beine sind entspannt, mein Herz und meine Lungen sind entspannt, mein Nacken ist entspannt, meine Hände und Arme sind entspannt, mein Gehirn ist entspannt, mein ganzes Wesen ist entspannt und ich bin im Frieden." Diese Bejahungen entspannen den Körper und helfen Ihnen auf wunderbare Weise übersinnliche Kräfte zu entwickeln.

KAPITEL 2

Die übersinnlichen Kräfte in uns

Jeder Mensch hat übersinnliche Kräfte. Er verfügt über Erfahrungen bzw. ist sich Begebenheiten bewußt, die das Erfassungsvermögen der fünf Sinne überschreiten. Während ich dieses Kapitel schrieb, erhielt ich einen Brief von meiner Schwester, die als Lehrerin und Ordensschwester in England wirkt. In diesem Brief berichtete sie mir von einer bemerkenswerten Traumvision. Sie hatte im Traum ganz deutlich eine Gruppe betender und meditierender Menschen gesehen – in meinem Haus am Heiligen Abend. Als sie auf ihre Uhr sah – im Traum – war es 24.00 Uhr und über der Uhr wurden Schriftzüge sichtbar. Sie las: „Beverly Hills".

Seit 21 Jahren gehört es zu meinen Gepflogenheiten, am Heiligen Abend ein paar Freunde bei mir zu haben und mit ihnen zusammen ein uraltes mystisches Weihnachten zu feiern. Genau um die Mitternachtsstunde gehen wir für eine längere Zeit in die Stille und meditieren über zeitlose Wahrheiten. Obgleich meine Schwester zu der Zeit in England fest schlief, hatte sie den gesamten Handlungsablauf detailliert miterlebt. Sie hatte die Vorbereitungen zur Meditation im einzelnen gesehen und meine Anweisungen genau gehört. Vor dem Schlafengehen hatte sie an mich gedacht. Da ein Zeitunterschied für das Unendliche Bewußtsein nicht existiert, hatte sie sich nur geistig auf unser Mitternachtstreffen eingestellt und erlebte dadurch das ganze Geschehen mit.

Diese Kräfte sind in jedem Menschen latent vorhanden, werden jedoch zumeist vernachlässigt, verspottet und lächerlich gemacht. Halten wir eine einfache Wahrheit fest: Ihre übersinnlichen Kräfte entwickeln sich automatisch, sobald Sie außersinnlich durch Gebet, Studium, Meditation und mystisches Sehen wachsen.

Entwicklung Ihrer übersinnlichen Kräfte

Geben Sie gut acht, daß Sie übersinnliche Kräfte jeglicher Art ausschließlich zu positiven Zwecken einsetzen. Diese Kräfte sollten nur zum Segen der Menschheit angewandt werden, für Heilungszwecke, zur Inspiration. Gebrauchen Sie diese Kräfte niemals, um andere zu beherrschen oder um in das Leben anderer Menschen einzugreifen. Das Recht anderer auf Freiheit und Glücksstreben sollte Ihnen – wie Ihr eigenes – unantastbar sein! Jeder Mißbrauch Ihrer Geisteskräfte würde katastrophale Folgen für Sie selbst auslösen. Sie sind der einzige Denker in Ihrem Universum, und es ist Ihr schöpferischer Gedanke, der das, was Sie für die andere Person bejahen, mit Sicherheit in Ihr eigenes Leben bringt.

Umkehren negativer Denkmuster

Eine junge Frau, die wegen ihres schwebenden Scheidungsverfahrens mit den Nerven völlig am Ende war, kam zu mir in die Sprechstunde. Während der Meditationsperiode, mit der ich die Beratung beendete, begab ich mich in einen sehr passiven, für Außersinnliches empfänglichen Zustand. Vor meinem geistigen Auge sah ich plötzlich eine Szene: die junge Dame und eine Begleiterin reisten in einem Auto. An einer Kreuzung wurde der Wagen von einem Lastzug gerammt und völlig zertrümmert – beide Insassen wurden auf der Stelle getötet. Ich kehrte dieses Gedankenbild sofort um und bejahte Gottes Gegenwart in dieser jungen Frau – durch sie wirkend und überall um sie herum. Ich wußte und spürte, daß sie zu jeder Zeit von Göttlicher Liebe geführt und beschützt wurde.

Ich fragte sie: „Wollen Sie zu Weihnachten mit dem Wagen nachhause fahren?" Sie antwortete: „Etwas in mir sagt ‚Nein', aber meine Freundin besteht darauf, daß ich mit ihr fahre. Sie will mich zuhause absetzen und dann weiterfahren." Ich beschwor sie, unter gar keinen Umständen mit dem Auto zu fahren und auf jeden Fall ihrer inneren Führung zu folgen, die sie immer zu schützen sucht. Sie ließ sich überzeugen, sagte die Reise ab und nahm das Flugzeug. Ihre Freundin fuhr allein, stieß an einer Kreuzung mit einem Lastzug zusammen und erlitt tödliche Verletzungen.

Wenn ein Gedankenbild negativer Art erscheint, dann kehren Sie es um, indem Sie Ihr Bewußtsein auf eine höhere Stufe bringen. Sofern es möglich ist, warnen Sie die betreffende Person. Machen Sie ihr klar, daß jeder Führung erhält, der auf die innere Stimme hört.

Erforschung des Übersinnlichen

Prof. J.B. Rhine von der Duke Universität, die Society for Psycical Research of Great Britain, und viele andere Universitätslaboratorien auf der ganzen Welt haben eine beträchtliche Anzahl von Fakten zusammengetragen. Tausende von beglaubigten Fällen, bei denen Clairvoyance – Hellsichtigkeit – im Spiel war. Hierbei nimmt man Ereignisse und Situationen wahr, die sich irgendwo entfernt abspielen; desgleichen mit Präkognition, der Fähigkeit zukünftige Begebenheiten im Geist vorauszusehen; Telepathie, die gedankliche Kommunikation mit anderen; Überwindung von Zeit und Raum; und Retrokognition, die Fähigkeit Ereignisse der Vergangenheit zu sehen. Alle diese übersinnlichen Fähigkeiten sind latent in jedem von uns vorhanden.

Sie las die Todesanzeige bevor es geschah

Während eines Ausflugs nach Kona, das an der Westküste von Hawaii liegt, sprach ich mit einer Kellnerin, die mir erzählte, daß sie von Zeit zu Zeit in den Zeitungen vom Tod älterer Verwandter lese. Und jedesmal, wenn Familienangehörige die Blätter nach den erwähnten Todesanzeigen durchsuchen, ist auch nicht die kleinste derartige Nachricht zu finden. Nach einer gewissen Zeit jedoch – üblicherweise eine Woche bis zehn Tage später – erscheinen die Anzeigen tatsächlich. Hier haben wir einen Fall von Präkognition oder geistiger Vorausschau.

Die Mutter dieser Kellnerin hatte ihr schon in frühester Kindheit bedeutet, daß sie eines Tages in der Lage sein würde, zukünftige Ereignisse vorherzusehen – genau so, wie ihre Mutter das von jeher gekonnt hatte. Zweifellos hatte diese Eröffnung einen unauslöschlichen Eindruck in ihrem Unterbewußtsein hinterlassen und es reagierte entsprechend. In telepathischem Rapport mit ihren Verwandten registrierte sie – einer Empfangsstation gleich – deren unmittelbar bevorstehenden Tod, was wiederum dem Unterbewußtsein eines jeden der Beteiligten bekannt war.

Außersinnliche Wahrnehmung rettete das Leben seines Vaters

Vor etwa sechs Monaten schrieb mir ein Hörer meiner Radiosendungen von einer eigenen übersinnlichen Erfahrung. Er fuhr auf dem Highway in Richtung San Francisco, als er plötzlich ganz deutlich die Stimme seines Vaters hörte, die ihm sagte: „Bete für mich mein Junge. Ich habe einen schweren Herzanfall!" Er verließ die Autobahn auf der nächsten Ausfahrt und hielt an. Dann betete er: „Der Friede Gottes regiert im Herzen meines Vaters. Gott heilt ihn jetzt und Gott beschützt ihn." Er betete auf diese Weise ungefähr eine halbe Stunde lang und verspürte dann plötzlich das wunderbare Gefühl eines tiefen Friedens. Es war ein unbeschreiblich schönes, beruhigendes Gefühl.

Von der nächsten Stadt aus rief er bei seinen Eltern an und erfuhr von seiner Mutter, daß sein Vater kurz zuvor in eine Klinik gebracht worden war. Während der Fahrt zur Arbeit hatte er eine schwere Herzattacke erlitten. Zum Glück war er noch in der Lage, seinen Wagen anzuhalten, wenn auch mitten auf der Fahrbahn. Dieser Umstand wiederum sollte sich als außerordentlicher Glücksfall erweisen, denn dadurch wurde sein Hintermann aufmerksam – ein Arzt – der ihm sofort eine Notinjektion geben konnte und ihn dann in eine nahegelegene Klinik brachte. Er hatte die Krise bereits überstanden und war sich bewußt, daß sein Sohn ihm durch Gebetshilfe das Leben gerettet hatte.

Hier handelt es sich um einen Fall von Clairaudience – von Hellhören. Dabei hört man klar und deutlich die innere Stimme der Intuition oder die Stimme eines geliebten Menschen, möglicherweise Tausende von Kilometern entfernt – da Zeit und Raum überhaupt keine Rolle spielen, wenn die höheren Kräfte Ihres Geistes wirksam werden. Der Vater verspürte das intensive Bedürfnis, mit seinem Sohn in Verbindung zu treten und sein Unterbewußtsein übertrug die Nachricht als Stimme des Vaters zum Ohr des Sohnes, der sich in diesem Augenblick an einem 900 Kilometer entfernten Ort befand. Der genaue Zeitpunkt des Herzanfalls war identisch mit dem Zeitpunkt, an welchem der Sohn die Stimme hörte. Die schnelle Reaktion des Sohnes hat dem Vater zweifellos das Leben gerettet.

Auch Sie haben diese Kräfte in sich, es sind Kräfte, die die Welt umspannen können, ungehindert durch die Begrenzungen von Zeit und Raum.

Sie können einem Vortragenden telepathische Botschaften senden

Bei meinen sonntäglichen Vorträgen sind unter den Zuhörern zumeist solche, die Antworten auf ganz bestimmte Fragen finden wollen. Oftmals senden sie mir eine gedankliche Botschaft nach vorn ans Rednerpult, und ich muß dann jedesmal feststellen, daß ich von meinem eigentlichen Thema abgewichen bin, um sie zu beantworten, kehre danach jedoch immer wieder zum Hauptthema zurück. Am Schluß der Veranstaltung hat mir dann schon manch einer gesagt: „Ich hatte gehofft, daß Sie diese Frage behandeln würden. Dieses Problem beherrschte mein ganzes Denken und Sie brachten die Lösung!" Hier wurde ein Gedanke zu mir ans Rednerpult gesandt und ich reagierte. Das ist Telepathie.

Sie sagte: „Ich verlasse diese Welt"

Eine 92 Jahre alte Dame rief mich vor kurzem an und bat mich, sie in ihrem Altersheim zu besuchen. Dort informierte sie mich, daß sie innerhalb einer Woche den Übergang in die nächste Dimension vollziehen werde, sie gab mir Tag und Uhrzeit an, und alles geschah wie vorhergesagt. Rein intuitiv kannte sie den Zeitpunkt ihres Übergangs. Sie wußte zugleich, daß sie von ihren Lieben dort bereits erwartet wurde.

Die nächste Dimension des Lebens, das sogenannte Jenseits, durchdringt unseren diesseitigen Bereich, und unsere Lieben sind ständig um uns herum. Es ist lediglich eine andere Schwingungsfrequenz, die eine scheinbare Trennung bewirkt. Diese Frau war, wie sie mir sagte, von einer „Wolke von Zeugen" umgeben. Ihre vorangegangenen Angehörigen hatten sich ihr bemerkbar gemacht und ihr bedeutet, daß sie von ihnen erwartet würde. Daher war der bevorstehende Übergang für sie nichts anderes als ein Durchgang durch eine andere Tür in unseres Vaters Haus der vielen Wohnungen. Zum Abschied sagte sie mir: „Ich gehe in freudiger Erwartung. Meine drei Söhne erwarten mich da oben."

Die „American Society of Mathematics"

Diese renommierte wissenschaftliche Körperschaft hatte es sich angelegen sein lassen, die intensiven Forschungen Prof. Rhines an der Duke Universität gründlichen Prüfungen zu unterziehen. Das Resultat ihrer Untersuchungen war, daß jedes einzige der in die Tausende gehenden Experimente mit Telepathie, Hellsichtigkeit und Präkognition als echt befunden wurde. Alle diese außerordentlichen Fähigkeiten des Geistes fallen heute unter den Sammelbegriff Parapsychologie.

Plötzlich hörte sie eine Stimme und fand das Testament

Im letzten Jahr hatte ich den Besuch einer Witwe, die mir sagte, daß ihr Mann ihr kurz vor seinem Ableben erklärt hatte, ein neues Testament verfaßt zu haben, nach dem er ihr sein gesamtes Vermögen hinterlassen wollte. Sein Anwalt jedoch wußte nichts von einem solchen Testament. Das in seinen Händen befindliche war zehn Jahre alt. Ich schlug ihr die folgende Bejahung vor: „Die Unendliche Intelligenz weiß, wo sich das Testament befindet und enthüllt es mir jetzt." Sie hatte das ganze Haus durchsucht, ohne Erfolg. Drei oder vier Tage nachdem sie mit ihren Gebeten begonnen hatte, hörte sie jedoch beim Bügeln in der Küche ganz deutlich die Stimme ihres Mannes: „Jesaja, 45. Kapitel." Sie schlug die entsprechende Seite in der Bibel auf und fand dort das gesuchte Testament, von zwei Zeugen beglaubigt und mit allen erforderlichen Unterschriften versehen. Rein intuitiv wußte sie, daß ihr Mann stets gegenwärtig und um ihr Wohlergehen bemüht war. Sie fühlt seine Nähe bei jeder Gelegenheit im Haus. Ihr Unterbewußtsein reagierte auf ihre Gebete und sprach zu ihr mit der Stimme ihres Mannes, und sie gehorchte dieser Stimme ohne Zögern. In der anderen Dimension, auf der unsichtbaren Seite, erfolgt die Verständigung ausschließlich mittels Telepathie, allein durch Gedankenkraft. Ihr Unterbewußtsein setzte die telepathischen Impulse entsprechend um und machte sich ihr als die vertraute Stimme ihres Mannes bemerkbar. So erlebte sie die tiefe Freude einer Gebetsbeantwortung. Dabei ist es ziemlich gleichgültig ob ihr Unterbewußtsein nun die Stimme ihres Mannes wiederspiegelte oder seine Gedankenkraft hörbar machte; es ist der eine Unendliche Geist in uns allen, der hier tätig wurde, dieser eine Unendliche Geist, in den wir alle eingetaucht sind.

Zwiesprache mit sogenannten Toten ist nichts Ungewöhnliches

Kürzlich besuchte ich einen Mann in der Klinik, der im Begriff stand, den Übergang in die andere Dimension zu vollziehen. Die Ärzte gaben ihm nur noch wenige Stunden. Als wir miteinander beteten, rief er plötzlich: „Jimmy, Mary und Jean sind hier." Er sprach mit ihnen. Es waren seine drei Kinder, die sich alle bereits im Jenseits befanden. Dann sagte er zu mir: „Thaddeus ist ebenfalls hier. Ich wußte gar nicht, daß er auch hinübergegangen ist."

Seine gleichfalls anwesende Frau hielt das Ganze für Fieberphantasie. Es waren aber durchaus keine Fieberphantasien; er war bei vollem Bewußtsein und führte eine lebhafte Unterhaltung mit mir. Eine Woche später stellte sich heraus, daß der Sohn Thaddeus in Australien verstorben war. Dieser Mann hatte alle verstorbenen Mitglieder seiner Familie tatsächlich gesehen. Seine Lieben waren um ihn herum, ungeachtet unserer Vorstellung von Zeit und Raum. In Körpern der vierten Dimension wurden sie auf unserer Ebene wirksam, um ihm den Übergang zu erleichtern.

Wenn die gängigen Maßstäbe, seit Tausenden von Jahren durch Aberglauben und verschiedene theologische Interpretationen in uns verankert, überwunden sind, werden wir unsere Lieben sehen und hören können. Sie sind ständig um uns herum, ebenso wie die Radio- und Fernsehwellen, die innen und außen den gesamten Äther durchdringen und durch Einstellen einer bestimmten Frequenz auf der Skala hör- und sichtbar gemacht werden können.

Ein Offizier hört die Stimme seines Bruders: „Du wirst gerettet."

Vor einigen Monaten war ich Gastredner auf einem Bankett. Mein Tischnachbar war ein Offizier der US-Army, gerade aus Vietnam zurückgekehrt. Er und sein Bruder waren auf einer Patrouille verwundet worden und sein Bruder starb noch bevor Hilfe kam. Dann geschah etwas sehr Seltsames: sein Bruder erschien ihm und sagte: „Die Sanitäter sind nicht weit weg; ich werde ihnen sagen, wo du bist und du wirst gerettet." In etwa einer halben Stunde kamen zwei Sanitäter und leisteten Erste Hilfe. Sie sagten: „Ein Offizier erschien aus dem Nichts und gab uns die entsprechenden Hinweise." Die Beschreibung paßte in jedem Detail auf seinen gefallenen Bruder. Nach ein paar Stunden konnte er von einem Hubschrauber in ein Lazarett gebracht werden, wo er sich von seinen Verwundungen schnell erholte.

Im Grund ist das Ganze keineswegs seltsam, wenn man sich die Mühe macht, die Dinge genau zu durchdenken. Wir sind geistige und außersinnliche Wesen. Wenn wir den Körper verlassen, nehmen wir sofort einen anderen, vierdimensionalen Körper an. Wir können sehen und gesehen werden, verstehen und verstanden werden, und haben auch ein vollkommenes Erinnerungsvermögen. In anderen Worten: unsere Persönlichkeit stirbt niemals. Der gefallene Soldat hatte den starken Wunsch, das Leben seines Bruders zu retten. Sein Unterbewußtsein kannte den Aufenthaltsort der Sanitäter und projizierte ihn augenblicklich dorthin, wo er von ihnen wahrgenommen werden konnte. Es befähigte ihn darüberhinaus, zu den Sanitätern zu sprechen und ihnen Befehle zu erteilen.

In wissenschaftlichen Laboratorien unserer Universitäten ist es heutzutage längst eine bekannte Tatsache, daß der Mensch in der Lage ist, unabhängig von seinem physischen Körper zu denken, zu fühlen, zu sehen, zu hören und sich auch unabhängig von ihm fortzubewegen. In anderen Worten: die Fähigkeiten unserer Sinne können allein im Geist verdoppelt werden. Die Unendliche Intelligenz begeht keine Fehler. Es war von jeher vorgesehen, daß wir alle diese Fähigkeiten anwenden können, transzendent durch physischen Körper und Umgebung. Der verfeinerte Körper, auch vierdimensionaler Körper genannt, kann nach Belieben erscheinen oder verschwinden, durch verschlossene Türen gehen, Botschaften übermitteln und schwere Gegenstände bewegen. Halten wir fest: wir werden immer über Körper verfügen, bis in die Unendlichkeit. Diese Körper sind verfeinert und schwingen in einer höheren molekularen Frequenz.

Etwas in uns wurde nie geboren und wird niemals sterben. Wasser kann es nicht nässen, Feuer nicht brennen, Wind nicht verwehen. Das ist unser übersinnliches Selbst. In unseres Vaters Haus gehen wir von Wohnung zu Wohnung. Der Herrlichkeit des Menschen ist kein Ende.

ZUSAMMENFASSUNG

1. Jeder Mensch besitzt übersinnliche Kräfte und Fähigkeiten, die alles von den fünf Sinnen verfügbar gemachte Wissen überschreiten. Es kann passieren, daß das Telefon läutet und noch bevor Sie den Hörer abgehoben haben, wissen Sie bereits, wer der Anrufer ist. Das ist Telepathie. Sie empfangen den Gedankenimpuls des Anrufers.

2. Wenn sich Ihre übersinnlichen Kräfte entwickeln, müssen Sie sehr acht geben, diese Fähigkeiten nur positiv einzusetzen. Ausschließlich um andere zu segnen, zu heilen und zu inspirieren. Unter keinen Umständen dürfen übersinnliche Kräfte zum Nachteil anderer Menschen angewandt werden, um ihnen einen fremden Willen aufzuzwingen oder sie auf irgendeine Weise auszunutzen. So etwas käme unweigerlich auf Sie selbst zurück.

3. Wenn Sie vor Ihrem geistigen Auge einen negativen Handlungsablauf wahrnehmen, der einen anderen Menschen betrifft, so können Sie diese Situation umkehren. Machen Sie sich die Gegenwart Gottes in ihm bewußt. Das heißt: bekommen Sie ein starkes Gefühl vom Vorhandensein Göttlicher Liebe, Harmonie und Göttlicher Ordnung – genau dort, wo diese Person sich befindet. Wissen und

spüren Sie, daß Gottes Führung den Sieg davonträgt; damit haben Sie das negative Denkmuster im Unterbewußtsein des anderen umgekehrt.

4. Wenn Sie von einem Vortrag über geistige und außersinnliche Gesetze bestimmte Informationen auf ein persönliches Problem zugeschnitten erwarten, dann projektieren Sie Ihre Gedanken auf den Redner. In den meisten Fällen wird er reagieren.

5. Viele Menschen kennen den genauen Zeitpunkt ihres Ablebens im voraus. Sie befinden sich in Rapport mit ihrem Unterbewußtsein, das alles weiß und alles sieht.

6. Die „American Society of Mathematics", eine angesehene wissenschaftliche Körperschaft hat nach gründlichen Untersuchungen sämtliche Ergebnisse der von Prof. Dr. Rhine durchgeführten Experimente für echt erklärt und die daraus abgeleiteten Schlußfolgerungen als absolut zutreffend bejaht.

7. Es ist möglich, die Stimmen geliebter Menschen aus dem Jenseits zu hören. Der übermächtige Wunsch, bestimmte Informationen zu vermitteln, wie z.B. über den Verbleib eines unauffindbaren Testaments bewirkt, daß ihre Gedanken oder Wünsche klar vernehmbar werden. Folgen Sie diesen Hinweisen, so erweisen sie sich als die gewünschte Antwort. Das sind die Wunder ihres tieferen Bewußtseins.

8. Viele Menschen, die im Begriff sind, in die nächste Dimension hinüberzuwechseln, führen lebhafte und liebevolle Gespräche mit Angehörigen, die seit langem hinübergegangen sind. Der Mensch, der im Begriff steht, den Übergang zu vollziehen, befindet sich in beiden Dimensionen zur gleichen Zeit. Somit sieht und hört er seine Lieben um sich herum. Sie kommen, um ihm den Übergang zu erleichtern, ihm zu helfen, ihn zu segnen und ihn in die vierte Dimension zu geleiten, die diese unsere Ebene durchdringt.

9. Ein in die andere Dimension übergewechselter Mensch, der den intensiven Wunsch verspürt zu helfen, kann diese Hilfe veranlassen, indem er den Helfern erscheint und ihnen entsprechende Anweisungen gibt.

KAPITEL 3

Wie Außersinnliche Wahrnehmung im täglichen Leben angewandt werden kann

Wahrscheinlich haben Sie gelegentlich schon den Ausdruck „Psychische Phänomene" gehört. Das war die früher gebräuchliche Bezeichnung für alles, was in der modernen Fachsprache unter den Begriff „Außersinnliche Wahrnehmung" fällt. Solange ich mich erinnern kann, haben mir Verwandte, Freunde, Bekannte und viele meiner Zuhörer von Vorahnungen berichtet. Vorahnungen von Ereignissen, die sich dann genau so abgespielt haben, wie sie vorausgesehen wurden. Unzählige haben mir von Träumen und Visionen erzählt, die folgerichtig eingetroffen waren, genau wie vorher im Traum erlebt. Andere wiederum hatten Erscheinungen von Angehörigen gesehen, die ihnen im Augenblick ihres Todes ihre Formen sichtbar gemacht und Botschaften übermittelt haben. Wieder andere hörten eine innere Stimme, die ihnen bedeutet hatte, eine bestimmte Reise nicht anzutreten, oder eine bestimmte Person nicht zu heiraten.

Viele Universitätsstudenten, die mich konsultierten, berichteten mir im Zusammenhang mit ihren Studienproblemen, daß sie bei unzähligen Gelegenheiten vor einer Examination alle Prüfungsfragen im Traum deutlich gesehen hatten. Sie waren dann immer sofort aufgestanden, um an Hand ihrer Textbücher die entsprechenden Sachgebiete noch einmal gründlich durchzugehen und sich die betreffenden Antworten einzuprägen. Alle diese Dinge basieren auf Außersinnlicher Wahrnehmung und übersteigen das Fassungsvermögen der fünf Sinne.

Sie erschien mir im Augenblick ihres Todes

Ein unvergeßliches Erlebnis hatte ich vor einigen Jahren. Während eines Telefongesprächs mit einem Bekannten kam meine Schwester plötzlich zur Tür herein. Ich war völlig überrascht und sagte zu ihr: „Warum hast du mir nicht gesagt, daß du kommen würdest? Bist du mit dem Flugzeug gekommen?" Seit mehr als sechzig Jahren war sie Ordensschwester und Lehrerin am St. Mary's Convent in Lowestoft, Suffolk, England. Sie sagte mir, daß sie gerade vor wenigen Momenten auf die unsichtbare Seite übergewechselt sei und mir Lebewohl sagen wollte. Wir sprachen etwa fünf Minuten miteinander. Sie saß auf einem Stuhl, erschien absolut greifbar vorhanden, so, wie sie mir von jeher vertraut war. Sie hatte einen Körper und trug ihre Ordenstracht und den Rosenkranz. Plötzlich jedoch löste sie sich auf und war verschwunden.

Wie sich später herausstellte, vollzog sie ihren Übergang in genau diesem Augenblick im St. Mary's Convent in Lowestoft, England, wenn man den Zeitunterschied mit berücksichtigt. Wir hatten eine geheime Absprache getroffen, daß, wer immer von uns beiden zuerst in die vierte Dimension hinüberwechselt, sich dem anderen durch Erscheinen bemerkbar machen sollte.

Hier handelt es sich keineswegs nur um eine Gedankenform meiner Schwester, sondern um ihre ganze Persönlichkeit. Sie führte eine lebhafte Unterhaltung mit mir, beantwortete Fragen und beschrieb mir ihren Gesundheitszustand vor ihrem Übergang mit genauer ärztlicher Diagnose. Ihr Wunsch, mich zu besuchen, veranlaßte ihr Unterbewußtsein, ihre Persönlichkeit mit einem neuen, verfeinerten Körper zu versehen – einem feinstofflichen Körper, der imstande war, Zeit und Raum zu überwinden, verschlossene Türen zu durchdringen, schwere Gegenstände zu bewegen, und völlig normale Gespräche zu führen. Ihr Körper erschien gegenständlich und greifbar, verfügte jedoch über eine höhere molekulare Schwingungsfrequenz und war dadurch imstande, nach Belieben in Erscheinung zu treten und wieder zu verschwinden.

Außersinnliche Reisen

Es war zu Neujahr, als ich dieses Kapitel schrieb. In der Sylvesternacht zuvor hatte ich 30 Freunde zu Gast in meinem Haus. Wie in jedem Jahr verbrachten wir den Jahreswechsel mit wissenschaftlichem Gebet, gefolgt von längerer Stille und Meditation. Nach Beendigung der Stilleperiode sagte eine junge Dame zu mir: „Dr. Murphy, ich habe einen Mann hinter Ihrem Rücken gesehen, während der ganzen Zeit, als Sie hörbar beteten. Er war noch nicht anwesend, als ich kam. Wer ist das? Ich kann ihn nirgendwo mehr entdecken."

Sie gab eine detaillierte Beschreibung und ich konnte sie darüber aufklären, daß es sich um einen alten Freund aus Ecuador handelt, der alljährlich an unserer Feier teilzunehmen pflegte, aber seit fünf Jahren in Spanien stationiert war. Er hatte mir schriftlich angekündigt, daß er am Sylvesterabend bei uns sein und an unseren Gebeten teilnehmen würde. Er würde uns nicht nur sehen, sondern auch von uns gesehen werden. Das ist keineswegs ungewöhnlich. Um 24.00 Uhr kalifornischer Zeit instruierte er in Madrid sein Unterbewußtsein, ihn in mein Haus, mitten in unsere Versammlung zu projizieren, und er konnte an unserer Gebetstherapie teilnehmen.

Gerade eben, während ich das schreibe, kam ein Überseegespräch aus Madrid. Mein Freund wollte wissen, ob ich ihn hinter mir stehend gesehen hätte. Ich antwortete: „Nein, ich hatte meine Augen während des Gebetes und der Meditation geschlossen." Aber ich sagte ihm, daß eine junge Dame ihn klar und deutlich gesehen hätte und eine detaillierte Beschreibung von seinem Äußeren geben konnte. Ihre Beschreibung stimmte in allen Einzelheiten überein mit seinen Angaben. Er schilderte mir den Inhalt des Gebetes und nannte die Anzahl der Versammlungsteilnehmer, von denen ihm nur zehn persönlich bekannt waren. Er zählte sie namentlich auf und betonte, daß ihm alle anderen leider nicht bekannt waren. Und das war genau zutreffend, denn nur die erwähnten zehn Personen waren damals, als er noch in Los Angeles lebte, bei unseren Neujahrsmeditationen zugegen.

Er experimentiert sehr intensiv auf dem Gebiet der außersinnlichen, der körperlosen Astralreisen, und er berichtete mir, daß er sich nach und nach der fühlbaren, hörbaren und sichtbaren Fähigkeiten seiner außerkörperlichen Erfahrungen bewußt würde. Der Mensch ist ein geistiges und übersinnliches Wesen und damit allgegenwärtig. Wenn Sie beispielsweise an Ihre Mutter denken, dann sind Sie in dem Augenblick bei ihr, selbst wenn sie in Honkong wäre.

Außersinnliche Übermittlung beendet einen Rechtsstreit

Ein befreundeter Rechtsanwalt hatte seit mehr als fünf Jahren versucht, einen sich endlos hinziehenden Prozeß zum erfolgreichen Abschluß zu bringen. Er beschrieb mir seine Schwierigkeiten mit den Beteiligten der Gegenseite, bezeichnete sie als unnachgiebig, widerspenstig und unflexibel, und war der Meinung, einen toten Punkt erreicht zu haben.

Ich machte ihm den Vorschlag, sich jeden Abend vor dem Einschlafen lebhaft vorzustellen, wie ich ihm zu dem glücklichen Ausgang des Verfahrens gratulierte. Er sollte mich klar und deutlich sagen hören: „Gratuliere zum glücklichen Ausgang. Siehe die Wunder, die Gott vollbracht hat!" Er tat genau das. Jeden Abend schloß er die Augen und fixierte seine Aufmerksamkeit zehn Minuten lang auf meine Person. Er hörte mich die gesagte Gratulation sprechen – er gestaltete diese Gedankenimpression so deutlich und real wie möglich und erfüllte sie so mit Leben und Wirklichkeitsnähe. Er behielt dieses Bild in seinem Bewußtsein und hörte mich diese Worte wieder und wieder sagen. Am Ende der darauffolgenden Woche war der gegnerische Anwalt plötzlich zu einem außergerichtlichen Vergleich bereit. Er schlug eine gütliche Einigung vor. Zwischenzeitlich war der widerspenstigste Wortführer der Gegenseite in die nächste Dimension übergewechselt. Dieser Anwalt hatte sein Unterbewußtsein erfolgreich mit der Idee einer Lösung in Göttlicher Ordnung angefüllt, durch schöpferisches Denken, schöpferische Vision. Sein tieferes Bewußtsein brachte die Lösung auf die ihm gemäße Weise.

Halten wir fest: das Unterbewußtsein hat Wege und Möglichkeiten, die wir nicht kennen. Geistig und übersinnlich war ich dort zugegen: der Anwalt brauchte meine Stimme als Mittel, seinem tieferen Bewußtsein eine Überzeugung einzuprägen. Zeit und Raum existieren nicht für das Geistprinzip; welchen Ort, welche Umgebung Sie sich auch immer geistig vergegenwärtigen – in dem Augenblick, da Ihnen ein klares geistiges Bild gelingt, in dem Augenblick sind Sie buchstäblich dort anwesend. Denn Sie sind ein geistiges und übersinnliches Wesen, das seinen gegenwärtigen dreidimensionalen Körper als Vehikel benutzt. Daneben besitzen Sie einen anderen, verfeinerten Körper der vierten Dimension, der sich außerhalb der Begrenzungen von Zeit und Raum bewegt.

Außersinnliche Kommunikation bringt zwei Liebende zusammen

Eine junge Studentin kam zu mir, unmittelbar vor einem meiner Sonntagsmorgen-Vorträge im Wilshire Ebell Theatre in Los Angeles. In Tränen aufgelöst berichtete sie mir von einem heftigen Streit, den sie mit ihrem Freund hatte. Inzwischen war er irgendwo in Vietnam, und sie wünschte sich sehnlichst, alles ungeschehen machen zu können, wenn er nur von sich hören ließe.

Ich machte ihr klar, daß sie auf gar keinen Fall einem anderen Menschen ihren Willen aufzwingen, und auf keine, wie auch immer geartete Weise verändernd in seinen Lebenslauf eingreifen dürfe. Statt dessen sollte sie zunächst sich selbst vergeben, um sich von den bedrückenden Selbstvorwürfen und den damit einhergehenden Schuldgefühlen zu befreien. Dann sollte sie wie folgt beten: „Tom ist dem Göttlichen Bewußtsein bekannt, dem Unendlichen Bewußtsein, das alles kennt. Gottes Liebe erfüllt auch das Herz von Tom. Ich übergebe ihn Gott und wünsche ihm alles Gute im Leben. Zwischen uns gibt es nur Harmonie, Frieden, Göttliche Liebe und gegenseitiges Verstehen. Gott sei mit ihm."

Ich überzeugte sie, daß sie durch Anwendung dieses Gebetes den jungen Mann segnet, und da die Unendliche Intelligenz allweise ist, ausschließlich Gutes daraus entstehen würde. Als Folge dieses Gebetes würden sie entweder enger zusammengeführt, oder sie würden jeder ihr größtes Glück getrennt voneinander finden. Sie sah ein, daß sie kein Recht hatte, ihren Verlobten zu hypnotisieren oder ihn geistig zu zwingen, eine ihr genehme Haltung einzunehmen, sondern daß sie vielmehr die Angelegenheit der Höchsten Intelligenz in sich übergeben sollte, die alles weiß und sieht – das war der ideale Weg, Probleme dieser Art anzugehen.

Nachdem die junge Dame einige Tage lang auf diese Weise gebetet hatte, rief Tom sie aus Saigon an. Er erwähnte den häßlichen Streit mit keinem Wort, stattdessen erzählte er ihr, daß sie ihm ein paar Nächte zuvor in seinem Zelt erschienen sei und zu ihm gesagt hätte: „Tom, ich liebe dich!" Dann sei sie verschwunden.

Für alles dies gibt es eine sehr einfache Erklärung. Geist ist allgegenwärtig, zeitlos und raumlos. Die junge Dame hatte darum gebeten, daß die Liebe und Harmonie Gottes in Tom's Bewußtsein wieder errichtet würde. Als sie für ihn betete war sie geistig und übersinnlich bei Tom. Der wiederum war zweifellos sehr sensitiv und konnte sie wahrnehmen, da sie in einem verfeinerten Körper wirkte, der tatsächlich dort zugegen war, geistig und außersinnlich, auf einer höheren Schwingungsfrequenz.

Außersinnlicher Schutz gegen Voodoo

Ein Kellner aus Honolulu, den ich kürzlich dort kennengelernt hatte, schrieb mir, daß er unter den Einfluß von schwarzer Magie geraten sei, die jemand gegen ihn praktiziere – daß er verflucht sei, und alles in seinem Leben schieflaufe. Er nannte mir den Namen des Mannes, den er für den Urheber des gegen ihn gerichteten Voodooismus hielt.

Ich schrieb ihm in einer sehr ausführlichen Erläuterung, daß alles Wasser im Ozean kein Schiff zum Sinken bringen kann, wenn es nicht nach innen dringt; ebenso ist es für die negativen Gedanken und Wünsche anderer unmöglich Einlaß in seinen Geist zu finden, wenn er ihnen den Zutritt verweigert. Ich erinnerte ihn an die Wahrheit, daß Gott und Mensch eins sind.

Das ist eine unbestrittene, eine unwandelbare und eine ewige Wahrheit. Gott ist alles was ist, und Gott ist absolute Wahrheit, grenzenlose Liebe, unendliches Leben, vollkommene Harmonie und immerwährende Freude. Ich sagte ihm, daß, solange seine Gedanken Gottes Gedanken sind, Gottes Macht in seinen guten Gedanken wirksam ist; daß seine Gedanken schöpferisch sind; und daß er, sobald er sich Gottes Liebe, Frieden, Harmonie und Freude vergegenwärtigt, automatisch beschützt und gegen den giftigen Dunstkreis des Massenbewußtseins immun ist. Vielmehr ist es Gott, der durch ihn denkt, sobald er sich der ewigen Wahrheiten bewußt wird, und Gottes Gedanken können sich ausschließlich in Göttlichem Gesetz, Göttlicher Ordnung und vollkommener Harmonie manifestieren.

Ich gab ihm daher das folgende, uralte geistige Rezept, dessen Quelle nicht mehr bekannt ist: „Setzen Sie sich still hin, zwei oder drei Mal am Tag, und stellen Sie sich vor, daß Sie von einem heiligen Lichtkreis umgeben sind. Nach einigen Tagen konstanten Übens werden Sie tatsächlich einen goldfarbenen Lichtschein um sich herum wahrnehmen. Das ist eine Ausstrahlung der Gottesgegenwart in Ihnen, ein undurchdringlicher Panzer, an dem alle schädlichen Gedankenwellen abprallen. Damit sind Sie unverwundbar und für Furchtgedanken oder negative Suggestionen anderer unerreichbar. Machen Sie sich das zur Gewohnheit und jedesmal wenn Ihnen der Voodoo-Mann in den Sinn kommt, bejahen Sie einfach: „Gottes Liebe erfüllt meine Seele. Ich lasse ihn los und lasse ihn gehen."

Die Folgeerscheinungen waren recht interessant. Der Kellner verfuhr nach dem angegebenen Gebetsschema, und nach Ablauf einer Woche erfuhr er aus der Zeitung, daß besagter Voodoo-Mann auf der Straße tot zusammengebrochen war, vermutlich durch Herzattacke. Auch diese Episode hat ihre einfache Erklärung. Die negativen Gedanken und Verwünschungen des Voodoo-Praktikers, in seine Richtung ausgesandt, fanden keinen Empfänger, da er sich weigerte, sie in sein Bewußtsein einzulassen. Vielmehr sandte er Segnungen und Wohlwollen aus, so daß die bösen Gedanken und Flüche zum Bumerang wurden und mit doppelter Gewalt auf ihren Urheber zurückfielen. Dadurch führte er sein eigenes Verderben herbei: denken Sie daran: Sie sind der alleinige Denker in Ihrem Universum. Da Ihr Gedanke schöpferisch ist, erschaffen Sie alles das, was Sie für oder über andere denken innerhalb Ihres eigenen Selbst. Wer einem anderen Menschen übelwollende oder gar mörderische Gedanken zusendet, muß wissen, daß diese negativen Schwingungen mit verdoppelter Kraft auf ihn zurückprallen, wenn der andere sie durch Gottgleiche Gedanken von sich ablenkt. Hier spricht man von einem Bumerang. Ein Fluch oder übler Wunsch tötet zudem Liebe, Harmonie, Frieden, Schönheit und Freude im Urheber selbst. Diese Gedanken erzeugen Emotionen. Und Emotionen töten entweder oder sie heilen. Üble Gedanken zusammen mit den von ihnen erzeugten Gefühlen vervielfältigen sich im Unterbewußtsein und führen schließlich zur Selbstzerstörung, sei es durch eine tödliche Krankheit, oder durch einen anderen Menschen, der nur Instrument ist. Denn jeder Mord ist in Wahrheit Selbstmord.

Jede Begegnung in unserer Welt ist im Grund eine Entsprechung unseres Bewußtseinzustandes. Männer, Frauen und Kinder, die unseren Lebensweg kreuzen, sind Instrumente, die unsere Einstellungen, unsere Überzeugungen und unseren Glauben widerspiegeln. „Euch geschehe nach eurem Glauben."

ZUSAMMENFASSUNG

1. „Psychische Phänomene" ist eine früher gebräuchliche Bezeichnung für Außersinnliche Wahrnehmung. Auch Sie werden beim Läuten des Telefons schon das Gefühl gehabt haben, daß der Anruf nur von einer ganz bestimmten Person sein konnte.
Auch Sie hatten schon einmal Vorahnungen, vorausschauende Träume, den intuitiven Drang, bestimmte Dinge zu tun oder zu lassen – und alles das stellte sich als richtig heraus. Alles das fällt unter den Sammelbegriff „Außersinnliche Phänomene", die das Fassungsvermögen der fünf Sinne übersteigen.
2. Für eine in die nächste Dimension übergewechselte Person ist es möglich, einem Angehörigen zu erscheinen. Dieses Phänomen wird Apparition (Sichtbarwerden) genannt.
3. Es ist durchaus möglich, sofern der aufrichtige Wunsch vorhanden ist, Tausende von Kilometer weite Entfernungen zu überwinden, um mit einem Freund zusammenzutreffen. Die wissende und gefühlsbe-

tonte Suggestion: „Ich will John besuchen", vor dem Einschlafen an das Unterbewußtsein weitergereicht mit der ergänzenden Bejahung: „Mein tieferes Bewußtsein übernimmt alles weitere und bringt es in Göttlicher Ordnung zustande", veranlaßt das Unterbewußtsein, auf allen Ebenen tätig zu werden und Ihre Persönlichkeit in einem vierdimensionalen Körper zu dem gewünschten Standort zu projektieren.
4. Zeit und Raum existieren nicht für das Geistprinzip; deshalb kann man sich jederzeit die Szene verbildlichen, von einem Angehörigen oder Freund die gute Nachricht übermittelt zu bekommen, die man hören möchte. Hören Sie diese Nachricht lebhaft und mit Gefühl, und was Sie subjektiv empfinden und glauben, wird sich ereignen.
5. Machen Sie niemals den Versuch, einen anderen gegen seinen Willen zu Dingen zu veranlassen, die er Ihrer Meinung nach tun sollte. Hatten Sie einen Streit mit einer anderen Person, und ersehen Sie einen Anruf von ihr, dann machen Sie sich bewußt, daß das andere Wesen von Gott geführt wird und daß zwischen Ihnen Harmonie, Liebe, Frieden und Verständnis herrscht. Nach einem solchen Gebet kann sich nur Gutes ereignen.
6. Sie können sich gegen jeden Angriff durch negative Gedankenwellen schützen durch die Erkenntnis und positive Bejahung: „Gott und Mensch sind eins – wenn Gott für mich ist, kann niemand gegen mich sein." Gott ist immer für Sie, wenn ihr Denken konstruktiv und harmonisch ist. Gottes Macht ist mit Ihren guten Gedanken. Sie können sich mit der ganzen Rüstung Gottes umgeben und damit gegen alles Böse immunisieren. Bejahen Sie furchtlos: „Ich bin immer umgeben vom heiligen Kreis der ewigen Liebe Gottes." Erfüllen Sie Ihr Bewußtsein mit dieser großen Wahrheit und Sie werden ein zauberhaftes Leben führen.

KAPITEL 4

Wie Sie Ihre übersinnlichen Kräfte freisetzen können

In einer Weihnachtswoche erhielt ich einen erfreulichen Brief von einer Frau aus dem nördlichen Kalifornien. Drei Monate zuvor war ihr Sohn plötzlich von zuhause weggelaufen, ohne die geringste Nachricht zu hinterlassen. Er war nur einer von Tausenden von Teenagern, die mit unbekanntem Ziel fortgerannt waren, und somit waren die polizeilichen Fahndungsergebnisse gleich Null.

Sie schilderte mir die mentale Technik, die sie anwandte: „Ich ging in das Zimmer meines Jungen, setzte mich etwa zehn Minuten still hin, und sagte zu mir selbst: „Die Unendliche Intelligenz kennt den Aufenthaltsort meines Jungen, und diese Unendliche Intelligenz in mir weiß, warum er fortgelaufen ist und enthüllt mir die Antwort. Sie leitet mich und sagt mir, was zu tun ist." Plötzlich hatte ich den Einfall, seine Freundin zu besuchen – von ihr erfuhr ich, daß sie einen Streit hatten, in dessen Verlauf sie ihm einen Ring zurückgegeben hatte. Wie sie weiter erzählte, soll er oft davon gesprochen haben, seinen Cousin in Kanada besuchen zu wollen. Sofort rief ich dort an und hatte auch sogleich meinen Jungen am Telefon. Nach einem kurzen Gespräch zeigte er sich erfreut, wieder nachhause kommen zu können. In uns allen ruht eine Schöpferische Intelligenz. Wir müssen nur Gebrauch von ihr machen."

Diese Frau verstand die Kräfte ihres Unterbewußtseins und deren praktisch unbegrenzte Reichweite. Sie war sich bewußt, daß, sobald ihr Wachbewußtsein zur Ruhe kommt und sich entspannt, die Weisheit des Unterbewußtseins an die Oberfläche dringen kann, um ihr die Antwort auf ihr Problem zu bringen. Denken Sie daran: Ihr Unterbewußtsein kennt die Antwort. Bittet, so wird euch gegeben.

Ein außersinnliches Drama, von einer Ärztin nacherlebt

Eine mir bekannte Ärztin bewohnte auf einem Chiropraktikerkongreß in Kanada ein sehr hübsches Hotelzimmer mit herrlicher Aussicht. Da sie nach langem Flug ziemlich erschöpft war, schlief sie sofort ein. Plötzlich, gegen 2.00 Uhr früh wurde sie hellwach mit dem unangenehmen Gefühl, daß da ein Mann in ihrem Zimmer war, obgleich sie wußte, daß sie die Tür verschlossen hatte. Und tatsächlich: vor ihr stand ein großer, elegant gekleideter Mann mit einem Revolver in der Hand. Er richtete die Waffe gegen sich, drückte ab, und fiel tot zu Boden.

Vor Furcht war sie wie gelähmt und in einem Schockzustand; dennoch hatte sie genügend Geistesgegenwart, den Nachtportier zu rufen, der auch sofort kam. Die Ärztin schilderte ihm genau, was da soeben vorgefallen war. Daraufhin erzählte ihr der Nachtportier, daß eine Woche zuvor ein Mann in diesem Zimmer Selbstmord verübt hatte, und offerierte ihr selbstverständlich sofort ein anderes Zimmer.

Sie fragte mich nach einer plausiblen Erklärung für dieses Geschehnis. Ich sagte ihr, daß Richter Troward, der bekannte Autor metaphysischer Werke, von einem ähnlichen Vorfall berichtete, den seine Frau erlebte, als sie zu Beginn seiner richterlichen Tätigkeit in Punjab, Indien, ihr neues Quartier bezogen. Sie wurde durch einen Schuß geweckt und sah einen Mann zu Boden sinken. Auch seine Stimme hörte sie klar und deutlich. Obgleich zutiefst schockiert von dieser makabren Sezene, war ihr Interesse geweckt. Ihr Mann, Richter Troward, erklärte dieses Phänomen so: der Akt des Selbstmordes hinterließ eine Impression, gewissermaßen ein photographisches Abbild in der psychischen Atmosphäre, die ohne Unterbrechung überall um uns herum existiert ist, das von einer sensitiven Person als Wiedergabe wahrgenommen werden kann. Die subjektiven Geisteskräfte von Mrs. Troward wurden aktiviert durch die am Tatort vorherrschenden Schwingungen.

Ich erklärte meiner Bekannten, daß es sich um eine emotionell hochgespannte Gedankenform handelte, die in diesem Hotelzimmer so kurz nach der Tat noch vorherrschte, sich nach und nach jedoch auflösen würde. Nach dieser Erfahrung läßt sich diese Ärztin nur noch von der Weisheit ihres Unterbewußtseins in Hotelzimmer geleiten, die eine friedvolle und harmonische Atmosphäre ausstrahlen, und ihr Unterbewußtsein reagiert immer verläßlich. Meine Erklärung neutralisierte zudem die negativen Schwingungen, hervorgerufen durch das Schockerlebnis und erwiesen sich als heilsam.

Befolgen Sie intuitive Wahrnehmungsblitze aus Ihrem Unterbewußtsein

Ein Bankier vertraute mir kürzlich an, daß alle seine wichtigen Entscheidungen und Maßnahmen, die das Wohl seines Unternehmens und seiner Mitarbeiter betreffen, auf intuitiven Wahrnehmungsblitzen basieren, die aus den Tiefen seines Unterbewußtseins an sein Wachbewußtsein dringen. Seine Technik ist „Beten ohne Unterlaß", was für ihn bedeutet, daß sein ganzes Denken auf den ewigen, unwandelbaren Wahrheitsprinzipien aufbaut. Er lebt immer in freudiger Erwartung des Besten, sein Denken ist konstruktiv, und er strahlt Liebe und guten Willen für alle aus.

„Ohne Unterlaß" beinhaltet eine Geisteshaltung, eine tiefe, innere Überzeugung, immer von Gott geführt und inspiriert zu sein, und dieser Glaube ist es, der sein Unterbewußtsein veranlaßt, ihm die besagten intuitiven Gedankenblitze zu vermitteln. Er hält sein Bewußtsein frei von jeglichem Negativismus, jeder Furcht, jedem Mißklang. Wenn er dann mit einem Problem konfrontiert wird, oder mit einer schwierigen Entscheidung, kann er sich darauf verlassen, daß sein tieferes Bewußtsein ihm die Lösung bringt – eine Lösung, die das Fassungsvermögen der fünf Sinne übersteigt und immer richtig ist.

Sie sind wunderbarer, als Sie sich jemals vorgestellt haben

In den Tiefen Ihres Unterbewußtseins schlummert unendliche Weisheit, unendliche Macht und ein unendlicher Vorrat an allem Erforderlichen. Sie warten darauf, entwickelt und zum Ausdruck gebracht zu werden. Fangen Sie jetzt damit an, die latenten Möglichkeiten Ihres tieferen Bewußtseins zu erkennen, und sie werden in der äußeren Welt

Formen annehmen. Die Unendliche Intelligenz in Ihrem Unterbewußtsein kann Ihnen alles erforderliche Wissen enthüllen, in jedem gegebenen Moment, außerhalb der Begrenzungen von Zeit und Raum, vorausgesetzt, Sie sind dafür aufgeschlossen und empfänglich. Sie können neue Gedanken und Ideen empfangen, die möglicherweise zu Erfindungen und Entdeckungen werden, oder Sie zum Schreiben von Büchern und Bühnenstücken bringen. Die Unendliche Intelligenz Ihres Unterbewußtseins mit der Macht, Ihren Körper zu heilen, hat auch ein vollkommenes Erinnerungsvermögen. Jede einzelne Ihrer Erfahrungen hat es gespeichert und steht Ihnen jederzeit mit umfangreichem Wissen zur Verfügung.

Durch die intuitiven Kräfte Ihres Unterbewußtseins können Sie den idealen Ehepartner zu sich heranziehen, oder die richtigen Mitarbeiter für Ihr Unternehmen. Die Weisheit Ihres Unterbewußtseins kann den richtigen Käufer für Ihr Land finden, Ihr Haus, oder was immer Sie verkaufen wollen. Es kann Sie mit Einfällen versorgen, die ein Vermögen wert sind, und Ihnen die finanzielle Freiheit verschaffen, zu reisen, oder zu sein und zu tun, was Ihr Herz begehrt. In Ihrem Unterbewußtsein finden Sie die Antworten auf Ihre verzwicktesten Probleme und die Ursache für jede Wirkung. Die Unendliche Heilende Gegenwart in Ihrem Unterbewußtsein heilt die verstörte Seele und das gebrochene Herz. Die Goldmine, die Schatzkammer des Unendlichen haben Sie in sich! Die Kraft des Unendlichen kann Sie befreien: von Furcht und von jeder materiellen oder körperlichen Knechtschaft und Misere.

Sie entdeckte die heilende Kraft in sich

Einer der vielen Briefe, die ich um die letzte Weihnachtszeit erhielt, kam aus Zürich von einer jungen Dame. Sie hatte mein Buch „Die Macht Ihres Unterbewußtseins" gelesen, nachdem ein Chirurg ihr eröffnet hatte, daß sie nach seiner Meinung noch höchstens drei Monate zu leben hatte, mit Gottes Hilfe jedoch ihre Krebserkrankung überwinden könne. Er empfahl ihr, die Heilungswunder in der Bibel nachzulesen und die in „Macht Ihres Unterbewußtseins" angeführten Techniken zu praktizieren.

Genau das tat sie. Dreimal täglich bejahte sie tapfer etwa fünfzehn Minuten lang mit tiefem Empfinden und restloser Überzeugung, daß die Unendliche Intelligenz ihres Unterbewußtseins, das alle Organe und ihren ganzen Körper geschaffen hat, sie auch heilen könne und heilen würde. Sie stellte sich bildlich vor, wie ihr Arzt ihr gratulierte. Sie hörte ihn sagen: „Ein Wunder ist geschehen! Alle klinischen Tests waren negativ." Als sie nach sechs Monaten zu einer Untersuchung ging, waren es genau diese Worte, die er sagte. Nach einem weiteren halben Jahr, der gleiche Befund. Seither sind zwei Jahre vergangen und sie ist vollkommen geheilt und wieder berufstätig. Ihr Arzt zeigte sich von dem sogenannten „Wunder" nicht im geringsten überrascht. Er kennt die großartige Wahrheit, daß jegliche Heilung vom Allerhöchsten kommt.

Die Essenz dieses von mir verkürzt wiedergegebenen Briefes veranschaulicht, daß jeder Mensch mit tiefem, anhaltendem Glauben und Vertrauen in die Unendliche Heilende Gegenwart Resultate bewirken kann.

Wie Sie die intuitiven Gefühle aus Ihrem Unterbewußtsein erkennen

Wenn Ihre Motivation richtig ist – d.h. auf Liebe und gutem Willen für alle Menschen basiert, wenn Ihre Bewußtsein frei ist von jeglicher Selbstverurteilung und Selbstkritik, und wenn Sie nicht den Wunsch verspüren, andere Menschen auszunutzen – wie auch immer – werden Sie nach und nach fähig, das intuitive Gefühl auszumachen, das Ihnen die richtige Antwort auf Ihre Frage gibt. Diese Antwort mag auf mannigfache Weise zu Ihnen kommen, am häufigsten jedoch ist das Vorgefühl – die innere Gewißheit, die Ihnen entweder bedeutet: „Ja, richtig – weiter", oder „Halt, Stop – dies ist der falsche Weg." Ihr intellektuelles, ihr Wachbewußtsein könnte Ihnen da manchmal in die Quere kommen. Nachdem Ihr Verstand jedoch das Für und Wider gründlich erwogen hat, und sie die Angelegenheit Ihrem tieferen Bewußtsein übergeben haben – dem Bewußtsein voller Weisheit und Intelligenz – müssen Sie achtgeben, denn jetzt kann jederzeit der erleuchtende Gedankenblitz auftauchen, ganz spontan mitunter – aus den Tiefen des Unterbewußtseins. Denken Sie daran: die Impulse, das Drängen, die Warnungen Ihres Unterbewußtseins sind immer und ausschließlich lebenspendend – nichts anderes! Ihr Unterbewußtsein ist immer bestrebt, zu heilen, zu schützen und zu bewahren. Es ist bestrebt, Sie von Mißhelligkeiten jeder Art zu bewahren: finanziellen Verlusten, Unfällen, oder vor Verschwendung von Zeit, Energie oder Talenten. Selbsterhaltung ist das allererste Gesetz des Lebens – und das ist das Gesetz Ihres subjektiven Bewußtseins.

Seine innere Stimme rettete ihm das Leben

In einem Vorort von Los Angeles lebt ein Mann, der kürzlich vor seinem Chef zu einem Wochenendausflug per Privatflugzeug eingeladen worden war. Wie er mir erzählte, war er gerade im Begriff die Einladung anzunehmen, als seine innere Stimme klar und deutlich sagte: „Ablehnen", und er gehorchte. Das Flugzeug zerschellte im Nebel an einem Felsen, die beiden Insassen wurden getötet.

Dieser Mann bejaht konstant: „Gott führt mich auf allen meinen Wegen". Damit hat er diese Überzeugung an sein Unterbewußtsein weitergereicht, das genau gemäß den Impressionen reagiert. Die Vorahnung dieses Mannes war so stark und unmißverständlich, daß er, wie er später bekannte „nicht gegenan konnte".

Sie können Ihre Intuition entwickeln

Sie atmen mühelos Luft ein, ohne Anstrengung. Sie sollten daher lernen, ebenso mühelos die Intelligenz Ihres Unterbewußtseins durch Ihren Verstand fließen zu lassen, ohne jede Anspannung. Ihr Unterbewußtsein empfängt seine Wahrnehmungen intuitiv. Es wägt weder ab noch fragt es nach. Als Allwissende und Unendliche Intelligenz braucht es das nicht zu tun. Wenn Sie beispielsweise Ihr Unterbewußtsein, das auch als subjektives Bewußtsein bezeichnet wird (es ist Subjekt des Wachbewußtseins), beauftragen, Sie pünktlich um 6.00 Uhr zu wecken, dann können Sie sicher sein, genau zu dieser Zeit geweckt zu werden. Es versagt niemals. Wir müssen uns klarwerden, daß darin eine unendliche Quelle der Macht liegt, der Allmacht. Viele gutgläubige Menschen haben völlig irrige Ansichten über die Gabe der Intuition. Viele glauben, daß Intuition eine Gabe sei, die nur ganz besonders Begnadeten, geistig und aussersinnlich hoch entwickelten Menschen zuteil würde. Das trifft nicht zu. Jeder Geschäftsmann, jede Hausfrau ist in der Lage, Antworten zu erhalten. Sie müssen sich nur an die Unendliche Intelligenz ihres Unterbewußtseins wenden, um Führung für die Lösung eines jeden Problems zu erhalten.

Wie Sie neue Einfälle für Ihr Verkaufsprogramm oder Ihr Geschäft bekommen

Angenommen Sie sind Leiter einer Verkaufsorganisation und brauchen neue Ideen für Ihr Programm, dann probieren Sie einmal die folgende Technik: schließen Sie die Augen, werden Sie still und denken Sie an die Unendliche Macht und Weisheit in den Tiefen Ihres Unterbewußtseins. Das erzeugt eine Stimmung des Friedens, der Kraft und des Vertrauens. Sodann sprechen Sie auf die folgende, einfache Weise zu der Schöpferischen Intelligenz in Ihrem Inneren, der Allwissenden Intelligenz, die bereits die einzige Antwort weiß und für Sie bereit hält: „Die Schöpferische Intelligenz in mir weiß alle Dinge und gibt mir die erforderliche neue Idee für dieses Programm." Stellen Sie sich vor, daß der schöpferische Einfall aus Ihren unterbewußten Tiefen aufsteigt und durch Ihr Wachbewußtsein fließt. Machen Sie sich nicht nur etwas vor – glauben Sie es wirklich. Akzeptieren Sie es und dann lassen Sie es fallen. Letzteres ist das Wichtigste und eigentlich das Geheimnis des ganzen Vorgangs.

Nach der Stilleperiode beschäftigen Sie sich. Tun Sie etwas, erledigen Sie vorwiegend irgendwelche Routinearbeiten. Vor allem sitzen Sie nicht etwa herum, um auf die Antwort zu warten. Sie kommt nämlich meistens in dem Augenblick, wo Sie sie am allerwenigsten erwartet hätten. Die innere Stimme der Intuition kommt als Gedankenblitz – spontan und unangemeldet.

Die Intuition – was ja heißt *von innen gelehrt* – weiß die Antwort. Bedenken Sie, daß es für die Schöpferische oder Unendliche Intelligenz, die den Kosmos und die in ihm enthaltenen Dinge geschaffen hat, keine Probleme gibt. Denn gäbe es welche, wer sollte sie lösen? Wenn Sie daher eine Antwort suchen, dann tun Sie das in dem Bewußtsein, daß sie der Allerhöchsten Intelligenz in Ihren subjektiven Tiefen bereits bekannt ist. Die unvermittelte Plötzlichkeit, mit der Lösungen manchmal kommen, verblüfft immer wieder. Anstelle das Für und Wider mit dem Verstand objektiv abzuwägen, übertragen Sie diese Aufgabe einer höheren Führung. Nach Erhalt einer Intuition gebrauchen Sie natürlich Ihren Verstand zu ihrer Ausführung.

Zwei Gründe, weshalb Sie Ihre Vorahnungen nicht als solche erkennen

Die Gründe für das Unvermögen, Ihre Vorahnungen zu erkennen, sind Furcht und Anspannung. Wenn Sie in negativer, verzagter oder gar feindseliger Stimmung sind, ist intuitive Wahrnehmung unmöglich. Es werden im Gegenteil negative Anweisungen vorherrschen. Wenn Sie dagegen in einer glücklichen, hoffnungsvollen, fröhlichen Stimmung sind, werden Sie auch fähig sein, die Intuitionsblitze, die Ihnen kommen, als solche zu erkennen. Darüberhinaus werden Sie sich gedrängt fühlen, die Instruktionen auszuführen. Deshalb ist es unerläßlich, still und völlig entspannt zu sein, wenn man Führung benötigt. In angespannter Gemütsverfassung, voller Furcht und Besorgnis, kann nichts erreicht werden. Wer hat das beispielsweise nicht schon erlebt: beim besten Willen war es Ihnen nicht möglich sich an einen bestimmten Namen zu erinnern, und nachdem man alle Willensanstrengungen aufgegeben hatte und Gelassenheit vorherrschte, kam der Name wie von selbst ins Gedächtnis.

Das Kultivieren Ihrer intuitiven Fähigkeiten
ist von allerhöchster Wichtigkeit

Das Kultivieren der intuitiven Fähigkeiten ist für jeden Mann und für jede Frau von größter Bedeutung. Intuition präsentiert alles das unmittelbar, was vom Intellekt oder wachbewußten Verstand erst nach Wochen oder Monaten voller Versuche und Irrtümer erreicht werden könnte. Wenn unser abwägender Verstand uns im Stich läßt, dann singt unsere intuitive Veranlagung das Lied des Triumphes.

Das Wachbewußtsein wägt ab, analysiert und erörtert – die subjektive Veranlagung der Intuition dagegen ist spontan. Sie gelangt in den bewußten Verstand als ein Strahl. Oftmals macht sie sich bemerkbar als Warnung vor einer geplanten Reise oder einem bestimmten Vorhaben. Wir müssen lernen, auf diese Stimme der Weisheit zu hören und ihren Rat zu beherzigen. Sie macht sich Ihnen nicht immer auf Wunsch bemerkbar, sondern nur, wenn Sie sie brauchen.

Sobald Sie sich selbst nichts vormachen und wirklich glauben, daß die Unendliche Intelligenz Sie auf allen Ihren Wegen führt – in Ihren Gedanken, Worten und Handlungen, werden Sie auf richtigem Weg geführt. Maler, Dichter, Komponisten und Erfinder hören auf die Stimme der Intuition und setzen die Welt in Erstaunen über die Schönheit und Erhabenheit, die sie aus dem großen Vorratshaus des Wissens innerhalb ihres Selbstes ziehen.

Die Bedeutung des inneren Hörens

Das Wort *Intuition* bedeutet gleichzeitig *inneres Hören*. Die älteste Definition für Offenbarung ist *das was gehört wird*. Hören ist jedoch nicht der einzige Weg, die Intuition zu fördern. Manchmal kommt sie als Gedanke; aber der gebräuchlichste Weg ist „die Stimme zu hören". Oftmals ist es eine Stimme, deren Beschaffenheit, Klangfarbe und Substanz ebenso deutlich gehört werden kann, wie eine Stimme im Radio. Der Wissenschaftler gebraucht seine wundervolle Begabung der kontrollierten, zielgerichteten und disziplinierten Imagination in der Stille und formt ein Bild der Erfüllung. Seine Intuition stellt die Verbindung her zu seinem wissenschaftlichen Fachgebiet.

Die Intuition übertrifft den Verstand. Den Verstand wenden wir an, um die Anweisungen der Intuition auszuführen. Wenn Sie Intuition erhalten, werden Sie oftmals feststellen, daß es sich um das genaue

Gegenteil dessen handelt, was Ihr Verstand gesagt haben würde. Fangen Sie an, Ihre Intuition zu entwickeln, und lassen Sie Wunder geschehen in Ihrem Leben.

ZUSAMMENFASSUNG

1. Wenn Sie nach einer verschollenen Person suchen, setzen Sie sich still hin, entspannen und beruhigen Sie Ihr Bewußtsein und bitten Sie die Unendliche Intelligenz innerhalb Ihres Unterbewußtseins, Ihnen den Verbleib dieser Person zu enthüllen. Die Antwort kommt zu Ihnen, möglicherweise auf Wegen, die sie nicht kennen. Seien Sie wachsam und folgen Sie ohne Zögern der Führung, die in Ihr Wachbewußtsein gelangt.
2. Eine Person, die Selbstmord beging, hinterläßt in der Atmosphäre des betreffenden Raumes üblicherweise eine tiefe psychische Impression. Daher ist es für sensitive und hochgradig intuitiv veranlagte Menschen sehr leicht möglich, den Ablauf dieses Geschehens erneut wahrzunehmen. Obgleich in die nächste Dimension übergewechselt, hat der Betreffende in der Umgebung seiner Tat eine beschreibende Gedankenform hinterlassen. Diese Gedankenform oder psychophotographische Impression löst sich früher oder später auf, je nach Intensität ihrer emotionalen Ladung.
3. „Beten ohne Unterlaß" bedeutet, den ganzen Tag lang konstruktiv zu denken mit den ewigen Prinzipien und Wahrheiten des Lebens als Grundlage. Leben Sie in freudiger Erwartung des Besten, in der Gewißheit, daß Göttliches Gesetz und Göttliche Ordnung Ihr Leben bestimmen, und Sie werden automatisch zu den richtigen Dingen geführt. Dann werden Sie auch fähig sein, spontan auftauchende intuitive Gedankenblitze mit den richtigen Antworten zu erkennen.
4. Ihr Unterbewußtsein ist der Aufbewahrungsort aller Erinnerungen und der Sitz Ihrer Gefühle und Ihrer intuitiven Möglichkeiten. Ihr Unterbewußtsein ist eins mit der Unendlichen Intelligenz und der grenzlosen Weisheit. Die Unendliche Heilungsgegenwart wirkt in

Ihrem Unterbewußtsein – sie kann die Wiederherstellung von Gesundheit, Harmonie und Frieden bewirken. Sie kann Sie mit den richtigen Einfällen versorgen und Sie von Begrenzungen jeglicher Art befreien.

5. Die Unendliche Heilungsgegenwart Ihres Unterbewußtseins hat Ihren Körper gestaltet und weiß ihn daher auch zu heilen. Vertrauen Sie ihr, glauben Sie an sie, rufen Sie sie an und Sie werden eine Antwort erhalten. Geben Sie nicht nur vor, zu glauben, sondern seien Sie zuinnerst überzeugt, daß die Schöpferische Intelligenz, die alle Ihre Organe geschaffen hat, auch heilen und wiederherstellen kann. Ihnen geschieht nach Ihrem Glauben.

6. Wenn Ihre Motivation richtig ist, und Sie nicht beabsichtigen, einen anderen Menschen auszunutzen, und wenn Sie das Göttliche Gesetz und die Göttliche Ordnung in Ihrem Leben bejahen, dann erhalten Sie Gottes Führung. Sie werden aufmerksamer, wachsamer sein, und ein waches Empfinden für intuitive Gedankenblitze aus Ihren erhabenen Tiefen bekommen.

7. Wenn Sie sich die Bejahung und die feste Überzeugung zur Gewohnheit machen, jederzeit von Gott (der Unendlichen Intelligenz) auf allen Wegen geführt zu sein, dann werden Sie eine innere Stimme vernehmen, die Ihnen genau sagt, was zu tun ist.

8. Wenn Sie nach neuen Ideen suchen – sei es für Ihren Beruf oder Ihr Geschäft – beruhigen Sie Ihr Gemüt und bejahen Sie: „Die Schöpferische Intelligenz weiß alles und enthüllt mir die neue Idee". Dann lassen Sie den Gedanken an die Angelegenheit fallen, und in einem unerwarteten Moment springt die Antwort in Ihr Bewußtsein.

9. Furcht und Anspannung sind zwei Ursachen, die es verhindern, daß Sie die Antworten aus Ihrem tieferen Bewußtsein erkennen. Beruhigen Sie daher Ihr Gemüt und versenken Sie sich in die wunderwirkenden Kräfte innerhalb Ihres Selbstes. Wenn Ihr Wachbewußtsein ruhig und empfänglich ist, steigt die Antwort aus den Tiefen des Unbewußten empor.

10. Intuition präsentiert alles das unmittelbar, was vom wachbewußten Verstand erst nach Wochen oder Monaten voller Versuche und Irrtümer erreicht werden könnte.

11. Manchmal kommt die intuitive Antwort als Gedanke, aber der häufigere Weg ist „die Stimme zu hören" – so klar und eindeutig zu hören wie eine Stimme aus dem Radio. Fangen Sie an, Ihre Intuition zu entwickeln und lassen Sie Wunder geschehen in Ihrem Leben.

KAPITEL 5

Außersinnliche Reisen und Erfahrungen außerhalb des Körpers

Vor einigen Monaten hielt ich eine Vortragsreihe über Außersinnliche Wahrnehmung in Wilshire Ebell Theatre in Los Angeles und erhielt als Folge viele Briefe von Zuhörern, die – wie sie es nannten – seltsame Erlebnisse hatten, jedoch bislang zögerten, darüber zu sprechen, um vor ihrer Umwelt nicht als wunderlich oder sonderbar zu gelten, oder gar als nicht ganz richtig im Kopf. Ich werde in diesem Kapitel das Wesentliche dieser Erfahrungen, die Essenz sozusagen in Kurzform wiedergeben.

Erfahrungen außerhalb des Körpers

Eine Frau schilderte mir, wie sie am Heiligen Abend 1968 den intensiven Wunsch verspürte, bei ihrer Mutter in New York zu sein. Als sie beim Einschlafen alle ihre Gedanken auf ihr Elternhaus in New York richtete, fand sie sich auf der Stelle dort und versuchte vergeblich die Haustür zu öffnen. Durch den Hintereingang konnte sie jedoch hineingelangen, und ging nach oben in das Schlafzimmer ihrer Mutter, die wach im Bett lag und Zeitung las. Einigermaßen verblüfft fragte Mutter: „Warum hast du mich nicht von deinem Kommen benachrichtigt? Als ich die Schritte auf der Treppe hörte, wußte ich, daß nur du es sein konntest." Sie erwiderte: „Fröhliche Weihnachten Mama. Ich muß jetzt wieder gehen," und im gleichen Augenblick fand sie sich wieder in ihrem Körper in Los Angeles. Sie konnte jeden Gegenstand im Schlafzimmer ihrer Mutter beschreiben und hörte auch die Weihnachtschoräle aus dem Radio klar und deutlich.

Das ist durchaus keine ungewöhnliche Erfahrung. Diese Frau hatte ihre Gedanken unmittelbar vor dem Einschlafen auf ihre Mutter konzentriert und ein intensives Verlangen entwickelt, an diesem Weihnachtsabend bei ihrer Mutter zu sein. Dieses Verlangen erfüllte ihr Unterbewußtsein mit einem klaren Auftrag, und es projektierte ihre Persönlichkeit in einem neuen Körper an einen 5000 Kilometer entfernten Ort. Ihre Mutter wiederum spürte die Berührung ihrer Lippen und Hände und konnte ihre Stimme deutlich hören. Obgleich auch die Hintertür verschlossen war, konnte sie mühelos eindringen, und sich auf einen Stuhl am Bett ihrer Mutter setzen. Sie war sich bewußt, daß sie sich außerhalb ihres Körpers befand und sich in einem verfeinerten Körper bewegte, der mühelos verschlossene Türen oder anderes Material durchdringen konnte.

Eine außersinnliche Reise nach Sydney

Ein australischer Freund berichtete mir von einem interessanten Erlebnis an einem Sylvesterabend. Beim Zubettgehen dachte er an den Gesundheitszustand seines Vaters und begann für ihn zu beten. Er hatte das klare Empfinden, daß die Unendliche Heilungsgegenwart das gesamte Wesen seines Vaters vitalisierte und mit Energie erfüllte und hörte seinen Vater sagen: „Mein Junge, in meinem ganzen Leben habe ich mich noch nicht wohler gefühlt als jetzt. Ich hatte eine wundersame Heilung." Diese Worte hörte er in seiner Imagination wieder und wieder – er lullte sich in den Schlaf mit diesen Worten und befand sich plötzlich am Bett seines Vaters, der natürlich höchst erstaunt war und fragte: „Warum hast du mich nicht von deinem Kommen unterrichtet? Welch eine Überraschung!"

Wie mein Freund mir sagte, war er bei vollem Bewußtsein und konnte alles im Zimmer seines Vaters wahrnehmen, während er sich gleichzeitig bewußt war, daß sein anderer Körper auf einer Couch in Los Angeles lag. Er erschien seinem Vater in vollständiger Kleidung, und verfügte über hörbare, sichtbare und fühlbare Fähigkeiten außerhalb seines Körpers. Er war sich bewußt, daß ihm ein verfeinerter Körper zur Verfügung stand mit der Befähigung, durch verschlossene Türen zu gehen, und die Begrenzungen von Zeit und Raum zu durchbrechen. Das ganze Geschehen spielte sich in wenigen Minuten ab, und spätere Briefe seines Vaters bestätigten den gesamten Ablauf in jedem Detail.

Mancher wird das als Geistererscheinung bezeichnen, als entkörperte Einheit usw. Die einfache Wahrheit ist jedoch vielmehr, daß dieser Mann einen neuen Körper in eine Entfernung von vielen Tausend Kilometern projiziert und eine Verbindung zu seinem Vater hergestellt hatte. Er war in der Lage, mit seinem Vater zu sprechen und ihn zu berühren. Der Mensch ist ein geistiges und übersinnliches Wesen und wird immer über einen Körper verfügen. Auch in einer Billion von Jahren werden Sie irgendwo am Leben sein, in einem höheren Bewußtseinsgrad – denn das Leben ist eine endlose Entfaltung, und Ihre Reise geht ewig aufwärts, hinan, Gottwärts!

Eine Mutter erschien ihrer Tochter

Als Lebenslehrer komme ich mit Menschen aller Bevölkerungsschichten zusammen – durch Korrespondenz oder persönliche Gespräche höre ich oftmals von außerordentlichen und faszinierenden Episoden aus dem Leben einzelner, die sie mit Angehörigen oder Bekannten nur ungern diskutieren, um nicht als überspannte Sonderlinge oder Geistesgestörte abgestempelt zu werden.

Eine Mutter in Beverly Hills war sehr besorgt über den Gesundheitszustand ihrer Tochter in New York. Eines Abends stellte sie sich mit der ganzen Konzentration ihrer Gedankenkraft auf ihre Tochter ein und bejahte für sie Harmonie, Gesundheit und Seelenfrieden, indem sie sich bewußt machte, daß die Gottesgegenwart das ganze Wesen ihrer Tochter durchströmte als Harmonie, Schönheit, Liebe und Frieden. Das nun folgende Beispiel illustriert die außersinnliche Projektion ihres Vierte-Dimension-Körpers: sie befand sich plötzlich in dem Privat-Klinik-Zimmer des Hospitals, wo ihre Tochter wach im Bett lag. Ihre Tochter sagte: „Oh Mutter, ich freue mich ja so, daß du gekommen bist!" Sie umarmten und küßten sich. Die Tochter hörte die beruhigenden Worte der Mutter und spürte die Umarmung deutlich. Auch die anwesende Krankenschwester bekam einen freundlichen Gruß. Plötzlich entschloß sie sich in ihren Körper zurückzukehren, den sie so, wie sie ihn in Beverly Hills im Bett liegend zurückgelassen hatte, sehen konnte. Darüberhinaus war sie sich eines anderen Körpers genau bewußt, eines feineren Körpers, dem Materie jeder Art, wie Türen, Wände etc. keinerlei Widerstand boten. Dann kehrte sie in ihren Körper zurück.

Erlebnisse dieser Art haben viele Menschen, besonders, wenn sie emotionell stark aufgewühlt sind, voller Besorgnis sind und das starke Verlangen verspüren, einem geliebten Menschen nahe zu sein. Das trifft ganz besonders für Zeiten persönlicher Krisen zu. Wer sich mit dem vorherrschenden Gedanken zur Ruhe legt, bei dem geliebten Menschen zu sein, dessen Unterbewußtsein wird entsprechend programmiert, und er findet sich auf einer außersinnlichen Exkursion an dem gewünschten Standort wieder. Dabei ist er sich seines physischen Körpers durchaus bewußt, sowohl beim Verlassen als auch bei der Rückkehr.

Ein New Yorker Kriminalbeamter löst einen Fall durch außersinnliche Reise

Auf dem Internationalen Neugeist-Kongreß im Juli 1969 traf ich einen alten Freund, der seit vielen Jahren in New York ein erfolgreicher Polizeidetektiv ist. Nach meinem Referat über Außersinnliche Wahrnehmung sagte er mir: „Ich habe dir etwas zu erzählen, das dich interessieren wird." Er berichtet mir von einem Fall, bei dem er mit herkömmlichen Methoden nicht weitergekommen war. Er war auf einen großen Einbruchsdiebstahl angesetzt und hatte selbst nach dreimonatiger kriminalistischer Kleinarbeit nicht die geringste Spur. Eines Abends las er im Bett „Die Macht Ihres Unterbewußtseins" und schlief mit dem Gedanken an den vollständig aufgeklärten Fall ein. Sogleich fand er sich in einer Kleinstadt, die ihm völlig fremd war, im Norden des Bundesstaates New York wieder. Er drang durch ein Fenster in einen Raum ein, in dem drei Männer offenbar bei einer Besprechung saßen. Auf Tischen ausgebreitet bemerkte er Juwelen, Uhren, Kameras und Pelze. Er sah Zeitungen und deren Überschriften, hörte die Männer reden und bejahte: „Sie werden mich nicht sehen!" Er sah aus dem Fenster und prägte sich den Straßennamen und den Namen des Kinos von Gegenüber ein.

Plötzlich war er sich klar, daß es sich hier um die gesuchten Männer handelte. Das Appartement bestand aus drei Räumen. Er wußte, daß er in einem außersinnlichen Körper agierte, einem Körper, der dennoch für ihn fühlbar und in der Lage war, sich in jeder gewünschten Richtung zu bewegen. Er nahm die Zeitschriften wahr, die sie lasen, und kannte jetzt auch die Stadt, in der sie sich versteckten. Dann bejahte er vollbewußt: „Jetzt will ich zurück nach New York", und fand sich im selben Augenblick wieder in seinem Körper daheim in New York.

Nachdem er aufgewacht war, rief er sofort das Polizeihauptquartier an, von wo aus die örtliche Polizei verständigt wurde. Man konnte alle gestohlenen Gegenstände sicherstellen und die drei Männer festnehmen, die einigermaßen perplex waren, als um 3.00 Uhr früh sechs schwerbewaffnete Polizisten ihr Appartement stürmten. Allerdings hatte der Detektiv seiner Dienststelle gegenüber vorgegeben, einen heißen Tip erhalten zu haben. Hätte er seinen Vorgesetzten von seiner außersinnlichen Reise erzählt – so meinte er – dann würden sie ihm wahrscheinlich eine psychiatrische Behandlung empfohlen haben.

Nach meiner Überzeugung liegt die Erklärung für das Gesamtgeschehen in der Tatsache, daß der Detektiv, dessen ganze emotionale Energie auf eine Lösung des Falles ausgerichtet war, vor dem Einschlafen die Weisheit seines Unterbewußtseins aktiviert hatte, das seine Persönlichkeit in einem verfeinerten Körper zu dem Aufenthaltsort der Gesuchten projizierte – einem verfeinerten Körper mit allen Möglichkeiten zu sehen, zu hören, sich fortzubewegen und jeden Vorgang genauestens zu registrieren, und auch seine Mobilität nach Willen zu dirigieren. Er war auch intelligent und verständig genug, zu verlangen, von den gesuchten Räubern nicht bemerkt zu werden. Alles das und viel mehr noch sind latent vorhandene Kräfte im tieferen Bewußtsein des Menschen.

*Durch außersinnliche Wahrnehmung wußte sie,
daß ihr Sohn am Leben war*

Einen sehr interessanten Brief erhielt ich von einer Frau aus Arizona: ihr Sohn war in Vietnam als vermißt gemeldet. Verständlich, daß sie völlig verstört war und sich Gedanken darüber machte, ob er wohl tot war oder noch lebte. Sie räumte ein, daß sie sehr angespannt und voller Sorge war, hin- und hergerissen zwischen Hoffnung, Furcht und wachsender Verzweiflung. Eines Abends jedoch las sie *Die Macht Ihres Unterbewußtseins* und beauftragte daraufhin ihr tieferes Bewußtsein unmittelbar vor dem Einschlafen: „Enthülle mir ob mein Sohn tot ist oder ob er lebt." Sogleich hatte sie im Schlafzustand eine hellsichtige Vision von ihrem Sohn, der aus einer Gruppe von Männern deutlich herausragte. Sie sah seine nackten Füße, seinen wilden Bart, den Stacheldraht der ihn umgab, und die Pritsche auf der er schlief. Sie erkannte alle Einzelheiten seines Aufenthaltsortes und wußte intuitiv, daß er lebte und den Umständen entsprechend wohlauf war.

Später erhaltene Informationen bestätigten ihr, daß ihr Sohn in Gefangenschaft geraten war. Nach einigen Monaten bekam sie einen Brief von ihm, der heimlich aus dem Lager geschmuggelt worden war. Ihr Unterbewußtsein hatte ihr auf seine ureigenste Weise die Antwort enthüllt, und für sie war diese Antwort ein untrüglicher Beweis.

Außersinnliche Wahrnehmung führt zu verlorenem Topas

Eine befreundete Ärztin fragte mich, ob ich ihr durch Gebet bei der Auffindung eines verlorengegangenen Ringes helfen könnte. Das wertvolle Erbstück war in der Familie von Generation zu Generation weitergereicht worden. Oftmals konzentriere ich mich vor dem Einschlafen auf Hilfeersuchen, die im Laufe des Tages an mich gerichtet werden. Dabei mache ich mir eine klare bildliche Vorstellung von der hilfesuchenden Person, von unserer Unterredung und der Natur des Problems. Sodann folgt eine Bejahung, etwa in dieser Art: „Die Unendliche Intelligenz weiß, wo dieser Topas sich befindet – sie enthüllt seinen

Verbleib der Ärztin und mir in Göttlicher Ordnung. Ich akzeptiere die Antwort." Dann überlasse ich mich den Tiefen des Schlafes, im Wissen, daß ich die Antwort bereits weiß.

In diesem besonderen Fall geschah nun das Folgende: während ich fest schlief, lief eine Szene vor mir ab, ähnlich wie ein Film auf der Leinwand. Ich sah eine fremdländisch aussehende Frau den Ring tragen und eine ältere Frau – vermutlich ihre Mutter – nach dem Wert fragen. Ich konnte die Farbe ihrer Kleidung ausmachen sowie die ihrer Haare, die sehr grau waren und ihr auf die Schultern hingen. Sie wies einige Zahnlücken auf und hatte einen Leberfleck im Gesicht.

Am nächsten Morgen telefonierte ich mit meiner Bekannten, um ihr von meinen Wahrnehmungen zu berichten. Sie war völlig perplex: „Das darf doch nicht wahr sein! Das ist eine perfekte Beschreibung meiner Hausangestellten. Sie ist seit 20 Jahren bei mir. Sie kann es nicht getan haben – das ist völlig unmöglich!" Ich machte ihr den Vorschlag, ihr genau zu erzählen, daß ich sie gesehen und auch genau gehört hätte, was sie zu ihrer Mutter gesagt hatte. So geschah es und die Hausangestellte gestand unter Tränen, daß sie den Ring an sich genommen habe, aber nur, um ihn ihrer Mutter zu zeigen; daß sie nicht die Absicht hatte ihn zu behalten. Die Ärztin hatte jedoch bereits seit zwei Monaten alles nach dem Ring abgesucht und die Hausgehilfin hatte ihr auch noch dabei geholfen, immer in dem Wissen, daß sie ihn gestohlen hatte.

Mein Unterbewußtsein hatte mir die Wahrheit über die Situation offenbart. Seine Wege und Möglichkeiten bewegen sich außerhalb unseres Fassungsvermögens.

Dr. P. P. Quimby's Experimente mit Hellsehen und Außersinnlichen Wanderungen im Mai 1862

„Ich will jetzt von einem Experiment in Hypnose berichten, das ich mit meiner Versuchsperson Lucius durchführte. Ich bat jede im Raum anwesende Person, mir den Namen eines Bekannten auf ein Stück Papier zu schreiben. Sodann beauftragte ich Lucius, diese Personen tot oder lebend zu finden; was er auch tat, indem er sie alle den Zuhörern beschrieb. Bei dieser Gelegenheit wurde mir ein Name gegeben, den ich wie üblich Lucius gab. Seine Auskunft: es handle sich um einen Mann mit einer Frau und drei Kindern, ein Tischler von Beruf, der die Stadt für zwei Tage verlassen habe. Er hätte seinen Werkzeugkasten in einer Scheune gelassen und sei direkt nach Boston gefahren. Ich wies ihn an, dem Mann zu folgen. Er tat es und sagte, er habe ihn in Ohio in einer Böttcherwerkstatt gefunden, wo er gestorben sei. Ich wies ihn an, ihn trotzdem zu beschreiben.

Er begann eine allgemeine Beschreibung zu geben. Ich unterbrach ihn und forderte ihn auf, eventuell vorhandene Besonderheiten zu erwähnen. „Nun" sagte er „ich meine jeder sollte ihn an seiner Hasenscharte erkennen." Ich fragte die Person die mir den Namen gegeben hatte, ob diese Beschreibung zutreffend sei und bekam jede Einzelheit bestätigt. Hier hatten wir einen klaren Fall von Außersinnlichkeit. Lucius las verschlossene Briefe, begab sich an entfernte Orte und befragte eine Person dort, bekam eine Antwort, und dennoch war diese Person sich nicht bewußt, eine Frage beantwortet zu haben."

Dieser Bericht ist den Schriften von Dr. Phineas Parkhurst Quimby entnommen, niedergeschrieben im Mai 1862. Dr. Quimby wußte, daß sich unter seinen Zuhörern jemand befand, der die infrage stehende Person kannte. Und er wußte, daß seine Versuchsperson Lucius in ihrem hypnotischen Trancezustand hellsichtig war und damit fähig war, das unterbewußte Denken dieses Zuhörers zu empfangen. Das Aussehen des Vermißten war in dessen Unterbewußtsein und Quimby wußte, daß er diese Beschreibung in allen Details enthüllen würde, die Hasenscharte eingeschlossen. Darüberhinaus waren Einzelheiten über sein Handwerk, seine Familie und seines Wohnortes noch weiteren Zuhörern bekannt, und Lucius trat in seinem Trancezustand lediglich in Kontakt mit dem Unterbewußtsein eines jeden dieser Leute. Quimby gebrauchte in diesem Zusammenhang die Bezeichnung *Spiritualismus*. Heutzutage nennen wir dieses Phänomen *subjektive Hellsichtigkeit (Clairvoyance)*, soweit es die hypnotisierte Versuchsperson betrifft. Eine der Besonderheiten des Unterbewußtseins ist seine Fähigkeit, durch Hellsichtigkeit (Clairvoyance) mühelos Informationen zu erhalten.

*Dr. Phineas Parkhurst Quimby's Experiment
mit hellsichtigen Wanderungen*

Als ich in Eastport war, versetzte ich eine Dame in hypnotischen Schlaf. Sie hatte den Wunsch, ihre Angehörigen in New Hampshire zu besuchen. Ich begleitete sie. Als sie sich lächelnd verneigte fragte ich sie, wem dieser Gruß gegolten habe. Sie sagte, es sei der Postmeister gewesen. Dann meinte sie, wir sollten jetzt nachhause gehen. Ihre Leute hielten bereits Ausschau nach ihr. Ich fragte sie, ob ihr Vater daheim sei, und ob sie mich ihm wohl vorstellen könnte, was sie sofort tat. Ich forderte sie auf ihren Vater zu fragen, ob irgendetwas vorgefallen sei seit ihrer Abwesenheit. Sie erbleichte und schien verstört. Auf meine Frage berichtete sie mir, daß ihr Onkel tot sei, und ihre Tante, die ihn gepflegt hatte, krank geworden aber inzwischen wieder genesen war. Ihr Bruder hätte sie heimgebracht. Alle diese Angaben wurden einige Tage später brieflich bestätigt. Dieser Brief ihres Onkels, Dr. Richardson, befindet sich in meinem Besitz. Darin stellt er fest, daß alles, was sie gesagt hatte, buchstäblich der Wahrheit entsprach.

Ich kann von vielen Experimenten dieser Art berichten. Wenn ich bei Kranken sitze, sprechen sie zu mir von ihren Gefühlen, aber sie empfinden sie nicht durch ihre natürlichen Sinne, ebensowenig wie ich mir ihrer Gegenwart oder Gefühle durch die natürlichen Organe bewußt bin. Jede Person besitzt jedoch zwei Identitäten – eine hat Substanz und die andere den Schatten. Für mich jedoch ist der natürliche Mensch der Schatten, er jedoch hält sich für die Substanz und alles, was er nicht zu erfassen vermag, für den Schatten. Eine Person in hypnotischem Zustand beweist der Person im Wachzustand, daß es zwei Zustände gibt und jeder Zustand dem anderen ein Geheimnis ist. Diejenige im Wachzustand kann nicht verstehen, weshalb eine Person, die dem Wachzustand gegenüber tot sein kann, ihre Identität dennoch behalten kann und sich selbst gegenüber die gleiche Person bleibt. Und daß, wenn sie in ihren natürlichen Zustand kommt, den hypnotischen Zustand verloren hat. Die hypnotisierte Person wiederum kann nicht begreifen, weshalb diejenige im natürlichen Zustand nicht das wissen kann, was sie im hypnotisierten Zustand weiß. So ist jede der anderen ein Geheimnis.

Dies ist der Sachverhalt: Weisheit hat keinen Schatten; eine Meinung dagegen hat einen. Der Mensch handelt entweder nach seiner Meinung oder seiner Weisheit, jede Handlung steht in seinem Ermessen und seine Anerkennung der Dinge hängt davon ab."

In diesem Bericht aus Dr. Quimbys Schriften vom Mai 1862 unterstreicht er, daß ein jeder von uns zwei Identitäten besitzt – unsere „*übersinnliche Natur*" und unser „*Fünf-Sinne-Bewußtsein*". Letzteres basiert auf unserer Erziehung, dem Einfluß der Umwelt und den traditionellen Auffassungen. Aber tiefer als dies alles, in den Tiefen unseres Unbewußten, ist der lebendige Geist des Allmächtigen, die Gegenwart Gottes – und, wie Dr. Quimby hervorhebt, kommen in hypnotischem Zustand außerordentliche Kräfte unseres Geistes zum Vorschein, die das Fassungsvermögen des Verstandes und unseres abwägenden Wachbewußtseins übersteigen. Er beschreibt darin, wie er die in hypnotischem Schlaf befindliche junge Dame auf eine hellsichtige Reise nachhause schickte, wo sie alles das sehen konnte, was sich dort im gleichen Moment abspielte; ebenso wie Ereignisse, die schon einige Tage vorher eingetreten waren – der Tod eines Onkels, die Krankheit einer Tante. Dr. Quimby, der sich in einem passiv hellsichtigen Zustand befand, begleitete sie geistig und sah alles, was sie tat. Quimby wußte, daß Zeit oder Raum für das Unterbewußtsein keine Rolle spielen. Daher befand sich die junge Frau auf der Stelle in ihrem Elternhaus in New Hampshire.

Das sind einige der Wunder des Geistes, die Dr. Quimby ans Licht brachte, im Mai 1862.

ZUSAMMENFASSUNG

1. Viele Menschen haben seltsame Erlebnisse außerhalb ihres Körpers, zögern jedoch, darüber zu sprechen, um von ihrer Umwelt nicht als geistesgestört angesehen zu werden.
2. Eine Tochter die über den Gesundheitszustand ihrer Mutter besorgt ist, kann durch Gedankenkonzentration vor dem Einschlafen auf ihre Mutter von ihrem Unterbewußtsein in einem verfeinerten Körper

an den entfernten Wohnort der Mutter gesandt werden. Sie ist in der Lage, ihre Mutter zu umarmen, sie zu küssen und mit ihr zu sprechen. Auch alle anderen sichtbaren, hörbaren und greifbaren Dinge kann sie in diesem vierdimensionalen Körper wahrnehmen.

3. Ein in Los Angeles lebender Mann findet sich am Bett seines Vaters in Sydney, Australien wieder und kann alles im Haus seines Vaters sehen. Er geht durch verschlossene Türen und erscheint seinem Vater, der über den unangemeldeten, überraschenden Besuch völlig verblüfft ist. Spätere Briefe des Vaters bestätigen die Astralreise in jeder Einzelheit.

4. Wenn Sie kurz vor dem Einschlafen für einen nahestehenden Menschen oder einen Bekannten intensiv beten, kann es geschehen, daß sie diesem Menschen sichtbar werden. Ebenso können Sie ihn sehen und mit ihm sprechen und darüber hinaus alles wahrnehmen, was sich in dem Raum befindet. Auch andere anwesende Personen sind in der Lage, sie zu sehen und anzunehmen, daß hier ein Angehöriger einen Besuch macht. Sie erscheinen in voller Kleidung mit allen Ihren körperlichen Fähigkeiten, denn als ein geistiges und außersinnliches Wesen sind Sie fähig, unabhängig von Ihrem dreidimensionalen Körper zu denken, zu sehen, zu fühlen und zu reisen.

5. Ein Detektiv, der von seinem Unterbewußtsein verlangt hatte, ihm den Verbleib von drei Einbrechern, die mehrere Wohnungen ausgeraubt hatten, zu enthüllen, findet sich in deren Versteck wieder und verlangt sogleich von seinem Unterbewußtsein, für die anderen nicht wahrnehmbar zu sein. Sodann sammelt er alle erforderlichen Fakten für eine Festnahme. Er entdeckt, daß er bewegliche Gegenstände handhaben kann und seinen verfeinerten Körper in jede gewünschte Richtung dirigieren kann, da dieser Körper mit Willenskraft, Unterscheidungsvermögen und Initiative ausgestattet ist. In anderen Worten: er ist ein bewußtes, unterscheidungsfähiges Wesen, das völlig unabhängig von seinem dreidimensionalen Körper funktioniert.

6. Eine zutiefst verzweifelte Mutter, deren Sohn in Vietnam als vermißt gemeldet war, entschloß sich, ihr Unterbewußtsein zu befragen. Daraufhin wurde sie im Schlaf hellsichtig, und sah ihren Sohn als Kriegsgefangenen. Die Besonderheiten seines Äußeren und seiner Umgebung

wiesen eindeutig auf diesen Sachverhalt. Somit wußte sie, daß er am Leben und den Umständen entsprechend wohlauf war. Die darauffolgenden Geschehnisse bestätigten ihre Wahrnehmung in jedem Detail.

7. Eine Ärztin, die einen sehr wertvollen Topas verloren hatte, bat den Autor um Gebetshilfe zu seiner Wiederbeschaffung. Im Traumzustand sah ich dann eine fremdländisch aussehende Frau mit dem gesuchten Topasring an der Hand. Ich hörte sie nach seinem möglichen Wert fragen, sah den Leberfleck in ihrem Gesicht und stellte fest, daß ihr drei Vorderzähne fehlten. Nach meiner Beschreibung erkannte die Ärztin sogleich ihre Hausgehilfin, die auf Vorhaltungen den Diebstahl eingestand. Durch außersinnliche Wahrnehmung gelangte das wertvolle Erbstück wieder in ihren Besitz.

8. Dr. Phineas Parkhurst Quimby führte im Jahre 1862 Experimente mit hellsichtigen Wahrnehmungen durch. In einem Fall hypnotisierte er eine Frau, die in diesem Zustand hellsichtig wurde. Er schickte sie zurück in ihr Elternhaus, wo sie genau von allem berichtete, was sich in dem Augenblick dort abspielte. Sie machte ihn mit dem dortigen Postmeister bekannt, berichtete vom Tod eines Onkels und anderen Einzelheiten, die später sämtlich bestätigt wurden. Quimby folgte ihr auf ihrer mentalen Reise. Er war hellsichtig ohne sich in Trance zu befinden. Er demonstrierte die supranormalen Kräfte des Geistes.

9. Bei anderer Gelegenheit demonstrierte Dr. Quimby, daß seine Versuchsperson Lucius im Trancezustand hellsichtig wurde und eine detaillierte Beschreibung eines vermißten Mannes geben konnte. Er gab eine genaue Personenbeschreibung, nannte seinen Beruf, beschrieb Familienmitglieder und seinen derzeitigen Aufenthaltsort. Dr. Quimby wußte, daß ein Zuhörer den Mann kannte und mit seinen Verhältnissen vertraut war. Somit hatte Lucius im Trance nur einen Kontakt mit dem Unterbewußtsein des Fragestellers hergestellt. Dieser hatte ein komplettes Erinnerungsbild des Vermißten und wußte alles über ihn. Das sind die Wunder Ihres Unterbewußtseins.

KAPITEL 6

Außersinnliche Wahrnehmung und Heilung

Eine der interessantesten und faszinierensten Veranlagungen des menschlichen Geistes ist die der Vorausschau (Prevision), die Möglichkeit, zukünftige Begebenheiten vorauszusehen. Durch meine Konsultationen und durch Interviews mit Menschen aller Schattierungen erhielt ich eine Fülle von Informationen über bemerkenswerte Heilungen und Lebensrettungen durch Außersinnliche Wahrnehmungen.

Wie das Gebet einer Mutter eine Amputation verhütete

Eine Frau, die wegen eines häuslichen Problems zu mir in die Sprechstunde kam, berichtete mir von einer interessanten und bemerkenswerten Episode im Zusammenhang mit ihrer Gebetsarbeit. Ihr Sohn hatte sie von einem Lazarett in Vietnam aus angerufen und dringend um ihre Gebetshilfe gebeten. Man hatte ihm eröffnet, daß sein Fuß infolge fortgeschrittenen Brandes amputiert werden müsse. Darauf hatte er dem Chirurgen geantwortet: „Meine Mutter betet für andere Menschen, und die werden wieder gesund!" Der Arzt hatte ihn daraufhin ermutigt und gemeint, er solle sie anrufen. Nach dem Anruf ging sie in die Stille und bejahte: „Mein Sohn ist dem Göttlichen Geist bekannt. Gott in seiner Mitte heilt ihn jetzt, und ich danke Gott für die Heilung, die er jetzt vornimmt." Dieses einfache Gebet bejahte sie wieder und wieder. Dabei war sie still und entspannt und nach etwa einer Stunde schlief sie ein. Im Traum sah sie dann ihren Sohn und hörte ihn sagen: „Mutter, ich werde meinen Fuß behalten. Es ist wundervoll!" Sie erwachte am nächsten Morgen mit einem wundervollen Gefühl des Friedens und der Gelassenheit. Spätere Briefe ihres Sohnes bestätigten ihre tiefe Überzeugung von der heilenden Kraft Gottes.

Diese Mutter wußte, daß Zeit und Raum für das Geistprinzip nicht existieren, und daß ihre tief innere Vergegenwärtigung der Unendlichen Heilenden Gegenwart sich im Unterbewußtsein ihres Sohnes auch dort in weiter Ferne widerspiegeln würde. Sie wandte auch ihren liebsten Bibelvers an: *Alles, um was ihr bittet, glaubt nur, daß ihr es empfangen habt, und es wird euch zuteil werden.* (Markus 11,24)

Wie der Traum von einer Herzattacke half eine Tragödie zu verhüten

Während ich dieses Kapitel so zwischen meinen Sprechstunden schreibe, muß ich feststellen, daß in meinen Beratungen doch recht vielfältiges Material für dieses Buch anfällt, denn ich unterhalte mich hier mit Menschen, die zum Teil ungewöhnliche Erfahrungen mit Außersinnlichen Wahrnehmungen hatten. Diese Erlebnisse wollen die meisten jedoch mit Angehörigen oder Freunden nicht diskutieren – sie behalten sie lieber für sich, um sich nicht lächerlich zu machen oder gar als komplett verrückt zu gelten.

Die hübsche junge Dame, die mich wegen eines wissenschaftlichen Gebets für ihren kleinen Sohn konsultierte, erzählte mir, daß sie einige Wochen zuvor während eines Mittagsschlafes einen sehr beunruhigenden Traum hatte. Sie sah ihren Mann am Steuer seines Wagens unterwegs nach Las Vegas. Plötzlich faßte er mit beiden Händen nach seiner Herzgegend, wobei der Wagen außer Kontrolle geriet.

Sie erwachte mit einem entsetzlichen Furchtgefühl, an allen Gliedern zitternd, und mit der sicheren Vorahnung einer drohenden Katastrophe. Sogleich nahm sie die Bibel und las den 91. Psalm, den großen Psalm des Schutzes mehrmals laut, wobei sie den Text in die Gegenwartsform setzte. Sie betete für ihren Mann etwa eine halbe Stunde lang, beginnend mit: „Er wohnt unter dem Schirm des Höchsten ... Er ruht im Schatten des Allmächtigen ... Seine Engel behüten meinen Mann auf allen seinen

Wegen" und andere Passagen, wie „Gott heilt ihn jetzt" und „Gottes Liebe durchströmt ihn und macht ihn heil und vollkommen." Nach und nach wurde sie von einem Gefühl tiefen Friedens erfüllt.

Etwas später erfuhr sie, daß ihr Mann einen schweren Herzanfall erlitten und dabei das Bewußtsein verloren hatte. Ein nachfolgender Autofahrer hielt neben dem mitten auf der Fahrbahn stehenden Wagen mit dem über das Lenkrad gebeugten, bewußtlosen Fahrer. Bei näherem Hinsehen entdeckte er einige Herzpillen in dessen Hand, die er offenbar noch einnehmen wollte, bevor der plötzliche Anfall ihn bewegungslos machte. Er steckte dem Bewußtlosen eine Tablette in den Mund und brachte ihn in eine Klinik, wo eine bemerkenswert schnelle Heilung einsetzte. Wie ein Wunder erschien es ihm, daß der Wagen zum Stillstand kommen konnte, da der Fuß des Bewußtlosen sich nicht auf dem Bremspedal befand.

Das Gebet dieser Frau, daß „Engel ihren Mann behüten", wurde im Geist des vorbeifahrenden guten Samariters wirksam, der sich als Engel der Barmherzigkeit erwies. Es bewirkte weiterhin, daß ihre tiefe Inbrunst und Überzeugung von der uns allen innewohnenden Unendlichen Heilungsgegenwart ihren Widerhall im Unterbewußtsein ihres Mannes fand, sodaß schnelle Rettungsmaßnahmen stattfanden und eine außergewöhnliche Heilung erfolgte. Spätere kardiografische Untersuchungen ergaben eine – wie es hieß – geradezu erstaunliche Heilung.

Wie Hellhören (Clairaudience) einen Zug Soldaten rettete

Auf einer Flugreise nach New York im letzten Jahr, saß ich neben einem Offizier, der erst kurz zuvor aus Vietnam zurückgekehrt war. Während unserer Unterhaltung ergab sich, daß auch er ein ungewöhnliches Erlebnis mit außersinnlicher Wahrnehmung hatte, mit einer Stimme „aus dem Nichts", die er gehört hatte. Er und seine Leute hatten Befehl, eine Erkundung im Dschungelgelände durchzuführen. Während sie sich langsam vorwärts bewegten, hörte er plötzlich die Stimme seiner Schwester klar und eindeutig: „Unmittelbar vor dir ist eine Mine! Halt! Stop! Stop!!!" Er gab sofort Befehl stehenzubleiben, und sie fanden nur einige Meter von sich entfernt eine vergrabene Tellermine, die mit Sicherheit hochgegangen wäre, wenn sie nicht angehalten hätten.

Seine Schwester war eine Nonne, die in einem Konvent in Irland unterrichtete und regelmäßig für ihn betete, morgens und abends und bei der täglichen Messe: „Der Herr ist meines Bruders Licht und sein Heil."

Dieser Offizier war sich bewußt, daß seine Schwester räumlich Tausende von Meilen von ihm entfernt war. Als studierter Psychologe wußte er selbstverständlich, daß die Stimme, die er gehört hatte, eine Warnung aus seinem Unterbewußtsein war, das ihn zu beschützen suchte und auf die Gebete seiner Schwester machtvoll reagierte. Das Drängen, Flüstern, die Fingerzeige und Intuitionen aus dem Unterbewußtsein sind immer aufwärts, lebenswärts weisend. Sie sind immer bestrebt, Sie allezeit zu beschützen, denn Selbsterhaltung ist das erste Gesetz der Natur. Jeder sollte auf die innere Eingebung hören, das stille innere Wissen der eigenen Seele.

In jedem Notfall, bei jeder akuten Gefahr, werden Sie feststellen, daß Ihr Unterbewußtsein sich der Stimme einer Person bedient, die Sie als vertrauenswürdig akzeptieren und der Sie widerspruchslos gehorchen. Die innere Stimme – bestrebt, Sie unter allen Umständen zu beschützen – würde daher niemals mit der Stimme eines Ihnen unsympathischen Menschen zu Ihnen sprechen, oder mit der Stimme eines Menschen, dem Sie mißtrauen.

Außersinnliche Wahrnehmungen und Heilung in der Bibel

... schickte der Hauptmann Freunde und ließ ihm sagen: Herr, bemühe dich nicht, denn ich bin nicht wert, daß du unter mein Dach kommst ... sprich nur ein Wort, so wird mein Knecht geheilt werden. (Lukas 7:6,7)

Hier haben wir eine Technik für Fernbehandlung oder außersinnliche Heilung. Es geht darum, für einen anderen zu beten oder das Wort auszusenden, um ihn zu heilen. Wenn wir für einen anderen Menschen beten, oder ihm eine – wie es heißt – geistige und außersinnliche Behandlung zuteil werden lassen, dann berichtigen wir einfach das Bild des anderen in unserem Bewußtsein, in dem wir wissend und fühlend die Freiheit, Vollkommenheit und den inneren Frieden des anderen bejahen.

Das *Wort* in der Bibelsprache steht für einen klar geformten Gedanken, verbunden mit einer tief empfundenen, anhaltenden Überzeugung, daß das Gewünschte bereits Form angenommen hat. In diesem Fall ist es die tief empfundene Überzeugung, daß die Unendliche Heilungsgegenwart bereits alles Erforderliche veranlaßt hat – daß die Heilung bereits eine vollendete Tatsache ist.

Das Aussenden des Wortes, um einem anderen Menschen Heilung oder Hilfe zu bringen, geschieht folgendermaßen: zuerst denken Sie an alles, was Sie über Gott wissen, wie „Gott ist endlose Liebe, vollkommene Harmonie, unendliches Leben, die Allkraft, die Allseligkeit, der lebendige Geist – allmächtig in mir." Erkennen Sie, daß es nichts zu verändern gibt, als Ihr Denken. Wenden Sie keinerlei Gewalt oder mentalen Zwang irgendwelcher Art an. Werden Sie still, entspannen Sie sich und bedenken Sie, daß Sie ein Kanal sind, durch den sich die Wiedererrichtung der Vollkommenheit und Harmonie des Unendlichen vollzieht, vom Unsichtbaren zum Sichtbaren.

Wenn Sie für jemand anderen beten, dann bejahen Sie im Stillen: „Gott ist die einzige Gegenwart und Macht. Ich erkläre, empfinde und weiß, daß die aufrichtende, heilende und stärkende Kraft der Unendlichen Heilungsgegenwart John oder Mary (Name der betreffenden Person) durchströmt und ihn oder sie gesund, entspannt und vollkommen macht. Ich erkläre und weiß, daß die Harmonie, die Schönheit und das Leben Gottes sich jetzt manifestieren als Kraft, Frieden, Vitalität, Schönheit, Gesundheit und rechtem Handeln." Empfinden Sie die Wahrheit Ihrer Bejahung, und bei klarem Gewahrwerden dieser Wirklichkeit wird der kranke Zustand sich im strahlenden Licht der Liebe Gottes auflösen.

Wichtig für Ihren Glauben und Ihr Vertrauen ist ein mentaler Zustand der Ruhe und Passivität. Verbleiben Sie in diesem Zustand der Gemütsruhe und beten Sie für den betreffenden Menschen, wenn Sie sich dazu gedrängt fühlen; allmählich festigt sich diese Geisteshaltung, der Tag bricht an und alle Schatten fliehen.

Der Sterbende richtet sich auf und begann zu sprechen

Kürzlich hielt ich ein Referat in der schönen „Religions Science Church" in Oakland, Kalifornien. Während meines Aufenthaltes dort suchte mich ein Mann in meinem Hotel auf und bat mich um eine Anleitung für wirkungsvolle wissenschaftliche Gebete. Im Verlauf der Unterredung verriet er mir, daß er mit meinem Buch „Die Macht Ihres Unterbewußtseins" sehr vertraut war – er hatte es gut fünfzehn Mal gelesen – er war von der Macht des Unterbewußtseins überzeugt und hatte das gelesene auch emsig praktiziert.

Sein Sohn, ein eifriges Mitglied einer streng orthodoxen Kirche, die die Bibel wörtlich auslegt, war todkrank – seit Tagen bereits im Koma. Die Ärzte hatten so gut wie keine Hoffnung mehr, obgleich sie nach wie vor alles menschenmögliche für ihn taten und in jeder Weise rücksichtsvoll und zuvorkommend waren. Als der Vater am Krankenbett seines Sohnes um Führung betete – der Sohn hatte ihn nicht erkannt und war in einen lethargischen Schlaf gefallen – sprach er laut zum Unterbewußtsein seines Sohnes: „Mein Sohn, Jesus ist jetzt hier bei uns und du kannst ihn sehen. Jesus heilt dich jetzt. Er legt seine Hand jetzt auf dich. Du fühlst diese Berührung jetzt."

Er wiederholte diese Feststellungen mehrmals leise, langsam und eindringlich. Sein Sohn war sich der Gegenwart des Vaters nicht bewußt, er befand sich nach wie vor im tiefen Koma. Nach etwa zehn Minuten jedoch richtete er sich plötzlich auf, öffnete die Augen und sagte: „Hallo Vater! Jesus war bei mir und hat mich berührt. Ich weiß jetzt, daß ich geheilt bin. Er sagte zu mir „Ich sage dir, steh auf!" Der Sohn wurde zwei Tage später als völlig geheilt entlassen.

Was war geschehen? Das Unterbewußtsein des Sohnes akzeptierte die Bejahung des Vaters, daß Jesus am Krankenbett anwesend war, und sein Unterbewußtsein verbildlichte die Gedankenform; d. h. die religiöse Vorstellung, die der Sohn von Jesus hatte, wurde ihm gegenwärtig in seinem Schlaf – gegründet auf den speziellen Lehren seiner Kirche, den angenommenen Glaubensvorstellungen, den Abbildern in seinem Gebetsbuch, Gemälden, Kirchenstatuen etc. Dieser Junge glaubte bedingungslos, daß Jesus im Fleisch bei ihm war und seine Hand auf ihn gelegt hatte. Sein bedingungsloser Glaube wurde von seinem Unterbewußtsein registriert, das sodann entsprechend reagierte.

Wenn Sie einem in Trance befindlichen Menschen einreden, seine Großmutter sei jetzt anwesend, dann wird er augenblicklich ein Vorstellungsbild von seiner Großmutter sehen. Sein Unterbewußtsein widerspiegelt ein Vorstellungsbild von seiner Großmutter aufgrund unterbewußt vorhandener Erinnerungsbilder. Dem gleichen Menschen können Sie auch posthypnotische Suggestionen geben, in dem Sie ihm bedeuten: „Wenn Sie aus der Trance erwachen, dann werden Sie Ihre Großmutter begrüßen und sich mit ihr unterhalten." Genau das wird er dann tun.

Das Ganze wird wissenschaftlich als subjektive Halluzination bezeichnet. Der Glaube – angefacht im Unterbewußtsein des Sohnes – war der bestimmende Heilungsfaktor. Uns geschieht immer und ausschließlich nach unserem Glauben oder unserer Überzeugung.

Die Auferstehung der sogenannten Toten

Das Unterbewußtsein ist jederzeit Suggestionen zugänglich, auch im Zustand der Bewußtlosigkeit. Das Tiefenbewußtsein ist jederzeit in der Lage, Suggestionen entgegenzunehmen und daraufhin tätig zu werden. In gewisser Weise läßt sich dieses Geschehnis als *Auferstehung von den Toten* bezeichnen. Es ist die Auferstehung von Gesundheit, Glauben, Vertrauen und Vitalität.

Eine Frau weigert sich, einen Arzt zu konsultieren

Eine Frau rief mich aus New Orleans an. Sie fühlte sich sehr schwach und hatte in der letzten Woche drei Zusammenbrüche, nach jeweils leichteren Beanspruchungen im Haushalt. Ich riet ihr dringend, sofort einen Arzt zu konsultieren und sich untersuchen zu lassen. Währenddessen sollte sie sowohl für sich als auch für den Arzt beten und sich dabei vergegenwärtigen, daß Gott ihr und auch dem Arzt Führung zuteil werden läßt, und daß Gott in ihrer Mitte sie jetzt heilt.

Sie antwortete: „Ich hasse Ärzte, Schwestern und Pillen. Mein Mann besteht ebenfalls darauf, daß ich zum Arzt gehe, aber ich dagegen glaube, daß Gott mich heilen kann." Ich erklärte ihr, daß sie, solange sie Haßgefühle irgendwelcher Art hege, den heilenden Strom der Liebe und der Freude blockiere. Sie solle stattdessen dem Sonnenschein der Liebe Gottes Einlaß gewähren. Ihr geistiger Widerstand errichte gleichzeitig einen wirksamen Widerstand gegen die Heilende Gegenwart. Leider war sie uneinsichtig und bestand auf ihrer Weigerung, einen Arzt zu Rate zu ziehen. Wie ihr Mann mir später berichtete, hatte sie noch am gleichen Tag einen erneuten Zusammenbruch und wurde mit Blaulicht und Sirene ins Hospital geschafft, wo sie kurz darauf an einer Thrombose der Herzkranzgefäße starb.

Ihr Mann hatte sie beschworen, sich einer eingehenden ärztlichen Untersuchung zu unterziehen. Hätte sie das getan, so wäre ihr Zustand noch rechtzeitig entdeckt worden und sie hätte die dringend erforderliche Behandlung erfahren können. Eine Besserung ihres Zustandes wäre damit ganz ohne Zweifel eingetreten. Ihre Lebensspanne wäre auf jeden Fall verlängert worden. Durch ärztliche Betreuung im Zusammenwirken mit Gebetstherapie wäre sie auf vielfältigste Weise gesegnet gewesen. Auch der Arzt ist ein Instrument Gottes. Jeder Mensch ist ein Tempel des lebendigen Gottes.

Weshalb Sie die ärztliche Kunst würdigen sollten

Im Buch Ecclesiastiens oder Jesus Sirach, Kapitel 38, Vers eins und zwei lesen wir die folgenden Worte:

„Halte den Arzt wert, weil
du ihn nötig hast, denn auch
ihn hat Gott geschaffen.
Von Gott hat der Arzt seine
Weisheit, und vom König
empfängt er Geschenke."

Diese von tiefer Weisheit durchdrungenen Verse sagen uns eindringlich, daß unsere Verwirklichungen immer dem Grad unseres Glaubens entsprechen. Wenn also durch Gebet keine Besserung Ihres Zustandes eintreten sollte, dann gehen Sie auf jeden Fall zum Arzt! Haben Sie das starke Empfinden von Gottes Gegenwart, dort wo die Beschwerden sind, dann werden sie vergehen; wenn nicht, dann tun Sie das nächstbeste – sofort! Sind Ihre Gebete erfolgreich, dann stellt sich Gesundheit ein, auf schnellstem Weg. Nochmals: wenn Ihnen durch Ihr Gebet nicht auf der Stelle ein neuer Zahn nachwächst oder ein Knochenbruch heilt, dann gehen Sie lieber zum Zahnarzt respektive zum Chirurgen. Das ist gesunder Menschenverstand und auf jeden Fall besser, als lebenslang verkrüppelt zu sein.

Warum ein Atheist an einem Wallfahrtsort eine bemerkenswerte Heilung erfuhr

Heilungen geschehen manchmal ohne jede Vorankündigung bei den verschiedenen religiösen Versammlungen. Viele Menschen haben mir von spontanen Heilungen berichtet, die sich an einer unserer sonntäglichen Heilungsandachten ereignet hatten. Sie erwähnten, daß sie so etwas wie eine Heilung ihres Leidens gar nicht erwartet hatten, daß sie im Gegenteil ausgesprochen skeptisch waren und keineswegs im Zustand einer Verzückung oder Erhebung – daß sie mit keinem einzigen Gedanken an eine Überwindung ihres Leidens gedacht hatten. Aus diesen Worten muß man logischerweise folgern, daß es diesen Menschen am nötigen Glauben mangelt. Damit erhebt sich die Frage: wie konnte es dann aber geschehen, daß sie geheilt wurden?

Die Antwort ist recht einfach: jeder Einzelne von Ihnen, ganz gleich, ob Atheist, Agnostiker oder Gottgläubig wünscht sich im Grunde nichts sehnlicher, als Heilung von seinem Leiden und hat daher von vornherein ein empfängliches Gemüt für Gedanken an Heilung und Wohlbefinden. Wahrscheinlich ist er in ärztlicher Behandlung, was an sich schon ein Hinweis auf den Wunsch gesund zu sein ist. Dieser im Gemüt vorherrschende Wunsch macht den Geist des Betreffenden aufgeschlossen für die Heilungsgebete der Mehrheit aller Anwesenden.

Ein starker Wunsch ist ein Gebet, und Gott beantwortet das Gebet eines Atheisten, der sich Gesundheit wünscht, ebenso wie das eines jeden religiös eingestellten Menschen. Denn Gott und Sein Gesetz wirken ohne Ansehen der Person. Der Wunsch nach Heilung bewirkt eine erwartungsvolle, empfängliche Geisteshaltung, die ihrerseits im Unterbewußtsein das Wiederaufleben des Gedankens an eine vollkommene Gesundheit veranlaßt. Und genau darum wird in Kirchen und an Wallfahrtsorten von der Mehrheit der Besucher gebetet.

Wenn nun der vorher erwähnte sogenannte Atheist sich einer Gruppe von Menschen anschließt, die sich an einem Wallfahrtsort zum Gebet zusammenfinden – die gläubig bejahen, daß alle Anwesenden eine vollkommene Heilung erfahren – dann hat er damit eine psychologische und übersinnliche Verbindung mit allen Anwesenden hergestellt. Damit besteht für ihn die Möglichkeit, eine vollkommene Heilung zu erfahren, da die Heilungsschwingungen, die von den inbrünstig Betenden ausgehen auch auf sein Unterbewußtsein einwirken, die dort vorhandenen negativen Denkmuster durchdringen und auflösen und den Weg freimachen für ein Wiederaufleben der Heilkraft. Vereintes Gebet neutralisiert das geistige Gift in seinem Unterbewußtsein und macht den Weg frei, um dem Geist der Vollkommenheit und Schönheit Einlaß zu gewähren.

ZUSAMMENFASSUNG

1. Vorausschau (Prevision) ist die Fähigkeit Ihres tieferen Bewußtseins, zukünftige Ereignisse wahrzunehmen.
2. Eine Mutter kann für ihren Sohn in weiter Ferne beten und mit dem tief empfundenen Gedanken „Gott in seiner Mitte heilt ihn jetzt" zu innerem Frieden gelangen. Ihre Überzeugung von Gottes heilender Gegenwart findet Widerhall im Unterbewußtsein des Sohnes; sein Fuß ist geheilt. Zeit und Raum sind für das Geistprinzip nicht existent, daher manifestiert sich die innere Vergegenwärtigung der Mutter sogleich in der äußeren Erfahrung des Sohnes.

3. Eheleute sind oftmals auch unterbewußt miteinander verbunden. Daher ist es möglich, daß ein Ehepartner eine akute Krankheit des anderen im Traum wahrnimmt, und durch sofort eingeleitete Gebetstherapie eine Tragödie verhindert. In diesem Fall hatte eine Ehefrau im Traumzustand gesehen, wie ihr Mann im fahrenden Auto von einem Herzanfall überrascht wurde. Sie nahm sofort Zuflucht zum Gebet und ihre Gebete wurden beantwortet.
4. Ein Offizier hörte auf einer Patrouille in Vietnam die Stimme seiner Schwester mit der Warnung: „Vorsicht, vor dir ist eine Mine! Stop!" Er gehorchte auf der Stelle und rettete damit sein Leben und das seiner Männer.
5. Wenn es in der Bibel heißt „Er sandte sein Wort und heilte sie", dann heißt das, daß Sie die möglicherweise weitentfernte kranke Person nicht aufsuchen müssen. Im Wissen, daß Geist zeitlos, raumlos und der unteilbare Eine ist, kann man sich in tief empfundener Überzeugung Gottes Heilkraft vergegenwärtigen. Ihr inneres Wissen, Ihre innere Überzeugung wird von dem Kranken gespürt, und die Heilung setzt ein.
6. Ein Vater hatte begriffen, daß das Unterbewußtsein seines im Koma liegenden Sohnes für Suggestionen empfänglich war. Er gab seinem bewußtlosen Sohn kraftvolle Suggestionen – er bejahte, Jesus sei anwesend und würde ihn berühren. Dem Sohn wurde daraufhin in seinem bewußtlosen Zustand eine Gedankenbildform von Jesus deutlich sichtbar. Da er überzeugt war, es tatsächlich mit Jesus zu zu haben, wurde er vollkommen geheilt. Sein bedingungsloser Glaube heilte ihn, da sein Unterbewußtsein auf jeden Fall reagiert, gleichgültig, ob es sich um eine wahre, oder um eine als wahr angenommene Suggestion handelt. Die heilende Kraft des Unterbewußtseins ist die alleinige Heilungskraft, ungeachtet aller Techniken, Verfahrensweisen, Rituale, Zeremonien, Talismane, Reliquien oder Gewänder.
7. Wenn Sie krank sind und Ihre Gebete keine unmittelbaren Resultate zeigen, dann suchen Sie unverzüglich einen Arzt auf.
8. Einige religiöse Fanatiker weigern sich, die Hilfe des Arztes in Anspruch zu nehmen, auch bei ernsthaften Erkrankungen. Nach ihren

abergläubischen Vorstellungen ist es unrecht, das zu tun. Eine solche Einstellung offenbart eine leichte Form von Geisteskrankheit. Extremisten jeder Art sind immer gefährlich. Nach erfolgreichem Gebet stellt sich Gesundheit ein; wenn nicht, dann war Ihr Glaube nicht so festgefügt, wie Sie gemeint hatten. Gehen Sie dann zum Arzt, segnen Sie ihn und seine Tätigkeit und beten Sie weiter um Gesundheit und Harmonie. Bedenken Sie: Ihr Verlangen nach Glauben ist noch kein vollendeter Glaube. Wirklicher Glaube manifestiert sich auf der Stelle. Tausende wären noch am Leben, hätten sie rechtzeitig ärztliche Hilfe gehabt. Da sie jeden medizinischen Eingriff ablehnen, andererseits aber noch keineswegs über das erforderliche Bewußtsein für Geistige Heilung verfügen, kann eine solche Haltung nur negative Ergebnisse bewirken und wirkliche Heilungsmöglichkeiten ausschließen.

9. Das Buch Jesus Sirach, Kapitel 38 stellt unmißverständlich und mit Bestimmtheit fest:
„Halte den Arzt wert, weil
du ihn nötig hast, denn auch
ihn hat Gott geschaffen.
Von Gott hat der Arzt seine
Weisheit, und vom König
empfängt er Geschenke."

10. Auch ein Atheist erhält Antworten auf Gebete, denn das Gesetz des Geistes ist unpersönlich. Sofern er das Verlangen nach Heilung hat, kann er an einem Wallfahrtsort in Kontakt mit dem kollektiven Heilungsbewußtsein der dort Versammelten kommen, das die Tiefen seines Unterbewußtseins durchdringt und vollkommene Heilung bewirkt.

KAPITEL 7

Sie werden ewig leben

Vor Tausend von Jahren fragte Hiob: „Wenn der Mensch stirbt, wird er wieder leben?" Gott ist Leben und das Leben kann nicht sterben. Das Leben hat keinen Anfang und kein Ende. Deshalb kann es auch nicht sterben. Jeder Mensch auf dieser Erde ist Gott oder das Leben in Manifestation.

Ihr Körper ist ein Instrument oder Vehikel, durch das das Lebensprinzip seinen Ausdruck findet. Sie werden immer über einen Körper irgendeiner Art verfügen, ganz gleich, in welcher Dimension des Lebens Sie wirken.

Der sogenannte Tod ist kein Ende: er ist nur ein Anfang. Sie werden an Ihrem neuen Bestimmungsort ankommen, wenn Sie von dieser dreidimensionalen in eine vierdimensionale Existenz überwechseln. Diesen Anfang werden Sie als Neugeburt betrachten. Sie werden mit einem neuen, für unsere Begriffe weitaus verfeinerten, vierdimensionalen Körper ausgestattet sein – befähigt, verschlossene Türen zu durchdringen, die Begrenzungen von Zeit und Raum zu überwinden, und sich allein durch Gedankenkraft augenblicklich an jedem gewünschten Ort zu befinden.

Milton sagte: „Der Tod ist der goldene Schlüssel zum Palast der Ewigkeit." Die Reise eines jeden Menschen geht von Herrlichkeit zu Herrlichkeit, von Oktave zu Oktave – durch die vielen Wohnungen in unseres Vaters Haus.

Wenn Sie in die nächste Dimension des Lebens überwechseln, dann werden Sie sehen und gesehen werden. Sie werden geliebte Menschen erkennen. Sie werden nach wie vor über alle ihre Befähigungen als Individium verfügen. Als Sie das Licht dieser Welt erblickten, kamen Sie sogleich in liebevolle Hände, die Sie betreuten. Sie wurden liebkost, gehätschelt und umsorgt. Was aber für unsere Ebene gilt, das gilt für jede andere Ebene auch. Anderorts werden Sie von lieben Wesen begrüßt und betreut und mit den Besonderheiten der nächsten Lebensdimension vertraut gemacht.

Leben ist Fortentwicklung

Ihr Leben ist eine immerwährende, endlose Entfaltung – aufwärts, empor, Gottwärts. Sie können nicht zurückfallen, denn der Antrieb des Lebens ist Weiterentwicklung, Expansion und Wachstum. Gott ist unendliches Leben. Dieses Leben ist jetzt Ihr Leben, deshalb gibt es kein Ende für Ihr Neusein, Ihre Freiheit und Ihr übersinnliches Gewahrsein. Niemals in aller Ewigkeit könnten Sie die Wunder und Herrlichkeiten in Ihrem Innern erschöpfen.
Im ersten Korintherbrief, Kapitel 15, sagt Paulus:

„**40.** *Und es sind himmlische Körper*
und irdische Körper. Aber eine andere
Herrlichkeit haben die himmlischen
und eine andere die irdischen.

49. *Und wie wir getragen haben das*
Bild des irdischen, also werden wir
auch tragen das Bild des himmlischen."

Sie leben ewig

In dem obigen Bibelzitat erklärt Paulus, daß es so etwas wie einen Tod in Wirklichkeit nicht gibt, daß alle Wesen unsterblich sind. Jedes neugeborene Kind ist Leben, das eine neue Form annimmt. In biblischer Sprache ist es Gott (das Lebens-Prinzip), der vom Himmel herabkommend (aus dem Zustand des Unsichtbaren), auf der Erde erscheint und sich manifestiert. Wenn Ihr gegenwärtiger Körper aufhört, perfekt zu funktionieren, dann werden Sie einen vierdimensionalen Körper annehmen – manchmal auch Astralkörper, verfeinerter Körper, Sphärenkörper, Subjektivkörper etc. genannt. Keine der sogenannten irdischen Güter oder Besitztümer können Sie mit sich nehmen – was Sie dagegen behalten und immer mitnehmen werden, ist alles, was Sie jemals über Gott, das Leben und das Universum gelernt haben. In anderen Worten: Sie behalten die Totalsumme Ihres Glaubens, Ihrer Überzeugungen, Ihrer Impressionen und Ihres Bewußtseins.

*Lehrer aus der vierten Dimension nehmen
an Vortragsveranstaltungen teil*

Menschen mit überdurchschnittlicher Begabung auf außersinnlichem Gebiet haben mir oftmals nach einem Sonntagmorgenvortrag im Wilshire Ebell Theatre in Los Angeles berichtet, daß sie auf dem Podium links und rechts von mir Männer sitzen sahen. In jedem Einzelfall haben sie dann profilierte Wahrheitslehrer beschrieben, die sich zur Zeit in der nächsten Dimension befinden: Dr. Emmet Fox, Autor des Buches „Die Bergpredigt"; Richter Thomas Troward, Autor von sechs Büchern über mentale Wissenschaft und Dr. Harry Gaze, Autor von „Emmet Fox, der Mensch und sein Werk." Ebenso akkurate Beschreibungen gaben sie von meinem Vater, der bereits vor vielen Jahren weitergegangen war, von meiner Schwester und anderen Angehörigen und Lehrern. In keinem einzigen Fall waren diese Sensitiven jemals einer der genannten Person begegnet. Ebenso wenig waren ihnen ihre Bücher bekannt und ein Photo von ihnen hatten sie auch niemals gesehen.

Ich betrachte derartige Wahrnehmungen als keineswegs ungewöhnlich. Es gibt keinen plausiblen Grund, weshalb außersinnlich weitentwickelte Wesenheiten nicht an geisteswissenschaftlichen Veranstaltungen teilnehmen sollten und dort jederzeit nach Belieben erscheinen und wiedererscheinen sollten. Ich selbst hatte die erwähnten Personen bisher nicht wahrgenommen – einige meiner Zuhörer jedoch, durchweg höchst sensitiv und hellsichtig, sehen diese vierdimensionalen

Wesenheiten gelegentlich auf dem Podium, entweder Sonntagmorgens oder zuweilen in meinen Lehrveranstaltungen über den „Ging Tarot Symbolismus und die esoterische Bedeutung der Bibel".

Außersinnlich weitentwickelte Personen können nach Belieben erscheinen und wiedererscheinen

Richter Thomas Troward, ein überragender Wahrheitslehrer und Autor geisteswissenschaftlicher Bücher, wie „Der schöpferische Vorgang im Individuum", hatte den größten Teil seines Lebens als Richter in Punjab, Indien, zugebracht. Aus „Der schöpferische Vorgang im Individuum", erschienen in den USA in 1915, zitiere ich:

„Manifestation ist ein vom Prinzip ausgehender Wachstumsvorgang, bzw. eine Form in der das Prinzip aktiv wird. Dabei müssen wir der Tatsache eingedenk bleiben, daß, obgleich eine Form zur Manifestation erforderlich ist, diese Form nicht wesentlich ist, da das gleiche Prinzip sich durch eine Vielfalt an Formen manifestieren kann. Ebenso wie die Elektrizität durch eine Lampe oder eine Straßenbahn wirken kann, ohne damit ihre eigentliche Natur zu verändern. Das führt uns zu der Schlußfolgerung, daß das Lebensprinzip sich jedesmal mit einem Körper versehen muß, durch den es wirksam werden kann, wenngleich wir daraus nicht schließen dürfen, daß dieser Körper die gleiche chemische Konstitution aufweisen muß, wie der Körper, den wir zur Zeit besitzen. Wir könnten uns durchaus einen entfernteren Planeten vorstellen, auf dem die uns vertrauten chemischen Zusammensetzungen keinerlei Geltung haben; würde das essenzielle Lebensprinzip eines Individuums jedoch dorthin verlegt, so würde es sich da selbst dem Gesetz des schöpferischen Prozesses gemäß, anschicken, sich mit einem materiellen Körper zu versehen, der aus der Atmosphäre und Substanz dieses Planeten geschöpft ist; und die so geschaffene Persönlichkeit wäre an dem ihr gemäßen Ort, denn die dortigen Gegebenheiten wären ihr allesamt völlig natürlich, wie anders geartet die dortigen Naturgesetze von den unsrigen auch immer sein mögen.

In einer Konzeption wie dieser liegt die Wichtigkeit der zwei führenden Prinzipien, auf die ich aufmerksam machte:

1. Die Kraft des Geistes, *ex nihilo* schöpferisch zu sein, und
2. Die Anerkennung des grundlegenden Prinzips der Einheit durch das Individuum, welche dem Rahmen der Natur Dauer und Festigkeit verleiht.

Durch das Erstere könnte das selbsterkennende Lebensprinzip jede Art eines erwünschten Körper hervorbringen; durch das Letztere würde es veranlaßt, einen solchen zu projektieren, der sich im Einklang mit der natürlichen Ordnung dieses betreffenden Planeten befindet und somit alle Fakten dieser Ordnung zu einer feststehenden Realität sowohl für das Individuum, als auch für sich selbst werden läßt, und sich damit den übrigen Bewohnern als natürliches Wesen darstellt. Das würde jedoch andererseits nicht das Wissen des Individuums um seine Herkunft beseitigen. Geht man nun davon aus, daß es sich seines Einsseins mit dem universellen Lebensprinzip in ausreichender Weise gewahr ist, um eine Projektion seines Körpers bewußt herbeizuführen, dann könnte er seinen auf die Lebensbeschaffenheiten dieses Planeten abgestimmten Körper nach Willen auflösen und einen neuen bilden, der seinerseits ebenso harmonisch den Bedingungen eines anderen entspricht, und damit als vollkommen natürliches Wesen auf einer ganzen Reihe anderer Planeten funktionsfähig wäre. Er würde allen anderen Bewohnern in jeder Weise gleichen, mit dem einen wichtigen Unterschied: da er sich seiner Einheit mit seinem schöpferischen Prinzip bewußt ist, unterliegt er nicht wie sie den Gesetzen der Materie."

Diesen Ausführungen können Sie entnehmen, daß ein außersinnlich weitentwickeltes Individuum, das sich seiner Einheit mit dem universellen Lebensprinzip bewußt ist, sich nach Belieben an andere Orte, in andere Länder, oder sogar auf andere Planeten versetzen kann; das allweise, allwissende Lebensprinzip, als alleinige Ursache und Substanz, wird dazu einen Körper aussenden, der in jeder Weise den atmosphärischen Erfordernissen des betreffenden Planeten entspricht. In anderen Worten: er kann überall nach Belieben erscheinen und wiedererscheinen.

Ein Beispiel: wenn wir Eis schmelzen, wird es zu Wasser. Kochen wir das Wasser, bekommen wir Dampf, der unsichtbar werden kann. Dampf, Wasser und Eis sind jedoch ein und dasselbe, lediglich auf jeweils einer anderen molekularen Schwingungsebene wirksam. Die

Funktionen und physikalischen Eigenschaften sind verschieden. Gleichermaßen sind wir Geist, Bewußtsein und Körper. Sie alle sind eins, aber jedes von ihnen hat eine separate Funktion. Es ist nichts unlogisches im Spiel, wenn ein außersinnlich entwickelter Mensch in, sagen wir, New York ansässig sich als in Johannesburg befindlich betrachtet, sieht und fühlt und sich sogleich daselbst wiederfindet. Er ist ein geistiges und außersinnliches Wesen und ist sich bewußt, daß Geist und Übersinn allgegenwärtig sind. Er weiß, daß er, sobald er sich einen bestimmten Standort vergegenwärtigt, er automatisch seinen Körper entmaterialisiert, d. h. er verändert lediglich dessen Form, die sich bekanntlich aus Atomen und Molekülen zusammensetzt und die jetzt unsichtbar scheint, vergleichbar mit dem erwähnten Dampf. Sodann vermindert er die erhöhte molekulare Schwingungsrate wieder zu der eines dreidimensionalen Körpers, mit dem er dann durch die Straßen von Johannesburg spaziert. Einem außersinnlich so hochentwickeltem Menschen würde es daher auch ein Leichtes sein, willentlich in die nächste Dimension oder zu anderen Planeten überzuwechseln und nach Belieben zurückzukehren.

Ein Sterbender spricht mit Angehörigen
in der nächsten Dimension

Kürzlich war ich bei einem an Krebs erkrankten Mann, der im Begriff stand, in die nächste Dimension überzuwechseln. Er war sich über seinen Zustand völlig im Klaren – die Metastasen hatten sich über seinen ganzen Körper ausgebreitet. Wir sprachen über Verschiedenes und beteten miteinander. Er war, wie man zu sagen pflegt, im vollen Besitz seiner geistigen Kräfte. Diese Feststellung ist wichtig, denn plötzlich begann er mit seinen Eltern zu sprechen, die diese Welt vor vielen Jahren verlassen hatten. Er sagte: „Sie sind gekommen, um mich abzuholen und ich gehe jetzt mit ihnen." Dann sagte er auf einmal: „Da ist ja auch John! Ich wußte gar nicht, daß John auch dort ist!" Seine gleichfalls am Sterbebett weilende Frau war über die Anwesenheit ebenso erstaunt. Eine Woche später jedoch erhielt sie eine Nachricht aus Indien, wo John (ihr Sohn) stationiert war. John war zu genau dem gleichen Zeitpunkt übergewechselt, als sein Vater diese Bemerkung gemacht hatte.

Ihre abgeschiedenen Lieben sind genau dort, wo Sie sind

Ihre sogenannten toten Angehörigen sind überall um Sie herum, und Sie sollten daher aufhören, zu glauben, sie seien tot und vergangen. Sie sind nach wie vor angefüllt mit dem „Leben Gottes." Das einzige, was sie als von uns getrennt erscheinen läßt, ist ihre veränderte Schwingungsfrequenz. Kosmische Strahlen, Gammastrahlen, Alphastrahlen, ultraviolette Strahlen oder infrarote Strahlen sind für uns absolut unsichtbar. Ebenso sind unsere physischen Augen blind, soweit es die große unsichtbare Wirklichkeit betrifft, die uns überall umgibt. Sie würden eine völlig andere Welt erblicken, sobald Sie beginnen würden, sie durch Ihr inneres Auge der Hellsichtigkeit (Clairvoyance) zu betrachten. Gleichermaßen würden Sie völlig veränderte Erscheinungen wahrnehmen, wenn Sie über die Sensitivität eines Röntgenapparates oder infraroter Strahlen verfügen würden.

Wahrscheinlich sind Sie der Meinung, daß sich jetzt, während Sie dieses Kapitel lesen, niemand außer Ihnen im Zimmer befindet. Ein Knopfdruck an Ihrem Radio- oder Fernsehgerät belehrt Sie eines Besseren. Aus dem scheinbaren Nichts heraus hören und sehen Sie plötzlich Menschen – redende, lachende, tanzende Menschen. Sie hören Musik, Gesang, menschliche Stimmen – im Original möglicherweise Tausende von Kilometern entfernt. Alles das erfüllt auf einmal den Raum, in dem Sie sich gerade aufhalten. Der Mensch selbst ist eine Art Sende- und Empfangsstation. Aus diesem Grunde war er überhaupt imstande, das Radio und Fernsehen zu erfinden, denn alle diese Kräfte und Anlagen trägt er in sich, unerweckt zumeist – in manchen anderen jedoch aktiv und lebendig, teilweise zur höchsten Entfaltung gebracht. Und das in Menschen, die Ihnen jederzeit und überall auf der Straße begegnen können.

Vernichten Sie den hypnotischen Bann

Der Durchschnittsmensch unterliegt in der Regel einer Art hypnotischem Bann. Er glaubt an den Tod als solchen; sobald seine übersinnlichen Augen sich jedoch öffnen und der angehäufte, Jahrhunderte alte Falschglaube abfällt, wird er gewahr, daß seine wirkliche Existenz die uns bekannte von Zeit und Raum weit übersteigt. Und er wird sich der Gegenwart derer bewußt, die er bis dahin als „tot" bezeichnet hat.

Ich habe schon bei vielen Menschen den Augenblick des Ablebens miterlebt. Sie alle zeigten nicht das geringste Anzeichen von Furcht. Instinktiv und intuitiv fühlten sie, daß sich nunmehr eine größere Dimension des Lebens für sie auftat. Thomas Edison sagte bekanntlich zu seinem Arzt unmittelbar bevor er starb: „Es ist wunderschön da drüben!" Wir alle haben ein ganz natürliches Sehnen, mehr über den Verbleib unserer Lieben wissen zu wollen, nachdem sie unsere Ebene verlassen haben. Wir müssen bedenken:

„Kein Wesen kann zu nichts zerfallen
Das Ew'ge regt sich fort in allen
Am Sein erhalte dich beglückt!
Das Sein ist ewig: denn Gesetze
Bewahren die lebend'gen Schätze,
Aus welchen sich das All geschmückt"
                                      Goethe

*Verstorbener Vater kehrte zurück
und verfügte Wiedergutmachung eines Unrechts*

Ein befreundeter Anwalt aus Mexiko erzählte mir einmal, daß seine Schwester ihren Vater vor seinem Tod hypnotisiert hätte, um sich testamentarisch den größeren Anteil seines Vermögens zu sichern. Der Vater befolgte diese posthypnotische Suggestion an sein Unterbewußtsein, die von seinem Wachbewußtsein nicht wahrgenommen wurde.

Eines Abends, kurz nach dem Tod des Vaters, als die Geschwister sich im Wohnzimmer ein Rundfunkprogramm anhörten, erschien der Vater in voller Kleidung – er trug sein liebstes Stück, ein Hausjackett, das zum festen Bestandteil seiner Erscheinung geworden war. Er war sehr ungehalten und sagte seiner Tochter auf den Kopf zu, daß sie ihn hypnotisiert habe, damit ihr Bruder im Testament benachteiligt würde, und verlangte von ihr auf der Stelle eine Korrektur, ein Ersuchen, dem sie auch sofort entsprach. In der nächsten Dimension konnte der Vater erkennen, auf welch üble Weise er hintergangen worden war. Alles diesbezügliche Wissen lag offen vor ihm. Deshalb entschloß er sich, seine Tochter aufzusuchen und sofortige Wiedergutmachung zu verlangen. Hier hat zweifellos das starke Verlangen, ein Unrecht gutzumachen und seiner ursprünglichen, ureigensten Entscheidung Gültigkeit zu verschaffen, sein Unterbewußtsein mit ausreichender Intensität aufgeladen, um seine Persönlichkeit in ihr Wohnzimmer zu versetzen.

Hier handelt es sich keineswegs um eine Geistererscheinung, eine seltsame Halluzination oder Gedankenform, sondern um die Gesamtpersönlichkeit des Vaters, die über alle ihre Anlagen verfügte, sich artikulieren konnte und der Tochter eine Lektion in Gerechtigkeit und Integrität erteilte.

Balsam der Freude für die Trauernden

Trauern Sie niemals um geliebte Menschen. Strahlen Sie stattdessen Liebe, Frieden und Freude auf den Angehörigen oder Freund aus, der jetzt in die größere Dimension des Lebens übergegangen ist. Erheben Sie ihn in Ihrem Bewußtsein und Herzen und freuen Sie sich über seinen neuen Geburtstag. Seien Sie sich dessen eingedenk, daß Göttliche Liebe und Göttliches Leben mit ihm ist. Bedenken Sie, daß die teuren Weitergegangenen jetzt von Schönheit, Frieden und Harmonie umgeben sind. Mit dieser Geisteshaltung machen Sie Ihre Lieben glücklich – Sie tragen damit das Ihre zu ihrem Wohlbefinden bei. Sie sind nicht tot und entschwunden und auch nicht dort, wo ihre Gräber sind. Anstelle eines derartigen Gefühls sollten Sie sich vergegenwärtigen, daß die Weisheit, Intelligenz und die Liebe Gottes sie durchströmt in transzendenter Schönheit. Wann immer Sie an einen verstorbenen Angehörigen oder Freund denken, segnen Sie ihn mit der Bejahung „Gott liebt dich und sorgt für dich". Diese Geisteshaltung heilt jeden Schmerz und jede Trauer für Sie und die Ihren.

Eintritt in eine höhere Schwingung

Niemand ist irgendwo begraben, weder in der Erde noch weit von der Heimat, in den Wellen des Ozeans. Der abgelegte Körper ist beerdigt und der Auflösung unterworfen. Er kehrt zu seinen ursprünglichen Elementen zurück. Moderne wissenschaftliche Denker besuchen niemals Gräber, weil einfach niemand dort ist. Sich mit einem Körper im Grab zu identifizieren und das Grab zu schmücken, heißt, sich mit Begrenzung und Endgültigkeit zu identifizieren, und das bewirkt letztlich Leiden und alle Arten von Verlust für denjenigen, der die Gebräuche pflegt. Bei einem modernen Begräbnis verzichtet man auf den Anblick der Leiche. Stattdessen versammeln sich die Angehörigen zu Gebet und Meditation, und feiern den neuen Geburtstag des geliebten Menschen in Gott – denn er geht aufwärts, empor, Gottwärts.

ZUSAMMENFASSUNG

1. Gott ist Leben und Sein Leben ist Ihr Leben jetzt. Das Lebensprinzip hat keinen Anfang und kein Ende; daher ist auch Ihrem Wachstum, Ihrer Ausdehnung und Ihrer Entfaltung kein Ende gesetzt. Selbst in einer Billion oder Trillion von Jahren werden Sie irgendwo leben und mehr und mehr Ausdruck sein aller Wunder und Herrlichkeit Ihres Inneren.
2. In der nächsten Dimension werden Sie geliebte Menschen wiedertreffen, die Sie dort einführen und Ihnen bei Ihrer Reise behilflich sein werden – bei der Reise, die kein Ende kennt.
3. Das Leben ist ständige Weiterentwicklung. Das Leben verläuft nicht rückwärts, noch hält es sich mit gestrigem auf. Ihre Reise geht vorwärts. Sie bringt immer Neues und endloses Wachstum von Herrlichkeit zu Herrlichkeit.
4. Bei meinen Vorträgen vor größerem Publikum passiert es zuweilen, daß Sensitive mit hellsichtigen Fähigkeiten vierdimensionale Wesen auf dem Podium bei mir sehen. Ihre Beschreibung deckt sich genau

mit meiner persönlichen Erinnerung an die Betreffenden. Menschen mit weit fortgeschrittenen Kenntnissen und Fähigkeiten, welche die Geistesgesetze betreffen, können sich an jeden beliebigen Ort begeben – sie sind nicht begrenzt von Zeit oder Raum.

5. Richter Thomas Troward, Autor vieler bemerkenswerter geisteswissenschaftlicher Bücher, weist darauf hin, daß ein in der Erkenntnis seiner Einheit mit dem All-Ursächlichen Geist weit vorgeschrittener Mensch in der Lage ist, andere Planeten zu besuchen oder jeden anderen Punkt auf dieser Erde. Das kann er bewirken, indem er den gewünschten Bestimmungsort in den Brennpunkt seiner Aufmerksamkeit – seines Denkens und Fühlens hineinnimmt, seinen gegenwärtigen Körper auflöst und die All-Ursächliche Intelligenz in sich veranlaßt dessen Atome an anderer Stelle dieser Erde oder auf anderen Planeten wieder zusammenzusetzen. Die All-Ursächliche Intelligenz erschafft einen Körper, dessen atomare Beschaffenheit genau den jeweiligen atmosphärischen Erfordernissen entspricht.

6. Zuweilen nehmen Sterbende die Anwesenheit von bereits zuvor verstorbenen Angehörigen wahr, die erschienen sind, um ihnen den Übergang zu erleichtern.

7. Ihre weitergegangenen Lieben befinden sich genau dort, wo Sie auch sind; wenn Sie hellsichtig wären, dann könnten Sie sie sehen und mit ihnen sprechen. Sie sind lediglich durch unterschiedliche Schwingungsfrequenzen voneinander getrennt. Die Flügel eines Ventilators werden unsichtbar, sobald dieser sich mit hoher Geschwindigkeit dreht. Verringert sich die Geschwindigkeit, werden sie wieder sichtbar. Ähnlich verhält es sich mit den unterschiedlichen Frequenzen der dritten und der vierten Dimension.

8. Die Unsterblichkeit des Menschen wurde von vielen Dichtern aller Völker intuitiv erfaßt, die der Menschheit davon kündeten. In Gott leben wir, in Gott bewegen wir uns und in Gott haben wir unser Sein. Gott seinerseits lebt in uns, bewegt sich in uns und hat sein Wesen in uns. Wir leben bereits jetzt in der Ewigkeit, denn Gott (das Lebensprinzip) ist die Wirklichkeit eines jeden von uns.

9. Für Verstorbene ist es möglich, nach Wunsch wieder zu erscheinen, um eine wichtige Botschaft zu bringen. Im Fall eines Vaters war es

das starke Verlangen, ein Unrecht zu korrigieren, das sein Unterbewußtsein mit der erforderlichen Schwingungsintensität versah, um seine Erscheinung zu projizieren.
10. Betrauern Sie niemals die sogenannten Toten. Trauer ist im Grunde nichts anderes als Selbstmitleid. Und eine übermäßig ausgedehnte Trauer offenbart Egoismus. Der Trauernde denkt in der Hauptsache: *mein* Verlust, *mein* Schmerz, *meine* Trauer. Umgeben Sie Ihre Lieben gedanklich mit Frieden und Harmonie und vergegenwärtigen Sie sich, daß Gottes Liebe sie durchströmt und die Freude des Herrn ihre Stärke ist. Diese Geisteshaltung vertreibt Schmerz und alle Betrübnis. Freuen Sie sich über den neuen Geburtstag in Gott. Man kann seine Lieben nicht für immer behalten. Sie sind Ihnen von Gott geliehen und alles muß sich weiterbewegen. Das ist kosmisches Gesetz, deshalb muß es gut sein, andernfalls wäre es keines. Ihre Kinder gehören Ihnen nicht; sie kamen von Gott *durch* Sie, jedoch nicht *von* Ihnen. Das Kind, das nur eine Stunde hier gelebt hat, oder tot geboren wurde, ist eine Gnaden-Note in der großen Symphonie aller Schöpfung.
11. Niemand ist begraben, weder im Grab noch in einer Gruft. Suchen Sie niemals Friedhöfe auf mit dem Gedanken an vermeintlich dort befindliche Tote. Das ist Verlustdenken, Mangel, Begrenzung – Sie identifizieren sich mit Endgültigkeit. Der Körper ist nicht die Persönlichkeit. Geben Sie dem geliebten Menschen lieber die Blumen Ihres Herzens, genau dort, wo Sie sind. Vergegenwärtigen Sie sich die Wahrheit des 23. Psalm: *Gutes und Gnade werden mir folgen alle meine Tage, und ich werde im Hause des Herrn weilen mein Leben lang.*

KAPITEL 8

Wie Außersinnliche Wahrnehmung sich im Traum bemerkbar macht

Die Bibel sagt: „*Ich, der Herr* (das Unterbewußtsein) *offenbare mich ihm in Gesichten und rede in Träumen mit ihm.*" (Numeri 12:6)
Zahllose Bibelstellen nehmen Bezug auf Träume, Visionen, Offenbarungen und Warnungen, die dem Menschen im Schlaf zuteil werden. Ihr Unterbewußtsein ist 24 Stunden am Tag aktiv und schläft zu keiner Zeit. Die Bibel weist auf die erstaunliche Genauigkeit, mit der Joseph die Träume des Pharaos gedeutet hatte. Seine Klugheit und sein Scharfsinn, die er bei der Zukunftsvorhersage durch Trauminterpretation an den Tag legte, brachten ihm Lob, Ehren und Anerkennung des Königs.

Träume haben in allen Zeitaltern auf Wissenschaftler, Dozenten, Mystiker und Philosophen eine besondere Faszination ausgeübt. Viele Antworten auf die brennensten Probleme des Menschen wurden ihm im Traum zuteil. Seit biblischen Tagen haben Traumdeuter in allen Teilen der Erde sich mit der Auslegung von Traumgeschehen befaßt. Freud, Jung, Adler und viele andere hervorragende Psychologen und Psychiater haben Symbolstudien betrieben und durch Interpretation ihrer Bedeutungen das Bewußtsein des Patienten veranlaßt, verborgene Ängste, Fixationen und andere Komplexe freizusetzen. Ihre Träume sind Projektionen aus dem Unterbewußtsein. In vielen Fällen liefern sie Antworten auf Ihre Probleme, geben Warnungen vor nachteiligen Folgen evtl. beabsichtigter Handlungen, wie Investitionen, Reisen, einer Heirat, oder vor kleineren Stolpersteinen des Alltagslebens. Ihr Traum ist ein Handlungsablauf, ein Spielfilm – aus dem Projektionsraum Ihres Unterbewußtseins auf die Bildwand Ihres Bewußtseins geworfen und ist nicht fatalistisch. Sie formen, schneidern und gestalten Ihre Zukunft durch Ihr Denken und Fühlen. Alles in Ihrem Unterbewußtsein ist veränderbar, und wenn Sie die Gesetze des Geistes beherrschen, dann bestimmen Sie Ihre Zukunft selbst. Bedenken Sie: Ihre Zukunft ist die Manifestation Ihres jetzigen Denkens, denn Ihr Unterbewußtsein gibt Ihnen zuverlässig die Resultate Ihres gewohnheitsmäßigen Denkens wieder, und das 24 Stunden am Tag.

Die Bedeutung der Symbole in Ihren Träumen

Die in Ihren Träumen vorkommenden Symbole sind ganz persönlicher Art und beziehen sich nur auf jedes Individuum; das gleiche Symbol kann im Traum eines Familienmitglieds oder eines Fremden eine völlig andere Bedeutung haben.

Traum enthüllt kleines Vermögen in Dollarnoten

Ich erhielt einmal einen Anruf von einer Frau aus New York, die mir verzweifelt berichtete, daß ihr Mann vor seinem Tod die Absicht geäußert hatte, eine größere Geldsumme aus seinem privaten Safe zu entnehmen, um es im Ausland zu investieren. Er versprach sich von dieser Transaktion einen höheren Gewinn. Wenige Tage darauf war er verstorben, und bei Öffnung seines Bankschließfaches stellte sich heraus, daß auch nicht die kleinste Summe Bargeld vorhanden war. Es konnte jedoch festgestellt werden, daß er noch zwei Tage vorher an seinem Schließfach war. Keine Anzeichen deuteten auf irgendeine Transaktion hin und auch eine gründliche Durchsuchung seines Schreibtisches ergab keinen Hinweis.

Ich empfahl ihr, die Angelegenheit ihrem Unterbewußtsein zu übergeben, das die Antwort kannte und sie auf seine Weise enthüllen würde. Vor dem Einschlafen betete sie wie folgt: „Meinem Unterbewußtsein ist der Ort bekannt, an dem mein Mann das Geld deponiert hat. Ich akzeptiere die Antwort und vertraue bedingungslos, daß mir die Antwort klar und deutlich zu Bewußtsein kommt." Sie meditierte still über die Bedeutung dieser Worte, wissend, daß sie ihrem Unterbewußtsein eingeprägt und seinen Widerhall aktivieren würden.

Daraufhin hatte sie einen sehr lebhaften Traum: sie sah eine kleine schwarze Kassette in der Wand im Arbeitszimmer ihres Mannes, hinter einem Lincoln-Porträt versteckt. Es wurde ihr gezeigt, wie sie einen geheimen Knopf betätigen mußte, der mit bloßem Auge nicht erkennbar war. Sofort nach dem Erwachen eilte sie in das Arbeitszimmer, nahm das Lincolnbild von der Wand, fand den ihr im Traum gezeigten Knopf, eine Öffnung wurde sichtbar und in ihr kam eine kleine schwarze Kassette zum Vorschein. Sie enthielt 50 000 Dollar Bargeld.

Diese Frau hatte die Schätze ihres Unterbewußtseins entdeckt. Sie hatte erfahren, daß ihr Unterbewußtsein alles weiß, alles sieht, und über das Know-how für die Durchführung eines jeden Vorhabens verfügt. Auch Ihnen ist es gegeben, solche oder ähnliche Schritte zu tun, um ihre ASW (Außersinnliche Wahrnehmung) anzuwenden, um alle Dinge, die Ihnen rechtmäßig zukommen, aufzufinden.

Wie ein Traum einen großen psychologischen Schock verhüten konnte

Eine junge Frau in San Francisco hatte vier Nächte lang einen immer wiederkehrenden Traum. Ihr in Los Angeles lebender Verlobter erschien ihr und bevor er noch sprechen konnte, schob sich ein unüberwindlicher Berg zwischen sie beide. Sie reagierte mit tiefer Verwirrung und Frustration und auch nach dem Erwachen hatte sie mit dem Problem zu ringen. Sie spürte etwas Schlimmes auf sich zukommen.

Ich fragte sie, wie sie diesen Berg deuten würde, da jeder Traum, sofern richtig interpretiert, wichtige Hinweise auf inneres Gewahrsam und das Gemütsleben des Träumers gibt. Darüber hinaus ist ein wiederkehrender Traum besonders aufschlußreich, denn hier sagt die innere Stimme sehr eindringlich: „Stop, Vorsicht, Aufpassen!" Der Begriff *Berg* beinhaltete für sie ein unüberwindliches Hindernis. Ich schlug ihr ein klärendes Gespräch mit ihrem Verlobten vor, um sicherzustellen, daß da nichts war, das vor ihr verborgen werden mußte – daß es praktisch nichts gab, von dem sie nichts wußte.

Sie flog nach Los Angeles um mit ihrem Verlobten zu sprechen. Die Aussprache ergab den folgenden Sachverhalt: der Verlobte war homosexuell veranlagt und wollte sie nur heiraten, damit seine Kunden keinerlei Verdacht schöpften.

Dieser immer wiederkehrende Traum bewahrte sie vor einem schwerwiegenden traumatischen Schock. Auch Sie können Voraussicht üben, wenn Sie Ihre wiederkehrenden Träume analysieren.

Der Grund für ihre Träume

Diese junge Dame hatte gespürt, daß seit einigen Monaten etwas nicht in Ordnung schien, ohne sagen zu können, was es war. Im Gebet beauftragte sie die Unendliche Intelligenz ihres Unterbewußtseins, ihr eine klare Antwort aufzuzeigen.

Die Bibel sagt: „*Im Traum, im Nachtgesichte, wenn auf Menschen der Tiefschlaf fällt, im Schlummer auf dem Lager, da öffnet er das Ohr der Menschen und erschreckt sie durch seine Verwarnung*". (Hiob 33:15, 16)

Es gibt vielerlei Traumarten

Soweit es die Art von Träumen betrifft, so haben wir es hier mit einer Vielfalt zu tun, die von sexuellen Frustrationen und Unterdrückungen über mentalen und emotionellen Aufruhr, körperlicher Leiden, Furchtgefühle, religiöse Tabus, bis zur Widerspiegelung vergangener Ereignisse oder des Tagesgeschehens reichen. Es gibt jedoch Träume wiederkehrender Art, oder von präkognitiver Bedeutsamkeit, bei denen Begebenheiten noch vor ihrem eigentlichen Geschehen wahrgenommen werden. In vielen Fällen wird man mit detaillierten Verhaltensmaßregeln versehen.

Wie ein Traum den zukünftigen Ehemann vorstellte

Eine junge Dame, Mitarbeiterin eines Anwalts, träumte, daß ein junger Mann – gutaussehend, hochgewachsen, blond, blauäugig, ihr einen Heiratsantrag machte. Sie akzeptierte. Einige Tage später lernte sie diesen Mann tatsächlich kennen. Er kam zu ihr ins Büro um ihren Chef zu konsultieren. Er lud sie zum Essen ein und sie wurden sehr schnell Freunde. Zwei Monate darauf waren sie verheiratet.

Träume dieser Art kommen recht häufig vor. Es ist durchaus nichts Ungewöhnliches für einen Mann oder eine Frau, den zukünftigen Ehepartner im Traum präsentiert zu bekommen. Es ist möglich, große intuitive Kräfte freizusetzen, wenn Sie sich, wie in diesem Fall, Ihre Träume nutzbar machen.

Die wahre Ursache einer Voraussicht

Eine junge Frau, die sich nach einem idealen Ehepartner sehnte, bejahte allabendlich in ihren Gebeten das folgende: „Ich weiß, daß ich jetzt eins bin mit Gott. In Ihm lebe ich, in Ihm bewege ich mich und in Ihm habe ich mein Sein. Gott ist Leben. Sein Leben ist das Leben eines jeden Menschen. Wir alle sind Söhne und Töchter des einen Vaters.

Ich weiß, daß ein Mann irgendwo auf mich wartet. Ein Mann, der mich lieben und für mich sorgen wird. Ich weiß, daß ich ihn glücklich machen werde. Er wird mich nicht enttäuschen, ebenso werde ich ihn nicht enttäuschen. Es gibt nur gegenseitige Liebe und gegenseitige Hochachtung.

Es gibt nur einen Geist, und in diesem Geist kenne ich ihn bereits. Ich bin jetzt eins mit den Eigenschaften und Qualitäten, die ich so sehr bewundere und die ich alle in meinem Mann wiederfinde. In meinem Bewußtsein bin ich eins mit ihnen. Wir lieben und kennen uns bereits im Göttlichen Geist. Ich sehe Gott in ihm und er sieht Gott in mir. Da ich ihm im Innern bereits begegnet bin, muß sich diese Begegnung auch im Äußeren vollziehen, das ist das Gesetz des Geistes.

Diese Worte gehen von mir aus, um das zu vollbringen, wozu sie ausgesandt wurden. Ich weiß, daß es jetzt vollbracht ist, vollendet in Gott. Danke, Vater."

Diese inbrünstig bejahten Wahrheiten fanden Einlaß in ihr Unterbewußtsein, das ihr den Mann mit den gewünschten Eigenschaften zuführte.

Außersinnliches Wahrnehmung wird im Schlaf aktiviert

*Wenn du einhergehst, wird sie dich geleiten,
wird über dir wachen, wenn du schläfst,
und wenn du erwachst, wird sie zu dir reden.* (Sprüche 6:22)
Im Schlaf verbindet sich Ihr Wachbewußtsein schöpferisch mit Ihrem Unterbewußtsein. Viele intelligente Menschen sind der Ansicht, der Schlaf diene einzig dem Zweck, dem Körper eine Möglichkeit zum Ausruhen zu geben. Tatsächlich aber ruht da überhaupt nichts, wenn Sie schlafen, denn Ihr Unterbewußtsein und alle vitalen Fähigkeiten Ihres Körpers funktionieren weiterhin, wenn auch mit beträchtlicher verminderter Intensität. Während des Schlafens setzt ein Stärkungs-, ein Wiederherstellungsprozeß ein, der dann ein Gefühl des Ausgeruhtseins bewirkt. Ein anderer Grund, weshalb wir uns zur Ruhe begeben ist, um uns geistig zu entwickeln. Daher ist es von allergrößter Wichtigkeit, jeden disharmonischen Zustand vor dem Einschlafen zu beseitigen, und auf gar keinen Fall einen wie auch immer gearteten Mißklang in den Schlafzustand mitzunehmen. Die Allweise Göttlichkeit, immer bestrebt uns zu formen, hat es so arrangiert, daß wir nicht dem äußeren Lärm unterworfen sein müssen, der jeglicher geistigen Entwicklung nicht gerade förderlich ist. Es steht durchaus in unserem Ermessen – ja manchmal fühlen wir uns förmlich gedrängt – uns zeitweilig von der lauten Welt zurückzuziehen.

Der Mensch wird im Schlaf göttlich geführt. Er findet im Schlafzustand Antworten auf viele Probleme. Formeln, Erfindungen, Gedichte, Kompositionen, Bände füllende Schriften etc. – alles das kann ihm im Traum zuteil werden. Manche chemische Formel, manche Erfindung war zuerst der Inhalt eines Traumgeschehens, bevor sie ihren Siegeszug um die Welt antrat.

Wie man zu Erfindungen und Neuentdeckungen kommt

Sie müssen zunächst eine ungefähre Idee von dem, was Ihnen als Erfindung oder Entdeckung vorschwebt, haben, das ist alles. Die Verfahrensweise ist ganz einfach: sammeln Sie sämtliche Informationen darüber deren Sie habhaft werden können. Dann machen Sie sich ein geistiges Bild von dem Zustand, den diese Erfindung oder Entdeckung bewirken soll. Laden Sie dieses Gedankenbild mit Gefühl und Überzeugungskraft auf und übergeben Sie es Ihrem Unterbewußtsein mit der Bitte, alle erforderlichen Einzelheiten auszuarbeiten. Gehen Sie dann schlafen. Folgen Sie auf jeden Fall den „Eingebungen", die Ihnen nach dem Erwachen kommen werden! Manchmal kommen sie als ein inneres Gewahrsein, daß die Lösung in einer bestimmten Richtung oder einer bestimmten Faktenreihe zu finden ist. Oftmals kann die komplette Formel oder Lösung in einem Traumgeschehen offenbar werden. Daher ist es zweckmäßig, Papier und Kugelschreiber griffbereit zu haben, um sich notfalls sogleich Notizen machen zu können. Es könnte Sie unter Umständen in helles Erstaunen versetzen, was Ihnen da so alles „im Schlaf gegeben wird".

Einige Menschen behaupten, niemals zu träumen. Das stimmt nicht. Wir alle träumen. Wenn Sie sich an Ihre Träume nicht erinnern können, dann geben Sie Ihrem Unterbewußtsein vor dem Einschlafen den Befehl „Ich erinnere mich genau". Ihr Unterbewußtsein weiß, woran Sie sich erinnern wollen und wird diesen Befehl gehorsam ausführen.

Uns geschieht nach unserem Glauben. Ihr Traumzustand kann möglicherweise eine der positiven Pforten zu Außersinnlichen Wahrnehmungen sein.

ZUSAMMENFASSUNG

1. Die Bibel ist angefüllt mit Bezugnahmen auf Träume, Visionen und Offenbarungen, die dem Menschen im tiefen Schlaf zuteil wurden.
2. Träume sind seit altersher studiert und analysiert worden. In allen Kulturen und Zeitaltern wurden Traumdeuter in Anspruch genommen.
3. Träume sind von Ihrem Unterbewußtsein wiedergegebene Handlungsabläufe. Sie können eine symbolhafte Antwort auf Ihre Pro-

bleme beinhalten, oder sie vor evtl. drohenden Gefahren warnen. Ihre Zukunft ist in Ihrem Unterbewußtsein in der Gegenwart verankert und basiert auf Ihren subjektiven Eindrücken, Überzeugungen oder Annahmen.

4. Sie formen, schneidern und gestalten Ihre Zukunft Ihrem gewohnheitsmäßigen Denken gemäß. Ihr Unterbewußtsein schläft niemals und reproduziert beständig die ihm übermittelten Eindrücke aus Ihrer Merkwelt in Ihre Wirkungswelt.
5. Symbole sind von rein persönlicher Bedeutung und daher für jeden Menschen anders interpretierbar. Bei ihrer Deutung müssen innere Gefühle und Überzeugungen Berücksichtigung finden. In anderen Worten: sie müssen für Sie einen Sinn haben.
6. Eine Frau auf der dringenden Suche nach verstecktem Geld beauftragt ihr Unterbewußtsein, ihr dessen Verbleib zu enthüllen. Es antwortet im Traum mit einem klaren Hinweis auf ein Geheimfach und seine Handhabung. Das Unterbewußtsein weiß alles und sieht alles.
7. Eine junge Dame, die spürte, daß in ihren Beziehungen zu ihrem Verlobten etwas nicht stimmte, beauftragte ihr Unterbewußtsein, ihr uneingeschränkt Aufschluß zu geben. Das geschah in Form eines immer wiederkehrenden Traumgeschehens. Vier Nächte lang träumte sie von einem unüberwindlichen Berg zwischen sich und ihrem Verlobten. Intuitiv deutete sie ihn als unüberwindliches Hindernis. Auf Befragen mußte der Verlobte schließlich einräumen, daß er sie nur als Fassade braucht. Er hatte gehofft, durch eine Heirat mit ihr seine homosexuellen Neigungen vor der Umwelt kaschieren zu können. Ihr Traum ersparte ihr einen großen traumatischen Schock.
8. Es gibt die verschiedensten Traumarten und -ursachen. Legen Sie sich z.B. in sehr durstigem Zustand schlafen, könnten Sie sich im Traum wiederfinden, Unmengen Wasser trinkend. Träume können andererseits Dramatisierungen von Frustrationen, Befürchtungen, Phobien und Komplexen jeglicher Art sein. Weiter sind da wiederkehrende und präkognitive Träume, die zukünftige Begebenheiten offenbaren, bevor sie sich tatsächlich ereignen. Viele Antworten auch auf die verzwicktesten Probleme sind schon in Träumen oder Nachtvisionen gegeben worden.

9. Es ist keinesfalls unmöglich zukünftigen Ehepartnern im Traum zu begegnen. Das geschieht oftmals als Folge einer lebhaften gedanklichen Vorstellung der im anderen gewünschten Eigenschaften und Vorzüge. Vom Unterbewußtsein aufgenommen und bearbeitet, gewährt es Ihnen eine „Vorschau" auf die Verkörperung Ihrer Ideen.
10. Außersinnliche Wahrnehmung wird im Schlaf aktiviert. Wenn Sie einschlafen, sind Unterbewußtsein und Wachbewußtsein schöpferisch miteinander verbunden. Der letzte wache Gedanke haftet sich dem Unterbewußtsein an, und letzteres bringt Heilungen oder Problemlösungen auf den Weg.
11. Wenn Sie unmittelbar vor dem Einschlafen an bestimmte Problemlösungen denken, kann es geschehen, daß ganze Formeln oder vollständige Lösungen im Traumgeschehen offenbar werden. Uns geschieht nach unserem Glauben.

KAPITEL 9

Wie Ihr außersinnlicher Geist durch Traumeindrücke Probleme löst

Im Verlauf vieler Jahre hatte ich immer wieder Gelegenheit festzustellen, daß Menschen aus allen Lebensbereichen von Träumen geradezu fasziniert waren. In Zeitungen, Zeitschriften und Magazinen wird fortlaufend über das Traumleben und die mit ihm zusammenhängenden Forschungsarbeiten namhafter Ärzte, Psychologen und Psychiater berichtet. Und sie alle kommen zu der Schlußfolgerung, daß jeder Mensch träumt. Sie erbrachten auch den Nachweis, daß willkürliche Beraubung notwendigen Schlafes zu geistiger Verwirrung oder sogar zu Psychosen führt.

Nahezu jedem heutzutage sind die Namen Freud, Jung, Adler – um nur einige zu nennen – zu Begriffen geworden. Diese Wissenschaftler haben eine große Anzahl bemerkenswerter Arbeiten veröffentlicht, die sich sämtlich mit dem Traumgeschehen auseinandersetzen und ihre Interpretationen und Schlußfolgerungen variieren zum Teil beträchtlich. Seit undenklichen Zeiten waren Menschen immer wieder verblüfft und erstaunt über diese Dramatisationen des Geistes, die wir als Traum bezeichnen. Viele dieser Träume sind vorausschauender Natur und durchdringen Zeit und Raum.

Der Bildschirm seines Geistes enthüllte die Antwort

Ein junger Universitätsstudent erzählte mir kürzlich, daß er es sich zur Regel gemacht habe, jeden Abend auf den Bildschirm seines Geistes zu schauen. Er hatte es sich angewöhnt, seine Träume als sein „geistiges Fernsehprogramm" aufzufassen. Infolge Krankheit hatte er mehrere Wochen lang wichtige Vorlesungen versäumt, war aber dennoch gehalten, an der nächsten Prüfung teilzunehmen. Am Abend vor dieser Prüfung gab er seinem Unterbewußtsein die folgende Instruktion: „Unendliche Intelligenz, du bist allweise. Enthülle mir alles, was ich über die morgige Prüfung wissen muß. Ich akzeptiere die Antwort jetzt". Dann überließ er sich dem Schlaf. In dieser Nacht sah er alle Fragen klar und deutlich auf seinem geistigen Bildschirm. Er stand auf, schlug in seinen Büchern nach, studierte die Antworten und war somit für die Prüfung bestens gerüstet. Dieser junge Mann weiß, daß er sich auf sein Unterbewußtsein hunderprozentig verlassen kann, als gewissenhafter Führer durch alle seine Studien.

Wie ein Traum ihr Leben rettete

Beim Schreiben dieses Kapitels wurde ich von einem Überseegespräch unterbrochen. Am anderen Ende war ein Mitglied unserer Organisation, z. Zt. in London. Das Folgende ist in gekürzter Form das, was sie mir sagte: „Ich mußte Sie anrufen. In der vergangenen Nacht sind Sie mir im Traum erschienen und haben mich gewarnt. Sie beschwören mich, unter gar keinen Umständen wie vorgesehen mit dem Auto nach Nottingham zu fahren und stattdessen die Bahn zu nehmen. Ich hatte erst vorgehabt, mit meinem beiden Kusinen zusammen im Wagen dorthin zu fahren. Nach Ihrer Warnung habe ich dann abgesagt, wie Sie es mir geraten hatten. Ich war schockiert, kurz darauf zu erfahren, daß meine Kusinen in einen schweren Unfall verwickelt waren und schwer verletzt wurden."

Ihr spezielles Gebetsprogramm

Vor ihrer Europareise gab ich dieser jungen Frau das folgende Gebet mit der Weisung mit, ihr Bewußtsein mit den darin enthaltenen einfachen Wahrheiten anzufüllen: „Ich reise unter Gottes Leitung und

Führung zu allen Zeiten. Ich sende meine Botschafter aus. Es sind Göttliche Liebe, Frieden, Harmonie und Richtiges Handeln. Sie gehen vor mir her, um mir den Weg zu ebnen. Damit ist der Weg leicht und beglückend, voller Schönheiten und Freude. Wenn meine Augen auf Gott gerichtet bleiben, kann mir auf meinem Weg kein Übel begegnen. Ob ich im Auto fahre, mit dem Bus, der Bahn, dem Flugzeug – in jedem Augenblick meines Lebens bin ich von Gottes Liebe umgeben. Die unsichtbare Rüstung Gottes umgibt mich ständig. Der Geist Gottes ist in mir, über mir und um mich herum. Er macht alle Fahrbahnen zu seiner Straße – Gottes Straße. Es ist wunderbar!"

Der Grund für ihren Traum

Selbsterhaltung ist das erste Lebensgesetz. Daher ist Ihr Unterbewußtsein bestrebt, Sie vor jeglichem Schaden zu bewahren. Das regelmäßig wiederholte Schutzgebet wurde dem Unterbewußtsein aufgeprägt, das daraufhin seine hellsichtigen Kräfte aktivierte. Es wußte mit Sicherheit, daß sie, falls sie das Auto benutzte, in einen Unfall verwickelt würde. Daher projizierte es das Bild ihres Geistlichen und dramatisierte seine warnenden Worte. Die Erscheinung meiner Person in ihrem Traum war nur ein Symbol der außerordentlichen Wichtigkeit der Botschaft ihres Unterbewußtseins.

Sie konnte an der Autofahrt nicht teilnehmen

In diesem Zusammenhang ist es wichtig, sich die Tatsache zu vergegenwärtigen, daß Harmonie und Mißklang nicht zusammenpassen; daher wurde es ihr unmöglich, ein Auto zu nehmen, das mit einem anderen zusammenstoßen sollte. Es konnte nicht sein, weil sie bejaht hatte, daß Göttliche Liebe und Harmonie den Weg vor ihr ebnen und ihre Reise zu einem friedvollen, beglückenden Erlebnis macht.

Er sagte: „Ich träume niemals"

Das Unterbewußtsein wacht immer, auch wenn der Körper sich in tiefstem Schlaf befindet, und es ist immer aktiv. Ein junger Mann, der meine Vorträge gehört hatte, war der Auffassung, daß sein gesunder Schlaf völlig traumlos sei, da er sich nach dem Erwachen an keinen einzigen Traum erinnern konnte. Ich empfahl ihm, im Augenblick des Erwachens sich selbst zu suggerieren: „Ich erinnere mich", und zu seiner Überraschung und großer Freude entfaltete sich der Traum vor seinem Tagesbewußtsein in allen Einzelheiten und brachte ihm sogar die Antwort auf ein Problem, das ihn schon seit längerem beschäftigt hatte.

Ihr Traum bewahrte sie vor einer nicht ungefährlichen Operation

Ein Mädchen – nennen wir sie Louise – wurde von ihrem Arzt eindringlich darauf hingewiesen, daß der Zustand ihres linken Fußes eine schwierige Operation unumgänglich machte, um eine Heilung oder wenigstens Besserung überhaupt möglich zu machen. Dazu wäre es weiterhin erforderlich, den Fuß für die Dauer von mindestens zwei Monaten im Gipsverband zu belassen. Zur Fortbewegung während dieser Zeit müsse sie dann Krücken benutzen. Sie wandte sich im Gebet an die Unendliche Intelligenz ihres Unterbewußtseins und bat um Führung, um die richtige Entscheidung treffen zu können. Dieses Ersuchen gab sie jeden Abend vor dem Einschlafen an ihr Unterbewußtsein weiter in dem vollem Vertrauen, von ihm die einzig richtige Antwort zu bekommen. Am Ende der vierten Nacht sah sie einen Freund der Familie – Arzt und Chiropraktiker – der im Traumgeschehen auf Hexagramm 35 des *I Ging* wies, und dort hieß es „Fortschritt". Am nächsten Tag suchte sie ihn auf. Eine eingehende Untersuchung ergab hier, daß durch chiropraktische Therapiemaßnahmen und ein praktisches Übungsprogramm eine vollkommene Heilung erzielt werden könne. Und genau das trat einige Zeit später auch ein.

Der Grund, weshalb das Unterbewußtsein das Hexagramm auswählte

Das Unterbewußtsein bedient sich für seine Antworten zumeist der Symbolsprache. Louise hatte bei mir zwei Lehrgänge über das *I Ging* absolviert und war sehr eingenommen von seiner wissenschaftlichen und metaphysischen Sinngebung des Lebens in allen seinen Aspekten. Daher konnte das Unterbewußtsein davon ausgehen, daß sie ohne Zögern den Anweisungen des Hexagramms Folge leisten würde. Es sprach zu ihr in des Wortes wahrer Bedeutung, als es ihr den richtigen Arzt zeigte.

Das Geheimnis ihres außergewöhnlichen Erfolges:
Eine Malerin kann jederzeit einen unterbewußten
Bewußtseinszustand herbeiführen

Eine Malerin, die ich kürzlich in ihrem Atelier besuchte, erzählte mir, daß sie in der Lage sei, nach Willen in einen unterbewußten Bewußtseinszustand einzutreten. Sie schließt die Augen, wird still und läßt das Räderwerk der Gedanken zum Stillstand kommen. Dann beauftragt sie ihr Unterbewußtsein, ihr mentale Bilder vorzulegen – eine Kollektion geistiger Bilder von ausgesuchter Schönheit in Form und Farbe. Sie weiß, daß ihr Unterbewußtsein jeder von Überzeugung durchdrungenen Suggestion zugänglich ist, und daß die daraus resultierenden Visionen von Schönheit, Form und Farbe letztlich von ihrer eigenen Willenskraft hervorgebracht wurden. Alles was ihr dann noch zu tun bleibt ist, äußerlich an die Arbeit zu gehen und das im Geist so plastisch wahrgenommene auf die Leinwand zu bringen. Sie hat die Goldmine in sich entdeckt, und nicht nur das – sie weiß vielmehr, wie man die Schätze dieser Goldmine zutage fördert.

Er hörte auf seinen inneren Monitor und blieb am Leben

Kürzlich besuchte ich einen alten Freund in Honolulu, dessen Mutter ihm in frühester Jugend eingeschärft hatte: „Sei dir an jedem Tag deines

Lebens bewußt, daß dich der Zauber Gottes ständig umgibt und Frucht bringt durch ein zauberhaftes Leben." Über diese große Wahrheit meditierte er regelmäßig – er wendet sie systematisch an, und selbstverständlich reagiert sein Unterbewußtsein entsprechend. Es reagiert durch Übereinstimmung.

Eines Abends auf dem Heimweg – er befand sich schon in der Nähe seiner Wohnung – hörte er seine innere Stimme der Intuition klar und deutlich: „Geh nicht hinein! Ruf die Polizei." Er rief sofort die Polizei an und sagte ihnen, daß in seinem Haus gerade eingebrochen werde (das fühlte er intuitiv). Innerhalb weniger Minuten war die Polizei zur Stelle und überraschte zwei schwerbewaffnete Einbrecher auf frischer Tat. Einer der Detektive lobte nach der Festnahme der Beiden die Umsicht meines Freundes. Hätte er ahnungslos seine Wohnungstür geöffnet, so würden sie mit Sicherheit auf ihn geschossen haben, wie sie es bei vorangegangenen Fällen bereits getan hatten.

Unser vielgerühmter Gott-gleicher *Verstand* hält durchaus nicht alle Antworten auf unsere Alltagsprobleme bereit; er ist von dieser Welt – erdgebunden. Unser bewußter Denkapparat ist zweifellos das nobelste Attribut unseres bewußten Geistes, dennoch ist er im Wesentlichen begrenzt und in seinen Möglichkeiten in erster Linie *auf die dreidimensionale Welt angewiesen.* Er ist unser alltägliches Führungsinstrument in unserem objektiven, äußeren Leben – in unserer äußeren Umgebung. Ihr Unterbewußtsein hingegen ist eins mit der Unendlichen Intelligenz und der Unbegrenzten Weisheit. Und es ist unbehindert durch die objektiven Sinne, die physische Form und äußere Zustände – und es ist unbeeinflußt von äußeren, begrenzten Denkweisen. Ihr Unterbewußtsein schöpft die Antwort auf Ihre Probleme direkt aus der ewigen Quelle.

ZUSAMMENFASSUNG

1. Menschen aus allen Lebensbereichen sind fasziniert von Träumen und den mit ihnen einhergehenden psychischen Gegebenheiten. So gut wie jeder Schüler ist mit Namen wie Freud, Adler und Jung vertraut –

Forscher, die zahlreiche Arbeiten veröffentlicht haben, die das Thema Traum und Traumvisionen zum Gegenstand hatten, deren Auffassungen jedoch zum Teil beträchtlich voneinander abweichen. Viele Träume sind präkognitiver Natur und von außerordentlicher Wichtigkeit für Sie.

2. Ein junger Universitätsstudent hat es sich zur Gewohnheit gemacht, den „Bildschirm seines Geistes" – wie er es nennt – mit präzisen Aufgaben zu betrauen. Durch wiederholte Bejahungen veranlaßte er sein Unterbewußtsein, ihm die Prüfungsfragen des nächsten Tages zu präsentieren, so daß er Gelegenheit fand, sich entsprechend zu präparieren.

3. Ein junges Mädchen, auf einer Europareise, wandte ein spezielles Schutzgebet an. Sie sandte die Botschafter der Göttlichen Liebe, des Friedens, der Harmonie und des richtigen Handelns aus, um ihr den Weg zu ebnen, und ihr Unterbewußtsein reagierte entsprechend und bewahrte sie vor möglichem Mißgeschick.

4. Ihr Unterbewußtsein kann Ihnen unter Umständen das symbolische Image Ihres Seelsorgers im Traum zeigen, um den Ernst einer Warnung zu verdeutlichen, wenn es sich um Selbsterhaltung handelt. Die Wege und Möglichkeiten Ihres Unterbewußtseins übersteigen jedes Vorstellungsvermögen.

5. Jeder Mensch träumt. Sollten Sie der Überzeugung sein, niemals zu träumen, dann brauchen Sie sich nur unmittelbar nach dem Erwachen aus dem vermeintlich traumlosen Schlaf zu sagen: „Ich erinnere mich!" Wichtige Träume werden dann in ihrem gesamten Ablauf Ihrem Wachbewußtsein zur Kenntnis gebracht.

6. Wenn Sie sich mit dem Studium der Bibel oder des *I Ging* befaßt haben, dann kann es geschehen, daß Ihr Unterbewußtsein Ihnen ein Hexagramm präsentiert. Genaues Befolgen seiner Diagnosen und Prognosen birgt die Antwort auf Ihr Verlangen in sich. Die vielen Allegorien und die Symbolsprache der Bibel stammen ausnahmslos von erleuchteten Menschen, die sich die wunderbaren Kräfte ihres unterbewußten Geistes und des Überselbst erschlossen hatten.

7. Eine außerordentlich begabte Malerin bringt ihren Gedankenablauf zum Stillstand und versetzt sich in einen passiven, psychisch empfäng-

lichen Gemütszustand. Sodann versieht sie ihr außersinnliches Bewußtsein mit dem klaren Auftrag, ihr eine Reihe geistiger Bilder von ausgesuchter Schönheit in Form und Farbe vorzulegen, die sie dann ihrerseits mit Pinsel und Farbe auf die Leinwand bannt. Sie betrachtet ihr Unterbewußtsein als ihre Goldmine.

8. Einem Mann in Honolulu wurde schon in frühester Kindheit von seiner Mutter eingeschärft: sei dir an jedem Tag deines Lebens bewußt, daß dich der Zauber Gottes ständig umgibt und Frucht bringt, durch ein zauberhaftes Leben. Sein Unterbewußtsein sprach zu ihm klar und deutlich als innere Stimme und sagte: „Geh' nicht in deine Wohnung! Ruf die Polizei!" Er befolgte diese Anweisung unverzüglich und wurde damit, wie sich bald herausstellte, vor dem sicheren Tod bewahrt. Die Weisheit Ihres Unterbewußtseins versagt niemals, wenn Sie sich ihm vertrauensvoll zuwenden.

KAPITEL 10

Außersinnliche Wahrnehmung und Ihr Unterbewußtsein

Ihr Unterbewußtsein gibt das wider, was ihm aufgeprägt wurde. Viele der sogenannten seltsamen Begebenheiten, Projektionen und Stimmen sind nichts anderes, als persönliche Manifestationen. Die Gespenster, die wir fürchten, schweben durch die düsteren Gänge unseres Gemüts.

Ihr Unterbewußtsein ist ein offenes Buch

Für den intuitiven, außersinnlich begabten und sensitiven Menschen mit hellsichtigen Kräften stellt Ihr Unterbewußtsein ein offenes Buch dar. Einem guten Hellseher ist es ohne weiteres möglich, sowohl vergangene Ereignisse zu enthüllen, als auch zukünftige Begebenheiten, die Ihrem Unterbewußtsein bereits bekannt sind. Seine Diagnose würde wahrscheinlich zu 90 Prozent zutreffen. Von einem zweiten Hellseher würden Sie wahrscheinlich eine etwas abweichende Auskunft bekommen. Das ist einfach auf die Tatsache zurückzuführen, daß alles von einem Hellseher an Ereignissen geschaute durch die eigene Mentalität gefiltert wird. Das bewirkt kleinere Abweichungen in der Interpretation.

Die Gedanken, Pläne und Erfahrungen des Menschen können auch aus einem Satz Spielkarten gelesen werden, aus einer Kristallkugel, aus der Zusammensetzung von Sandkörnern, und anderen Sinnbildern. Seit altersher hat der Mensch den Zahlen, Karten und anderen Symbolen bestimmte Eigenschaften zugeschrieben. Da der Mensch diesen Dingen Autorität und Kraft zuerkannt hatte, mußten sie seinen Glauben auch symbolisch rechtfertigen. Durch Halbtrance oder teilpassiven Zustand ist es möglich, Auskunft über den Inhalt des Unterbewußtseins eines anderen zu erlangen. Die Karten, die Markierungen im Sand oder die vorbeiziehenden Bilder in der Kristallkugel, dienen lediglich als ein Alphabet Ihres Unterbewußtseins, das vom Hellsehen zusammengesetzt in einer Sprache zu Ihnen spricht, die Sie verstehen können.

Ihr Charakter kann entschlüsselt werden

Es wird Sie manchmal schon überrascht haben, wenn Astrologen, Numerologen oder Kartenleger Ihren Charakter deuteten und Sie die Entschlüsselung in allen ihren Einzelheiten als akkurat befanden. Zu irgendeinem Erstaunen besteht hier aber eigentlich gar kein Anlaß, denn bedenken wir doch mal eines: alle Ihre Dispositionen, Tendenzen, Eigenschaften und Kenntnisse sind in Ihrem Unterbewußtsein registriert und wie in einem Computer gespeichert. Ein hochgradig sensitiver Mensch braucht sich also nur auf die „Wellenlänge" Ihres Unterbewußtseins einzustimmen, und seine Wahrnehmungen Ihrem Wachbewußtsein mitzuteilen. Im Grunde haben *Sie* den sensitiven Menschen schon über alles informiert, bevor er oder sie Ihnen auch nur ein Wort gesagt hatte. Der Hellseher hat sich lediglich mit Ihrem Unterbewußtsein in Rapport gesetzt – das war alles.

Wie sie die Prophezeihung eines Unfalls neutralisierte

Eine junge Frau kam zu mir in die Sprechstunde. Sie war völlig verstört über die Weissagung einer Handleserin, die ihr einen schweren Unfall prophezeit hatte, der sich um ihren 21. Geburtstag ereignen sollte. Sie hatte diese Suggestion angenommen und fürchtete sich natürlich nun vor jeder Reise – sei es mit dem Auto, der Bahn, oder dem Flugzeug. Sie lebte in fortgesetzter Furcht und hatte ihr Unterbewußtsein mit der Erwartung des unvermeidlichen Unfalls eingestimmt. Durch starke Befürchtungen in Gang gesetzt, würde ihr Unterbewußtsein mit

Sicherheit deren Verwirklichung herbeigeführt haben, wenn sie nicht gerade noch rechtzeitig gelernt hätte, wie bereits akzeptierte negative Gedanken neutralisiert werden können.

Wie sie Bejahungen positiver Art anwandte

„Wo immer ich gehe, mit welchem Verkehrsmittel ich auch fahre, mit dem Bus, dem Auto, der Bahn, dem Flugzeug, oder ob ich zu Fuß unterwegs bin – ganz gleich, auf welche Art ich mich fortbewege – ich weiß, ich glaube und ich akzeptiere die Wahrheit, daß Göttliche Liebe vor mir hergeht und meinen Weg ebnet – ihn freudevoll, prachtvoll und glücksbringend macht. Ich weiß, daß die Unendliche Intelligenz mich allezeit führt und leitet. Ich befinde mich zu jeder Zeit im heiligen Kreis von Gottes ewiger Liebe. Die ganze Rüstung Gottes umgibt mich ständig – alle meine Wege und alle meine Reisen sind ständig unter Gottes Kontrolle. Gott wacht über alle Reisen im Himmel und auf Erden. Damit wird jede meiner Reisen zu einer Reise Gottes."

Ihre Technik, eine negative Prophezeihung unwirksam zu machen

Sie bejahte diese Wahrheiten an jedem Morgen, Nachmittag und Abend, in dem Wissen, daß diese übersinnlichen Schwingungen die negativen Suggestionen, die ja durch ihre Furchtgefühle eine nicht unbeträchtliche Verstärkung erfahren hatten, aus ihrem Unterbewußtsein restlos tilgen würden. Inzwischen wurde sie 23 und blickt auf ihren 21. Geburtstag zurück, als auf einen der glücklichsten Tage ihres Lebens. Sie hat inzwischen einen Jugendfreund geheiratet und ist mit ihm wunschlos glücklich. Paulus sagt: „*Seien es aber Reden aus Eingebung, sie werden abgetan werden.*" (I. Kor. 13:8)

Wie Sie lernen, Ihr Schicksal selbst zu gestalten

Ihre Gedanken und Gefühle bestimmen Ihr Schicksal. „*Und alles, um was ihr bittet im Gebet, so ihr glaubet, werdet ihr's empfangen.*"

(Matth. 21:22). Etwas glauben heißt, es als wahr zu akzeptieren. Was Sie mit Ihrem bewußten Verstand als wahr befinden, das wird von Ihrem Unterbewußtsein in Ihren Erfahrungsbereich getragen. Das Wirken Ihres Unterbewußtseins ist der wichtigste Vorgang in Ihrem Leben. Man kann den menschlichen Geist mit einem Eisberg vergleichen: 90 Prozent befindet sich unter Wasser. Ihr Leben wird zu 90 Prozent bestimmt von den Annahmen, Überzeugungen und Beschaffenheiten Ihres Unterbewußtseins. Die Überzeugungen Ihres Unterbewußtseins diktieren, kontrollieren und manipulieren alle Ihre bewußten Handlungen. Fangen Sie jetzt damit an zu glauben, zu fühlen und zu wissen, daß Gott Sie auf allen Wegen führt, das Göttliches rechtes Handeln jederzeit vorherrscht, daß Gott auf jede Weise Ihr Gedeihen bewirkt, und daß Sie immer von oben inspiriert sind. Sobald Sie diese Wahrheiten mit Ihrem Bewußtsein akzeptieren, macht sich Ihr Unterbewußtsein ans Werk, um Sie zu verwirklichen, und Sie werden entdecken, daß alle Ihre Wege Wohlbefinden und alle Pfade Frieden sind.

Wie Sie das Gesetz des Durchschnitts überwinden können

Ihr Unterbewußtsein ist der Kontrolle und den Anweisungen Ihres Wachbewußtseins unterworfen. Wenn Sie dem Wirken Ihres Unterbewußtseins nicht ganz bewußt eine Richtung geben, die den universellen Gesetzmäßigkeiten und den ewigen Wahrheiten entspricht, dann werden Sie nach dem Gesetz des Durchschnitts leben. Das bedeutet, daß Sie weitgehend dem Massendenken unterworfen sind, und das ist, wie Sie wissen, größtenteils negativ. Millionen von Menschen führen ein Leben der Mittelmäßigkeit, des Mangels, der Begrenzung aller Art, nur weil sie ihr Unterbewußtsein nicht richtig anweisen. Sie haben es nicht mit Gedanken an Harmonie, Frieden, Freude, Überfluß, Sicherheit und rechtes Handeln geprägt. Ihr Unterbewußtsein reproduziert Ihr gewohnheitsmäßiges Denken – und das 24 Stunden am Tag! Fangen Sie jetzt an, Ihr Bewußtsein außersinnlich zu aktivieren, und Ihr Unterbewußtsein kümmert sich um alles andere.

Wenn Ihr Bewußtsein eine schöpferische Idee völlig angenommen hat und sie im Gefühl der Überzeugung an das Unterbewußtsein weitergereicht hat, dann bringt das universelle Gesetz Ihres Unterbewußtseins diese Schöpfung als verwirklichtes Erlebnis in Ihren Erfahrungsbereich.

Der Mensch ist Geist und immerfort ergreift er
das Werkzeug seines Denkens
und erwählt sich, was er sich erwählen mag
tausenderlei Freuden oder tausenderlei Plag'.

Wie Sie sich ein wunderbares Leben prophezeihen

Vom Standpunkt der Gesetzmäßigkeit aus betrachtet, gibt es absolut niemanden, der Sie mit einer ganz genauen Prophezeihung versorgen kann. Die Göttliche Intelligenz weiß, was zu tun ist und wie es getan wird. Sie reagiert auf Ihr gewohnheitsmäßiges Denken; somit sind Sie es, der sich ständig seine eigene Zukunft prophezeit. Soweit Ihre Gedanken nobel, erhaben und Gott-gleich sind, erkennen Sie das Trügerische in der Furcht vor dem Unbekannten und im Glauben an das Böse. Da Sie wissenschaftlicher Denker sind, besteht Ihre Prophezeihung aus Harmonie, Gesundheit, Frieden und allen Segnungen des Lebens. Sie sind der Beherrscher Ihres Schicksals, der Meister Ihres Denkens.

Sie müssen lernen, sich auf dieser Erde zu bewegen, unerschütterlich und gelassen, in der tiefen Überzeugung, daß nichts zu gut ist, um wahr zu sein. Denn die Güte, der Reichtum, die Harmonie und die Herrlichkeit Gottes sind immer gleich – gestern, heute und in Ewigkeit.

Wie ein Indianerjunge Blutungen stillte

In meinem 1944 erschienenen und seit vielen Jahren vergriffenen Buch „This Is It!" (Das ist es!) schilderte ich eine Begegnung mit einem Indianerjungen, die jetzt etwa 40 Jahre zurückliegt. Der Junge konnte weder schreiben noch lesen, aber er besaß die Fähigkeit, Blutungen auf der Stelle zum Stillstand zu bringen, in dem er einfach nur die Augen schloß und befahl: „Stop!" Wenn er dann die Augen wieder öffnete, hatte die Blutung aufgehört. Er war überzeugt, daß sein Gebet immer erfolgreich sein würde und unbeschadet durch die hämischen Bemerkungen anderer war es das auch.

Wie kam dieser sogenannte Ungläubige zu dieser Fähigkeit? Er erklärte es so: soweit er sich zurückerinnern konnte, hatte sein Vater ihm immer wieder gesagt, daß die Kraft, Blutungen zu stillen, eine Familientradition war, die jeweils vom Vater auf den Sohn vererbt wurde. Der Erstgeborene der Familie erhielt die Gabe, allen anderen Familienmitgliedern war sie verwehrt.

Der Junge wuchs in diesem Glauben auf, er akzeptierte die Tatsache, daß er jederzeit Blutungen stillen könne, voll und ganz. In jedem solchen Fall schloß er die Augen und gab den Befehl, der jedesmal prompt ausgeführt wurde. Er war sich nicht im Klaren, auf welche Weise der Stillstand herbeigeführt wurde. Er wußte nichts vom Unterbewußtsein und dessen Kräften. Für ihn geschah es einfach nur, weil er *daran glaubte*. Er sagte mir, daß er daheim in Kanada oftmals geholt wurde, um einen Blutsturz zu stillen.

Weshalb er bei der Heilung anwesend sein mußte

Eigentümlich an dieser Heilungsgabe war allerdings der Umstand, daß der Junge meinte, er müsse bei jedem Heilungsvorgang zugegen sein, um das Blut fließen zu sehen. Deshalb waren ihm Fernheilungen nicht möglich. Das war eine Überzeugung, die seinem Unterbewußtsein in frühester Kindheit eingeprägt und von ihm als Stammes- und Familientradition akzeptiert wurde.

Die Bibel sagt: „*So hoch der Himmel über der Erde ist, soviel sind meine Wege* (Antworten aus dem Unterbewußtsein) *höher als eure Wege und meine Gedanken höher als eure Gedanken.*" (Jesaja 55:9).

ZUSAMMENFASSUNG

1. Ihr Unterbewußtsein gibt Ihnen das zurück, was Sie ihm eingeprägt haben, sei es gut oder schlecht.

2. Wenn ein guter Hellseher oder ein gutes Medium sich passiv und empfänglich macht, ist er *im Rapport* mit Ihrem Unterbewußtsein und kann es „anzapfen" und damit seine Geheimnisse erkunden – entweder durch eindrucksvolle Handlungsabläufe vor dem Auge seines Geistes oder durch intuitive Eindrücke. Oftmals erscheinen ihm Ihre im Unterbewußtsein gespeicherten Erfahrungen wie eine Fernsehserie.
3. Alle Ihre Dispositionen, Tendenzen, Eigenschaften und Kenntnisse können von guten Astrologen, Numerologen, Kartenlegern etc. persönlich erfühlt werden. Vorausgesetzt, es handelt sich um intuitiv und übersinnlich begabte Personen. Aus diesem Grund kann Ihr Charakter auch möglicherweise von einer Person entschlüsselt werden, die über keinerlei Spezialkenntnisse der genannten Disziplinen verfügt. Karten, Kristallkugeln, Nummern etc. sind lediglich Symbole und dienen nur als eine Art Alphabet Ihres tieferen Bewußtseins.
4. Sie können eine negative Prophezeiung neutralisieren und dann unwirksam machen. Meditieren Sie über Göttliche Wahrheiten und denken Sie konstruktiv. Dabei gehen sie vom Standpunkt der ewigen Gesetzmäßigkeiten und Wahrheiten aus. Das Niedere ist immer dem Höheren unterworfen – daher werden negative, furchterfüllte Gedanken von Göttlichem Denken zerstreut und aufgelöst.
5. Wenn Sie unterwegs sind, können sie sich gegen Unfälle jeglicher Art immunisieren, wenn Sie sich regelmäßig und systematisch bewußt machen, daß Göttliche Liebe Ihren Weg ebnet und leicht macht. Bejahen Sie fortwährend, daß Sie von Gottes Liebe und Seiner ganzen Rüstung umgeben sind. Nach einiger Zeit sind diese Bejahungen in Ihrem Unterbewußtsein eingeprägt. Dann sind Sie immun und Gottdurchströmt.
6. Ihr Denken und Fühlen bestimmt Ihr Schicksal. Was Sie mit Ihrem Verstand als wahr annehmen, das wird Ihr Unterbewußtsein produzieren. Sie formen, schneidern und gestalten Ihre Zukunft. Ihr Unterbewußtsein reproduziert Ihr gewohnheitsmäßiges Denken, täglich, stündlich – 24 Stunden am Tag.
7. Sie können sich über das Gesetz des Durchschnittserlebens und über das Massendenken der Erdbevölkerung erheben. Meditieren

Sie über alles Wahre, Noble, Erhabene und Gott-gleiche und es wird sich mit Leben erfüllen.
8. Die Göttliche Intelligenz in Ihrem Innern weiß, was zu tun ist und wie es getan wird. Ihr Anruf ist niemals vergeblich – Sie bekommen immer eine Antwort. Sie können sich selbst Harmonie, Gesundheit, Frieden, Freude, Überfluß und Sicherheit prophezeihen, indem Sie sich diese Wahrheiten denkend und stark empfindend vergegenwärtigen. Sie werden feststellen, daß Ihre Zukunft die Manifestation Ihres augenblicklichen Denkens ist.
9. Eine traditionelle Überzeugung, vom Vater an den Sohn weitergereicht, wird vom beeindruckbaren Gemüt des Sohnes akzeptiert, und ihm geschieht nach seinem Glauben. Mit seiner Göttlichen Gabe, Blutungen zum Stillstand bringen zu können, erzielt er sofortige Erfolge. Das Gesetz des Lebens ist das Gesetz des Glaubens.

KAPITEL 11

Die dynamische Kraft des übersinnlichen Denkens

Die Bibel sagt: *„Wie er in seinem Herzen* (Unterbewußtsein) *denkt, so ist er"* (Spr. 23:7) *„Am Anfang war das Wort, und das Wort war bei Gott, und das Wort war Gott."* (Joh. 1:1) Das „Wort" ist ein klar geformter Gedanke, und wenn es in der Bibel heißt „das Wort war Gott" dann bedeutet das: dieser klar geformte, mit Gefühl aufgeladene Gedanke ist schöpferisch – er ist von der schöpferischen Kraft durchdrungen und er wird von der schöpferischen Kraft getragen. Der einen schöpferischen Kraft, die das All durchdringt – dem Geist. Und die Funktion des Geistes ist das Denken.

Am besten ist es, wenn Sie Ihrer Denkfähigkeit gegenüber einen gesunden Respekt hegen. Der Grad Ihres Glücklichseins, Ihres Friedens, Ihres Wohlstands und Erfolgs wird allein von Ihrem gewohnheitsmäßigen Denken bestimmt. Ihr Unterbewußtsein reproduziert ständig die Gedanken und Vorstellungen Ihres bewußten Verstandes. Gedanken sind Dinge und Ihr Denken hat seine eigene Mechanik, sich auszudrükken. Wenn Sie bei einem Gedanken verweilen, setzen Sie die schöpferische Kraft Gottes oder der Unendlichen Intelligenz frei, um tätig zu werden. Emerson sagte: „Der Mensch ist, was er den ganzen Tag lang denkt."

Wie er die Kraft des Denkens unter Beweis stellte

Dr. Arthur Thomas, Pfarrer der Church of Religious Science in Reno, Nevada, gab mir seine Erlaubnis für die folgenden Ausführungen:

Arthur war früher Leutnant zur See in der Britischen Marine. Später war er in Großhandelsunternehmungen und im Immobiliengeschäft tätig. Vor acht Jahren jedoch begann er, meine Sonntagmorgen-Vorträge in Los Angeles zu besuchen. Wie er sagte, begriff er plötzlich, daß seine Gedanken die einzig schöpferische Kraft darstellten, deren er sich bewußt war. „Ich faßte den Entschluß, das zu erschaffen, was ich wirklich wollte."

Infolgedessen begann ich regelmäßig zu bejahen: „Ich bin jetzt ein Geistlicher. Ich lehre die Wahrheiten des Lebens." Jeden Abend stellte er sich vor, wie er vor einer Gruppe aufgeschlossener Menschen in einer Kirche über die großen Wahrheiten sprach. Nach etwa einem Monat konsequenter Bejahungen belegte er einen Schulungskurs am Institute for Religious Science, in der festen Erwartung, daß das Endresultat seiner gedachten und empfundenen Vorstellung entsprechen würde.

Er bestand alle Prüfungen und Tests in Göttlicher Ordnung und bekam sofort ein Angebot, als Geistlicher die Religious Science Church in Reno, Nevada, zu übernehmen. Er übt jetzt genau die Tätigkeit aus, die er in seinen Bejahungen und den entsprechenden Vorstellungsbildern als wahr erklärt hatte. Er war sich bewußt, daß sein Unterbewußtsein mit mathematischer Akkuratesse seinem Denken gemäß handeln würde.

Lernen Sie die gewaltigste Kraft im Universum kennen

Der Gedanke ist die mächtigste Kraft im Universum. Ihr Wort ist ein ausgedrückter Gedanke. Das Wort eines Menschen in entsprechender Position kann über den Einsatz von Raketen, Atomenergie, Dynamit oder thermonuklearen Waffen verfügen. Ihr Denken entscheidet beispielsweise über den Gebrauch elektrischer Kraft. Ebenso entscheidet Ihr Denken über den Verlauf Ihres Lebens. Das Zusammenwirken Ihres wachbewußten Verstandes mit Ihrem Unterbewußtsein könnte mit einem Eisberg verglichen werden. 90 Prozent des Eisberges befindet sich unterhalb der Wasserfläche. Ihr Unterbewußtsein leistet die Hauptarbeit, die ihm von Ihrem wachbewußten Verstand übertragen wird. Was Sie mit Ihrem Verstand denken, das wird von Ihrem Unterbewußtsein hervorgebracht.

Sie entdeckte die Wunder des rechten Denkens

Dr. Elsie McCoy in Beverly Hills, deren Erlebnisse mit ihrer Erlaubnis ich hier wiedergebe, gab ein bemerkenswertes Beispiel für die Auswirkung konstruktiven Denkens im Einklang mit dem allumfassenden Prinzip. Vor einigen Jahren war sie mit einem prominenten Chirurgen verlobt, durch ihre Studien in Europa und Asien jedoch oftmals lange von ihm getrennt.

Seit ihrem 18. Lebensjahr hatte sie es sich zur Gewohnheit gemacht, tagsüber des öfteren zu bejahen: „Mein Leben wird nur durch Göttliches rechtes Handeln bestimmt – was immer ich an Wissen und Informationen benötige wird mir auf der Stelle zuteil durch das Wirken der Unendlichen Intelligenz in mir." Allmählich wurde ihr Unterbewußtsein von dieser Wahrheitsbejahung durchdrungen und konnte entsprechend reagieren. Eines Nachts sah und hörte sie im Traum, wie ihr Verlobter sich mit einer Krankenschwester für das Wochenende verabredete. Sie hörte ihn sagen: „Du weißt wahrscheinlich, daß ich verlobt bin, aber Europa ist weit und meine Verlobte wird es nicht erfahren."

Dr. McCoy rief ihn am nächsten Tag an und erwähnte dabei lachend, daß sie einen recht albernen Traum gehabt hätte. Zu ihrer Überraschung reagierte er mit einem Wutanfall und beschuldigte sie, Detektive engagiert zu haben, die hinter ihm herschnüffelten. Daraufhin löste sie die Verlobung. Spätere Ereignisse bewiesen ihr, daß sie von der Weisheit ihres Unterbewußtseins vor einer zutiefst unglücklichen Ehe bewahrt wurde.

Ihr richtiges Denken aktivierte ihr Unterbewußtsein, das ihr seinerseits alles erforderliche Wissen offenbarte, bevor es zu spät war.

Ein bekannter Schauspieler erhält eine erstaunliche Antwort
durch das Unterbewußtsein eines anderen

Dr. Olive Gaze, eine meiner Mitarbeiterinnen, erzählte mir einmal, auf welch eine bemerkenswerte Weise das Unterbewußtsein ihrer Mutter, Josephine Wyndham, auf Fragen reagierte, die ihr von dem inzwischen verstorbenen Norman Trevor, einem seinerzeit bekannten Schauspieler, gestellt wurden. Er war mit einem unlösbar erscheinenden Problem konfrontiert und bat Mrs. Wyndham mit ihrer hochentwickelten Intuition um Hilfe.

Sie entspannte sich und dachte einige Minuten lang still, ruhig und gefühlvoll: „Richtige Antwort." Von da an übernahm ihr Unterbewußtsein die Führung und beherrschte ihre rechte Hand. Sie begann zu schreiben, etwa zwei ganze Seiten füllend. Als sie es sich näher ansah, mußte sie feststellen, daß sie auch nicht ein Wort lesen konnte von dem Text, den sie selbst geschrieben hatte. Auch ihre Tochter war nicht in der Lage, das Geschriebene zu entziffern.

Sie übergab das Schriftmaterial an Norman Trevon, der nicht die geringsten Schwierigkeiten hatte, es zu lesen. Die seltsame Schrift war in Hindustani abgefaßt, einer Sprache, die er perfekt beherrschte, da er viele Jahre in Indien verbracht hatte. Die Botschaft stellte eine ausführliche und komplette Antwort auf sein Problem dar. Alle Beteiligten waren höchst erstaunt über die Wunder des rechten Denkens und die Art der Reaktion des Unterbewußtseins.

Meine Erklärung für diese außergewöhnliche Reaktion des Unterbewußtseins ist ganz einfach: „Die hochgradig intuitiv begabte Josephine Wyndham versetzte sich in einen sehr entspannten, ruhigen, passiven, empfänglichen Bewußtseinszustand, der ein Zutagetreten des Unterbewußtseins und ein teilweises Eintauchen des Wachbewußtseins bewirkt. In dem Augenblick, als das Unterbewußtsein und das Wachbewußtsein miteinander Kontakt hatten, war sie auch *im Rapport* mit Norman Trevor's Unterbewußtsein und hatte Zugang zu dessen Inhalt, einschließlich der Hindustani-Sprache. Da das Unterbewußtsein seiner Natur nach „kompulsiv" (zwingend antreibend) ist, übernahm es die Kontrolle über ihre rechte Hand und schrieb in einer Sprache und auf eine Art, die ihn restlos überzeugen würden. Die Wirkungsweise des Unterbewußtseins übersteigt jedes Vorstellungsvermögen.

Wie sie ihr Unterbewußtsein aktivierte

In den meisten Ländern der Welt gehört es zu den Gepflogenheiten, am Jahreswechsel neue Vorsätze zu fassen. Mrs. Louise Barrows erzählte mir, daß sie am Sylvesterabend 1969/70 den Vorsatz faßte, eine Europareise zu unternehmen. Sie beauftragte ihr Unterbewußtsein, alles Erforderliche zu veranlassen. Sie bejahte wie folgt: „Meine beiden Jungen und ich werden im Sommer 1970 nach Europa fahren, in Göttlicher Ordnung. Ich akzeptiere diesen Gedanken jetzt verstandesgemäß und mein Unterbewußtsein sorgt für alles weitere."

Im Februar 1970 fragte ein naher Verwandter bei ihr an, ob sie Lust hätte, zusammen mit ihren zwei Söhnen einen Urlaub in Europa zu verleben und dabei die Schweiz, Deutschland und Italien zu besuchen. Der Flug war bereits gebucht und alle Kosten bezahlt. Ihr Unterbewußtsein kannte den Weg zur Verwirklichung und wirkte auf das Bewußtsein des wohlhabenden Verwandten ein, und veranlaßte ihn zu seinem Angebot. In anderen Worten: er war das Instrument durch das sich Geld und Gelegenheiten manifestierten. Ihr Denken war ein Befehl an ihr Unterbewußtsein, ihr dieses Verlangen zu realisieren.

Erfolgbringendes Denken (Gebet)

Ihr Gedanke ist Ihr Gebet. Wenn Ihr Verstand eine wohlerwogene schöpferische Idee akzeptiert hat, und sie vertrauensvoll an das Unterbewußtsein weitergereicht hat, dann verfügt die Intelligenz Ihres Unterbewußtseins ihre Verwirklichung. Ihr Unterbewußtsein fungiert als Gesetz und produziert mit mathematischer Genauigkeit das Äquivalent Ihrer Idee in Ihren Erfahrungsbereich.

Rechtes Denken verhalf ihr zu vierzig Pfund Gewichtsabnahme

Eine junge Dame aus Wichita, Kansas, schrieb mir, daß sie sich nach der Lektüre von „Die Macht Ihres Unterbewußtseins" entschlossen habe, dem Rat ihres Arztes zu folgen und 40 Pfund abzunehmen. Sie hatte bislang alle möglichen Diäten ausprobiert und Gewichtsverluste erzielt, nur um bald darauf wieder zuzunehmen. Nunmehr folgte sie jedoch den Anweisungen, die ich in meinem Buch gab: vor dem Einschlafen gab sie ihrem Unterbewußtsein die richtige Anweisung: „Ich wiege 118 Pfund in Göttlicher Ordnung. Die Unendliche Intelligenz meines Unterbewußtseins akzeptiert dieses Verlangen und wird in entsprechender Weise tätig. Ich schlafe friedvoll und erfüllt von Göttlichem rechtem Handeln".

Nach einer Woche ungefähr mußte sie zu ihrer großen Verwunderung feststellen, daß sie ihren sprichwörtlichen Appetit auf Süßigkeiten und stärkehaltige Produkte verloren hatte. Es bereitete ihr nun nicht mehr die geringsten Schwierigkeiten, die verlangte Gewichtsminderung herbeizuführen. Vorher hatte sie sich bei jeder Diät großen Zwang auferlegen müssen, um nicht einem übermächtigen Verlangen nach Eiskrem, Schokolade und anderen Süßigkeiten nachzugeben.

Jeder der behauptet: „Ich kann nicht abnehmen", sagt in Wirklichkeit „Ich will nicht abnehmen". Alles, was Sie hier nämlich zu tun haben ist, mit Ihrem Verstand zu einer glasklaren Entscheidung zu kommen, und Ihr Unterbewußtsein besorgt den Rest. Dann werden Sie sehr schnell feststellen, daß Sie nicht mehr das geringste Verlangen nach all den Nahrungsmitteln haben, die zu Ihrer Korpulenz beitrugen.

Sie sind der einzige Denker in Ihrem Universum

Sie haben es in der Hand, jeden konstruktiven Gedanken selbst auszuwählen – das ist Ihr Privileg. Sie treffen die Auswahl, fassen den Gedanken, halten ihn fest und nähren ihn mit Gefühl, im Wissen, daß eine Reaktion Ihres Unterbewußtseins zwangsläufig erfolgen muß. Die Weisheit Ihres Unterbewußtseins bearbeitet die von Ihnen erwählte Idee auf ihre einzigartige Weise.

Die Macht der Gedanken und Ihr Körper

Sie kennen die Wirkung von Furchtgefühlen auf Puls, Herzschlag etc. Verlegenheit läßt erröten und Zorn und Ärger lassen Sie erbleichen. Das Haar manch eines jungen Mannes wurde über Nacht weiß nach irgendwelchen schrecklichen Erlebnissen. Unerwartete Nachricht vom plötzlichen Tod eines geliebten Menschen hat schon zu Erblindung und Taubheit geführt. Sorgegedanken wirken sich auf die Verdauung aus und können zu Magengeschwüren, Darmkatarrhen und anderen Krankheiten führen. Man braucht nur einen Blick in die Zeitungen und Magazine zu werfen um zu sehen, welche verheerenden Folgen Haß, Neid, Eifersucht und Anspannung auf den Körper haben: Anämie, hoher Blutdruck, Herzstörungen und sogar Krebs.

Gebrauchen Sie die schöpferische Kraft mit Klugheit

Ihr Bewußtsein ist die einzig schöpferische Kraft in Ihrem Leben. Ihr Bewußtsein umfaßt alles das, was Sie denken, fühlen, glauben und gutheißen. Es ist die Ursache aller Ihrer Erfahrungen, Zustände und Begebenheiten in Ihrem Leben. Machen Sie nicht die äußere Welt zur Ursache – sie ist eine Wirkung.

Weigern Sie sich mit Bestimmtheit ein für allemal, irgendwelchen Äußerlichkeiten Macht zu verleihen. Kein erschaffenes Ding besitzt irgendwelche Macht. Der wissenschaftliche Denker macht niemals eine Wirkung zu einer Ursache; er ist daher von der Welt und ihren Überzeugungen nicht mehr hypnotisiert. Der Schöpfer ist größer als seine Schöpfung. Der Denker ist größer als seine Gedanken, und der Künstler ist größer als sein Kunstwerk. Denken Sie Gutes und Gutes wird folgen; denken Sie negativ und Negatives wird folgen.

Denken und Gedanke – ihre wirkliche Bedeutung

Bei einem Vortrag, den ich voriges Jahr in Las Vegas hielt, stellte mir einer meiner Zuhörer die Frage: „Was ist Denken und Gedanke, und was ist eigentlich neu daran?" Ich erklärte ihm, daß denken vergleichen bedeutet; d.h. ein Ding mit einem anderen zu vergleichen, eine Behauptung mit der anderen. Wenn der Verstand ausschließlich „ja" sagen könnte, bestünde keinerlei Vergleichsmöglichkeit. Sie haben die Möglichkeit der Wahl zwischen zwei Dingen. Zu dem einen sagen Sie „ja", zu dem anderen „nein". Fragen Sie „warum", dann suchen Sie eine Begründung. Erwägen heißt, dieses auswählen, jenes ablehnen. Und das wäre wiederum nicht möglich ohne die Fähigkeit des Geistes zur Annahme oder Ablehnung.

Die meisten Menschen denken nicht bewußt. Wir denken, wenn unser Geist sich den ewigen Wahrheiten Gottes widmet, wenn wir alle Furcht abweisen in dem Wissen, daß es eine allmächtige Kraft gibt, die auf unser Denken reagiert, und das Gewünschte in Form bringt. Sie denken wirklich, wenn Sie diese Dinge mit Ihrem Verstand erwägen, und alle negativen Vorstellungen als für das Haus Gottes ungeeignet befinden und an der Realität der Göttlichen Lösung festhalten. Wissend, daß eine universelle Weisheit auf Ihr schöpferisches Denken reagiert, wenn Sie frei von Furcht sind.

Diese Antwort schien ihn zufriedenzustellen, denn er sagte: „Ich habe nicht gewußt was Denken ist – bis zu diesem Augenblick".

Der Mensch ist Geist und immerfort
ergreift er das Werkzeug seines Denkens
und bringt hervor
Tausend Freuden
oder Tausend Plagen.

ZUSAMMENFASSUNG

1. Ihr Denken ist schöpferisch. Wenn Sie einen Gedanken fassen, dann setzen Sie latente Kräfte in Ihrem Innern frei. Jeder Gedanke hat das Bestreben, sich auszudrücken.
2. Durch ständige Wiederholung eines bestimmten Gedankenmusters mit Ihrem bewußten Verstand, findet es Eingang in Ihr Unterbewußt-

sein, das daraufhin tätig wird und auf seine ureigenste Weise die Verwirklichung herbeiführt. Ihre geistige Vorstellung ist eine Gedankenform in Ihrem Gemüt. Wenn Sie sich systematisch und regelmäßig die begehrten Dinge vorstellen oder sich gewünschte Tätigkeiten ausführen sehen, dann wird Ihr Unterbewußtsein diese mentalen Vorstellungsbilder in der Dunkelkammer Ihres Geistes entwickeln und zum Vorschein bringen.
3. Ihr Gedanke ist die gewaltigste Kraft in der Welt. Das Wort ist ein ausgedrückter Gedanke. Durch sein Wort kann ein Mensch über den Einsatz atomarer Energie verfügen. Der Mensch ist der Herrscher seiner selbst. Er muß über den Gebrauch der Kräfte entscheiden, die ihm zur Verfügung stehen.
4. Wenn Sie bejahen: „Jede Kenntnis die ich benötige wird mir unverzüglich zuteil werden", dann wird Ihr Unterbewußtsein Sie mit Sicherheit vor Fehlern und Irrtümern bewahren. Eine junge Ärztin, die ihr Unterbewußtsein mit dieser Wahrheit impfte, sah im Traum, daß ihr Verlobter Beziehungen zu einer anderen Frau unterhielt. Sie löste die Verlobung und stellte später fest, daß sie auf Göttliche Weise vor einem tragischen Fehler bewahrt wurde.
5. Es gibt viele außersinnlich begabte Menschen, die als „außersinnlich selbsttätig" (Psychic automatists) bezeichnet werden.
6. Eine Mutter von zwei Teenagern faßte den Vorsatz, eine Europareise zu unternehmen, in dem Bewußtsein, daß die Außersinnliche Intelligenz ihr den geeigneten Weg eröffnen würde. Das Resultat: ein wohlhabender Verwandter kam für alle Kosten auf und ermöglichte für sie und ihre beiden Söhne einen ausgedehnten Urlaub in Europa.
7. Gedanken der Furcht, Sorge, Anspannung und des Zornes machen sich bemerkbar an Ihrem Gesichtsausdruck, den Augen, dem Puls, dem Blutdruck oder einer Veränderung der Gesichtsfarbe. Sorgen, Haß, Eifersucht und Feindseligkeit sind die Ursachen vieler Krankheiten. Ihr psychisches Denken ist schöpferisch.
8. Bewußtheit ist die einzig schöpferische Kraft. Ihr Bewußtsein umfaßt Ihr gewohnheitsmäßiges Denken, Fühlen, Glauben, Ihre Überzeugung und alles, dem Sie bewußt zustimmen. Denken Sie Gutes und Gutes wird folgen.

9. Denken heißt vergleichen, d.h. ein Ding einem anderen bevorzugen. Ihr Verstand kann sowohl „ja" als auch „nein" sagen. Ihr Geist hat die Macht der Annahme und der Ablehnung. Sie denken erst wirklich, wenn Ihr Denken mit den ewigen Wahrheiten einhergeht. Emerson sagte: „Der Mensch ist, was er den ganzen Tag lang denkt."

KAPITEL 12

Wie Geheimnisse der Außersinnlichen Wahrnehmung zur Problemlösung eingesetzt werden

Eine Frau (nennen wir sie Mrs. Jones) sollte vor Gericht erscheinen, um ein Urteil entgegenzunehmen. Verständlicherweise war sie sehr erregt, nervös und besorgt. Ihre Stieftöchter hatten das Testament ihres verstorbenen Mannes angefochten und bewiesen ihr gegenüber eine feindselige Haltung. Auch der Richter schien ihr nicht sonderlich wohlgesonnen zu sein, obgleich ihr Mann sie nur mit der Hälfte seines Vermögens bedacht hatte.

Auf meinen Rat hin wandte sie die folgenden Bejahungen an: „Ich weiß, daß die Unendliche Intelligenz uns alle führt und leitet. Sie führt meinen Anwalt, den Richter, den gegnerischen Anwalt und jeden, der mit diesem Fall befaßt ist. Ich bin mir bewußt, daß das Göttliche Gesetz der Harmonie höher ist, als alles andere, und daß alles, was mir vererbt wurde, mir nach Göttlichem Gesetz und in Göttlicher Ordnung zukommt." Durch die praktische Anwendung dieser Wahrheiten – das wußte sie – würde sie die in ihrem Unterbewußtsein verankerten Wahrheitsprinzipien in Gang setzen.

Ihre Bildtechnik

Sie sagte sich: „Der Architekt verbildlicht einen Wolkenkratzer. Er macht sich ein geistiges Bild; er sieht ihn bereits fertiggestellt, so, wie er ihn haben will. Sein geistiges Vorstellungsbild wird zu einem festgefügten Denkmuster, aus dem das fertige Gebäude schließlich hervorgeht." Weiter bejahte sie: „Der Richter ist absolut integer. Gott denkt, spricht und handelt durch ihn, und seine Entscheidung gründet sich auf Göttliches rechtes Handeln." Sie verbildlichte sich den Richter wie er sagte: „Meine Entscheidung ist gerecht, in jeder Weise fair, und im Einklang mit den Absichten und Verfügungen des Verstorbenen."

Sie sah (geistig) den Richter und hörte diese Worte wieder und wieder, solange bis ihr Bewußtsein von der Wahrheit ihrer Bejahung durchdrungen war. Diese Wahrheit fand ihren Widerhall im Unterbewußtsein des Richters, dessen Entscheidung genau diesen Bejahungen und damit den testamentarisch niedergelegten Absichten und Vorkehrungen ihres Mannes entsprach. Ihre bedingungslose Anerkennung des Prinzips des rechten Handels machten den Neid und die Habsucht der beiden Stieftöchter für sie unwirksam. Auch Sie können Ihre Probleme zufriedenstellend lösen, indem Sie auf die gleiche Weise verfahren.

*Wie Außersinnliche Wahrnehmung
ihn von krankhafter Eifersucht kurierte*

Ein Handlungsreisender gestand mir einmal, daß er erhebliche Zweifel an der Treue seiner Frau habe, wenn er unterwegs sei. Sie war eine attraktive Frau – jung und außergewöhnlich hübsch. Auf seinen Geschäftsreisen lebte er in konstanter Furcht, sie zu verlieren – daß sie sich einem jüngeren Mann, möglicherweise aus der Nachbarschaft zuwenden würde. Vier bis fünf Mal am Tag rief er zu Hause an, was von seiner Frau nicht gerade als übergroßer Vertrauensbeweis angesehen wurde. Denn selbstverständlich konnte kein noch so ausgeklügelter Vorwand den wahren Grund für den jeweiligen Anruf verschleiern. Kein Wunder also, daß sie dieses Verhalten schließlich unerträglich fand.

Ich erklärte ihm, daß die fundamentale Ursache seiner Eifersucht in einem Gefühl der Unsicherheit und Minderwertigkeit zu suchen ist.

Die angewandte Heilungstechnik

Mit den folgenden Bejahungen konnte er sich für immer von seiner zerstörenden Emotion heilen: „Göttliche Liebe vereint uns". Das bejahte er zwei oder drei Mal täglich, wenn er auf Reisen war. Dazu entspannte er seinen Körper, wurde innerlich still und sah in seiner Vorstellung seine Frau vor sich. Er stellte sich dieses Bild sehr lebhaft vor, er spürte ihre Anwesenheit förmlich. Dann bejahte er still: „Göttliche Liebe vereint uns" und „Ich liebe dich von ganzem Herzen". Er hörte ihre Antwort: „Ich liebe dich – du bist der einzige". Diese Antwort hörte er in seiner Imagination immer wieder. Er hörte sie nicht nur, er fühlte sie förmlich. Jedesmal, wenn er versucht war zu Hause anzurufen, um zu kontrollieren, bejahte er sofort: „Göttliche Liebe vereint uns. Ich liebe sie und sie liebt mich."

Er spürte die Wahrheit dieser Worte in seinem Herzen, und er konnte beim Fahren die Stimme seiner Frau deutlich hören – unverkennbar in Klang und Timbre: „Ich liebe dich". Nach einer Woche entdeckte er, daß Liebe wirklich die Furcht (und Eifersucht) austreibt.

Wie Tom seine Alpträume überwand

Ein Mann (nennen wir ihn Tom) rief mich an, wegen entsetzlicher Alpträume, denen er seit einer Woche Nacht für Nacht ausgesetzt war. Er wollte von mir wissen, wie er diesen Zustand überwinden könne. Er wußte, wie er mir versicherte, daß der Verursacher im Traum jedesmal der Träumer selbst ist, sei er nun Angreifer oder Angegriffener. Manchmal wurde er von wilden Tieren zerrissen, ein andermal von irgendwelchen Strolchen zusammengeschlagen und hilflos liegengelassen.

Ich erkläre ihm, daß seine Alpträume zweifellos aus Schuldgefühlen herrühren, die ihre symbolische Darstellung als die Raubtiere finden, die ihn angreifen. Er räumte ein, daß diese Angriffe von wilden Tieren und Strolchen etwas mit seinen Aggressionsgefühlen einer Frau gegenüber zu tun haben müssen, die seine Liebe zurückgewiesen und sich einem anderen Mann zugewandt hatte.

Seine Alpträume waren tatsächlich die Widerspiegelung seiner Empfindungen – von Haß, Feindseligkeit und unterdrücktem Zorn. Sie könnten als Ausbruch seines Gewissens bezeichnet werden. Sein Einblick in die Zusammenhänge, die seinen Zustand heraufbeschworen, überstieg das Wissen seiner fünf Sinne.

Die Technik, die er anwandte, um schreckliche Alpträume zu vertreiben

Nach meinen Anweisungen legte er sich flach auf den Rücken und stellte sich seine frühere Freundin und ihren Mann als strahlend, glücklich, fröhlich und frei vor. Er strahlte bewußt Liebe, Harmonie, Frieden und guten Willen auf beide aus, wobei er hörbar sagte: „Diese Gottgleichen Schwingungen gehen von mir aus und finden ihren Widerhall in den Herzen beider Ehepartner. Die Begrenzungen von Zeit und Raum sind für das Unterbewußtsein nicht existent, deshalb finden die von mir ausgesandten Segnungen ihre Verankerung in den Herzen sowohl meiner früheren Freundin, als auch ihres Ehemannes. Ich werde jetzt in Frieden schlafen. Gott gibt mir Frieden und Glücksgefühl, denn meine Seele ist von Gottes Liebe erfüllt."

Diese Technik praktizierte er etwa zehn Minuten, und in dieser Nacht schlief er friedlich – zum ersten Mal seit langem. Seither hatte er keine Alpträume mehr. Sein Unterbewußtsein war unter Kontrolle seines Wachbewußtseins. Da er sein Unterbewußtsein mit leben-gebenden Denkmustern speiste, löschte er die negativen Schablonen aus. Liebe treibt die Furcht aus.

Ignorieren Sie niemals Ihre Träume

Jeder Mensch träumt, obgleich viele Menschen – für gewöhnlich die glücklichen, fröhlichen und freien – sich dessen nicht bewußt sind. Viele möchten ihre Traumerlebnisse nicht wahrhaben, weil sie unbewußt Geisteshaltungen offenbaren, die sie verdrängt hatten; sie neigen vielmehr dazu, ihre Feindseligkeiten und Ressentiments zu unterdrücken.

Im Schlaf jedoch übernimmt das Unterbewußtsein das Kommando und dramatisiert seinen Inhalt. D.h., es kleidet die unterdrückten Vorstellungen in einen Handlungsablauf und protestiert damit lautstark gegen die ständige Zersetzung mit negativen und destruktiven Vorstellungen durch das jetzt schlafende Wachbewußtsein.

Wahr ist jedoch ebenfalls, daß unsere Träume uns eine beträchtliche Hilfe bieten, um übermäßigen Streß und aufgestaute Anspannungen abzubauen. Das geschieht in jedem Fall, gleichgültig ob wir uns eines Traumes bewußt sind oder nicht. Das Unterbewußtsein ist allweise und es ist bestrebt, unsere angehäuften Emotionen abzutragen, während wir schlafen.

Alpträume und Schlaflosigkeit können überwunden werden. Erfüllen Sie Ihr Bewußtsein mit Gottes unvergänglichen Wahrheiten und meditieren Sie über diese Wahrheiten, nachdem Sie sich zur Ruhe begeben haben. Da Ihr Unterbewußtsein von den Anweisungen Ihres wachbewußten Verstandes abhängig ist, werden Sie in Frieden schlafen und freudig erwachen.

*Wie Ann's außersinnliche Kräfte die Situation
am Arbeitsplatz harmonisierten*

Eine junge Sekretärin in leitender Position (nennen wir sie Ann) hatte in ihrem Büro 20 Mitarbeiterinnen. Eines der Mädchen, Lucy mit Namen, bewies ihr gegenüber eine ausgesprochene feindselige Haltung und unternahm alles nur menschenmögliche, um ihr Schwierigkeiten jeglicher Art zu bereiten. Darüber hinaus beschuldigte sie Ann, gegen sie intrigiert zu haben, da sie ihrer Meinung nach längst hätte befördert werden müssen. Einerseits widerstrebte es Ann die Entlassung Lucys vorzuschlagen, da sie trotz ihrer negativen Charakterzüge eine außerordentlich fähige und tüchtige Mitarbeiterin war – andererseits wollte sie mögliche Beschwerden Lucys über vermeintliche Intrigen verhindern. Auf keinen Fall sollte bei der Direktion der falsche Eindruck entstehen, daß hier eine Mitarbeiterin systematisch benachteiligt würde.

Wie Ann die Hürde nahm

Auf meinen Rat hin setzte Ann sich eines morgens still hin in ihrem Büro und las den 91. Psalm. Dann bejahte sie tiefempfunden und liebevoll: „Ich bin von der freiströmenden Liebe Gottes erfüllt. Mein ganzes Wesen ist von Göttlicher Liebe durchdrungen. Ich vergebe Lucy von ganzem Herzen. Der Geist in mir spricht zum Geist in Lucy, und es gibt nur Harmonie, Liebe und Verständnis zwischen uns. Jedesmal wenn ich Lucy sehe, und wir miteinander sprechen, umgebe ich sie mit einem Kreis des Lichtes und der Liebe."

Ann praktizierte diese Technik tagsüber mehrmals. Am Ende des vierten Tages entschuldigte sich Lucy bei ihr für ihre renitente Haltung und versprach loyale Zusammenarbeit für die Zukunft. Ann's Segnungen und Gebete hatten buchstäblich von der Seele Lucys Besitz ergriffen und sie wurden gute Freunde. Was Ann projiziert oder ausgesandt hatte, war zu ihr zurückgekommen. Wenn Sie Liebe und guten Willen aussenden, kehren sie zu Ihnen zurück. Aktion und Reaktion sind sich gleich.

Wie eine junge Dame Außersinnliche Wahrnehmungen anwandte,
um ihren lange verschollenen Vater aufzufinden

Vor einigen Wochen besuchte ich einen Ort (Ulu Maui) auf Hawaii. Dort werden von den Dorfbewohnern folkloristische Veranstaltungen vielfältigster Art geboten, traditionelles Kunsthandwerk ausgestellt und alte Zeremonien und Riten beschworen. Es heißt allgemein: „Wer diesen Ort nicht gesehen hat, hat Hawaii nicht gesehen." Bei einem Mittagessen unterhielt ich mich mit einer jungen Dame am Nebentisch. Ich erzählte ihr, daß ich Material für mein neues Buch sammle und mir von meinem Hawaiibesuch in dieser Hinsicht viel verspreche, besonders von den Kahunas, den legendären Eingeborenenpriestern.

Darauf bot sie mir an, ihre Story zu verwenden. Sie sei sehr lebhaft und real. Das Folgende ist eine Zusammenfassung ihres Erlebnisses: ihr Vater hatte sie und ihre Mutter verlassen, als sie noch ein zweijähriges

Kind war. Offensichtlich hatten sie sich ständig gestritten. Er überließ der Mutter 25 000 Dollar für den Unterhalt und die Ausbildung des Kindes. Als die Tochter herangewachsen war und an der Universität von Hawaii in Psychologie promoviert hatte, entschloß sie sich, die Kräfte ihres Geistes anzuwenden, um ihren Vater ausfindig zu machen. Sie hatte den starken Wunsch, ihn endlich kennenzulernen.

Wie ihr die Bewußtheit eines Astralkörpers die entscheidende Hilfe brachte

Sie sagte: „Ich weiß, daß ich über einen verfeinerten, vierdimensionalen Körper verfüge, zuweilen auch Astralkörper genannt, denn ich habe mich schon manches Mal außerhalb meines Körpers befunden und dann sogar an fremden Ufern." Sie betonte, daß ihr Astralkörper genau den Konturen ihres physischen Körpers entsprach.

Eines Abends vor dem Einschlafen instruierte sie ihr Unterbewußtsein auf die folgende Weise: „Du weißt, wo mein Vater zu finden ist. Ich weiß, daß du mein persönliches Erscheinen vor ihm bewirken kannst, wo immer er sich befindet, gleichgültig, ob er schläft oder wacht. Deine Intelligenz wird ihn finden, du bist mein inneres Radar. Ein Band der Liebe verbindet meinen Vater und mich. Er sehnt sich nach einem Wiedersehen, ebenso wie ich mich danach sehne. Das ist mein Auftrag für dich und jetzt werde ich in Frieden schlafen." Diese Worte sind die Essenz ihrer Instruktionen, die sie ihrem Unterbewußtsein übermittelte.

„Unmittelbar nach dem Einschlafen befand ich mich in einem Hotelzimmer in Sydney, Australien", sagte sie. „Ich verfügte über einen Körper, der genau dem glich, den ich auf dem Bett in Honolulu zurückgelassen hatte. Und da sah ich meinen Vater, wie er sich den Mantel anzog, um zur Arbeit zugehen. Er schien erschrocken und verstört zu sein, deshalb sagte ich zu ihm: „Dad, ich bin Lisa, deine Tochter. Ich liebe dich. Komm zu uns zurück." Er schien sprachlos vor Staunen und ich erinnere mich nur, daß er sagte, ja, ich komme! Dann fand ich mich wieder in meinem dreidimensionalen Körper auf dem Bett in meiner Wohnung in Honolulu".

Die interessanten Folgen ihrer Astralreise

Lisa hatte ein vollkommenes Erinnerungsvermögen an alles, was sich während ihres Schlafes abgespielt hatte. Am folgenden Morgen erzählte sie ihrer Mutter, daß ihr Vater sich in Sydney aufhielt. Sie schrieb ihm dorthin und schilderte ihm ihre Astralreise. In seiner Antwort berichtete er von einer hübschen jungen Dame, die ihm erschienen sei und sich als seine Tochter zu erkennen gegeben habe. Er kündigte gleichzeitig seine Rückkehr nach Honolulu an. Es gab eine frohe Wiedervereinigung. Ihre Mutter empfing ihren lang verlorenen Ehemann mit offenen Armen.

Wie sie außerhalb ihres Körpers funktionierte

Vor dem Einschlafen gab Lisa ihrem Unterbewußtsein die Order, von seinem leitenden Prinzip zu ihrem Vater geführt zu werden. Daraufhin projektierte es ihre Persönlichkeit auf der Stelle im Astralkörper zum Aufenthaltsort ihres Vaters. Das Ganze geschah in einem einzigen Augenblick. Nach Uhrzeitbegriffen hatte sie noch keine fünf Minuten geschlafen. Sie war im Besitz aller ihrer Kräfte und machte vollen Gebrauch von ihnen. Sie konnte das Hotel genau wahrnehmen, seinen Namen und seine Adresse lesen, die Einrichtung des Zimmers zur Kenntnis nehmen, und sich ihrem Vater bemerkbar machen. Sie konnte sehen, hören und fühlen.

In anderen Worten: sie konnte sich beweisen, daß sie nicht nur aus einem Körper bestand, sondern ein geistiges Wesen war bzw. ist, das befähigt ist, unabhängig von seinem physischen Organismus zu leben, zu handeln und sich fortzubewegen. Sie werden immer einen Körper haben, bis zur Unendlichkeit. Sie werden tatsächlich zu keiner Zeit ohne einen Körper sein, denn Sie befinden sich auf einer Reise ohne Ende.

Außersinnliche Wahrnehmungen und der Mann aus Kalkutta,
der seiner Tochter das Leben rettete

In Honolulu, wo ich dieses Kapitel schrieb, hatte ich ein sehr interessantes Gespräch mit einem alten Freund, den ich von Indien her kenne.

Er hatte seit Jahren bereits Astralexkursionen und wanderndes Hellsehen betrieben. Seine Tochter, die in Honolulu studierte, war schwer erkrankt – es bestand kaum noch Hoffnung. Als man ihn in Kalkutta telegraphisch benachrichtigte, nahm er auf der Stelle eine Yoga-Pose ein und versetzte sich in einen passiven, empfänglichen Zustand. Er verbildlichte sich, daß sein vierdimensionaler (oder Astral-)Körper durch seinen Kopf austrete, ausgestattet mit allen seinen Anlagen. Und er gab seinem Unterbewußtsein die präzise, von tiefer Überzeugung getragene Anordnung: „Ich werde meiner Tochter auf der Stelle erscheinen und ihr Hilfe bringen." Er wiederholte diesen Befehl etwa sechs Mal und fiel dann in tiefen Schlaf.

Unmittelbar darauf befand er sich am Bett seiner Tochter. Sie hatte geschlafen, wurde aber sofort wach und rief aus: „Dad, warum hast du mir nicht gesagt, daß du kommen würdest? Hilf mir!" Er legte seine Hand auf ihre Stirn und stimmte einige religiöse Phrasen an. Dann sagte er ihr: „In ein paar Stunden kannst du aufstehen. Dann bist du gesund."

Sie erfuhr eine unmittelbare Heilung. Das Fieber begann sofort zu sinken und sie rief der Schwester zu: „Ich bin geheilt, ich bin gesund. Mein Vater war hier und hat mich geheilt!" Die Schwester glaubte an Wahnvorstellungen, aber die Untersuchung des diensthabenden Arztes bestätigte die erstaunliche Tatsache, daß sie vollkommen geheilt war. Den Besuch des Vaters aus Indien nahm ihr allerdings niemand ab.

Die Schwester konnte niemanden wahrnehmen

Die völlig verblüffte Schwester fragte sie: „Wie konnte Ihr Vater oder sonst irgendjemand durch verschlossene Türen hier hineingelangen? Ich habe niemanden kommen sehen". Die Tochter versuchte den Sachverhalt zu erklären: „Mein Vater hat mich mit seinem Astralkörper besucht. Er hat seine Hand auf mich gelegt und mit mir gebetet." Die Schwester meinte daraufhin: „Ich glaube nicht an Gespenster, Geistererscheinungen oder an Voodoo-Zauber". Das Mädchen mußte einsehen, daß weitere Erklärungsversuche sinnlos sein würden.

Mein Freund sagte mir, daß er die ganze Astralreise bewußt erlebt habe. Trotz der riesigen Entfernung zwischen Kalkutta und Honolulu und des Zeitunterschiedes war er nicht länger als zehn Minuten außerhalb seines physischen Körpers gewesen. Obgleich er Arzt von Beruf ist hat mein Freund ein unerschütterliches Vertrauen in geistige Heilweisen und ist mit den verschiedenen Systemen und Schulen bestens vertraut. Er war sich bewußt, daß seine Anwesenheit seiner Tochter eine gewaltige Transfusion des Glaubens, Vertrauens und Mutes gab, und ihr Unterbewußtsein stark beeinflußte. Ihnen geschah nach ihrem Glauben. Die Bibel sagt: *„Jesus aber sprach zu ihm: Wenn du könntest glauben; alle Dinge sind möglich dem, der da glaubt".* (Markus 9:23)

ZUSAMMENFASSUNG

1. Bei gerichtlichen Auseinandersetzungen sollten Sie sich bewußt machen, daß die Unendliche Intelligenz am Werk ist, daß sie in allen Beteiligten wirksam ist, im Richter und in den Anwälten beider Kontrahenten. Lassen Sie sich von der Überzeugung durchdringen, daß das Göttliche Gesetz der Harmonie vorherrscht, und daß Ihnen in jeder Weise Gerechtigkeit zuteil wird.
2. Ein krankhaft eifersüchtiger Handelsvertreter, der seine Frau mit seinen fast stündlichen Kontrollanrufen zur Verzweiflung gebracht hatte, heilte sich selbst durch zeitweilige Stilleperioden tagsüber, wenn er unterwegs war. Er konnte die negativen Denkschablonen in seinem Unterbewußtsein ausradieren, die auf Unsicherheits- und Furchtgefühle zurückgingen, und damit seine quälende Eifersucht überwinden.
3. Alpträume können gewöhnlich auf Schuldgefühle zurückgeführt werden, eine Art Selbstbestrafungssucht. Sie gründen sich auf verdrängte Ressentiments, Feindseligkeiten und unterdrückte Zorngefühle. Da Ihr Unterbewußtsein der Kontrolle Ihres wachbewußten Verstandes unterliegt, brauchen Sie, um sich selbst und anderen zu vergeben nur ihr Unterbewußtsein vor dem Einschlafen mit den lebensspendenden Denkmuster von Liebe und Harmonie anzufüllen. Dann werden sie friedlich schlafen und froh erwachen.

4. Jeder Mensch träumt. Ihr Traum ist der in einen Handlungsablauf gefaßte Inhalt Ihres Unterbewußtseins – eine Art mentales Fernsehprogramm. Ihre Träume können Ihnen helfen übermäßige Anspannungen und Besorgnisse zu lösen. Jeden Abend, nachdem Sie sich niedergelegt haben, erfüllen Sie Ihr Bewußtsein mit den ewigen Wahrheiten Gottes, und sie werden alles aus Ihrem Unterbewußtsein hinausdrängen, was nicht Gottgleich ist.
5. Wenn Sie Schwierigkeiten mit einem renitenten und feindseligen Mitarbeiter haben, dann bringen Sie Ihr Gemüt von Zeit zu Zeit zur Ruhe und bejahen unerschütterlich: „Die freiströmende Liebe Gottes durchdringt mein ganzes Wesen. Der Geist in mir grüßt den Geist in … und es gibt nur Harmonie, Liebe, Frieden und Verständnis zwischen uns". Wenn immer Sie die andere Person sehen, oder mit ihr sprechen, bejahen Sie im Stillen: „Ich umgebe dich mit einem Kreis der Liebe und des Lichtes".
6. Ein junges Mädchen mit Erfahrungen außerhalb ihres Körpers gab ihrem Unterbewußtsein den Auftrag, ihren verschollenen Vater zu finden, der ihre Mutter verlassen hatte, als sie zwei Jahre alt war. Daraufhin fand sie sich in ihrem Astralkörper in ein Hotelzimmer in Sydney, Australien, versetzt. Dort gab sie sich ihrem Vater zu erkennen und bat ihn zurückzukehren. Dieser hatte zunächst an eine gewöhnliche Erscheinung geglaubt, fand aber dann die Bestätigung, daß es sich um seine Tochter gehandelt hatte. Es gab dann eine frohe Wiedervereinigung mit Frau und Tochter.
7. Sie besitzen einen verfeinerten Körper, zuweilen auch Astralkörper genannt. Er ist ein genaues Abbild Ihres grobstofflichen Körpers, operiert jedoch auf einer wesentlich höheren Schwingungsfrequenz unabhängig von Zeit und Raum und kann verschlossene Türen durchdringen.
8. Viele Menschen sind imstande aus ihrem Körper auszutreten und Astralwanderungen zu unternehmen. Sie verfügen über alle ihre Anlagen, können sehen, hören, fühlen und sind in der Lage mit anderen zu reden und ihre Umgebung zu beschreiben. Sie können sogar schwere Gegenstände bewegen. Ebenso können sie jederzeit einen Richtungswechsel vornehmen durch die entsprechenden Wei-

sungen an das Unterbewußtsein, das jederzeit bedingungslos gehorcht.
9. Ein in Indien lebender Vater befiehlt seinem Unterbewußtsein, ihn an das Bett seiner schwerkranken Tochter in Indien zu projektieren. Er legte seine Hand auf ihre Stirn und betete. Sie erfuhr daraufhin eine bemerkenswerte Heilung.

KAPITEL 13

Wie Sie durch Außersinnliche Wahrnehmung zu wachsendem Wohlstand gelangen

Um sich das Gesetz der Fülle bewußt zu machen, brauchen Sie nur die geradezu verschwenderische Üppigkeit und Großzügigkeit der Natur zu beobachten. Dann werden Sie zu keinem anderen Schluß kommen, als daß die Natur verschwenderisch, extravagant und freigiebig ist. Bedenken Sie zum Beispiel, daß, wenn Sie Saatkörner in den Boden geben, diese vervielfacht hervorkommen, zehnfach, hundertfach, tausendfach. Wenn Sie eine Eichel ansehen, dann blicken Sie auf einen potentiellen Wald.

Wie ein Geschäftsmann begreift, daß grenzenloser Reichtum für ihn vorhanden war

Ein Geschäftsmann in Hilo, an der Westküste der Hauptinsel von Hawaii, berichtete mir von einem interessanten Erlebnis, das entscheidend zur Überwindung seines Armutskomplexes beigetragen hatte. Eines Tages, als er wieder einmal hin und her überlegte wie er alle die Rechnungen bezahlen sollte, die sich in seinem Laden zu einem stattlichen Packen angesammelt hatten, fiel sein Blick nach draußen, wo es in Strömen regnete, oder besser gesagt, in Strömen goß. Sofort kam ihm der Gedanke: „Gottes Reichtümer fließen mir zu wie der Regen, der so reichlich vom Himmel fällt". Dieses Gedankenbild behielt er im Sinn, etwa eine halbe Stunde lang. Auf einmal hatte er das seltsame Gefühl, daß Gottes Reichtümer die ganze Atmosphäre um ihn herum erfüllten – übersinnlich, geistig und materiell – und ein wundervolles Gefühl des Friedens überkam ihn. Von da an nahm die Zahl der Kunden täglich zu und sein Umsatz stieg derart an, daß er zwei zusätzliche Verkäuferinnen einstellen mußte. Auch dieser Vorgang hat eine recht einfache Erklärung: als er meditierte und sich Gottes Reichtum verbildlichte, der ihm in Strömen zufloß wie der Regen, hatte er mit diesem Gedanken sein Unterbewußtsein durchtränkt, das entsprechend reagierte und das Bejahte auf wunderbare Weise in die Wirklichkeit umsetzte. Wie er mir sagte, hatte er sich seither niemals wieder Sorgen um seine Finanzen gemacht. Geldmittel zirkulieren frei und ungehindert in seinem Leben. Auf seinem Schreibtisch hat er ein kleines Schild angebracht mit der Aufschrift: „*Ich will euch Brot vom Himmel regnen lassen.*" (Exodus 16:4)

Ihre unsichtbare Versorgung

Ein junger Millionär, der manchmal zu meinen Vorträgen kommt, sagte mir einmal, die Schwierigkeit mit den meisten seiner Bekannten sei die Tatsache, daß sie kein Wohlstandsbewußtsein entwickeln. Sie haben keine Ahnung, wie sie die Schatzkammer ihres Unterbewußtseins aufschließen können, wo unbegrenzte Reichtümer lagern. Deshalb kann das Gesetz der Fülle in ihrem Leben nicht wirksam werden. Sie beherbergen ein unerschöpfliches Reservoir in Ihrem Innern, aus dem alles hervorgeht. Sie können es anzapfen und reich werden.

Sie gründete ihren Erfolg auf Service

Eine sehr erfolgreiche Frau, die mehrere gutgehende Schönheitssalons betreibt, erzählte mir, daß sie ihr erstes Geschäft unter großen Schwierigkeiten eröffnet hatte. Dessen ungeachtet, war sie entschlossen ihrer Kundschaft den bestmöglichen Service zu gewähren. Gleichzeitig hatte sie ein inneres Gefühl der Einheit mit der Göttlichen Quelle. Sie war sich bewußt, daß harte Arbeit allein den Erfolg nicht gewährleistet. Wichtiger noch war die Arbeit im Inneren ihres Bewußtseins. Ihr ständiges Gebet setzte sich aus den folgenden großen Wahrheiten zusammen: *„Bewährten Sinn bewahrst du in Frieden, weil er auf dich vertraut."* (Jesaja 26:3) *„In Stillhalten und Vertrauen besteht eure Stärke."* (Jesaja 30:15) *„Sei stille dem Herrn und harre auf ihn."* (Psalm 37:7) *„Befiehl dem Herrn deine Wege und vertraue ihm, er wird's wohl machen."* (Psalm 37:5)

Sie stellte sich geistig auf diese ewigen Wahrheiten ein. Sie wurden zu einem Teil ihres inneren Selbstes und fanden ihren Ausdruck in dem hervorragenden Service, den sie bot. Seither wurde sie von der Welle des Wachstums, des Sieges und der Errungenschaften von Erfolg zu Erfolg getragen.

Das Gesetz des Seins ist Überfluß

Wenn Sie sich umschauen, dann wird es für Sie offensichtlich, daß die unendliche Schatzkammer die gesamte Natur mit verschwenderischer Fülle ausgestattet hat. Das Gesetz des Lebens ist Überfluß – nicht Mangel. Sobald Sie sich die geistige und außersinnliche Basis – das Wohlstandsbewußtsein – geschaffen haben, werden Sie in der Lage sein, Ihr Leben zu verändern und mit den Reichtümern des Unendlichen in Berührung kommen. Und dies im Bewußtsein und im äußeren Leben.

Bedenken Sie, daß Ihr Gedanke Form annimmt. Im inneren Bereich Ihres Wesens, und dies kann von einem sensitiven oder hellsichtigen Menschen sogar gesehen – auf jeden Fall aber gespürt werden. Armutsgedanken führen zur Erfahrung von Armut und bedrückenden Zuständen. Andererseits gibt es überall Menschen, die es sich zur Gewohnheit gemacht haben, Gedanken der Fülle, der Wohlhabenheit und der Sicherheit zu denken. Diese Menschen scheinen förmlich umgeben zu sein von den Dingen, die sie sich wünschen. Das Geheimnis ihres Erfolgs liegt in ihrer Gewohnheit, die Gedanken des Mangels und der Begrenzung durch solche der Fülle und des Überflusses zu ersetzen. Für sie ist die unendliche und unerschöpfliche Versorgung mit Gottes

Reichtümern schlicht und einfach eine Tatsache. Ändern Sie Ihre Gedanken und *halten Sie sie geändert.* Verbildlichen Sie sich die Reichtümer des Unendlichen – sehen und fühlen Sie sie als eine greifbare Tatsache in Ihren Erfahrungsbereich einströmen und gewaltige Veränderungen werden in Ihrem Leben stattfinden.

*Mietrückstände und überzogenes Konto –
wie er diese deprimierenden Zustände überwand*

Vor einigen Monaten hielt ich in Laguna Beach, Kalifornien, einen Vortrag über das Gesetz des Überflusses. Nach dem Vortrag suchte mich ein Mann in meinem Hotel auf. Er war zutiefst beunruhigt. Er hatte schwere finanzielle Probleme. Er war soweit gekommen, daß er seine Lebensversicherung beleihen mußte, um wenigstens einige der vielen offenen Rechnungen bezahlen zu können. Mit der Miete war er seit drei Monaten im Rückstand und sein Portemonnaie war leer. Seine Frage lautete klipp und klar: „Wie kann ich der unendlichen Quelle vertrauen, wenn ich völlig pleite bin?"

Ich erwiderte, daß es auf jede Frage eine Antwort gebe und eine Lösung für jedes Problem. Die Antwort auf sein Problem war, der biblischen Weisung zu folgen: „*Trachtet zuerst nach dem Reich Gottes und nach seiner Gerechtigkeit, so wird euch das alles zufallen.*" (Matth. 6:33) Das bedeutet nichts anderes, als daß Sie alle Kräfte und alle Macht der Gottesgegenwart in sich haben. Sie müssen *beanspruchen* was Sie haben wollen, es im Denken und Fühlen als *bereits vorhanden* in Besitz nehmen – die Erfüllung also im Geist vorweg nehmen, das Ganze als bereits vollendete Tatsache akzeptieren, die Wirklichkeit des Bejahten spüren, und Ihr Unterbewußtsein geht unverzüglich ans Werk, um das ihm Aufgeprägte Wirklichkeit werden zu lassen.

Ich machte ihm klar, daß Wohlstand, Gesundheit, Seelenfrieden, Erfolg etc., zunächst Bewußtseinszustände sind, und daß eine Idee – sei es eine Erfindung, ein Buch, ein Bühnenstück, eine neue Bürotechnik oder was auch immer – unter Umständen eine Million Dollar wert sein kann oder mehr. „Gerechtigkeit" steht in der Bibel für „Rechtes Denken". Es bedeutet richtige Anwendung des Gesetzes – rechtes Denken, rechtes Fühlen, rechtes Handeln. Wünschen Sie allen Menschen nur das Beste. Sehen Sie Überfluß in allen Dingen, für alle Menschen.

Er begann einzusehen, daß eine Änderung seiner Geisteshaltung die Lösung seines Problems bringen würde. Ich gab ihm eine verblüffend einfache Formel zur Überwindung seiner dunklen, depressiven Stimmung und zur Aktivierung der latenten Kräfte in seinem Innern. Die folgenden Worte sollte er dreimal täglich eine halbe Stunde lang laut vor sich hin sprechen: „Reichtum, Erfolg, Sieg, Jubel!" Er fing noch am gleichen Tag damit an und legte nach besten Kräften alles Gefühl und alle Begeisterung, die er zur Verfügung hatte, in diese Worte.

Nach und nach fühlte er sich innerlich aufgerichtet. Er spürte, daß diese Worte, wenn sie mit aller Hingabe gesprochen wurden, alle Kräfte und Wirksamkeiten seines Unterbewußtseins aktivierten und lebendig machten.

Nachdem sein Bewußtsein fest in diesen Wirklichkeiten und Wahrheitsprinzipien verankert war, begannen die Umstände sich zu verändern. Einige Wochen vergingen, ohne daß sich etwas Bemerkenswertes ereignet hätte, abgesehen von der Tatsache, daß ihm einige enge Freunde ein paar tausend Dollar vorschossen, um ihn über die Runden zu bringen. Etwa einen Monat später jedoch kam die Lösung: einer seiner Freunde, die ihm finanziell ausgeholfen hatten, hatte ihm gleichzeitig ein irisches Sweepstake – ein Lotterielos – überlassen. Zu seinem größten Erstaunen gewann er eine größere Summe, die alle seine finanziellen Probleme lösten. Sein Unterbewußtsein kannte die Antwort. Er vertraute seinen inneren Kräften, und ihm geschah nach seinem Glauben.

Eine wirksame Technik für Erfolg und Wohlstand

Manch einer sagt: „Wenn ich Erfolg bejahe während ich ein offensichtlicher Versager bin, oder wenn ich behaupte wohlhabend zu sein, aber in Wirklichkeit pleite bin, dann mache ich mir doch nur etwas vor. Die Dinge scheinen sich obendrein noch zu verschlechtern und ich erfahre das genaue Gegenteil dessen, was ich bejahe oder für wahr erkläre."

Der Grund für diese Erscheinung ist recht einfach. Der Glaube an Mangel, Mißerfolg und Begrenzung dominiert nach wie vor in ihrem Unterbewußtsein. Da sie noch nicht wissen, wie sie mit den Reichtümern des Unendlichen in Kontakt kommen, bringen sie mit jeder Wohlstandsbejahung den Gedanken an Mangel zum Vorschein. Die Arbeitsweise ihres Bewußtseins ist ihnen noch weitgehend unbekannt.

Für diejenigen, die selbstkritisch genug sind diesen Mangel an Verständnis zu erkennen, habe ich eine simple Prozedur parat. Ich frage sie: „Glauben Sie an Reichtum? Glauben Sie, daß unendliche Reichtümer existieren und dem Unendlichen nichts mißlingen kann, daß er allmächtig ist und sich ihm daher nichts entgegenstellen kann? Erfolg ist daher ein Lebensprinzip. Gehen Sie mal die Straße entlang oder fahren Sie hinaus ins Grüne. Alles, was Sie da sehen, ist Überfluß, entweder von Menschenhand oder von Gott geschaffen. Alle erschaffenen Dinge waren zuerst Gedanken, Ideen – entweder der Menschen oder Gottes".

Ich stelle dann zwei Worte heraus. Zwei Worte, die nicht bloße Abstraktionen sind, sondern Worte (ausgedrückte Gedanken), die eine gewaltige Kraft in sich tragen, da sie in direkter Beziehung stehen zu der unerschöpflichen Macht und Weisheit des Unendlichen. Die ständige Wiederholung dieser beiden Worte „Erfolg, Reichtum", langsam, ruhig, fühlend und wissend, mehrmals am Tag, schafft Ihr Ego aus dem Weg und beseitigt jeglichen Widerstand des Verstandes und des Unterbewußtseins, weil Sie der unbestreitbaren Tatsache zustimmen, daß Überfluß, Reichtum und Erfolg auf jeder Ebene wahrgenommen werden können.

Wenn Sie ganz bestimmte konstruktive Worte anwenden – Worte, die die ewigen Wahrheiten Gottes ausdrücken – dann wird Ihr Bewußtsein in der einzigen Gegenwart, Ursache, Macht und Substanz verankert und Resultate stellen sich ein. Wenden Sie diese Bejahungen regelmäßig, systematisch, unter ständiger Wiederholung an, und Sie werden entdecken, daß Sie sich auf einem zuverlässigen, wissenschaftlichen Weg befinden. Bedenken Sie – es ist Ihre geistige Einstellung, die zu überwinden ist, nicht die Umstände. Wenn Sie die richtige Geisteshaltung besitzen, werden sich alle Dinge in Ihrem Erfahrungsbereich – Zustände, Begebenheiten, finanzieller Status – automatisch richtigstellen.

Ein Geschäftsmann stellte fest, daß der Reichtum ihm nicht zufloß, sondern von ihm strömte

Ein Geschäftsmann beklagte sich bei mir, daß die Einnahmen seines Konkurrenten in der gleichen Straße, dreimal so hoch seien wie seine. Dabei sei dessen Laden wesentlich kleiner. Er könne das nicht verstehen, denn er arbeite sehr hart und sei von früh bis spät im Geschäft. Dieser Mann hatte die Angewohnheit, seine mageren Resultate ständig mit denen anderer zu vergleichen und hatte damit gewisse Neidgefühle und Ressentiments heraufbeschworen.

Ich machte ihm klar, daß er sich selbst großen Schaden zufügte, dadurch, daß er solchen Gedanken des Neides und der Mißgunst in seinem Bewußtsein Raum gab. Solche Gedanken bewirken letztlich, daß sich das ihnen gemäße im Äußeren manifestiert und das kann seiner Natur nach nur negativ sein. Er war demnach selbst die Ursache seiner Mangelerscheinungen, denn sein negatives Denken, seine Minderwertigkeitsgefühle blockierten sein Wachstum und seine Ausdehnung in jeder Weise. Solange er in dieser Geisteshaltung verharre – so erklärte ich ihm – würde der Reichtum ihm entfliehen und nicht zuströmen.

Das Heilmittel war recht einfach. Alles, was er zu tun hatte, war seine Einstellung zu ändern und seinen sogenannten Konkurrenten zu segnen, und ihm sogar noch größeren Erfolg und Wohlstand zu wünschen. Er sah das ein und betete wie folgt: „Ich erkenne Gott als meine unmittelbare und dauernde Versorgung. Gottes Reichtum strömt mir zu in Lawinen des Überflusses und ich werde Göttlich geführt, um jeden Tag noch besseren Service zu bieten. Ich weiß, daß Gott auch meinem Kollegen in der Nachbarschaft Wohlstand zuteil werden läßt und ich wünsche ihm aufrichtig alle Segnungen des Lebens." Sobald ihn ein Neidgedanke überfallen wollte, bejahte er sofort: „Gott macht dich reich". Nach einiger Zeit hatten die Neidgedanken ihre Antriebskraft eingebüßt, und er selbst begann wohlhabend zu werden – selbst seine kühnsten Vorstellungen wurden noch übertroffen. Dieser Mann hatte eingesehen, daß die Ursache seiner angespannten Finanzlage und der damit einhergehenden unerfreulichen Umstände in seinem Bewußtseinszustand zu suchen war. Wenn wir alle Menschen segnen, deren Erfolg und Wohlstand uns stört oder unseren Neid erregt, und wir ihnen noch mehr Erfolg und Wohlstand wünschen, dann heilen wir unser Bewußtsein und öffnen die Tür für das Einströmen der Reichtümer des Unendlichen.

Aus der Fülle Ihres Herzens können Sie die Gaben der Liebe, des Lichtes, der Freude, des Erfolgs und des guten Willens an alle ausströmen lassen und Sie werden entdecken, daß Sie selbst gesegnet werden, sobald Sie andere segnen und jedes Gefühl des Neides, der Minderwertigkeit und der Armut überwunden ist.

Der magische Schlüssel zum Wohlstand und Aufstieg

Rückblickend auf viele Jahre als Lebensberater kann ich die Feststellung machen, daß alle Menschen, die sich bei mir beklagten, weil sie in ihrem Beruf nicht weiterkämen und zu wenig Geld verdienten, eines gemeinsam hatten: sie alle hatten die Angewohnheit andere, die auf der beruflichen Leiter höhergestiegen waren, zu verurteilen und die übrigen Mitarbeiter mit allen möglichen Attributen zu belegen. So waren die einen eiskalt, abgebrüht oder skrupellos, während andere sogar mit „Gangstermethoden" arbeiteten. Sie konnten nicht erkennen, daß nichts so destruktiv ist, wie diese Einstellung. Sie ist die sicherste Methode, einen beruflichen Aufstieg zu verhindern. Sie richten, kritisieren, verurteilen und blockieren den Fluß des Guten. Nach meinen Erfahrungen lassen diese Menschen ihr Gutes wie Wohlstand, Anerkennung und Reichtum regelrecht zwischen ihren Fingern zerrinnen und blockieren ihre eigene Entwicklung – außersinnlich, geistig und finanziell.

Das sichere Heilmittel in all diesen Fällen war, sie dazu anzuleiten, alle Menschen in ihrer Umgebung zu segnen und ihnen Wohlergehen in jeder erdenklichen Weise zu wünschen. Diese Haltung beseitigte das wirksame Hindernis, das ihrer eigenen Weiterentwicklung im Wege stand. Indem sie andere segneten, brachten sie auch für sich selbst das Göttliche Gesetz der Fülle zum Fließen. Wer anderen Gutes wünscht, wünscht es damit auch für sich selbst. Denken Sie an die alte Hindu-Maxime: „Das Schiff, das zu meinem Bruder heimkehrt, kehrt zu mir heim".

ZUSAMMENFASSUNG

1. Um sich das Gesetz der Fülle in seiner vollen Bedeutung bewußt zu machen, braucht man nur die verschwenderische Natur zu betrachten. Die Natur ist üppig, extravagant und äußerst freigiebig. Meditieren Sie über den Überfluß in der Natur und sie werden mit den Gedanken an unbegrenzte Fülle vertraut und können sie damit in Ihrem Leben verwirklichen.
2. Eine Technik, um Reichtümer in Ihr Leben zu bringen, ist regelmäßig zu bejahen: „Gottes Reichtümer strömen mir zu, wie der Regen vom Himmel". Ständige Wiederholungen haben zur Folge, daß Ihr Unterbewußtsein mit dem Gedanken an Reichtum durchtränkt wird.
3. Die meisten in schwierigen Umständen lebenden Menschen sind nicht fähig, ein Wohlstandsbewußtsein zu entwickeln. Sie können sich nicht vorstellen, daß die Schatzkammer des Unendlichen sich in ihrem Innern befindet.
4. Die Besitzerin mehrerer Schönheitssalons hatte entdeckt, daß der Schlüssel zu ihrem außerordentlichen Erfolg in ihrem Bestreben lag, ihrer Kundschaft den bestmöglichen Service zu bieten. Sie tat ihr bestes im Äußeren, arbeitete jedoch ebenso intensiv innerlich, um die Voraussetzungen für den äußeren Erfolg zu schaffen. Sie wußte, daß das Innere das Äußere beherrscht.
5. Das Gesetz des Lebens ist Überfluß, nicht Mangel. Ihre Gedanken haben Form, Umriß und Substanz. Wenn Sie mit Glauben und Überzeugung aufgeladen sind, finden sie ihren Ausdruck in den äußeren Umständen. Ihre Gedanken der Fülle, Harmonie, Sicherheit und der Reichtümer des Unendlichen werden sich in Ihrem Leben manifestieren – vorausgesetzt, Sie ändern Ihr Denken und halten es geändert.
6. Es gibt einen Ausweg aus jedem Problem, und auf jede Frage eine Antwort. Was Sie auch immer erstreben – Sie müssen sich zunächst in die geheime Kammer Ihres Geistes zurückziehen, und dort das beanspruchen, was Sie haben wollen. Sie müssen fühlen, daß sie jetzt das sind, was Sie sein wollen – daß Sie jetzt das besitzen, was

Sie haben wollen und Ihr Unterbewußtsein wird Ihnen das wiedergeben, was Sie als wahr annehmen. Das Reich Gottes ist das Reich der Unendlichen Intelligenz und der Unendlichen Macht in Ihrem Innern. Sie tragen die Reichtümer des Unendlichen bereits in sich. Sie brauchen Ihr Erbteil nur zu beanspruchen, das Ihnen von Anbeginn aller Zeiten gehört.

7. Häufige Wiederholung der Worte „Reichtum, Erfolg, Sieg, Jubel" wird diese Eigenschaften und Kräfte in Ihrem Innern aktivieren. Ihr Unterbewußtsein wird alle notwendigen Kräfte freisetzen und Wunder werden geschehen in Ihrem Leben. Die Möglichkeiten Ihres Unterbewußtseins übersteigen jedes Vorstellungsvermögen. Das Geld, das Sie benötigen, kann auf vielfältige Weise zu Ihnen gelangen – durch Erbschaft, Lotteriegewinn oder durch eine Idee, die sich zu Geld machen läßt.

8. Um einen eventuellen Widerspruch Ihres Unterbewußtseins auszuschalten, sagen Sie nicht: „Ich bin reich, ich bin erfolgreich, ich bin glücklich" etc. sondern gebrauchen Sie die einfachen Worte „Reichtum, Erfolg, Glück". Diese Worte tragen als Gedankenausdrücke ihre eigene Mechanik in sich und aktivieren durch Wiederholung diese noch schlummernden Kräfte in Ihrem Unterbewußtsein. Dadurch werden Sie veranlaßt, diese Qualitäten zum Ausdruck zu bringen, denn das Gesetz des Unterbewußtseins ist Zwang.

9. Neid, Habsucht, Geiz und Ressentiments machen Sie ärmer, denn hier handelt es sich um sehr negative Gedanken des Mangels und der Begrenzung. Sie sind der Denker in Ihrem Universum; daher ziehen Sie durch diese Denkweise nur noch mehr Mangel, Begrenzung und unerfreuliche Umstände in Ihr Leben. Strahlen Sie Gedanken der Liebe, des Friedens, Wohlstands und Erfolgs aus auf alle Menschen in Ihrem Lebensbereich – in dem Wissen, daß Sie das, was Sie anderen wünschen auch für sich selbst verwirklichen. Liebe ist des Gesetzes Erfüllung – des Gesetzes von Erfolg, Wohlergehen und Überfluß. Liebe ist guter Wille für alle Menschen.

10. Erkennen Sie Gott als die unmittelbare und unerschöpfliche Quelle Ihres Guten. Erklären Sie, beanspruchen Sie, machen Sie geltend, daß Gottes Reichtümer fortwährend in Ihrem Leben

zirkulieren und Wohlstand wird Ihnen zuströmen in Lawinen des Überflusses.

11. Kritik, Verurteilung, Neid und Eifersucht blockieren den Zustrom von Gottes Reichtümern. Machen Sie sich stattdessen zu einem Kanal durch den die Segnungen des Unendlichen zu anderen ausströmen, besonders zu jenen, die Ihren Neid erregt haben. Und Sie haben damit das Tor für den Zustrom Ihres eigenen Guten weit geöffnet.

KAPITEL 14

Die Wunder einer disziplinierten schöpferischen Imagination (Vorstellung)

Die großen Denker aller Zeiten haben die Imagination (Verbildlichung) als den Grundstein bezeichnet, auf den sich jeder Erfolg im Leben aufbaut. Hier sind einige Zitate:

In der einen oder anderen Form sind wir alle imaginativ, denn Vorstellungen sind die Brut des Wunsches
> Georg Eliot

Imagination beherrscht die Welt
> Napoleon

Eine Seele ohne Imagination ist wie ein Observatorium ohne Teleskop
> H. W. Beecher

Denken überzeugt; Fühlen festigt die Überzeugung. Wenn Imagination die Fakten mit Flügeln versieht, dann ist Gefühl der große, starke Muskel, der die Flügel betätigt und sie vom Boden erhebt. Denken sieht die Schönheit; Emotion fühlt sie
> Theodor Parker

Imagination, die Vorstellung – die schaffende Kraft; allen vertraut, welche die Gabe des Träumens besitzen
> I. R. Lowell

Imagination bewegt alles; sie erschafft Schönheit, Gerechtigkeit und Glück – und das schließt alles in sich ein
> Pascal

Imagination ist das Auge der Seele
                              Joubert

Des Dichters Auge sieht vom Himmel zur Erde, von der Erde zum Himmel, und wie die Imagination die Form der unbekannten Dinge einkörpert, so formt sie des Dichters Feder, und gibt einer eitlen Nichtigkeit Wohnung und Name
                              Shakespeare
Imagination ist mächtiger als Wissen
                              Albert Einstein

Im Lexikon wird der Begriff Imagination definiert als das Formen geistiger Vorstellungen und Konzepte dessen, was den Sinnen nicht direkt gegenwärtig und greifbar ist. Imagination ist danach Ihre Befähigung, allen Schwierigkeiten zu begegnen und sie zu lösen; sie ist Selbsthilfe und überhaupt der Ausgangspunkt jedes Erfolges.

Imagination ist eine der primären Anlagen Ihres Geistes, und wie jede andere Kraft kann sie entweder auf konstruktive oder auf destruktive Weise betätigt werden. Die Resultate werden mit mathematischer Genauigkeit Ihren geistigen Vorstellungsbildern entsprechen. In diesem Kapitel wollen wir uns jedoch ausschließlich mit disziplinierten, kontrollierten und Göttlich geführten Imaginationen befassen.

Wie sie das Unmögliche möglich machte

Vor einigen Monaten hatte ich ein langes Telefongespräch mit einer Frau in Georgia – nennen wir sie Mrs. X. Sie hatte ihr Haus zum Verkauf angeboten, aber wegen der hohen monatlichen Belastungen und des relativ hohen Kaufpreises hatte jeder Interessent sofort abgewinkt, ohne das Haus überhaupt gesehen zu haben. Ihr Mann war kurz zuvor verstorben, und sie lebte allein in dem großen Haus und sah sich nicht mehr in der Lage, die Steuern und andere monatliche Verbindlichkeiten aufzubringen.

Ich gab ihr die folgende einfache Technik: setzen Sie sich still hin, entspannen Sie sich, bringen Sie den Fluß der Gedanken zum Stillstand und fixieren Sie Ihre Aufmerksamkeit auf einen 100 000 Dollar-Scheck – den verlangten Kaufpreis. Berühren Sie diesen Scheck in Ihrer gedanklichen Vorstellung mit Ihren imaginären Händen, fühlen Sie ihn als tatsächlich vorhandene Realität, sagen Sie Dank dafür und wiederholen Sie dieses „Mentalkino" fünf Minuten lang mehrmals täglich; Sie werden feststellen, daß diese Impression nach und nach in Ihr Unterbewußtsein sinkt. Nachdem es Ihnen gelungen ist, diese Mentalvorstellung auf Ihr Unterbewußtsein zu übertragen, übernimmt das letztere sofort alles Weitere und bringt die Verwirklichung."

Nach einigen Wochen erhielt ich einen Brief von Mrs. X. Sie hatte das Haus an einen Universitätsprofessor verkauft, der mit seiner sechsköpfigen Familie von New York nach Georgia übersiedeln wollte. Sie war genau nach meinen Weisungen verfahren. Sie war in die Stille gegangen und hatte sich einen Scheck von 100 000 Dollar vorgestellt, ausgestellt auf ihren Namen. Weiterhin stellte Sie sich vor, wie sie diesen Scheck bei ihrer Bank einreichte. Dieser gesamte Handlungsablauf war eine lebhafte Imagination auf dem Bildschirm ihres Geistes. Sie hatte das jeweils fünf Minuten lang durchgeführt in stündlichen Abständen – zwei Wochen lang. Danach verspürte sie keinerlei Verlangen, die geistige Imaginationsarbeit fortzusetzen. Stattdessen fühlte sie sich erfüllt von einem wunderbaren Gefühl des Friedens, der Ruhe und des Entspanntseins und sie wußte intuitiv, daß ihr Gebet beantwortet war. Dieser Professor wiederum sah das Schild „Zu verkaufen, Informationen beim Eigentümer", und schon als er zur Tür hereinkam sagte er: „Genau das habe ich gesucht!"

Bedenken Sie: die Imagination ist das erhabenste, das nobelste Attribut des Menschen, wenn sie diszipliniert, geistig, kontrolliert und zielgerichtet angewendet wird.

Wie eine 72jährige Witwe die Einsamkeit überwand

Bei einer Beratung hörte ich Mrs. M. zu, die mir alle die Gründe aufzählte, weshalb sie nicht wieder heiraten konnte, statt mir die Gründe, die für eine Heirat sprachen zu nennen. Mrs. M. beklagte sich, daß sich, obgleich sie Gebetshilfe von mehreren neugeistlichen Kirchen und Centern erhalten hatte, kein Erfolg zeigen wollte. Ihre Kinder waren erwachsen, hatten inzwischen eigene Familien und wohnten fast 5000 km entfernt von ihr. Sie hatte zwar einige Witwer kennengelernt, doch hatte ihr keiner einen Heiratsantrag gemacht.

Nach meinen Anleitungen praktizierte Mrs. M. eine imaginäre Szene. Sie sah sich in meinem Arbeitszimmer, wo ich die Trauung vornahm. Sie hörte meine Stimme: „Ich erkläre euch nun für Mann und Frau". In dieser imaginären Handlung fühlte sie auch den imaginären Ring am Finger. Diesen imaginären Handlungsablauf stellte sie sich wieder und wieder vor, bis er ihr derart vertraut geworden war, daß sie sich auch mit offenen Augen vorstellen konnte, in meinem Arbeitszimmer zu sein. Sie hatte sich in der Tat den gesamten Handlungsablauf so gegenwartsnah und lebendig gestaltet, daß sie plötzlich kein Verlangen hatte, das Mentalschauspiel fortzusetzen. Sie hatte einen starken Wahrnehmungssinn entwickelt.

Kurz darauf lernte sie auf der Reise nach New York einen pensionierten Arzt kennen. Während ihres Aufenthaltes in der Millionenstadt gingen sie ein paarmal miteinander aus und kurz darauf machte er ihr einen Heiratsantrag. Sie war klug vorgegangen bei der Anwendung ihrer Imaginationskraft – sie hatte sich das Ende vorgestellt, die vollendete Tatsache und ihrem Unterbewußtsein damit die Möglichkeit gegeben auf seine eigene Weise tätig zu werden.

Sie hatte ihrem Unterbewußtsein die bereits vollzogene Eheschließung übermittelt, indem sie mich sagen hörte: „Ich erkläre euch nun für Mann und Frau" und den Ehering an ihrem Finger spürte. Sie sah und fühlte sich mit dem idealen Mann verheiratet, einem Ehepartner, mit dem sie in jeder Weise harmonierte. Wenn Sie beten, dann sehen Sie in der Betrachtung das Happy End. Seien Sie glücklich darüber und Sie werden die große Freude einer Gebetsbeantwortung erfahren.

Wie sie sich das mentale Äquivalent für eine Million Dollar schuf

Einer der außergewöhnlichsten Anrufe, die ich jemals hatte, kam von dem Ehemann von Mrs. H.: „Meine Frau hat gerade eine Million Dollar geerbt. Sie hatten ihr gesagt, wie sie das anstellen müßte". Natürlich gratulierte ich ganz herzlich und wünschte beiden alle Segnungen des Lebens. Ich konnte mich erinnern, mit ihr nach einem Vortrag im Wilshire Ebell Theatre in Los Angeles gesprochen zu haben. Damals erwähnte sie, daß sie eine Million benötigte für ein bestimmtes Projekt. Das Ganze hörte sich recht vernünftig an. Ich erklärte ihr, daß sie in ihrem Geist zunächst ein mentales Äquivalent (eine geistige Entsprechung) für eine Million etablieren müsse. Die beste Möglichkeit dazu wäre, sich ein geistiges Vorstellungsbild des fertigen Projektes zu machen und es dankbar frohen Herzens als vollendete Tatsache zu sehen.

Genau das tat sie. Sie sah das fertiggestellte Projekt in allen seinen Einzelheiten vor sich, und jede Nacht vor dem Einschlafen bejahte sie: „Eine Million, eine Million, eine Million", wieder und wieder, als ihr „Wiegenlied", bis sie in den Schlummer hinüberglitt. Sie wußte, daß ihr Unterbewußtsein das Bejahte früher oder später akzeptieren würde. Nach Ablauf eines Monats erhielt sie eine Nachricht von einem Anwalt, daß sie über eine Million Dollar geerbt habe. Es war, wie ihr Mann sagte, „völlig aus heiterem Himmel". Mrs. H. hatte das getan, was Shakespeare so wunderbar ausgedrückt hatte. Sie gab „einer eitlen Nichtigkeit Wohnung und Name". Durch ständiges „wohnen" in ihrem Bewußtsein wurde die „eitle Nichtigkeit" zu einer Realität. Ihr Unterbewußtsein brachte die Verwirklichung zustande, auf Wegen von denen sie nichts wußte.

Wie Sie mit dem Schöpfer und Gestalter
in Ihrem Innern bekannt werden

In Ihrem Innern wohnen ein Designer, ein Architekt und ein Weber. Sie übernehmen die Vorstellung Ihres Geistes und bringen sie in eine Form, die sich schließlich im Äußeren manifestiert und Ihnen Frieden, Freude und Sieg bringt.

Die größten und kostbarsten Säulenhallen sind die Säulenhallen des Geistes, die der Weisheit, Wahrheit und Schönheit gewidmet sind. Verbildlichen Sie sich Ihr Lebensideal, leben Sie im Geiste mit diesem Ideal. Lassen Sie Ihre ganze Vorstellungskraft von diesem Ideal eingenommen sein. Wenn es Ihr ganzes Denken beherrscht, dann werden Sie sich in Richtung auf das mental Vorgestellte bewegen.

Die Ideale des Lebens sind wie der Ton des Himmels, der auf die dürren Felder Ihres Geistes fällt und Sie erfrischt und belebt. Mit der disziplinierten, schöpferischen Imagination können Sie sich über alle Erscheinungen erheben, über jeden Mißklang, jeden scheinbaren Gegenbeweis der Sinne. Mit Ihrer schöpferischen Imagination verbildlichen Sie sich die Dinge, wie sie sein sollten, in der gleichzeitigen Erkenntnis des erhabenen Prinzips der Harmonie, das sich durch alle Dinge bewegt, in allen Dingen wirkt und hinter allen Dingen steht. Weisen Sie den Anschein des Äußeren, den „Beweis" der Sinne zurück, und erkennen Sie, daß Ihr Inneres die äußeren Manifestationen bewirkt. Ihr mentales Vorstellungsbild ist die Wirklichkeit oder das Innere. Seine Manifestation, Form oder Gestalt ist das Äußere.

Schöpferische Imagination – die Werkstatt Gottes

Kürzlich war ich mit einem außergewöhnlichen jungen Mann zum Essen verabredet. Er ist im Radio und Kommunikationsbereich tätig. Er hatte mein Buch „Entfalte deine unbegrenzten Innenkräfte und werde reich" gelesen und meinte: „Ich könnte es auswendig hersagen". Zum Wochenende fuhr er zumeist mit seiner Frau zum Caliente Rennplatz hinaus und dort verlor er für gewöhnlich zwischen 10 und 15 Dollar am Totalisator. Einmal meinte seine Frau scherzhaft, er könne doch mal sein Unterbewußtsein einsetzen und eine größere Summe gewinnen, damit sie sich ein Haus in Beverly Hills kaufen könnten.

Er nahm diese Herausforderung an, ging jeden Abend für etwa 15 Minuten in die Stille und stellte sich vor, wie der Kassierer ihm einen Scheck über 50000 Dollar aushändigte und sagte: „Sie sind ein Glückspilz". Er sah und fühlte sich vor dem Kassenschalter stehen und hörte die Stimme des Kassiers. Er sah den Scheck, berührte ihn mit seinen imaginären Händen, freute sich und sagte Dank für alles. Im weiteren Handlungsablauf zeigte er den Scheck seiner Frau und sagte: „Schatz, das Haus, das du immer haben wolltest ist da!" Dann hörte er ihre jubelnde Antwort: „Das ist ja wunderbar", wieder und wieder.

Diese innere Spielhandlung spulte er etwa einen Monat lang Abend für Abend ab. Wie er sagte, war ihm dieses innere Schauspiel manchmal so real gegenwärtig und greifbar, daß er nach dem Öffnen seiner Augen baß erstaunt war, sich in seinem Schlafzimmer zu befinden und nicht auf dem Rennplatz. Dieser Zustand ist ein sicherer Beweis dafür, daß das Vorstellungsbild dem Unterbewußtsein erfolgreich aufgeprägt wurde.

Am fünften Wochenende nach Beginn dieser Technik, fuhr er nach Caliente und war, wie er sagte, absolut sicher, den Scheck zu bekommen, so wie er es sich in seiner schöpferischen Vorstellung verbildlicht hatte. Er plazierte größere Summen bei sechs Rennen und seine Pferde waren ausnahmslos alle Gewinner. Als er dem Kassierer seine Tickets präsentierte, händigte der ihm einen Scheck aus mit den Worten: „Sie sind ein Glückspilz!"

Er lebt jetzt in einem entzückenden Haus in Beverly Hills, das genau 50000 Dollar gekostet hatte. Durch den rapiden Anstieg der Grundstückspreise in den letzten Jahren ist es inzwischen bereits das Doppelte wert. Weder er noch seine Frau haben seither wieder einen Rennplatz besucht. Sie sind viel zu beschäftigt, im Radio und Fernsehen ihren Teil beizutragen, die Wunden den Menschen zu heilen.

Sir Winston Churchill hat einmal gesagt: „Dies ist ein Zeitalter, in dem die geistige Einstellung über das Glück der Menschen entscheidet, und nicht das Glück die Einstellung bestimmt". Die alten Hebräer sagten: „Imagination ist die Werkstatt Gottes". Außersinnliche Wahrnehmung ist Ihr Schlüssel zu konstruktiver Imagination.

ZUSAMMENFASSUNG

1. Ihre Imagination ist Ihre Befähigung, mentale Vorstellungsbilder oder Konzepte dessen zu schaffen, was für die fünf Sinne nicht gegenständlich ist.
2. Imagination ist eine der primären Anlagen Ihres Geistes. Diszipliniert angewandt, können Sie mit ihr den Ideen und Wunschträumen Form verleihen und auf den Bildschirm des unendlichen Raumes projizieren.
3. Ohne Berücksichtigung äußerer Umstände können Sie sich den Verkauf eines Hauses als vollendete Tatsache vorstellen. Dazu muß die bereits abgeschlossene Transaktion geistig gesehen und gefühlt werden – ein imaginärer Scheck über die Kaufsumme in imaginären Händen gespürt werden, solange, bis ein Gefühl der persönlichen Wirklichkeit des Bejahten entsteht. Das macht sich zumeist bemerkbar durch ein Gefühl des Friedens und der inneren Gewißheit – eines intuitiven Gewahrseins.
4. Eine einfache Technik, um den richtigen Ehepartner heranzuziehen, wurde von einer 72jährigen Witwe angewandt. Sie sah sich in meinem Arbeitszimmer und hörte mich sagen: „Ich erkläre euch nun für Mann und Frau". In Ihrer geistigen Vorstellung hörte sie diese Worte wieder und wieder. Sie fühlte einen imaginären Ehering an ihrem Finger als Beweis der vollzogenen Eheschließung. Das ganze mentale Schauspiel vermittelte ihr den Eindruck mit dem idealen Ehepartner bereits verheiratet zu sein, einem Mann, mit dem sie in jeder Weise harmonierte. Nach einigen Wochen lernte sie den Mann ihrer Träume kennen und sie heirateten. Nach dem geistigen Gesetz sinkt alles, was Sie im Denken und Fühlen als wahr annehmen, in Ihr Unterbewußtsein, das seinerseits tätig wird und die Verwirklichung betreibt.
5. Eine Frau benötigt eine Million Dollar um ein ausgedehntes Projekt realisieren zu können. Sie war sich bewußt, daß sie dafür zunächst ein mentales Äquivalent (geistige Entsprechung) etablieren mußte. Jeden Abend vor dem Einschlafen schaute sie im Geiste auf das fertiggestellte Projekt und sagte Dank für all die Wunder. Zugleich lullte sie sich in den Schlaf mit dem Gedanken an eine Million Dollar. Nach Ablauf

eines Monats bekam ich einen Anruf von dem Ehemann, der mir sagte: „Meine Frau hat gerade aus heiterem Himmel eine Million Dollar geerbt". Sie hatte mit Erfolg das mentale Äquivalent für eine Million Dollar erstellt. Sie wußte, daß stark gefühlsbetonte und ständig wiederholte Gedanken vom Unterbewußtsein angenommen und entsprechend weiterverarbeitet werden.

6. Verbildlichen Sie sich Ihr Lebensideal, leben Sie geistig mit diesem Ideal. Wenn es Ihr ganzes Denken beherrscht, dann werden Sie sich in Richtung auf das mental Vorgestellte bewegen.

7. Ein junger Mann wollte ein Haus kaufen, verfügte jedoch nicht über die erforderlichen Mittel. Er verwettete wöchentlich zwischen 10 und 15 Dollar auf dem Rennplatz ohne jemals zu gewinnen. Er hatte mein Buch „Entfalte deine unbegrenzten Innenkräfte und werde reich" gelesen, und begann, von seiner Frau dazu herausgefordert, seine schöpferische Imagination anzuwenden. Er stellte sich vor, wie er am Kassenschalter des Caliente-Rennplatzes einen Scheck über 50 000 Dollar entgegennahm. Die ganze Imagination war für ihn sehr gegenständlich, hautnah und greifbar. Er hörte sogar den Kassierer sagen: „Sie sind ein Glückspilz!" Nach etwa einem Monat war das Vorstellungsbild dem Unterbewußtsein erfolgreich aufgeprägt und beim nächsten Rennplatzbesuch gewann er tatsächlich 50 000 Dollar.

KAPITEL 15

Wie Sie mit den geheimnisvollen Kräften Ihres Geistes vertraut werden

Sie verfügen über ein Wachbewußtsein (Verstand) und ein Unterbewußtsein. Sie stellen zwei verschiedene Ebenen oder Funktionen Ihres Geistes dar und werden zuweilen auch als objektives und subjektives Bewußtsein bezeichnet. Mit Ihrem Wachbewußtsein oder wachbewußten Verstand wägen Sie ab, analysieren Sie und nehmen mittels Ihrer fünf Sinne Eindrücke der äußeren Welt auf. Ihr Wachbewußtsein urteilt induktiv und deduktiv. Ihr Unterbewußtsein ist der Sitz der Erinnerung, der Emotionen und Intuition. Es ist der Wohnsitz der Hellsichtigkeit (Clairvoyance), Hellhörigkeit (Clairaudience), der Telekinese und Telepathie.

Ihr Unterbewußtsein ist mit Unendlicher Intelligenz ausgestattet, mit unerschöpflicher Weisheit und allen Reichtümern des Unendlichen, die nur darauf warten, von Ihnen erschlossen zu werden. Einem sensitiv Begabten ist es in entspanntem Zustand möglich, Ihre Gedanken zu lesen, oder sogar den Inhalt eines verschlossenen Briefes wiederzugeben, den Sie in der Tasche tragen und möglicherweise selbst noch nicht einmal gelesen haben. Manche haben die hellsichtigen Kräfte ihres Unterbewußtseins derart hochgradig entwickelt, daß sie weitentfernt stattfindende Begebenheiten wahrnehmen können, völlig unabhängig vom Wahrnehmungsvermögen ihrer fünf Sinne.

Zuweilen wird Ihr Unterbewußtsein auch Seele genannt. Von außerordentlicher Wichtigkeit ist es, immer wieder zu bedenken, daß Ihr Unterbewußtsein ständig für Suggestionen jeglicher Art empfänglich ist. Wenn Sie sich beispielsweise im Zustand der Hypnose befinden, wird Ihr Unterbewußtsein ohne Zögern jede noch so absurde oder ungereimte Suggestion annehmen, die ihm vom Hypnotiseur erteilt wird.

Was Erfahrungen über Ihr Unterbewußtsein enthüllen

Ich hatte im Laufe der Zeit Gelegenheit, in aller Welt den verschiedenartigsten hypnotischen Experimenten beizuwohnen. Einmal wurde ein Mann in Trance versetzt und ihm bedeutet, er sei ein Hund. Der Mann akzeptierte die Suggestion und spielte die Rolle eines Hundes nach besten Kräften. Er schleckte Milch aus einer Schüssel, bellte und benahm sich auch sonst wie ein Hund. Bei einer anderen Gelegenheit wurde einem Mann suggeriert, er sei Präsident Roosevelt. Er spielte haargenau die Rolle des Präsidenten, in Gestik, Gehabe und Stimme.

Bedenken Sie: Ihr Unterbewußtsein ist empfänglich für Suggestionen. Es besitzt keinerlei Urteilsvermögen, sondern nimmt jede erteilte Suggestion an, gleichgültig ob sie richtig oder falsch ist. Ihr Unterbewußtsein wird auf jede Suggestion hin tätig und führt sie zu einem logischen Schluß gemäß der gegebenen Voraussetzung während Ihr Wachbewußtsein ausgeschaltet ist. Ihr Unterbewußtsein kann nicht abwägen wie Ihr wachbewußter Verstand, sondern arbeitet aufgrund jeder gegebenen Idee deduktiv. Es ist unerläßlich, daß Sie sich über diesen Vorgang völlig im klaren sind, um niemals das Opfer betrügerischer Machenschaften zu werden. Sie müssen fähig werden, Täuschungen dieser Art intuitiv zu fühlen.

Ihm wurde eingeredet, er sei vom Teufel besessen

Vor einigen Jahren war ich in England Zeuge eines Hypnoseexperiments, das von einem Arzt an einem Studenten namens Patrick vorgenommen wurde. Letzterem wurde suggeriert, er sei von Teufeln besessen. Pat wurde auf der Stelle leichenblaß, schreckgelähmt und gab ein entsetzliches Gekreische von sich. Als er in konvulsivische Zuckungen verfiel, hob der Arzt die Suggestion auf und bedeutete ihm, er sei jetzt frei, friedlich, gelassen und fühle sich wohl. Nach dem Erwachen hatte er keinerlei Erinnerung an das Geschehen und wirkte völlig entspannt und ungezwungen.

Was sich hier abgespielt hatte, ist leicht zu verstehen. Zunächst einmal gibt es selbstverständlich keinen Teufel und daher auch keine Besessenheit von Teufeln, aber Pat glaubte aufgrund seiner Erziehung an einen oder mehrere Teufel; daher sah er das, was er für Teufel hielt – halb Mensch, halb Tier mit Pferdefuß und Hörnern und feurigen stachelbesetzten Schwänzen. Diese Formen werden als unterbewußte Halluzinationen bezeichnet, basierend auf Beschreibungen des Teufels, die ihm als Kind gegeben wurden. Die wirklichen Teufel, die uns verfolgen, wenn wir unsere Göttlichen Fähigkeiten verlieren, sind Furcht, Unwissenheit, Aberglauben, Haß, Eifersucht, Reue, etc.

Wie Pat den Himmel beschrieb

Pat wurde erneut hypnotisiert und diesmal wurde ihm gesagt, er sei im Himmel. Er wurde gebeten, seine Eindrücke zu beschreiben. Sofort veränderte sich sein Gesichtsausdruck; er erschien friedvoll und glücklich. Er beschrieb die wunderschönen Engel, einen herrlichen goldenen Thron und auf dem Thron saß ein Mann, der den Eindruck eines großen Weisen machte. Der Mann, der wie Jesus aussah, hatte eine Bibel in der Hand. Pat hörte auch herrliche Musik, die er als Himmelschöre beschrieb.

Da das Unterbewußtsein auf Suggestionen reagiert, ist es für jeden mit den Dingen einigermaßen Vertrauten offensichtlich, daß das von Pat beschriebene imaginäre Bild des Himmels auf Glaubensinhalten und theologischen Lehren basiert, die er als Kind erhalten hatte. Er war in dem Glauben erzogen worden, daß der Himmel ein Ort sei, den der Mensch nach seinem Tode betritt. Die Suggestion des Arztes aktivierte nun den im Unterbewußtsein gespeicherten Glaubensinhalt zu einer scheinbar logischen, aber dennoch falschen Folgerung.

Machen wir uns deutlich: alle Suggestionen, die Pat im Trance empfing, gleich ob wahr oder falsch, wurden widerspruchslos angenommen und von seinem Unterbewußtsein mit bemerkenswertem Scharfsinn und außerordentlicher Klugheit dramatisiert wiedergegeben.

Sie tranken Wasser und waren betrunken. Experimente mit Studenten

Ein weiteres interessantes Hypnoseexperiment wurde von dem gleichen Arzt mit zwei Medizinstudenten durchgeführt. Dem einen gab er ein Stück Rasierseife mit der Behauptung, es sei eine Banane, die er mit Appetit verspeisen und auch gut verdauen würde. Der Student aß die Rasierseife und verspürte keinerlei Beschwerden hinterher. Einem anderen hypnotisierten Studenten sagte er, daß er sehr hohe Temperatur, einen rapiden Puls und starke Schweißausbrüche habe. Alle diese Symptome manifestierten sich augenblicklich.

Einer jungen Studentin, Mary, wurde in Trance ein Glas Wasser gereicht mit der Behauptung, es sei irischer Whisky. Nachdem sie es geleert hatte, war sie ziemlich angetrunken. Sie lallte und torkelte herum bis man ihr einen Teelöffel Wasser gab und sagte, das sei ein spezielles Medikament aus Deutschland, das eine sofortige Ernüchterung bewirken würde. Diese Suggestion erwies sich als das perfekte Gegenmittel für Mary. Als sie aufgeweckt wurde, fühlte sie sich vollkommen normal und in Ordnung.

Das demonstriert die Empfänglichkeit des Unterbewußtseins für alle Suggestionen wie auch seine schöpferische Kraft.

Ihre Autosuggestion (Selbstsuggestion) kann Sie vor ungewollter Hypnose schützen

Sie können niemals von einem anderen Menschen hypnotisiert werden, wenn Sie Ihrem Unterbewußtsein den Gedanken aufprägen, daß es nicht möglich sein wird, Sie zu hypnotisieren ohne Ihre Genehmigung. Der Zustand der Hypnose wird gewöhnlich durch Suggestion des Hypnotiseurs herbeigeführt. Sein Unvermögen, Sie zu hypnotisieren, ist auf Ihre Weisung an Ihr Unterbewußtsein zurückzuführen, daß er es nicht kann. Ihre Autosuggestion ist mächtiger als seine Suggestion, deshalb versagt er. Die stärkere Suggestion hat immer die Oberhand.

Weshalb der Hypnotiseur versagte

Vor einigen Jahren war ich bei einer Serie von Hypnoseexperimenten zugegen, die ein bekannter Anwalt und Psychologe in New York durchführte. Unter anderem hatte er auch ein junges Mädchen hypnotisiert und ihr wiederholt suggeriert, sie solle sich völlig entkleiden. Das ganze geschah in Gegenwart von etwa 12 Männern und Frauen. Sie verweigerte jegliche Kooperation und erschien hochgradig verstört und verängstigt. Der Psychologe war von dem für ihn überraschenden Widerstand einigermaßen verwirrt, denn er hatte vorher geprahlt, daß er ihr seinen Willen aufzwingen könne und sie im Zustand der Hypnose alles tun würde, was er von ihr verlangte. Er hatte bedingungslosen, passiven Gehorsam erwartet. Stattdessen zeigte sich zu seiner maßlosen Überraschung dieser Widerstand. Er hatte nicht bedacht, daß die persönliche Gegensuggestion, die das junge Mädchen sich gegeben hatte, die entscheidende Blockierung verursachte. Sie behielt ihre Wirksamkeit. Ihr Unterbewußtsein akzeptiert von zwei Suggestionen die jeweils stärkere, die dominierende. Die Autosuggestion der jungen Dame vor dem Hypnoseexperiment war: „Ich werde auf keinen Fall etwas tun, das meinen moralischen und religiösen Verhaltensregeln zuwiderläuft. Mein Unterbewußtsein akzeptiert das".

Die Suggestion ist die beherrschende Kraft über Ihr Unterbewußtsein. Ihr Unterbewußtsein ist empfänglich für Suggestionen sowohl Ihres eigenen Wachbewußtseins als auch der eines anderen Menschen. Im Wachzustand können Sie jederzeit die Suggestionen anderer zurückweisen und an alle wahren, schönen und guten Dinge denken.

Wie sie von einem sogenannten bösen Geist befreit wurde

Das folgende Beispiel macht die Wirkungsweise des Unterbewußtseins besonders deutlich:

Nach einem Vortrag in San Francisco suchte mich eine Frau in meinem Hotel auf und klagte darüber, daß ein körperloses Wesen, ein böser Geist, sie ständig belästige und sie mit Obszönitäten jeglicher Art verfolge und sogar des Nachts gekratzt habe. Kürzlich habe er ihr befohlen, ins Meer zu springen und Selbstmord zu begehen.

Sie hatte Beruhigungstabletten genommen und war in psychiatrischer Behandlung, aber nichts hatte geholfen. Diese Frau war mit den Nerven völlig am Ende. Oftmals hatte dieser sogenannte Geist ihr gesagt: „Nimm eine Überdosis Schlaftabletten. Na los, mach schon, bring' dich um!"

Die Ursache ihres inneren Aufruhrs

Diese Frau glaubte, die Bibel wörtlich interpretieren zu müssen. Sie war der Meinung, böse Geister hätten von ihrer Seele Besitz ergriffen. Sie hatte nicht begriffen, daß die Teufel, von denen die Bibel spricht, lediglich Personifikationen zerstörender Emotionen wie Haß, Ressentiments, Reue, Selbstverurteilung, Zorn und Feindseligkeit sind, die sämtlich erzeugt werden durch im Bewußtsein verankerte Entsprechungen.

Sie hatte einige Monate lang automatisches Schreiben praktiziert. Zu diesem Zweck hielt sie einen Bleistift in der Hand mit der Erwartung, daß ein unsichtbarer Geist ihr die Hand führen würde. Dem Gesetz der Suggestion entsprechend wurde sie von ihrem Unterbewußtsein aufgenommen und nach und nach gewann es Kontrolle über die Muskeln und Nerven ihrer Hand und bewegte ihren Bleistift. Ihr wachbewußter Verstand war passiv und in Ruhestellung, und sie war sich – objektiv gesehen – des Schreibvorgangs auch nicht bewußt. Sie fürchtete außerdem, daß böse Mächte durch sie schreiben würden.

Darüber hinaus wurde sie von Schuldgefühlen geplagt wegen tiefer Ressentiments ihrem Ehemann gegenüber, weil er impotent und als Sexualpartner ein völliger Versager war. Die Stimmen, die sie hörte, die Gott, die Bibel und sie selbst verspotteten, waren nichts anderes als ein „Playback" (Wiedergabe) der giftigen Nahrung, die sie ihrem Unterbewußtsein verabreicht hatte.

Sie wußte nichts von der Kraft der Autosuggestion

Die Wesenheit, die ihrer Meinung nach zu ihr gesprochen hatte, war in Wirklichkeit ihre eigene Furcht-Suggestion. Hiob sagte: „*Was ich gefürchtet habe, ist über mich gekommen*" (Hiob 3:25). Diese Frau hielt ihr automatisches Schreiben für die Tat von Geistern. Sie wußte nicht, daß in Wirklichkeit ihr Unterbewußtsein das zurückgab, was sie ihm aufgeprägt hatte. Ihr Unterbewußtsein wurde von Furcht- und Schuldgefühlen (weil sie ihren Mann haßte) beherrscht. Dazu kam die Erwartung von Strafe für ihre tiefverwurzelte Feindseligkeit. Diese Stimmen kamen ihr vor, wie von anderen Personen. Sie waren in Wirklichkeit Geschehnisse des negativen Inhalts ihres Unterbewußtseins. Tatsächlich sprach sie nur zu sich selbst.

Wie sie sich selbst heilte und Seelenfrieden erfuhr

Offengestanden, ich glaube, meine Erklärung des Ganzen machte allein 90 Prozent des Heilungsvorgangs aus. Ich machte ihr klar, daß es für negative und destruktive Stimmen und Emotionen absolut unmöglich ist, in einem Gemüt zu wohnen, das auf die innere Gottesgegenwart ausgerichtet ist. Alles was sie zu tun hatte, war, ihren Geist mit Gottes Wahrheiten auszufüllen und damit alles hinauszudrängen, was nicht Gott gleich ist oder nicht den Wahrheitsprinzipien gemäß.

Auf meinen Vorschlag betete sie laut den 91. Psalm, den großen Psalm des Schutzes und der Heilung. Sie tat das morgens, mittags und abends in der Gewißheit, daß diese wunderbaren Wahrheitsbejahungen alle negativen Denkmuster in den Tiefen ihres Unterbewußtseins auslöschen und entfernen würden. Sie machte den 91. Psalm zu einem wesentlichen Bestandteil ihres Lebens, und wann immer eine negative Stimme – oder Gedanke – aus ihrem tieferen Selbst kam, bejahte sie sofort: „Gott liebt mich und sorgt für mich."

Nach etwa 10 Tagen verloren die zerstörenden Stimmen jegliche Krafteinwirkung und sie verspürte inneren Frieden. Wenn Sie die herrlichen Kostbarkeiten des 91. Psalms wiederholt auf sich wirken lassen, können Sie Ihren Geist ganz mit ihnen durchtränken.

Schutz des allmächtigen Gottes unter allen Gefahren

1. Wer unter dem Schirm des Höchsten sitzt und unter dem Schatten des Allmächtigen bleibt.
2. Der spricht zu dem Herrn: Meine Zuversicht und meine Burg, mein Gott auf den ich hoffe.
3. Denn er errettet dich vom Strick des Jägers und von der schädlichen Pestilenz.
4. Er wird dich mit seinen Fittichen decken, und deine Zuversicht wird sein unter seinen Flügeln. Seine Wahrheit ist Schirm und Schild.
5. Daß du nicht erschrecken müssest vor dem Grauen der Nacht, vor den Pfeilen, die des Tages fliegen.
6. Vor der Pestilenz, die im Finstern schleicht, vor der Seuche, die im Mittage verderbt.
7. Ob tausend fallen zu deiner Seite und zehntausend zu deiner Rechten, so wird es doch dich nicht treffen.
8. Ja, du wirst mit deinen Augen deine Lust sehen und schauen, wie den Gottlosen vergolten wird.
9. Denn der Herr ist deine Zuversicht, der Höchste ist deine Zuflucht.
10. Es wird dir kein Übel begegnen und keine Plage wird zu deiner Hütte sich nahen.
11. Denn er hat seinen Engeln befohlen über dir, daß sie dich behüten auf allen deinen Wegen.
12. Daß sie dich auf den Händen tragen und du deinen Fuß nicht an einem Stein stoßest.
13. Auf Löwen und Ottern wirst du gehen und treten auf junge Löwen und Drachen.
14. „Er begehrt mein, so will ich ihm aushelfen, er kennt meinen Namen, darum will ich ihn schützen.
15. Er ruft mich an, so will ich ihn erhören; ich bin bei ihm in der Not, ich will ihn herausreißen und zu Ehren bringen.
16. Ich will ihn sättigen mit langem Leben und will ihm zeigen mein Heil."

Das wird mit Sicherheit Ihr Gefühl für Außersinnliche Wahrnehmung erweitern.

Die Sache mit dem Ouija-Brett

Meine Sekretärin, Mrs. Wright, die Mutter zweier außerordentlich begabter Söhne, erzählte mir einmal, daß sie vor Jahren als Teenager zusammen mit ihrer Großmutter viele vergnügte Stunden mit dem Ouija-Brett verbracht und die schönsten Botschaften von vermeintlich unsichtbaren Intelligenzen erhalten hatte. Das Ouija-Brett schien von unsichtbaren Mächten gehandhabt zu werden, der Zeiger gab Antworten auf alle gestellten Fragen.

Zu der Zeit wußte Mrs. Wright nichts über die Funktionen des Wach- und des Unterbewußtseins, sie glaubte aber auch nicht, daß übernatürliche Einheiten oder körperlose Geister das Ouija-Instrument handhabten. Die Begriffe „Außersinnlichkeit" und „außersinnliche Phänomene" sagten ihr damals auch noch nichts.

Eines Tages fragte sie das Ouija-Bord: „Wer schreibt da, wer beantwortet meine Fragen?" Das Ouija buchstabierte: „Louise Barrows." Louise ist ihr zweiter Vorname und Barrows ihr Mädchenname. Dieses Experiment liefert den klaren Beweis für den folgenden Sachverhalt: Mrs. Wright wußte nicht das Geringste von außersinnlichen Phänomenen, deshalb lag es ihrem Unterbewußtsein fern anzunehmen, daß sich hier ein Geist zu Wort gemeldet habe. Wäre sie andererseits überzeugt gewesen, es mit einem verstorbenen Angehörigen zu tun zu haben, dann würde ihr Unterbewußtsein – dem Gesetz der Suggestion gemäß – die Rolle des verstorbenen Angehörigen gespielt haben.

Ihre Großmutter, die gleichfalls die Hypothese ablehnte, das Ouija-Brett werde von unsichtbaren Geistern betrieben, fragte das Instrument: „Ist es mein eigenes Bewußtsein, das mir antwortet?" Die buchstabierte Antwort lautete: „Du allein". Wäre auch sie der Überzeugung gewesen, daß sich hier eine lebhafte Unterhaltung mit Geistern abspielte, dann hätte auch ihr Unterbewußtsein entsprechend reagiert.

Tatsächlich war es in jedem Fall das Unterbewußtsein, welches das Ouija-Brett handhabte und beide Frauen haben nur zu sich selbst gesprochen. Die Einfachheit der Annahme in logischer Folgerung muß allen anderen Kriterien vorangehen, will man zu einer Erklärung gelangen.

Ein Straßenmädchen spricht wie eine Göttin

Die folgenden Ausführungen stellen eine Zusammenfassung von Schilderungen dar, die Harry Gaze unter dem Titel „Meine persönlichen Erinnerungen an Thomas Troward" herausgegeben hatte. Die Genehmigung dazu habe ich von seiner Witwe, Dr. Olive Gaze.

Harry Gaze, Lehrer, Autor, und enger Freund von Richter Thomas Troward, dem Verfasser der *Edinburgh Lectures* und vieler anderer Bücher über Mentalgesetze und Geisteswissenschaften, berichtete von einem interessanten Experiment, das von ihm selbst, Richter Thomas Troward und Dr. Cornwall Round in London durchgeführt wurde. Troward wollte bei Dr. Round's Experimenten mit dem Unterbewußtsein zugegen sein. Dr. Round war seinerzeit ein außergewöhnlicher Arzt in London und hatte auf dem Gebiet der Hypnoseforschung sehr intensiv experimentiert.

Für besagtes Experiment nun wurde ein Londoner Straßenmädchen engagiert, dem ein großzügiges Honorar gezahlt wurde, das in jedem Fall die sonst in diesem Gewerbe üblichen Einnahmen überstieg. Der Frau wurde versichert, daß ihr nichts Böses geschehen würde und daß sie sich nach der Hypnose erfrischt und stimuliert fühlen würde.

Nachdem sie in Trance gefallen war, prägte Dr. Round ihrem Unterbewußtsein mehrmals ein: „Sie sind eine Hohepriesterin im Tempel der Sonne. Sie haben eine Botschaft für die Anwesenden hier. Sie werden zu uns sprechen in einer klaren und brillanten Sprache. Sie besitzen Kenntnisse großer Wahrheiten. Sie werden uns davon erzählen. Sie haben weise und geschulte Wesen um sich und sind für ihre Weisheit empfänglich. Sie sprechen fließend und in gewählten Worten. Denken Sie daran, Sie sind eine weise Priesterin und können uns belehren."

Nach zahlreichen Wiederholungen dieser Suggestionen schienen ihre regulären Persönlichkeitsmerkmale zu schwinden und eine weitaus attraktivere Persönlichkeit kam zum Vorschein. Schließlich richtete sie sich auf, stolz und voll königlicher Würde, ganz die Verkörperung einer Göttin und hielt eine Ansprache. Sie sprach sehr redegewandt, ausdrucksvoll und gelehrig über Leben, Philosophie und Unsterblichkeit.

Thomas Troward war außerordentlich beeindruckt, ebenso wie die anderen Anwesenden, von denen einige mit der Hypnose bestens vertraut waren als Narkoseform für kleinere Operationen. Richter Troward rief aus: „Das ist der Beweis für das Wirken des Unterbewußtseins, das jede lebhafte Suggestion annimmt, wenn der wachbewußte Verstand in Ruhestellung ist; aber der Gedanke ist die wirkliche Kraft." Die Antwort: ein erhöhter Grad Außersinnlicher Wahrnehmung.

Interessanterweise waren die Ansichten über das Zustandekommen des Phänomens unter den Anwesenden durchaus geteilt. Einer war überzeugt, daß die veränderte Haltung der Frau und ihre Ansprache durch Einwirkung eines hochintelligenten Geistwesens zustande gekommen war. Er sah in den Resultaten den Beweis für die Kommunikation mit Geistern. Die übereinstimmende Ansicht von Richter Troward, Dr. Gaze und Dr. Round dagegen war, daß es sich hier um eine bemerkenswerte Illustration der üblichen Kräfte des Unterbewußtseins gehandelt hatte. Und daß die zum Ausdruck gekommenen Gedanken sich einerseits aus Ideen der Anwesenden zusammensetzten und andererseits aus Gedankenformen, die dem Vorratshaus des universellen Geistes entstammen. Diese Informationen sind, wie erwähnt, einem schriftlichen Bericht von Dr. Harry Gaze entnommen. Nach meinen Erkenntnissen hatte die Frau im Trancezustand auf die Suggestionen Dr. Rounds reagiert. Ihr Unterbewußtsein zapfte auf dem Wege der Außersinnlichen Wahrnehmung den Unterbewußtseinsinhalt eines jeden der Anwesenden an, die wiederum allesamt mit dem Buddhismus, den Veden, dem Hinduismus und anderen orientalischen Religionen und Philosophien vertraut waren.

Ihr Unterbewußtsein setzte mit bemerkenswertem Scharfsinn die verschiedenen Gedankenformen und das gespeicherte Wissen im Unterbewußtsein eines jeden Teilnehmers zusammen und präsentierte sie in logischer Folge, den erhaltenen Suggestionen gemäß.

Oftmals empfangen Sie eine außersinnliche Botschaft von sich selbst

Ein alter Freund von mir in New York experimentierte einmal mit einer Anzahl von Männern und Frauen; selbsternannten Medien, die vorgaben, mit Angehörigen in der nächsten Dimension Kontakt aufnehmen zu können. Bei diesen Experimenten nannte er seinen Namen und bat um Kontaktaufnahme. Das Medium, in der Annahme, daß es sich um den Bruder oder Vater handelt, übermittelte dann jedesmal sehr liebevoll und tröstende Botschaften von einem imaginären, jenseitigen Bruder oder Vater.

Da das Medium von der Voraussetzung ausging, der genannte Name sei der eines Angehörigen, wurde ihm jedesmal eine rührende Kommunikation mit sich selbst beschert. Tatsächlich hatte er nämlich weder einen verstorbenen Bruder noch Vater. Beide erfreuten sich bester Gesundheit. Das überzeugte ihn einmal mehr von der Tatsache, daß hier das Unterbewußtsein des Mediums auf die Suggestionen seines wachbewußten Verstandes reagierte. Er war in Trance verfallen mit dem Befehl an sein Unterbewußtsein, eine Verbindung mit einem vermeintlichen Angehörigen herzustellen. Und das Unterbewußtsein gehorchte mit einer liebevollen Botschaft von ihm selbst.

Bemerkenswerte Ausnahmen

Nicht alle Kommunikationen dieser Art haben ihren Ursprung allein im Unterbewußtsein des Mediums. Es gibt zweifellos einige herausragende Medien mit außergewöhnlichen Fähigkeiten. Ihre Integrität steht außer jeder Frage. Wie Sie diesem Kapitel bisher entnehmen konnten, ist es ebenso leicht, Botschaften von einer lebenden Person zu empfangen, wie von einem sogenannten Toten. Es bedarf dazu nur eines in Trance befindlichen Mediums. Keinerlei Schwierigkeiten bereitet es auch, von einer lediglich imaginären Person „Durchgaben" zu erhalten, indem man das Unterbewußtsein mit der entsprechenden Suggestion versorgt.

Arthur Ford gehörte zu den größten und verdienstvollsten Medien, die wir in Amerika hatten. Und es besteht kein Zweifel, daß er imstande war, in Trance glaubwürdige Botschaften zu vermitteln. Er konnte sich erwiesenermaßen zu einem Kanal machen, durch den Botschaften von Abgeschiedenen sich manifestierten. Zahllose Zuhörer können die Echtheit dieser Phänomene bezeugen. Ich zum Beispiel bin restlos überzeugt, daß Bischof Pike's Kommunikationen mit seinem verstorbenen Sohn authentisch waren.

Angenommen Ihr Vater ruft Sie aus London an, bzw. jemand anderer initiert seine Stimme und gibt sich für Ihren Vater aus, hätten Sie da nicht die vielfältigsten Wege und Möglichkeiten, die Echtheit dieser Behauptungen zu überprüfen? Kleine, unbedeutende Begebenheiten, Kosenamen, Anekdoten und eine Fülle anderer Gemeinsamkeiten, die nur Ihnen beiden bekannt sind, würden sich als Fangfragen geradezu anbieten, um Sie zu überzeugen, daß es sich bei dem Anrufer tatsächlich um Ihren Vater handelt.

Auch Geraldine Cummins, Autorin vieler bemerkenswerter Bücher, war zu Zeiten zweifellos in Kontakt mit Wesenheiten in der nächsten Dimension, und auch sie hatte sich freiweillig der jeweiligen Kontrolle verschiedener wissenschaftlicher Körperschaften unterworfen. Es wäre einfach töricht, vor diesen Tatsachen die Augen zu verschließen und sie ohne Überprüfung für unmöglich zu erklären. Schließlich sind wir alle geistige und außersinnliche Wesen und telepathische Kontakte bestehen zwischen Angehörigen und geliebten Menschen allemal. Wenn Sie sich in Chicago befinden und Ihre Mutter in Los Angeles, können Sie sich gegenseitig telepathische Botschaften senden. Es kann Ihnen durchaus passieren, daß Sie im Traum einen Brief lesen und einige Tage später diesen Brief tatsächlich erhalten und zu Ihrem Erstaunen feststellen, daß der Inhalt mit dem im Traum gelesenen identisch ist. Ebenso ist es für einen geliebten Menschen in der nächsten Dimension möglich, sich mit Ihnen in Verbindung zu setzen, aber das ist selbstverständlich eher die Ausnahme als die Regel.

Eileen Garret ist ein anderes bemerkenswertes Medium, das gleichfalls von vielen führenden wissenschaftlichen Gremien begutachtet wurde. Sir Oliver Lodge, einer der berühmtesten Physiker der Welt, war völlig davon überzeugt, Kommunikationen mit seinem Sohn gehabt zu haben, der im ersten Weltkrieg gefallen war. Die Dialoge hatte er in seinem aufsehenerregenden Buch *Raymond* (1916) veröffentlicht.

Einige der großen Wissenschaftler, die ganz hervorragende Beiträge zur Erforschung außersinnlicher Phänomene geleistet haben, waren

Henry Sidgwick, Edmund Gurney, Prof. William James (auch Vater der amerikanischen Philosophie genannt), Sir William Crookes, Arthur Conan Doyle und J.B. Rhine. Myers of Cambridge veröffentlichte *Human Personality and its Survival of Bodily Death* (Die menschliche Persönlichkeit und Ihr Überleben des körperlichen Todes), ein weltweit anerkanntes Meisterwerk.

Es trifft zu, daß Bewußtsein mit Bewußtsein Verbindung aufnehmen kann. Wir müssen allerdings lernen, zwischen den Botschaften aus unserem Unterbewußtsein und solchen von geliebten Menschen zu unterscheiden. Suchen Sie niemals Führung bei anderen Menschen, weder auf dieser Ebene, noch in der nächsten Dimension. Hier ist nichts als Außersinnliche Wahrnehmung im Spiel. Folgen Sie dem Gebot der Bibel: „*Wenn es aber jemandem unter euch an Weisheit mangelt, so bitte er Gott darum, der jedem gern gibt und keine Vorhaltungen macht; dann wird sie ihm gegeben werden.*" (Jakobus 1:5)

ZUSAMMENFASSUNG

1. Es gibt zwei Bewußtseinsstufen. Das Wachbewußtsein, das rationell denkt, auswählt, analysiert und urteilt, sowohl induktiv als auch deduktiv, und das Unterbewußtsein, das nur auf Eingebung reagiert. Es ist der Sitz der Erinnerung, aller Kenntnisse, der Emotionen, Hellsichtigkeit, Hellhörigkeit und Telepathie. Die Unendliche Intelligenz und grenzenlose Weisheit ruhen in Ihrem Unterbewußtsein. Alles was von Ihrem wachbewußten Verstand an Ihr Unterbewußtsein weitergereicht wird, wird von diesem akzeptiert, gleichgültig ob es wahr oder falsch ist.
2. Ihr Unterbewußtsein kann keine Entscheidungen zwischen zwei Ideen treffen. Das kann nur Ihr wachbewußter Verstand.
3. Im Hypnosezustand akzeptiert Ihr Unterbewußtsein alle Suggestionen des Hypnotiseurs widerspruchslos. Sollte Ihnen beispielsweise suggeriert werden, Sie seien ein Hund, dann werden Sie nach besten Kräften die Rolle eines Hundes spielen. Sie werden bellen und Milch aus einer Schüssel schlecken.

4. Ihr Unterbewußtsein ist empfänglich für Suggestionen und wird kontrolliert durch Suggestionen. Ein Mensch, der an Teufel und böse Geister glaubt, wird sich als von solchen besessen fühlen, wenn ihm das suggeriert wird. Sein Unterbewußtsein akzeptiert diese Suggestion. Subjektive Halluzinationen von Teufeln mit Hörnern, Hufen etc. und andere Ausgeburten des Aberglaubens erscheinen. Sie alle sind Erfindungen und Einstellungen eines verdrehten Aberglaubens, von Kindheit an dem Unterbewußtsein aufgeprägt und auf die entsprechenden Suggestionen hin zum Leben erweckt. Ein Mensch, der andererseits noch nie von Teufeln und ähnlichen Dingen gehört hat und solchen Lehren keinen Glauben schenkt, könnte eine solche Erfahrung nicht haben, da die Voraussetzung dazu fehlt und sein Unterbewußtsein mit einer entsprechenden Suggestion nichts anzufangen wüßte.

5. Wenn Sie einem Menschen, für den das Himmelreich ein geographischer Ort irgendwo da oben ist, mit Engeln, einem goldenen Thron und Himmelschören, suggerieren: „Sie sind jetzt im Himmel", dann bekommt er sofort einen friedvollen entzückten Gesichtsausdruck und gibt Ihnen eine detaillierte Beschreibung dessen, was er aufgrund seiner religiösen Erziehung für den Himmel hält. Sein Unterbewußtsein gibt das ihm von klein auf suggerierte Vorstellungsbild des Himmels wieder. Er weiß nicht, daß Himmel und Hölle keine geographischen Orte, sondern Bewußtseinszustände sind, und er sich jetzt durchaus im Himmel befinden könnte.

6. Wenn Sie einer hypnotisierten Person ein Glas Wasser reichen und ihr sagen, es sei Whisky, dann wird sie alkoholisiert und sich betrunken aufführen. Ihr Unterbewußtsein nimmt die Suggestion wörtlich und verhält sich entsprechend.

7. Wenn Sie sich vor einer eventuellen Hypnose die kraftvolle Autosuggestion erteilen, daß Sie nicht gewillt sind, irgendwelche Albernheiten mitzumachen, oder gar etwas, das Ihrer Auffassung von Moral und Ethik zuwiderläuft, dann werden die entsprechenden Befehle des Hypnotiseurs vergeblich sein. Es wird ihm nicht gelingen, Sie zum Ablegen Ihrer Kleidung oder zum Stehlen zu bewegen, denn Ihr Unterbewußtsein akzeptiert nur Ihre Sug-

gestion als dominierend. Die stärkere Suggestion ist immer vorrangig.
8. Wenn Sie sich mit allem Nachdruck suggerieren, von niemandem hypnotisiert werden zu können, wird damit automatisch eine Sperre gesetzt und kein Hypnotiseur ist imstande, Sie zu hypnotisieren. Sie verschließen einfach Ihr Bewußtsein für seine Suggestion und stimmen sich auf das Unendliche in Ihrem Innern ein und sind damit immun.
9. Im Wachzustand können Sie die Suggestionen anderer stets zurückweisen durch bewußtes Lenken Ihrer Gedankenabläufe auf alles, was wahr, lieblich, erhaben und Gott-gleich ist.
10. Automatisches Schreiben zu praktizieren ist gefährlich, wenn Sie sich von bösen Geistern oder körperlosen Wesen fürchten. Sie ziehen alles Gefürchtete zu sich heran; wenn Sie daher Ihrem Unterbewußtsein Furcht suggerieren, gekoppelt mit Schuldgefühlen und Ressentiments, dann öffnen Sie damit die Türen Ihres Geistes für alle möglichen Ablagerungen aus Ihrem Unterbewußtsein. Schuldgefühle gehen immer mit Furcht und Erwartung von Strafe einher. Da Ihr Unterbewußtsein nur auf eingespeiste Suggestionen reagiert (besonders Furcht, Schuldgefühl, Ressentiments, etc.) spricht es zu Ihnen – oftmals in beschimpfender Sprache – und bewirkt geistige und physische Unruhe. Das Ganze ist nichts anderes als ein Playback (Wiedergabe) aus den Tiefen Ihres Unterbewußtseins.
11. Wer Stimmen zu hören glaubt und sich von bösen Geistern besessen fühlt, die zum Selbstmord anstiften oder Übel anderer Art anrichten, sollte sich klar machen, daß die Konzentration auf die Wahrheit Gottes alle negativen, zerstörerischen Denkmuster neutralisieren und auslöschen. Die beste Gebetshilfe ist der 91. Psalm. Lesen Sie ihn mehrmals täglich – langsam, still mit Empfindung. Die entsprechenden geistigen Schwingungen werden auf Ihr Unterbewußtsein übertragen und reinigen all die Schmutzwäsche im Schrank Ihres Geistes. Sobald Furchtgefühle und negative Stimmen in Ihr Bewußtsein dringen, bejahen Sie sofort: „Gottes Liebe erfüllt meine Seele". Nachdem Sie das eine Zeit lang getan haben, sind Sie frei.
12. Eine Frau befragt ihr Ouija-Brett: „Wer schreibt diese Botschaft?"

Die Antwort lautete: „Du ganz allein". In anderen Worten: ihr Unterbewußtsein handhabte das Ouija-Brett und lieferte die Antworten, die sie im Grunde hören wollte; ihr Unterbewußtsein, das ausschließlich auf Suggestionen reagiert, handelte entsprechend. Wäre sie überzeugt gewesen, daß diese Botschaften von abgeschiedenen Seelen stammten, dann würde ihr Unterbewußtsein eine entsprechende Rolle übernommen haben.

13. Es ist auch möglich, beispielsweise ein Straßenmädchen, das nicht die geringsten Kenntnisse von örtlicher Philosophie, orientalischen Religionen usw. besitzt, in Trance, wenn ihre außersinnlichen Wahrnehmungsfähigkeiten in Gegenwart eines auf diesen Gebieten versierten Personenkreises aktiviert worden sind, zu veranlassen, sich in Wort, Gebärde und Gestik wie eine Priesterin des Sonnentempels zu verhalten. Ihr Unterbewußtsein reagiert auf die erteilte Suggestion und setzt sich in Rapport mit dem Unterbewußtsein eines jeden der Anwesenden.

    Darüber hinaus ist sie imstande, Fakten und Informationen der gewünschten Art aus dem Vorratshaus des Universellen Unbewußten zu beziehen.

14. Viele selbsternannte Medien behaupten, Kontakte mit Abgeschiedenen herstellen zu können. Wenn Sie eines von ihnen konsultieren, ihm einen beliebigen Namen nennen, etwa Mary Jones, und um eine „Durchgabe" bitten, dann wird es davon ausgehen, daß es sich um eine Schwester oder Mutter in der nächsten Dimension handelt und wird Ihnen eine sehr trostreiche und liebevolle Botschaft als von diesen vermeintlichen Angehörigen stammend übermitteln. Das Medium hat jedoch lediglich sein Unterbewußtsein entsprechend instruiert und dieses reagierte entsprechend. Solche Medien vermitteln Ihnen auch von jeder imaginären, nicht existenten Person trostreiche Botschaften.

15. Es gibt andererseits hervorragende Medien, die zweifellos imstande sind Verbindungen mit der nächsten Dimension herzustellen, unter ihnen Arthur Ford, Eileen Garrett und Geraldine Cummins, die von vielen wissenschaftlichen Gremien begutachtet worden war und von der Psychical Research Society of England höchste Anerkennung erfuhr.

16. Meiner Überzeugung nach handelte es sich bei Bischof Pike's Dialogen mit seinem Sohn – mittels des Mediums Arthur Ford – um echte vierdimensionale Kommunikation zwischen Vater und Sohn.
17. Wenn Sie einem hypnotisierten Mann einreden, er sei Ihr Bruder, er diesen aber nicht kennt, dann ist er außerstande, die Rolle Ihres Bruders zu spielen. Er würde eine imaginäre Rolle spielen, jedoch nicht die Ihres Bruders. Er kann Ihren Bruder nicht verkörpern, weil sein Unterbewußtsein über die entsprechenden Unterlagen nicht verfügt.

KAPITEL 16

Außersinnliche Wahrnehmung und Kindererziehung

Im Buch der Sprüche 13:24 heißt es: *„Wer seine Rute schont, der haßt seinen Sohn; wer ihn aber lieb hat, der züchtigt ihn beizeiten."* Sprüche 23:13, 14 und 29:15: *„Du darfst dem Knaben die Zucht nicht ersparen; schlägst du ihn mit der Rute, so verdirbt er nicht. Wohl schlägst du ihn mit der Rute, dafür wirst du sein Leben vom Tode erretten. Rute und Rüge verleihen Weisheit; ein Kind, sich selbst überlassen, bringt seiner Mutter Schande."*

Für Eltern von heute – wunderbare Worte der Weisheit. Die modern gewordene Sitte des Gewährenlassens, der antiautoritären Erziehung ist einfach katastrophal. Jedes Kind braucht Disziplin und Anleitung. Wenn ein kleiner Junge auf seine Schwester einschlägt, oder ihre Puppe zerbricht, dann werden Sie das hoffentlich mißbilligen und Ihr Mißfallen auch gebührend zum Ausdruck bringen. Sie werden ihm unmißverständlich klarmachen, daß Sie ihm das nicht durchgehen lassen.

Kinder können kleine Bestien sein. Sie können Wutausbrüche bekommen oder sich weigern zur Schule zu gehen; möglicherweise werden Sie Ihr Kind beim Ohrläppchen nehmen müssen, um ihm Benehmen beizubringen. *Es gibt keine Liebe ohne Disziplin und keine Disziplin ohne Liebe. Wer seine Rute schont, der haßt ...*

Haß bedeutet in der Bibel Zurückweisen von Negativitäten, wie Lügen, Unverschämtheiten, schlechtes Benehmen, stehlen etc. Machen wir uns bewußt, daß wir es mit der Ausdrucksweise des 16. Jahrhunderts zu tun haben. *Wenn ein Mann seinen Vater haßt ...* bedeutet dies natürlich nicht, daß man seinen Vater wirklich haßt. Es bedeutet, seine Glaubenssätze abzulehnen, den Glauben an eine Hölle, an einen zornigen Gott und alle Arten von Aberglauben. *Wer seinen Sohn lieb hat, züchtigt* ..., heißt, daß der Vater dem Sohn oder der Tochter Disziplin lehrt und das Kind in der goldenen Regel und dem Gesetz der Liebe unterweist.

Einem Kind müssen Manieren beigebracht werden, Betragen, Kooperation, Respekt gegenüber den Eltern, Autoritäten und dem Wirken des Gebets. *Du darfst dem Knaben die Zucht nicht ersparen; schlägst du ihn mit der Rute, so verdirbt er nicht.* (In der englischen King-James-Bibel ... *so wird er nicht sterben*.) Er wird nicht sterben für Liebe, Frieden, Harmonie, rechtes Handeln, Aufrichtigkeit, Respekt für andere und ihr Eigentum und Reverenz für Göttliches. Wenn Paulus sagt: „Ich sterbe täglich", dann meint er: täglich stirbt in mir böser Wille, Bitterkeit und Falschglaube.

Ehre Vater und Mutter. Wenn ein Kind seine Eltern nicht ehrt, wie kann es dann überhaupt jemanden respektieren – Lehrer, Professoren, Polizisten und andere Autoritäten? *Die Weisheit ist gerechtfertigt worden von ihren Kindern* (Lukas 7:35) Weisheit ist Bewußtheit der Macht Gottes. Es gibt noch mehr „Kinder" des Geistes, wie Bücher, Filme, Bühnenwerke, Gemälde, Bauten, Musik und Shows. Wirft man jedoch einen Blick auf die geballte Ladung Bosheit, die dem unschuldigen Betrachter von manchen Bücherständen geradezu entgegenspringt, dann läßt das nur den Schluß zu, daß diese Druckerzeugnisse von – gelinde gesagt – etwas abartigen Gemütern stammen.

Wenn Sie in Ihrem Herzen die größte Hochachtung vor dem Schöpfer – dem größten Architekten – empfinden, was für Gemälde würden Sie dann schaffen? Da Sie auf die unbeschreibliche Schönheit Gottes eingestimmt sind, würden Sie ausschließlich Schönes und Freudebringendes schaffen. Denken Sie an die Kunst Michelangelos.

Wohl schlägst du ihn mit der Rute, dafür wirst du sein Leben vom Tode erretten (in der englischen King-James-Bibel ... *vor der Hölle erretten*. „Hölle" steht für Begrenzung, selbstverursachte Knechtschaft, Elend und Leiden jeder Art – alles verursacht durch Verschmutzung und Vergiftung unseres Unterbewußtseins mit Haß, Ressentiments, Feindseligkeit und dazu noch Frömmelei; wenn ein Kind jedoch die wahre

Bedeutung der zehn Gebote kennenlernt, in der Anwendung der goldenen Regel unterwiesen und mit der heilsamen Wirkungsweise seines Geistes vertraut wird, wenn es richtig angeleitet wird, ein nützliches Glied in der Gesellschaft zu werden, dann wird es heranwachsen und seinen Geist gewohnheitsmäßig mit lebengebenden Denkmustern füllen.

Rute und Rüge verleihen Weisheit. Wer über Weisheit verfügt, der richtet sein ganzes Handeln nach Göttlicher Ordnung aus. Sie sind imstande, sich auf die Unendliche Intelligenz in Ihrem Innern einzustimmen und Antworten auf die schwierigsten und verworrensten Probleme zu erhalten. „Göttliche Ordnung" heißt, den Selbstausdruck von Ihrer höchsten Ebene aus vorzunehmen – Liebe und Wohlwollen überallhin auszustrahlen. Weisheit schließt die Erkenntnis über die zerstörerischen Wirkungen negativer Emotionen ein. Wer haßt, übelnimmt oder neidisch ist, vergiftet sich Seele und Gemüt und zieht sich Leiden aller Art zu, körperliche und seelische.

Ein Kind, das sich selbst überlassen ist, bringt seiner Mutter Schande. Das bedeutet, daß ein Kind ohne die geringste spirituelle Anleitung, ohne Kenntnis der allereinfachsten Verhaltensregeln, mit einem mehr oder weniger verschmutzten Bewußtsein heranwachsen und möglicherweise einmal mit dem Gesetz in Konflikt kommen wird.

Ich habe viele Jugendclubs besucht und mit den Jugendlichen (Pfadfindern usw.) diskutiert. Sie alle sind bemerkenswerte junge Menschen, sauber, geistig gesund, mit Respekt für ihre Eltern. Sie sehen es als ihre Aufgabe, zur Harmonie, Schönheit und zum Wohlergehen der Welt ihren Beitrag zu leisten. Es ist ihr Bestreben, zu sein, zu tun, zu haben und zu dienen. Sie haben erkannt, daß sie zunächst sich selbst reformieren müssen, bevor sie äußere Reformen bewirken können. Nur durch eine grundlegende Änderung des Innern kann eine Veränderung im Äußeren vor sich gehen. Sie wissen, daß sie nur so einen wirksamen Beitrag zur Verbesserung der Welt leisten können.

Weisheit und Verständnis der Eltern reflektiert sich im Verhalten ihrer Kinder. Die Kinder rechtfertigen die Weisheit ihrer Eltern, wie die Bibel sagt. Rechtfertigen bedeutet, daß die Kinder alle durch die Eltern eingeimpften Grundsätze – die weisen und die weniger weisen – akkurat widerspiegeln. Aktionen der Eltern und Reaktionen der Kinder sind gleich. Weisheit der Eltern (Kenntnis der geistigen Gesetze und die Reaktionen des menschlichen Geistes) finden ihren definitiven und positiven Widerhall bei den Kindern, in ihren Studien, ihren Fertigkeiten und ihren Leistungen.

Wenn Gottes Weisheit im Bewußtsein junger Menschen verankert wird, manifestiert sie sich als Ausgeglichenheit, Harmonie, Frieden, rechtes Handeln und Glück. Das Verhalten des Kindes stimmt immer genau mit seinem Bewußtseinszustand überein. Das Innere und das Äußere sind genau ausbalanciert oder „gerechtfertigt".

Wenn Sie Ihre Kinder lehren, um Göttliche Führung zu beten und sie mutig zu beanspruchen, wird dieser Impuls immer nach oben führen – aufwärts, lebenwärts, Gottwärts. Das Gesetz der Entsprechung ist ständig wirksam. Wir alle, ausnahmslos, erzielen die Resultate, die unserem gewohnheitsmäßigen Denken, unseren gewohnheitsmäßigen Gedankenbildern und Vorstellungen entsprechen.

Die folgenden Ausführungen stammen von einem namhaften Erzieher, Mr. William H. Thrall: „Ich bin ein recht altmodischer Erzieher und habe meinen Anteil dazu geleistet. Körperliche Züchtigung habe ich zuweilen wohlüberlegt angewandt. Sie erwies sich in jedem Einzelfall als eine für den Schüler äußerst heilsame Maßnahme.

Als Pädagoge unterhalte ich zwangsläufig auch Beziehungen zu antiautoritären Eltern, schließlich gibt es davon recht viele. Ist es dann aber erst einmal passiert: der Sprößling ist im Gefängnis, das Töchterlein ist schwanger und ohne Ehemann, die Kinder sind rauschgiftsüchtig oder gar an Rauschgift zugrunde gegangen, dann stürzt die Welt ein. Ich habe tiefstes Mitgefühl mit ihnen, umsomehr, als ich weiß, daß in vielen dieser Fälle eine weise verabreichte Tracht Prügel und eine gesunde, aufrichtige religiöse Atmosphäre eine solche Tragödie verhütet haben würde.

Körperliche Züchtigung und Religion sind grundlegende Bestandteile des britischen Schulsystems – während der Zeit meines Wirkens an Britischen Schulen sind mir weder Hippies noch zerlumpte Schüler oder Rauschgiftsüchtige begegnet. Auch gab es keinen Mangel an Respekt dem Lehrpersonal gegenüber."

Der Vater läßt ihm zuviel durchgehen – meint der Sohn

Ein elfjähriger Junge wurde von seinem Vater mit einem Riemen geschlagen, weil er in der Schule Unruhe gestiftet, den Lehrer beleidigt und andere Kinder bestohlen hatte. Nach der Prozedur sagte der Vater zu ihm: „Es tut mir sehr leid, mein Junge. Ich hätte dich nicht schlagen sollen." Der Junge hingegen war der Meinung: „Ich hatte es verdient und ich weiß nicht, weshalb es ihm leid tut."

Der Junge wußte, daß er Unrecht getan und Strafe verdient hatte, daher war es sehr unklug von dem Vater so zu reden. Vermutlich war der Vater der Meinung, die Liebe des Kindes zu verlieren, weil er es gezüchtigt hatte. Dabei hatte er in Wahrheit seine Sorge um das Wohlergehen des Sohnes bekundet. Tatsächlich hatte er in gewisser Weise seiner Liebe Ausdruck gegeben. Sein Sohn sollte ehrlich, aufrichtig und ein guter Schüler sein. Kein Kind verübelt Strafe wenn es weiß, daß sie verdient und gerecht ist. Ich möchte hinzufügen, daß, wenn ein Elternteil ein Kind züchtigt, es in Wahrheit sagt: „Ich liebe dich. Ich bin um deine Zukunft besorgt. Ich will, daß du als ehrlicher Mensch heranwächst, integer und gerecht – ein Mensch, der von der Umwelt respektiert wird aufgrund seines positiven Beitrags zum Leben in unserer Gesellschaft. Ich versuche dir ein annehmbares Verhalten beizubringen, denn eines Tages werde ich nicht mehr hier sein, um dich zu behüten und zu beraten. Wenn du nämlich andere betrügst, bestiehlst oder beleidigst, wird die Gesellschaft dir das nicht durchgehen lassen und dich für deine Missetaten bestrafen."

Erziehen Sie Ihr Kind mit ASW

Die Erkenntnis, daß Gott im Innern eines jeden Kindes wohnt, gibt Ihnen die Gelegenheit, zu bejahen, daß die Weisheit, Intelligenz, Harmonie und Liebe Gottes in Ihrem Kind wirksam ist. Unterbewußt sind Sie ständig *im Rapport* mit Ihrem Kind. Letzteres spürt diese Ihre Überzeugung und verhält sich entsprechend. Wir leben in einer objektiven und subjektiven Welt. Man darf daher auch diese Dinge nicht ungetan lassen, denn sie sind objektiv richtig.

Weshalb übertriebenes Gewährenlassen immer falsch ist

Übertriebenes Gewährenlassen (Permissivität) ist in jedem Fall eine grundfalsche Haltung. Permissive oder antiautoritäre Eltern wissen nichts von der Wirkungsweise des Geistes und des Unterbewußtseins. Kinder lernen durch Erziehung, Beobachtung und Erfahrung. Eltern sollten die Entwicklung ihrer Kinder unter Kontrolle haben und sie auf denkbar einfachste Art in der Anwendung der schöpferischen Innenkräfte unterweisen, damit das Kind sie begreifen kann. Ein Verhalten nach eigenen Gutdünken sollte Kindern niemals gestattet werden. Sie sollten immer ein Verhaltensmuster entwickeln, das sich an der goldenen Regel orientiert. Sie sollten so denken, reden und handeln, wie sie es von anderen sich selbst gegenüber erwarten. Wenn Kinder von ihren Eltern nicht zurechtgewiesen, diszipliniert und angeleitet werden, verfügen sie später nicht über genügend Selbstvertrauen, Selbstsicherheit und Selbstkontrolle. Natürlich muß diese Autorität von den Eltern mit Liebe, Verständnis und Entgegenkommen ausgeübt werden. Dann werden die Kinder zu selbstbewußten, ausgeglichenen und nützlichen Gliedern der Gesellschaft heranwachsen. Kluge Eltern geben ihre Anweisungen zusammen mit den entsprechenden Erläuterungen, um dem Kind klarzumachen, weshalb diese Anordnungen erforderlich sind. Sie sind imstande, den Kindern die Zweckmäßigkeit Ihrer Anweisungen deutlich zu machen, und ihnen die Einsicht zu vermitteln, daß alles zu ihrem Besten geschieht.

Vermeiden Sie eine diktatorische, autoritäre und totalitäre Haltung

Kürzlich sprach ich mit einem 18jährigen jungen Mädchen, das von seiner Mutter von klein auf Befehle entgegennehmen mußte. In eindeutiger Kommandosprache versorgte die Mutter sie mit ihren „Lebensweisheiten": „Halte dich von Jungen fern; Sex ist schlecht; Männer sind Bestien, wie dein Vater; Puder und Lippenstift sind Teufelswerk; Tanzvergnügungen und Kinobesuch sind Sünde; du hast an unsere Religion zu glauben, andernfalls wirst du in einem See von Feuer brennen," etc. Diese Mutter war in der Tat ein kleiner Hitler mit ihrer „Entweder tust-du-das-oder-es-passiert-etwas-Einstellung". Dieses Mädchen war völlig frustriert, voller Furcht, Lebensangst und Haß. Sie war unausgeglichen und litt unter einem tiefsitzenden Minderwertigkeitskomplex. Sie kam aus New England nach Kalifornien – kein Wunder, daß sie von Zuhause fortgelaufen war.

Das erste, was ich ihr klarmachte, war, daß sie spirituell gesehen ein geistiges Wesen ist. Daß es nur eine Macht und Gegenwart gibt und daß diese Macht auch in ihrem Innern ruht. Weiter erklärte ich ihr, daß sie mit dieser höchsten Intelligenz jederzeit in Kontakt kommen und Antworten auf alle Fragen erhalten kann. Diese höchste Intelligenz führt, leitet und bereichert auf eine Weise, die jede verstandesmäßige Vorstellung übersteigt.

Das spezielle Gebet

Folgende Gebetstechnik schlug ich ihr vor:
Ich bin erwünscht, ich werde geliebt, ich werde gebraucht, ich werde geschätzt, ich bin Ausdruck des Göttlichen. Ich vergebe mir selbst für meine Grollgedanken und ich vergebe meiner Mutter – voll und ganz, ohne jede Einschränkung. Wann immer ich an sie denke, bejahe ich: „Gottes Liebe erfüllt deine Seele." Ich bin voller Frieden. Ich bin froh, glücklich und frei. Ich habe einen guten Arbeitsplatz, mit meiner Auffassung von Integrität und Ehrlichkeit vereinbar und ein gutes Einkommen. Wiederholung dieser Gedanken bewirken die konstruktive Mitarbeit meines Unterbewußtseins und deshalb werden sich diese Wahrheiten erfüllen. Sie erfüllen sich nach dem Gesetz des Geistes (wie ich säe, so werde ich ernten). Und so ist es.

Das junge Mädchen machte sich dieses Gebet zur Gewohnheit und bereits nach kurzer Zeit war ihr Leben völlig verändert. Sie hat eine wundervolle Position in einem Büro und sprudelt jetzt über vor Lebensfreude.

Sie fragte: „Warum sind meine Eltern nicht glücklich?"

Ein 14jähriges Mädchen wurde von seinen Eltern zur Beratung zu mir geschickt. Sie hatte sehr schlechte Noten in der Schule und verabscheute bestimmte Unterrichtsfächer. Ihre Lehrer waren der einhelligen Meinung, daß bessere Leistungen kaum zu erwarten waren, da es an der nötigen Motivation fehlte. Sie hatte einfach kein Interesse. Im Verlauf unserer Unterredung erwähnte sie, daß sie befürchtete, ihre Eltern würden sich scheiden lassen, da sie ständig miteinander stritten und sich dabei gegenseitig ziemlich häßliche Dinge sagten. Dann fragte sie mich: „Warum sind meine Eltern nicht glücklich?"

Daraufhin machte ich den Eltern klar, daß es nicht die Tochter sei, die hier die unmittelbare Schuld am Versagen trüge, sondern sie selbst. Solange keine Veränderung im Verhalten der Eltern sichtbar würde, stünde es außer Frage, daß ihre Tochter von dem Aufruhr und der Bitterkeit, den ständigen häuslichen Streitereien, negativ beeinflußt würde, was sich in emotionellen Störungen niederschlagen würde. Sie erklärten sich auf meinen Vorschlag hin bereit, jeden Morgen fünf oder mehr Minuten lang abwechselnd die Psalmen 1, 23, 27, 91 und 100 zu lesen und in sich aufzunehmen. Nachdem sie jeden Morgen über einen der genannten Psalmen meditiert hatten, machten sie sich die Gegenwart Gottes in ihrer Tochter bewußt, indem sie bejahten, daß die Weisheit, Intelligenz, Harmonie und Schönheit des Unendlichen in ihrem Leben ihre Auferstehung erfährt. Sie verbildlichten sich gute Leistungen ihrer Tochter in der Schule – sie hörten sie von ihren Erfolgen berichten. Sie sahen sie strahlend glücklich.

Nach Ablauf eines Monats entwickelte sich das junge Mädchen zu einer der besten Schülerinnen der Klasse. Ihr Verhalten und ihre ganze Einstellung dem Leben gegenüber waren den Eltern immer wieder Anlaß zu großer Freude.

Eltern sollten sich immer wieder klar darüber sein, daß Kinder von der dominierenden mentalen und spirituellen Atmosphäre des Elternhauses geprägt werden. Sie werden gleichermaßen zu Abbildern der vorherrschenden Atmosphäre. Eltern, die sich der Gottesgegenwart in ihren Kindern bewußt sind, brauchen sich um ihr Wohlergehen nicht zu sorgen. Eltern, die täglich bewußt mit der innewohnenden Gottesgegenwart Kommunikation pflegen und von ihr Harmonie, Frieden, Schönheit, Inspiration und Führung beanspruchen, führen glückliche Ehen, die von Jahr zu Jahr mehr Segnungen auf sich ziehen. Und diese wohltuende geistige Atmosphäre daheim wird auf das Unterbewußtsein der Kinder einwirken.

Unterschätzen Sie niemals die Macht Ihrer Worte

Eltern sollten ihren Kindern niemals Dinge sagen wie: „Du bist zu nichts nütze, aus dir wird niemals etwas Gescheites, du bist dumm, du bist blöd, du bist ein böses Kind etc." Alle diese Worte sind ausgedrückte Gedanken und der kindliche Geist ist für solche Gedanken besonders empfänglich. Die Kinder akzeptieren diese Gedanken unbewußt und reagieren entsprechend. Das Kind beginnt zu glauben, es sei dumm und zu nichts zu gebrauchen, obgleich das in Wahrheit gar nicht der Fall ist. Oftmals wehrt es sich, indem es schwierig wird und Feindseligkeit offenbart. Es ist außerdem völlig sinnlos, einem Kind zu sagen, es sei dumm, weil es darauf ohnehin keine Lösung weiß. Die einzige Alternative ist, das Kind zu lehren.

Sinnlos und töricht wäre es, einen Eimer schmutzigen Wassers zu beschimpfen und zu verurteilen. Das einzig Sinnvolle wäre es hier, sauberes Wasser einzufüllen, auch wenn das nur tropfenweise geschehen könnte. Nach einer gewissen Zeit verfügte man über einen Eimer mit sauberem Wasser. Ebenso sollten Eltern darangehen, ihren Kindern beizubringen, daß Gott allweise ist, daß Er alles weiß und daß Er ihnen immer antwortet. Lehren Sie Ihre Kinder Gott um Führung beim Lernen zu bitten in dem Vertrauen, daß Er jedes Problem für sie lösen kann. Ein Kind kann leicht begreifen, daß Gott das ihm innewohnende Lebensprinzip ist, nicht sichtbar oder greifbar wie das Leben auch. Es begreift, daß es Gott nicht sehen kann, ebensowenig wie es seine Gedanken sehen kann oder seinen Geist oder seine Liebe zu seinem Hund – alles Attribute Gottes in ihm.

Ein 12jähriger Junge, der regelmäßig meine Sonntagsvorträge besucht, sagte einmal zu seiner Mutter: „Mami, ich weiß jetzt, wo Gott ist. Gott ist in mir. Ich kann Gott nicht sehen, aber ich kann Liebe, Freude und Glück empfinden und das ist Gottes Wirken in mir. Auch den Wind kann ich nicht sehen, aber ich kann seinen Hauch in meinem Gesicht spüren." Es gibt viele Möglichkeiten, Kindern die Gottesgegenwart in ihrem Innern klarzumachen. Man hört beispielsweise eine schöne Symphonie ohne daß Dirigent und Orchester sichtbar sind. Diesen Vergleich begreift das Kind sehr leicht. Zeigen Sie ihm, daß es jederzeit Licht einschalten kann, aber die Elektrizität als solche nicht sieht.

Wie Sie die Gottesgegenwart in Ihrem Heim wachhalten

Machen Sie sich reguläre Morgen- und Abendgebete zur Gewohnheit, an denen die Kinder teilhaben. Lehren Sie Ihre Kinder Danksagungen bei Mahlzeiten und erinnern Sie Ihre Kinder von Zeit zu Zeit, daß Gott alle Dinge erschaffen hat – die Sonne, den Mond, die Sterne – die ganze Welt und daß sie, wenn sie einander lieben, der Liebe Gottes Ausdruck geben. Machen Sie ihnen klar, daß Gott die Unendliche Heilungsgegenwart ist, die einen verletzten Finger heilt und ihnen neue Haut gibt, wenn sie sich verbrannt haben.

Viele Schulkinder sind begeistert, wenn ich ihnen erkläre, daß sie durch abendliches Praktizieren einer simplen Technik Führung bei ihren Aufgaben erhalten und alle Prüfungen mit Leichtigkeit und ohne jede Anspannung bestehen. Das Folgende ist ein einfaches Gebet, das von vielen Schulkindern und Studenten allabendlich vor dem Einschlafen angewandt wird:

Bei allen meinen Studien werde ich Göttlich geführt. Mein Gedächtnis funktioniert perfekt. Alles was ich wissen muß, kommt mir augenblicklich in den Sinn. Ich bestehe alle Prüfungen in Göttlicher Ordnung. Wie auch immer meine Aufgabe geartet sein mögen, ich widme ihnen meine ungeteilte Aufmerksamkeit und ich weiß, daß mein Unterbewußtsein mir entsprechende Eingebungen zuleitet und mir die Antworten gibt, wenn ich sie brauche. Ich schlafe in Frieden und erwache froh.

Geben Sie diese Gebetstechnik an Ihre Kinder weiter und erklären Sie ihnen, daß diese einfachen Wahrheiten, regelmäßig einige Minuten lang wiederholt, sich ihrem Unterbewußtsein einprägen, dem Sitz des Gedächtnisses; und was immer dem Unterbewußtsein aufgeprägt wird, kommt zum Ausdruck. In anderen Worten: machen Sie ihnen klar, daß sie sich gedrängt fühlen werden, gute Leistungen zu erbringen, denn die Natur des Unterbewußtseins ist Zwang.

Ein zwölfjähriges Mädchen spricht mit Gott und löst ihr Problem

Meine zwölfjährige Nichte, die in einem englischen Internat erzogen wird, schrieb mir, daß ihre Leistungen nach Ansicht ihrer Lehrerin durchaus noch Verbesserung erfahren könnten. Daraufhin entschloß sie sich, mit Gott darüber zu sprechen. Ihr Gebet war sehr einfach und praktisch:
„Gott, Du bist allwissend; führe mich und zeige mir, wie ich auf jede Weise mein Bestes geben kann. Danke, Gott."
Sie hatte eine Antwort erwartet, deshalb wurde ihr eine zuteil und sie hat seither beachtliche Leistungen aufweisen können.
Die Natur dieser höchsten Intelligenz in uns ist antwortend und das einfache, von Herzen kommende (mit Gefühl geladene) Gebet erhält immer eine Antwort. Kindern die Gegenwart und Macht Gottes zu erklären, ist so wichtig, wie Nahrung, Kleidung und Wohnung. Er ist das lebenspendende Brot vom Himmel.

Ein Plan für Eltern und Kinder

Wir können immer nur das geben, was wir haben, deshalb sollten Eltern es sich angelegen sein lassen, die Gesetze des Geistes zu studieren und das Wirken der Unendlichen Intelligenz in uns ihren Kindern nahezubringen. Machen Sie das Folgende zu Ihrem Bekenntnis:
Gott ist, und alles, was ist, ist Gott – in allem, über allem, durch alles in allem. Gott ist der lebendige Geist, das Lebensprinzip in allem.

Gott liebt uns und sorgt für uns. Gott steht an erster Stelle im Leben. Wenn wir uns der Unendlichen Gegenwart und Macht in uns zuwenden und Harmonie, Frieden, Fülle, Weisheit, rechtes Handeln und Schönheit als in unserem Leben wirksam beanspruchen, ereignen sich Wunder als Auswirkung dieses Gebets.

Jeden Morgen nach dem Erwachen, sagen wir Gott Dank für den neuen Tag und für herrliche Gelegenheiten, mehr von Seinem Licht, Seiner Liebe, Wahrheit und Schönheit auf die Menschheit auszustrahlen. Jeden Abend vor dem Einschlafen sagen wir: „Wir schlafen in Frieden, erwachen froh und leben in Gott. Den Seinen gibt's der Herr im Schlaf."

Ein solches Gebet regelmäßig und beharrlich angewandt, möglichst in Gegenwart der Kinder, wird diese Wahrheiten aus dem Unterbewußtsein aller aufsteigen lassen und aktivieren. Kinder, die in diesem Geist heranwachsen, werden Weisheit, Wahrheit und Schönheit zuteil und bezeugen das alte Wort, daß wir allein existieren, um Gott zu verherrlichen.

ZUSAMMENFASSUNG

1. Jedes Kind braucht Disziplin und Zurechtweisung. Es ist unerläßlich, daß Sie Ihr Mißfallen äußern, sobald es gegen die gemeingültigen Regeln der Umwelt verstößt. Zuhause, in der Schule oder wo auch immer. *Ohne Disziplin keine Liebe und keine Liebe ohne Disziplin.*
2. Das Wort „Haß" in der Bibel steht für totale und nachdrückliche Ablehnung aller Negativitäten des Lebens, wie lügen, stehlen, schlechtes Benehmen etc. In anderen Worten, es verlangt von uns, keinerlei Unrecht gutzuheißen. Das Kind muß seine Lektion lernen. Hat es das getan, wird sich kein Unrecht wiederholen.
3. Weisheit „rechtfertigt" sich durch ihre Kinder. Mit diesen „Kindern" der „Weisheit" sind auch Produkte des Geistes gemeint: Bücher, Filme, Stücke, Gemälde, Kompositionen etc. Sie alle spiegeln den Bewußtseinszustand ihres Urhebers wider.

4. Hat ein Kind die wahren Bedeutungen der zehn Gebote und der goldenen Regel erfaßt und zum festen Bestandteil seines Bewußtseins gemacht, wird sich Göttliches Gesetz und Göttliche Ordnung in seinem Leben manifestieren.
5. Ein Kind, völlig sich selbst überlassen, ohne jede geistige Anleitung, entwickelt verwirrte Anschauungen und wird streitsüchtig.
6. Kinder rechtfertigen die Weisheit der Eltern. Das heißt, sie reflektieren akkurat die weisen Anweisungen ihrer Eltern.
7. Kinder wissen genau wenn Sie Strafe verdient haben; sie wissen, was auf sie zukommt. Ein Vater, der seinem Sohn Disziplin beibringt, beweist in Wirklichkeit seine Liebe für ihn – er zeigt seine Verantwortung für die Zukunft und das Wohlergehen seines Sohnes.
8. Eltern die sich immer wieder der Gottesgegenwart in ihrem Kind bewußt werden und bejahen, daß die Weisheit, Intelligenz und Harmonie Gottes in ihrem Kind Ausdruck findet, werden erleben, wie ihr Kind diese Attribute im Äußeren manifestiert.
9. Antiautoritäre Eltern, die es an bewußter Anleitung und Steuerung der Kinder fehlen lassen, werden erleben müssen, wie sich ihre Kinder zu Egoisten entwickeln ohne Selbstvertrauen, Selbstsicherheit und Selbstkontrolle.
10. Streitende Eltern, die ständig gegenseitige Feindseligkeit zur Schau tragen, übertragen diese negativen Schwingungen unbewußt auf ihre Kinder. Das verstört diese und gibt ihnen das Gefühl, nicht geliebt und gewürdigt zu werden. Darüberhinaus befürchten sie ein Scheitern der elterlichen Ehe und den Verlust des Elternhauses mit all seiner Geborgenheit, die für heranwachsende Kinder so wesentlich ist. Diese Befürchtungen finden ihren äußeren Ausdruck in „Vergeltungsaktionen" wie Diebstahl, schlechte Noten und allgemeinem Aufbegehren.
11. Auch kleinere Kinder können Gott begreifen. Man kann ihnen klarmachen, daß Gott ihr Verstand ist, ihr Leben und daß diese Gegenwart über sie wacht, wenn sie schlafen; daß sie heilt, inspiriert und beim Lernen anleitet. Das Kind wird begreifen, daß es den Wind nicht sehen kann, aber den Windhauch im Gesicht spürt. Ebenso kann es Liebe, Freude, Frohsinn fühlen – alles Attribute Gottes.

12. Auch Schulkinder können mit der Unendlichen Intelligenz in ihrem Innern vertraut werden durch Bejahung vor dem Einschlafen: „Die Unendliche Intelligenz führt mich bei meinen Studien und ich verfüge jederzeit über ein perfektes Gedächtnis. Alles, was ich wissen muß, weiß ich, wenn ich es brauche. Ich bestehe alle Examen in Göttlicher Ordnung." Die Ernte dieser Gedankensaat erfolgt mit Sicherheit. Eine gute Möglichkeit für Kinder, mit der inneren Gottesgegenwart vertraut zu werden.
13. Ein zwölfjähriges Mädchen spricht mit Gott und beansprucht Führung bei seinen Studien. Das Resultat: enorme Leistungssteigerung in allen Unterrichtsfächern.

KAPITEL 17

Wünsche werden Wirklichkeit durch Außersinnliche Wahrnehmung

Es ist völlig in Ordnung, einen Traum, ein Ideal oder ein Ziel zu haben. Ihre Wunschvorstellungen bedürfen allerdings eines soliden Fundamentes, andernfalls sind sie bloße Phantasien, die bestenfalls geeignet sind, Ihre Energien zu verschwenden und Ihren gesamten Organismus zu schwächen. Es gibt genügend Männer und Frauen, die nicht wissen, was sie wollen und die niemals über ihre Kinderträume hinausgelangt sind. Auf irgendeine Art geraten ihre Phantasien in Verstrickungen mit den Realitäten und das Ganze wird derart konfus, daß sie echte Schwierigkeiten haben das eine vom anderen zu unterscheiden. Außersinnliche Wahrnehmungen bringen hier die Lösung.

Wie sie ihren Traum verwirklichte durch Aktivierung ihres Unterbewußtseins

Vor einigen Monaten hatte ich in Las Vegas eine Unterredung mit einer jungen Frau. Als ich kürzlich dorthin zurückkehrte, wo ich dieses Kapitel schrieb, besuchte sie mich und erzählte mir, wie sie ihren Traum verwirklicht hatte.

Bei unserer ersten Unterredung hatte sie mir nämlich erzählt, daß sie sich einer Art Tagträumen hingegeben hatte. Sie wollte ein Filmstar sein, mit Dienerschaft, Auto und Chauffeur zu ihrer Verfügung. Andererseits gab sie freimütig zu, auch nicht das geringste schauspielerische Talent zu besitzen. Sie war emotionell noch völlig unreif. Sie hatte sich lediglich einen unausgegorenen Kindheitstraum in ihr Erwachsenenleben mit hinübergenommen. Eine recht kindliche Konzeption vom Filmstar-Dasein – mehr das leicht angekitschte Traumgebilde einer Filmprinzessin. Sie hatte zahllose Affären mit Männern, die ihr eine Filmkarriere versprochen hatten, wenn sie „nett" zu ihnen sein würde, mußte aber schließlich doch einsehen, daß ihr nur etwas vorgemacht worden war. Das wiederum führte zu ihrer völligen Desillusionierung und zu Frustrationen.

Ich machte ihr den Vorschlag, die Talente, über die sie tatsächlich verfügte, konstruktiv zu gebrauchen. Sie konnte sehr gut Maschinenschreiben und auch in Steno war sie ausgezeichnet. Ich sagte ihr damals, sie solle gefälligst zur Erde zurückkehren und aufhören, in einem marmornen Wolkenpalast zu wohnen. Ich schlug ihr die folgende Bejahung vor: „Die Unendliche Intelligenz eröffnet mir die Möglichkeit zu vollkommenem Selbstausdruck. Ich kann meine Talente nutzbringend einsetzen auf wunderbare Weise und ich erfahre Göttliche Ausgeglichenheit. Ich werde gebraucht, ich bin erwünscht, ich werde von einem wunderbaren Ehemann geliebt und umsorgt und ich trage zu seinem Glück und Erfolg bei auf wunderbare Weise." Ich erklärte ihr, daß diese Bejahungen nach einigen Wiederholungen in die Tiefen ihres Unterbewußtseins sinken würden, das sofort an der Verwirklichung ihrer Wünsche arbeiten würde.

*Führung – eindeutig und unmißverständlich –
aus den Tiefen des Unbewußten*

Kurz darauf begegnete ihr auf einer Geselligkeit ein Englischprofessor, der ihr anbot, seine Sekretärin zu werden. Inzwischen ist sie mit ihm verheiratet und sehr glücklich. Die Führung, die ihr zuteil wurde, offenbarte sich in einem starken, fast zwingenden psychischen Impuls an dieser Veranstaltung teilzunehmen. Das ist besonders bemerkenswert, da sie bei einer früheren Gelegenheit eine Einladung abgelehnt hatte. Die Weisheit ihres unterbewußten, wahrnehmenden Geistes wußte, wie ihre Träume Erfüllung finden und brachte die Verwirklichung. Sie baut keine Luftschlösser mehr – das heißt, sie baut sie schon noch, aber jetzt weiß sie, wie man Luftschlössern ein Fundament unterlegt.

Wie Dave ein solides Fundament baute

Heute hatte ich eine Verabredung mit meinem alten Freund Dave, dem Leiter einer der progressivsten und aufgeklärtesten Gemeinden. Vor vielen Jahren hörte er regelmäßig meine Vorträge im Wilshire Ebell Theatre in Los Angeles. Er entwickelte ein intensives Interesse für die Wahrheitslehren und es dauerte nicht lange und er betätigte sich als Platzanweiser, Zeremonienmeister und Organisator. Er machte sich rundum nützlich. So blieb es viele Jahre lang. Mit seinem Beruf – er hatte etwas mit dem Musiktheater zu tun – war er seit langem unzufrieden. Es behagte ihm nicht, immer gerade so zurechtzukommen.

Da Dave so begeistert von den Wahrheitslehren, der esoterischen Bedeutung der Bibel und der Wirkungsweise des Unterbewußtseins war, war ich überzeugt, daß er als Wahrheitslehrer sehr erfolgreich sein würde. Diese Idee fand ihren Widerhall in Dave's Unterbewußtsein und er begann mit einem fünfjährigen Studium für das Lehramt der Religious Science.*

Der Erfolg stellte sich vom ersten Tag seiner Lehrtätigkeit ein und ist ihm bis auf den heutigen Tag treugeblieben. Das ist völlig natürlich, denn er liebt seine Aufgabe, sie macht ihm Freude, bringt ihm Erfüllung und Befriedigung. Er ist glücklich und erfreut sich eines Göttlichen Wohlstandes. Er hat jetzt eine der größten und schönsten Science-of-Mind-Kirchen in Nevada übernommen, unterhält Jugendprogramme und zweimal wöchentlich hält er Science-of-Mind-Lehrgänge und Sonntagmorgen-Vorträge. Seine Organisation wächst rapide.

Wie er mir sagte, war er noch nie so glücklich in seinem Leben. Seine Arbeit in Las Vegas macht ihm Freude und er ist sehr erfolgreich.

---

* Anm. d. Übers.: Religious Science (Religiöse Wissenschaft) oder Science of Mind (Wissenschaft des Geistes) ist eine in den USA sehr verbreitete neugeistige Bewegung. In den zwanziger Jahren von Ernest Holmes gegründet findet sie neuerdings auch in Europa immer mehr Freunde.

Seine Fundamental-Technik

Während seiner Ausbildung zum Science-of-Mind-Geistlichen setzte er sich jeden Abend still hin, brachte den Gedankenfluß zur Ruhe und fixierte seine Aufmerksamkeit auf das, was er so sehr wünschte: er sah sich in seiner Imagination auf einer Kanzel stehen und die großen Wahrheiten Gottes einer begeisterten Zuhörerschaft erklären. Er fühlte die Realität seiner Imgaination so deutlich und greifbar, daß er mir noch vor seiner Ordinierung sagte: „Ich bin völlig überzeugt, meine eigene Kirche zu haben und ihr Pastor zu sein. Ich weiß es, fühle es und in Visionen habe ich Kirche und Gemeinde schon hundertmal gesehen."[*]

Und alles das verwirklichte sich und bewies die Wahrheit von Thoreau's berühmten Ausspruch: „Wenn der Mensch ein Bild dessen, was er sein und tun will, im Bewußtsein hat und dieses Bild aufrechterhält, dann wird die Gotteskraft es entwickeln und verwirklichen."

Auch Sie können Ihrem Herzenswunsch ein solides Fundament unterlegen. Wie Dave mir sagte, weist er seine Schüler immer wieder darauf hin, daß eine grundlegende Kenntnis der Macht und Arbeitsweise des Unterbewußtseins die unabdingbare Voraussetzung für den Erfolg ist. Andernfalls bleiben ihre Luftschlösser substanzlos wie eine Rauchwolke.

Seine veränderte Einstellung und Außersinnliche Wahrnehmung brachte ihm eine Viertelmillion

Eine interessante Begegnung hatte ich mit einem Mann, dem ich telefonisch geistige Ratschläge geben konnte. Das Folgende ist eine Kurzfassung seines Falles: Sohn eines sehr reichen Industriellen, aber keineswegs verwöhnt, sondern vom Vater streng, autokratisch um nicht zu sagen grausam erzogen, hatte er die in ihn gesetzten Erwartungen nicht erfüllen können, sondern einen neurotischen Haß auf den Vater entwickelt. Er rächte sich, indem er giftige Artikel über Machenschaften

---

[*] Anm. d. Übers.: Neugeistige Gruppierungen, wie Science of Mind, Divine Science, Unity etc., sind in den USA als Kirchen institutionalisiert. In deutschsprachigen Ländern haben Science of Mind, Unity und CSA die Form von Studiengruppen oder Zentren.

des Big Business verfaßte; mehr noch, er reiste in seine Heimatstadt und hielt dort Vorträge über den Wert einer kommunistischen Gesellschaftsordnung – ausgerechnet im Club seines Vaters. Er wußte genau, daß er ihn damit bis auf's Blut reizen würde. Es war, wie er sagte, sein Verlangen, es seinem Vater heimzuzahlen. Unterdrückter Zorn, Feindseligkeit plus Schuldkomplexe ließen ihn zur Flasche greifen und er entwickelte sich zu einem schweren Gewohnheitstrinker. Außerdem zog er sich Magengeschwüre und hohen Blutdruck zu; und – als ob das noch nicht genügte – bewegte sich am Rande des Bankrotts.

Meine Erklärungen für die tieferen Gründe seines Verhaltens brachten schon einmal 75 Prozent der Heilung. Er begriff, daß seine Handlungen eine gewisse emotionale Unreife offenbarten. Er trank, um seine Schuldgefühle loszuwerden, so wie ein anderer eine Kopfschmerztablette nehmen würde. Es dämmerte ihm, daß er im Begriff war, sich selbst zu zerstören, auch wenn er der Meinung war, damit seinen Vater zu treffen. Er entschloß sich, seine Haltung zu ändern und bediente sich dazu des wissenschaftlichen Gebetes.

Er bejahte mehrmals am Tage: „Ich gebe meinen Vater in die Obhut Gottes. Ich lasse ihn völlig los und wünsche ihm Gesundheit, Frieden, Erfolg und alles Gute im Leben. Jedesmal, wenn ich an ihn denke, bejahe ich sofort: Ich habe dich losgelassen. Gottes Friede erfüllt deine Seele! Ich werde Göttlich geführt. Das Göttliche Gesetz beherrscht mich. Göttliche Liebe und Göttlicher Frieden durchdringen meine Seele. Nahrung und Getränke sind Ideen Gottes. Sie entfalten sich fortwährend in mir und bringen mir Harmonie, Gesundheit und Frieden. Gott denkt, spricht und handelt durch mich. Ich bin Ausdruck Gottes und finde Erfüllung in jeder Weise."

Er wiederholte diese Wahrheiten zeitweilig auch laut, das bewahrte seine Gedanken vor dem Abschweifen. Jedesmal, wenn ihm ein negativer Gedanke in den Sinn kam, bejahte er: „Gott liebt mich und sorgt für mich." Nach ein paar Wochen entwickelte er sich zu einem konstruktiven Denker.

Seine „Film"-Technik

Jeden Abend setze er sich für etwa zehn Minuten still hin, entspannte sich völlig von Kopf bis Fuß und stellte sich plastisch vor, wie ich ihm zu seiner Befreiung von der Alkoholsucht gratulierte und jedesmal, wenn ihn wieder das Verlangen nach einem Drink packte, schaltete er sein „Mentalkino" ein im Bewußtsein, daß hinter ihm eine allmächtige Kraft steht. Es war eine Angelegenheit von wenigen Wochen bis er von seiner Trunksucht vollkommen geheilt war. Seine neue Einstellung brachte Veränderungen in allen Bereichen mit sich. Heute, nach nur drei Monaten, erzählte er mir, daß sein Geschäft sich derart gut entwickelt habe, daß seine Aktiva bereits einen Wert von 200 000 Dollar haben. Außersinnliche Wahrnehmung befähigt ihn zu klugen Entscheidungen und brachte ihm Wohlstand.

Gesichtszucken ruinierte seine Karriere

Auf einer Fahrt zu Mexiko's berühmten Pyramiden machte ich die Bekanntschaft eines Geistlichen, der unter heftigem Gesichtszucken litt. Ein Leiden, das ihm verständlicherweise sehr zu schaffen machte. Er hatte alle Arten von Injektionen erhalten um den zuckenden Nerv abzutöten oder zu paralysieren, aber nach wenigen Monaten begannen die Zuckungen von neuem. Besonders kritisch wurde es für ihn, wenn er vor seiner Gemeinde sprach oder bei gesellschaftlichen Zusammenkünften. Er war jetzt an einem Punkt angelangt, wo er ganz ernsthaft den Gedanken an einen Rücktritt erwog. Er konnte die Bemerkungen der Leute einfach nicht mehr hören und die ständige Blamage nicht mehr ertragen.

Nach längerer Diskussion bemerkte ich, daß er meiner Ansicht nach ein Gefühl des Verletztseins zusammen mit einem Schuldkomplex unterhielt und davor bewußt die Augen verschließen wollte. Da sein rechtes Auge von den Gesichtszuckungen mitbetroffen war, lag der Schluß nahe, daß sein Zustand etwas symbolisierte – eine unerwünschte Situation, die er möglicherweise nicht wahrhaben wollte; es gab einen triftigen Grund, weshalb sein Unterbewußtsein sich Gesicht und rechtes Auge als Sündenbock erkoren hatte. Hier konnte nur Außersinnliche Wahrnehmung Aufklärung bringen.

Im weiteren Verlauf unseres Gesprächs gab er freimütig zu, nicht mehr an das, was er seiner Gemeinde da vorpredigte, zu glauben. Das führte einerseits zu einem Schuldkomplex und andererseits zu Furchtgefühlen, seinen Lebensunterhalt in keinem anderen Beruf verdienen zu können. Er hatte starke Antipathien und Ressentiments gegenüber einigen seiner Kirchenältesten entwickelt, die ihn sofort heftig kritisierten, sobald er auch nur im geringsten von den orthodoxen Lehren dieser Kirche abgewichen war. Alle diese nervlichen Belastungen wurden von seinem Unterbewußtsein in ein Gesichtszucken umgesetzt. Es war gewissermaßen ein Ausgleich für sein Unvermögen, seiner Gemeinde ehrlich, aufrichtig und furchtlos entgegenzutreten und ihr klipp und klar zu eröffnen, daß er die Dogmen, Lehrmeinungen und Glaubensinhalte dieser Kirche nicht mehr länger teilen könne.

Alles das hatte ich ihm klargemacht und er hatte mir freimütig eingestanden, daß ich mit dieser Analyse den Nagel auf den Kopf getroffen hatte. Ich schlug ihm daher vor, am kommenden Sonntag furchtlos und kühn vor seine Gemeinde hinzutreten und seinen Rücktritt bekanntzugeben mit der ausdrücklichen Begründung, daß er nicht mehr länger von dem, was er predigte, überzeugt war und sich daher außerstande sähe, etwas zu lehren, an das er nicht glauben könne. Das würde einen starken negativen Konflikt in seinem Bewußtsein verursachen und letztlich geistige und physische Störungen nach sich ziehen.

Seine Ansprache war eine der besten, die er jemals gehalten hatte. Sie kam aus vollem Herzen. In einem Brief an mich schrieb er: „Nachdem ich meinen Rücktritt erklärt hatte, kam ein großes und wunderbares Gefühl des Friedens über mich. Meine ständige Bejahung war: „Du zeigst mir den Pfad des Lebens!" Einer meiner früheren Kirchenältesten trug mir eine Position in seinem Unternehmen an. Ich akzeptierte und bin dort als Personalchef jetzt glücklich und zufrieden.

Er fügte hinzu: "Sie hatten recht – oftmals liegt die Heilung in der Erklärung"

Wenn Sie ein mentales, physisches oder emotionelles Problem haben sollten, dann fragen Sie sich: „Wovor stecke ich den Kopf in den Sand! Wovor verschließe ich die Augen? Ist da irgendein unterdrücktes Gefühl der Feindseligkeit, sind da irgendwelche Ressentiments?" Treten Sie dann dem Problem entgegen und lösen Sie es mit Außersinnlicher Wahrnehmung und lösen Sie es auf im Licht der Liebe Gottes.

Wie sie ihre Einsamkeit überwand

Sehr gerne führe ich Seminare an Bord eines Schiffes durch, verbunden mit einer Kreuzfahrt. Eine dieser Fahrten auf der *Princess Carla* führte uns in die Karibik. Das Seminar an Bord bestand aus Vorträgen und Einzelberatungen. Eine junge Frau aus New York, die zwar keine Seminarteilnehmerin war, aber mein Buch *Die Macht Ihres Unterbewußtseins* gelesen hatte, wollte von mir die Frage geklärt wissen, weshalb sie ständig die falschen Partner zu sich heranzog. Entweder waren es Alkoholiker oder sie waren verheiratet oder es waren Männer mit abartigen Neigungen. Sie war irgendwie verschüchtert, feindselig und glaubte, sich ständig auf Abwehr einstellen zu müssen. Ich stellte ihr eine ganz simple Frage: „Was verzehrt Sie innerlich?" Das ist genau die Frage, die ein Kahuna (Eingeborenenpriester auf Hawaii) einem Heilungssuchenden stellt. Sie platzte heraus: „Ich hasse meine Mutter! Als mein kleiner Bruder an Scharlach gestorben war, hatte sie zu mir gesagt: warum konntest du das nicht sein?!"

Das war natürlich ein furchtbarer Schock für das Gemüt eines 13jährigen Kindes. Gewiß hatte die Mutter im jäh auflodernden Schmerz nicht gewußt, was sie sagte, als sie der Tochter vorwarf, am Leben zu sein, während der Bruder sterben mußte. Diese sehr attraktive und charmante junge Dame hatte auch auf der Kreuzfahrt viele Bekanntschaften gemacht, war aber jedem einzelnen Mann gegenüber geradezu ungerechtfertigt kritisch. Sie hatte einen ausgesprochenen „Ablehnungskomplex" aus der Furcht heraus, wohl nie geliebt zu werden. Sie erwartete Zurückweisung und war sich nicht der Tatsache bewußt, daß sich ihre Befürchtungen mit Sicherheit im Äußeren manifestieren würden. Einerseits sehnte sie sich nach Zweisamkeit, wollte sie gewürdigt, erwünscht und geliebt sein, andererseits war da dieser unterbewußte Konflikt, der auf diese unglückselige Bemerkung der Mutter zurückging: „Weshalb konntest du das nicht sein?"

Wir hatten ein langes Gespräch miteinander, in dem ich sie überzeugen konnte, daß die Vergangenheit tot sei und nichts zählte, als der gegenwärtige Moment; alles, was sie tun mußte war, ihr gegenwärtiges Denken zu ändern und geändert zu halten. Ihre Zukunft würde dann die genaue Projektion ihres jetzigen gewohnheitsmäßigen Denkens sein. Wie wir im Garten unseres Geistes säen, so werden wir in unseren äußeren Erfahrungen ernten. Ich entwarf dann ein Bejahungsschema für sie, wobei ich betonte, daß sie nicht in den gebräuchlichen Fehler verfallen dürfe das gerade soeben Bejahte bei nächster Gelegenheit wieder zu verneinen. Die Bejahung lautete folgendermaßen:

Ich bin mir bewußt, daß die Vergangenheit tot ist, daher brauche ich mein Unterbewußtsein nur mit lebengebenden Denkmustern zu füllen und alles Negative, alle traumatischen Wunden der Vergangenheit sind ausgelöscht. Ich erkläre jetzt, daß ich von der Unendlichen Intelligenz geführt werde und daß meine Seele von Göttlicher Liebe erfüllt ist. Ich bin inspiriert und erleuchtet und meine verborgenen Talente werden mir offenbar. Ich strahle Liebe, Frieden und guten Willen auf alle Menschen aus. Ich habe viel zu geben, bin ehrlich und aufrichtig. Ich weiß ein behagliches Heim zu schätzen. Ich kann einen Mann, der Sinn für Göttliches hat lieben, bewundern und umsorgen. Ich liebe ein schönes Zuhause, bin sparsam und bin die ideale Partnerin für einen Mann, der seinerseits liebevoll, freundlich und freidliebend ist. Wenn mir meine Mutter in den Sinn kommt, segne ich Sie. Sie befindet sich jetzt in der nächsten Lebensdimension und ich weiß, daß ihre Reise aufwärts, Gottwärts führt. Ich vergebe mir selbst für meine Grollgedanken und ich weiß, daß Gott mich liebt und für mich sorgt. Wann immer ich versucht bin, mich zu kritisieren, bejahe ich sofort: „Gott liebt mich und sorgt für mich."

Eine freudige Überraschung war es für mich, als diese junge Dame vor kurzem zu meinem Vortrag kam und mich mit ihrem Ehemann bekannt machte, einem früheren Offizier der britischen Marine. Sie sind sehr glücklich miteinander. Augenblicklich befinden sie sich auf einer achtmonatigen Kreuzfahrt. Sie hat die erworbenen Kenntnisse der Wahrheit in ihr Unterbewußtsein aufgenommen. Wie sie mir sagte, war es eine Stunde der Wahrnehmung, die ihr Leben veränderte. Es ist wahr: Ihr Geschick kann sich in einem einzigen Augenblick verändern.

ZUSAMMENFASSUNG

1. Es ist völlig in Ordnung, Wunschträume zu hegen. Es bedarf jedoch eines soliden psychischen Fundamentes, damit sie keine leeren Phantastereien bleiben.
2. Werden Sie sich über Ihre Begabungen, Ihre gegenwärtigen Fähigkeiten klar und bauen Sie gedanklich von da aus auf. Dann machen Sie sich bewußt, daß Sie Göttlich geführt werden und deshalb zum wahren Selbstausdruck gelangen. Die Antwort kommt aus Ihrem Unterbewußtsein und Sie werden sie als klare und eindeutige Führung erkennen.
3. Wenn Sie ein Gedankenbild Ihrer Wünsche festhalten und es in einen entsprechenden Handlungsablauf kleiden, immer eingedenk der Tatsache, daß sich die Entwicklung in Ihrem Unterbewußtsein vollzieht, werden Sie die Erfüllung erleben. Sie erfolgt mit mathematischer Genauigkeit früher oder später – je nach Klarheit des Gedankenbildes und Stärke der Empfindung. Wenn Sie in Ihrer Imaginationsarbeit beharrlich sind, werden sich Möglichkeiten für Sie öffnen, die dem als wahr und bereits vorhanden Vorgestellten entsprechen.
4. Der Wunsch nach Vergeltung ist selbstzerstörerisch. Statt auf andere geistig zurückzuschlagen, sollten wir sie in Gottes Hände geben und ihnen alle Segnungen des Lebens wünschen. Sollten Sie Alkoholiker sein, dann vergeben Sie sich selbst Ihre negativen Gedanken und stellen Sie sich vor, wie Freunde Ihnen zu der wiedergewonnenen

Freiheit von Ihrer Sucht gratulieren. Dieser „mentale Film" wird bei beharrlicher Wiederholung von Ihrem Unterbewußtsein aufgenommen, das alles weitere veranlaßt. Sie werden plötzlich kein Verlangen nach Alkohol mehr verspüren. Das Gesetz des Unterbewußtseins ist Zwang – was immer Sie ihm aufprägen findet seinen Ausdruck im Äußeren. Seinen Zwang können Sie mit Außersinnlicher Wahrnehmung steuern.

5. Gesichtszucken kann von tiefsitzenden Ressentiments gepaart mit Schuldkomplexen herrühren. Ein Versteckspiel vor dem eigentlichen Konflikt tut ein übriges. Hier hilft nur absolute Aufrichtigkeit sich selbst gegenüber zusammen mit Außersinnlicher Wahrnehmung. Wer bestimmte Lehren innerlich ablehnt, muß das auch bekennen und sich weigern, sie weiterzuvermitteln. Bejahen Sie, daß die Unendliche Intelligenz in Ihrem Innern neue Möglichkeiten des Selbstausdrucks für Sie eröffnet und sie wird Ihnen antworten in Göttlicher Ordnung und die erwünschte Heilung wird erfolgen.

6. Nach dem Mentalgesetz: „Gleiches zieht Gleiches an" zieht eine Frau, die unüberwindliche Haßgefühle ihrer Mutter gegenüber hegt, unpassende Partner in ihr Leben. Wenn sie ihr Denken ändert – eingedenk der Tatsache, daß die Vergangenheit tot ist und nur die Gegenwart zählt – verändert sie ihre Zukunft, denn Zukunft ist nur manifestierte Gegenwart.

KAPITEL 18

Außersinnliche Wahrnehmung früherer Leben

Emerson sagt: „Es gibt einen Geist, allen Individuen verfügbar. Jeder Mensch ist mit ihm verbunden und durch ihn mit jedem anderen. Wer einmal Zutritt erlangt hat, dem steht das ganze Besitztum offen. Was Plato lehrte, mag er denken; was ein Heiliger gefühlt hat, mag er fühlen; was allezeit Menschen widerfuhr kann er verstehen. Wer Zugang hat zu diesem universellen Geist, ist Teil von allem das ist oder getan werden kann, denn er ist die allein und souverän wirkende Kraft."

Emerson will damit zum Ausdruck bringen, daß Ihr Unterbewußtsein, das eins ist mit dem universellen subjektiven Bewußtsein der gesamten Menschheit, alles Wissen gespeichert hat, das in der Menschheitsentwicklung jemals bekannt wurde, sowohl physiologisch als auch geistig. Alle Sprachen, die je gesprochen wurden, alle Musik, alle Entdeckungen, Erfindungen und Erfahrungen aller Menschen sind in Ihrem Unterbewußtsein registriert – unauslöschlich und unfehlbar. In diesem Kapitel behandeln wir die außersinnliche Wahrnehmungsfähigkeit dieses Vorratshauses menschlicher Erfahrungen.

Ihr Unterbewußtsein erwägt nicht – es nimmt nur an

Ihr Unterbewußtsein argumentiert nicht. Es akzeptiert jede Eingebung (richtige oder falsche), die ihm von Ihrem wachbewußten Verstand übermittelt wird. Ausgehend von dieser Eingebung wirkt das Unterbewußtsein deduktiv (das Besondere aus dem Allgemeinen erschließend). Es bedient sich aller legitimen Eingriffsmöglichkeiten mit erstaunlicher Klarheit und Genauigkeit.

Ein mißglücktes Hypnoseexperiment

Vor einiger Zeit war ich bei einem Experiment zugegen, das ein Freund von mir mit einem Mann durchführte, den wir Mr. X nennen wollen. Dieser stand als praktizierender Katholik jedem Gedanken an Reinkarnation mit leidenschaftlicher Ablehnung gegenüber. Anhand von Tonbändern, die während der Hypnose aufgenommen wurden, wollte der Psychologe ihm jedoch beweisen, daß er schon oftmals zuvor auf dieser Erde gelebt habe. Im Zustand der Hypnose suggerierte er Mr. X, daß er ihn 500 Jahre zuückversetzen würde. Er solle ihm nun mal erzählen, wer er war, wo er gelebt und was er so getrieben habe. Keine Antwort. Daraufhin versetzte ihn der Psychologe 1000 Jahre zurück und fragte ihn: „Wie heißen Sie?" Wiederum keine Antwort. In heller Verzweiflung sagte der Psychologe: „Ich versetze Sie nun ganz, ganz weit zurück, in Urzeiten – lange bevor man von England oder Irland jemals gehört hat – weit, weit zurück. Wer sind Sie?"

Es herrschte etwa eine Minute absolute Stille, dann sagte Mr. X klar und deutlich: „Am siebenten Tage ruhte ich." Damit endete das Hypnoseexperiment zur Erforschung der Reinkarnationen des Mr. X.

Weshalb das Experiment mißglückte

Im allgemeinen trifft es zu, daß ein im Trance befindlicher Mensch mit dem Hypnotiseur bedingungslos kooperiert. Das Unterbewußtsein kann nicht abwägen, sondern akzeptiert ohne weiteres. In diesem Fall jedoch hatte Mr. X seinem Unterbewußtsein vor dem Schlafzustand eingegeben: „Ich glaube nicht an Reinkarnationen. Ich werde nicht reagieren." Sein Unterbewußtsein akzeptierte die dominierende Suggestion, nämlich die von Mr. X. Halten wir fest – Ihr Unterbewußtsein akzeptiert von zwei Eingebungen immer die dominierende. Mr. X neutralisierte die Suggestion des Hypnotiseurs und reagierte recht humorvoll auf die dritte Frage.

Ein Experiment mit der Schwester des Mr. X

Die Schwester gab ihrem Unterbewußtsein keinerlei Kontersuggestionen und konnte daher vom Hypnotiseur im Trance durch verschiedene Epochen geführt werden. So behauptete sie, Johanna von Orleans zu sein und sprach auch fließend französisch. Zu anderen Zeiten war sie eine ägyptische Prinzessin und setzte zu einer Abhandlung über das religiöse Leben im alten Ägypten an. Sie behauptete, daß die Pyramiden von Männern in einem Zustand der Halb-Trance gebaut wurden. Dadurch sollten sie imstande gewesen sein, die schweren Steine allein durch Geisteskraft zu heben, zu schneiden und an den richtigen Stellen einzusetzen; alles das sollte ganz ohne jedes Werkzeug, ohne den kleinsten Hammerschlag vor sich gegangen sein, nur durch die Kraft des Geistes.

Selbstverständlich gab es keine Möglichkeit zu beweisen, daß sie in früheren Inkarnationen eine ägyptische Prinzessin oder Johanna von Orleans gewesen war. Bei einem Gespräch erfuhr ich von ihr, daß sie die französische Sprache vier Jahre lang studiert und längere Zeit in Frankreich gelebt hatte. Ebenso hatte sie Ägypten besucht, kannte die Pyramiden und war auch mit der ägyptischen Geschichte vertraut. Ihr Unterbewußtsein gab als Reaktion auf die Suggestionen des Hypnotiseurs eine dramatische Mischung ihres gespeicherten Wissens. Man könnte das Ganze als eine fiktionalisierte Präsentation bezeichnen – ihre Folgerungen waren syllogistisch korrekt; d.h. sie waren absolut logische Herleitungen von der vorausgegangenen Eingebung des Hypnotiseurs, daß sie sich an frühere Existenzen erinnere und uns darüber berichten werde.

Sie akzeptierte diese Suggestion und machte sie damit zu ihrer hauptsächlichen Prämisse; das erforderliche Wissen, alle ihre bisherigen Reiseeindrücke, alles gesehene, gelesene und gehörte, alles zur Illustration der Idee geeignete wurde von ihrem Unterbewußtsein bereitgestellt. Gleichzeitig verschloß sich ihr Unterbewußtsein jedoch allen Ideen und Fakten, die mit den Suggestionen des Hypnotiseurs nicht in Einklang zu bringen waren. Induktives Erwägen – ich wiederhole es – ist nicht Sache des Unterbewußtseins.

Haben Sie schon vorher gelebt?

Es ist immer wieder interessant zu erleben, wie der eine oder andere behauptet, sich an frühere Inkarnationen zu erinnern und dabei mit bemerkenswerten Details seines angeblichen Wirkens als ägyptischer Tempelpriester aufwarten kann. Ganz ohne Zweifel gibt es Menschen, die sich an vorangegangene Existenzen erinnern können. Für sie ist die einzig logische Erklärung derart detaillierter Erinnerungen, daß sie auch früher bereits gelebt haben. Wir alle sind eingetaucht in einen großen See des Bewußtseins. Dr. Phineas Parkhurst Quimby sagte: „Unsere Gemüter verschmelzen miteinander wie Atmosphären." Ihr Bewußtsein ist ein großes Reservoir, das Erfahrungen und geistige Reaktionen aus allen Zeitaltern enthält. Einem Hellseher ist es ohne weiteres möglich, zurückzuschauen und George Washington im Schnee kniend zu sehen. Das bedeutet jedoch noch nicht, daß er deshalb eine Reinkarnation von George Washington sein muß. Es bedeutet lediglich, daß er auf das mentale Bild oder die Schwingungsfrequenz abgestimmt ist, die dem universellen subjektiven Geist für alle Zeiten einverleibt sind. Alle Dinge sind im Geistprinzip koexistent als ewiges Jetzt.

Wichtige Punkte, die es festzuhalten gilt

Machen wir uns bewußt, daß die Sinnesindrücke eines jeden Menschen, der jemals gelebt hat, in uns gegenwärtig sind. Man kann sich daher ohne weiteres auf die Schwingungsfrequenzen vergangener Erlebnisse eines anderen einstimmen und sie für eigene halten. Das Lebensprinzip in uns wurde niemals geboren und wird niemals sterben. Dieses Lebensprinzip in uns ist Unendlicher Geist und Unendliches Bewußtsein. Es hat alle Dinge erschaffen, alle Rollen gespielt, war überall, hat alles gesehen und alles erfahren. Wer klarsieht, wird gewahr, daß der Eine

Geist – der Eine durch den Menschen wirkende Geist – alle Bücher geschrieben hat, alle Bibeln und alle Religionen und alle Philosophien begründet hat. Dieser Eine Geist ist in uns wirksam. Deshalb gibt es überall Männer und Frauen (nicht nur in Indien und Tibet), die nicht erst ein Land bereisen müssen, um es detailliert zu beschreiben. Viele Hellseher können das; die Veranlagung für Hellsichtigkeit und Hellhörigkeit (Clairvoyance und ClaUdience) ist in jedem Menschen unterschwellig vorhanden.

*Die psychologische Erklärung für das Gefühl,
mit bestimmten Orten bestens vertraut zu sein*

Vor einigen Jahren machte ich eine Reise nach Pondicherry, Indien. Bei meiner Ankunft mußte ich zu meinem großen Erstaunen feststellen, daß ich mich bestens auskannte. Alle Straßen, alle Häuser, der Marktplatz, alles war mir vertraut. Wenn ich die Leute reden hörte, sagte ich mir: „Diese Stimmen habe ich schon einmal gehört." Sehen wir uns das Ganze jetzt einmal vom Standpunkt des Unterbewußtseins aus an. Da es wußte, daß ich eine Reise nach Pondicherry plante, reiste es mir dorthin voraus, als ich schlief. Man könnte das außersinnliche Reisen nennen, denn das Unterbewußtsein ist allgegenwärtig und nicht begrenzt durch Zeit und Raum. Während ich in tiefem Schlaf lag, unterhielt ich mich mit den Leuten dort und nahm auch alle Eindrücke von der schönen Landschaft in mich auf.
Ich hatte mir eine schöne Reise verbildlicht (visualisiert) und „darüber geschlafen". Mein Unterbewußtsein hatte die Suggestion akzeptiert und psychologisch dort verweilt. Als ich tatsächlich – bewußt und objektiv – dort ankam, habe ich alle die subjektiven Zustände durchlebt. Was ich nun objektiv sah und hörte, hatte ich bereits subjektiv wahrgenommen. Natürlich hatte ich alles schon gesehen und auch die Stimmen schon gehört. Die einfache Erklärung: alle diese Eindrücke existieren bereits in uns. Ganz gleich, wohin wir gehen, was wir sehen, hören und erleben – alles ist bereits vorhanden. Warum? Weil der Unendliche Geist in uns wohnt. Der Unendliche Geist oder das Unendliche Bewußt-

sein braucht nicht zu reisen, um etwas zu lernen, zu erfahren, um zu wachsen, oder sich etwas anzueignen. Es umfaßt alles, was ist; es ist alles, was ist. Alle Dinge bestehen bereits jetzt im Unendlichen. Es ist der ewige Eine, der allweise Eine und der allwissende Eine.

Weshalb wir manchmal sagen können:
„Mir ist, als hätte ich ihn schon immer gekannt"

Vielleicht ist Ihnen schon einmal ein Mensch begegnet, bei dem Sie das ganz sichere Gefühl hatten, ihn schon immer gekannt zu haben. Auch hierfür gibt es eine ganz einfache Erklärung: dieser Mensch ist sozusagen ein Intimus Ihrer Gemütsverfassung. So wie in einem Klaiver alle Töne und möglichen Ton-Kombinations-Akkorde bereits vorhanden sind und vom Pianisten nur zum Erklingen gebracht werden müssen, so sind alle Töne und Tonfärbungen auch in Ihrem Innern bereits vorhanden und brauchen von Ihnen nur „angeschlagen" zu werden. Wenn Sie also das Gefühl haben, in einer bestimmten Stadt schon einmal gewesen zu sein oder gar gelebt zu haben, dann ist es durchaus möglich, daß Sie diesen Ort früher einmal im Traum besuchten, es aber längst vergessen haben. Ihr Unterbewußtsein hingegen, vergißt niemals etwas, sondern registriert und verwahrt alle Ihre Erlebnisse und Eindrücke unauslöschbar und unfehlbar. Es ist ebenso möglich, daß ein derartiges Erlebnis Ihnen anzeigen will, daß Sie jetzt zu dieser großen Wahrheit erwachen, daß alle Dinge von jeher in Ihrem Inneren vorhanden waren und sind. Gott – das Lebensprinzip – ist in Ihrem Innern. Diese schöpferische Gegenwart hat alle Dinge erschaffen. In dem Maße, wie Sie sich Ihrer eigenen Göttlichkeit bewußt werden, die sie immer zu formen bestrebt ist, werden Sie gewahr, daß die gesamte Schöpfung mit sämtlichen Erfahrungen der Menschlichkeit im „Computer" Ihres Innern gespeichert ist.

Die Möglichkeit sich an jedes Ereignis zu erinnern

Eines ist gewiß: es ist möglich, sich an jede Begebenheit zu erinnern, die jemals auf diesem Planeten stattgefunden hat. Ebenso ist es möglich, zukünftige Ereignisse vorauszusehen, sofern sie nicht durch Gebet verändert werden. Die echte Wahrheit über Sie ist: die ICH BIN-heit in Ihnen ist Ihr Bewußt- oder Gewahrsein. Im dritten Kapitel des Buches Exodus (2. Mose) wird der Name Gottes (die Natur) ICH BIN genannt und das bedeutet: Reines Sein, Leben, Geist, Selbstursprung, Intelligenz, Wirklichkeit oder reine Bewußtheit. In anderen Worten: Gott ist in Ihrem Innern und wenn Sie sagen „ICH BIN", dann künden Sie von der Gegenwart Gottes in Ihrem Innern.

Wenn Sie daher etwas tiefer nachdenken, werden Sie gewahr, daß der Unendliche Geist oder das Unendliche Bewußtsein in Ihrem Innern wesensgleich ist mit allen Menschen der Vergangenheit, Gegenwart und Zukunft. Das Lebensprinzip in Ihrem Innern war Buddha, Jesus, Moses, Sokrates, Lincoln, Shakespeare etc. Ihre Bewußtheit oder Ihr Geist hat alle Rollen gespielt. Ihr Geist war schon überall. Er hat alles gesehen und alles ist in ihm. Sogar das ganze Universum ging aus Ihrer ICH BIN-heit hervor.

Das Unendliche Bewußtsein – in allen Menschen wirksam – hat alle heiligen Schriften verfaßt, spricht alle Sprachen, hat alle Pyramiden gebaut und alle Bücher geschrieben. Aus diesem Grunde hört man oft von Menschen, überall auf der Welt, die, obgleich sie relativ ungebildet sind, im Trance 12 oder 13 Sprachen beherrschen.

Es gibt nur ein Sein oder Lebensprinzip

Das eine Sein oder Wesen – form- und zeitlos – nimmt als individualisierter Mensch Form und Gestalt an. Alle Menschen sind daher Extensionen (Ausdehnungen) von uns, denn es gibt nur ein Bewußtsein, einen Geist. Obgleich seine Beschaffenheit für jeden anders ist, ist dieses eine Bewußtsein allen Individuen gemeinsam. Ihr Leben ist Eins und unteilbar. Es erscheint in vielen Verkleidungen. „Humanität" bedeutet das Eine Sein als Vielheit und in menschlicher Form.

Woher kommen wir?

Jedesmal, wenn ein Kind geboren wird, erscheint Gott auf der Welt. Das Unsichtbare tritt in Erscheinung und das Universelle wird zur Einzelheit. Sie sind der individualisierte Ausdruck Gottes. *Er hat uns gemacht* sagt der Psalmist (Psalm 100). Wir alle haben einen gemeinsamen Vater, einen gemeinsamen Erzeuger – das Lebensprinzip. Man hat ihm viele Namen gegeben – Namen wie Allah, Brahma, Wirklichkeit, Krishna, Leben, Sein, Bewußtheit, Bewußtsein, Allmächtiger Geist und Selbstverwirklichter Geist. Die Bibel sagt uns, wo wir waren, bevor wir auf diesem Planeten erschienen: *„In Eden, dem Gottesgarten warst du, bedeckt von allerlei Edelsteinen"*. (Ezechiel 28:13)

Eden ist geistig gesehen ein Ort grenzenloser Glückseligkeit, unbeschreiblicher Schönheit und vollkommenen Friedens. In anderen Worten, Sie gingen aus Gott hervor, dem grenzenlosen Einen – aus der Fülle der Glückseligkeit, grenzenloser Liebe, absoluter Vollkommenheit und Harmonie. Diese Eigenschaften Gottes sind die Edelsteine, die uns bedeckten. In anderen Worten: Sie waren diese Wesenheit im Zustand des Absoluten. Als Ihre Eltern sich vereinigten und das Ei befruchtet wurde, trat der Geist ein und erhielt seine Wesensmerkmale von der Erbmasse, der Gemütsverfassung, der geistigen Einstellung und dem Temperament Ihrer Eltern. Als Sie in Erscheinung traten, war es Gott, der geboren wurde und die Gestalt eines Kindes annahm. Die Bibel sagt: *„Ehe Abraham war, bin ich"* (Joh. 8:58). Dies hat die gleiche Bedeutung: bevor eine Manifestation erfolgt, eine Form sich bildet, kommt sie aus dem Unsichtbaren – dem ICH BIN, dem lebendigen allmächtigen Geist.

Warum kommt ein unschuldiges Kind taub, blind oder verkrüppelt auf die Welt?

Wenn wir uns fragen, weshalb ein gesunder, vitaler, robuster Mensch blind werden kann, taub, tuberkulös, unter Arthritis leidend – weshalb er von Geisteskrankheit befallen werden kann, dann lautet die Antwort: es gibt ein universelles Gesetz, das nicht verletzt werden darf. Wenn ein

Mensch mit negativen Emotionen angefüllt ist, wenn er den Anblick eines anderen unerträglich findet, voller Ressentiments ist, neidisch, vergeltungssüchtig oder feindselig, dann erzeugen diese Emotionen destruktive Schwingungen, die alle möglichen Störungen bewirken. Das universelle Gesetz hat für uns alle seine Gültigkeit – es gibt nicht ein Gesetz für Kinder und ein anderes für Menschen von 80 oder 90. Wir alle stehen unter dem gleichen Gesetz wie das Kind im Mutterleib oder in der Wiege. Die Bibel sagt: „*... wenn ihr nicht Buße tut, werdet ihr alle auf gleiche Weise umkommen*" (Lukas 13:3). Das bedeutet: Wir alle sind eingetaucht in das Massenbewußtsein und unterliegen damit dem Gesetz des Durchschnitts. Die negativen Suggestionen des Massenbewußtseins wirken ständig auf unsere Mentalität ein. Unser Bewußtsein nimmt sie auf, dem Grad unserer Empfänglichkeit entsprechend. Wir können uns gegen negative Umstände wappnen durch unsere Außersinnliche Wahrnehmung.

Reinkarnation und Zeitfolgen

Wenn ein Kind geboren wird, dann ist es der Unendliche Geist, der die Gestalt dieses Kindes annimmt. Die Persönlichkeitsmerkmale setzen sich aus der Totalsumme der Gedanken, Gefühle und Überzeugungen eines jeden von uns zusammen. Wir färben und modifizieren den einen Geist mit unseren Überzeugungen, Impressionen und Beschaffenheiten.

Nehmen wir einmal an, daß John aus New York in die nächste Dimension eingegangen ist; die Wesensmerkmale, die John's Persönlichkeit ausmachten, leben in allen Menschen auf der Welt. Während eines Zeugungsaktes irgendwo auf unserem Globus wird der Ton oder das Wesenmerkmal, das John hatte und darstellte, angeschlagen und dieses Wesensmerkmal oder diese Gemütsverfassung des Unendlichen tritt in Erscheinung. Es ist nicht die Persönlichkeit, die wir als John kannten die wiederkommt, sondern die Intonation (Anstimmung) des Unendlichen, die in Erscheinung tritt.

Im Augenblick des Todes von John kann die gleiche Schwingung irgendwo anders hervorgebracht werden in einem anderen Land, in irgendeinem Angehörigen einer anderen Rasse. Zyklen von 500, 600 und

1000 Jahren sind für dieses Gesetz bedeutungslos. Das Lebensprinzip ist zeitlos; alle Intonationen sind in dem Einen. Wenn Sie auf dem großen Instrument spielen, dann erklingen die Töne, die Sie anschlagen.

Der Mensch ist derjenige, der abmißt und „*... mit welchem Maß ihr meßt, mit dem wird euch gemessen werden*" (Matth. 7:2). „*Denn was der Mensch sät, das wird er auch ernten*" (Gal. 6:7). Wir säen die Saat im Bewußtsein und ernten die Früchte dieser Saat; sie sind die genaue Entsprechung der ausgesäten Gedankensaat.

Es ist auf jeden Fall grundfalsch, die Ursache irgendwelcher Leiden in früheren Inkarnationen zu suchen.

Sie sind das, was Sie den ganzen Tag denken

Wenn Sie nicht selbstbewußt denken, und wenn Sie Ihr Bewußtsein nicht reinigen, dann gibt es Schwierigkeiten, denn Sie haben dann Furchtgefühlen, Falschglauben und den Irrtümern der Weltmeinung gestattet, auf Sie einzuwirken. Damit erlauben Sie der Weltmeinung, für Sie – an Ihrer Stelle – zu denken und das bringt alle Arten von Mißgeschick mit sich. Das Massenbewußtsein oder die Weltmeinung ist das Bewußtsein, das an Leiden, Krankheiten, Unfälle und Mißgeschick glaubt. Deshalb ist es ungeheuer wichtig, unser Bewußtsein zu reinigen und gereinigt zu halten. So etwas wie einen Zufall gibt es nicht, denn alles ist Gesetzmäßigkeit. Allem Geschehen liegt als Ursache ein Bewußtseinszustand, eine Geisteshaltung zugrunde.

Wir sind hier, um die Gesetzmäßigkeiten des Lebens zu lernen

Angenommen, Sie berühren eine blanke Stromleitung, dann bekommen Sie auf alle Fälle einen Stromschlag, möglicherweise aber ziehen Sie sich sogar Verbrennungen zu. Bei einem Starkstromkabel ist die Berührung tödlich. Ist das Gesetz der Elektrizität dafür verantwortlich? Natürlich nicht. Es wäre auch grundfalsch, die Schuld für unser Handeln der Elektrizität anzulasten. Sie werden vernünftigerweise mehr über das Wirken der Elektrizität lernen wollen, um sie zu Ihrem Nutzen und dem anderer anzuwenden. Die Verbrennung oder der Schlag, den Sie sich zugezogen haben, war das Resultat eines Mißbrauchs oder von Unwissenheit. Unkenntnis eines Gesetzes schützt uns aber nicht vor seinen Auswirkungen, wenn wir es statt zu unserem Nutzen zu unserem Schaden anwenden. Geradezu töricht wäre es, zu behaupten, von Gott gestraft zu werden oder es mit noch nicht abgetragenem Karma zu tun zu haben, den Gründen und Fehlern vergangener Leben.

Angenommen, Sie springen von Bord eines Schiffes ins Meer ohne schwimmen zu können, Sie würden mit Sicherheit ertrinken. Sie würden ertrinken, weil Sie nicht wissen, wie Sie sich über Wasser halten können und nicht weil eine rachsüchtige Gottheit Sie bestraft. Das Wasser trägt jeden Menschen, der Schwimmen gelernt hat.

Sie können aus einer Felswand abstürzen aus purem Leichtsinn oder weil Sie die Instruktionen Ihres Bergführers nicht beachtet haben. Das Gesetz der Schwerkraft ist völlig unpersönlich, ohne Haß oder Rachsucht.

Krankheit, Unfälle und Tragödien im Leben von Kleinkindern

Ein Baby oder ein Kleinkind kann nicht denken oder urteilen, solange es ein bestimmtes Alter noch nicht erreicht hat. Es ist den Stimmungen, Gefühlen und der Atmosphäre seiner Umgebung hilflos ausgeliefert. Dr. Phineas Parkhurst Quimby hatte bereits vor 100 Jahren festgestellt, daß kleine Kinder wie leere Tafeln sind, auf die alle Familienmitglieder etwas schreiben. Das kindliche Gemüt ist besonders leicht zu beeindrucken und kann die negativen Suggestionen, Befürchtungen, Besorgnisse und Beklemmungen der Eltern nicht zurückweisen. Von Natur aus ist es solchen emotionalen Akzenten gegenüber aufgeschlossen und in höchstem Maße empfänglich und reagiert entsprechend. Das ist außersinnliche Übertragung, die sich auf das Leben anderer auswirkt.

Ärzte und Psychiater sind sich darüber einig, daß alle Kinder, solange sie zum selbständigen Denken und Urteilen noch nicht imstande sind, von der mentalen und emotionalen Atmosphäre des Elternhauses geprägt werden. Behutsame Anwendung der Außersinnlichen Wahrnehmung kann die Entwicklung des Kindes günstig beeinflussen.

Das Gesetz des Geistes ist gut und fair

Das Gesetz des Geistes ist immer gerecht und eminent fair. Wenn Sie ein grauenvolles Gemälde vor einen Spiegel halten, dann reflektiert der Spiegel genau dieses Gemälde und nichts anderes. Ihr Geist ist wie ein Spiegel – er reflektiert Ihren Gemütszustand und Bewußtseinsinhalt genau und akkurat. Deshalb wird dieses Gesetz als gut und fair bezeichnet. Die alten Hebräer sagten: „Das Gesetz des Herrn ist vollkommen". Es ist fair, gerecht und verläßlich. Tricks irgendwelcher Art kennt es nicht – wenn Sie positiv denken, muß Positives die Folge sein. Somit können Sie durch Außersinnliche Wahrnehmung die Manifestationen Ihres Denkens kontrollieren.

Sie behauptete, in einem früheren Leben Menschen gewürgt zu haben

Mrs. B., eine Dame, die mich in Las Vegas aufsuchte, litt seit 10 Jahren an schwerem Asthma. Medikamente und gelegentliche Injektionen hatten ihr kaum Linderung gebracht. Sie hatte sich von einer Wahrsagerin in Reno eine „Lebensberatung" geben lassen. Diese Frau hatte sie hypnotisiert und 200 Jahre zurückversetzt. Im Trance offenbarte sie, daß sie während einer Rebellion in der chinesischen Provinz Kanton Gefangene gewürgt hatte.

Die Erklärung

Ich machte ihr klar, daß der Göttliche Geist in ihrem Innern niemals straft, daß jedes Urteil dem Sohn überlassen sei – ihrem Geist, ihrem Bewußtsein. Sie selbst war es, die sich eine Bestrafung auferlegte, durch ihren Schuldkomplex. Ich wies auch darauf hin, daß die Frau, die sie in hypnotischem Zustand zurückversetzt hatte, meiner Ansicht nach verantwortungslos gehandelt hatte – das alles war einfach absurd.

Im Verlauf unseres Gesprächs erwähnte sie, daß ihre Mutter an einem akuten Asthmaanfall gestorben war und das zu einer Zeit, als sie beide wegen eines Streits nicht miteinander sprachen. Ich sagte ihr: „Ihr Asthma ist auf einen tiefsitzenden Schuldkomplex zurückzuführen. Sie bedauern Ihre Handlungsweise zutiefst und haben aus einer unterbewußten Neigung zur Selbstbestrafung alle Krankheitssymptome Ihrer Mutter übernommen."

Wir beteten gemeinsam für ihre Mutter und Mrs. B. konnte sie jetzt loslassen und gedanklich freisetzen. Sie wünschte ihr Liebe, Licht, Wahrheit, Schönheit, Freude und Glück. Sie überschüttete ihre Mutter mit Liebe und gutem Willen und vergab sich selbst für ihr negatives Denken. Damit hörte gleichzeitig jede Selbstverurteilung auf. Die Anwendung folgender Bibelverse bewirkten erstaunliche Heilungen, die schnell einsetzten und von Dauer waren:

„So kommt denn und laßt uns miteinander rechten, spricht der Herr. Wenn eure Sünde auch blutrot ist, soll sie doch schneeweiß werden, und wenn sie rot ist wie scharlachrot, soll sie doch wie Wolle werden".
(Jesaja 1:18)
„Und ihrer Sünden und ihrer Übertretungen will ich nicht mehr gedenken". (Hebr. 10:17)
„Denn du, Herr, bist gut und gnädig, von großer Güte allen, die dich anrufen". (Psalm 86:5)
„Er ruft mich an, und ich erhöre ihn". (Psalm 91:15)
„Ich tilge deine Übertretungen um meinetwillen und gedenke deiner Sünden nicht". (Jesaja 43:25)

Mrs. B. machte diese uralten biblischen Wahrheiten zum Gegenstand ihrer Meditationen und gedachte ihrer Mutter in Liebe. Nach einigen Wochen ließen die Anfälle nach und hörten schließlich ganz auf. Mrs. B. weiß jetzt, daß Zeit und Raum im Geistprinzip nicht existieren und alles Gestrige vergangen ist. Nichts anderes zählt, als dieser Moment – das ewige Jetzt. Nachdem sie ihr Denken änderte und geändert hielt, hatte die Vergangenheit keinerlei Macht mehr über sie.

Weshalb es blind, taub und deformiert geborene Kind gibt

Diese Frage wurde bereits vor 2000 Jahren gestellt. „*Und seine Jünger fragten ihn: Meister, wer hat gesündigt, dieser oder seine Eltern, daß er blind geboren ist? Jesus antwortete: Weder dieser, noch seine Eltern haben gesündigt, sondern an ihm sollen die Werke Gottes offenbar werden ... Und sprach zu ihm: Geh hin und wasche dich im Teich Siloah, (was übersetzt heißt: Abgesandter). Da ging er hin und wusch sich und ging sehend weg*". (Joh. 9:2, 3, 7)

Die Jünger – das geht aus ihrer Frage an Jesus hervor – nahmen an, daß dieser Mann in einem früheren Leben gesündigt hatte. Eine solche Schlußfolgerung war Teil des traditionellen Glaubens damals und war weit verbreitet. Man war auch überzeugt, daß die Sünden der Eltern an die Kinder vererbt würden. In anderen Worten: wenn ein Vater tuberkulos war, dann wurden seine Kinder es gleichfalls. Waren die Eltern lahm, dann wurden es auch die Kinder. Jesus wies beide Theorien oder Überzeugungen zurück. Er wandte sich an die Spirituelle Macht und heilte den Mann auf der Stelle. Halten wir fest: Jesus ignorierte die Meinungen der Umwelt völlig – die ideale Weise, Irrtümer und Unwahrheiten zu behandeln.

Das Gesetz des Durchschnitts – was ist das?

Wir alle sind gewissermaßen in das Menschheitsdenken hineingeboren, auch Massendenken oder Gesetz des Durchschnitts genannt. Wir sind den Meinungen, Überzeugungen und Bedingungen der Umwelt unterworfen – wir sind ihnen solange ausgeliefert, wie wir die geistigen Gesetzmäßigkeiten noch nicht begriffen und anzuwenden gelernt haben. Erst mit ihrer Anwendung – *mit Außersinnlicher Wahrnehmung* – erheben wir uns über das Massenbewußtsein und durchdringen damit alle Umweltbedingungen und jegliche Begrenzung. Hatte Jesus etwa zu dem Blinden gesagt: „Du bist ein Sünder, du hast in einem früheren Leben gesündigt und mußt dafür jetzt büßen?" Nein, er wandte sich an die Gottesmacht und seine Überzeugung von der Unendlichen Heilungsgegenwart machte den Blinden sehend. Gott – das absolute Sein oder Lebensprinzip – verdammt oder bestraft niemanden. Jeder Krüppel kann geheilt werden, jeder Taube wieder hören; er ist kein Opfer des Karma-Gesetzes. Es ist eine orientalische Glaubensmeinung, daß Begrenzungen und Handicaps, die von Geburt an vorhanden sind, auf Verfehlungen in einem früheren Leben zurückgehen und diese karmische Schuld jetzt zu bezahlen sei.

Das Mysterium der Wunderkinder

Erinnern wir uns: alle Begebenheiten, alles, was der Menschheit insgesamt widerfuhr, ist im kollektiven Unterbewußtsein – im Unterbewußtsein der Menschheit – registriert und gespeichert. So ist auch die genetische Vergangenheit aller Menschen, die jemals gelebt haben, in diesem universellen Unterbewußtsein festgehalten. Ein Beispiel zur Illustration: ein englischer Offizier hatte im Ersten Weltkrieg das Kommando über ein schottisches Bataillon, das ziemliche Verluste erlitten hatte. „Eines Tages", so sagte er, „spürte ich den starken Drang, meine Männer zu führen und ich begann, sie in ihrem schottischen Hochlanddialekt anzureden. Dabei hatte ich das Gefühl, ein völlig anderer zu sein auf einem anderen Schlachtfeld". Als er später Ahnenforschung betrieb stellte er fest, daß sein Urgroßvater schottischer Hochländer und Captain in einem schottischen Regiment gewesen war.

Biologen und Genetiker haben eine plausible Erklärung für diesen Vorgang: dieser Offizier war in einer extremen Streßsituation und suchte verzweifelt nach dem besten Weg, in dem Bataillon ein Feuer zu entzünden. Sein Unterbewußtsein, mit genetischem Erinnerungsvermögen ausgestattet, versorgte ihn mit einer vergangenen Szene ähnlicher Natur. Das wiederum führte zu der Annahme, diese Situation schon einmal durchlebt zu haben. Das genetische Archiv der gesamten Menschheit befindet sich in uns. Wissenschaftler sagen, daß die Gene von 3 Billionen Menschen auf diesem Planeten noch nicht einmal einen Fingerhut füllen.

Eine Rückschau auf Ihre Ahnenreihe

Sie waren ein Kind, das ein Elternhaus hatte; Ihre Eltern waren Kinder mit einem Elternhaus; Ihre Großeltern, Urgroßeltern etc. waren alle Kinder mit einem Elternhaus. Wenn Sie immer weiter zurückgehen, werden Sie feststellen, daß das genetische Archiv und die Erfahrungen der gesamten Menschheit sich in Ihrem Innern befinden. Gehen Sie noch weiter zurück, und Sie werden bis zu der ursprünglichen Zelle gelangen, aus der wir alle stammen. Diese ursprüngliche Zelle jedoch begann mit Gott – dem Vater allen Lebens auf der Erde. Wir sind somit alle miteinander verbunden – und in der Tat sind wir alle Brüder und Schwestern mit einem gemeinsamen Vater. Außersinnliche Wahrnehmung befähigt uns, diese Tatsache klarer zu erkennen.

Ein neuer Anfang ist ein neues Ende

Vor einiger Zeit erwähnte ich in einem Vortrag, daß ich den modernen Reinkarnationsgedanken nicht teilen kann, wonach ein deformiert, verkrüppelter, blind oder taub zur Welt gekommener Mensch in einem früheren Leben irgendein Unrecht begangen hat – daß also eine karmische Strafe der Grund seines unvollkommenen Zustands ist. Ich bin nicht der Ansicht, daß ein solcher Mensch damit den Preis für sündhafte Handlungen in einer früheren Existenz zahlt; daß er immer wiederkommen muß – solange, bis er sich dem Göttlichen angeglichen und vom sogenannten Rad des Karma Befreiung erlangt hat.

Alles das hat keinen Bestand, wenn Sie sich vergegenwärtigen, daß Sie, sobald Sie Ihr Unterbewußtsein mit lebengebenden Denkmustern füllen – ohne Rücksicht auf körperliche Verfassung oder äußere Umstände – alle negativen Schablonen ausgelöscht werden. Wenn Sie sich geistig mit Unendlicher Liebe, Unendlichem Leben und der Unendlichen Heilungsgegenwart identifizieren, haben negative Denkschablonen in Ihrem Unterbewußtsein keinen Bestand mehr. Sie sind ausradiert und vergessen. Alles das kann mit Außersinnlicher Wahrnehmung erreicht werden. Ein neuer Anfang ist ein neues Ende, denn Anfang und Ende sind gleich.

Ihre gentische Vergangenheit

Eine Frau, die ihr Kind für eine Reinkarnation von Paderewski hielt, stellte fest, daß in der Familie keinerlei musikalisches Talent vorhanden war und auch nicht das geringste Interesse für Musik bestand. Bei weiterem Nachforschen fand sie jedoch heraus, daß ein Urgroßvater in Ungarn Musiker gewesen war. Es ist nur logisch, daraus zu schließen, daß der Junge mit den genetischen Merkmalen seines Urgroßvaters geboren wurde und daß diese gegenüber denen der Eltern dominierten.

Ich erklärte dieser Frau, daß es selbst bei einer Familie mit 5 Kindern möglich ist, daß keines der Kinder eine Erbanlage der Eltern aufweist. Die Biologen erklären das als biologische Mutation, eine grundlegende Veränderung in der chromosomischen Struktur. Ein frühreifes Kind kann auch hellsichtige und hellhörige Fähigkeiten aufweisen, die ja latent in uns allen vorhanden sind. Ebenso ist es möglich, daß ein überdurchschnittlich begabtes Kind musikalische Talente und Qualitäten geerbt hat, die in seiner Ahnenreihe latent vorhanden sind.

Was ist biologischer Atavismus?

Das Lexikon definiert diesen Begriff folgendermaßen: „Das Wiedererscheinen der Charakteristiken eines entfernten Vorfahren in einem Menschen, das bei mehreren Generationen abwesend war." Mozart zum Beispiel, komponierte bereits im Alter von 5 Jahren. Noch bevor er die Harmoniegesetze bewußt erlernt hatte, war sein unterbewußter Geist mit ihnen vertraut. Das gleiche gilt für alle Menschen überall, wenn sie sich der großen Macht in ihrem Innern bewußt werden.

Erzbischof Whately, einst ein mathematisches Wunderkind, sagte, daß seine Begabung schwand, sobald sein Bewußtsein herangebildet wurde. Er hatte seine Gabe der Außersinnlichen Wahrnehmung eingebüßt.

Was ist ein Genie?

Ein Genie ist ein Mensch *im Rapport* mit seinem Unterbewußtsein oder seinem außersinnlichen Bewußtsein. Durch sein Unterbewußtsein empfing Shakespeare die großen Wahrheiten, die dem wachbewußten Verstand des Menschen verborgen sind. Raphael war in meditativer Stimmung auf die psychischen Kräfte seines Unterbewußtseins eingestellt und damit imstande, die großen Meisterwerke zu schaffen, die noch heute Kunstfreunde in aller Welt begeistern. Beethoven hörte seine Musik in der Stille seiner Seele durch seine Außersinnliche Wahrnehmung.

Weshalb mathematische Wunderkinder ihre Begabung verlieren

Das Kind ist auf das subjektive Bewußtsein eingestimmt; das subjektive – oder Unterbewußtsein ist für Suggestionen empfänglich. Eine normale Erziehung jedoch, lehrt das Kind die Stimme der Intuition zu ignorieren – ganz zu schweigen von Hellsichtigkeit und Hellhörigkeit. Statt einer Anleitung, aus der Weisheit Außersinnlicher Wahrnehmung zu schöpfen, erfolgt das genaue Gegenteil – sie wird nach besten Kräften ignoriert und die Fähigkeit verkümmert, um schließlich ganz zu schwinden. Sie könnte durchaus erhalten werden, wenn der Lehrer das Gemüt des Kindes von der Tatsache überzeugt, daß es sein mathematisches Talent jederzeit beibehalten kann; mehr noch, daß diese Begabung sich noch ausbauen und erweitern läßt, durch Erlernen weiterer Regeln, Zahlen, Rechenkünste etc. Das subjektive Bewußtsein des Kindes würde für eine Beibehaltung seiner Außersinnlichen Wahrnehmungsfähigkeit sorgen, denn „nach seinem Glauben" und dem seiner Lehrer „würde ihm geschehen."

Einige bemerkenswerte Fälle

Ralph Waldo Emerson studierte bereits die Klassiker, bevor gleichaltrige Kinder in seiner Nachbarschaft überhaupt mit dem Lesenlernen anfingen. Und das ist weder mysteriös noch übernatürlich. Seine Vorfahren waren spirituell orientiert und hatten psychische Kenntnisse. Die geistige Beschaffenheit der Eltern im Augenblick der Empfängnis hat zweifellos einen wesentlichen Einfluß auf die genetische Zusammensetzung gehabt.

John Stuart Mill hatte als dreijähriger bereits griechisch gelernt und mit sieben Plato im Original gelesen, desgleichen die Werke von Gibbon und Hume.

Mein Vater – damals Schulleiter in Südirland – war seinerzeit höchst verwundert über einen zwölfjährigen Jungen, der auf Anhieb jede mathematische Aufgabe lösen konnte. Die schwierigste algebraische Gleichung war für ihn kein Problem, er schien durch die verworrenste Aufgabe direkt hindurchzusehen und konnte die Lösung nennen ohne auch nur die geringste Ziffer niederzuschreiben. Mein Vater gab dem Jungen eine Empfehlung an den dortigen Bischof, der für eine Seminarausbildung sorgte. Heute lehrt er als Jesuitenpater Mathematik in Fernost. Ich bin überzeugt, daß der Junge hellsichtig (clairvoyant) war.

Die große Wahrheit

Was ein Mensch vollbracht hat, kann jeder andere auch vollbringen. Gott ist in allen Menschen und Gott ist unteilbar; für den Einzelnen ist es daher nur erforderlich, sich seiner grenzenlosen psychischen Kräfte bewußt zu werden und sie anzuwenden.

Ihr Gedächtnis – ein Vorratshaus

Ihr Unterbewußtsein ist ein Vorratshaus, angefüllt mit allen Eindrücken, die Sie jemals hatten. Es kann Sie mit allen Daten und Informationen versorgen, die Sie jemals zur Kenntnis genommen haben. Salomon, ein litauischer Rabbiner, hatte ein derart bemerkenswertes Gedächtnis, daß er imstande war, jede gewünschte Bibelstelle zu zitieren. Er kannte die Bibel und den Talmud auswendig. Was er konnte, das können auch Sie durch *Außersinnliche Wahrnehmung*.

Viele von Ihnen werden die Bücher und Schriften von Edgar Cayce kennen. Ich habe einige seiner Vorträge gehört und war von seinem einfachen Wesens und seiner Bescheidenheit sehr beeindruckt. Er konnte den Inhalt eines Buches wiedergeben, ohne einen Blick darauf zu werfen. Außersinnliche Wahrnehmung kann auch ohne menschliche Augen sehen. Cayce war einer der größten Hellseher. Er war clairvoyant (hellsichtig) und clairaudient (hellhörig). Diese Befähigungen sind in uns allen mehr oder weniger unerweckt vorhanden. Wir können sie jedoch entwickeln und beleben. Dazu bedarf es keiner ständigen Wiedergeburt in physischen Körpern. Wir erwachen und wachsen nicht in siderischen Zeit- und Raumbegriffen. Wir müssen vielmehr den steilen Balken in uns hinaufgehen, den Berg Gottes erklimmen, um dorthin zu gelangen, wo der lebendige Geist wohnt, zeitlos, raumlos, grenzenlos, wo alle Dinge offenbar sind – zur Gegenwart Gottes in uns.

Edgar Cayce hatte nur eine sehr mangelhafte Schulbildung. Wenn er im Schlaf oder Trance Kontakt mit seinem Unterbewußtsein hergestellt hatte, war er imstande, die Krankheiten von Patienten in allen Teilen der Welt präzise zu diagnostizieren; er konnte Medikamente verschreiben und anatomische Verletzungen ausfindig machen, obgleich er weder etwas von Medizin noch von Pharmakologie verstand. Er zapfte lediglich das Universelle Unbewußte an und ihm geschah nach seinem Glauben. Alle Heilungen, die daraufhin erfolgten, waren auf Glauben gegründet.

Er konnte ein ihm völlig unbekanntes Buch unter sein Kissen legen und den Inhalt wörtlich wiedergeben. Es heißt, daß er im Trance mehr als ein Dutzend Sprachen beherrschte. Nochmals: alle Sprachen, die jemals gesprochen wurden, sind in unserem Unterbewußtsein aufbewahrt, denn wir sind eins mit dem Universellen Unbewußten. Zweifellos war Edgar Cayce auch hellhörig (clairaudient) und somit imstande sich auf Ärzte in der nächsten Lebensdimension einzustimmen oder seine Antworten aus dem Universellen Unbewußten zu beziehen. Er hörte Stimmen, die sonst niemand hörte. Seine Befähigung für Außersinnliche Wahrnehmung war die Grundlage seiner außerordentlichen Kräfte.

Ungleichheit bei der Geburt – warum?

Gelegentlich werde ich gefragt: „Weshalb werden manche Menschen in Armut geboren und andere in unvorstellbarem Luxus? Warum sind manche Kinder so entsetzlich behindert und andere nicht? Zunächst einmal wird die eigentliche Bedeutung von *reich* und *arm* oftmals durcheinandergebracht. Viele Menschen sind arm an Liebe, Freude, Glauben, Vertrauen, Frohsinn und gutem Willen. Reichtümer sind geistige Dinge. Reich sind Sie, wenn Sie sich bewußt sind, daß Sie die Intelligenz und Weisheit Ihres Unterbewußtseins erschließen können, um Ihre Wünsche zu erfüllen. Reich sind Sie, wenn Ihr Gemüt voller Frieden, Freude, Liebe, Vertrauen und Glauben an Gottes Güte ist.

Betrachten wir das Leben von Helen Keller. Wollte man hier sagen, daß ihr Erscheinen auf dieser Welt eine Ungerechtigkeit darstellte oder eine Strafe für eine böse Tat in einem früheren Leben, so wäre das doch wohl völlig irrational, unlogisch und höchst unwissenschaftlich. Manche sprechen von Ungerechtigkeit, weil sie von Geburt an weder sehen noch hören konnte ... Sie hatte jedoch eine Pflegerin, die viel Liebe und Disziplin anwandte und Helen begann die Reichtümer ihres Geistes zu gebrauchen. Mit ihren Augen „sah" sie wahrscheinlich besser, als manche anderen die Farben und das Gepränge eines Bühnenbildes in der Oper; ihre tauben Ohren konnten gleichermaßen die Crescendi, Diminuendi und den vollen Klang des Orchesters „hören". Sie konnte die reinen, klaren und perlenden Töne einer lyrischen Sopranstimme deutlich vernehmen. Das ist Außersinnliche Wahrnehmung.

Die Namen derer sind Legion, die trotz aller möglichen physischen Leiden oder finanzieller Handicaps ganz außergewöhnliches geleistet haben in Wissenschaft, Kunst, Musik, Industrie und Religion. Denkt man andererseits an die zahllosen Menschen, die von allem Anfang an mit Luxus umgeben waren, die mit dem sprichwörtlichen goldenen Löffel im Mund geboren wurden – welche Leistungen haben sie erbracht? Wer von ihnen ist zu einer solchen Größe aufgestiegen, wie all die vielen, die in Armut, Krankheit und mit allen möglichen Handicaps auf die Welt kamen?

Beharren Sie auf der Annahme, daß alle diese Männer und Frauen immer wieder und wieder zurückkehren müssen um der Gerechtigkeit willen? E. Henley sagte, von Schmerz und Krankheit gepeinigt: „Was auch immer für Götter sein mögen, ich danke ihnen für meine unbesiegbare Seele." Ihre Seele ist Geist und Geist ist Gott. In Wirklichkeit sind Sie unverletzlich und unbesiegbar. Sie sind Gott auf Erden, wenn Sie von Ihrer Gabe der Außersinnlichen Wahrnehmung Gebrauch machen.

Ansichten über Gerechtigkeit

Manche Leute glauben, daß ein in Reichtum aufgewachsener Mensch zum Ausgleich im nächsten Leben von allem Anfang an in Armut leben müsse. Das Gesetz ist allerdings gerecht und eminent fair. „Wie der Mensch sät, so wird er ernten". Das gilt für die nächste Dimension genauso wie für diese. Es muß jedoch durch die psychischen Sinne wahrgenommen werden.

Reinkarnation ist nicht die Antwort auf diese Fragen. Das wäre ein recht oberflächliches Denken. Reine Äußerlichkeiten, wie Körper, Umgebung, Elternhaus, Reichtum der Eltern, ihre Macht, ihre Besitztümer spielen hier überhaupt keine Rolle.

Angenommen, ein Mensch wird in einem Palast geboren mit allen Reichtümern, von allem Luxus und dem üblichen Pomp umgeben. Na und? Das alles sind nur Äußerlichkeiten und betreffen nicht den wirklichen Menschen, nämlich ein geistiges und spirituelles Wesen mit dem Reich Gottes in seinem Innern. Ob er reich oder arm sein wird, hängt davon ab, wie er die Gabe Gottes in seinem Innern gebrauchst. So wie er sät wird er ernten – und das sowohl in diesem dreidimensionalen Leben als auch im nächsten, dem Leben in der vierten Dimension, das diese Ebene durchdringt, und überall um uns herum ist.

Sie sind kein Opfer von Karma

Aus der Sicht des Hinduismus und Buddhismus bedeutet Karma „Handlungsweise respektive deren Folgen". Karma ist das unausweichliche Resultat aller Handlungen, gut oder böse in diesem Leben oder einer Reinkarnation. In der Theorie ist es das kosmische Prinzip, nach dem der Mensch entweder belohnt oder bestraft wird, je nach seinen Handlungen in einer vorangegangenen Inkarnation. Die Silbe *Kar* bedeutet *zu tun, machen;* und *ma* ist *Reaktion, Resultat.*

Die Bibel sagt: „*Was der Mensch sät, das wird er ernten*" (Gal. 6:7). Sie sind kein Opfer der Vergangenheit. Aus dem einfachen Grunde, weil Sie es in der Hand haben, die Gegenwart zu ändern und Ihre Zukunft ist nichts anderes, als Ihre gegenwärtige Geisteshaltung in Manifestation. Gott, der lebendige Geist in Ihrem Innern, ist zeit- und raumlos; deshalb ist ein neuer Anfang gleichbedeutend mit einem neuen Ende. Beim wissenschaftlichen Gebet fallen die Begrenzungen von Zeit und Raum. Sie spielen keine Rolle.

Selbst ein Mensch, den wir als Verbrecher bezeichnen würden, könnte – sofern er das wollte – in einem einzigen Augenblick verändert werden. Das würde durch eine gewaltige Bewußtseinserhebung erreicht werden, begleitet von einem intensiven Verlangen nach der Liebe und dem Frieden Gottes.

Nehmen Sie Ihr Gutes jetzt an

Denken Sie einmal über diese wundervollen Worte nach: „*Wenn sich aber der Gottlose bekehrt von allen seinen Sünden, die er getan hat und hält alle meine Gesetze und übt Recht und Gerechtigkeit, so soll er am Leben bleiben und nicht sterben. Es soll an alle seine Übertretungen, die er begangen hat nicht gedacht werden, sondern er soll am Leben bleiben um der Gerechtigkeit willen, die er getan hat.*" (Ezekiel 18:21, 22).

Wenn ein Mensch – so wird uns in diesen Versen gesagt – die Vergangenheit aufgibt, sie losläßt und rechtes Denken, rechtes Fühlen und rechtes Handeln praktiziert, dann wird er sich verändern. Ein neuer Anfang ist ein neues Ende. Schaffen Sie sich ein neues Konzept von sich und schreiten Sie vorwärts in ein neues Leben.

Jetzt ist die Zeit

Zeit ist üblicherweise das Verhältnis des Menschen zur Bewegung der Erde um die Sonne; sein Verhältnis zu den Ereignissen von heute und morgen. Nach Einstein kommt einem Mann eine Stunde in Gesellschaft einer schönen Frau wie eine Minute vor. Sitzt er dagegen auf einem heißen Ofen, dann erscheinen ihm 30 Sekunden wie eine Stunde. Alles ist relativ, so auch die Auslegung des Begriffes *Zeit*. Er wird bestimmt von Ihrem Denken, Ihrem Fühlen, Ihrem Bewußtseinszustand.

Ihr Ideal, Ihr Herzenswunsch existiert bereits jetzt. Er ist eine konkrete, lebendige Realität in der Dimension des Geistes. Das Buch oder Stück, das Sie schreiben wollen, existiert bereits in Ihrem Geist. Bejahen Sie: „Ich nehme die restlose Erfüllung meines Wunsches jetzt an und ich bin überzeugt, daß mein Unterbewußtsein alles ins Werk setzt." Zweifeln Sie nicht, bleiben Sie standhaft und Sie werden die Freude eines beantworteten Gebets erleben.

Meine Ansichten über Reinkarnation

Meiner Ansicht nach ist es jetzt Zeit für den wissenschaftlichen Denker, zu einer klaren Entscheidung zu kommen, was den Mühlstein „Reinkarnation" betrifft, der manchem Orientalen und auch Abendländer am Hals hängt.

Die Theorie der Reinkarnation ist melioristisch, d. h. der Mensch entwickelt und verbessert sich durch den langsamen und exoterischen Prozeß der Wiederkehr, indem er immer wieder einen neuen Körper annimmt. Ein Mensch kann tausendmal durch die verschiedensten Mutterleiber wiederkommen, Wachstum und Erleuchtung jedoch vollziehen sich nicht in Zeit und Raum. Wachstum und Erleuchtung vollziehen sich durch Veränderung des Sinnes in Harmonie mit dem Unendlichen – zeit- und raumlos – der alles Gute enthält. Nehmen Sie die Herausforderung an: „Seid verändert durch Erneuerung eures Sinnes."

Weshalb sollten wir vor menschlichen Irrtümern – von östlichen Lehrmeinungen und Dogmen heraufbeschworen – kapitulieren? Einstein hat die falschen Götter von Zeit und Raum vom Sockel gestoßen. Heute wissen wir, daß Geist und Materie eins sind. Der wissenschaftliche Denker sieht die Theorie der Reinkarnation von einem anderen Standpunkt. Er „erhebt seinen Blick zu den Bergen", wo der Mensch eins ist mit Gott.

Wir müssen aufhören, ein Traumgebilde zu errichten, wonach Millionen menschlicher Wesen – in Ost und West – in das Prokrustesbett von Karma und Wiederverkörperung gelegt worden sind. Nur um dann wieder zu erscheinen, angetan mit einer Robe, die einfach zu ärmlich ist für das strahlende Kind Gottes, das Zugang zu allen Schätzen des Lebens in seinem Innern hat. Wer dem Reinkarnationsglauben anhängt, der hat sich aus der festen Verankerung gerissen und der Gebundenheit, Restriktion und Knechtschaft ausgeliefert, denn uns geschieht nach unserem Glauben.

Wir müssen uns über alle begrenzten Traditionen und jeden menschlichen Falschglauben erheben – ganz gleich wie altehrwürdig sie sein mögen. Reinigen wir unser Bewußtsein von jeglichem karmischen Fegefeuer. Werden wir uns stattdessen der heilenden Gegenwart und der Liebe Gottes bewußt – uns allen jederzeit verfügbar, und schreiten wir weiter über die blühenden Felder der Weisheit, Wahrheit und Schönheit. Veränderbare Sinnestäuschungen sollten uns davon nicht zurückhalten. Alle wertlosen Konzepte gehören in die Rumpelkammer geistiger Ignoranz; so auch diese Theorie der Reinkarnation, die jede Weiterentwicklung von uraltem, erdgebundenem Denken bestimmen läßt.

Jesus sagte: *„Das Reich Gottes kommt nicht mit erkennbaren Zeichen. Man wird auch nicht sagen: Siehe, hier ist es! oder da ist es!"* (Lukas 17:20, 21). Das Reich des Lebens, der Liebe, Wahrheit, Schönheit und allen Kräften der Gottheit ist in Ihrem Innern – jetzt! Als Jesus sagte: „*Siehe, jetzt ist die angenehme Zeit*" (2. Kor. 6:2), „*... glaubt nur, daß ihr's schon empfangen habt, so wird's euch zuteil werden*" (Markus 11:24) und "*... bevor Abraham geboren wurde, bin ich*" (Joh. 8:58), hatte er da nicht Zeit und Raum überwunden und aufgezeigt, wie der Mensch sich aus der Knechtschaft fehlerhafter morgen- und abendländischer Glaubensmeinungen befreien kann?

Befreien Sie sich geistig von dieser selbstauferlegten Begrenzung.

Die Kinder Gottes sollen „jauchzen vor Lust" unter dem „Morgenstern" des Lichtes, der Liebe, Wahrheit und Schönheit, „der die Himmel Ihres Geistes erhellt".

Karma oder das Gesetz von Saat und Ernte ist nur solange ein unerbittliches Gesetz, wie Sie nicht beten oder über die Wahrheiten Gottes meditieren. Sobald Sie beten, erheben Sie sich über jegliches Karma, und alle unerfreulichen Konsequenzen vergangener Fehler werden ausgelöscht. Gleichgültig ob es sich um ein Verbrechen oder eine Übertretung handelt – es kann völlig getilgt werden aus dem Bewußtsein mit allen Strafen, die sich nach sich ziehen würden. Ein oberflächliches, mechanisches Gebet wird selbstverständlich keine Veränderung herbeiführen. Ein tiefes Verlangen nach Gottes Liebe und Gnade und der intensive Wunsch nach Bewußtseinsänderung sind die unerläßlichen Voraussetzungen, um die Bestrafungen auszuschließen, die sonst die unausweichlichen Folgen negativen Denkens sind.

Gottes Liebe übersteigt jedes Fassungsvermögen, sie erleuchtet den Pfad, den wir beschreiten. Die Wunder und Segnungen Gottes sind ohne Ende. Ihre Reise geht immer vorwärts, aufwärts, Gottwärts. Sie gehen von Herrlichkeit zu Herrlichkeit, von Wohnung zu Wohnung in unseres Vaters Haus. Leben ist Weiterentwicklung. Sie befinden sich auf einer endlosen Reise.

Mit neuem Ausblick auf Religion und Wissenschaft werden wir der mystischen Bedeutung dieser alten hebräischen Meditation gewahr, wenn wir bejahen:

Von aller Existenz bin ich die Quelle
Der Fortlauf und das Ende.
Ich bin der Keim;
Ich bin das Wachstum;
Ich bin der Zerfall.
Alle Dinge und Geschöpfe gehen von mir aus;
Ich erhalte sie und doch stehen sie für sich;
Und wenn der Traum der Trennung endet,
Bewirke ich ihre Rückkehr zu mir.
Ich bin das Leben,

Und das Rad des Gesetzes,
Und der Weg, der zum jenseitigen führt.
Kein anderer ist.

Mit Außersinnlicher Wahrnehmung werden Sie, wie dieses Buch aufzeigte, alle Kräfte Ihres Geistes mobilisieren, um alle Ihre Wunschträume zu verwirklichen.

ZUSAMMENFASSUNG

1. Es gibt ein Bewußtsein, das allen Menschen gemeinsam ist. Das universelle Bewußtsein bewahrt alle Erlebnisse und Erfahrungen der Menschheit auf. Sie können es „anzapfen", wenn Sie durch Außersinnliche Wahrnehmung mit ihm *in Rapport* sind.
2. Ihr Unterbewußtsein ist nicht imstande, mit Ihnen kontrovers zu argumentieren oder induktiv abzuwägen. Es nimmt lediglich an und bringt Ihre Prämisse (richtig oder falsch) zu einem logisch erscheinenden Schluß, basierend auf der erhaltenen Suggestion.
3. Im Zustand der Hypnose geben wir gewöhnlich dem Hypnotiseur das, was er von uns verlangt – d.h. seine Überzeugung, daß wir vorher gelebt haben, rechtfertigen wir durch entsprechende Schilderungen, die sämtlich aus den Tiefen unseres Unterbewußtseins kommen.
4. Wenn Sie Ihrem Unterbewußtsein die machtvolle Suggestion erteilen, auf die Suggestionen eines Hypnotiseurs nicht zu reagieren und diese Suggestion kraftvoller ist als die des Hypnotiseurs, so wird dieser keine Resultate erzielen. Ihr Unterbewußtsein akzeptiert immer nur die jeweils dominierende Suggestion.
5. Eine Regression in frühere Leben mittels Hypnoseexperiment wird durch Ihr Unterbewußtsein verursacht, durch fiktive Dramatisation, basierend auf Ihren Kenntnissen und Erfahrungen den Suggestionen und Erwartungen des Hypnotiseurs entsprechend.
6. In Ihrem Unterbewußtsein werden mentale Erfahrungen und Reak-

tionen aus allen Zeiten aufbewahrt. Einem guten Hellseher ist es möglich, zurückzuschauen und George Washington in Valley Forge knien zu sehen, indem er sich auf das mentale Bild bzw. die Schwingungsfrequenz dieses mentalen Bildes aus dem Universellen Unbewußten einstimmt. Es bedeutet also nicht, daß er als George Washington gelebt hat.

7. Es ist keinesweg schwierig, sich auf frühere Begebenheiten im Leben eines anderen einzustellen bzw. auf die entsprechende Schwingungsfrequenz und sie für eigene Erfahrungen zu halten. Hellsichtig- und Hellhörigkeit (Clairvoyance und Clairaudience) sind als Anlagen latent in jedem von uns vorhanden, zumeist jedoch noch unerweckt. Durch Außersinnliche Wahrnehmung können diese Fähigkeiten aktiviert werden.

8. Es ist möglich, im Schlaf subjektiv an einem Ort zu verweilen, dessen Besuch erst geplant ist. Bei objektiver Anwesenheit wiederholen sich dann die im Traum wahrgenommenen Erfahrungen. Man kann dadurch leicht dem Irrtum unterliegen, bereits einmal dort gewesen zu sein. Diese Erfahrung ist nicht ungewöhnlich. Sie wird heutzutage als außersinnliche Reise bezeichnet. Wachbewußt mag sie vergessen worden sein.

9. Wenn Sie bei einem Menschen das Gefühl haben, ihn schon immer gekannt zu haben, handelt es sich lediglich um einen „Intimus Ihrer Gemütsverfassung". Unsere Gemütsverfassungen haben ihre Affinitäten.

10. Unendlicher Geist, Unendliches Bewußtsein oder wie auch immer man Ihn nennen will: Gott, der lebendige Geist ist im Innern des Menschen und kann psychisch wahrgenommen werden. Er hat alles aus sich und durch den Menschen erschaffen, denn der Mensch ist Ausdruck Gottes. Dieses Unendliche Bewußtsein weiß alles, sieht alles und hat alles erfahren. Wenn Sie sich auf diesen Unendlichen Geist einstimmen, dann erwachen Sie nach und nach zu Außersinnlichen Wahrnehmungsfähigkeiten – zu den Wundern und der Herrlichkeit Ihres Innern.

Dr. Joseph Murphy

TELE-PSI
Die Macht Ihrer Gedanken

Verlag PETER ERD · München

TELEPSYCHICS
The Magic Power of Perfect Living
by Dr. Joseph Murphy
Original English language edition published by
Parker Publishing Company, West Nyack, N. Y. 10994
Copyright © 1973 by Parker Publishing Co., West Nyack, N. Y. 10994

Aus dem Amerikanischen übertragen von Manfred G. Schmidt
Copyright © der deutschen Ausgabe Verlag PETER ERD, München 1979
Alle Rechte, auch die des auszugsweisen Nachdrucks, der Übersetzung
und jeglicher Wiedergabe vorbehalten.
Printed in West-Germany
ISBN 3-8138-0002-4
Druck und Bindung: Ebner Ulm

Bisher sind von Dr. Joseph Murphy folgende Werke in unserem Verlag erschienen:

- Das goldene Buch von Dr. Joseph Murphy
- Mehr Glück und Erfolg durch die richtige Anwendung der geistigen Gesetze
- ASW – Ihre außersinnliche Kraft
- Tele-Psi – Die Macht Ihrer Gedanken
- Das Superbewußtsein – Wie Sie Unmögliches möglich machen
- Große Bibelwahrheiten für ein perfektes Leben
- Murphy Meditationen 1: Stille Momente mit Gott
- Murphy Meditationen 2: Spezielle Meditationen für Gesundheit, Wohlstand, Liebe und Selbstausdruck

Inhalt

Was dieses Buch für Sie tun kann 7
Kapitel 1: Wie Tele-PSI Ihre Zauberkraft für ein
vollkommenes Leben sein kann 13
Die unsichtbare Kraft in Ihrem Innern 13
Das Einstimmen auf die magische Kraft 14
Wie ein Student sich einstimmte, um seine Prüfungen zu bestehen 15
Wie sie Tele-PSI praktizierte 16
Geben Sie Ihrem Unterbewußtsein die richtige geistige Vorstellung 18
Wie ein Schriftsteller die magische Kraft in seinem Innern entdeckte 19
Tele-PSI für alle Männer und Frauen 20
Ein Ingenieur erhält bestimmte Unterlagen 21
Der Registrierkassen-Mann 21
Wie Tele-PSI täglich praktiziert werden kann 22
Zusammenfassung 22
Kapitel 2: Wie Tele-PSI das Geheimnis aller Zeitalter enthüllt 25
Das größte Geheimnis innerhalb des Menschen 25
Der Ursprung von Schwarzer und Weißer Magie liegt im Aberglauben 25
Was Gut und Böse ist in Ihrem Leben, bestimmt allein Ihr Denken 27
Halten Sie den größten Gedanken fest und gehen Sie vorwärts im Leben 27
Weshalb der sogenannte Voodoo-Fluch nichts anderes ist als
eine negative Suggestion 28
Sie war völlig verstört, weil man gegen sie betete 28
Sie glaubte, ihr Vater praktiziere Schwarze Magie 30
Moses und die ägyptischen Priester 32
Denken Sie gradlinig 32
Verwünschungen kehren zum Aussender zurück 33
Zusammenfassung 33

Kapitel 3: Wie Tele-PSI Wunder für Sie bewirken kann 37

Wie ein Mann verlorene Liebe zurückgewann 37
Die unendliche Kraft bewirkte Wunder für sie 39
Er glaubte, daß die Karten gegen ihn und seinen Erfolg seien 40
Sie sagte: „Dies ist meine siebente Scheidung. Was mache ich falsch?" 42
Zusammenfassung 44

Kapitel 4: Wie Tele-PSI Sie befähigt, die Zukunft vorauszusehen und die Stimme der Intuition zu hören 47

Wie ein junger Geschäftsmann Tele-PSI praktizierte und ein
kleines Vermögen gewann 47
Wie Tele-PSI das Problem einer Sekretärin löste 48
Eine Frage, die mir gelegentlich gestellt wird 50
Tele-PSI und außersinnliche Reisen 51
Wie er durch Tele-PSI innerhalb eines Tages 100 000 Dollar gewann 52
Wie man sich an einen bestimmten Traum erinnern kann 53
Tele-PSI im Leben von Luther Burbank 53
Dr. Phineas Parkhurst Quimby konnte an entfernten Orten erscheinen 53
Tele-PSI verhalf einem jungen Mann zu einem Stipendium und einem neuen Auto   54
Zusammenfassung 55

Kapitel 5: Wie Tele-PSI in Träumen und Visionen antwortet 59

Die Macht der Suggestion 59
Wie eine Lehrerin durch einen Traum ihre Probleme löste 60
Wie Tele-PSI sie von einer schweren Last befreite 62
Wie Tele-PSI Ihnen die gesuchten Antworten erteilt 63
Soll ich diese Position akzeptieren? 64
Der Traum hat seine eigene Interpretation 65
Wie sie durch Tele-PSI gewarnt wurde und ihre Heiratspläne aufgab 65
Wie Tele-PSI ein quälendes Problem löste 66
Zusammenfassung 68

Kapitel 6: Effektive Tele-PSI-Verfahrensweisen und -Gebetstechniken – Wie sie für Sie wirken 71

Wie Ihr Unterbewußtsein arbeitet 72
Weshalb der wissenschaftliche Denker niemals einen weit
entfernten Gott anfleht oder demutsvoll bittet 73
Weshalb der wissenschaftliche Denker niemals bettelt oder fleht 74
Ich wurde von einem Schutzengel gerettet 74
Erleben Sie den Reichtum und die lohnenden Erfahrungen des
wissenschaftlichen Betens 76

Wie ein junger Mann Airline-Pilot wurde 76
Erflehen Sie nichts von einem Gott irgendwo in den Wolken 78
Es gibt nur eine Macht 78
Man kann auf vielerlei Arten beten 79
Wie ein Seemann betete und gerettet wurde 79
Weshalb Bittgebete ganz allgemein falsch sind 80
Wo ist Gottes Wohnstatt? 82
Ist Gott eine Person oder ein Prinzip? 83
Das affirmative (bejahende) Gebet 84
Das anrufende Gebet 85
Zusammenfassung 85

Kapitel 7: Wie Tele-PSI angewandt wird, für das Gebet, das nie versagt 91

Was ist Glauben? 91
Das Gebet des Glaubens – und wie es angewandt wird 92
Weshalb einige Gebete beantwortet werden und andere nicht 92
Er hatte das Bejahte unbewußt wieder verneint 94
Wie er seine Überzeugung änderte 94
Wenn ein Gebet kein wirkliches Gebet mehr ist 95
Sie hatte absolutes Vertrauen in das Zustandekommen des Vertrags 97
Tele-PSI in Aktion 97
Tele-PSI lehrt Sie, Ihr Vertrauen richtig einzusetzen 98
Wie man durch Tele-PSI mit allen möglichen Rückschlägen fertig wird 100
Zusammenfassung 101

Kapitel 8: Wie man sich den mystischen Quellen von Tele-PSI nähert 105

Weshalb ihr Gebet die Dinge verschlimmerte 106
Die Antwort kam auf seltsame Weise 107
Auf ihr Gebet erhielt sie eine seltsame Antwort 108
Das Gebet ist für ihn Gewohnheit 109
Auch Ihr Herzenswunsch ist ein Gebet 110
Sie machte sich zur Gangway und zum Kanal Gottes 111
Wie sie durch Gebet von emotionalen Kräften geheilt wurde 112
Zusammenfassung 113

Kapitel 9: Tele-PSI als vierdimensionale Gebetsbeantwortung 115

Wie sie im Traum einen verlorenen Diamanten wiederfand 115
Wie ihr Leben von einem Kind verändert wurde 116
Wie sie ihre Einsamkeit überwand 118
Sein unsichtbarer Partner 119

Wie ein Alkoholiker sich von seiner Sucht befreite und inneren Frieden fand 120
Wie er aus dem Dschungel von Vietnam herausfand 121
Die Erklärung rettete sie vor dem Selbstmord 122
Zusammenfassung 123

Kapitel 10: Wie Tele-PSI die höheren Kräfte des Gemüts freisetzt 127

Das Einstimmen auf sein höheres Selbst rettete ihm das Leben 127
Wie Hindus auf glühenden Kohlen gehen, ohne verbrannt zu werden 128
Wie Sie Ihr Denken mit der unendlichen Kraft gleichschalten 129
Wie ein Detektiv sein Unterbewußtsein anzapfte 129
Viele Menschen sind hellhörig 131
Wie sie durch Tele-PSI ihre Neurose überwand 131
Wie ihr Glaube an Gott das Leben ihres Mannes rettete 132
Zusammenfassung 134

Kapitel 11: Wie Tele-PSI die Magie des Glaubens bewirkt 137

Sein Glauben befähigte ihn, ohne Augen zu sehen 138
Wie Tele-PSI ein Familienproblem löste 139
Wie Tele-PSI durch einen Traum sein Leben rettete 141
Das große psychische Meer – und wie man sich aus ihm befreien kann 142
Wie sein „Unsichtbarer Partner" seine Verluste wiedergutmachte 143
Zusammenfassung 144

Kapitel 12: Wie Tele-PSI zu richtigen Entscheidungen verhilft 147

Die Entscheidung zu entscheiden 147
Sie haben die Macht, zu wählen 149
Sein Mut zur Entscheidung veränderte sein Leben 149
Eine einfache und praktische Bejahung für richtige Entscheidungen 150
Wie seine Entscheidung zwei Leben rettete 151
Sie sagte: „Ich will Gott für mich entscheiden lassen." 152
Wie seine Entscheidung sein Leben veränderte 153
Zusammenfassung 153

Kapitel 13: Tele-PSI und die Wunder Ihres Unterbewußtseins 157

Sie bejahte Gesundheit und ihre Krankheit verschlimmerte sich 158
Wie er die Wunder des Unterbewußtseins entdeckte 159
Er betete ohne Unterlaß 161
Tele-PSI und Gebet 163
Wie sein Kind sein Problem löste 163
Wie ein Bankier mit seinem Unterbewußtsein arbeitet 164
Wie man die Freude der Gebetsbeantwortung fühlt 164
Zusammenfassung 165

*Kapitel 14: Die Macht von Tele-PSI bringt Ihnen die
guten Dinge des Lebens* 169
Wie Tele-PSI Erfolg in sein Leben brachte 170
Tele-PSI lehrt: Das Gesetz, das Sie bindet, befreit Sie auch 171
Die Tele-PSI-Begabung eines Jungen rettet das Leben seiner Mutter 172
Wie sie durch Tele-PSI die „kleinen Füchse" unwirksam machte 173
Zusammenfassung 174

Kapitel 15: Wie Tele-PSI Ihr Leben verändern kann 177
Wie Tele-PSI für einen Bauunternehmer Wunder bewirkte 178
Beginnen Sie jetzt damit, Ihre Probleme zu lösen 180
Wie sie ihre Frustration überwand 180
Nichts kann Sie verletzen – lernen Sie, das zu begreifen 181
Tele-PSI bewältigte eine hoffnungslose Situation 182
Wie er die Worttherapie praktizierte 182
Zusammenfassung 183

Kapitel 16: Wie Tele-PSI Ihnen ein neues Selbst-Image verschafft ... 185
Ein unerträglicher Fall ständiger Temperamentsausbrüche 185
Die Wirkungen eines frustrierten Temperaments 186
Die Spiegel-Behandlung 187
Wie ein neues Selbst-Image erlangt werden konnte 188
Was die Liebe einer Frau vermochte 189
Er verliebte sich in ein neues Selbst-Image 190
Die heilende Macht der Liebe 191
Zusammenfassung 192

*Kapitel 17: Wie Tele-PSI Ihr Unterbewußtsein einschaltet
und Sie mit neuer Kraft ausgestattet werden* 195
Wie Sie die telepsychischen Energien Ihres Unterbewußtseins erschließen
können 195
Tele-PSI und „Wie werde ich morgen spielen?" 196
Sie fragte: „Soll ich die Position akzeptieren?" 197
Tele-PSI und „Fragen und Antworten" 197
Eine Tages-Technik 198
Tele-PSI und das schöpferische Genie 198
Tele-PSI neutralisiert den sogenannten „Fluch" 199
Ein Schutzgebet 202
Sie lernte, das I Ging anzuwenden 203
Tele-PSI und die Betreuung der Kuh 204
Zusammenfassung 205

Kapitel 18: Tele-PSI und Ihre Verbindung mit unendlicher Weisheit . 209
Er sagte: „Ich mache mir derartige Sorgen, daß ich weder arbeiten
noch schlafen kann." 210
Tele-PSI und ihre Asthmaanfälle 211
Tele-PSI und objektives Denken 212
Tele-PSI zeigt Ihnen, wie Sie sich aus dem Gesetz des Durchschnitts erheben 213
Er wollte sich bestraft sehen 215
Der Prozeß der Selbsterneuerung von Körper und Seele 216
Zusammenfassung 217

Kapitel 19: Wie Tele-PSI das Gesetz des Geistes in Aktion anregt 221
Wie Sie beten, wenn Sie krank sind 222
Er glaubte, von üblen Wesenheiten besessen zu sein 222
Ihr psychisches Erlebnis enthüllte versteckten Reichtum 224
Tele-PSI vertrieb ihre Frustration 225
Lassen Sie das Gesetz der Anziehung für sich arbeiten 226
Eine wirksame Bejahung 227
Tele-PSI-Materialisationen sind reale Phänomene 228
Zusammenfassung 229

Kapitel 20: Wie Tele-PSI die Macht Ihres Bewußtseins schärft 233
Notfälle als Stimulatoren der mentalen Kräfte 234
Tele-PSI und der Trancezustand 235
Normale psychische Kraft 236
Abnorme psychische Kräfte 236
Psychometrische Kontakte 237
Tele-PSI und innere Stimmen 237
Gespräche mit Stimmen in Séance-Räumen 238
Sie sah ihre Mutter bevor sie überwechselte 239
Der Geist gab ihm eine Nachricht und verschwand 239
Sie sagte: „Man praktiziert schwarze Magie gegen mich." 241
Sie schrieb Antworten ohne Schreibstift 242
Wer öffnete die Weinflasche? 243
Weshalb viele Voraussagen zutreffen 244
Sie können bewußtes Gewahrsein praktizieren 245
Zusammenfassung 246

Ein abschließendes Wort 249

Worterläuterungen 251

EINFÜHRUNG

Was dieses Buch für Sie tun kann

Tele-PSI ist eine Kraft, über die jeder Mensch verfügt. Mobilisiert wird sie durch ständige Kommunikation mit den gewaltigen Kräften Ihres Geistes. Überall auf der Welt – ob in Europa, Asien, Afrika, Australien, oder in vielen Städten der USA – bin ich Menschen begegnet, die mir von diesen erstaunlichen Kräften berichteten – Kräften, die eine totale Verwandlung ihres Lebens bewirkt hatten, nachdem sie erst einmal mit ihnen in Berührung gekommen waren.

Dieses Buch ist außerordentlich praktisch und gegenwartsnah. Es wurde für Menschen geschrieben, die die gewaltige Macht des Geistes selbst erfahren wollen, um ihre Wünsche und Zielsetzungen zu verwirklichen. Sie werden sofortige Resultate erzielen, wenn Sie die Gesetze Ihres Unterbewußtseins in rechter Weise anwenden. In jedem Kapitel dieses Buches finden Sie einfache, praktische Verfahrensweisen, mit deren Hilfe Sie das Gelernte in die Praxis umsetzen können, für ein erfülltes, glückliches Leben.

Mit Tele-PSI sind Sie imstande, allen Herausforderungen, Schwierigkeiten, Prüfungen und Problemen des Alltagslebens die Stirn zu bieten und sie erfolgreich zu überwinden. Tele-PSI versorgt Sie mit speziellen Techniken, um diese außergewöhnlichen Kräfte auf der Stelle in Tätigkeit zu setzen.

Die einzigartigen Besonderheiten dieses Buches

Präkognition – der Blick in die Zukunft – ist eine der Fähigkeiten, deren Beherrschung Ihnen dieses Buch vermittelt. Sie werden imstande sein, zukünftige Begebenheiten vorherzusehen, und, sofern es sich dabei um negative Dinge handeln sollte, durch Anwendung metaphysischer Kräfte eine Veränderung zum Guten zu bewirken. Sie werden lernen, Ihre Intuition und andere psychische Kräfte zu entwickeln, und damit Befreiung und Seelenfrieden erlangen. Sie werden lernen, wie sogenannte Voodoo-Bannflüche neutralisiert und zurückgewiesen werden können und dabei feststellen, daß alle schwarz- und weißmagischen Praktiken ihren eigentlichen Ursprung im Aberglauben haben. Negative Suggestionen jeglicher Art, die Ihnen möglicherweise zu schaffen gemacht haben, verlieren ihre Macht.

In diesem Buch lernen Sie auch, die Kraft der außersinnlichen Wahrnehmung anzuwenden. Sie können mit den sogenannten „Toten" Verbindung aufnehmen und werden dabei aus eigener Erkenntnis wissen, ob ein Ihnen nahestehender Mensch zu Ihren gesprochen hat, oder nicht. Viele Menschen pflegen längere Gespräche mit den Stimmen körperloser Wesenheiten und erhalten außergewöhnlich intelligente Antworten. Sie werden erfahren, wie ein sensitiver Mensch automatisches Schreiben (ohne Schreibstift) praktiziert, und dabei zukünftige Begebenheiten enthüllt, mit geradezu erstaunlicher Genauigkeit.

Während ich die vielen Kapitel dieses Buches schrieb, hatte ich Menschen aller Lebensbereiche vor Augen: Verkäufer, Büroangestellte, Briefträger, Hausfrauen, Geschäftsleute, Studenten, Handwerker – alle Menschen, die ihre Träume, Aspirationen und Ambitionen im Leben erfüllt sehen wollten. Zu diesem Zweck finden Sie jedes Kapitel angefüllt mit einfachen und außerordentlich praktischen Techniken und Verfahrensweisen – die „Was' und Wie's" um die Kräfte Ihres außersinnlichen Geistes hervorzurufen, in dem Bewußtsein, daß in Ihrem Unterbewußtsein eine unendliche Intelligenz wirksam ist, die Sie mit der einzig richtigen Antwort versorgen kann.

Einige Höhepunkte dieses Buches

Nachstehend einige authentische Fälle, die in diesem Buch behandelt werden – Begebenheiten, die aufzeigen, wie andere Menschen ihre telepsychischen Fähigkeiten zu ihrem Nutzen eingesetzt haben:
- Wie ein Student schwache Leistungen in brillante Erfolge verwandelte, als ihm plötzlich bewußt wurde, daß das Unendliche niemals versagen kann und er sich auf das Unendliche einstimmte.
- Wie eine junge Krankenschwester in der Nacht vor einer Flugreise von Luftpiraterie träumte. Sie annullierte den Flug. Das Flugzeug wurde entführt.
- Wie ein Verkaufsleiter ein geistiges Bild seines angestrebten Jahresumsatzes auf eine leere Bildwand projizierte mit wunderbaren Ergebnissen.
- Wie eine Frau ihre Furcht vor vier Menschen überwand, die vermeintlich für ihren Untergang beteten. Sie verband sich mit der Einen Kraft und lebt jetzt in Frieden.
- Wie eine Hawaiianerin lernte, sich über sogenannte Schwarze Magie und Voodoo-Flüche hinwegzusetzen und darüber zu lachen. Sie entdeckte ihre innere Kraft und sagte sich: „Ich bin jetzt frei."
- Wie eine Studentin sich einen Ehemann wünschte und ihren Zukünftigen im Traum sah mit einem Buch unter dem Arm. Sie begegnete ihm zwei Monate später und heiratete ihn.
- Wie ein Detektiv durch Tele-PSI größere Mengen Kokain und Heroin entdeckte. Die Zusammenhänge wurden ihm in einem Traumgeschehen offenbart. Der Wert der sichergestellten Rauschgiftmengen betrug 3 Millionen Dollar.
- Wie eine Ehefrau durch Tele-PSI das Leben ihres Mannes rettete. Ein Mann hatte drei Schüsse auf ihn abgegeben, die ihn sämtlich verfehlten, als Ergebnis ihres Schutzgebetes.
- Wie Tele-PSI das Leben eines Mannes rettete. Im Traum las er die Schlagzeilen von 92 Passagieren als Opfer einer Flugzeugkatastrophe. Er annullierte den Flug und das im Traum vorhergesehene Unglück ereignete sich tatsächlich.
- Wie durch Tele-PSI das Leben einer Mutter und ihres Sohnes vor einer

Gasvergiftung gerettet wurde. Ein Gasrohr war undicht geworden und drohte Mutter und Sohn im Schlaf zu ersticken. Ihr verstorbener Ehemann war ihr erschienen und hatte sie beschworen, das Gas abzustellen.
- Wie durch Tele-PSI ein verlorener Diamant wiedergefunden wurde. Im Traum sah sie den Ring im Zimmer ihrer Hausangestellten eingewickelt in ein Stück Papier und in einem alten Schuh versteckt.
- Wie Tele-PSI einem Geschäftsmann zu einem unsichtbaren Partner und Führer wurde. Dieser Geschäftsmann investiert oftmals bis zu einer Million Dollar in Wertpapieren. Seine Investitionen bringen ihm jedes Mal einen hohen Profit.
- Wie eine einfache Erklärung von Tele-PSI das Leben einer potentiellen Selbstmörderin rettete.
- Durch Kenntnis von Tele-PSI konnte er sich aus einem brennenden Flugzeug retten.
- Wie ein junger Geschäftsmann Tele-PSI anwandte und ein kleines Vermögen in Goldanlagen machte. Im Traum erschien ihm ein Mann und gab ihm die Namen der entsprechenden Goldanlagen. Er folgte diesen Anweisungen und wurde finanziell erfolgreich.
- Wie Tele-PSI eine verlorene Urkunde zum Vorschein brachte. Der Vater einer jungen Sekretärin war verstorben ohne irgendwelche Papiere zu hinterlassen.
- Wie Tele-PSI einer Lehrerin im Traum verborgene Talente aufzeichnete, und damit ihren Herzenswunsch erfüllte nach größerem Selbstausdruck und Reichtum.
- Wie Tele-PSI einem Mädchen, dessen Vater verstorben war, das versteckte Familienvermögen aufzeigte. Ihr Vater erschien ihr im Traum und zeigte ihr, wo sich eine Stahlkassette mit 13 000.- Dollar befand.
- Wie Tele-PSI einen jungen Mann befähigte, Pilot eines Düsenclippers zu werden. Für 10 Vakanzen gab es 2500 Bewerber; 90% davon verfügten über mehr Erfahrung als dieser junge Mann. Er stellte sich plastisch vor als Pilot im Cockpit zu fliegen und bekam die Position.
- Wie Tele-PSI einem Mann im Traum einige Roulettezahlen nannte. Am nächsten Tag gewann er 50 000.- Dollar.
- Wie ein junges Mädchen durch Tele-PSI das Versteck eines alten Stein-

krugs entdeckte. Ihr Vater hatte an der betreffenden Stelle nachgegraben und den Krug gefunden, angefüllt mit wertvollen Münzen aus der Zeit bis 1898.

Tele-PSI ist eine einfache, praktische, logische und wissenschaftliche Methode durch deren Anwendung Sie Ihre sehnlichsten Wünsche erfüllen können. Ich möchte hier ganz entschieden und unmißverständlich feststellen: Wenn Sie den Instruktionen folgen, die in diesem Buch gegeben werden, werden Sie die Früchte eines reichen, glücklichen, freudigen und erfolgreichen Lebens ernten. Lassen Sie Wunder geschehen, wenn Sie der Führung dieses Buches folgen und sie in Ihrem täglichen Leben anwenden.

Dr. Joseph Murphy

KAPITEL 1

Wie Tele-PSI Ihre Zauberkraft für ein vollkommenes Leben sein kann

Der Begriff Magie wird im allgemeinen definiert als die Kunst, eine gewünschte Wirkung zu erzielen durch Anwendung verschiedener Techniken. Man spricht vom Zauber der Musik, vom Zauber des Frühlings und vom Zauber der Schönheit. Er wird gleichfalls definiert als die Kunst, Illusionen hervorzurufen, durch Taschenspielertricks, Fingerfertigkeit und Täuschung. Wenn man beispielsweise ein Kaninchen aus einem Zylinderhut zaubert oder einen Menschen verschwinden läßt.

Die unsichtbare Kraft in Ihrem Innern

Für die meisten Menschen ist Magie das Erzielen von Wirkungen durch unbekannte Kräfte. Magie ist jedoch eine relative Bezeichnung. Wenn Ihnen die Verfahrensweisen bekannt sind, erscheint Ihnen das Ganze nicht im mindesten als Zauberei. In vielen entlegenen Gebieten der Welt erscheinen primitiven Menschen selbst in unseren Tagen das Flugzeug, das Radio, das Fernsehen oder Rekorder als Zauberdinge. Aber selbst bei uns würde man diese Geräte noch vor 150 oder 200 Jahren als solche bezeichnet haben.

Wir verstehen, auf welche Weise Astronauten zum Mond gelangen konnten. Deshalb erscheint uns das Ganze durchaus nicht als magisch. Alle Kräfte sind ihrer Natur nach unbekannt; alle Dinge gehen aus dem Geist hervor. Wir können den Geist nicht sehen, aber wir fühlen den Geist der Freude, den Geist des Spiels, den Geist des Musikers, den Geist des Redners, den Geist der Güte, wie Wahrheit und Schönheit sich durch unser Gemüt und unser Herz bewegen.

Kein Theologe hat jemals den Geist (Gott) gesehen, aber wir können von dieser Gegenwart und Kraft in allen Phasen unseres Lebens Gebrauch machen. Wir wissen beispielsweise auch nicht, was Elektrizität ist; wir wissen nur, was sie bewirken kann. Die Kraft an sich ist uns nach wie vor unbekannt. Eigentlich praktizieren wir alle ständig Magie. Wir wünschen einen Finger zu heben und siehe da, die unsichtbare Kraft reagiert entsprechend der Absicht unseres Bewußtseins. Dennoch wissen wir nicht mit letzter Genauigkeit auf welche Weise diese Fingerbewegung zustande kam...

Sokrates belehrte uns, daß wir mit einer einzigen Fingerbewegung den entferntesten Stern beeinflussen können. Sie werden begreifen, daß wir alle mit der magischen Kraft in uns gewohnheitsmäßig umgehen, obgleich wir sie in unserem Alltagswesen nicht so nennen.

Das Einstimmen auf die magische Kraft

Sie können sich auf die unendliche Kraft in Ihrem Innern einstimmen und damit Ihr ganzes Leben verändern. Wo immer ich mich auch aufhalte, ob in Europa, Asien, Afrika, Australien oder in den verschiedenen Städten unseres eigenen Landes, berichten mir die Menschen von der erstaunlichen bisher ungenutzten Kraft, mit der sie in Kontakt gekommen sind und die ihr Leben völlig verändert hat. Viele von ihnen sagten, daß alte Freunde und Bekannte sie kaum wiedererkannten, so sehr hatten sie sich verändert.

Wenn Sie den in diesem Buch dargelegten Techniken und Verfahrensweisen folgen, werden Sie entdecken, daß diese innere Kraft Ihre Probleme lösen kann, Sie bereichert, Ihnen verborgene Talente aufzeigt und Sie heraushebt aus Krankheit, Mißerfolg, Mangel und jeder Art von Begrenzung. Diese Kraft kann Sie führen und neue Türen des Selbstausdrucks für Sie öffnen. Inspiration kann Ihnen zuteil werden, Führung und neue schöpferische Ideen, die Ihnen Harmonie, Glück und Seelenfrieden bringen werden.

Wie ein Student sich einstimmte, um seine Prüfungen zu bestehen

Vor einigen Monaten hatte ich ein Gespräch mit einem Studenten, dessen Prüfungsarbeiten ihm ziemlich schlechte Noten einbrachten. Er war einigermaßen verzweifelt, denn seine Bewertungen waren dermaßen schlecht, daß er fürchten mußte, von der Universität ausgeschlossen zu werden. Er hatte mein Buch *„Die Geheimnisse des I Ging"* gelesen und studiert. Und nachdem er eine der darin dargelegten Befragungen vorgenommen hatte, bekam er die Antwort, geh und befrage den großen Mann. Den Begriff großer Mann interpretierte er als geistiger Berater, obgleich noch eine tiefere Bedeutung dahintersteckt...

Ich fragte ihn: „Weshalb wollen Sie schlechte Noten." Unendliche Intelligenz ist in Ihrem Unterbewußtsein und Sie können davon Gebrauch machen.

Okay sagt er. Meine Eltern kritisieren mich ständig und lassen kaum eine Gelegenheit aus darauf hinzuweisen, daß meine Schwester eine wesentlich bessere Studentin ist als ich und alle ihre Prüfungen spielend schafft.

Ich wies diesen jungen Mann eindringlich darauf hin, daß er sofort damit aufhören sollte, sich selbst mit seiner Schwester zu vergleichen, weil alle Vergleiche im Grunde sinnlos sind. Denn jeder Mensch ist einzigartig in seiner Art und jeder ist mit anderen Begabungen geboren.

Wenn Sie sich mit anderen vergleichen, dann heben Sie den anderen auf ein Podest und erniedrigen sich selbst. Darüber hinaus widmen Sie den Aktivitäten und dem Erfolg ihrer Schwester zuviel Aufmerksamkeit und vernachlässigen ihre eigenen Studien und sind sich ihrer inneren Kapazitäten und Fähigkeiten nicht mehr bewußt. Wenn sie so weitermachen, dann verlieren sie jeden Ansporn und jede Initiative und schaffen sich innere Spannungen.

Die einzige Konkurrenz, die es gibt, besteht in ihrem eigenen Bewußtsein. Zwischen dem Gedanken an Fehlschlag und dem Gedanken an Erfolg. Sie sind geboren, zu gewinnen, zu triumphieren, Erfolg zu haben und alle Probleme zu überwinden. Die unendliche Kraft kann niemals fehlgehen, und sie sind eins mit ihr.

Auf meinen Rat befolgte er eine einfache und sehr praktische Technik.

Allabendlich vor dem Einschlafen machte er die folgenden Bejahungen: Meiner Schwester und allen anderen Studenten in meiner Klasse wünsche ich aufrichtig Erfolg in allen ihren Studien. Die unendliche Intelligenz führt mich in meinen Studien und enthüllt mir alles, was ich wissen muß... Ich weiß, daß mein Unterbewußtsein über vollkommenes Erinnerungsvermögen verfügt und mir die Antworten auf alle meine Prüfungsfragen gibt. Ich bestehe alle Prüfungen in göttlicher Ordnung. Ich schlafe friedlich jede Nacht und erwache freudig am Morgen...

Sein Denken und Handeln war von nun an positiv ausgerichtet, und vor einigen Wochen sagte er mir: „Ich wetteifere mit niemandem und ich komme gut zurecht. Ich weiß jetzt, daß ich die benötigten Fähigkeiten besitze."

Wie Ralph Waldo Emerson einmal sagte: „Es gibt Führung für jeden von uns, und wenn wir lauschen, werden wir das richtige Wort hören."

Wie sie Tele-PSI praktizierte

Tele bedeutet Kommunikation und Psyche bedeutet Seele oder Geist in uns. Wenn Sie beten, kommen Sie in Kontakt mit Ihrer Psyche oder Ihrem höheren Selbst, und dieses reagiert entsprechend Ihrem Glauben oder Ihrer Anerkennung.

Eine junge Krankenschwester plante kürzlich eine Flugreise; aber in der Nacht vor dem Abflug hatte sie ein außergewöhnliches Erlebnis. Sie träumte von einer Flugzeugentführung, und eine innere Stimme sprach zu ihr: „Annulliere diesen Flug". Nach dem Erwachen war sie etwas verwirrt, aber sie folgte den inneren Weisungen und annullierte den Flug. Das Flugzeug, das sie ursprünglich nehmen wollte, wurde tatsächlich entführt.

Das leitende Prinzip ihres Unterbewußtseins vermittelte ihr das Geschehnis noch bevor es stattfand, um sie zu schützen. Der Plan, dieses Flugzeug zu entführen, war dem universellen Unbewußten bereits bekannt, und als sie um Führung betete, erhielt sie die Antwort von ihrem Unterbewußtsein in einer Traumhandlung.

Dies war ihr Gebet allabendlich vor dem Einschlafen:
Göttliche Liebe geht vor mir her, wo immer ich gehe und macht meinen Weg freudig, glücklich und herrlich. Der heilige Kreis von Gottes ewiger Liebe umgibt mich, und ich bin jederzeit in Gottes Obhut. Ich lebe ein zauberhaftes Leben.

Dieses Gebet ist Tele-PSI oder tatsächliche Kommunikation mit der unendlichen Intelligenz ihres Unterbewußtseins, das alles weiß, alles sieht und auf die Art ihres Gedankenlebens reagiert. Aktion und Reaktion sind kosmisch und universell. Wenn Sie beten, halten Sie Zwiesprache mit Ihrem höheren Selbst, das einige Gott nennen. Andere verwenden die Bezeichnung wahres Selbst, lebendiger Geist, Allmächtiger, der Vater im Innern, unendliche Intelligenz, die Überseele, Brahma, Allah etc. Die Kraft in Ihrem Innern hat viele Namen. In jedem Fall ist sie zeitlos, raumlos und namenlos. Die Bibel nennt sie „Ich bin" und das bedeutet Sein, Leben, Bewußtheit, Selbstausdruck, Geist, bedingungsloses Bewußtsein.

Sie brauchen sich nur daran zu erinnern, daß Ihr Denken die unendliche Kraft antworten läßt. Sie haben es mit einer wechselseitigen Aktion und Reaktion zu tun: Wie Sie säen, werden Sie ernten, und wenn Sie rufen, erhalten Sie eine Antwort.

Thoreau sagte vor Jahren, daß wir das werden, was wir uns vorstellen. Das geistige Bild, das Sie in Ihrem Geist festhalten, hat das Bestreben, sich in Ihrem äußeren Erfahrungsbereich zu manifestieren.

Ein Verkaufsleiter, der meine Sonntagmorgenvorträge im Wilshire Ebell Theatre regelmäßig besucht, erklärte mir, wie er die Kraft seiner Vorstellung anwendet. Sein Verfahren ist außerordentlich wirksam ... Es ist wie folgt:

Er entspannt sich und beruhigt sein Bewußtsein, in dem er sich den 23. Psalm vorsagt; dann blickt er auf die weiße Wand in seinem Büro. Während er seine Aufmerksamkeit auf die weiße Wand konzentriert, erscheint dort ein Bild der Verkaufszahlen, die er am Ende des Jahres verwirklicht sehen möchte. Er sieht diese Summe klar umrissen an der Wand und richtet seine ganze Aufmerksamkeit auf die Zahl. Dann verlangt er, daß diese Zahlen tief in sein Unterbewußtsein sinken. Schließlich hört er die Stimme des Präsidenten der Gesellschaft, wie sie ihm zur Erweiterung des

Unternehmens und zu seinem großartigen Erfolg gratuliert. Er erklärte mir, daß er genau wußte, wann die Zahlen sein Unterbewußtsein erreicht hatten, denn er spürte dann jedes Mal ein großes Gefühl des Friedens.

Das ist wahrhaftig Tele-PSI in Aktion: Seine geistige Vorstellung wurde seiner Psyche (Unterbewußtsein) weitergereicht und in der Dunkelkammer seines Geistes entwickelt. Es kam dann wiederum zum Vorschein, als die Freude des beantworteten Gebetes.

Der jeweils erzielte Jahresumsatz hat in den letzten vier Jahren die von dem Verkaufsleiter vorgestellten Ziffern bei weitem übertroffen. Es gilt hier die Tatsache zu berücksichtigen, das Ihr Unterbewußtsein immer das ihm Aufgeprägte vergrößert.

Geben Sie Ihrem Unterbewußtsein die richtige geistige Vorstellung

Jedes Bild, das Sie in Ihrem Geist erschaffen, besonders wenn es mit Gefühl aufgeladen ist, verwirklicht sich ... Es bewirkt eine Aktion innerlich oder äußerlich. Wenn Sie es daran hindern, sich im Äußeren auszuwirken, ist es unvermeidbar, daß es sich im Inneren auswirken wird. Das äußert sich dann in irgendeiner geistigen emotionalen oder physischen Störung ihres Körpers. Seien Sie daher vorsichtig, sich nicht irgendwelchen geistigen Vorstellungen hinzugeben, die Sie nicht verwirklicht sehen wollen.

Ich kannte einmal einen Alkoholiker, der wegen Totschlags zu Gefängnis verurteilt worden war. Er sagte mir, daß er fest entschlossen sei, nach seiner Entlassung nie wieder ein Glas anzurühren. Noch am Tag seiner Entlassung jedoch, griff er sofort wieder zur Flasche. Warum? Die Erklärung ist recht einfach. Er hatte während seiner Haftzeit ständig das geistige Bild eines Drinks vor Augen, so daß er nach seiner Entlassung ganz automatisch zu trinken begann. Er vollzog im Äußeren die Handlung, die er sich während der ganzen Zeit geistig vorgestellt hatte. Hätte er sein geistiges Bild nicht im Äußeren vollzogen, dann würde es ihm in anderer Form zu schaffen gemacht haben, wahrscheinlich als körperliche oder emotionale Störung ...

Daher muß sich jedes Bild, das Sie in Ihrem Geist festhalten, als Handlung auswirken. Andernfalls manifestiert es sich als mentale, physische oder emotionale Disharmonie im Körper.

Wie ein Schriftsteller die magische Kraft in seinem Innern entdeckte

Ein befreundeter Schriftsteller erzählte mir von einer Meinungsverschiedenheit mit dem Produzenten eines Bühnenstückes, das nach einem Manuskript von ihm geschrieben war. Sie hatten eine sehr hitzige Debatte. Er hatte mein Buch „Die Wunder Ihres Geistes" gelesen und viele der darin vorgeschlagenen Gebetstechniken angewandt. Zu Hause angelangt, ging er zunächst in sein Arbeitszimmer, entspannte sich und dachte über die unendliche Kraft in seinem Innern nach. Sodann führte er ein imaginäres Gespräch mit dem Produzenten, so als ob er ein zukünftiges Ereignis durchleben würde. Er stellte sich den Produzenten genau vor, wie er vor ihm saß und bejahte Harmonie, Frieden und vollkommenes Verstehen zwischen ihnen. In seiner lebhaften Vorstellung führte er ein Gespräch mit dem Produzenten und machte ihm klar, daß alles, was er wollte, göttliches, rechtes Handeln war. Er stellte sich auch die Erwiderung des Produzenten vor. Zwischen uns herrscht vollkommene Übereinstimmung. Göttliches, rechtes Handeln herrscht vor.

In seinem ruhigen passiven Zustand stellte er sich ein glückliches Ende vor. Er fühlte das imaginäre Händeschütteln des Produzenten und die vollkommen harmonische Lösung. Nach einigen Tagen traf der Schriftsteller den Produzenten im Club, dem sie beide angehörten. Noch bevor er ihn grüßen konnte, rief der Produzent ihn an seinen Tisch und sagte: „Ich habe das Skript noch einmal gelesen und ich muß gestehen, sie hatten Recht. Rechtes Handeln für den einen ist rechtes Handeln für alle Beteiligten."

Das von dem Schriftsteller subjektiv als wahr Bejahte, verwirklichte sich objektiv. Versuchen Sie es. Es funktioniert! Es gibt nicht ein einziges menschliches Wesen, das nicht in der Lage wäre, Furcht, Zorn und Feindseligkeit zu überwinden, seine Konflikte zu lösen, seinen Geist zu schärfen und ein erstaunliches Leben zu leben. Das bringen wir zuwege, wenn wir unsere Haltung ändern, wie der erwähnte Schriftsteller. William James, der große amerikanische Psychologe sagte: „Menschliche Wesen können ihr Leben ändern, indem sie ihre Geisteshaltung ändern."

Tele-PSI für alle Männer und Frauen

Inspiration oder Kontakt mit der unendlichen Kraft kann Ihnen ebenso leicht zuteil werden, wie die Luft, die Sie einatmen. Sie atmen gleichmäßig und ohne Anstrengung. Ebenso lassen wir die göttliche Intelligenz oder schöpferische Essenz Gottes in unseren Geist oder Intellekt eindringen ohne Anspannung. Viele Menschen haben falsche Auffassungen, den Begriff Inspiration betreffend. Sie glauben, hierbei handle es sich um eine außerordentliche Erfahrung, die nur Mystikern oder hochgeistigen Menschen zuteil werden kann. Das ist nicht der Fall. Obgleich es eine erwiesene Tatsache ist, daß Menschen, die ein geistiges Leben führen, regelmäßig inspiriert werden oder spontane Gefühle oder Eingebungen bekommen, ist es ebenso wahr, daß der Geschäftsmann gleichfalls inspiriert werden kann, wenn er sich an die unendliche Kraft in seinem Innern wendet. Inspiration oder göttliche Führung kann uns bei der Lösung eines jeden Problems zuteil werden. In anderen Worten, die Information, die Sie suchen, die erforderlichen Kenntnisse oder alles Nötige zur Lösung geschäftlicher Schwierigkeiten, kann erreicht werden, einfach indem man Gott oder die unendliche Kraft um die Antwort bittet.

Angenommen, Sie sind ein Romanautor und haben bereits einige Bücher geschrieben. Dennoch werden Sie nicht in der Lage sein, sich an die Schreibmaschine zu setzen und gleich draufloszuschreiben. Sie können nicht anfangen. Nichts geschieht – keine Idee, keine Handlung, keine Story. Und selbst wenn sie sechs Tassen Kaffee trinken – es nützt nichts ... Wenn Sie jedoch Ihren Geist zur Ruhe bringen und beanspruchen, vom Höchsten inspiriert zu sein und bejahen, daß Gottes schöpferische Ideen sich in göttlicher Ordnung in Ihrem Innern entfalten, dann werden Sie Kenntnisse, Führung und schöpferische Energie bekommen. Gedanken und Ideen werden Ihnen zufließen, frei und fröhlich.

Ein Ingenieur erhält bestimmte Unterlagen

Ein Ingenieur berichtete mir einmal, daß er bestimmte Daten für eine Prüfung benötigte. Er war sich bewußt, daß sein Professor ihm die Information bereits gegeben hatte, aber er hatte sie vergessen. Er bat sein Unterbewußtsein, ihn mit der nötigen Antwort zu versorgen und wandte sich dann anderen Prüfungsaufgaben zu. Und nach einiger Zeit stieg die richtige Antwort aus den Tiefen seines Geistes auf. Es war die ganze Zeit in seinem Unterbewußtsein gespeichert. Aber erst als er sich entspannte und losließ, konnte die Weisheit seines Unterbewußtseins in seinen bewußten Geist eindringen und er schaffte die Prüfung mit Leichtigkeit. Erinnern wir uns: Der ruhige Geist bekommt die Antwort.

Der Registrierkassen-Mann

Vor einigen Jahren las ich einen illustrierten Artikel über einen Mann, der durch eine Erfindung einen wesentlichen Beitrag zur Entwicklung der modernen Registrierkassen leisten konnte. Es hieß da, obgleich dieser Mann keine besondere Schulbildung genossen hatte, war er dennoch sehr intelligent und empfänglich.

Eines Tages, auf einer Ozeanreise, bat er einen Schiffsoffizier, ihm die Arbeitsweise des Logs zu erklären, das die Geschwindigkeit des Schiffes registrierte. Die Erklärung wurde gegeben – und plötzlich hatte dieser Mann die Idee für die Registrierkasse!

Dieser Mann hatte sich über ein besonderes Problem Gedanken gemacht. Oftmals werden Menschen fälschlich des Diebstahls bezichtigt, während andere tatsächlich stehlen und niemals erwischt werden; desgleichen können bei der Herausgabe von Wechselgeld unzählige Fehler gemacht werden. Er setzte die Arbeitsweise des Schiffslogs sofort in Beziehung zu der Lösung seines Problems, und durch diese Inspiration konnte er die Registrierkasse entwickeln.

Hier handelte es sich um Inspiration oder Tele-PSI. Bitten Sie Ihr Unterbewußtsein um schöpferische Ideen, und eine ähnliche Idee, die ein Vermögen wert sein kann, könnte in Ihrem Innern aufsteigen.

Wie Tele-PSI täglich praktiziert werden kann

Sie können sich auf Ihr höheres Selbst einstimmen und Antworten erhalten, wenn Sie sich entspannen, zur Ruhe kommen und wissen, daß auf Ihren Ruf eine Antwort kommt – eine Antwort, die der Art Ihres Verlangens entspricht. Denken Sie daran, daß das Stromkabel vom Kraftwerk sich in Ihrem Zimmer oder Keller befindet. Das Hauptkabel gehört dem Elektrizitätswerk. Die Verkabelungen im Haus gehören Ihnen. Da sind Kontakte vorhanden, die Sie befähigen, das Licht einzuschalten. Auf die gleiche Weise kann Ihr Wachbewußtsein in diesem Augenblick Kontakt herstellen mit dem unendlichen Lagerhaus und der Weisheit in Ihrem Innern. Schließlich würden Sie nicht beten, wenn Sie nicht überzeugt wären, von einer Weisheit und Intelligenz in Ihrem Unterbewußtsein, die alles weiß, alles sieht und auf Ihren Ruf antwortet. Die Bibel sagt: ... *bevor Sie rufen, will ich antworten; und während Sie noch sprechen, will ich hören.* (Jes. 65, 24.)

ZUSAMMENFASSUNG

1. Tele-PSI bedeutet Kommunikation mit Ihrer Psyche oder Seele, d. h. Ihrem Unterbewußtsein, das mit aller Weisheit und aller Macht in Einklang steht. Wenn Sie vertrauensvoll beten, wird Ihr Unterbewußtsein Sie mit der Antwort versorgen.
2. Magie ist eine relative Bezeichnung. Für die meisten Menschen ist Magie das Hervorrufen von Wirkungen durch unbekannte Kräfte. Schließlich sind jedoch alle Kräfte in Ihrer Essenz unbekannt. Die Wissenschaftler wissen nicht, was Energie ist. Als Edison von einer Dame gefragt wurde, was Elektrizität sei, antwortete er: „Madame, sie ist. Gebrauchen Sie sie." Es gibt eine unsichtbare Weisheit, Kraft und Intelligenz in Ihrem Unterbewußtsein, die alles weiß und alles sieht. Sie können mit dieser Kraft in Kontakt kommen durch Ihr Wachbewußtsein. Diese überragende Kraft ist zeitlos ohne Alter, namenlos und ewig.
3. Sie können Ihre inneren Kräfte anwenden, um Ihre Probleme zu lösen,

um auf allen Gebieten begünstigt zu werden, um Ihre versteckten Talente zum Vorschein zu bringen und Sie auf dem Weg zum Glück, Seelenfrieden und zur Freiheit zu bringen.

4. Hören Sie auf, sich selbst mit anderen zu vergleichen. Durch eine solche Haltung erniedrigen Sie sich selbst, während Sie andere auf ein Podest heben. Sie sind einzigartig – Sie unterscheiden sich von jedem anderen Menschen auf der Welt. Widmen Sie Ihren inneren Kräften genügend Aufmerksamkeit und Sie werden auf Ihrem Gebiet voran kommen. Wenn Sie beispielsweise eine Prüfung bestehen wollen, dann vergleichen Sie sich nicht mit anderen Studenten. Eine solche Haltung verursacht Anspannung und Besorgnis. Entspannen Sie sich, bringen Sie Ihr Gemüt zur Ruhe. Bejahen Sie morgens und abends mit Gefühl und Wissen, „unendliche Intelligenz in meinem Unterbewußtsein führt mich bei allen meinen Studien und ich werde alle Prüfungen in göttlicher Ordnung bestehen".

5. Wenn Sie beten, dann stehen Sie in Verbindung mit Ihrem höheren Selbst, von einigen Gott oder höchste Intelligenz genannt. Sie bekommen eine Antwort, die Ihrem Glauben entspricht. Manchmal erhalten Sie eine Antwort im Traum, verbunden mit einer Warnung, eine bestimmte Reise nicht zu unternehmen. Eine junge Dame, die regelmäßig um Führung, göttliche Liebe und richtiges Handeln gebetet hatte, träumte 24 Stunden vor einer geplanten Reise von einer Flugzeugentführung. Sie annullierte den Flug. Wie sich später herausstellte, wurde ihr Flugzeug tatsächlich entführt. Die Lösung ist recht einfach. Die geplante Entführung war dem kollektiven Unterbewußtsein bereits bekannt und ihr eigenes Unterbewußtsein, das mit dem kollektiven Unterbewußtsein eins ist, enthüllte ihr diesen Plan.

6. Das Gedankenbild, das Sie in Ihrem Bewußtsein festhalten, hat das Bestreben, sich in Ihrem Leben zu manifestieren. Ein Verkaufsleiter fixierte seine Aufmerksamkeit auf eine bestimmte Ziffer zum Jahresabschluß. Und durch Wiederholung und Konzentration drang dieses Gedankenbild in sein Unterbewußtsein. Das gewünschte Resultat wurde in den vergangenen vier Jahren von seinem Unterbewußtsein vervielfacht. Ihr Unterbewußtsein hat das Bestreben, alles, was Sie im Brennpunkt Ihrer Aufmerksamkeit festhalten, zu vervielfachen.

7. Ein Ex-Alkoholiker, der sich selbst trinken sieht, wird gezwungen sein zu trinken. Jedes mit Gefühl aufgeladene geistige Bild, wird sich in Ihren Erfahrungsbereich verwirklichen. Achten Sie daher auf Ihre Gedankenbilder und stellen Sie sich nur erfreuliche Dinge vor.
8. Wenn Sie Differenzen mit einem anderen Menschen haben, dann führen Sie eine imaginäre Unterhaltung mit ihm, basierend auf der goldenen Regel und dem Gesetz der Liebe. Machen Sie sich bewußt, daß es nur Harmonie, Frieden und göttliches Verstehen zwischen Ihnen gibt. Stellen Sie sich im Geiste das glückliche Ende vor. Spüren Sie, wie Sie sich in Frieden und Harmonie die Hand geben. Was Sie sich subjektiv fühlend vorstellen und als wahr erkennen, wird sich objektiv verwirklichen. Die Bibel sagt: „*... und jetzt habe ich es euch gesagt, ehe es geschieht, damit Ihr glaubt, wenn es geschehen ist.*" (Joh. 14, 29)

KAPITEL 2

Wie Tele-PSI das große Geheimnis aller Zeitalter enthüllt

Viele Menschen unserer Tage fürchten sich vor bösartigen Gedankenprojektionen, schwarzer Magie, dem bösen Blick, Voodoo etc. Es scheint eine allgemeine Furcht vorzuherrschen, daß es eine Art versteckter Kraft gibt, die andere anwenden können, um Schaden zu verursachen oder Glück zu zerstören.

Das größte Geheimnis innerhalb des Menschen

Sie werden wirklich ein voll ausgeschöpftes und glückliches Leben führen, wenn Sie zu der größten aller Wahrheiten erwachen. Sie findet ihren Ausdruck in der Bibel in Deutorenomium 6.4.: *„Höre, o Israel, der Herr, unser Gott, ist ein Herr."* Was bedeutet, höre (verstehe), o Israel, (erleuchteter, erwachter Mensch), der Herr (die göttliche Kraft oder höchste Kraft), unser Gott (unser Herrscher, die unendliche Kraft), ist ein Herr (eine Kraft – nicht zwei, nicht drei, nicht zehn, nicht tausend – nur eine).

Der Ursprung von Schwarzer und Weißer Magie liegt im Aberglauben

Als wir noch sehr jung und höchst beeindruckbar waren, haben unsere Eltern, die es nicht besser wußten, uns von einem strafenden Gott erzählt. Ebenso von einem Teufel, der uns versuchen würde; sie haben uns auch damit gedroht, daß, wenn wir sehr böse wären, wir zur Hölle gehen könnten und für immer zu leiden hätten. Kinder und kindische Gemüter denken nur in Bildern und geistigen Eindrücken und, da sie es nicht besser wissen, projektieren Sie Eindrücke von Gott und einem Teufel. Kinder stellen sich Gott in einem Himmel vor, auf einem goldenen Thron, von Engeln umgeben und den Teufel unten in der Unterwelt zwischen Flammen der Hölle. Sie sind sich nicht der Tatsache bewußt, daß wir alle uns unseren eigenen Himmel oder unsere eigene Hölle schaffen durch die Art unseres Denkens, unseres Fühlens und unseres Glaubens.

Der primitive Mensch schrieb alles Wohlbefinden den Göttern zu, und allen Schmerz, alles Leiden und alle Misere den üblen Geistern oder den Teufeln seiner eigenen Schöpfung. Der prähistorische Mensch ging davon aus, daß er seltsamen Kräften ausgesetzt sei, über die er keine Kontrolle zu haben schien. Wenn Erdbeben oder Fluten ihn heimsuchten, behaupteten die Dschungelpriester, da sie die Ursache nicht kannten, die Götter seien zornig. Sie glaubten diesen vermeintlichen Zorn der Götter durch Opfergaben besänftigen zu können. Die Sonne spendete dem Menschen Wärme, während einer ausgedehnten Trockenheit jedoch, schien die gleiche Sonne die Erde zu versengen. Feuer wärmte den Menschen, aber es verbrannte ihn auch. Der Donner erfüllte ihn mit Schrecken, Blitze lähmten ihn mit Furcht. Die Gewässer überfluteten sein Land zuweilen, sein Vieh und seine Kinder ertranken, sein Verständnis der äußeren Kräfte bestand aus einem primitiven und fundamentalen Glauben an verschiedenartige Götter.

Entsprechend derartig unreifen und unwissenden Schlußfolgerungen machte sich der primitive Mensch daran, die Intelligenz der Winde, der Sterne und der Gewässer anzuflehen, in der Hoffnung, sie würden ihm Gehör schenken und sein Gebet beantworten. Den Göttern des Windes und des Regens bot er Opfergaben an.

Der primitive Mensch machte einen Unterschied zwischen wohlwollenden und bösartigen Göttern und Geistern. Seither ist die Universalität zweier Mächte der Bestandteil des Glaubensbekenntnisses von Millionen Menschen. Der Glaube an zwei Mächte, Gut und Böse, ist ein Überbleibsel dieses uralten Aberglaubens.

Was Gut und Böse ist in Ihrem Leben, bestimmt allein Ihr Denken

Die Kräfte der Natur sind nicht böse; es hängt allein davon ab, welchen Gebrauch Sie von ihnen machen. Jede Kraft kann auf zweierlei Arten angewandt werden. Es ist der gleiche Wind, der ein Boot auf einen Felsen schmettern kann oder es sicher in den Hafen geleitet. Elektrizität kann angewandt werden, um ein Ei zu kochen oder um einen Menschen zu töten. Sie können die Atomenergie konstruktiv anwenden, um ein Schiff über den Ozean zu steuern oder um Städte und Menschen zu zerstören. Wasser kann ein Kind ertränken oder seinen Durst löschen – Feuer kann es wärmen oder verbrennen. Wir sind es, die den Kräften der Natur Richtung und Sinn geben...

Was gut und böse ist, bestimmt der einzelne. Gut und Böse sind im Geist des Individuums; sie sind nirgendwo sonst. Denken Sie Gutes und Gutes wird folgen; denken Sie Böses und Böses folgt.

Halten Sie den größten Gedanken fest und gehen Sie vorwärts im Leben

Richter Thomas Troward, der Verfasser der Edinburgh Lectures und vieler anderer Bücher, schrieb in seinem Buch „Verborgene Kraft" im Jahre 1902:

„Wenn sich erst einmal der Gedanke festgesetzt hat, daß es eine Macht außerhalb Ihres Innern gibt, ganz gleich, wie wohlwollend diese Macht Ihrer Meinung nach sein mag, haben Sie die Saat der Furcht gesät, die früher oder später Frucht tragen muß, und die gesamte Zerstörung des Lebens, der Liebe und der Freiheit mit sich bringt... Wir müssen ernsthaft danach streben, sowohl innerhalb unseres Selbst als auch äußerlich die eine große Grundlage zu schaffen und niemals weder jetzt noch in aller Ewigkeit auch nur in einem einzigen Fall einem Gedanken Einlaß gewähren, der dieser grundlegenden Wahrheit des Seins entgegensteht."

Troward hat damit einer wundervollen Wahrheit Ausdruck gegeben. Einer Wahrheit, die sich jeder Mensch ständig vor Augen halten sollte. Die Suggestionen anderer haben nicht die Kraft, die Dinge, die sie suggerieren zu erschaffen. Diese Kraft kann nur von Ihnen in Tätigkeit gesetzt werden, durch Ihr ureigenstes Denken. Wenn Ihre Gedanken Gottes Gedanken sind, dann ist Gottes Kraft mit Ihnen, mit Ihren Gedanken an das Gute. Es ist immer die Bewegung Ihres eigenen Denkens, welche erschafft. Sie haben die Kraft, jede negative Suggestion zurückzuweisen und sich geistig mit der Allkraft in Ihrem Innern zu verbinden.

Weshalb der sogenannte Voodoo-Fluch nichts anderes ist als eine negative Suggestion

Vor einigen Jahren besuchte ich Kapstadt, Südafrika, um einen Vortrag im dortigen Science of Mind Center zu halten. Während meines Aufenthaltes dort, besuchte ich auch einige der Goldminen in Johannesburg. Hier erzählte mir der englische Werksarzt, daß wenn ein Minenarbeiter die Bestimmungen der Gesellschaft verletzt hatte, er vom Voodoo-Medizinmann eine Nachricht erhielt: „Sie werden um 18.00 Uhr sterben". Dann setzte sich der Betreffende hin und starb. Spätere Untersuchungen ergaben in jedem einzelnen Fall, daß nicht die geringste physische Ursache für den Tod vorgelegen hatte. Der Arzt erklärte mir, daß die einzige Todesursache der betreffenden Furcht gewesen sei. Furchtgedanken von den Gesetzesübertretern selbst in Gang gesetzt.

Sie war völlig verstört, weil man gegen sie betete

Vor einigen Wochen sprach ich mit einer jungen Frau, die sich in großer Bedrängnis befand, weil einige Mitglieder ihrer früheren Kirche – von der sie sich getrennt hatte, gegen sie beteten. Sie war fest davon überzeugt, verflucht zu sein, und daß aufgrund dessen alles schiefging.

Ich konnte ihr klarmachen, daß der vermeintliche Fluch in Wirklichkeit die negative Anwendung der Gesetze ihres Unterbewußtseins war und daß diese Flüche erst durch ihre Furcht wirksam werden konnten. Die Suggestionen anderer wurde zu eigenen Gedankenimpulsen, und, da ihr Denken schöpferisch war, fügte sie selbst sich Schaden zu. Somit übertrug sie die Kraft in ihrem Innern auf die Mitglieder ihrer früheren Kirche, ungeachtet der Tatsache, daß diese über keinerlei Macht verfügten.

Ich erklärte ihr, daß alle Kraft sich in ihrem Innern befindet und sie auf der Stelle damit aufhören müsse, diese Kraft auf andere zu übertragen. Gott oder der Geist des Lebens ist Einer und unteilbar: Er bewegt sich als Einheit. Im Geist gibt es weder Teilung noch Streit – wenn sie sich auf das Unendliche einstimmt und diese Kraft mit aller Inbrunst durch sich wirken läßt, dann kann ihr nichts geschehen.

Sie begann zu bejahen: „Ich wohne unter dem Schirm (in der engl. Bibel ‚*an dem geheimen Ort*') des Höchsten und ich ruhe im Schatten des Allmächtigen. *Ich will sprechen zum Herrn: Meine Zuflucht, meine Festung, mein Gott, auf den ich vertraue.* (Psalm 91:2)."

Ich bedeutete ihr außerdem: „Betrachten Sie diese Leute als extrem unwissend und seien Sie nachsichtig mit ihnen. Die wirkliche und elementare Macht liegt im großen Bejahenden, denn das ist konstruktiv. Die Mitglieder Ihrer früheren Kirche wenden *Suggestionen* an, die zweifellos *eine* Macht, aber nicht *die* Macht darstellen – die Eine Macht (Gott), die sich bewegt als Harmonie, Schönheit, Liebe und Frieden. Bedenken Sie: Eine Suggestion besitzt keinerlei Macht, solange Sie ihr diese Macht nicht verleihen. Verbinden Sie sich bewußt mit der unendlichen Liebe, dem unendlichen Leben und der unendlichen Kraft in Ihrem Innern und machen Sie sich ständig die uralte Wahrheit bewußt: „Gottes Liebe umgibt mich und hüllt mich ein. Ich lebe ein zauberhaftes Leben. Der Zauber Gottes durchdringt mein gesamtes Sein. Wann immer mir die bewußten Kirchenmitglieder in den Sinn kommen, werde ich sie sofort gedanklich freisetzen und Gott überantworten."

Das Praktizieren dieser einfachen Wahrheiten verschaffte ihr Frieden und sie konnte schließlich über sich selbst lachen – über die Tatsache, daß sie ihren Widersachern Macht verliehen hatte. Nach kaum einer Woche erfuhr sie, daß fünf dieser Frauen ernstlich erkrankt und eine von ihnen schließlich verstorben war. Diese junge Frau war kein geeigneter Empfänger ihrer negativen Gedankenschwingungen, daher kehrten diese boshaften Gedanken mit verdoppelter Wirkung zu ihnen zurück und brachten ihnen Verderben. Das ist die „Bumerang-Wirkung".

Sie glaubte, ihr Vater praktiziere Schwarze Magie

Vor einigen Monaten berichtete mir eine Frau in Honolulu, daß sie außerhalb ihrer Rasse und Religion geheiratet hatte, und ihr Vater – ein Kahuna (Eingeborenenpriester) mit magischen Kräften – entschlossen war, ihre Ehe durch Zauberei zu zerstören.

Hier bringt die Erklärung zumeist auch die Heilung. Diese Frau hatte an der Universität von Hawaii in Psychologie promoviert, dessen ungeachtet lebte sie in ständiger Furcht vor dem Fluch ihres Vaters. Ich konnte ihr klarmachen, daß weder Personen noch Zustände in der Lage sind, ihre Ehe zu zerstören, solange sie und ihr Mann einander in Liebe verbunden sind. Gott ist Liebe, und wenn zwei Herzen als eines schlagen, dann haben alle Exkommunikationen und Flüche dieser Welt die Wirkung eines Pappgeschosses, das auf ein britisches Schlachtschiff abgefeuert wurde.

Die Empfänglichkeit unseres Unterbewußtseins für Eindrücke jeglicher Art, gekoppelt mit dem negativen Gebrauch unserer Vorstellungskraft hat Millionen unwissender Menschen teilweise geradezu gelähmt. Diese Frau war von dem Gedanken beherrscht, daß die von ihrem Vater praktizierte Zauberei (der negative Gebrauch seiner Geisteskräfte) wirksam und erfolgreich sein würde.

Ich erzählte ihr die Geschichte von Plotinus, der vor mehr als siebzehnhundert Jahren gelebt hatte. Plotinus – einer der großen erleuchteten Männer seines Zeitalters – bekam einst Besuch von einem ägyptischen Priester. Dieser Priester belegte Plotinus mit einem Fluch, d. h. er konzentrierte sich auf einen Todeswunsch für Plotinus und richtete ihn geistig auf ihn. Plotinus kannte den Trick und war sich bewußt, daß der törichte Priester glaubte, Macht zu besitzen. Keine negative Suggestion, kein Bannfluch besitzt irgendwelche Macht – selbst wenn alle Priester der Welt sich darum bemühen würden – sofern Sie nicht töricht und unwissend genug sind, ihn zu akzeptieren.

Plotinus spürte sein Einssein mit einem Gott der Liebe. Gott ist allmächtig; einer für sich ganz allein stellt im Zustand der Bewußtseinsverschmelzung mit Gott die absolute Mehrheit dar.

... Ist Gott für uns, wer mag wider uns sein? (Römer 8:31)
... Nichts wird euch Schaden zufügen. (Lukas 10:19)
Es wird dir kein Unheil begegnen, keine Plage deiner Hütte sich nahen. (Psalm 91:10)
Ich fürchte kein Übel, denn du bist bei mir. (Psalm 23:4)

Wie wir wissen, prallte der Fluch von Plotinus ab und fiel auf den ägyptischen Priester zurück, der ihn über Plotinus verhängen wollte. Er bekam einen Anfall und fiel Plotinus zu Füßen. Plotinus hatte Erbarmen mit dem unwissenden Priester, er nahm ihn bei der Hand und richtete ihn auf. Der Priester erkannte daraufhin die Eine Macht und wurde zu einem ergebenen Jünger von Plotinus.

Mit dieser Erklärung konnte der Hawaiianerin eine schwere seelische Belastung genommen werden. Ihrem Vater erklärte sie: „Dad, ich fürchte mich nicht länger vor dir. Du bist bedauernswert. Du glaubst, Macht zu besitzen, in Wirklichkeit gebrauchst du nur negative Suggestionen, und alles, was du anderen zudenkst, erschaffst du gleichzeitig für deinen eigenen Erfahrungsbereich. Die Macht ist in meinem Innern und ich bin mir meines Einsseins mit Gott bewußt. Seine Liebe umgibt uns und wacht über uns. Wann immer ich an dich denke, bejahe ich: „Gott ist für mich, deshalb kann niemand gegen mich sein. Ich bin frei." Sie segnete ihren Vater, ließ ihn los und gab ihn frei.

Kurz darauf teilte sie mir in einem Brief mit, daß ihr Vater seinen Haß auf sie und ihren Ehemann nicht aufgegeben habe. Vielmehr habe er ihr schriftlich angedroht, sie beide durch Zauberei und Schwarze Magie zu vernichten. Sie schenkte seinen Drohungen keine Beachtung, und nach einigen Monaten erfuhr sie, daß ihr Vater auf der Straße tot zusammengebrochen war. Sie sagte, daß ihr Vater sich durch seinen Haß umgebracht habe, und damit hatte sie recht. Haß, Eifersucht und Feindseligkeit sind die großen Zerstörer von Liebe, Frieden, Harmonie, Freude, Vitalität und gutem Willen. Alle seine negativen, zerstörerischen Gedanken schnellten wie ein Bumerang auf ihn zurück, und dieser verdoppelte Schlag war zuviel für ihn. Alles, was Sie einem anderen Menschen wünschen und zudenken, das erschaffen und manifestieren Sie zugleich in Ihrem Körper und in Ihrem Erfahrungsbereich.

Moses und die ägyptischen Priester

Im Altertum glaubten die Massen, daß ihre Priester die Macht hätten, alle zu verfluchen, die ihr Mißfallen erregten oder sie beunruhigten, und die Priester dieser Tage nutzten die Unwissenheit der Menschen weidlich aus.

Moses durchschaute die Schikanen und Ränke der ägyptischen Priester. Das verblüffte sie dermaßen, daß sie ihn fürchteten und ihm und seinem Volk gegenüber alle Einschüchterungsversuche aufgaben.

Moses lehrte die Einheit der spirituellen Macht. Die religiösen Überzeugungen der Ägypter basierten auf einem Glauben an viele Mächte. Moses wußte, daß Gott Einer ist, und diese Überzeugung und Bewußtheit zerstreute alle negativen Ideen in den Wind.

Denken Sie gradlinig

Es ist unerläßlich für Sie, das Folgende richtig zu verstehen: Harmonie, Liebe, Schönheit, Frieden, Freude und alle Segnungen des Lebens kommen von der Einen Quelle. Gott kann nichts Liebloses tun, denn Gott ist grenzenlose Liebe. Gott kann keinen Schmerz wünschen, denn Gott ist absoluter Frieden. Gott kann kein Leid und keine Trübsal wünschen, denn Gott ist absolute Freude. Gott kann keinen Tod wünschen, denn Gott ist Leben, und zwar Ihr Leben jetzt.

Alle sogenannten Bannflüche, Zaubereien, Schwarze Magie, Satanismus etc. entstammen einem geradezu beängstigend törichten Glauben an eine vermeintliche Gegenkraft. Es gibt nur eine Macht, Einen Gott – nicht zwei, drei oder tausend – nur einen. Der Glaube an eine böse Macht, die Gott herausfordert, gründet sich ausschließlich auf blühenden Aberglauben.

Wenn Menschen die Eine Kraft konstruktiv, harmonisch, friedvoll und freudig anwenden, dann nennen sie diese Macht Gott. Wenden sie die Macht jedoch unwissend, negativ und auf törichte Weise an, dann bezeichnen sie diese Kraft als Satan, Teufel, böse Geister ect.

Verwünschungen kehren zum Aussender zurück

Wenn Sie sich an den allmächtigen lebendigen Geist in Ihrem Innern wenden, Ihr Gemüt und Ihr Herz öffnen, und täglich bejahen: „Gott ist, und seine Gegenwart durchströmt mich als Harmonie, Schönheit, Liebe, Frieden, Freude und Überfluß. Gott behütet mich, und ich bin immer umgeben vom heiligen Kreis der Liebe Gottes." Ein Mensch, der dieser Einen Kraft in seinem Innern fest vertraut – loyal und treu –, ein solcher Mensch wird in der Bibel als *Israel* bezeichnet. Die Bibel sagt: *Denn kein Zauber hat Macht über Jakob, Keine Beschwörung über Israel...* (Numeri 23:23)

Ein Mensch, der die Überlegenheit des Geistes und die Macht seines eigenen Denkens begriffen hat, wird feststellen, daß alle seine Wege zum Wohlbefinden und Frieden führen.

ZUSAMMENFASSUNG

1. Das größte Geheimnis aller Zeiten ist, daß Gott Einer und damit unteilbar ist – die einzige Gegenwart und Macht, Ursache und Substanz. Ein erleuchteter Mensch gibt daher allein dieser höchsten Ursache (Geist) seine ganze Kraft, Treue und Loyalität, und nicht irgendwelchen erschaffenen Dingen. Kein Mensch, kein Stock, kein Stein, kein Zustand, auch nicht die Sonne, der Mond und die Sterne haben irgendwelche Macht über Sie, solange Sie ihnen diese Macht nicht zuerkennen. Macht geben Sie nur dem Schöpfer.
2. Als Kinder haben wir in Vorstellungen und geistigen Bildern gedacht; dem kindlichen Gemüt wurde Gott als ein würdiger alter Mann mit Bart, auf einem Thron sitzend präsentiert, umgeben von Harfe spielenden Engeln. Das kindliche Gemüt stellte sich einen Teufel mit Hufen, Hörnern und einem stacheligen Schwanz vor – alles Gedankenimpressionen, die auf den abergläubischen Suggestionen Erwachsener beruhen.
3. Der primitive Mensch schrieb Wohlbehagen den Göttern zu und Lei-

den irgendwelchen bösen Mächten. Er flehte die Intelligenz der Winde, der Sterne und des Wassers an, in der Hoffnung, erhört zu werden. Jeder Glaube an zwei Mächte (gut und böse) ist ein Rückfall in diesen uralten Aberglauben.

4. Die Kräfte der Natur sind nicht böse; es kommt allein auf den Gebrauch an, den wir von ihnen machen. Die Elektrizität zum Beispiel kann sowohl zum Staubsaugen, als auch zum Töten verwendet werden. Sie ist weder gut noch böse – sie ist nur wirksam. Ob etwas als gut oder böse anzusehen ist, hängt von der Motivation des Menschen ab – von seinem Gedankenleben.

5. Wenn Sie eine Kraft außerhalb Ihrer selbst wähnen – auch wenn sie Ihnen noch so wohlwollend erscheinen sollte –, dann haben Sie eine Saat ausgestreut, die früher oder später die Frucht der „Furcht" hervorbringen wird und damit die völlige Zerstörung von Leben, Liebe und Freiheit.

6. Der Voodoo-Zauberer oder Medizinmann verfügt über keinerlei Macht. Will er jedoch einen Fluch oder ein sogenanntes „Todesgebet" gegen einen einfältigen Eingeborenen schleudern, so läßt er diesen wissen, daß er von ihm verflucht ist. Der Eingeborene wiederum, von der Wirksamkeit eines solchen Fluches überzeugt, unterliegt dieser Suggestion und macht sie zu seiner eigenen Gedankenbewegung. Die gleichen Flüche zeitigen nicht die geringste Wirkung, als sie gegen Missionare ausgesandt wurden und von ihren vermeintlichen Empfängern lächerlich gemacht wurden, in dem Wissen, daß sie nicht den geringsten Schaden anrichten konnten. Die negativen Suggestionen des Medizinmannes fanden keinen Widerhall in ihrem Unterbewußtsein, denn dafür müßte ein gleichartiger Sinn oder ein entsprechendes Gefühl im Unterbewußtsein vorhanden sein. Solange das nicht der Fall ist, ist man für böse Suggestionen nicht empfänglich. Was würden Sie beispielsweise erreichen, wenn Sie einem auf Erfolg Vertrauenden Fehlschläge suggerieren wollten? Er würde Sie nur auslachen.

7. Es ist geradezu töricht, Menschen, die Ihnen einreden wollen, sie beteten gegen Sie, auch nur die geringste Macht zuzugestehen. Am besten ist es, sie auszulachen, da sie sich nur einbilden, über Macht zu

verfügen. Nur Gott besitzt Macht – die große bejahende. Er ist der all-weise Eine, der mächtige Gott, der Vater aller. Diese allmächtige Kraft bewegt sich als Harmonie. Ihr kann sich nichts entgegenstellen, nichts kann sie durchkreuzen, nichts sie beeinträchtigen. Sie ist allmächtig. Vereinen Sie sich mit ihr, denn wenn Ihre Gedanken Gottes Gedanken sind, dann ist Gottes Macht in Ihren guten Gedanken. Die negativen Gedanken anderer können Sie nicht erreichen, wenn Sie es ablehnen, ihnen in Ihrem Bewußtsein Einlaß zu gewähren. Sie werden vielmehr mit verdoppelter Kraft zu ihrem Aussender zurückkehren.

8. Wenn Eheleute oder Liebende durch Gottes Liebe vereint sind, dann kann dieses Band von niemandem zerstört werden. Gott ist Liebe. Wenn jemand die Absicht äußern sollte, eine Ehe auseinanderzubringen, dann segnen Sie ihn und gehen Sie Ihres Weges. Erkennen Sie einzig die Macht Gottes an – nicht die irgendeines Menschen.

9. Haß, Ressentiment, Eifersucht und Feindseligkeit – diese Emotionen töten Liebe, Frieden, Harmonie, Schönheit, Freude und Scharfblick oder Urteilskraft. Fortgesetztes Erzeugen negativer Gefühle ist höchst destruktiv. Es kann in tödlichen Krankheiten enden, in mentalen Verirrungen oder in Geisteskrankheit.

10. Moses lehrte das Einssein der spirituellen Kraft. Die ägyptischen Priester glaubten an viele Götter und ebenso viele böse Mächte. Moses wußte von der einen Macht und zerstreute ihre negativen Gedanken wie Spreu in den Wind.

11. Werden Sie zu einem gradlinigen Denker und geben Sie daher alle Macht, Anerkennung und Loyalität nur der Einen Höchsten Kraft: Dem Allmächtigen Lebenden Geist in Ihrem Innern. Stimmen Sie sich auf ihn ein und lassen Sie diese Gegenwart durch sich hindurchfließen als Harmonie, Gesundheit, Frieden, Freude und Liebe. Dann werden Sie feststellen, daß alle Ihre Wege von Wohlbefinden und Frieden erfüllt sein werden.

KAPITEL 3

Wie Tele-PSI Wunder für Sie bewirken kann

Ralph Waldo Emerson war es, der feststellte: „Allein das Endliche hat gefehlt und gelitten. Das Unendliche ruht in lächelnder Gelassenheit." Das Gesetz Ihres Geistes wirkt ohne Ansehen der Person. Das Gesetz bewirkt mit mathematischer Genauigkeit: Was Sie denken, das erschaffen Sie; was Sie fühlen, das ziehen Sie zu sich heran; und was Sie sich vorstellen, zu dem werden Sie. Alle Gesetze sind völlig unpersönlich, sie respektieren keinen Menschen. Daher ist diese Wahrheit auch für die Wirkungsweise Ihres Geistes zutreffend. Es ist gefährlich, mit Kräften herumzuspielen, die Sie nicht verstehen. Wenn Sie beispielsweise von den Gesetzen der Elektrizität nichts verstehen – nichts von Konduktivität oder Isolierung wissen, oder von der Tatsache, daß der elektrische Strom von einem höheren zu einem niederen Potential fließt – können Sie sich mit Leichtigkeit durch einen Stromschlag töten.

Aktion und Reaktion sind universelle Eigenheiten, die sich in der gesamten Natur zeigen. Oder anders illustriert: Jeder von Ihnen als wahr empfundene Gedanke wird Ihrem Unterbewußtsein aufgeprägt (das Gesetz) und Ihr Unterbewußtsein wiederum bringt das ihm aufgeprägte zum Ausdruck – Gutes, Schlechtes oder Indifferentes.

Wie ein Mann verlorene Liebe zurückgewann

Ein Mann hatte sich bei mir beklagt, daß er nach fünfzehnjähriger Ehe feststellen mußte, daß seine Frau ihn mit einem anderen Mann betrog. Er berichtete mir, daß er sie sechs Monate zuvor in ihrem Büro besucht hatte, und dabei bemerkte, daß ihr Chef ein außergewöhnlich gutaussehender Mann war und dazu noch recht wohlhabend. Er sagte: „Ich hatte das sichere Gefühl, daß sie mit ihm etwas hatte – das war meine ständige Furcht, obgleich ich ihr nichts davon sagte." Offensichtlich hatte die Eifersucht ihn in ihren Klauen, und was er am meisten gefürchtet hatte, war über ihn gekommen.

Er besaß recht gute Kenntnisse der geistigen Gesetze, mein Buch „Die Gesetze des Denkens und Glaubens" hatte er gelesen. Wir diskutierten und analysierten seine Handlungsweise, und er begriff mit einem Mal, daß es seine geistigen Vorstellungen von der Untreue seiner Frau waren, die ihrem Unterbewußtsein aufgeprägt wurden und sich damit zu verwirklichen trachteten. Seine Frau hatte keine Ahnung von der Wirkungsweise seines Geistes. Es waren tatsächlich seine Furchtgedanken zusammen mit seiner definitiven Überzeugung, daß sie ein Verhältnis mit ihrem gutaussehenden Chef hätte, die hier ihre Wirkung zeitigten.

Im Grunde war er ganz allein verantwortlich für alles, was hier geschehen war, weil seine Gedanken und Imaginationen derart intesiv und kraftgeladen waren, daß sie sein eheliches Mißgeschick auf schnellstmögliche Weise herbeiführten. Er sah ein, daß er das Gesetz des Geistes auf sehr negative Art angewandt und somit die entsprechenden Resultate bewirkt hatte. Er war vernünftig genug, die Angelegenheit mit seiner Frau zu besprechen, wobei er auf meinen Rat hin auch klar die Rolle betonte, die der Mißbrauch seiner geistigen Vorstellungen dabei gespielt hatte. Unter Tränen gab sie daraufhin ihre Untreue zu und brach das Verhältnis zu ihrem Chef ab. Sie beschaffte sich eine andere Position und der Geist der Vergebung und göttlicher Liebe vereinte sie wieder.

Mit dem folgenden wissenschaftlichen Gebetsverfahren war er imstande, alle seine Furchtgedanken wie auch seine quälenden Eifersuchtsgefühle zu vertreiben:

Meine Frau ist für meine konstruktiven Gedanken und Vorstellungen empfänglich. Im Mittelpunkt ihres Seins herrscht Frieden. Gott führt und leitet sie. Göttliches rechtes Handeln beherrscht sie. Zwischen uns ist ausschließlich Harmonie, Liebe, Frieden und Verstehen. Immer wenn ich an sie denke, werde ich sie sofort segnen und sagen: „Gott liebt dich und sorgt für dich."

Dieses Gebet machte er sich zur Gewohnheit und befreite sich damit von Furcht- und Eifersuchtsgefühlen, den „Kindern der Furcht". Ihr Eheleben wird von Tag zu Tag glücklicher. Hiob sagte: „Was ich gefürchtet habe, ist über mich gekommen." Die Umkehrung jedoch ist ebenso wahr: „Das, was ich sehr liebe, ist in mein Leben und in meinen Erfahrungsbereich gekommen."

Die unendliche Kraft bewirkte Wunder für sie

Die Überschrift dieses Kapitels ist das Resultat einer Unterredung mit einer jungen Studentin der University of Southern California. Sie hatte mein Buch *ASW – Ihre außersinnliche Kraft* eingehend studiert und dabei von den wundervollen Erfahrungen gelesen, die einige Menschen in ihren Träumen und Nachtvisionen gehabt haben. Sie sagte mir: „Ich bin jetzt einundzwanzig Jahre alt und entschlossen zu heiraten. Vor einer Woche hatte ich ein Zwiegespräch mit meinem höheren Selbst. Dabei verfuhr ich wie folgt:
Du bist all-weise; du kennst und weißt alles. Bring einen Mann in mein Leben, mit dem ich vollkommen harmoniere und der für mich der Richtige ist. Und jetzt überlasse ich mich den Tiefen des Schlafes."
Das war ihre einfache Gebetstechnik. Schließlich sah sie im Traum einen jungen Mann, etwa in ihrem Alter – groß und gutaussehend, mit Büchern unter dem Arm. Sie wußte augenblicklich, daß er der Mann war, den sie heiraten wollte. Obgleich sie nicht die geringste Ahnung hatte, wer er war oder wo sie ihm begegnen könnte, war sie völlig beruhigt über das Ganze und verspürte auch kein Verlangen, weiterhin glückliche Zweisamkeit zu bejahen.
Etwa zwei Monate nach diesem Traum besuchte sie einen Gottesdienst und traf genau diesen jungen Mann. Er war ihr Sitznachbar und hatte ein Buch unter dem Arm – eine Bibel. Einen Monat darauf waren sie verheiratet.
Träume dieser Art, die einen künftigen Ehepartner präsentieren, sind keineswegs ungewöhnlich. Diese junge Studentin kannte die Gesetze ihres Geistes. Sie war sich auch bewußt, daß es der letzte wache Gedanke

ist, der sich ihrem Unterbewußtsein einprägt, und daß letzteres alles zu seiner Verwirklichung erforderliche veranlaßt. Zuweilen neigt es dazu, das Geschehen zu dramatisieren, wenn Wach- und Unterbewußtsein sich während des Schlafes schöpferisch zusammenfinden.
Den Seinen gibt's der Herr im Schlaf. (Psalm 127:2)

Er glaubte, daß die Karten gegen ihn und seinen Erfolg seien

Auf einer meiner letzten Reisen nach Irland besuchte ich einen entfernten Cousin von mir, der in der Nähe von Killarney lebt. Beim Essen in seinem Haus erzählte er immer wieder, daß er offensichtlich vom Pech verfolgt sei und eine Kartenlegerin ihm gedeutet habe, daß „böse Mächte" sich gegen ihn verschworen hätten – eine Bemerkung, die ihm natürlich erst recht Angst einjagte. Er schien geradezu einem hypnotischen Bann zu unterliegen, einer vorgefaßten Meinung, bei der die Dinge wie ein Deck Spielkarten angeordnet sind. Dabei ist dieser Verwandte von mir ein hochgebildeter Mensch mit Universitätsstudium.

Wie er mir sagte, hatte er auf der Universität auch Emerson gelesen, aber anscheinend Emersons Definition des Begriffs „Schicksal" übersehen:

Er (*der Mensch*) hält sein Schicksal für unangemessen, weil die Kopula (*das Verbindungsglied*) verborgen ist. Jedoch die Seele (*das Unterbewußtsein*) enthält die Begebenheit, von der sie befallen wird, denn die Begebenheit ist nur die Verwirklichung seines Denkens, und das wofür wir beten, wird uns immer gewährt. Die Begebenheit ist der Abdruck deiner Form. Sie paßt dir wie deine Haut.*

Ich erklärte ihm, daß Emersons Worte ebenso wahr sind wie die Gesetze der Agrikultur, mit denen er aufgrund seines Studiums so gut vertraut war. Ich machte ihm klar, daß seine geistige Verfassung, seine theologischen Überzeugungen, emotionale Übereinstimmung sowie sein Denken und Fühlen alle Zustände, Erfahrungen und Geschehnisse in seinem Leben bestimmen. In anderen Worten: Die Ursache lag in seinem

---

* Anmerkungen in Kursivschrift vom Autor.

Gedankenleben begründet, sie war nicht äußerer Natur. Er begann die Wahrheit einzusehen, daß sein Unterbewußtsein immer bestrebt ist, sein gewohnheitsmäßiges Denken und seine Überzeugungen zu reproduzieren. Es wurde ihm klar, daß die negativen Suggestionen der Wahrsagerin – sobald er sie akzeptierte – zu seiner eigenen Gedankenbewegung würden und damit Erfahrungen bewirken, die seinem gewohnheitsmäßigen Denken entsprechen – so, wie eine Saat nur das ihr gemäße hervorbringt.

Immerhin verfügte er über die Macht, die Behauptungen der Kartenlegerin abzulehnen, in dem Wissen, daß er es ist, der seine eigene Zukunft gestaltet, eben durch sein Denken. Es ist eine uralte Wahrheit: Der Mensch ist das, was er den ganzen Tag lang denkt.

Ich wies besonders darauf hin, daß die Kartenlegerin über keinerlei Macht verfügt und daher auch keine Kontrolle über sein Leben ausübt. Sie könnte allerdings – sofern sie sehr sensitiv ist – imstande sein, Kontakt zu seinem Unterbewußtsein herzustellen, und ihm seinen gegenwärtigen Gemütszustand zu enthüllen. Ich überzeugte ihn von seiner Fähigkeit, sein Unterbewußtsein zu verändern, wenn er sein Denken spirituellen Dingen zuwendet und sich mit ewigen Wahrheiten identifiziert.

Was ich gefürchtet habe, ist über mich gekommen. (Hiob 3:25)

Tatsächlich waren alle Rückschläge, Enttäuschungen und Mißerfolge von ihm selbst verursacht. Meinen Anleitungen gemäß überprüfte er seine Geisteshaltung. Ich schrieb ein Gebet für ihn auf, das er morgens und abends anwenden sollte, mit der ausdrücklichen Maßgabe, das Bejahte nicht etwa kurz darauf wieder zu verneinen:

Heute ist der Tag Gottes. Ich entscheide mich für Glück, Erfolg, Wohlstand und Seelenfrieden. Ich werde den ganzen Tag lang Göttlich geführt und alles, was ich anpacke, gelingt mir gut. Jedesmal wenn meine Aufmerksamkeit von den Gedanken an Erfolg, Frieden, Wohlstand oder meinem anderen Guten abirren sollte, bringe ich sie sofort zurück zur Kontemplation Gottes und seiner Liebe, in dem Wissen, daß er für mich sorgt.

Ich bin ein spiritueller Magnet und ziehe daher eine gute Kundschaft und Klientel zu mir heran: Menschen, die das haben wollen, was ich zu geben habe. Meinen Service verbessere ich von Tag zu Tag. In allen meinen Unternehmungen bin ich ein ganz außergewöhnlicher Erfolg.

Alle Menschen, die mein Leben berühren, segne ich mit Wohlstandsgedanken. Diese Bejahungen sinken jetzt tief in mein Unterbewußtsein und kommen wieder zum Vorschein als Überfluß, Sicherheit und Seelenfrieden. Es ist wundervoll!
Diese neue Einstellung, zusammen mit der ständigen Verwirklichung der obigen Wahrheiten, hat sein ganzes Leben verändert.

Sie sagte: „Dies ist meine siebente Scheidung. Was mache ich falsch?"

Eine Frau mittleren Alters, völlig verstört und ein nervliches Wrack, bat mich, ihre früheren Ehen zu durchleuchten, die sämtlich in die Brüche gegangen waren. Es war nicht schwer, hier festzustellen, daß diese Frau im Grunde immer mit dem gleichen Mann verheiratet war, obgleich er jedesmal einen anderen Namen hatte. Und jeder einzelne von ihnen war schlimmer als sein Vorgänger.

Ich machte ihr klar, daß sie im Leben nicht das bekommt, was sie haben will, sondern das, was sie kontempliert, und daß es daher unerläßlich ist, ein mentales Äquivalent (eine geistige Entsprechung) des Gewünschten im Unterbewußtsein zu etablieren, bevor es in Erscheinung treten kann.

Ihre Schwierigkeiten beruhten auf tiefsitzenden Ressentiments ihrem ersten Ehemann gegenüber, der sie ständig belogen hatte und schließlich unter Mitnahme ihres ganzen Geldes und ihrer Juwelen das Weite gesucht hatte.

Da sie nicht imstande war, ihn geistig loszulassen, schwärte diese psychische Wunde – dieses quälende Übel – in ihrem Unterbewußtsein weiter. Folgerichtig zog sie damit den zweiten, den dritten und auch die weiteren Ehemänner an. Und indem sie ihre Zorngefühle und ihre Ressentiments gegenüber jedem einzelnen dieser Männer nährte, verstärkte sie diese negativen Emotionen in ihrem Unterbewußtsein und zog sich die genaue Entsprechung dieses dominierenden Gemütszustandes zu. Das Unterbewußtsein verstärkt und multipliziert jeweils das im Brennpunkt unserer Aufmerksamkeit Festgehaltene – sei es gut oder schlecht.

Ich erläuterte ihr das Gesetz und die Funktionsweise des Geistes, wobei ich ihr eindringlich klarmachte, daß dieses Gesetz absolut gerecht und eminent fair ist in seinen Manifestationen. So, wie es in der Natur des Apfelsamens liegt, einen Apfelbaum hervorzubringen, so obliegt es dem Gesetz des Geistes, unfehlbar und unvermeidlich in allen Phasen des Lebens das genaue Duplikat der inneren Natur zu reproduzieren. „Wie innen, so außen. Wie im Himmel (im Geist), so auf Erden (Körper, Umstände, Zustände, Erfahrungen und Begebenheiten)."

Durch meine Erläuterungen war sie imstande, die Unklarheiten in ihrem Gemüt zu beseitigen. Sie hatte mit einem Mal begriffen, daß es nicht möglich ist, etwas anderes hervorzubringen, als das im Denken und Fühlen verankerte. Man kann nicht von einer Sache gedanklich und gefühlsmäßig überzeugt sein, wenn man etwas anderes zu erfahren wünscht, als das Gedachte, Gefürchtete und Erwartete. Das Gesetz des Geistes ist gut – es ist sehr gut, denn alle Ihre äußeren Erfahrungen entsprechen genau Ihren inneren Einstellungen und Überzeugungen.

Sie sagte sich:

Ich sehe jetzt, daß es meine Ressentiments waren, meine Zorngefühle und meine Feindseligkeit meinen Ehemännern gegenüber, zusammen mit meiner Unfähigkeit zu vergeben, die immer wieder den gleichen Menschentyp – Männer mit gleichartigen Charaktereigenschaften – in mein Leben gebracht haben. Ich muß mich ändern. Ich weiß, daß ich meinen jetzigen Mann fälschlicherweise beschuldigt habe. Obgleich er ein Alkoholiker und ein Spieler ist, so war er doch weder untreu, noch hat er mir in irgend einer Weise nachspioniert. Alle diese Bezichtigungen sind letztlich Projektionen meiner eigenen Schuld- und Furchtgefühle und meiner Unsicherheit.

Bei der nachfolgenden Unterredung, die ich mit beiden hatte, stimmten sie überein, in der Absicht, ihre Ehe weiterzuführen. Sie war zu der Einsicht gekommen, daß sie sonst doch nur das gleiche Denkmuster von Selbstmitleid, Depressionen und unterdrücktem Zorn wiederholen würde. Er wiederum entschloß sich, Alkohol und Glücksspiel aufzugeben. Sie wollten von jetzt an jeder im anderen die Göttlichkeit sehen und anerkennen. Der Ehemann wußte jetzt, daß ein Mann, der eine Frau wirklich liebt, nichts Liebloses tut, und seine Frau erkannte, daß hinter jedem erfolgreichen Mann eine Frau steht.

Sie entschlossen sich, morgens und abends füreinander zu beten, wissend, daß es unmöglich ist, gegen einen Menschen, für den wir beten, irgendwelche feindseligen Gefühle zu hegen. Das gemeinsame Gebet, morgens und abends von beiden abwechselnd bejaht, lautete wie folgt:

Wir wissen, daß wir nicht zugleich Gedanken der Liebe und Ressentiments empfinden können, denn das Bewußtsein kann nicht zweierlei Dinge zur gleichen Zeit ausdrücken. Jedesmal, wenn wir aneinander denken, bejahen wir mit Nachdruck: „Gottes Liebe erfüllt seine/ihre Seele." Wir strahlen Liebe, Frieden, Freude und guten Willen aus. Auf allen unseren Wegen werden wir Göttlich geführt und wir erheben jeweils den Gott im anderen. Unsere Ehe ist eine spirituelle Vereinigung. Wenn wir Ressentiments und negative Gedanken gegeneinander gehegt haben, so ist das jetzt vergeben und wir sind entschlossen, das nicht mehr zu tun. Wir wissen, daß wir uns nur selbst vergeben müssen, damit uns vergeben wird, da das Leben oder Gott niemals bestraft; das tun wir vielmehr nur selbst. Nur was der Liebe, der Wahrheit und der Vollkommenheit zugehört, kann in unseren Erfahrungsbereich gelangen.

Nachdem beide sich dieses Gebet zur Gewohnheit gemacht hatten, ging eine spirituelle Transformation – eine geistige Veränderung – mit ihnen vor und sie machten die Erfahrung, daß die Liebe alles auflöst, was ihr nicht gemäß ist. Jeder von ihnen stellte fest, daß es nichts zu ändern gibt, als das eigene Selbst.

Wenn Sie die Wahrheiten Gottes kontemplieren und Liebe und Wohlwollen auf alle Wesen ausstrahlen, dann wird Ihre ganze Welt auf wundersame Weise in das genaue Abbild Ihrer Kontemplation verschmelzen und Ihre Wüste wird fruchtbar. Sie wird blühen, wie die Rose.

So wird die Unendliche Kraft Wunder für Sie bewirken.

ZUSAMMENFASSUNG

1. Das Gesetz des Geistes wirkt ohne Ansehen der Person. Es macht deutlich: Was Sie denken, erschaffen Sie; was Sie fühlen, das ziehen Sie an; und was Sie sich vorstellen, zu dem werden Sie.

2. Aktion und Reaktion sind universelle Charakteristiken, die in der gesamten Natur zu finden sind. Ihr Denken ist in Entstehung begriffene Handlung, der die entsprechende Reaktion aus Ihrem Unterbewußtsein vorausgeht, die auf der Art Ihrer Gedanken basiert.
3. Wenn ein Mann von der Untreue seiner Frau überzeugt ist und das ständig befürchtet und sich verbildlicht, dann werden solche Imaginationen von ihrem Unterbewußtsein aufgefangen und sie könnte geneigt sein, genau das zu tun, was von ihr befürchtet wird, um so mehr, wenn ihr die Gesetze des Geistes nicht vertraut sind und sie nicht durch regelmäßiges Meditieren entsprechend immunisiert ist.
4. Furcht und Eifersucht lassen sich beseitigen durch Identifizierung mit der Gottesgegenwart im Innern – in sich selbst und in der anderen Person – verbunden mit allen Segenswünschen, in der Erkenntnis, daß „das Schiff, das zu meinem Bruder heimkehrt, zu mir heimkehrt". Der Erfolg des anderen ist auch Ihr Erfolg; des anderen Glück ist ebenso Ihr Glück. Liebe ist des Gesetzes Erfüllung – des Gesetzes der Gesundheit, des Glücks und des Seelenfriedens.
5. Es ist möglich, den künftigen Ehepartner im Traum oder in Nachtvisionen wahrzunehmen. Oftmals wird Ihr Unterbewußtsein Ihnen diesen Menschen enthüllen, und wenn das geschieht, haben Sie gleichzeitig das sichere Gefühl des beantworteten Gebets. Sie werden dann nachträglich finden, daß Ihr zukünftiger Ehepartner genau der Traumvision entspricht.
6. Wenn ein Mensch der Überzeugung ist, die Karten „lägen ungünstig" oder seien gegen ihn – wenn er sich die negativen Prophezeiungen einer Kartenlegerin zu eigen macht –, dann reagiert sein Unterbewußtsein gemäß diesen Bejahungen. In Wirklichkeit ist er selbst der Verursacher seines Mißgeschicks, da es sein Bewußtseinsinhalt ist, der seine Zukunft bestimmt. Der Mensch verfügt über die Macht, negative Suggestion jeglicher Art zurückzuweisen und auf Gott als seinen stillen Partner zu blicken, der ihn auf allen seinen Wegen führt, leitet und gedeihen läßt. Glaubt er an Wohlergehen, so wird ihm Wohlergehen zuteil. Das Unterbewußtsein des Menschen reproduziert immer die gewohnheitsmäßigen Denk- und Vorstellungsmodelle, die ihm eingegeben werden.

7. Eine Frau, die sich tiefsitzenden Ressentiments, Zorngefühlen und Übelwollen gegenüber einem früheren Ehemann überläßt, kann sich durch eine solche Geisteshaltung einen emotional gestörten Mann mit ähnlichen Charakteristiken zuziehen, wie sie der vorherige Gatte aufwies. Gleiches zieht Gleiches an und „Vögel gleichen Gefieders fliegen zusammen". In einem solchen Fall ist es unbedingt erforderlich, den Ex-Mann gedanklich völlig loszulassen – ihn freizusetzen – und ihm alle Segnungen des Lebens zu wünschen. Wenn sie sich das zur Gewohnheit macht, kann sie an ihn denken und dabei ihren Seelenfrieden behalten. Wo wahre Vergebung regiert, gibt es keine Kränkung. Nach erfolgter restloser Vergebung kann sie dann von der Unendlichen Macht und Gegenwart einen Ehepartner beanspruchen, der in jeder Hinsicht mit ihr harmoniert, und das Gesetz ihres Unterbewußtseins wird entsprechend reagieren.
8. Es erfordert zwei, um eine erfolgreiche Ehe zu führen. Wenn jeder der beiden Partner sich jedoch entschlossen hat, den Gott in sich und im anderen zu erheben, wird eine solche Ehe von Jahr zu Jahr glücklicher und gesegneter sein. Durch Kontemplation der Wahrheiten Gottes, im gegenseitigen Erkennen Seiner Liebe im anderen, wird die Wüste ihres Lebens erblühen, wie die Rose.

KAPITEL 4

Wie Tele-PSI Sie befähigt, die Zukunft vorauszusehen und die Stimme der Intuition zu hören

Viele Menschen in der Finanzwelt haben die Eigenschaft, das Steigen und Fallen von Aktien vorherzusagen, bevor es sich auf der objektiven Ebene ereignet. Der Grund hierfür ist recht einfach. Sie werden immer Intuitionen oder innere Eingebungen haben, die sich auf den Gegenstand Ihrer jeweiligen Aufmerksamkeit beziehen. Ihr Unterbewußtsein reagiert immer der Natur Ihres konzentrierten Denkens gemäß.

Wie ein junger Geschäftsmann Tele-PSI praktizierte und ein kleines Vermögen gewann

Kürzlich hatte ich ein Gespräch mit einem Apotheker, der mir erzählte, daß er sich vor einigen Jahren mit dem Studium von Goldaktien in Afrika, Mexiko, Kanada und den USA befaßt hatte. Er fixierte seine Aufmerksamkeit auf etwa fünf Aktien, die zu der Zeit an der Börse ziemlich niedrig gehandelt wurden. Sein Tele-PSI-Vorgehen (Kommunikation mit der unendlichen Intelligenz seines Unterbewußtseins) war wie folgt:

Jeden Abend, bevor er sich dem tiefen Schlaf überließ, instruierte er sein tieferes Selbst ruhig und gelassen:

Enthülle mir die beste Investitionsmöglichkeit in diese Goldaktien und ich werde mir der erhaltenen Antworten klar und deutlich bewußt sein. Die Antworten gelangen in meinen wachbewußten, wägenden Verstand. Es wird mir unmöglich sein, die Antwort zu verfehlen.

Auf diese Weise verfuhr er jeden Abend, während er im übrigen den finanziellen Background und die Möglichkeiten der in Frage kommenden Goldaktien studierte. Daraufhin erschien ihm eines Nachts ein Mann im Traum und wies mit einem Zeigestock auf eine Tabelle mit den Namen der betreffenden Goldaktien. Dabei enthüllte er den gegenwärtigen Stand und zukünftige Höhen. Gleich nach dem Erwachen kaufte er die Aktien; sie erreichten später den Stand, den er im Traum gesehen hatte. Daraufhin verkaufte er sie und machte damit ein kleines Vermögen, das er, wie er sagte, mit seiner Arbeit als Apotheker nicht erzielt haben würde.

Seither hat er oftmals solche Aktien gekauft und damit erhebliche Gewinne erzielt. Die Traumerscheinung war eine Dramatisierung seines Unterbewußtseins, das ihm klar und deutlich die Antworten auf seine Fragen gab.

Wie Tele-PSI das Problem einer Sekretärin löste

Vor einigen Monaten wurde ich von einer jungen Frau konsultiert, deren Vater gestorben war. Sie war das einzige Kind, ihre Mutter hatte sie verloren, als sie noch sehr jung war. Als Achtjährige machte sie mit ihrem Vater eine Reise nach Hawaii, und dort besuchten sie alle Inseln. Er sagte ihr damals, daß er drei Grundstücke erworben hatte, die sie eines Tages erben sollte, er hatte sie nur für sie gekauft. Sie konnte jedoch weder ein Testament noch irgendwelche anderen Unterlagen finden. Außerdem wußte sie nicht, um welche der Inseln es sich handelte, da er die Angelegenheit seither nicht mehr erwähnt hatte.

Ich schlug ihr vor, sich am Abend zu entspannen und sich vorzustellen, zu dem Unendlichen Geist in ihrem Innern zu sprechen. Ein Dialog mit dieser Gegenwart – so erklärte ich ihr – ist das, was als Tele-PSI bezeichnet werden kann, die Antwort werde mit Sicherheit kommen. Die notwendigen Voraussetzungen dazu seien Aufrichtigkeit, Anerkennung und Akzeptieren der Antwort.

Diesen Anleitungen gemäß führte sie ein imaginäres Gespräch mit ihrem höheren Selbst:

Das Testament meines Vaters und die Unterlagen über die Grundstückstransaktion befinden sich irgendwo im Haus, und ich weiß, daß du, mein höheres Selbst diese Stelle kennt. Ich akzeptiere die Antwort jetzt, ich danke dir für die Antwort, und so ist es.

Danach überließ sie sich dem Schlaf, wobei sie das eine Wort „Antwort" ständig wiederholte.

Der letzte wache Gedanke, die letzte wache Vorstellung, mit der Sie sich dem Schlaf überlassen, wird Ihrem Unterbewußtsein aufgeprägt. Wenn dieser Gedanke ausreichend von Glauben und Vertrauen durchtränkt ist – entsprechend emotionalisiert (mit Gefühl aufgeladen) ist – dann wird Ihr Unterbewußtsein entscheiden, auf welche Weise die Antwort kommen wird, denn es allein weiß die Antwort.

Diese Technik wandte sie etwa zwei Wochen lang allabendlich an. Nach Ablauf dieser Zeit erschien ihr eines Nachts ihr Vater im Traum. Er lächelte und sagte:

Ich werde dein Problem entwirren. Testament und Kaufvertrag befinden sich in der Familien-Bibel, die deine Großmutter zu lesen pflegte. Schlag die Seite 150 auf, dort wirst du einen kleinen Briefumschlag finden. Ich muß jetzt gehen, aber ich sehe dich wieder. Ich bin es wirklich – dein Vater, halte mich nicht für eine Traumgestalt.

Überwältigt von diesem Erlebnis eilte sie gleich nach dem Erwachen nach unten und schlug die Bibel auf – und da waren auch schon die Papiere, die sie so verzweifelt gesucht hatte: Steuerquittungen, Verkaufsbelege und ein Testament. Dieses Traumerlebnis hatte ihr eine Menge Zeit und Kosten erspart.

Niemand vermag genau zu sagen, welche Methode Ihr Unterbewußtsein anwenden wird, um Ihr Gebet zu beantworten. Die Fähigkeit der Clairvoyance (Hellsehen) ist eine seiner Kräfte; somit war diese Sekretärin imstande, mittels Clairvoyance den Aufbewahrungsort des Testaments zu ermitteln. Ihr Unterbewußtsein verwebte das Ganze in eine Traumvorstellung mit ihrem Vater als Hauptperson, so wie ein Dramatiker einen Handlungsablauf ersinnt und seinen Charakteren die entsprechenden Worte in den Mund legt.

Wenn Sie jetzt der Ansicht sein sollten, daß es sich hier um den „Geist" des Vaters gehandelt habe, dann würden Ihnen gewiß viele zustimmen. Auch diese junge Frau war felsenfest überzeugt, daß es sich bei der Erscheinung um ihren Vater gehandelt hatte. Bedenken wir: Telepathische Kommunikation zwischen eng miteinander verbundenen Menschen findet man tagtäglich in allen Bereichen, ganz gleich, auf welcher Daseinsebene sie sich befinden: Väter, Mütter, Söhne, Töchter, Verwandte, Freunde, etc. Sie alle sind in der Tat sehr lebendig auf ihrer Ebene. Es gibt keinen Tod, wir sind allezeit von unseren Lieben umgeben – getrennt sind wir lediglich durch verschiedenartige Schwingungsfrequenzen. Wie wir alle, so verfügen auch sie über ein subjektives Bewußtsein. Darüber hinaus erlauben ihnen ihre verfeinerten Körper, Wände und verschlossene Türen zu durchdringen und die Begriffe Zeit und Raum sind für sie nicht existent.

Die Behauptung, ein Angehöriger sei außerstande, Ihnen eine telepathische Botschaft aus der nächsten Dimension zu schicken wäre gleichbedeutend mit der Unterstellung, auch das Aussenden einer telepathischen Botschaft aus einer anderen Stadt – sagen wir aus Boston – sei unmöglich. Dann könnte man auch gleich behaupten, es sei unmöglich, Sie telefonisch oder telegraphisch zu erreichen. Wir sind alle eins in dem Einen Bewußtsein, das allen Individuen zugänglich ist, und jeder Mensch ist sowohl ein Einlaß als auch ein Auslaß dieses Einen Universellen Bewußtseins.

Geist und Bewußtsein – die einzige Wirklichkeit von uns allen – sind unsterblich, denn Gott ist Leben (Geist) und das ist unser Leben jetzt. Gott ist Geist, und der Lebendige Allmächtige Geist wohnt in uns, spricht und bewegt sich in uns. Vor Tausenden von Jahren sagten die alten Hindu-Mystiker:

Du (Geist) wurdest nie geboren; du (Geist) wirst nie sterben; Wasser näßt dich nicht; und der Wind verweht dich nicht.

Eine Frage, die mir gelegentlich gestellt wird

„Können entkörperte Wesen (in der nächsten Dimension lebende Angehörige, mit vierdimensionalen Körpern ausgestattet) sich mit den Lebenden in Verbindung setzen?"

Meine Antwort darauf ist, daß es sich nach wie vor um verkörperte

Wesen handelt, sei es auf unserer dreidimensionalen Ebene oder auf der nachfolgenden vierdimensionalen. Prof. Dr. J. B. Rhine und viele andere Wissenschaftler haben den experimentellen Nachweis erbracht, daß – ohne den Schatten eines Zweifels – telepathische Verbindungen zwischen verkörperten Wesenheiten bestehen, d. h. also zwischen Ihnen und Ihren Freunden oder Ihren Lieben. Ihre Lieben in der nächsten Lebensdimension sind selbstverständlich ebenfalls verkörperte Wesen und so lebendig wie Sie.

Tele-PSI und außersinnliche Reisen

Viele Menschen – sei es bewußt oder unbewußt – haben sich schon einmal außerhalb ihrer natürlichen Körper befunden und dabei entdeckt, daß sie über einen anderen Körper verfügten, zuweilen als subtiler, astraler oder vierdimensionaler Körper bezeichnet. Es ist ein Körper mit einer höheren molekularen Schwingungsrate – einer Schwingung vergleichbar mit einem Ventilator, dessen Flügel von einer bestimmten Umdrehungsgeschwindigkeit an unsichtbar werden.

In akademischen und wissenschaftlichen Kreisen ist es eine bekannte Tatsache, daß der Mensch außerhalb seines Körpers wirken kann. Es ist demonstriert worden, daß der Mensch völlig unabhängig von seinem physischen Sein sehen, hören und reisen kann. Der verstorbene Dr. Hornell Hart, ein Mitarbeiter Dr. Rhines an der Duke University, hat bemerkenswerte Forschungen am „Menschen außerhalb seines Körpers" angestellt und zu weiteren Experimenten und Untersuchungen geraten.

In meinen Büchern „Die Wunder Ihres Geistes" und „ASW – Ihre außersinnliche Kraft" berichte ich von sehr interessanten und einzigartigen Erlebnissen – von Männern und Frauen des täglichen Lebens, die ihre Körper an Orte projizierten, tausende von Kilometern entfernt, und die imstande waren, über das dort Erlebte eingehend zu berichten.

Wie er durch Tele-PSI innerhalb eines Tages 100 000 Dollar gewann

Vor einigen Monaten sprach ich in der Church of Religous Science von Las Vegas, Nevada, auf Einladung von Dr. David Howe. Nach dem Vortrag suchte mich ein Mann in meinem Hotel auf, um meinen Rat für ein häusliches Problem einzuholen.

Im Verlauf des Gesprächs erzählte er mir, daß er Buchmacher sei und bei Rennwetten es mit beträchtlichen Geldsummen zu tun hätte. Er sagte, daß er sich vor großen Verlusten zu schützen pflegt, indem er sein Unterbewußtsein regelmäßig und systematisch einschaltet. Wenn er für ein Pferd oder zwei zuviel Geld einnimmt, dann versucht er, einen Teil davon bei anderen Buchmachern zu plazieren. Zu diesem Zweck studiert er die Rennberichte eingehend und konzentrierte sein Interesse auf zwei bestimmte Pferde, die er favorisierte; dann instruierte er sein Unterbewußtsein: „Ich übergebe dir jetzt das folgende Problem: Enthülle mir die Sieger des ersten und dritten Rennens (oder welche anderen Rennen er favorisierte)." Dann überließ er sich dem Schlaf mit den Worten „Sieger, Sieger, Sieger."

Unmittelbar vor dem Einschlafen ist das Wachbewußtsein schöpferisch mit dem Unterbewußtsein verbunden, wobei letzteres den letzten wachen Gedanken aufnimmt und sofort daran geht, auf seine eigene Weise zu antworten. Oftmals sieht dieser Mann den Verlauf des Rennens und die Gewinner, während er fest schläft. Bei anderen Gelegenheiten sieht er zwar das Rennen im Traum, hat jedoch den Sieger vergessen, wenn er erwacht. Eines Nachts sah er „Look-Me-Over" als Sieger des Rennens und die Quoten waren annähernd 27:1 auf Sieg. Er plazierte 4000 Dollar und gewann etwa 100 000 Dollar.

Sie werden bemerkt haben, daß sein Traum präkognitiver Art war, d. h. er sah die Rennergebnisse 24 Stunden bevor sie sich tatsächlich ereigneten, sein Traum stand in ursächlichem Zusammenhang mit seinem Job als Buchmacher. Die Funktionsweise unseres Unterbewußtseins ist völlig unpersönlich. Es vermittelt seine Intuitionen dem Bankier in Gelddingen; dem Arzt in medizinischen Angelegenheiten; dem Chemiker, chemische Formeln betreffend; dem Finanzmakler, Investitionen betreffend; und der Erfinder, der sich um eine neue Entdeckung bemüht, kann zuweilen den ganzen Entwurf im Traum vor sich sehen. Ihr Unterbewußtsein vermittelt Ihnen Eingebungen, Ideen, Antworten und definitive Intuitionseindrücke, alles gegründet auf der Natur Ihrer gezielten Aufmerksamkeit und Ihres intensiven Interesses.

Wie man sich an einen bestimmten Traum erinnern kann

Ich machte diesen Buchmacher mit einer Verfahrensweise vertraut, sich an einen bestimmten Traum wieder zu erinnern – in seinem Fall an den Traum, bei dem er den Sieger des Rennens vergessen hatte. Ich wies ihn an, des Morgens, unmittelbar nach dem Erwachen, sich zu sagen: „Ich erinnere mich". Dann würde ihm der Traum in voller Länge ins Gedächtnis gerufen. (Er hat es versucht und es funktionierte.)

Tele-PSI im Leben von Luther Burbank

Der Name Luther Burbank ist allen Amerikanern (und vielen Wahrheitssuchern in aller Welt, d. Übers.) bekannt. Seinen eigenen Worten nach gehörte es zu seinen Gepflogenheiten, seiner Schwester eine telepathische Botschaft zu übermitteln, wenn er mit ihr gemeinsam seine kränkelnde Mutter besuchen wollte. Er war bei diesen Gelegenheiten niemals auf das Telefon oder auf die Post angewiesen.

Dr. Phineas Parkhurst Quimby konnte an entfernten Orten erscheinen

Dr. Quimby, ohne Zweifel der bedeutenste Geistheiler in Amerika, ist bekannt für seine Feststellung: „Ich weiß, daß ich meine Identität kondensieren und an einem entfernten Ort erscheinen kann." Sein astraler oder vierdimensionaler Körper war für ihn ebenso real, wie sein physischer Körper, und seine Astralreisen zu 100 Meilen oder weiter entfernt lebenden Patienten begannen etwa 1845/46.

Quimby demonstrierte, daß der Mensch ein transzendentales Wesen ist, von Zeit, Raum und Materie unabhängig. Lassen Sie mich eine Begebenheit im Leben dieses außergewöhnlichen Geistheilers anführen:

Einer Patientin, die weit entfernt von seinem Wohnsitz Belfast im US-Staat Maine lebte, kündigte er brieflich seinen Besuch an einem bestimmten Tag an, wobei er keine genaue Zeit nannte. Durch ein Versehen wurde dieser Brief niemals abgeschickt. Während die Patientin nun mit einer Besucherin beim Abendessen saß, bemerkte diese plötzlich: „Da steht ein Mann hinter deinem Stuhl" und gab eine detaillierte Beschreibung von ihm. Die Dame des Hauses erklärte daraufhin: „Oh, das ist Dr. Quimby. Er behandelt mich. Dr. Quimby war geistig und bewußtseinsmäßig gegenwärtig, versehen mit einem vierdimensionalen oder subtilen Körper, der von der Besucherin wahrgenommen werden konnte.

Physisch befand sich Quimby in seinem Haus in Belfast und konzentrierte sich auf seine Patientin. Dabei kontemplierte er das göttliche Ideal – die heilende, reinigende Kraft der Unendlichen Heilungsgegenwart, die seine Patientin in diesem Moment durchströmte – und er entschloß sich im gleichen Augenblick, sich in ihre Gegenwart zu projizieren, zweifellos in der Absicht, größere Glaubensbereitschaft und Empfänglichkeit in ihrem Bewußtsein zu etablieren.

Tele-PSI verhalf einem jungen Mann zu einem Stipendium und einem neuen Auto

Robert Wright, 19 Jahre alt, assistiert mir jeden Samstagmorgen bei der Aufnahme meiner Rundfunksendung in meinem Studio zu Hause. Er ist Student und wendet seit langem die Gesetze des Geistes an. Allabendlich, bevor er sich zur Ruhe begibt, spricht er die folgende Bejahung:

Unendliche Intelligenz in meinem Unterbewußtsein führt und leitet mich bei allen meinen Universitätsstudien und enthüllt mir alle Antworten. Ich bin immer ruhig, gleichmütig und von heiterer Gelassenheit und ich bestehe alle Examen in göttlicher Ordnung. Ich weiß, daß ein Auto eine Idee im Universellen Bewußtsein ist und deshalb beanspruche ich jetzt ein neues Auto. Es kommt mir zu in Göttlicher Ordnung. Ich sage Dank für das beantwortete Gebet. Ich weiß, es liegt in der Natur meines tieferen Bewußtseins, auf mein Verlangen zu reagieren, und ich weiß auch, daß jede vertrauensvoll wiederholte Idee sich meinem Unterbewußtsein einprägt und von ihm verwirklicht wird.

Die Folgeerscheinung war recht interessant. Eine Woche vor einem außerordentlichen Examen hatte er eine Prävision. Er sah alle Fragen, die gestellt werden sollten, im Traum vor sich. Das verhalf ihm zu ausgezeichneten Bewertungen und zu einem großzügigen Stipendium, das sein weiteres Studium sicherstellt. Der Wagen, mit dem er zur Universität fuhr, bekam auf der Autobahn einen Motorschaden, doch am gleichen Tag bekam er einen brandneuen Kombiwagen geschenkt.

Als sein Wagen stehengeblieben war, hatte er kühn und unerschütterlich bejaht: „Daraus kann nur Gutes entstehen", und nur Gutes kam zu ihm. Der Schlüssel zu einem reichen und glücklichen Leben ist, „sich im Land der Lebenden der Güte Gottes zu erfreuen".

ZUSAMMENFASSUNG

1. Sie werden jederzeit Intuitionen aus Ihrem Unterbewußtsein erhalten, die Angelegenheit betreffend, der Sie Ihre Aufmerksamkeit widmen. Wenn Ihr Denken beispielsweise um Aktienspekulationen kreist, dann können Sie den inneren Drang verspüren, eine bestimmte Aktie zu erwerben, oder Sie könnten, wie es einem Mann geschah, die Bezeichnung einer Aktie zusammen mit ihrem künftigen Wert im Traum sehen. Ihr Unterbewußtsein kleidet seine Antwort oftmals in einen entsprechenden Handlungsablauf, und Sie müssen schon recht wachsam sein, um von dieser Antwort bestmöglichen Gebrauch machen zu können.

2. Wenn Sie nach verlorenen oder verlegten Gegenständen suchen, dann übergeben Sie die Angelegenheit Ihrem Unterbewußtsein, in dem Wissen, daß die höchste Intelligenz in Ihrem Unterbewußtsein die Antwort weiß und Sie Ihnen enthüllen wird. Vertrauen Sie Ihrem tieferen Bewußtsein, das alles weiß und alles sieht. Als Beispiel: Ein junges Mädchen berichtete mir, daß ihr Vater ihr im Traum erschie-

nen sei und sie aufgefordert habe, eine bestimmte Seite der Familienbibel aufzuschlagen, dort fand sie alle erforderlichen Unterlagen, um Eigentumsrechte geltend zu machen. Die vielfältigen Möglichkeiten Ihres Unterbewußtseins sind nicht zu ergründen.
3. Ihr Unterbewußtsein verfügt über die Gabe der Clairvoyance (Hellsehen), Clairaudience (Hellhören) und über andere supranormale Befähigungen. Das ist gleichbedeutend mit aller Weisheit und Macht. Ihr Unterbewußtsein beherbergt alle Kräfte des Unendlichen Seins. Es kann Weisheit von weither holen, die Gedanken anderer lesen oder den Inhalt eines verschlossenen Tresors erkennen. Übergeben Sie ihm Ihr Anliegen in Glauben und Vertrauen, erwarten Sie eine Antwort, und so sicher wie die Sonne am Morgen aufgeht, erleben Sie die Erfüllung Ihres Wunsches.
4. Sie sind Geist und Bewußtsein; Sie sind unsterblich. Gott ist Geist, und dieser Geist ist das Lebensprinzip in Ihrem Innern – die Wirklichkeit Ihres Selbst. Geist wurde nie geboren und wird niemals sterben. Ihre Reise führt Sie immer vorwärts, aufwärts, Gottwärts. Es gibt kein Ende für die Herrlichkeit des Menschen. Die Wunder und Herrlichkeiten des Unendlichen können nicht erschöpft werden – nicht in aller Ewigkeit.
5. Eng miteinander verbundene Menschen auf dieser Ebene (Dimension) können miteinander in telepathische Verbindung treten – daher wäre es töricht, zu behaupten, die gleichen Menschen seien dazu nicht mehr imstande, sobald sie in die nächste Lebensdimension hinübergewechselt sind. Schließlich befindet sich diese Dimension ebenfalls hier – sie ist überall um uns herum und durchdringt unsere Ebene. Sie verfügen über Geist und Bewußtsein, genau wie Sie auch. In dem Einen Bewußtsein gibt es keine Trennung. Ich bin fest davon überzeugt, daß es viele Gelegenheiten gibt, konkrete Botschaften von geliebten Menschen aus der nächsten Lebensdimension zu empfangen. Es gibt keinen Tod, daher ist es falsch, hier von Botschaften von den Toten zu sprechen. Jeder, der jemals gelebt hat, lebt auch jetzt noch – auch Sie werden noch nach Millionen oder Milliarden von Jahren leben und mehr und mehr den Eigenschaften, Attributen und Wunder des Unendlichen Ausdruck geben.

6. In akademischen und wissenschaftlichen Kreisen ist es eine wohlbekannte Tatsache, daß der Mensch unabhängig von seinem physischen Sein denken, sehen, fühlen, hören und reisen kann. Das, was allgemein als Astralreisen oder außersinnliche Reisen bezeichnet wird, ist von altersher bekannt. Viele Menschen hatten schon Erfahrungen außerhalb des Körpers – und das mehr oder weniger unbewußt, während andere mit Astralreisen experimentiert haben, indem sie sich darauf konzentrierten. Sie stellten sich vor, einen Freund oder kranken Angehörigen zu besuchen und fanden sich unverzüglich dort vor – in vollem Besitz ihrer Befähigungen, zu sehen, zu hören und zu fühlen. Es handelt sich hierbei keineswegs um Geistererscheinungen, sondern um die verfeinerten, subtilen Körper, die imstande sind, Türen, Wände und Mauern zu durchdringen, und für die auch die Begriffe Zeit und Raum nicht existieren. Bedenken Sie: Sie sind ein geistiges und spirituelles Wesen. Auch Sie werden eines Tages imstande sein, Ihre inneren Befähigungen und Kräfte voll einzusetzen – vollkommen unabhängig von Ihrem jetzigen dreidimensionalen Körper.
7. Ein Buchmacher, der seine Aufmerksamkeit auf die Pferde eines bestimmten Rennens konzentriert und unmittelbar vor dem Einschlafen sein Unterbewußtsein instruiert, ihm die Gewinner zu nennen, und das voller Glauben, Vertrauen, in fester Erwartung und im vollen Bewußtsein der ungeheuren Macht des Unterbewußtseins – erhält mit unfehlbarer Sicherheit die gewünschten Antworten. In England gibt es viele Leute, die schon manches Mal die Gewinner des englischen Derbys vorhergesehen und sich damit ein kleines Vermögen gemacht haben. Ein Bekannter von mir, Dr. Green, zu dessen Hobbies Pferderennen zählen, hat bislang eine Viertelmillion englische Pfund gewonnen, einzig durch Präkognition. Seit sechs Jahren hat er die Derby-Ergebnisse vorausgesehen.
8. Falls Sie der Ansicht sein sollten, niemals zu träumen, oder nicht imstande, sich an Ihre Träume zu erinnern, dann sagen Sie sich des Morgens im Moment des Erwachens ganz ruhig: „Ich erinnere mich." Dann wird der gesamte Traumablauf in Ihr Bewußtsein gelangen.

9. Luther Burbank hatte es nicht nötig, seiner Schwester zu telegraphieren oder sie anzurufen, wenn er mit ihr zusammen seine kranke Mutter besuchen wollte; statt dessen brauchte er ihr nur eine telepathische Botschaft zu senden, und sie war pünktlich zur Stelle.
10. Dr. Phineas Parkhurst Quimby sagte 1847: „Ich weiß, daß ich meine Identität kondensieren und an einem entfernten Ort erscheinen kann." Das bewies er, indem er einigen seiner Patienten in seinem Astralkörper (oder vierdimensionalen Körper) erschien und sie behandelte. Wir alle besitzen solch einen verfeinerten Körper schon jetzt, in diesem Moment. Quimby demonstrierte klar und deutlich, daß wir transzendentale Wesen sind, frei von Begrenzungen wie Zeit, Raum und Materie.
11. Ein junger Universitätsstudent bejaht regelmäßig, daß die unendliche Intelligenz seines Unterbewußtseins ihn bei allen seinen Studien führt und leitet, und ihm bei einem jeden Examen die richtigen Antworten auf die Prüfungsfragen enthüllt. Oftmals reagiert sein Unterbewußtsein kurz vor einer Prüfung und zeigt ihm die Fragen auf dem Bildschirm seines Bewußtseins. Daraufhin schlägt er die Antworten nach und prägt sie sich ein. Immer wieder muß er feststellen, daß diese Fragen haargenau mit jenen übereinstimmen, die dann – möglicherweise eine oder zwei Wochen später – im Examen gestellt werden. Dieser Vorgang wird als Präkognition bezeichnet – das Schauen eines Vorgangs, bevor er sich ereignet. Die Fragen waren dem Universellen Bewußtsein bereits bekannt. Er brauchte sich nur einzustimmen und sie empfangen. Die Weisheit des Unterbewußtseins veranlaßte den Professor, eben diese Fragen zu stellen – in der Annahme, sein wachbewußter Verstand sei es, der hier Entscheidungen traf und Fragen aussuchte. Das ist der Grund, weshalb so mancher Professor sich der Ursachen seiner Handlungen nicht bewußt ist; aus mentaler uns spiritueller Sicht scheint hier der Student oftmals klüger zu sein als der Lehrer.

KAPITEL 5

Wie Tele-PSI in Träumen und Visionen antwortet

Vor einigen Wochen wurde ich bei einer Konsultation gefragt: „Was sind Träume und was veranlaßt den Menschen überhaupt zu träumen?" Das ist eine gute Frage, und ich glaube nicht, daß ich darauf so ohne weiteres eine Antwort geben kann. Träume und Visionen waren schon von jeher Gegenstand von Erörterungen bei allen Völkern und Nationen und auch in den heiligen Schriften der Welt, denn Träume sind universeller Natur.

Träume sind Dramatisationen – Handlungsabläufe –, die aus dem Unterbewußtsein des Menschen aufsteigen. Aus diesem Grunde sind Träume sehr persönlicher Art. Alle Menschen dieser Welt und auch die Tiere träumen. Bedenken wir: Ein Drittel unseres Lebens verbringen wir im Schlaf – und während des Schlafes ist unser Traumleben recht aktiv. Viele wissenschaftliche Laboratorien haben sich der Erforschung des Schlafes und der Träume verschrieben und dabei ganz erstaunliche Resultate zutage gefördert.

Die Macht der Suggestion

Vor vielen Jahren war ich in New York Zeuge, wie ein Berliner Psychologe einige Studenten hypnotisierte. Einem von ihnen suggerierte er das Traumerlebnis einer Hochzeit mit kirchlicher Trauung und anschließenden Flitterwochen; der Traum eines anderen sollte Indien und seine heiligen Tempel zum Gegenstand haben; ein weiterer sollte sich im Traum als Millionär sehen. Die Suggestionen enthielten jeweils die Anweisung, daß jeder von ihnen sich nach dem Erwachen an den Traum erinnern könnte, jedoch nicht an die erteilte Suggestion.

Nach etwa 10 Minuten wurden die Versuchspersonen aufgeweckt, und tatsächlich erinnerten sie sich allesamt an ihren jeweiligen Traum. Jeder Traum stimmte mit der gegebenen Suggestion haargenau überein. Es könnte auch gar nicht anders sein, denn das Unterbewußtsein reagiert ausschließlich auf Suggestionen, und da es nur deduktiv reagiert, handelt es der Natur der erhaltenen Suggestion gemäß.

Zweifellos sind viele Ihrer Träume auf die Art Ihres gewohnheitsmäßigen Denkens zurückzuführen. Ihre Gedanken, Gefühle – Ihre Reaktionen auf die Ereignisse des Tages werden Ihrem Unterbewußtsein aufgeprägt. Ihr Unterbewußtsein verstärkt, aktiviert und arbeitet alles aus, was ihm eingegeben wird.

Siegmund Freud, der 1899 seine *Interpretation der Träume* herausgab, C. G. Jung und Alfred Adler haben sich in ihren wissenschaftlichen Arbeiten mit der Wirkungsweise des Unterbewußtseins und dem Traumleben ihrer Patienten befaßt. Jeder dieser Wissenschaftler kommt hierbei allerdings zu anderen Schlußfolgerungen, speziell innere Zwänge und Motivationen betreffend. Infolgedessen haben sich verschiedene Lehrzweige der Psychologie gebildet, hauptsächlich der Psychoanalyse (Freud), der analytischen Psychologie (Jung) und der Individualpsychologie (Adler). Hinsichtlich der Interpretation der Träume und der Wirkungsweise des Unterbewußtseins sind die Unterschiede in den Auffassungen dieser Gelehrten ganz beträchtlich. Ihre Erörterung kann nicht Aufgabe dieses Buches sein. Ich möchte jedoch unmißverständlich aufzeigen, daß der Schlüssel zu einer Problemlösung oftmals in der Antwort zu finden ist, die uns in einem Traumgeschehen zuteil werden kann.

Wie eine Lehrerin durch einen Traum ihre Probleme löste

Eine junge Lehrerin, die einmal in meine Sprechstunde kam, klagte, daß sie sich in ihrem Beruf geradezu beängstigend frustriert fühlte – daß sie ihn noch nie gemocht hätte, von ihren Eltern jedoch mehr oder weniger in ihn hineingezwungen worden war.

Ich riet ihr, Kontakt mit ihrem Unterbewußtsein herzustellen, dem ja alle ihre verborgenen Talente bekannt sind. Ich machte ihr bewußt, daß sie auf eine entsprechende Anfrage eine definitive Antwort erhalten würde.

Die folgende Technik wandte sie auf meinen Vorschlag hin an – unmittelbar vor dem Einschlafen bejahte sie:

Unendliche Intelligenz enthüllt mir meinen wahren Platz im Leben, der mir höchsten Selbstausdruck ermöglicht, verbunden mit Integrität und Aufrichtigkeit. Auch mein Einkommen wird meinen Leistungen angemessen sein. Ich nehme die Antwort dankbar an und ich schlafe in Frieden.

Gleich in der ersten Nacht, die dieser Meditation folgte, hatte sie einen sehr lebhaften Traum. Sie fühlte sich in ein großes Gebäude versetzt und sah dort einen Mann, der auf eine Tür zeigte und sie aufforderte, dort einzutreten. Als sie den Raum betrat, sah sie dessen Wände mit den schönsten Gemälden behängt. Sie war fasziniert, von der Schönheit dieser Gemälde völlig überwältigt und auf eine gewisse Weise erstarrt. Sie sagte sich (im Traum): „Das ist es!" Was bedeuten sollte, daß sie ihren wahren Platz im Leben gefunden hatte.

Sie rief mich an und eröffnete mir, daß sie sich von nun an der Malerei widmen und ihren Lehrerberuf an den Nagel hängen wollte. In dem Augenblick, als sie sich in die Malerei verliebte, wurde ihr verborgenes Talent offenbar, und sie ist jetzt sehr erfolgreich. Kürzlich erwarb ich eins ihrer herrlichen Gemälde für 200 Dollar. Ihre erste Vernissage für einen kleinen Freundeskreis und frühere Lehrerkollegen erbrachte 2500 Dollar an Verkäufen. Ihr liebstes Bibelzitat lautet: *... ich habe dir eine Tür aufgetan, die niemand schließen kann.* (Offenb. 3:8)

Für die Entfaltung Ihres Herzenswunsches gibt es kein Hindernis, solange Sie nicht selbst irgendeine Schwierigkeit, eine Verzögerung oder eine Behinderung als gegebene Tatsache im Bewußtsein akzeptieren. Der allmächtigen Kraft und Weisheit Ihres tieferen Bewußtseins kann sich nichts entgegenstellen.

Eine der Schöpfungen dieser jungen Malerin erregte das Interesse eines ihrer früheren Professoren, und er heiratete sie. Inzwischen bekleidet er eine leitende Position in Australien, und sie beide sind jetzt sehr glücklich dort. Ihr Unterbewußtsein hatte der jungen Malerin ihr Gutes auf wunderbare Weise in den Bereich der Wirklichkeit gebracht.

Wie Tele-PSI sie von einer schweren Last befreite

Eine Hörerin meiner Rundfunksendungen rief mich kürzlich an und teilte mir mit, daß ihr Vater eine Woche zuvor verstorben war. Sie erklärte mir, daß ihr Vater immer beträchtliche Geldsummen im Haus aufbewahrte, da es zu seinen Gepflogenheiten gehörte, zweimal im Monat nach Las Vegas zu fliegen, um das Wochenende am Roulettetisch zu verbringen. Dabei hatte er, wie sie mir versicherte, sehr viel Glück. Er spielte nur, wenn er das innere Gefühl hatte, mit Sicherheit zu gewinnen. Wann immer dieser innere Monitor ihn verließ, pflegte er sofort mit dem Spiel aufzuhören.

Sein Tod kam für sie völlig unerwartet; er starb während der Nacht im Schlaf. Die junge Frau hatte bislang ohne jeden Erfolg nach dem Verbleib des Geldes geforscht – sie hatte das ganze Haus auf den Kopf gestellt und nichts finden können.

Ich erklärte ihr, daß sie auf entsprechendes Verlangen von ihrem Unterbewußtsein die richtige Information erhalten würde. Ich konnte ihr die Wirkungsweise ihres Unterbewußtseins nahebringen und sie davon überzeugen, daß sie in entspannter Haltung mit dem wachen Verstand in Ruhestellung, der Weisheit ihres Unterbewußtseins die Möglichkeit gibt, in ihr Wachbewußtsein aufzusteigen und ihr die Antwort zu enthüllen:

Nachdem sie etwa 10 Minuten lang den 23. Psalm wieder und wieder gelesen hatte, schloß sie die Augen, entspannte sich, und bejahte ruhig und bestimmt, daß die Weisheit ihres Unterbewußtseins ihr den Aufbewahrungsort des besagten Geldes enthüllen werde und sie die Antwort erkennt, sobald sie in ihr Bewußtsein gelangt. Darauf schlief sie im Sessel ein. „Plötzlich", sagte sie, „kam Daddy zu mir. Er stellte sich neben den Sessel und lächelte. Er erschien mir so wirklich und natürlich – ich konnte es kaum glauben, daß er es war. Er sagte: „Elizabeth, das Geld befindet sich in einer Stahlkassette im Keller, hinter einem Werkzeugkasten. Der Schlüssel dazu liegt in der Schublade, wo ich meine Korrespondenz aufbewahre."

Sie fuhr sofort aus dem Schlaf hoch, sah nach und fand zu ihrer freudigen Überraschung 13 000 Dollar gebündelt in 50 und 100 Dollarscheinen. Sie hatte einen zweifachen Grund zur Freude: Selbstverständlich war sie hochbeglückt über den Fund des dringend benötigten Geldes. Mehr als das jedoch, war es die Überzeugung – das sichere Gefühl, daß ihr Vater nach wie vor über sie wachte.

Die Unsterblichkeit ist eine Tatsache, die nicht widerlegt werden kann. Die Bibel sagt: *Das aber ist das ewige Leben, daß sie dich, den allein wahren Gott ... erkennen ...* (Joh. 17:3)

Wie Tele-PSI Ihnen die gesuchten Antworten erteilt

Die beste Zeit für den Kontakt mit der Weisheit Ihres Unterbewußtseins, um von ihm Ideen, Antworten und Inspiration zu erhalten, ist im allgemeinen unmittelbar vor dem Einschlafen. Sie fühlen sich dann frei und entspannt und sind bereit für Ruhe und tiefen Schlaf. Bringen Sie Ihr Gemüt zur Ruhe mit einigen Versen des 23. Psalms, die Sie im Stillen repetieren können, und lassen Sie los.

Ein Verkaufsleiter, zum Beispiel, der die Absicht hat, am nächsten Tag zu seinen Verkäufern zu sprechen, könnte sagen:

Ich weiß mit Bestimmtheit, daß die unendliche Intelligenz meines Unterbewußtseins mich bei meiner morgigen Rede führen und leiten wird. Es wird mir die richtigen Worte eingeben, damit ich alle diese Männer inspirieren, erheben und begeistern kann. Alles, was ich sage, wird genau das Richtige sein – genau das, was bei dieser Zusammenkunft gesagt werden muß – damit alle davon profitieren und gesegnet sind.

Solche Worte kann man im Stillen oder hörbar sprechen – ganz nach Wunsch. Die einzigen Erfordernisse sind Glauben und Vertrauen, damit das Unterbewußtsein entsprechend reagiert. Es versagt niemals.

Wenn Sie also wissen, daß Sie in – sagen wir – einer Woche zu einer Gruppe von Menschen sprechen werden, dann machen Sie solche Bejahungen jeden Abend. Dann werden Sie nämlich die erstaunliche Feststellung machen können, daß Ihnen – obgleich Sie Ihre Rede bereits auf das

Beste ausgearbeitet haben mögen –, während Sie sprechen, die brillantesten Einfälle kommen werden, und diese Ideen sind dann genau das Richtige für Ihr Referat.

Soll ich diese Position akzeptieren?

Wenn Sie sich eine solche Frage stellen, dann erlauben Sie Ihrem wachbewußten Verstand auf gar keinen Fall, Ihnen die Antwort zu diktieren. Es ist selbstverständlich völlig in Ordnung, das Für und Wider dieser Situation abzuwägen. Nachdem Sie das jedoch getan haben und sich noch immer nicht im klaren sind, ob Sie die betreffende Position akzeptieren sollten, oder nicht, dann übergeben Sie die ganze Angelegenheit Ihrem Unterbewußtsein, und verfahren Sie dabei wie folgt:

Ich weiß, mein Unterbewußtsein ist all-weise. Es ist an meinem Wohlergehen interessiert und es enthüllt mir die Antwort, diese Position betreffend. Ich werde der Führung, die mir zuteil wird, bedingungslos folgen.

Dann lullen Sie sich in den Schlaf mit dem einen Wort „Antwort". Tun Sie das in vollkommenem Glauben und Vertrauen, daß Sie die Antwort erhalten werden und es die richtige Antwort für Sie ist – wissend, daß Ihr Unterbewußtsein auf jede Eingabe reagiert. Die Antwort kann als Gedankenblitz nach dem Erwachen kommen, oder als ein lebhafter Traum, wobei Sie dann das innere Gefühl haben, daß alles ganau richtig für Sie ist.

Sie können darüber hinaus lernen, diese Technik mit gleichem Erfolg während Ihrer wachen Stunden anzuwenden. Bringen Sie Ihr Gemüt zur Ruhe, ziehen Sie sich zurück, an einen Ort, wo Sie allein und ungestört sein können, und reinigen Sie Ihr Bewußtsein mit Gedanken an die grenzenlose Weisheit, die unendliche Macht Ihres tieferen Bewußtseins, das alles weiß und alles sieht. Denken Sie nichts anderes, als die betreffende Frage, die Sie stellen wollen. Verfahren Sie auf diese Weise für einige Minuten, ruhig, passiv und rezeptiv.

Sollte die gewünschte Antwort nicht auf der Stelle aus den Tiefen Ihres Unterbewußtseins aufsteigen, dann widmen Sie sich wieder Ihren gewohnten Aufgaben. Lassen Sie Ihr Begehren Form annehmen, in Ihrem Unterbewußtsein. Dann wird die Antwort in einem Augenblick, wenn sie von Ihnen am allerwenigsten erwartet wird, in Ihr Bewußtsein springen, wie Toast aus einem Toaster.

Der Traum hat seine eigene Interpretation

Ein Traum ist eine sehr persönliche Angelegenheit – die gleichen Symbole können für zwei verschiedene Menschen völlig andersgeartete Bedeutungen haben. In Ihren Träumen spricht Ihr Unterbewußtsein symbolhaft zu Ihnen. Ein hebräischer Mystiker im Altertum erklärte das so: In der Nacht spricht das Weib (das Unterbewußtsein) zum Mann (dem wachbewußten Verstand) und macht ihm manchmal unmißverständlich klar, daß er sie mit negativem Denken, Befürchtungen und destruktiven Emotionen angefüllt und verschmutzt hat.

Wie sie durch Tele-PSI gewarnt wurde und ihre Heiratspläne aufgab

Eine junge Frau, die verlobt war, kam kurz vor ihrer Hochzeit zu mir in die Sprechstunde. Wie sie mir sagte, fühlte sie sich irgendwie verstört und zutiefst deprimiert, ohne so recht zu wissen, weshalb. Sie hatte das Bedürfnis, die Verlobung zu lösen – es widerstrebte ihr aber, die Gefühle des jungen Mannes zu verletzen.

Die beste Zeit, eine Scheidung zu verhüten, ist vor der Heirat. Im Verlauf unseres Gesprächs berichtete sie mir, daß sie seit nunmehr zehn Nächten einen immer wiederkehrenden Traum gehabt hatte: Ein würdevoll aussehender Mann mit einem langen Bart zeigte auf einen Davidstern – das Symbol des Judentums.

Ich fragte sie, welche Bedeutung dieser Traum für sie haben könnte, denn im Talmud heißt es: „Jeder Traum hat seine eigene Interpretation." Sie erwiderte, daß sie nicht mehr in die Synagoge ginge. Sie hätte zwar die Psalmen Davids gelesen und studiert, aber ihr Verlobter sei überzeugter Atheist und mache jede Religionsausübung lächerlich.

Ich erklärte ihr, daß das Gesetz des Unterbewußtseins Selbsterhaltung ist, und daß es zweifellos bestrebt war, sie zu beschützen, wobei es sich einer symbolischen Dramatisierung des Davidsterns bediente. Ihre Intuition – so versicherte ich ihr – würde ihr die Richtigkeit der Interpretation enthüllen, denn das Symbol müßte für sie eine Bedeutung haben – es müßte sozusagen eine Glocke in ihrem Herzen anschlagen.

Sie löste die Verlobung und der wiederkehrende Traum hörte sofort auf. Sie empfand mit einem Mal ein Gefühl tiefen Friedens. Sie begann wieder, die Synagoge zu besuchen und nahm auch ihre Meditationen über die Psalmen Davids wieder auf. Sie bejahte, daß die Unendliche Intelligenz ihr einen Mann zuführen würde, der in jeder Hinsicht mit ihr harmoniert und eine tiefe Reverenz für die Gottesgegenwart in allen Wegen hegt. Bald darauf heiratete sie einen angehenden Rabbiner und ist jetzt sehr glücklich.

Sie erkannte ihren immer wiederkehrenden Traum als das, was er zweifellos war: eine unmißverständliche Warnung. Die Bibel sagt: *Und da sie im Traum die Weisung empfingen, nicht zu Herodes zurückzukehren, zogen sie auf einem anderen Weg in ihr Land zurück.* (Matth. 2:12)

Wie Tele-PSI ein quälendes Problem löste

Ein Mann aus New York kam zu mir nach Beverly Hills, um meinen Rat einzuholen. Seit sechs Jahren war er mit einer Frau verheiratet, die aus Los Angeles stammte. Sie hatte ihm gegenüber mehrmals erwähnt, daß sie früher meine Vorträge über die geistigen und spirituellen Gesetze zu besuchen pflegte. Vor etwa einem Jahr war sie jedoch spurlos aus ihrer Wohnung verschwunden, ohne eine Nachricht oder Erklärung zu hinterlassen. Er nahm an, daß sie ein Mitglied meiner Organisation sei; ich hatte jedoch keinerlei Kenntnis von ihrem Aufenthaltsort und ihr Name war auch nicht auf unserer Postversandliste verzeichnet.

Er hatte eine Summe von 60 000 Dollar, die sie ihm anvertraut hatte, unterschlagen und fühlte sich deshalb schuldig. Er hatte das dringende Bedürfnis, alles wieder gut zu machen. Inzwischen hatte er das Vermögen seiner Mutter geerbt und war daher in der Lage, seiner Frau das Geld zurückzuzahlen. Er war überzeugt, daß sie ihn wegen dieser Sache verlassen hatte. Er bemühte eine Detektei – ohne Erfolg, und auch Ihre Angehörigen konnten ihm nicht weiterhelfen.

Er sagte mir: „Ich weiß eigentlich gar nicht, weshalb ich hierher nach Los Angeles geflogen bin, aber ich habe so ein Gefühl, daß sie die Absicht hat, sie aufzusuchen. Bitte nehmen sie 10 000 Dollar in Verwahrung, und wenn sie kommt, dann geben Sie ihr das Geld und richten ihr bitte aus, sie möge sich mit mir in Verbindung setzen. Ich liebe sie und will sie zurückhaben. Er fügte hinzu: „Vergessen Sie aber nicht, Ihr von meiner Erbschaft zu erzählen!" Ich versprach, in Verbindung mit ihm bleiben zu wollen und ihn unverzüglich zu unterrichten, wenn seine Frau sich melden sollte.

Zwei Monate vergingen und nichts geschah; dann bekam ich plötzlich einen Anruf aus San Francisco. Eine Frau informierte meine Sekretärin, daß sie mich unbedingt sprechen müßte – es sei sehr dringend. Sie würde deshalb mit der nächsten Maschine nach Beverly Hills kommen. Als sie dann am Abend kam, entfaltete sie mir ein höchst erstaunliches Drama, als Traumgeschehen dem Gemüt eingegeben.

Vor einigen Tagen, so sagte sie, sei ich ihr des Nachts im Traum erschienen und habe ihr eröffnet, daß ich eine bestimmte Geldsumme für sie in Verwahrung hätte, und daß darüber hinaus auch das restliche, von ihrem Mann veruntreute Geld auf sie warten würde, sobald sie nach New York zurückgekehrt sei. Aus diesem Anlaß sei sie hier. Der Traum sei dermaßen lebhaft und realistisch gewesen, daß man ihn schon eher als eine Vision bezeichnen könne. Der Raum sei mit Licht erfüllt gewesen und sie selbst habe ein Gefühl des Erhobenseins verspürt – ein ekstatisches Gefühl.

Sie sagte zu mir: „Sie haben aus der Bibel gelesen" – sie hatte meine Stimme gehört, mit einem Zitat aus dem Buch Hiob: *Im Traum, im Nachtgesicht, wenn auf den Menschen Tiefschlaf fällt, im Schlummer auf dem Lager, da öffnet er das Ohr des Menschen und erschreckt sie durch seine Vorwarnung...* (Hiob 33:15, 16)

Ich konnte mich nicht erinnern, diese Dame jemals zuvor gesehen zu haben. Allerdings hatte ich eines Abends ein Anliegen an mein Unterbewußtsein gerichtet, um ihrem verzweifelten Mann behilflich zu sein. Meine Bejahung lautete wie folgt:

„Unendliche Intelligenz weiß, wo Mrs. X sich gegenwärtig aufhält und wird veranlassen, daß sie zu mir Verbindung aufnimmt, in Göttlicher Ordnung. Es ist Gott in Aktion."

Ich übergab ihr die 10 000 Dollar und sie flog nach New York zurück, um sich mit ihrem Mann zu versöhnen. Sie hatte ihn seinerzeit verlassen, weil er sie ständig belogen und ihr ganzes Geld durchgebracht hatte. Sie hatte um Führung und Göttliches rechtes Handeln gebetet, und offensichtlich war mein Gebet die Antwort zu ihrem Problem. Ihr Unterbewußtsein ließ ihr meine Person in einer Traumhandlung erscheinen, zusammen mit der Botschaft, die ihr Gebet beantwortete.

ZUSAMMENFASSUNG

1. Träume sind Dramatisationen – Handlungsabläufe – Ihres Unterbewußtseins. Während Sie schlafen, ist Ihr Unterbewußtsein sehr wach und fortgesetzt aktiv, da es niemals schläft. Im allgemeinen spricht Ihr Unterbewußtsein zu Ihnen in symbolhafter Form. Daher kann Ihnen eine Antwort auf Ihr Problem in einer Traumhandlung zuteil werden.
2. Ihr Unterbewußtsein ist für Suggestionen empfänglich und antwortet der Art der erhaltenen Suggestion gemäß – sei sie richtig oder falsch. Wenn Sie sich beispielsweise wiederholt vor dem Einschlafen suggerieren, daß Sie von den Seen von Killarney (Irland) träumen werden, dann werden Sie diese Seen im Traum erleben können. Sie werden dann die herrliche Landschaft bewundern können, die Ihnen von Ihrem Unterbewußtsein dargebracht wird.
3. Freud, Adler und Jung sind zu voneinander abweichenden Schlußfolgerungen gelangt, soweit es die Wirkungsweise des Unterbewußtseins und die Interpretation der Träume betrifft. Das Anliegen dieses Buches ist es unter anderem aufzuzeigen, daß vielen Menschen, die um Lösung ihrer Probleme beten, ganz eindeutige und klare Antworten zuteil werden, während sie fest schlafen. In manchen Fällen geschieht das buchstäblich, in anderen symbolhaft.
4. Eine Lehrerin, die um wahren Selbstausdruck im Leben gebetet hatte,

erhielt im Traum die Anweisung, durch eine bestimmte Tür zu gehen und befand sich daraufhin in einer Galerie mit den schönsten Gemälden. Ihre Intuition sagte ihr, daß dies ihre Aufgabe im Leben sei. Sie begann zu malen und wurde sehr erfolgreich.

5. Eine junge Frau war trotz größter Bemühungen nicht imstande, das von ihrem plötzlich verstorbenen Vater versteckte Geld aufzufinden. Sie beauftragte daraufhin ihr Unterbewußtsein, ihr den Aufbewahrungsort zu enthüllen. Während sie schlief, erschien ihr darauf ihr Vater und gab ihr genaue Instruktionen über das Versteck. Die Wege, die das Unterbewußtsein einschlägt, können nicht ergründet werden. Es läßt sich niemals vorhersagen, auf welche Weise die Antwort kommen wird. Übergeben Sie daher Ihrem Unterbewußtsein vertrauensvoll Ihr Anliegen, in dem sicheren Wissen, daß es Ihnen antworten wird – und die Antwort wird aus heiterem Himmel kommen, wahrscheinlich in einem Moment, in dem Sie sie am allerwenigsten erwartet haben.

6. Die beste Zeit für Kontakte mit dem Unterbewußtsein ist unmittelbar vor dem Einschlafen, wenn Sie entspannt sind, in Frieden und bereit sind für Stille und erholsamen Schlaf. Wenn Sie die Antwort auf ein Problem suchen, dann sprechen Sie zu Ihrem Unterbewußtsein und bejahen Sie, daß dessen Weisheit und Antwort kennt, und Sie absolutes Vertrauen diesbezüglich haben; überlassen Sie sich dann dem Schlaf, mit dem einen Wort „Antwort", und Ihr Unterbewußtsein übernimmt alles weitere. Das gleiche Verfahren können Sie auch im Wachen anwenden, indem Sie Ihr Gemüt zur Ruhe bringen, und über den 23. Psalm meditieren. Denken Sie sodann an die unendliche Intelligenz und grenzenlose Weisheit in Ihrem Innern. Denken Sie an die Antwort. Tun Sie das einige Minuten lang und lassen Sie dann los. Dann wird die Antwort wahrscheinlich in einem Augenblick zu Ihnen kommen, wenn Sie gerade mit etwas anderem beschäftigt sind.

7. Sofern Sie einen Hang zur Religion haben und oftmals über spirituelle Dinge nachsinnen, kann Ihr Unterbewußtsein in seinem Bestreben, Sie zu beschützen, Ihnen ein religiöses Symbol präsentieren – ein Symbol, das für Sie eine tiefere Bedeutung hat. Ein jüdisches Mädchen, das im Begriff war, zu heiraten, hatte einen immer wiederkehrenden Traum

(jedesmal sehr wichtig), in dem ihr jede Nacht der Stern Davids gezeigt wurde. Intuitiv hatte sie sogleich die Bedeutung dieses Traumgeschehens begriffen und löste ihre Verlobung. Die nachfolgenden Geschehnisse bestätigten ihr die Richtigkeit der Antwort, die sie im Traum erhalten hatte.

8. Ein verlassener Ehemann betete um Führung und Göttliches rechtes Handeln, und auch sein Seelsorger betete, daß die unendliche Intelligenz seines Unterbewußtseins ihm ihren Aufenthaltsort enthüllen möge, damit er ihr die 10 000 Dollar aushändigen konnte, die der Mann ihm anvertraut hatte. Die Weisheit des Unterbewußtseins sandte ihr ein Abbild des Geistlichen in einem Traumgeschehen. Er zitierte die Bibel und informierte sie eingehend über das Geld und die Wiedergutmachungsabsichten ihres Mannes. Sie befolgte diese Traumhinweise, suchte den Geistlichen auf, und fand, daß ihr Traum buchstäblich den Tatsachen entsprach.

Ich, der Herr (Ihr Unterbewußtsein) offenbare mich ihm in Gesichten und rede in Träumen mit ihm. (Numeri 12:6)

KAPITEL 6

Effektive Tele-PSI-Verfahrensweisen und -Gebetstechniken – Wie sie für Sie wirken

Was ist ein Gebet? Im Lexikon finden wir die folgenden Definitionen:
1. Ein andächtiges Gesuch an oder jedwede Form einer spirituellen Kommunion mit Gott oder einem Objekt der Anbetung.
2. Eine spirituelle Kommunion mit Gott, als eine demütige Bitte, als Danksagung, als Anbetung oder als Beichte.
3. Der Akt oder die Praktik des Betens zu Gott oder einem Objekt der Anbetung.
4. Eine Formel oder Sequenz von Worten in Gebrauch oder verordnet als Gebet, wie etwa das Vaterunser.
5. Eine religiöse Observanz, entweder öffentlich oder privat, die ausschließlich oder hauptsächlich aus Beten besteht.
6. Ein Ansuchen, dringende Petition.

In diesem Buch wird Ihnen schlicht und einfach gesagt: Sie selbst beantworten Ihr Gebet. Der Grund dafür ist außerordentlich simpel: Was auch immer Ihr wachbewußter Verstand wirklich glaubt und als wahr akzeptiert, das wird von Ihrem Unterbewußtsein konsequent in die Wirklichkeit umgesetzt – als Form, Funktion, Erfahrung und Begebenheit. Ihr Unterbewußtsein akzeptiert jede Ihrer Überzeugungen kritiklos – seien sie richtig oder falsch – da es nur deduktiv folgt. Wenn Sie ihm daher eine falsche Suggestion erteilen, wird es immer die Korrektheit Ihrer Prämisse voraussetzen und das entsprechende Resultat hervorbringen.

Wie Ihr Unterbewußtsein arbeitet

Angenommen, Sie würden von einem Psychologen oder Psychiater hypnotisiert (in diesem Zustand ist Ihr wachbewußter Verstand ausgeschaltet und Ihr Unterbewußtsein fast allen Suggestionen zugänglich) und Ihnen suggeriert, Sie seien der Präsident der USA, dann würde Ihr Unterbewußtsein dies als wahr akzeptieren. Es ist nicht imstande, zu urteilen, abzuwägen oder zu differenzieren, wie Ihr wachbewußter Verstand. Folglich würden Sie sogleich das Flair von Würde und Wichtigkeit ausstrahlen, das nach Ihrer Ansicht ein legitimer Bestandteil dieser Position darstellt.*

Würde Ihnen ein Glas Wasser gereicht, mit der Bemerkung, Sie seien jetzt völlig betrunken, dann würden Sie nach bestem Können die Rolle eines Betrunkenen spielen. Angenommen, Sie sind gegen Heu allergisch und der Hypnotiseur hält Ihnen ein Glas destilliertes Wasser unter die Nase, mit der Behauptung, es handele sich um Heu, dann würden Sie auf der Stelle alle Anzeichen einer Heuschnupfenattacke aufweisen, ganz so, als hätte es sich um wirkliches Heu gehandelt.

Wenn Ihnen eingeredet würde, Sie seien ein Bettler in einem Slumviertel, dann würden Sie sofort die unterwürfige Haltung eines Bettlers einnehmen, mit einer vermeintlichen Blechtasse in der Hand.

Kurz: Ein Hypnotiseur kann Ihnen Suggestionen vielfältigster Art erteilen – er kann Ihnen einreden, ein Hund, ein Soldat oder ein Schwimmer zu sein, und Sie werden diese Rolle nach bestem Können spielen, mit erstaunlicher Echtheit, entsprechend den Kenntnissen, die Sie von dem Ihnen suggerierten haben. Ein anderer wichtiger Punkt, den wir bedenken sollten, ist die Tatsache, daß unser Unterbewußtsein von zwei Gedanken immer den dominierenden annimmt, d. h. es akzeptiert Ihre Überzeugung, ohne Rücksicht darauf, ob sie wahr oder falsch ist.

---

* Siehe „Die Macht Ihres Unterbewußtseins" von Dr. Joseph Murphy.

Weshalb der wissenschaftliche Denker niemals einen weit entfernten Gott anfleht oder demutsvoll bittet

Der moderne wissenschaftliche und logische Denker sieht Gott als die Unendliche Intelligenz innerhalb seines Unterbewußtseins. Für ihn ist es bedeutungslos, welchen Namen die Menschen dieser Intelligenz geben – ob sie als Unbewußtes, Subjektives Bewußtsein oder Superbewußtsein bezeichnet wird, oder ob man sie Allah, Brahma, Jehovah, Wirklichkeit des Geistes oder das Alles-Sehende-Auge nennt.

Alle Macht Gottes befindet sich in Ihrem Innern. Gott jedoch ist Geist und Geist hat weder Gesicht noch Form – er ist zeitlos, raumlos und ewig. Dieser gleiche Geist lebt in jedem Menschen. Aus diesem Grunde sagte Paulus: *... damit ihr die Gottesgabe aufrührt, die in euch ist.* (2. Tim. 1:6) Uns wird auch gesagt: *... Das Reich Gottes ist in euch.* (Lukas 17:21)

Ja, es stimmt – Gott ist in Ihrem Denken, Ihrem Fühlen, Ihrer Imagination. In anderen Worten: Der unsichtbare Teil Ihres Wesens ist Gott. Gott ist das Lebensprinzip in Ihrem Innern: Grenzenlose Liebe, vollkommene Harmonie, unendliche Intelligenz. Sie wissen jetzt, daß Sie durch Ihr Denken mit dieser unsichtbaren Kraft Kontakt herstellen. Befreien Sie daher den gesamten Gebetsprozeß von allem Mysteriösen, von allem Aberglauben, Zweifel und Wunder. Die Bibel sagt: *... das Wort war Gott.* (Joh. 1:1)

Das Wort ist ein zum Ausdruck gebrachter Gedanke, und – wie Sie bereits in diesem Kapitel gelesen haben – jeder Gedanke ist schöpferisch und bestrebt, sich in Ihrem Leben zu verwirklichen, entsprechend der Art dieses Gedankens. Daher ist es logisch, zu sagen: Jedesmal, wenn Sie die schöpferische Kraft entdecken, haben Sie Gott entdeckt, denn es gibt nur eine einzige schöpferische Kraft – nicht zwei, drei oder tausend – nur eine... *Höre, o Israel* (erleuchteter und erwachter Mensch), *der Herr* (die höchste Macht), *unser Gott, ist ein Herr* (eine Macht, Gegenwart, Ursache und Substanz). (Markus 12:29)

Weshalb der wissenschaftliche Denker niemals bettelt oder fleht

Von der Weisheit aller Zeitalter wird uns auf eine sehr einfache, praktische und lebensnahe Art und Weise gesagt:
... Bevor sie rufen, werde ich antworten; und während sie noch sprechen, werde ich hören. (Jes. 65:24)
Daher sieht der logische Denker, der mit den Gesetzen seines Bewußtseins vertraut ist, es als völlig absurd und töricht an, etwas zu „erflehen", das ihm bereits gewährt worden ist. In anderen Worten: Noch bevor Sie rufen (sich um die Lösung eines Problems bemühen) – gleichgültig, worum es sich handeln mag: Etwa Astrophysik, Chemie, zwischenmenschliche Beziehungen, Einsamkeit, Krankheit, Armut oder einer Verirrung im Dschungel – die Antwort auf jedes Problem unter der Sonne erwartet Sie bereits, weil allein die unendliche Intelligenz Ihres Unterbewußtseins die Antwort kennt – die Antwort auf jede Frage, gleich, welcher Art.

Das ist gesunder Menschenverstand. Die Unendliche Intelligenz in Ihrem Unterbewußtsein ist all-weise, kennt und weiß alles und hat das ganze Universum erschaffen, mit allem, was es enthält. Wenn sie aber alles erschaffen hat, einschließlich aller Menschen und Myriaden von Galaxien im Universum, wie kann irgendein Denken dann schlußfolgern, daß die Höchste Intelligenz im Unterbewußtsein eine Antwort nicht weiß? Vielmehr weiß die Weisheit Ihres Unterbewußtseins nur die Antwort, da sie kein Problem hat. Denken Sie einen Moment darüber nach: Wenn die Unendliche Intelligenz ein Problem hätte, wer sollte es dann wohl lösen?

Ich wurde von einem Schutzengel gerettet

Als ich noch ein sehr kleiner Junge war, hatte mir meine Mutter gesagt, daß ich einen besonderen Schutzengel hätte, der immer über mich wachte, und mich jedesmal retten würde, wenn ich in Schwierigkeiten sei. Wie bei allen Kindern, war auch mein Gemüt beeindruckbar und daher akzeptierte ich die Glaubensüberzeugungen meiner Eltern.

Einmal hatte ich mich zusammen mit anderen Jungen meines Alters in den Wäldern verirrt. Statt von Angstgefühlen ergriffen zu sein, sagte ich den anderen, daß mein Schutzengel uns aus dem Dickicht heraus führen würde. Einige von den Jungen fanden das lächerlich. Andere wiederum schlossen sich mir an, da meine Sicherheit sie überzeugte. Ich hatte das ganz sichere Gefühl, eine bestimmte Richtung einschlagen zu müssen. Nachdem wir eine Zeitlang gegangen waren, trafen wir einen Jäger, der uns freundlich behandelte und wir waren gerettet. Die anderen Jungen, die es abgelehnt hatten, mit uns zu kommen, sind nie gefunden worden.

Selbstverständlich gibt es keinen Schutzengel mit Flügeln, der irgend jemanden bewacht. Mein blinder Glaube an einen Schutzengel veranlaßte jedoch mein Unterbewußtsein, auf seine ureigenste Weise zu reagieren. Somit zwang es mich, in eine bestimmte Richtung zu gehen. Mein tieferes Bewußtsein hatte zugleich Kenntnis von dem Aufenthaltsort dieses Jägers und führte uns entsprechend.

Die Bibel sagt: ... will ihn schützen, denn er kennt meinen Namen. Er ruft mich an, und ich erhöre ihn; ich bin bei ihm in der Not... (Psalm 91:14–15)

Der Begriff *Name* steht für die Natur dieser unendlichen Intelligenz in Ihren subjektiven Tiefen. Die Bezeichnungen *Subjektives Bewußtsein* und *Unterbewußtsein* sind gleichbedeutend. Die Natur der unendlichen Intelligenz in Ihrem Innern ist es, auf ihren Ruf zu antworten.

Wenn Sie sich ohne Kompaß in den Wäldern verirrt haben und auch nicht die leiseste Ahnung haben, wo der Nordstern ist – also überhaupt keinen Richtungssinn besitzen, dann seien Sie sich bewußt, daß die schöpferische Intelligenz in Ihrem Unterbewußtsein das ganze Universum mitsamt allem, was es enthält erschaffen hat, und ganz bestimmt keines Kompasses bedarf, um Sie dort herauszuholen. Wenn Sie allerdings die Weisheit in Ihrem Innern nicht erkennen, dann ist es so, als sei sie nicht vorhanden.

Angenommen, Sie haben einen sehr primitiven Menschen mit sich nach Hause genommen – einen Menschen, der noch niemals einen Wasserhahn oder einen elektrischen Schalter zu Gesicht bekommen hat – und Sie lassen diesen Menschen für eine Woche allein in Ihrem Haus zurück, dann würde er mit Sicherheit verdursten und zugleich im Dunkeln sitzen, obgleich Wasser und Licht während der ganzen Zeit verfügbar waren. Millionen Menschen auf der ganzen Welt verhalten sich gerade so wie dieser primitive Mann. Sie vermögen nicht zu erkennen, daß, ganz gleich, was sie suchen – ganz gleich, um welches Problem es sich handeln mag – die Antwort sie bereits erwartet. Alles, was sie zu tun haben, ist, sich mit Glauben und Vertrauen an die Weisheit ihres Subjektiven Bewußtseins zu wenden, und die Antwort wird aus den Tiefen ihres eigenen Selbst aufsteigen.

Erleben Sie den Reichtum und die lohnenden Erfahrungen des wissenschaftlichen Betens

Das Wort Gebet hat eine solche Vielzahl von Bedeutungen und eine derart lange Geschichte, daß ich mich veranlaßt sehe, in diesem Buch den Gebetsvorgang und Gebetstherapie auf das bestmöglichste vereinfacht zu erläutern.

Bei meinen Gesprächen mit Menschen in allen Teilen der Welt, muß ich immer wieder die Erfahrung machen, daß viele von ihnen von alten Auffassungen geradezu verkrustet sind, die heutzutage kein Schulkind, das einigermaßen up to date ist, mehr als wahr akzeptieren würde. Das geht dann noch einher mit alten Ritualen und Zeremonien, die wahrhaftig kein halbwegs intelligenter Mensch zu glauben vermag. Schließen Sie sich nicht aus, von den gewaltigen Vorteilen und Segnungen, die Ihnen durch richtiges Beten zuteil werden können, durch eingeimpfte Vorurteile und Klischees, die Ihnen seit Jahren anhaften.

Wie ein junger Mann Airline-Pilot wurde

Das Folgende ist dem Brief eines jungen Mannes entnommen, der mich gebeten hatte, seinen Brief in dieses Buch mit aufzunehmen, um anderen in ähnlichen Situationen zu helfen. Alle Chancen waren gegen ihn, aber das schien ihn nicht weiter zu stören, aber lassen wir ihn selbst erzählen. Dem, der Ohren hat zu hören, wird das Ganze einleuchtend sein:

Das Folgende enthält die Schilderung eines Erlebnisses, das ich hatte. Vielleicht können Sie es ganz oder teilweise verwenden, um anderen Menschen zu helfen.

Schon immer wollte ich Pilot werden. Vor Jahren bereits wandte ich die Gesetze des Geistes an, um die Zeit und Mittel für das Training zum Erwerb der Lizenzen zu haben. Gerade als ich die Lizenzen für Verkehrsmaschinen erworben hatte und mich bewerben wollte, wurde unser Land von einer Rezession heimgesucht. Die Fluggesellschaften entließen viele ihrer Piloten. Irgendwie war ich dadurch von meiner täglichen Anwendung der Wahrheitsprinzipien abgekommen. Als unsere Fluggesellschaften nämlich darangingen, ihre Piloten zurückzuholen und darüber hinaus neues Personal einzustellen, fand ich mich unberücksichtigt.

Auf zehn Vakanzen kamen 2500 Bewerber und davon besaßen gut 90 % mehr Erfahrung, als ich. Eines Sonntags sagten Sie dann in Ihrem Vortrag: „Sie müssen zu einer Entscheidung kommen, über das, was Sie glauben wollen, und es dann beanspruchen!"

Bei der Fahrt zur Arbeit, wie auch bei der Heimfahrt, stellte ich mir immer vor, eine Pilotenuniform zu tragen. Auch sah ich mich bei den Flugvorbereitungen und an weiterführenden Schulungen teilnehmen. Ich hatte das Gefühl dort ERWARTET zu werden, deshalb könnte es gar nicht zu spät für mich sein. Die Tür war nicht verschlossen für mich; man ERWARTETE von mir, daß ich durch sie hindurchging. Man wartete auf mich.

Nach drei Wochen gefühlsgeladener Imagination, wobei ich die Wirklichkeit des Ganzen mit jeder Faser meines Seins spürte, wurde ich von einem Personalchef angerufen und zu einem Interview gebeten. Der Lehrgang war voll besetzt, aber einen Tag vor Beginn schied ein Bewerber aus. Meine Papiere wurden im Eiltempo durchgesehen und einige Mitarbeiter machten Überstunden, damit ich den erforderlichen Prozeß durchlaufen konnte. Man sagte mir, ich sei die perfekte Antwort auf ihr Problem und man sei sehr dankbar dafür. Übrigens waren sechs der offenen Stellen für irgendwelche bevorzugten Söhne vorgesehen.

Dieser junge Mann mit seinen 21 Jahren hatte begriffen, daß jede Idee, die er als wahr annimmt und im Denken und Fühlen als wahr durchlebt, seinem Unterbewußtsein aufgeprägt wird und als echte Erfahrung in sein Leben gelangt. Das ist *wahres* Beten.

Erflehen Sie nichts von einem Gott irgendwo in den Wolken

Der logische Denker weiß, daß Gott oder die schöpferische Intelligenz seines Unterbewußtseins auf sein Denken reagiert, und zwar seinem Glauben und seinen persönlichen Überzeugungen gemäß. Er ist sich bewußt, daß der gesamte Kosmos in seiner Wirkungsweise bestimmten Gesetzen unterliegt, und daß – wie Emerson sagt – „nichts durch Zufall geschieht, sondern alles von hinten geschoben wird", was bedeutet, wenn Ihr Gebet beantwortet wird, dann muß das gemäß den Gesetzen Ihres eigenen Bewußtseins geschehen, ob Sie sich dessen nun bewußt sind oder nicht.

Der lebendige Geist in Ihrem Innern wird die Gesetze des Lebens nicht außer Kraft setzen, um jemanden zu bevorzugen – weder aufgrund seiner oder ihrer Mitgliedschaft bei einer bestimmten religiösen Institution noch aufgrund eines heiligen Charakters. Die Gesetze des Lebens verändern sich nicht; wir haben es auch nicht mit einem Gesetz der Launenhaftigkeit oder der Bevorzugungen zu tun, denn *Gott sieht die Person nicht an ...* (Apost. 10:34). Sie haben es hier mit einem universellen Gesetz zu tun, das Ihre Gedankenimpressionen empfängt und entsprechend tätig wird; wenn Sie Ihrem tieferen Bewußtsein negative Impressionen eingeben, dann erhalten Sie negative Resultate; versorgen Sie Ihr Unterbewußtsein dagegen mit konstruktiven Eindrücken, dann sind auch die Ergebnisse positiv.

Es gibt nur eine Macht

Die wichtigste Wahrheit, die Sie lernen können, ist die Wahrheit, daß es nur eine Macht gibt. Diese Macht ist allgegenwärtig, und weil das so ist, muß diese Macht auch in Ihrem Innern gegenwärtig sein – als Ihr Leben.

Diese Kraft wird, wenn sie konstruktiv, harmonisch und entsprechend ihrer eigenen Natur angewandt wird, Gott oder das Gute genannt. Findet sie dagegen negative und destruktive Anwendung, dann belegen die Menschen sie mit Namen wie Teufel, Satan, Böses, Hölle, Unglück etc.

Seien Sie ehrlich mit sich selbst und stellen Sie sich diese einfache Frage: „Wie gebrauche ich die Kraft in meinem Innern?" Und damit haben Sie die Antwort auf Ihr Problem. So einfach ist das.

Man kann auf vielerlei Arten beten

Wenn ich gefragt werde, auf welche Weise man am wirksamsten betet, dann antworte ich jedesmal: „Für mich ist das Gebet die Kontemplation der ewigen Wahrheiten des Unendlichen vom höchstmöglichen Standpunkt aus. Diese Wahrheiten verändern sich nie; sie waren die gleichen gestern, sie sind es heute und sie werden es in aller Ewigkeit sein."

Wie ein Seemann betete und gerettet wurde

Im letzten Jahr gab ich ein Seminar an der Küste von Alaska. Bei dieser Gelegenheit erzählte mir einer der Seeleute, daß er im letzten Krieg auf wunderbare Weise gerettet worden war. Sein Schiff war torpediert worden, wobei die gesamte Besatzung außer ihm umgekommen war. Er fand sich in einem Rettungsfloß auf hoher See, und er konnte einzig und allein an Gott denken. Er hatte keinerlei Kenntnisse von den Gesetzen des Geistes, diese äußerste Notlage jedoch veranlaßte ihn, immer wieder zu sagen: „Gott rettet mich." Schließlich wurde er bewußtlos. Als er erwachte, befand er sich an Bord eines britischen Kreuzers, dessen Kommandant, wie er sagte, einen unerklärlichen Zwang verspürte, seinen Kurs zu ändern. Der Mann auf dem Floß wurde dann von dem wachhabenden Offizier entdeckt.

Dieser Seemann hatte auf seine Weise zu einem Gott gebetet, den er „irgendwo da oben" wähnte – eine Art anthropomorphisches Wesen – welches sein flehendliches Bitten entweder erhören würde oder auch nicht. In seiner höchsten Not bewies er jedoch einen blinden Glauben und ging in seinem Gottvertrauen an die äußerste Grenze. Und zweifellos war es dieser einfache oder blinde Glaube, der sich seinem Unterbewußtsein aufprägte, das wiederum auf seinen Glauben reagierte und ihn rettete.

Aus der Sicht der mentalen und spirituellen Gesetze – resp. ihrer Wirkungsweise – betrachtet, war der Standort des nächsten Schiffes der Weisheit seines Unterbewußtseins bekannt. Dieses wiederum wirkte auf das Gemüt des Kommandanten ein, veranlaßte ihn zu dem Kurswechsel und brachte die Rettung.

Zeit und Raum existieren nicht für Ihr Unterbewußtsein; es ist koexistent mit jeglicher Weisheit, aller Macht. Tatsächlich sind alle Attribute, Fähigkeiten und Kräfte Gottes in Ihren subjektiven Tiefen (oder wie immer Sie es nennen wollen) verankert. Sie können diese Macht als Innere Weisheit bezeichnen oder Universelles Gemüt, Lebensprinzip, Sublinimales Gemüt oder Superbewußtsein. In Wirklichkeit ist sie namenlos. Sie müssen sich lediglich im klaren darüber sein, daß eine Weisheit und unendliche Intelligenz in Ihrem Innern existiert, welche die Kapazitäten Ihres Intellekts, Ihres Ego und Ihrer fünf Sinne bei weitem übertrifft und immer empfänglich ist für Ihre Anerkennung, für Ihren Glauben und für Ihre Erwartung. Dieser Seemann setzte sein ganzes Vertrauen auf Gott, er glaubte fest, auf irgendeine Art gerettet zu werden. Dieser Glaube wurde seinem Unterbewußtsein aufgeprägt, das diesen Erwartungen gemäß reagierte.

... Wenn du glauben kannst, alle Dinge sind möglich dem, der glaubt. (Markus 9:23)

Weshalb Bittgebete ganz allgemein falsch sind

Sie sind falsch aus diesem Grunde: *... Ehe sie rufen, werde ich antworten; und während sie noch reden, werde ich hören.* (Jes. 65:24) Ganz gleich, was Sie suchen – es ist bereits vorhanden, denn alle Dinge bestehen im Unendlichen. Der Ausweg, die Antwort, die heilende Gegenwart, Liebe, Frieden, Harmonie, Freude, Weisheit, Kraft und Macht – alles das und mehr existiert jetzt und wartet auf Ihre Anerkennung.

Frieden ist jetzt. Liebe ist jetzt. Freude ist jetzt. Harmonie ist jetzt. Reichtum ist jetzt. Führung ist jetzt. Rechtes Handeln ist jetzt. Die Heilende Gegenwart ist jetzt, zusammen mit der Lösung eines jeden Problems unter der Sonne. Die schöpferischen Ideen des unendlichen Gemüts in Ihrem Innern sind unzählig. Alles, was Sie tun müssen ist, behaupten, fühlen, wissen und glauben, daß die Antwort Ihnen bereits zuteil geworden ist und die Lösung kommen wird.

Alle Dinge bestehen im Unendlichen Gemüt als Ideen, Vorstellungen, Urformen oder mentalen Denkmustern in Ihrem Bewußtsein, und die erhaltenen Antworten entsprechen auf das genaueste Ihrer Identifikation mit dem Verlangten. Fordern Sie es mutig, und Sie bekommen die Antwort! Das ist wissenschaftliches Beten. Wenn Sie flehentlich bitten und betteln, dann gestehen Sie sich damit ein, daß Sie das Erwünschte noch nicht haben, und dieses Gefühl des Mangels zieht weiteren Verlust, Mangel und Begrenzung an.

Der Gott, den Sie anflehen, hat Ihnen bereits alles gegeben. Ihre Aufgabe ist es daher, über die Realität Ihrer Idee oder Ihres Wunsches zu meditieren und das Gewünschte in Besitz zu nehmen. Freuen Sie sich und sagen Sie Dank, in dem sicheren Wissen, daß Ihr Unterbewußtsein gemäß Ihrer Kontemplation der Wirklichkeit Ihres Wunsches, Planes oder Vorhabens alles Erforderliche veranlaßt. Seien Sie ein guter Empfänger! Sie müssen Ihr Gutes jetzt annehmen. Weshalb noch warten? Alles, was Sie brauchen, ist bereits da.

Alle Dinge existieren als Ideen im Unendlichen und hinter allem im Universum steckt ein mentales Muster. Auch wenn alle Maschinen auf der Welt zerstört werden sollten, könnten Ingenieure sie zu Millionen wieder vom Fließband rollen lassen, weil alles Sichtbare auf der Welt dem Geist des Menschen und damit dem Unendlichen Gemüt entstammt. Die Idee, der Wunsch, die Erfindung oder das Bühnenstück in Ihrem Bewußtsein ist so wirklich wie Ihre Hand oder Ihr Herz. Erfüllen Sie diese Wünsche mit Leben – nähren Sie sie mit Glauben und Vertrauen und sie werden in der Welt der Erscheinungen sichtbar.

Wo ist Gottes Wohnstatt?

Gott ist Geist, und Geist ist allgegenwärtig – in uns und in jedem Menschen.

... denn ihr seid der Tempel des lebendigen Gottes; wie Gott gesagt hat, ich will in ihnen wohnen ... (2. Kor. 6:16)

Siehe, ich stehe an der Tür und klopfe an. Wenn jemand meine Stimme hört und die Tür öffnet, werde ich zu ihm hineingehen und das Mahl mit ihm halten und er mit mir. (Offenb. 3:20)

Diese Zitate verdeutlichen das Intime eines Gebets. Sie halten dabei Zwiesprache mit Ihrem Höheren Selbst. Sie erbetteln also nichts von einer weit entfernten Gottheit, die entweder geneigt ist, Ihr Gebet zu erhören, oder nicht. Sie wissen vielmehr, daß Ihr Gebet bereits beantwortet ist – das jedoch müssen Sie anerkennen und bedingungslos akzeptieren. Dann wird die Antwort kommen.

Die Höchste Intelligenz oder das Lebensprinzip in Ihrem Unterbewußtsein klopft immer an die Tür Ihres Herzens. Sollten Sie beispielsweise krank werden, dann wird das Lebensprinzip Sie drängen, gesund zu werden. Immer spricht es zu Ihnen: „Komm höher; ich brauche dich." Öffnen Sie die Tür zu Ihrem Herzen und bejahen Sie mutig:

Ich weiß und ich glaube, daß die Unendliche Heilungsgegenwart, die mich geschaffen hat, mich auch heilen kann. Daher beanspruche ich Heilsein, Vitalität und Vollkommenheit, und zwar jetzt. Die Unendliche Intelligenz in meinem Unterbewußtsein klopft an die Tür meines Herzens. Sie erinnert mich daran, daß Antwort und Ausweg in meinem Innern sind. Mein Gemüt ist für die Unendliche Weisheit offen und empfänglich. Ich sage Dank für die Lösung, die jetzt in meinen wachbewußten Verstand gelangt, klar und deutlich.

Gott ist Universelle Weisheit und Macht – allen Menschen zugänglich, ohne Rücksicht auf Rasse oder Hautfarbe. Gott antwortet dem Atheisten oder Agnostiker ebenso wie dem Frommen oder dem Heiligen; die einzige Voraussetzung dazu ist Glauben.

... Wenn du glauben kannst, alle Dinge sind möglich dem, der glaubt. (Markus 9:23)

Ist Gott eine Person oder ein Prinzip?

Die Vorstellung von Gott als einem anthropomorphischen Wesen oder einer Art glorifiziertem Mann, dem jedoch alle Launen, Besonderheiten und Exzentrizitäten eines Menschen anhaften, ist neurotischer Infantilismus und geradezu absurd. Gott ist nämlich für Sie sehr persönlich: Jetzt, in diesem Augenblick, können Sie Liebe, Frieden, Harmonie, Freude, Schönheit, Weisheit, Kraft und Führung kontemplieren, und damit beginnen Sie, diese Qualitäten auch schon zum Ausdruck zu bringen, weil Sie unweigerlich zu dem werden, was Sie kontemplieren. Sie haben dann die Eigenschaften Gottes personalisiert und individualisiert. Gott ist grenzenlose Liebe, vollkommene Harmonie, vollkommene Freude, grenzenlose Weisheit, höchste Intelligenz und unendliches Leben, allgegenwärtig und allmächtig. Gleichzeitig ist Gott Gesetz, denn dies ist ein Universum von Gesetz und Ordnung.

Alle Elemente der Persönlichkeit sind innerhalb des unendlichen Seins in Ihrem Innern vorhanden, und durch Kontemplation der Eigenschaften Gottes in Ihrem Innern werden Sie herrliche und wunderbare Gott-gleiche Persönlichkeitsmerkmale entwickeln. Gleichzeitig wenden Sie das Gesetz Gottes oder Ihres Unterbewußtseins an, denn alles, was Sie beanspruchen, als wahr annehmen oder worüber Sie meditieren, wird Ihrem Unterbewußtsein aufgeprägt, und Ihr Unterbewußtsein bringt das ihm Aufgeprägte zur Manifestation. Ohne Anwendung des Gesetzes könnten Sie keine positiven Persönlichkeitsmerkmale entwickeln, denn es ist Gesetz, daß Ihr Denken und Fühlen Ihr Schicksal formt und Sie das sind, was Sie kontemplieren.

Gott ist alles, was ist – in allem, über allem und alles in allem. Hören Sie deshalb auf, sich etwas vorzumachen. Erkennen Sie, daß Gott sowohl unendliche Persönlichkeit als auch Gesetz ist. Das sind die zwei Säulen von denen in der Bibel die Rede ist.

Und er richtete die Säulen auf... die, welche er zur Rechten setzte, hieß er Jachin (das eine Gesetz), *und die, welche er zur Linken setzte, hieß er Boas* (unendliche Persönlichkeit). (1. Kön. 7:21)

Viele erklären mir dem Sinn nach: „Ich kann nicht zu einem Prinzip beten." Anscheinend wünschen diese Leute sich einen alten Mann im

Himmel, der sie tröstet, ihnen vergibt und für sie sorgt, wie ein menschlicher Vater. Eine solche Haltung ist extrem primitiv und recht kindisch. Bedenken Sie, daß die Natur der unendlichen Intelligenz in Ihrem Innern Responsivität ist – Widerhall, Reaktion; wenn Sie sich vertrauensvoll an sie wenden, wird sie zur Verkörperung Ihres Ideals.

Es ist unmöglich für Sie, eine magnetische und spirituelle Persönlichkeit zu entwickeln, ohne das Gesetz Ihres Gemüts anzuwenden. Für alles, was Sie sein, tun oder haben wollen, müssen Sie sich das mentale Äquivalent (die geistige Entsprechung, das geistige Abbild, den geistigen Gegenwert) schaffen. Ein emotionales Erhobensein oder fromme Sentimentalität einer entfernten Gottheit gegenüber mit der gleichzeitigen Hoffnung, transformiert zu werden, kann nur zu Neurosen und Verwirrung führen.

... Liebe ist des Gesetzes Erfüllung. (Römer 13:10). Gott wird Ihnen sehr vertraut werden – sehr nahe sein –, wenn Sie darangehen, Ihre Seele regelmäßig und systematisch mit Liebe und Freude, Frieden und Harmonie zu erfüllen; und nachdem Sie sich diese Qualitäten zu eigen gemacht haben, werden Sie sie auch zum Ausdruck bringen. Gott ist Liebe. Das Beste, was Sie daher tun können, ist, schnellstens damit aufzuhören, um etwas zu bitten, betteln und zu flehen, das Ihnen bereits gewährt worden ist.

Das affirmative (bejahende) Gebet

Bei dieser Methode – von Millionen heute in Amerika angewandt – wird Gott nicht um irgend etwas angefleht oder angebettelt. Statt dessen ruft man sich die großen Wahrheiten ins Gedächtnis, die niemals versagen, wie *der Herr ist mein Hirte; mir wird nichts mangeln* (Psalm 23:1), was bedeutet, daß es dem Menschen nie an Beweisen mangeln wird, daß die Gotteskraft ihn führt und leitet, über ihn wacht, und ihn erhält und stärkt. Das Wort „Hirte" gibt seiner tiefen Überzeugung von Gottes Liebe und Führung Ausdruck, die sie zu *grünen Auen* (Überfluß) und *stillen Wassern* (dem ruhigen Gemüt) geleitet. Das ist Beten.

Das anrufende Gebet

Wenn Sie die Segnungen, den Schutz und die Führung des Unendlichen vertrauensvoll anrufen, dann wird die Antwort kommen. Augustinus fand Trost, Ruhe und Schutz, als der Feind vor den Toren der Stadt Hippo, seinem Bischofssitz, stand, in einem anrufenden Gebet, das ihm aus dem Herzen kam:

Vom Aufruhr weltlichen Denkens laß mich Zuflucht nehmen unter den Schatten deiner Flügel; laß mein Herz, dieses Meer ruheloser Wellen, Frieden finden in dir, o Gott.

Mit diesem Gebet ging er schlafen und fand Ruhe für seine Seele.

ZUSAMMENFASSUNG

1. Jeder Mensch beantwortet sein Gebet selbst, ganz gleich, ob er sich dessen bewußt ist oder nicht, denn was der Mensch mit seinem wachbewußten Verstand als wahr akzeptiert, wird seinem Unterbewußtsein aufgeprägt ohne Rücksicht darauf, ob diese Überzeugung richtig oder falsch ist. Wenn ein Student zum Beispiel der Überzeugung ist, bei seiner Prüfung durchzufallen, dann bleibt seinem Unterbewußtsein keine andere Alternative, als ihn zu diesem Fehlschlag zu zwingen, auch wenn er sich auf der objektiven Ebene noch so sehr um den Erfolg bemüht hatte.

2. Wenn Sie sich im Zustand der Hypnose befinden – ihr wachbewußter Verstand also ausgeschaltet ist, dann ist Ihr Unterbewußtsein den Suggestionen des Hypnotiseurs unterworfen, und gleichgültig, wie absurd oder widersinnig die erteilte Suggestion auch sein mag, Sie werden entsprechend reagieren. Ihr Unterbewußtsein ist ein eingleisiges Bewußtsein, das weder argumentiert, noch abwägt, untersucht oder differenziert, wie Ihr wachbewußter Verstand. Ihr Unterbewußtsein folgert nur deduktiv; in anderen Worten: Wenn ihm von Ihrem wachbewußten Verstand eine falsche Prämisse eingegeben wird, dann wird es dennoch mit erstaunlichem Scharfsinn entspre-

chend der Natur dieser Suggestion reagieren. Füttern Sie deshalb Ihr Unterbewußtsein nur mit Gedanken, die wahr, liebevoll, erhaben und Gottgleich sind.
3. Gott ist der Schöpfer oder die Unendliche Intelligenz in Ihrem Unterbewußtsein und reagiert Ihrem Glauben entsprechend, denn die Natur der Unendlichen Intelligenz ist Responsivität, d. h. sie nimmt an und reagiert. Jeder als wahr empfundene und mit Gefühl aufgeladene (emotionalisierte) Gedanke wird Ihrem Unterbewußtsein aufgeprägt, und das, was „aufgedrückt" wurde, wird schließlich „ausgedrückt" – es kommt in Ihrem äußeren Erfahrungsbereich zum Ausdruck, gleichgültig, ob es sich hierbei um Gutes oder weniger Gutes handelt. Somit beantwortet jeder Mensch sein Gebet selbst. Glaubt er, nicht geheilt werden zu können, oder es gäbe keinen Ausweg aus seinem Dilemma, dann reagiert sein Unterbewußtsein genau seinen Erwartungen gemäß, und er erhält eine negative Antwort auf sein Gebet. In Wirklichkeit wird jedes Gebet beantwortet. So etwas, wie ein nicht beantwortetes Gebet, gibt es nicht.

Und alles, was ihr im Gebet gläubig erbittet, werdet ihr empfangen. (Matth. 21:22)

4. Die Antwort auf jede Frage befindet sich in Ihrem Innern – sie ist schon dort, bevor Sie fragen. Sie müssen lediglich erkennen, daß – was auch immer Ihr Verlangen sein mag – die Lösung bereits vorhanden ist, in der unendlichen Gegenwart und Macht Ihres Unterbewußtseins. Wenn Sie daher die Lösung beanspruchen, erwarten Sie eine Antwort. Dann geschieht Ihnen nach Ihrem Glauben. Die unendliche Gegenwart und Macht in Ihrem tieferen Bewußtsein, die das Universum und alle darin enthaltenen Dinge geschaffen hat, weiß alles, sieht alles und besitzt das Know-how der Erfüllung. Bitten und Betteln ist Mangeldenken – das Eingeständnis, das Erwünschte nicht zu haben. Damit verharren Sie im Denken an Mangel und Begrenzung und werden so mit unfehlbarer Sicherheit weitere Verluste und Miseren anziehen, denn alles, worauf Sie Ihre Aufmerksamkeit richten, wird von Ihrem Gemüt verstärkt. Die Idee, der Wunsch, die geistige Vorstellung, die Erfindung, das Bühnenstück, das Buch oder was sonst, ist für Ihr Gemüt eine Realität – ebenso wirklich, wie Ihre

Hand oder Ihr Herz. Laden Sie Ihren Wunsch auf mit Glauben und Erwartung.
5. Wenn Sie an einen Schutzengel glauben, dann wird Ihr Unterbewußtsein als innere Stimme oder Impuls reagieren – etwa mit dem sicheren Gefühl, eine bestimmte Richtung einschlagen zu müssen, oder einer Art überwältigendem Verlangen, etwas Bestimmtes zu tun oder zu unterlassen. Das wird auch „das stille innere Wissen der Seele" genannt. Der Engel steht für die Idee, die aus den Tiefen Ihres Unterbewußten aufsteigt und Ihre Probleme löst. Ob der Gegenstand Ihres Glaubens nun richtig oder falsch ist – Ihr Unterbewußtsein wird immer auf die Überzeugungen Ihres wachbewußten Verstandes reagieren.
6. Die Weisheit, Macht oder Intelligenz Ihres Unterbewußtseins nicht anzuerkennen, wäre gleichbedeutend mit seinem Nichtvorhandensein. Paulus sagt: *... damit ihr die Gottesgabe aufrührt, die in euch ist.* (2. Tim. 1:6)
7. Ein junger Mann hatte sich um die Position eines Piloten bei einer großen Fluggesellschaft beworben, und das gegen die Konkurrenz von 2500 weitaus erfahreneren Bewerbern. Er jedoch, sah sich bereits als Pilot in Uniform im Cockpit als Kopilot einer Verkehrsmaschine. Da er in dieser lebhaften geistigen Vorstellung beharrte, wurde dieses Mentalbild von seinem Unterbewußtsein aufgenommen und akzeptiert. Obgleich er „nach menschlichem Ermessen" nicht die geringste Chance zu haben schien, wurde er als einer der besten Kandidaten für die zehn in Frage kommenden Positionen ausgewählt. Dieser junge Mann war mit der Wirkungsweise seines Unterbewußtseins vertraut.
8. Gott sieht die Person nicht an, und die Gesetze des Geistes und des Universums sind konstant und unveränderlich. Es ist töricht, kindisch und absurd, sich einzubilden, durch Anflehen und Anbetteln eines Gottes, irgendwo im Himmel, die Gesetze des Geistes und des Universums außer Kraft setzen zu können. Sie lassen sich nicht nach Belieben ausschalten, auch nicht Ihretwegen. Ich möchte es hier nochmals eindringlich klarmachen: Sie selbst beantworten Ihr Gebet. Ihr Unterbewußtsein empfängt Ihre Gedankenimpressionen und reagiert mit absoluter Genauigkeit diesen Impressionen gemäß.

9. Es gibt nur eine einzige Macht im Universum – nicht zwei, drei oder hundert –, nur eine. Diese Macht wird – wenn konstruktiv angewandt – vom Menschen Gott genannt; bei negativer, unwissender oder destruktiver Anwendung jedoch als Teufel, Böses, Hölle etc. bezeichnet.
10. Menschen beten auf vielerlei Arten. Für mich ist ein Gebet die Kontemplation der Wahrheiten Gottes vom höchsten Standpunkt aus. Wenn Sie Ihr Gemüt mit den unveränderlichen Wahrheiten Gottes anfüllen, dann werden damit alle negativen Denkmuster in Ihrem Unterbewußtsein neutralisiert und ausgelöscht. Was Sie kontemplieren, zu dem werden Sie. Alles, was Sie bewußt beanspruchen und im Denken und Fühlen als wahr annehmen, wird von Ihrem Unterbewußtsein sofort angenommen und wiedergegeben – auf den Bildschirm des Raumes projiziert. Das ist wahres Beten.
11. Vielen Menschen sind die Gesetze des Geistes und des wissenschaftlichen Gebets völlig unbekannt. Sie haben recht seltsame, groteske und geradezu kindische Gottesvorstellungen. Ihnen ist beigebracht worden, einen weit entfernten Gott, irgendwo im Himmel, anzuflehen, der ihnen das Erflehte gewähren wird oder auch nicht. Dessen ungeachtet haben solche Menschen mit der kindlichen Vorstellung, von einem Gott „da oben" gerettet zu werden, bemerkenswerte Erfolge bei ihren Gebeten aufzuweisen. Sie wurden in der Tat gerettet. Die Erklärung dafür ist recht einfach: Wir erzielen die gleichen Resultate, ungeachtet der Tatsache, daß wir möglicherweise von falschen Voraussetzungen ausgehen, denn das Unterbewußtsein setzt sich nicht mit religiösen Überzeugungen auseinander, sondern folgert nur deduktiv.
12. Um es nochmals mit Nachdruck zu betonen: Wer eine entfernte Gottheit anbettet und anfleht, macht sich damit eindrucksvoll bewußt, das Erflehte nicht zu haben. Er demonstriert damit Mangelbewußtsein, und diese Geisteshaltung zieht nur noch mehr Mangel und Begrenzung an. Er erhält also genau das Gegenteil des Erwünschten. Die Bibel sagt: ... *Alles, um was ihr betet und bittet, glaubt nur, daß ihr es empfangen habt, und es wird euch zuteil werden.* (Markus 11:24) Das Bewußtsein, das Erbetene bereits zu *haben*, ist der ent-

scheidende Faktor. Sie wissen, daß der Eichbaum sich in der Eichel befindet. Damit aber eine Eiche daraus werden kann, muß die Eichel erst einmal eingepflanzt werden. Jede Saat muß erst einmal in den Boden gesenkt werden, bevor sie ein Gewächs hervorbringen kann. Ihr Wunsch – Ihr Begehren ist die Saat, und diese Saat muß ausgesät werden; ganz gleich, wie Ihr Problem geartet sein mag – ganz gleich, wie groß die Schwierigkeit sein mag –, die Antwort, die Lösung ist im Wunsch enthalten. Ihr Begehren (die Saat) hat seine eigenen mathematischen und mechanischen Gesetze, um sich auszudrücken. Ihr Wunsch ist genauso wirklich wie Ihre Hand oder Ihr Herz, ebenso wie der Gedanke an das Radio z. B. eine Realität in Ihrem Bewußtsein darstellt. Machen Sie sich bewußt, daß die unendliche Intelligenz in Ihrem Unterbewußtsein Ihren Wunsch erfüllen kann, denn sie ist die einzige schöpferische Kraft. Vergegenwärtigen Sie sich den Wunsch als bereits erfüllt – nähren Sie diesen Gedanken mit Glauben und Vertrauen, dann wird er wie die gewässerte und gedüngte Saat, die aus der Erde hervorkommt, als Ihr beantwortetes Gebet erscheinen. Deshalb müssen Sie unbedingt überzeugt sein, das Gewünschte bereits zu besitzen – in Ihrem Gemüt ist es bereits eine Realität.

13. Sie sind der Tempel des lebendigen Gottes. Gott ist der lebendige allmächtige Geist in Ihrem Innern. Wo Sie auch gehen und stehen – diese schöpferische Kraft ist immer mit Ihnen. Die einzige körperlose Kraft, deren Sie sich bewußt sind, sind Ihre Gedanken. Ihr Denken ist schöpferisch, und Sie wissen jetzt, was Sie sich mit Ihrem Denken erschaffen. Das Lebensprinzip in Ihrem Innern klopft immer wieder an die Tür Ihrer Herzens und fordert Sie auf: „Erhebe dich, transzendiere, wachse, mach Fortschritte, gehe vorwärts, öffne die Tür deines Herzens." Es weist Sie an, sich über die Eine große Wahrheit klar zu werden: In Ihrem Innern befindet sich die Kraft, die alle Tränen trocknen kann – sie kann jeden kranken Körper heilen, verborgene Talente enthüllen und Sie auf den Weg zum Glück, zur Freiheit und zum Seelenfrieden führen.

14. Gott (Geist) besitzt alle Elemente der Persönlichkeit, wie Urteilsvermögen, Willenskraft, Liebe, Frieden, Harmonie, Freude, Schönheit, Macht, Kraft, Weisheit und Intelligenz. Zugleich ist Gott Gesetz. Das

Eine ist nicht denkbar ohne das Andere. Wie könnten Sie wohl zu einer hervorragenden Persönlichkeit werden, ohne sich die Eigenheiten, Fähigkeiten und Kräfte Gottes zu eigen zu machen, über sie zu meditieren und in Ihrem Unterbewußtsein zu verankern. Dem Gesetz nach werden Sie zu dem, was Sie im Denken und Fühlen als wahr beanspruchen. In anderen Worten: Sie sind das, was Sie kontemplieren und in Ihrem Unterbewußtsein verankern. Dies geschieht gemäß den Gesetzen Ihres Unterbewußtseins. Emotionales „Herzen-höher-Schlagen" und frömmelnd sentimentale Unterwürfigkeit einer entfernten Gottheit gegenüber führt dagegen zu Verwirrung, Neurosen und Ernüchterung. Gesetz und Persönlichkeit sind eins. Um durch das Individuum wirken zu können, muß die Universelle Gegenwart und Macht zum Individuum werden. Sie müssen in Ihrem Denken und Fühlen die Wahrheiten Gottes zum Ausdruck bringen, dann ist Gott Ihnen sehr nahe, sehr persönlich. Aber selbstverständlich ist Gott keine Person, wenn Sie damit eine Art glorifizierten Mann im Himmel meinen. Ein solches Konzept muß als neurotischer Infantilismus bezeichnet werden.

15. Sie können bestimmte große Wahrheiten bejahen, und durch Repetition, Vertrauen und Erwartung werden Sie das Bejahte als wahr akzeptieren. Auf diese Weise wird Ihr bejahendes Gebet wirksam. Alles, was Sie dabei tun, ist, sich selbst von der Wahrheit des Bejahten zu überzeugen. Dann werden Resultate folgen. Das anrufende Gebet von Augustinus, das erhört wurde, lautete: Laß meine Seele vom Aufruhr menschlichen Denkens Zuflucht nehmen unter den Schatten deiner Flügel; laß mein Herz, dieses Meer ruheloser Wellen, Frieden finden in dir, o Gott.

KAPITEL 7

Wie Tele-PSI angewandt wird, für das Gebet, das nie versagt

Von vielen Leuten habe ich schon wiederholt zu hören bekommen: Wir haben uns schon einiges ernsthaft und aufrichtig gewünscht, ohne es jedoch bekommen zu haben. Wir haben gebetet, uns gesehnt, gewartet und doch keine Antwort bekommen. Dann stellen sie die übliche Frage: „Warum?" Die Antwort lautet: Euch geschehe nach eurem Glauben.

Was ist Glauben?

Der Glaube, von dem in diesem Buch die Rede ist, bezieht sich nicht auf Dogmen, Lehrmeinungen, Tradition, Rituale, Zeremonien oder irgendeine besondere religiöse Überzeugung. Betrachten Sie Glauben als eine Geisteshaltung – eine bestimmte Denkweise. Glaube ist ein bewußtes Potential – das Wissen, daß jeder mit Gefühl aufgeladene und als wahr empfundene Gedanke dem Unterbewußtsein aufgeprägt wird. Wenn das tiefere Bewußtsein jedoch erfolgreich imprägniert wurde, mit Ideen, Plänen oder Vorhaben, dann wird letzteres diese Impressionen objektivieren. Ihr Unterbewußtsein ist die schöpferische Kraft in Ihrem Innern. Ihr wachbewußter Verstand wählt aus, aber er erschafft nicht. Ob Sie es glauben oder nicht: Sie sind im Grunde die Totalsumme des von Ihnen ausgewählten. Die meisten Menschen sind sich über diese Tatsache nicht im klaren, während Millionen diese Wahrheit rundherum ablehnen. Glaube ist somit eine Art des Denkens, ein Fürwahrhalten, eine geistige Annahme.

Ein Chemiker hat Vertrauen in die Gesetze der Chemie – für ihn sind sie verläßlich, ein Farmer hat Vertrauen in die Gesetze der Agrikultur und ein Ingenieur hat Vertrauen in die Gesetze der Mathematik. Ebenso sollte der Mensch lernen, sein Vertrauen in die Gesetze des Geistes zu setzen und mit der Arbeitsweise seines Unterbewußtseins und seines Verstandes vertraut werden, um die Wechselwirkung dieser beiden Phasen seines Gemüts zu begreifen.

Das Gebet des Glaubens – und wie es angewandt wird

Um das Gebet des Glaubens zu erklären, würde ich sagen, man kann es als eine geistige oder spirituelle Überzeugung betrachten, daß in Ihrem Unterbewußtsein eine unendliche Intelligenz am Werk ist, die Ihnen antwortet, indem sie gemäß Ihren zum Ausdruck gebrachten Überzeugungen reagiert. Die Bibel sagt: ... *Euch geschehe nach eurem Glauben* (Matth. 9:29) ... *Wenn du glauben kannst, alle Dinge sind möglich dem, der glaubt.* (Markus 9:23)

Das bedeutet, daß die Weisheit und Macht Ihres Unterbewußtseins genau im Verhältnis zu Ihrem Glauben wirksam ist. Glauben heißt, etwas als wahr akzeptieren. Wenn man das englische Wort „Believe" (Glauben) analysiert, findet man, daß es aus *Be* (Sein) und *lieve = live* (Leben) besteht. Es bedeutet demnach, lebendig zu sein – sich in einem Zustand des Seins zu befinden; in anderen Worten, den Wahrheiten des Lebens gegenüber lebendig zu sein – sie mit Leben zu erfüllen, zu beseelen, ihre Wirklichkeit zu fühlen. Tun Sie genau das, und Sie werden in kürzester Zeit die Resultate dessen erfahren, was Sie Ihrem Unterbewußtsein eingegeben haben.

Weshalb einige Gebete beantwortet werden und andere nicht

Ein Mann beklagte sich bei mir: „Die Gebete meiner Frau werden immer beantwortet und meine nicht. Warum?" Er fügte hinzu, daß er überzeugt sei, Gott würde ihm aus irgendwelchen obskuren Gründen

Gutes vorenthalten, während er seine Frau aufgrund ihres Religionsbekenntnisses bevorzugte. Meine Erwiderung auf diese Hypothese war etwa wie folgt: Gott macht keinen Unterschied der Person. Die Anwendung der Naturgesetze ist für jeden Menschen erlernbar, sofern er sich mit dem nötigen Wissen vertraut macht.

Jeder Mensch ist imstande, die Gesetze der Elektrizität zu erlernen und aufgrund dieser Kenntnisse ein Haus zu verkabeln und zu beleuchten; ebenso kann er die Gesetze der Navigation lernen oder jedes andere Gesetz, und alle diese Gesetze ihrer Natur gemäß anwenden. Ein Atheist erhält seine Antworten aus dem Unterbewußtsein genauso wie ein Heiliger – die einzige Voraussetzung ist Glauben und völlige geistige Hingabe.

Ein Astronaut zum Beispiel, der die Existenz einer Göttlichen Gegenwart leugnet, ist aufgrund seiner Kenntnisse und Ausbildung imstande, den Mars, die Venus und andere Planeten zu erreichen – vorausgesetzt, er verfügt über genügend Glauben und Vertrauen, daß er von der schöpferischen Intelligenz seines Unterbewußtseins mit allem erforderlichen Wissen versorgt wird, denn letzteres reagiert auf die Überzeugungen des wachbewußten Verstandes.

Die Annahme, Gott oder die Unendliche Intelligenz reagiere auf die Gebete eines bestimmten Personenkreises nur wegen seines Religionsbekenntnisses, hieße, Gott die Absonderlichkeiten, Launenhaftigkeiten und Widersprüchlichkeiten eines Menschengemüts zuzuschreiben. Gott oder die schöpferische Kraft existierte, noch bevor irgendein Mensch seinen Fuß auf diese Erde gesetzt hatte und irgendeine Kirche gegründet wurde. Es war allein der Mensch, der alle die verschiedenen religiösen Glaubensbekenntnisse, Formen, Rituale und Dogmen erfand. Gott ist derselbe, gestern, heute und in alle Ewigkeit. Es ist eine Torheit, anzunehmen, Gott würde einigen etwas vorenthalten, was er anderen gewährt. Das würde auf Favoritismus (Bevorzugungen) hinauslaufen, und das ist undenkbar und völlig absurd.

... dir geschehe, wie du geglaubt hast ... (Matth. 8:13) Das bezieht sich auf das Gesetz von Ursache und Wirkung – ein kosmisches und universelles Gesetz, das wahrhaftig keinen Unterschied der Person macht. Die Ursache ist die Überzeugung Ihres wachbewußten Verstandes, und die Wirkung ist die Antwort aus Ihrem Unterbewußtsein.

Er hatte das Bejahte unbewußt wieder verneint

Der erwähnte Mann hatte um Wohlstand gebetet und dabei bejaht: „Gott ist meine unmittelbare Versorgung und sein Überfluß zirkuliert jetzt in meinem Leben." Andererseits kreiste sein Denken, wie er mir eingestand, zumeist um Mangel und Begrenzung. Letzteres hatte sich somit in seinem Unterbewußtsein verankert. Damit wurde seine bewußte Bejahung von seiner unbewußten Überzeugung wieder verneint.

Die Gebete seiner Frau wurden beantwortet, weil sie wirklichen Glauben demonstrierte; sie war von dem, was sie bejahte auch tatsächlich überzeugt. Für sie war es einleuchtend, daß eine unpersönliche Gegenwart und Macht in ihrem Unterbewußtsein tätig ist, die auf ihr gewohnheitsmäßiges Denken reagiert und daß diese Kraft einem jeden Menschen innewohnt.

Wie er seine Überzeugung änderte

Dieser Mann lernte eine einfache Wahrheit: Ein Gedanke verwirklicht sich auf die gleiche Weise, wie der Samen zu einer Pflanze wird. Er war imstande, seinen Falschglauben an Mangel zu überwinden, durch ständige Repetition der Wahrheit. Er sah ein, daß Wohlstand eine Gedankenimpression in seinem Gemüt ist und daß alle Dinge aus dem unsichtbaren Geist des Menschen oder Gottes hervorgehen. Durch dieses neue Verständnis gewann er Glauben und Überzeugung.

Er hatte klar erkannt: Wenn eine mit verschmutztem Wasser angefüllte Flasche unter einem tropfenden Wasserhahn steht, dann wird das stetige Tropfen schließlich dazu führen, daß sich nur noch sauberes Wasser in der Flasche vorfindet. Der Schlüssel ist Repetition. Eine falsche Überzeugung – von diesem Mann auch als falsch erkannt – wurde ersetzt durch ständige Repetition des Gedankens an Wohlstand – an frei und im Überfluß zirkulierendem Reichtum.

Am Anfang war es für ihn nichts anderes, als eine rein intellektuelle Feststellung, bei der Emotion, Gefühl noch keine Rolle spielte; je mehr er jedoch wiederholte: „Geld zirkuliert immer in meinem Leben und es ist immer ein Überschuß vorhanden", und das mit dem festen Willen, es auch zu glauben, desto mehr wurde diese Bejahung zu einer Überzeugung, und schließlich kam der Augenblick, da auch der letzte Widerstand beseitigt war – so, wie der ständige Tropfen klaren Wassers am Ende den letzten Rest schmutzigen Wassers aus der Flasche fortgespült hatte.

Wenn ein Gebet kein wirkliches Gebet mehr ist

Eine Frau schrieb mir kürzlich, daß sie am 15. des kommenden Monats 6000 Dollar aufzubringen hätte, um eine fällige Zahlung auf ihre Hypothek leisten zu können, anderenfalls würde sie ihr Haus verlieren. Sie fügte hinzu, daß sie verzweifelt gebetet habe, bislang jedoch ohne den geringsten Erfolg. Alle in Frage kommenden Quellen resp. Kanäle hätten negativ reagiert.

Diese Frau war besorgt, angespannt und voller Furcht. Ich machte ihr klar, daß eine solche Geisteshaltung nur noch mehr Verluste, Mangel, Begrenzungen und Hindernisse aller Art nach sich zieht. Hiob sagte: „*Denn was ich gefürchtet habe, ist über mich gekommen.*" (Hiob 3:25) Die Bibel gibt die Antwort auf Furcht und Besorgnis auf ganz einfache Art, wenn sie sagt: „*... In Stillehalten und Vertrauen besteht eure Stärke.*" (Jesaja 30:15)

Ich wies sie an, die folgenden großen Wahrheiten zu kontemplieren – Wahrheiten, die ihr zwar vertraut waren, mit denen sie sich jedoch bislang nicht zu identifizieren vermochte. Nunmehr begann sie damit, sie in ihrer ganzen Bedeutung zu erfassen. Sie bejahte jetzt, wissend und fühlend:

... Aber mit Gott sind alle Dinge möglich. (Matth. 19:26)
... Ehe sie rufen, werde ich antworten; und während sie noch sprechen, werde ich hören. (Jesaja 65:24)
... Euch geschehe nach eurem Glauben. (Matth. 9:29)
... Wenn du glauben könntest, alle Dinge sind möglich dem, der glaubt. (Markus 9:23)
Er ruft mich an, und ich erhöre ihn; ich bin bei ihm in der Not, reiße ihn heraus und bringe ihn zu Ehren. (Psalm 91:15)
Ich hebe meine Augen auf zu den Bergen, von wo mir Hilfe kommt. (Psalm 121:1)

Alle Dinge sind bereit, wenn das Gemüt es ebenfalls ist (Shakespeare)
Der Herr ist mein Licht und mein Heil; vor wem sollte ich mich fürchten? (Psalm 27:1)

Sie gab jeden Gedanken an die benötigte Summe und den Fälligkeitstermin auf. Statt dessen wiederholte sie diese großen Wahrheiten. Sie wußte jetzt: Wenn ihr Gemüt ruhig und friedvoll ist, dann kommt die Lösung. Sie hielt sich auf das Unendlich eingestimmt, weil sie einsah, daß Gott für alle ihre Nöte sorgen würde – daß er ihre unmittelbare und dauernde Versorgung und Hilfe ist.

Eine einfache Wahrheit hob ich besonders hervor: Wenn unser Gemüt ruhig und friedvoll ist, und „göttlichen Gleichmut" offenbart, dann kommt die Antwort – die Lösung mit unfehlbarer Sicherheit. Göttlicher Gleichmut bedeutet das sichere Gefühl zu haben, daß alles in Ordnung ist – daß unser Gebet niemals versagen kann. So, wie es uns nicht in den Sinn kommen würde, an der Tatsache zu zweifeln, daß an jedem Morgen die Sonne aufgeht. Natürlich wissen wir nicht, auf welche Weise die Antwort kommen wird, aber das braucht uns auch nicht zu kümmern, weil wir wissen, daß alles, was geschieht gut und sehr gut ist.

Diese Frau nun erreichte ein Gefühl des Friedens im Gemüt durch Kontemplation der großen Wahrheiten, die sich niemals verändern. Nach Ablauf einer Woche traf sie beim Einkauf in einem Drugstore auf einen alten Schulfreund, den sie seit Jahren nicht mehr gesehen hatte. Er war Witwer und sie Witwe. Er machte ihr einen Heiratsantrag, sie nahm ihn an und er kümmerte sich um die Hypothek. Sie hatte nichts verloren – nicht das Geringste; sie hatte gewonnen. Ihr Unterbewußtsein hatte das ihm aufgeprägte bei weitem vervielfältigt und verstärkt.

Furcht und Sorge ziehen Verlust an. Glauben und Vertrauen in die geistigen Gesetze hingegen ziehen alle Segnungen in Ihr Leben. Sollten Sie jemals eine bestimmte Geldsumme zu einem bestimmten Zeitpunkt benötigen, dann seien Sie sich bitte im klaren darüber, daß um Geld und Banktermin kreisende Gedanken üblicherweise Anspannung, Besorgnis und Furcht mit sich bringen und damit nur noch mehr Ungemach verursachen. Weitere Verluste sind die unausweichliche Folge! Gehen Sie statt dessen zurück zur Quelle aller Segnungen. Identifizieren Sie sich mit dem Unendlichen und beanspruchen Sie Frieden, Führung, Harmonie, rechtes

Handeln und Überfluß. Halten Sie diesen Kontakt aufrecht, dann wird der Tag anbrechen und alle Schatten werden fliehen.

Sie hatte absolutes Vertrauen in das Zustandekommen des Vertrags

Eine Schauspielerin erzählte mir, daß sie einen unerschütterlichen Glauben an das Zustandekommen eines bestimmten Vertrages gehabt habe, zumal da sie fernmündlich aufgefordert worden war, zur Unterzeichnung nach New York zu kommen. Dort mußte sie jedoch feststellen, daß der Produzent, der ihr das Angebot gemacht hatte, in der Nacht zuvor gestorben war. Etwas enttäuscht und deprimiert war sie daraufhin nach Los Angeles zurückgekehrt.

Ich erklärte ihr, daß das einzige, in das sie absolutes Vertrauen setzen könne, die Tatsache sei, daß Gott immer Gott ist, und die Gesetze des Universums immer die gleichen sind – gestern, heute und in Ewigkeit. Diese Gesetze sind absolut verläßlich, denn Gott und seine Gesetze sind konstant und unveränderlich. Ich erklärte ihr weiterhin, daß schließlich nicht sie es ist, die das Universum kontrolliert. Daher habe sie auch keine Macht über das Leben anderer Menschen. Wenn also für ihren Vertragspartner der Zeitpunkt des Überwechselns in die nächste Lebensdimension gekommen war, so sei das nicht ihre Angelegenheit. Eines hingegen sei immer sicher: Gott ist Gott – allmächtig, ewig, unveränderlich und zeitlos.

Tele-PSI in Aktion

Daraufhin änderte sie ihre Geisteshaltung. Es wurde ihr klar, daß ihr Unterbewußtsein über Mittel und Wege verfügte, ihre Wünsche zu realisieren – Wege, die bei weitem über dem Fassungsvermögen ihrer fünf Sinne lagen. Sie brachte ihr Gemüt zur Ruhe und bejahte:
Ich weiß, daß die unendliche Intelligenz in meinem Unterbewußtsein über alle Möglichkeiten verfügt, mir einen Vertrag zu verschaffen – Möglichkeiten, die meinem Intellekt nicht zugänglich sind. Ich er-

kenne diese transzendentale Weisheit und akzeptiere jetzt einen Vertrag, ähnlich oder besser, als der vorher angebotene. Die Weisheit meines tieferen Bewußtseins wird nur das Beste für mich hervorbringen.

Innerhalb weniger Wochen erhielt sie daraufhin einen wesentlich besseren Vertrag, als der, den sie in New York unterzeichnen sollte. Sollte Ihnen jemals etwas Ähnliches widerfahren, dann freuen Sie sich und seien Sie dankbar, weil die unendliche Intelligenz in Ihrem Innern etwas viel Besseres für Sie bereithält und es in Ihr Leben bringen wird, auf Wegen, von denen Sie noch nichts wissen.

Tele-PSI lehrt Sie, Ihr Vertrauen richtig einzusetzen

Eine brilliante Geschäftsfrau, Aufsichtsratsvorsitzende eines großen Unternehmens, war absolut sicher, einen bestimmten Mann zu heiraten. Alles war bereits arrangiert – die Trauungszeremonie vorbereitet, die Gäste eingeladen, das Bankett bereits bezahlt; wenige Minuten vor der Trauung jedoch erlitt der Bräutigam einen Herzanfall und starb.

Sie fragte: „Warum hat Gott mir das angetan?" Selbstverständlich war Gott nicht „verantwortlich" für das Ableben dieses Mannes. Wie wir alle, so hatte auch dieser Mann während seines Lebens die Möglichkeit zu wählen und sein Leben auf seine Weise zu gestalten. Wie sich herausstellte, war er Alkoholiker gewesen (was seine Verlobte nicht gewußt hatte) und schon mehrmals wegen Herzanfällen stationär behandelt worden. Alles das hatte er ihr verschwiegen.

Ich wies sie darauf hin, daß sie es nicht ist, die über das Leben dieses Mannes zu entscheiden hat und somit auch nicht bestimmt, zu welchem Zeitpunkt er in die nächste Dimension überwechseln wird. Ich sagte ihr, sie solle froh sein, daß die Weisheit ihres Unterbewußtseins, die immer bestrebt ist, sie zu beschützen, zu heilen und zu führen, sie davor bewahrt hat, sich auf eine Heirat einzulassen, die mit Sicherheit unglücklich verlaufen wäre.

Gleichzeitig lernte sie eine einfache Wahrheit: Wir können uns keiner Sache in diesem Universum absolut sicher sein, außer der einen, daß Gott

Gott ist, und die Gesetze des Universums konstant und unveränderlich sind. Wer von uns wollte mit unfehlbarer Sicherheit behaupten, morgen in San Francisco anzukommen? Vielleicht gibt es Nebel und alle Flüge werden annulliert. Wie können wir absolut sicher sein, daß unser Pferd das Rennen gewinnt? Vielleicht bekommt es einen Herzanfall. Wer wollte wirklich sicher sein, ein bestimmtes Mädchen zu heiraten? Vielleicht läuft sie mit einam anderen Mann davon. Besitzen wir die Kontrolle über andere Menschen oder die Welt? In einer alten Hymne heißt es:
Wechsel und Verfall, wohin ich blicke.
O Du Unveränderlicher verbleibe mit mir.
Vergegenwärtigen Sie sich allezeit, daß die Weisheit Ihres Unterbewußtseins über Mittel und Wege verfügt, um eine Antwort auf Ihr Gebet hervorzubringen – Mittel und Wege, die Ihrem wachbewußten Verstand nicht bekannt sind und von diesem nicht einmal erfaßt werden können.

Diese Frau, von der die Rede war, hatte niemals auf die richtige Weise um einen Ehemann gebetet. Sie hatte diesen Mann in einer Bar kennengelernt, und die Romanze zusammen mit allen Lügen und Täuschungen nahm von dort ihren Ausgang. Bei einem solchen Gebet darf man nicht an einen bestimmten Mann denken. Man heiratet Charakter. Sie erhalten nicht das, was Sie wollen, auf der Welt, sondern das, was Sie sind, und Sie sind das, was sie kontemplieren.

Um sich also den richtigen Partner heranzuziehen, muß man zunächst die Qualitäten, die man in einem Menschen bewundert, seinem Unterbewußtsein eingeben, indem man mit Interesse über diese Charakteristiken nachsinnt. Ich wies sie an, das folgende Gebet abends und morgens anzuwenden:

Ich weiß, daß ich jetzt eins mit Gott bin. In ihm lebe ich, in ihm bewege ich mich und in ihm habe ich mein Sein. Gott ist Leben; dieses Leben ist das Leben aller Männer und Frauen. Wir alle sind Söhne und Töchter des einen Vaters.

Ich weiß und ich bin überzeugt, daß es einen Mann gibt, der darauf wartet, mich zu lieben und für mich zu sorgen. Ich weiß, daß ich zu seinem Glück und Wohlergehen beitragen kann. Er liebt meine Ideale und ich liebe seine. Weder beabsichtigt er, mich zu verändern, noch ich ihn. Es gibt nur gegenseitige Liebe, Freiheit und Achtung.

Es gibt nur ein Gemüt, in diesem Bewußtsein kenne ich ihn bereits. Ich vereinige mich jetzt mit den Vorzügen und Eigenschaften, die ich verehre und durch meinen Partner zum Ausdruck gebracht sehen möchte. Ich bin eins mit ihnen im Geist. Im göttlichen Gemüt kennen und lieben wir uns bereits. Ich sehe den Gott in ihm; er sieht den Gott in mir. Da ich ihm im Innern bereits begegnet bin, muß ich ihm auch im Äußeren begegnen, denn das ist das Gesetz des Geistes, meines Geistes.

Diese Worte gehen von mir aus und vollbringen das, wofür sie ausgesandt wurden. Ich weiß: Es ist jetzt getan, erreicht und vollendet in Gott. Danke, Vater.

Diese Worte sanken nach und nach in ihr Unterbewußtsein, und die Weisheit ihres tieferen Bewußtseins brachte ihr einen jungen Zahnarzt, der in jeder Weise mit ihr harmonierte. Sie hatte gelernt, den Gesetzen ihres Geistes zu vertrauen, – Gesetzen, die niemals versagen. Sie war sich auch des Zeitpunkts bewußt, an dem der Gebetinhalt ihr Unterbewußtsein erreicht hatte. Sie hatte nämlich plötzlich kein Bedürfnis mehr, um einen Ehemann zu beten. Sie war mit einem Mal von einer Überzeugung durchdrungen, und das wiederum verursachte die augenblickliche Antwort.

Wie man durch Tele-PSI mit allen möglichen Rückschlägen fertig wird

Nehmen wir einmal an, Sie haben eine wichtige Verabredung in Houston, Dallas oder Boston und Sie verspäten sich wegen Nebel, Krankheit oder aus irgendeinem anderen Grund. Sie könnten jetzt sagen, daß Sie für ein zufriedenstellendes Interview in göttlicher Ordnung gebetet haben. Sie waren sich bewußt, daß göttliche Ordnung vorherrschen würde – deshalb entspannen Sie sich, lassen Sie los; wenden Sie sich an die unendliche Intelligenz Ihres Unterbewußtseins und machen Sie sich klar, daß die innere Weisheit bessere Wege kennt, dieses Interview zustande zu bringen – oder diesen Vertrag, oder was auch immer. Bewahren Sie Haltung, bleiben Sie ruhig, denken Sie daran, daß göttliches rechtes Handeln vorherrscht. Machen Sie sich bewußt, daß Ihr wachbewußter Verstand nicht wissen kann, auf welche Weise sich göttliches rechtes Handeln verwirklichen wird. ... *In Stillehalten und Vertrauen besteht eure Stärke.* (Jes. 30:15)

Seien Sie sich bewußt, daß Gott immer Gott ist, und wenn Sie bejahen und glauben, daß Gott in Ihrem Leben tätig ist, dann wird alles, was geschieht, gut sein – gut und sehr gut. Das ist das Gebet, das niemals versagt.

ZUSAMMENFASSUNG

1. Glauben ist eine Art des Denkens. Es ist eine Geisteshaltung. Vertrauen in die Gesetze des Geistes haben Sie, wenn Sie wissen, daß alles, was Ihrem Unterbewußtsein aufgeprägt wird, sich als Erfahrung und Begebenheit in Ihrem Leben zeigt. Jeder emotionalisierte und als wahr empfundene Gedanke – egal, ob gut oder böse – wird von Ihrem Unterbewußtsein angenommen und verwirklicht.
2. Ein Farmer hat volles Vertrauen in die Gesetze der Landwirtschaft. Der Kapitän eines Schiffes vertraut auf die Gesetze der Navigation. Beide machen Gebrauch von Prinzipien, die schon existierten, als noch kein Mensch diese Erde bevölkerte. Ebenso können Sie mit den Gesetzen Ihres Geistes vertraut werden und Ihr gesamtes Leben verändern. Denken Sie Gutes, und Gutes wird folgen; denken Sie Verlust und Begrenzung, und Misere wird die Folge sein.
3. Uns geschieht genau nach unserem Glauben. Aus diesem Grunde sagte Dr. Quimby 1847: „Der Mensch ist zum Ausdruck gebrachte Überzeugung." Glaube ist ein Gedanke in Ihrem Gemüt. Es bedeutet, etwas als wahr zu akzeptieren. Es bedeutet, den Wahrheiten des Lebens gegenüber lebendig zu sein – sein Gemüt mit den ewigen Wahrheiten zu durchdringen und damit sein ganzes Leben zu verändern.
4. Gott macht keinen Unterschied der Person, und er bevorzugt niemanden. Die Behauptung, Gott erhöre nur die Gebete von Angehörigen eines bestimmten Glaubensbekenntnisses oder er reagiere nur auf

dogmatisch geprägtes Verhalten, ist kindisch alberne Sentimentalität. Gott ist die universelle Macht und Weisheit – allen Menschen verfügbar, gemäß ihrem Glauben und ihrer mentalen Annahmebereitschaft.

5. Viele Menschen neigen dazu, das Bejahte unbewußt wieder zu verneinen. Ein Mann kann, zum Beispiel, äußerlich bejahen, Gott sei die Quelle seiner Versorgung, und dabei unterbewußt an Mangel glauben. Diesen Mangelglauben muß er ändern und statt dessen Gottes Reichtümer und das Gesetz des Überflusses kontemplieren, dann wird sein Unterbewußtsein auf die neue wachbewußte Überzeugung reagieren.

6. Wenn Sie die Tatsache erfaßt und begriffen haben, daß Wohlstand eine gedankliche Vorstellung in Ihrem Gemüt ist und Sie die Wahrheit ständig wiederholen, daß Gottes Reichtümer in Ihrem Leben ständig zirkulieren, werden Sie damit jeden unterbewußten Armutsgedanken auslöschen und durch Wohlstandsimpressionen ersetzen, und die Resultate werden nicht auf sich warten lassen. Dieser Vorgang ist vergleichbar mit dem Einfüllen von klarem Wasser in eine Flasche, die mit verschmutztem Wasser angefüllt ist. Der Moment ist absehbar, da die Flasche nur noch klares Wasser enthalten wird.

7. Sollten Sie eine bestimmte Summe Geldes zu einem bestimmten Termin benötigen, dann vergessen Sie bitte sowohl die Summe als auch den Termin, da Gedanken, die um nicht vorhandenes Geld und Fälligkeitstermine kreisen, naturgemäß Anspannung, Besorgnis und Furcht mit sich bringen. Das wiederum bewirkt Verzögerungen, Hindernisse, Schwierigkeiten und weitere Sorgen. Kontemplieren Sie statt dessen einige der großen Wahrheiten aus den Psalmen oder anderen Teilen der Bibel, um Ihr Gemüt ruhigzustellen. Kontemplieren Sie Gott als die Quelle Ihrer unmittelbaren und immerwährenden Versorgung, die jetzt Ihren gesamten Bedarf reichlich deckt und das in alle Ewigkeit tun wird. Wenn Sie „göttlichen Gleichmut" beweisen, wird Ihr Gebet immer beantwortet werden – auf Wegen, *von denen Sie nichts wissen*.

8. Ewiger Wechsel ist die Wurzel aller Dinge. Gott hingegen verändert sich nie. Absolutes Vertrauen können Sie nur in die Tatsache setzen, daß Gott immer Gott ist, gestern, heute und in alle Ewigkeit. Wenn

Sie sagen würden, Sie hätten absolutes Vertrauen, daß Sie morgen einen Vertrag mit John Jones unterzeichnen würden, dann gibt es vielerlei Möglichkeiten, die das verhindern könnten. Vertrauen Sie der unendlichen Kraft Ihres Unterbewußtseins, Ihren Wunsch in einem solchen Fall auf andere Weise zustande zu bringen, dann wird das geschehen.

9. Geben Sie den Gedanken auf, über irgend etwas Kontrolle auszuüben. Sie kontrollieren weder die Elemente, noch bestimmen Sie die Lebensdauer oder das Schicksal anderer. Setzen Sie Ihr Vertrauen in die Gottesgegenwart in Ihrem Innern, in dem Bewußtsein, daß Gott in Ihrem Leben tätig ist, und ausschließlich göttliches rechtes Handeln vorherrscht; dann wird, was immer geschehen mag, gut sein – gut und sehr gut. Sie können absolutes Vertrauen in Gottes Güte und Liebe haben. Wenn Sie diese Wahrheit akzeptieren, werden Wunder in Ihrem Leben geschehen.

10. Wenn Sie um einen Ehepartner beten, dann dürfen Sie dabei niemals an einen bestimmten Menschen denken. In anderen Worten: Machen Sie niemals den Versuch, das Bewußtsein eines anderen Menschen zu manipulieren. Der künftige Ehepartner ist zunächst ein Gedanke im Bewußtsein, ausgestattet mit den erwünschten Eigenschaften. Man heiratet sozusagen einen Charakter. Durch intensives Nachsinnen über die Charakteristiken und Qualitäten, die Sie in Ihrem künftigen Ehepartner zu finden wünschen, werden die tieferen Ströme Ihres Bewußtseins veranlaßt, Sie beide in göttlicher Ordnung zusammenbringen.

11. Bejahen Sie, daß Gott in Ihrem Leben tätig ist, glauben Sie, daß alles Gott in Aktion ist, dann wird alles, was geschieht, gut und sehr gut sein. Ein solches Gebet versagt niemals.

KAPITEL 8

Wie man sich den mystischen Quellen von Tele-PSI nähert

Denn meine Gedanken sind nicht eure Gedanken, und eure Wege sind nicht meine Wege, spricht der Herr, (Ihr Unterbewußtsein), *sondern so hoch der Himmel über der Erde ist, soviel sind meine Wege höher als eure Wege und meine Gedanken höher als eure Gedanken.* (Jesaja 55:8–9)

Während ich dieses Kapitel schrieb, erhielt ich einen Anruf von einer Frau aus New York. Sie hatte mein Buch *ASW – Ihre außersinnliche Kraft** gelesen und die darin enthaltene Meditation zur Entwicklung der inneren Kräfte mit geradezu wunderbaren Ergebnissen angewandt. Sie erzählte mir, daß sie in der Nacht zuvor fest geschlafen habe. Plötzlich sei ihr seit langem verstorbener Mann erschienen und habe ihr bedeutet, sofort den Gashahn zu schließen, ihr Sohn sei im Begriff, zu ersticken. Sie erwachte und bemerkte in der Tat einen sehr starken Gasgeruch. Sie weckte ihren Sohn auf und öffnete alle Fenster. Ihr blitzschnelles Handeln hatte ohne Zweifel ihrer beider Leben gerettet.

Sie hatte es sich zur Gewohnheit gemacht, jeden Abend vor dem Einschlafen den 91. Psalm, den großen Psalm des Schutzes, zu lesen. Demzufolge dramatisierte ihr Unterbewußtsein ein Bild ihres verstorbenen Mannes, in der Erkenntnis, daß sie dieser Warnung die gebührende Beachtung geben, und diese innere Vision keineswegs als gewöhnlichen Traum oder Hirngespinste abtun würde. Die Wege und Möglichkeiten des Unterbewußtseins sind in der Tat jenseits unseres Fassungsvermögens.

---

* Dr. Joseph Murphy: ASW – Ihre außersinnliche Kraft. Verlag „Das Besondere", Seeshaupt.

Sie bestand darauf, daß es sich um ihren „toten" Mann gehandelt hatte, bei der Traumerscheinung, aber es gibt nichts im Universum, das wirklich stirbt. Eine Blume, die einmal blüht, blüht ewig. Wir befinden uns in ständigem Kontakt mit allen Wesen, die je gelebt haben oder jetzt leben, denn es gibt nur ein universelles Gemüt, das jedem Individuum zugänglich ist. Obgleich Sie die Antwort *durch* eine andere Person erhalten können, ist es doch die Weisheit des Unterbewußtseins, aus der die Antwort hervorgeht.

Wir alle sind eingetaucht in das eine universelle Gemüt. Ich glaube, unser großer Fehler ist es, anzunehmen, wir seien „im Körper". Ihr Körper, mit dem sich Ihr Geist bekleidet hat, ist eine Idee – Sie werden immer über einen Körper verfügen, bis in alle Ewigkeit. Sie können sich selbst nicht ohne Körper vorstellen. Es ist in der Tat unmöglich. Das gibt Ihnen einen Begriff, daß Sie auch in der nächsten Lebensdimension mit einem Körper versehen sein werden. Er wird lediglich auf einer höheren Frequenz oszillieren.

Weshalb ihr Gebet die Dinge verschlimmerte

Eine Frau, die wegen eines Rechtsstreits, mit dem sie konfrontiert war, gebetet hatte, mußte feststellen, daß sich die Angelegenheit eher zu ihrem Nachteil zu entwickeln schien. Sie hatte genau das getan, was unter allen Umständen vermieden werden muß. Sie hatte den ganzen Verdruß und alle Besorgnis zum Mittelpunkt ihrer Aufmerksamkeit gemacht, und damit nur noch mehr Widrigkeiten erfahren als vorher. Sie hatte in bester Absicht gehandelt, aber tatsächlich „um weitere Schwierigkeiten gebetet". Sie hatte Lehrgeld zahlen müssen, um zu begreifen, daß alles, auf das wir unsere Aufmerksamkeit richten, von unserem Gemüt verstärkt wird.

Nach unserem Gespräch hatte sie eine andere Einstellung, und sie bejahte das Folgende:

Ich bin nicht allein. Gott wohnt in mir, und seine Weisheit bringt eine göttliche Lösung zustande, auf Wegen, die mir nicht bekannt sind. Ich lasse jetzt los und lasse die Weisheit des Unendlichen die Lösung herbeiführen.

Diese bejahende Gemütshaltung hielt sie aufrecht. Jedesmal, wenn ihr irgendwelche Furchtgedanken in den Sinn kamen, bejahte sie sofort: „Es gibt eine göttliche Lösung. Es ist Gott in Aktion."

Nach einigen Tagen hatten ihre Furchtgedanken alle Wirkung verloren und sie erfuhr ein wunderbares Gefühl des Friedens. Kurz darauf erhielt sie die Nachricht, daß die Verwandte, die den Prozeß gegen sie angestrengt – es hatte sich um eine Testamentsanfechtung gehandelt – und vorsätzlich eine Falschaussage gemacht hatte, ganz plötzlich ihre Klage zurückgezogen hatte. Ein paar Tage später war sie im Schlaf in die andere Dimension hinübergewechselt.

Ihr wachbewußter Verstand ist nicht imstande, zu ergründen, auf welche Weise Ihr Gebet beantwortet wird, da die Wirkungsweise Ihres tieferen Bewußtseins die des Intellekts bei weitem übertrifft. Ihr Unterbewußtsein präsentiert die Lösung auf seine ureigenste Weise.

Die Antwort kam auf seltsame Weise

Ein mir bekannter Immobilienmakler war an einem Objekt in einem anderen Staat der USA interessiert. Die Transaktion war mit einer beträchtlichen Investition verbunden. Jeden Abend vor dem Einschlafen betete er um göttliche Führung und rechtes Handeln bei allen seinen Unternehmungen. Nach einer Geländebesichtigung hatte er in der darauffolgenden Nacht einen sehr lebhaften Traum: Es erschien das Hexagramm 33 = Rückzug aus „Die Geheimnisse des I Ging", das besagt: „Jetzt ist nicht die Zeit vorzugehen."

Er folgte dem Rat, und die nachfolgenden Ereignisse rechtfertigten seine Entscheidung. In dieses Geschäft waren Mitglieder der Unterwelt verwickelt. Der Grund, weshalb sein Unterbewußtsein ihn mit dem Hexagramm „Rückzug" konfrontierte, lag zweifellos in der Tatsache, daß er das Buch „Die Geheimnisse des I Ging" studiert hatte – ein Buch, in dem ich die biblischen und psychologischen Bedeutungen der 64 Hexagramme des I Ging, oder des Buches der Wandlungen (übersetzt von Wilhelm Baynes mit Vorwort von C. G. Jung) erläutere. Ich war bestrebt, die Bedeutung der Hexagramme in unserer modernen Alltagssprache zu erklären. Ganz offensichtlich hatte sich das Unterbewußtsein dieses Immobilienmaklers entschlossen, ihm seine Botschaft auf eine Weise zu übermitteln, die er sofort begreifen und ernst nehmen würde.

Auf ihr Gebet erhielt sie eine seltsame Antwort

An einem Sonntag, nach meinem Vortrag im Wilshire Ebell Theatre in Los Angeles, wo ich seit mehr als 22 Jahren gesprochen habe, kam eine junge Dame zu mir und erzählte mir eine interessante Begebenheit. Sie hatte Psychologie und Religionswissenschaft studiert und sagte, sie habe um Führung gebeten, weil sie sich klar werden wollte, ob sie die geistigen und spirituellen Gesetze lehren sollte – außerhalb irgendwelcher kirchlichen Institutionen. Sie berichtete mir, daß sie daraufhin einen außerordentlich interessanten Traum gehabt habe. Ich sei ihr im Traum erschienen und habe auf das Hexagramm Nummer 30 im *Geheimnis des I Ging* gewiesen, Li/das Anhängende, Feuer genannt.

Klar und deutlich hatte sie im Traum alles gelesen, was in dem Hexagramm unter „Abbild" zu lesen war: *Und das Licht Israels wird zum Feuer werden...* (Jesaja 10:17) „Feuer" steht in der Bibel und im I Ging für „Erleuchtung" oder die höchste Intelligenz Ihres Unterbewußtseins, die Ihnen alles Wissenswerte enthüllt und Sie befähigt, dieses Licht auch auf andere zu richten.

Nach dem Erwachen schlug sie sofort das Hexagramm nach und stellte fest, daß die Worte mit dem im Traum Gesehenen identisch waren. Sie bemerkte: „Die Antwort ist richtig, deshalb werde ich genau das tun." Sie wußte, daß sich ihr Unterbewußtsein oftmals in Symbolen artikuliert, wobei „Wasser" ein Symbol für „Unterbewußtsein" ist und „Feuer" für „Unendliche Intelligenz oder Passion".

Meine Erscheinung in ihrem Traum symbolisierte die Wahrheit für sie, und sie ist jetzt mit ihrem neuen Studium sehr glücklich. Da sie mit dem I Ging vertraut war, hatte der ganze Traum für sie eine besondere Bedeutung und war in jeder Weise zufriedenstellend.

Das Gebet ist für ihn Gewohnheit

Auf Hawaii diskutierte ich einmal das Thema Gebet mit einem chinesischen Studenten, der mir sagte, daß seine Gebetstechnik auf einer Art spiritueller Partnerschaft basiert. Er hat es sich zur Gewohnheit gemacht, regelmäßig Zwiesprache mit seinem höheren Selbst zu halten; es sind, wie er es nennt, regelrechte Kolloquien und Diskurse zwischen seinem wachbewußten Verstand und der Gottesgegenwart in seinem Innern. Er spricht sein höheres Selbst etwa so an:

Vater, Du bist all-weise. Enthülle mir die Antwort, führe mich in meinen Studien, sage mir, was ich tun muß, mache mir meine Talente bewußt und gib mir Weisheit und ein verständiges Herz.

Zu zeiten hat er daraufhin vollständige Vorausvisionen sämtlicher Fragen, die in einer bevorstehenden Prüfung auftauchen werden und nicht die geringsten Probleme mit seinen Studien. Einmal hatte er eine innere Stimme gehört, die ihn angewiesen hatte, das *I Ging, oder Buch der Wandlungen* zu studieren. Und das war ihm, wie er bekannte, eine unschätzbare Hilfe bei der Selbsterforschung.

Eine sehr reiche Frau, die auf einer der Inseln lebte, bat ihn einmal, das *I Ging* für ihn zu lesen. Sie wollte wissen: „Ist es ratsam für mich, einen chirurgischen Eingriff vornehmen zu lassen, wie mir geraten wurde?" Sie erhielt darauf Hexagramm 30, das Anhängende/Feuer. Dort hieß es: „Die Kuh versorgen bringt großes Glück."

Er erklärte ihr die Bedeutung der „Kuh" als chinesisches Symbol. Kühe sind empfindliche Geschöpfe, die liebevolle Betreuung benötigen, und es heißt da: „Großes Glück erwächst aus der Betreuung der Kuh (des Unterbewußtseins). Wie er mir sagte, war diese Frau voller Ressentiments, unterdrücktem Zorn und Feindseligkeit. Auf diesen Umstand aufmerksam geworden, stellte sie sich eine Liste aller Menschen zusammen, die sich ihren Haß zugezogen hatten oder denen sie etwas übelnahm, und sie fing damit an, Segnungen, Liebe und guten Willen auf diesen Personenkreis auszustrahlen. Auch sich selbst vergab sie den Fehler, solcherart destruktive Gedanken und Emotionen beherbergt zu haben. Sie fütterte ihr Unterbewußtsein mit lebengebenden Denkmustern (sie versorgte die Kuh) und erfuhr daraufhin eine bemerkenswerte Heilung. Dem chinesischen Studenten machte sie aus Dankbarkeit ein Geschenk von 5000 Dollar als Studienbeihilfe. Für ihn ein erneuter Beweis für seine Erkenntnis, daß die Herrlichkeit des Unendlichen in seinem Innern auf spiritueller Partnerschaft beruht.

Kein menschlicher Charakter entwickelt sich aus dem Stegreif. Durch Kontemplation der ewigen Wahrheiten hingegen werden wir zu dem, was wir kontemplieren, in Gedanken, Worten, Taten und in allen Phasen unseres Lebens.

Auch Ihr Herzenswunsch ist ein Gebet

Wenn Sie krank sind, wünschen Sie sich Gesundheit; sind Sie arm, wünschen Sie Reichtum; sind Sie hungrig, wünschen Sie sich Nahrung; sind Sie durstig, dann wünschen Sie sich Wasser, um Ihren Durst löschen zu können. Wenn Sie sich im Wald verirrt haben, dann wünschen Sie, den Weg ins Freie zu kennen. Ebenso wünschen Sie sich Selbstausdruck und Ihren wahren Platz im Leben. Ihr Wunsch ist der Antrieb des Lebens in Ihrem Innern, das Sie auf eine Lücke in Ihrem Leben hinweist, die es auszufüllen gibt. Wenn Sie ein Erfinder sein sollten, dann wünschen Sie sich Ihre Erfindung patentiert und als fertiges Produkt auf dem Markt. Sie wünschen sich, geliebt, erwünscht, gebraucht zu werden und der Menschheit nützlich zu sein.

Der Wunsch ist die Ursache aller Gefühle und Handlungen. Es ist das Lebensprinzip, das sich durch Sie auf einer höheren Ebene ausdrücken will. Der Wunsch ist das Bestreben des Lebensprinzips, sich in einer Form zu manifestieren, die bislang nur als Gedankenvorstellung in Ihrem Gemüt bestanden hatte. Der Wunsch ist die treibende Kraft hinter allen Dingen; er ist das bewegende Prinzip des Universums.

Bedenken Sie: Ihr Wunsch trägt seine Erfüllung in sich – er steht zu seiner Erfüllung in Wechselbeziehung. Wunsch und Erfüllung können in gewisser Weise in Beziehung gesetzt werden mit dem Gesetz von Ursache und Wirkung. Die Bibel sagt: *Selig sind, die hungern und dürsten nach der Gerechtigkeit; denn sie werden gesättigt werden.* (Matth. 5:6) „Gerechtigkeit" steht in der Bibel für rechtes Denken, rechtes Handeln. Selig sind, die hungern und dürsten, recht zu tun, recht zu denken, recht zu handeln, recht zu sein und recht zu leben, nach der goldenen Regel und dem Gesetz der Liebe.

Sie machte sich zur Gangway und zum Kanal Gottes

Vor einigen Monaten erhielt ich einen Brief von einer englischen Schauspielerin, die seit mehreren Monaten ohne Beschäftigung war. Es hatte den Anschein, als seien alle Türen für sie mit einem Mal verschlossen. Ich schlug ihr vor, ein richtiges Verhältnis zu der unendlichen Gegenwart in ihrem Innern herzustellen, sich von der göttlichen Gegenwart durchströmen zu lassen, und sich dadurch von der Weisheit und Macht auf allen ihren Wegen führen zu lassen.

Sie befolgte meinen Vorschlag und sprach mit ihrem höheren Selbst unter Anwendung der folgenden Bejahungen:

Ich liefere mich der unendlichen Intelligenz in meinem Innern völlig aus, und ich bin mir bewußt, daß Gott mich durchströmt, als Harmonie, wahrer Selbstausdruck, Schönheit, rechtes Handeln und göttliche Aktivität. Ich weiß, daß alles, was ich dazu tun muß, aus williger Zusammenarbeit besteht. Deshalb mache ich mich zu einem offenen Kanal und lasse sein Leben, seine Liebe, seine Harmonie und seine schöpferischen Ideen durch mich hindurchfließen.

Schon kurze Zeit nachdem sie sich diese neue Einstellung zu eigen gemacht hatte, wurden ihr zwei Filmrollen angeboten: Eine in Frankreich und eine in Italien. Zur Zeit ist sie aktiv im Londoner Fernsehen. Alle Türen öffneten sich wieder für sie. Vorher hatte sie ihr Gutes blockiert, durch Gedanken der Furcht, Sorge und exzessiver Anspannung – etwa so, als wollte man beim Rasensprengen einen Fuß auf den Gartenschlauch stellen und damit den Fluß des Wassers blockieren. Der Begriff „Gebet" schließt auch das „In-sich-Hineinlauschen" mit ein, d. h. wir müssen die Wahrheit hören und erkennen, daß Gott uns mit einem bestimmten Talent auch den Plan zu dessen perfekter Entfaltung gegeben hat. Wir müssen nur ein offenes und empfängliches Herz beweisen und uns vom göttlichen Leben durchströmen lassen in dem Bewußtsein, daß es für Gott ebenso leicht ist zu Harmonie, Gesundheit, Frieden, Überfluß, wahrem Ausdruck und Liebe in unserem Erfahrungsbereich, wie zu einem Grashalm oder einer Schneeflocke zu werden.

Wie sie durch Gebet von emotionalen Krämpfen geheilt wurde

Als ich dieses Kapitel schrieb, erhielt ich einen Anruf von einer Frau, direkt aus der Praxis eines Herzspezialisten. Wie sie mir sagte, habe der Befund aufgezeigt, daß ihr Herz völlig normal arbeitete – daß ihre gelegentlichen emotionalen Krämpfe deshalb allein auf emotionale Ursachen zurückgeführt werden müßten. Unvernünftigerweise schien sie von der Idee besessen zu sein, jemand praktiziere eine Art Schwarze Magie an ihr.

Auf meinen dringenden Rat hin kam sie später in meine Sprechstunde, und ich machte ihr klar, daß sie mit einer solchen Einstellung einem anderen Menschen Macht über sich zugesteht. Die einzige Macht jedoch ist der lebendige Geist in unserem Innern. Diese Macht ist Eine und unteilbar. Und es gibt absolut nichts, das sich dieser Allgegenwart und Allmacht entgegenstellen kann. Es waren im Grunde also nur ihre eigenen Furchtgedanken, die ihr zu schaffen machten.

Ich gab ihr den Rat, ihr Gemüt von den herrlichen Wahrheiten des 27. Psalms durchdringen zu lassen, bis sie imstande sei, die falschen Ideen abzulegen. Zu meiner großen Freude hatte sie in knapp einer Woche diese Krämpfe überwunden. Sie wandte das große Gesetz der Substitution an, indem sie die großen Wahrheiten des 27. Psalms wieder und wieder repetierte, solange, bis ihr Gemüt die Wahrheit erfaßt hatte und sie damit freisetzte.

Zu diesem Vorgang, eine einfache Illustration – auf die Gefahr hin, mich zu wiederholen: Wenn Sie einer Flasche verschmutzten Wassers tropfenweise reines, klares Wasser zuführen, dann wird immer irgendwann der Moment dasein, an dem Sie über eine Flasche klaren, reinen Wassers verfügen.

ZUSAMMENFASSUNG

1. Ihr Unterbewußtsein ist immer bestrebt, Sie zu allen Zeiten zu beschützen. Dazu ist es unerläßlich für Sie, auf seine Eingebung, Warnungen und sein Drängen zu hören. Die Antwort auf ein bestimmtes Problem kann oftmals in einem lebhaften Traum zu Ihnen kommen – einem Traum, der sich für Sie als sehr bedeutsam erweisen kann. Eine Frau schilderte ein Traumerlebnis, in dem ihr verstorbener Mann sie auf einen geöffneten Gashahn hingewiesen hatte. Hierbei hatte es sich um eine Dramatisation ihres Unterbewußtseins gehandelt, als Antwort auf ihr allabendliches Schutzgebet, den 91. Psalm.
2. Wenn Sie beten, dann machen Sie nicht alle Ihre Anspannungen und Schwierigkeiten zum Mittelpunkt Ihrer Aufmerksamkeit. Denken Sie statt dessen an die Lösung als vollendetem Zustand und machen Sie sich bewußt, daß die Weisheit Ihres Unterbewußtseins Ihnen die Lösung oder Antwort bringen wird, auf Wegen, die Ihnen nicht bekannt sind. Halten Sie unbedingt eine bejahende Gemütshaltung aufrecht. Sollten Furchtgedanken auftauchen, dann ersetzen Sie diese durch Vertrauen in Gott und alle guten Dinge.
3. Eine gute Gewohnheit ist es, regelmäßig um göttliche Führung und rechtes Handeln in allen Unternehmungen zu beten. Wenn Sie die Bibel studiert haben oder die *Geheimnisse des I Ging,* dann werden Sie feststellen, daß Ihr Unterbewußtsein Ihnen oftmals mit einer Phrase, einem Bibelzitat oder einem bestimmten Hexagramm antwortet, und diese Antwort wird dann die perfekte Antwort sein.
4. Einer Studentin wurde im Traum das 30. Hexagramm aus *Geheimnisse des I Ging* gezeigt, als Antwort auf ihre Frage: „Soll ich studieren, um ein geistliches Amt zu übernehmen?" Die in Verbindung mit dem Hexagramm erteilte Instruktion lautete: *Und das Licht Israels wird zum Feuer werden...* (Jes. 10:17) Feuer bedeutet in der Bibel und im *I Ging* Licht und Erleuchtung und die Befähigung dieses Licht auch anderen zuteil werden zu lassen. Inzwischen studiert sie die mentalen und spirituellen Gesetze und ist sehr glücklich.
5. Ein chinesischer Student hat es sich angewöhnt, gelegentliche – wie er es nennt – Kolloquien mit seinem höheren Selbst zu halten. Dabei

verfährt er recht einfach. Er bejaht: „Vater, du bist all-weise. Enthülle mir die Antwort, führe mich in meinen Studien und sage mir, was ich tun soll." Daraufhin werden ihm oftmals die Fragen, die für das nächste Examen vorgesehen sind, im Traum gezeigt. Auch erhält er Inspriation und Einblick in die symbolische Bedeutung des *I Ging*. Dadurch wurde er in die Lage versetzt, sein Einkommen beträchtlich zu verbessern.

6. Das Gebet ist der Ausdruck eines aufrichtigen Wunsches der Seele; der Wunsch wiederum ist die Ursache allen Fühlens und Handelns. Es ist das Bestreben des Lebensprinzips, sich auf höheren Ebenen durch Sie auszudrücken. Machen Sie sich bewußt, daß das Lebensprinzip in Ihrem Innern, das Ihnen den Wunsch eingegeben hat, Ihnen auch den vollkommenen Plan für seine Manifestation enthüllen wird, in göttlicher Ordnung.

7. Wenn Sie eine Arbeit suchen, dann ergeben Sie sich der Gottesgegenwart in Ihrem Innern und entschließen Sie sich, zu einem offenen und empfänglichen Kanal zu werden, durch den das Unendliche ungehindert strömen kann.

Sagen Sie sich: „Gott durchfließt mich als Harmonie, Schönheit, Liebe, Frieden, rechtes Handeln, wahrer Selbstausdruck und Überfluß. Ich weiß, daß es für Gott ebenso leicht ist, zu all diesen Dingen in meinem Leben zu werden, wie zu einem Grashalm oder zu einer Schneeflocke." Machen Sie sich das zur Gewohnheit und alle Türen werden sich für Sie öffnen. Nehmen Sie Ihren Fuß vom Gartenschlauch, und lassen Sie das Wasser ungehindert durchfließen.

8. Wenn Sie einer Flasche verschmutzten Wassers tropfenweise reines Wasser zuführen, dann wird der Moment kommen, an dem Sie über eine Flasche reinen, klaren Wassers verfügen. Ebenso verfahren Sie bei emotionalen Krämpfen der Furcht. Flößen Sie Ihrem Gemüt dann die großen Wahrheiten des 27. Psalms ein, und die Furchtgedanken werden neutralisiert und vernichtet und Ihr Gemüt wird von einem Gefühl des Friedens durchdrungen. Das ist das große Gesetz der Substitution.

KAPITEL 9

Tele-PSI als vierdimensionale Gebetsbeantwortung

Von jeher – durch alle Zeitalter hindurch – war der Mensch von seinen Träumen fasziniert und mystifiziert. Im Altertum hielt man sie für Botschaften von den Göttern und für Reisen der Seele zu weit entfernten Ländern. Wir wissen jedoch, daß die vierte Dimension des Lebens der Ort ist, zu dem Sie jede Nacht reisen, nachdem Sie sich zur Ruhe begeben haben.

Viele Gelehrte des 19. Jahrhunderts neigten zu der Ansicht, daß es sich bei Träumen lediglich um die Erfüllung unterdrückter Wünsche handele – um Wunscherfüllung, unterdrückte Sexualität und andere Komplexe. Die Professoren C. G. Jung und Siegmund Freud glaubten, daß allen Träumen eine innere Bedeutung zugrundeliegt und sie somit wichtige Hinweise vermittelten in bezug auf innere Wünsche und Frustrationen.

In vielen Diskussionen, in Interviews und nicht zuletzt in meiner Korrespondenz habe ich jedoch immer wieder festgestellt, daß Menschen aus den verschiedensten religiösen und kulturellen Bereichen zuweilen buchstäblich träumen und in diesen Träumen auch Antwort auf ihre akutesten Probleme erhalten.

Wie sie im Traum einen verlorenen Diamanten wiederfand

Kürzlich sprach ich mit einer Frau, die mir sagte: „Sie können sich gar nicht vorstellen, was für einen Schrecken ich bekam, als ich im Sprechzimmer meines Arztes nichtsahnend meine Handschuhe abstreifte und entdeckte, daß ich meinen fünfkarätigen Diamanten verloren hatte." Nach ihren Bekundungen hatte sie hektisch und verzweifelt überall nachgesucht, auf dem Straßenpflaster entlang des ganzen Weges, den sie mit ihrem Auto gefahren war, in ihrem Haus und Garten – es war ihr erschienen, als hätte sie nach der berühmten Stecknadel im Heuhaufen gesucht.

Nach meinen Anweisungen befolgte sie eine sehr einfache und altbewährte Technik: Sie stellte sich vor, ihren Ring am Finger zu tragen. Sie fühlte seine Kompaktheit, seine Greifbarkeit, seinen Druck. Sie stellte sich vor, wie sie ihn, wie gewohnt, am Abend ablegte und in ihrer Juwelenschatulle verschloß. Alles das war eine imaginäre Handlung. Ihr letzter Gedanke vor dem Einschlafen war ihr liebstes Gebet: „Danke, Vater", was für sie gleichbedeutend war mit der Wiederbeschaffung ihres Ringes. Sie wußte, daß nichts wirklich verloren ist im unendlichen Gemüt.

In der dritten Nacht sah sie im Traum klar und deutlich ihren vermißten Ring im Zimmer ihrer Hausangestellten, in Papier eingewickelt und in einem alten Schuh versteckt. Sie erwachte daraufhin ganz plötzlich, begab sich in das Zimmer des Hausmädchens und fand den Ring genau an dem Platz, der ihr im Traum gezeigt worden war. Das Mädchen gab vor, nichts von der ganzen Sache zu wissen und behauptete, sich nicht vorstellen zu können, auf welche Weise der Ring in ihren Schuh gelangt sein konnte. Später gestand sie jedoch ein, den Ring an sich genommen zu haben, zusammen mit 50 seltenen Münzen, die einen beträchtlichen Wert hatten.

Hier haben wir wieder einmal einen Beweis für die vermehrende Macht des Unterbewußtseins. Diese Frau erhielt die ersehnte Antwort und darüber hinaus mehr, als sie verlangt hatte.

Wie ihr Leben von einem Kind verändert wurde

Eine Lehrerin – seit vielen Jahren mit einem Atheisten verheiratet und vermeintlich mit dessen Ansichten in Übereinstimmung – befand sich in einem Zustand akuter Depression. Sie hatte Zuflucht zu Beruhigungstabletten genommen, die ihr von ihrem Psychiater verschrieben worden waren. Wie sie mir erzählte, war sie in einer Klosterschule erzogen worden und war eigentlich bis zu ihrer Heirat zutiefst religiös. Ihr Mann allerdings neigte dazu, alle religiösen Überzeugungen ins Lächerliche zu ziehen. Seiner Meinung nach sind wir alle mehr oder weniger eine Ansammlung von Atomen und Molekülen und unsere Gedanken nichts anderes, als Absonderungen unserer Gehirne etc. Um des lieben Friedens willen hatte sie vorgegeben, mit seinen Ansichten übereinzustimmen, stand ihnen in Wirklichkeit jedoch im Grunde ihres Herzens ablehnend gegenüber. Jedesmal, wenn die Wirkung der Drogen nachließ, merkte sie zu ihrem Schrecken, daß sie immer mehr davon nehmen mußte. Darüber hinaus riefen sie beträchtliche Nebenwirkungen hervor. Schließlich wurde sie sich klar darüber, daß die Ursache ihrer Schwierigkeiten in ihrem Gemüt lag.

Eines Morgens hatte sie an ihrem Radio gedreht und war auf einen Vortrag von mir aufmerksam geworden über Gemüter ohne spirituelles Verständnis. Ich führte darin aus, daß dabei alle möglichen Arten von geistigem Unrat, Falschglauben usw. in das Bewußtsein eindringen und mentale und emotionale Krankheiten verursachen können. Zwei Wochen lang hörte sie jeden Morgen meinen Vorträgen zu. Danach hatte sie sieben Nächte lang jedesmal einen sehr lebhaften Traum. Ein kleiner Junge, angetan mit einem Heiligenschein, erschien ihr und winkte sie zu sich heran. Und als sie dann auf ihn zugehen und ihn umarmen wollte, lief er davon, und sie war nicht imstande, ihn einzuholen. Dieser gleiche Traum wiederholte sich in jeder Nacht. In der siebenten Nacht sagte er zu ihr: „Wenn du mich einholst, wirst du geheilt sein", und er war verschwunden.

Ich erklärte ihr, daß sich nach den Entdeckungen C. G. Jungs im kollektiven Unbewußten der Menschheit archetypische Vorstellungsbilder befinden, die allen Menschen überall auf der Welt gemeinsam sind. Jungs Forschungen brachten unter anderem die Erkenntnis mit sich, daß viele Menschen in den verschiedensten Zeitaltern und Ländern sowohl von dem „Lichtvollen Kind" als auch von Weisen, Madonnen, Muttergestalten, Kreisen, Kreuzen, Schlangen, Mandalas (Quadraten mit Kreisen), der weißen Rose und vielen anderen Symbolen geträumt haben.

Das lichtvolle Kind mit dem Heiligenschein oder Nimbus umgeben, war ein archetypisches Vorstellungsbild, das ihr bedeutete, zu Gott zurückzufinden. Die göttliche Gegenwart, die innewohnende Macht oder spirituelle Idee wird in der Bibel als Kind dargestellt. Das Bewußtsein dieser Macht in Ihrem Innern und Ihr Entschluß, Kontakt mit ihr zu suchen und sie anzuwenden, ist die Geburt des Kindes.

Die junge Frau erkannte intuitiv, daß die Erscheinung des Kindes mit dem Nimbus (Symbol für Licht oder Erleuchtung) für sie bedeutete, zur Kommunion mit ihrem Gott-Selbst in ihrem Innern zurückzufinden, und genau das tat sie auch. Als ihr das Kind wiederum erschien, war sie imstande, es zu umarmen.

Das erste Buch, das sie daraufhin studierte, war *Die Macht Ihres Unterbewußtseins*. Dieses Studium und die Anwendung der in diesem Buch dargelegten Prinzipien veränderten ihr Leben vollkommen. Sie ließ sich scheiden, da es sinnlos gewesen wäre, eine Ehe fortsetzen zu wollen, die in Wirklichkeit keine Ehe mehr war, sondern nur eine Täuschung, eine Farce und eine Maskerade.

Wie sie ihre Einsamkeit überwand

Eine zutiefst verzweifelte Witwe, nach eigenen Angaben fast wahnsinnig vor Einsamkeit, weil ihr Mann und ihre zwei Kinder bei einem Unfall ums Leben gekommen waren, fand die Antwort auf ihr Problem, als sie dreimal täglich über die Wahrheiten des 23. Psalms meditierte.

Eines Nachts hörte sie eine innere Stimme; sie konnte sich jedoch nicht mehr entsinnen, ob sie geschlafen hatte oder wach gewesen war. Mit Bestimmtheit hörte sie eine Stimme, die zu ihr sagte: „Fülle den Bedarf im Leben anderer." Als sie aufstand, war sie voller Pep und Unternehmungslust – jedes Gefühl der Trübsal und Mutlosigkeit war verschwunden. Sie sagte sich: „Ich bin gelernte Krankenschwester, und genau das ist es, was ich tun werde."

Schon am nächsten Tag besuchte sie das Kriegsveteranen-Hospital und machte sich bei vielen der dortigen Patienten nützlich. Für einige von ihnen schrieb sie Briefe, anderen spendete sie Trost, und wieder anderen las sie die Psalmen vor. Diesen Dienst am Nächsten setzte sie etwa eine Woche lang fort und dabei füllte sich ihr Gemüt mit immer mehr Liebe und Erbarmen. Die Patienten hießen sie begeistert willkommen. Inzwischen hat sie ihre Pflegetätigkeit wieder als Beruf aufgenommen und verabreicht allen, die sie betreut, Transfusionen des Glaubens und Vertrauens. Sie füllt in der Tat einen Bedarf aus, im wahrsten Sinne des Wortes. Die Stimme, die sie gehört hatte, war die Stimme der Intuition: Die Eingebungen aus dem Unterbewußtsein manifestieren sich oftmals in Form einer Stimme, die niemand sonst zu hören vermag, als das Individuum, zu dem sie spricht.

Bereits vor Tausenden von Jahren lehrten die Upanischaden (eine Sammlung mystischer philosophischer Abhandlungen), daß „der Mensch in seinem Traum zum Schöpfer wird". Robert Louis Stevenson, der sich viel mit der dualen Natur des Menschen beschäftigte, die ihn verwirrte, erhielt im Traum von seinem Unterbewußtsein einen vollständigen Handlungsablauf – die Story, aus der sein berühmter Roman *Dr. Jekyll und Mr. Hyde* wurde.

Auf ähnliche Weise hatte seinerzeit Elias Howe große Schwierigkeiten, die Nähmaschine soweit zu vervollkommnen, daß sie zu einem wirklich brauchbaren Gerät werden konnte. Nachdem er über die vollkommene Lösung des Problems meditiert hatte, kam ihm die Antwort seines Unterbewußtseins im Traum. Es wurde ihm genau die richtige Stelle gezeigt, wo diese Öse hingehörte.

Sein unsichtbarer Partner

Ein alter Freund von mir ist als Geschäftsmann außergewöhnlich erfolgreich. Aktienkäufe im Wert von 500 000 Dollar und mehr sind bei ihm keine Seltenheit. Dieser Freund sagte einmal zu mir: „Weißt du, Murphy, 500 000 Dollar sind bei mir sozusagen nur wenige Tropfen in den Eimer dessen, was ich sonst für gewöhnlich zu investieren pflege." Wie er weiter ausführte, sei es ein unsichtbarer Führer, der in seinem Leben die Hauptrolle spielt. Er könne sich hundertprozentig auf seine innere Stimme verlassen, die ihm für bestimmte Investitionen grünes Licht gibt, während sie zu anderen Vorhaben definitiv „nein" sagt. Von frühester Jugend an war sein ständiges Gebet: *„Ich fürchte kein Unglück, denn du bist bei* *mir*... (Psalm 23:4). Gott ist mein unsichtbarer Partner und Führer. Deshalb höre ich zu jeder Zeit die innere Stimme, die mir klar und deutlich sagt: ‚Ja, ja und nein, nein.'"

Offensichtlich hat er sein Unterbewußtsein soweit erzogen und konditioniert, daß er dessen Eingebungen, Antriebe und Warnungen als innere Stimme wahrnimmt – eine Stimme, die niemand außer ihm selbst zu hören vermag. Das ist Clairaudience oder Hellhörigkeit – ein klares Wahrnehmen der Warnungen seines tieferen Bewußtseins.

Wie ein Alkoholiker sich von seiner Sucht befreite und inneren Frieden fand

Vor einigen Monaten hatte ich ein Gespräch mit einem Alkoholiker, dessen Frau und Söhne an Krebs gestorben waren. Er war verständlicherweise zutiefst deprimiert und melancholisch. Ich erklärte ihm, daß sein aufrichtiger Wunsch, den Alkohol aufzugeben, bereits den ersten Schritt auf die Heilung zu darstellte, was ihm auch einleuchtete. Der nächste Schritt bestand darin, ihn zu der Erkenntnis zu bringen, daß es eine subjektive Kraft in seinem Innern gibt, die jegliches Verlangen nach Alkohol beseitigen und ihn veranlassen würde, seine Befreiung von dieser Gewohnheit zu beanspruchen.

Ich empfahl ihm eine einfache Technik, die er mehrmals am Tage anwenden sollte. Sie bestand darin, daß er sich lebhaft vorstellte, wie ich ihm gratulierte. Er sah, hörte und empfand, wie ich ihn beglückwünschte, daß er nüchtern war und blieb und vollkommenen Seelenfrieden erlangt hatte. Für einen Zeitraum von etwa zwei Wochen wandte er diese Technik dreimal täglich fünf Minuten lang an. Dann, plötzlich, erschienen ihm eines Nachts seine Frau und seine beiden Söhne im Traum und sagten zu ihm: „Dad, wir wollen, daß du lebst. Wir lieben dich. Wir sind in unserem neuen Leben sehr glücklich. Bitte betraure uns nicht."

Dieser Traum hatte eine gewaltige Wirkung auf ihn und er erfuhr eine unmittelbare Heilung. Er sagte zu mir: „Ich bin befreit. Ich bin von Seelenfrieden und einem Gefühl innerer Freude durchdrungen, wie ich es niemals zuvor gekannt habe, und ich bin dafür von Herzen dankbar."

Die Bibel sagt: *Befreunde dich doch mit ihm und halte Frieden...* (Hiob 22:21). Dieser Mann hatte sich befreundet – befreundet mit der Kraft seiner Gedanken und Imaginationen, und sein Unterbewußtsein reagierte auf eine Weise, die ihm sofortige Befreiung brachte – Befreiung und Gemütsfrieden.

Wie er aus dem Dschungel von Vietnam herausfand

Kürzlich sprach ich mit einem jungen Sergeanten der US-Army. Er war gezwungen, zusammen mit seinen Kameraden aus einem brennenden Flugzeug abzuspringen und fand sich nach seiner Landung allein mitten im Dschungel wieder, ohne die geringste Orientierung. Von seinen Kameraden konnte er nirgendwo eine Spur entdecken. Statt sich jedoch von seiner verzweifelten Situation niederdrücken zu lassen, sprach er sich selbst die einzigen Worte des 91. Psalms vor, die ihm geläufig waren, in dem Bewußtsein, daß dieser Psalm allgemein als der große Psalm des Schutzes bekannt war:

... der darf sprechen zum Herrn: „Meine Zuflucht, meine Festung, mein Gott, auf den ich vertraue!" (Psalm 91:2)

Je öfter er diesen Vers wiederholte, desto mehr schwanden alle Furchtgefühle, berichtete er mir. Dann geschah etwas sehr Seltsames: Sein Bruder – ein Jahr zuvor bei Kampfhandlungen getötet – erschien ihm, greifbar und gegenwärtig, in voller Uniform und sagte: „Folge mir!" Er führte ihn an den Fuß eines Berges und sagte dann: „Hier bleibst du bis zum Morgen, dann bist du sicher." Dann löste sich das Erscheinungsbild auf. Als der nächste Tag anbrach, wurde er von einer Patrouille gefunden und mit einem Hubschrauber zurück ins Lager transportiert.

Dieser Mann hatte seine Furcht überwunden und es damit seinem Unterbewußtsein ermöglicht, mit dem Erscheinungsbild seines im Kampf gefallenen Bruders zu reagieren, auf dessen Weisungen er mit Sicherheit hören würde. Auch der Standort der Patrouille war seinem Unterbewußtsein bekannt, das damit alles zu seiner Rettung Erforderliche veranlassen konnte.

Die Möglichkeiten, die dem Unterbewußtsein zur Verfügung stehen,

sind wirklich jenseits allen Fassungsvermögens. Halten wir fest: Ihr Unterbewußtsein reagiert auf seine ureigenste Weise auf Ihr Gebet des Glaubens.
... Euch geschehe nach eurem Glauben. (Matth. 9:29)

Die Erklärung rettete sie vor dem Selbstmord

Eine sehr deprimierte junge Mutter, die im Vietnamkrieg zwei Söhne verloren hatte, fragte mich nach den Gründen, die gegen ihren möglichen Selbstmord sprächen. Meine Erwiderung darauf war eine recht einfache: „Das Problem als solches existiert allein in Ihrem Gemüt, und Sie werden immer wieder über einen Körper verfügen, bis in alle Ewigkeit. Sie lösen ein Problem ja auch nicht, indem Sie Los Angeles verlassen und sich nach Boston absetzen. Ihr Gemüt nehmen Sie überall hin mit sich, deshalb ist ein Sprung von der Brücke durchaus keine Lösung. Ihr Gemüt ist der Ort, wo Sie Ihrem Problem begegnen und dort lösen Sie es auch. Sie sind größer, als jedes Problem."

Ich erklärte ihr, daß der Mensch imstande ist, seinen gegenwärtigen Körper zu verlassen, und ohne ihn Tausende von Meilen zurückzulegen; darüber hinaus verfügt er nach wie vor über Seh-, Hör- und Tastsinn, auch außerhalb des Körpers. Er kann sehen und gesehen werden, verschlossene Türen durchdringen, und zur gleichen Zeit seinen Körper daheim auf der Couch liegen sehen. Er hat einen vierdimensionalen Körper angenommen, zuweilen auch Astral- oder Subtilkörper genannt.

Besonderes Gewicht legte ich auf die Erklärung der Tatsache, daß derartige Exkursionen des Menschen außerhalb seines Körpers schon Gegenstand vieler wissenschaftlicher Abhandlungen waren. Dabei beschrieb ich ihr die Forschungsexperimente des bekannten amerikanischen Wissenschaftlers Dr. Hornell Hart, einem früheren Mitarbeiter von Prof. Dr. J. B. Rhine an der Duke University, der zahllose solcher Fälle untersucht hatte.

Allmählich begann sie zu erfassen – zuerst intuitiv, dann verstandesmäßig –, daß sie mit den gleichen Problemen auch außerhalb ihres Körpers konfrontiert sein würde, denn die Existenz im Astralkörper wäre allein noch keine Änderung – sie bedeutet keineswegs, daß damit eine Lösung des Problems verbunden ist, auch wenn dieser Körper viel verfeinerter als der dreidimensionale ist. In ihrem neuen Körper würde sie also ebenso verwirrt und frustriert sein, wie auch in ihrem vorherigen – genau ihren negativen Gedanken und Imaginationen gemäß.

Ihr Selbstmordkomplex war hervorgerufen worden durch ein intensives Verlangen nach Befreiung und Gemütsfrieden. Was sie in Wirklichkeit wollte, war mehr Lebensausdruck und Überwindung ihres akuten Zustandes mentaler Depression und Melancholie.

Ich machte ihr klar, daß ihre Söhne jetzt in einer anderen Dimension des Geistes wirken und ein Anrecht auf Gedanken frei von allem Selbstmitleid haben – Gedanken der Liebe, des Friedens, der Freude und des guten Willens. Ausstrahlungen der Verzagtheit, des Unglücklichseins und der Trauer haben sie nicht verdient. Anhaltende Trauer ist nichts anderes, als morbider Egoismus. Liebe befreit immer, sie erfreut sich an dem Glück, dem Frieden und dem Wohlergehen des anderen.

Sie entschloß sich, sofort wieder berufstätig zu werden und übergab ihre Söhne der Gottesgegenwart.

Sie war jetzt imstande, ohne Gefühle der Trauer an sie zu denken und konnte bejahen: „Ich weiß, daß Gott dort ist, wo ihr seid, und daß seine Liebe eure Seelen erfüllt. Gott sei mit euch."

Die Anwendung dieser spirituellen Therapie brachte für sie ein Wiederaufleben des Geistes mit sich, und auch ihre Vitalität und ihr Gemütsfrieden stellten sich wieder ein.

... der auf Lilienauen (den Wahrheiten Gottes) *weidet. Bis der Tag anbricht, und die Schatten fliehen...* (Hohelied 2:16,17)

ZUSAMMENFASSUNG

1. Die vierte Dimension ist der Ort, an den Sie sich begeben, nachdem Sie eingeschlafen sind. Dort können Sie Antworten auf die verwirrendsten Probleme erhalten, in Träumen und Symbolen. Viele Menschen träumen buchstäblich und stellen dann fest, daß ihre Träume sich erfüllen.
2. Eine Frau hatte ihren wertvollen Diamantring verloren und erfolglos

nach ihm gesucht. Daraufhin praktizierte sie schöpferische Imanigation. Sie stellte sich vor, daß sie den Ring an ihrem Finger trug – fühlte seine Form und Greifbarkeit – und jeden Abend vor dem Einschlafen sagte sie: „Danke, Vater", was für sie gleichbedeutend war mit der Tatsache, den Ring bereits erhalten zu haben. Nach einigen Nächten sah sie im Traum klar und deutlich den Aufbewahrungsort ihres Ringes und ging der Sache nach. Es stellte sich heraus, daß die erhaltenen Weisungen richtig waren. Sie fand den Ring im Zimmer des Hausmädchens, in einem alten Schuh versteckt.

3. Eine religiös eingestellte Frau – mit einem Atheisten verheiratet – litt unter Frustrationen und unterdrückten Zorngefühlen ihrem Ehemann gegenüber, weil dieser alle religiösen Überzeugungen lächerlich zu machen pflegte. Ihr Unterbewußtsein kam ihr im Traum zu Hilfe, indem es ihr das „Lichtvolle Kind" als Symbol der Gottesgegenwart in ihrem Innern zeigte. Intuitiv erkannte sie die Bedeutung, und sie stellte den Kontakt mit der göttlichen Gegenwart in ihrem Denken und Fühlen wieder her. Dadurch erfuhr sie eine vollkommene Heilung. Sie ließ sich scheiden, da es sich bei dieser Verbindung ohnehin um keine Ehe gehandelt hatte, sondern um eine Farce, eine Täuschung und eine Maskerade.

4. Eine Frau überwand ihre Einsamkeit durch Meditation über den 23. Psalm. Als Folge hörte sie eine innere Stimme aus ihrem Unterbewußtsein: „Fülle den Bedarf im Leben anderer." Sie nahm ihren erlernten Beruf als Krankenschwester wieder auf und verabfolgte ihren begeisterten Patienten Transfusionen des Glaubens und Vertrauens. Trübsal und Mutlosigkeit waren restlos verschwunden. Sie fühlte sich erwünscht, gebraucht, geliebt und geschätzt. *Und deine Ohren werden einen Ruf hinter dir vernehmen, der da sagt, dies ist der Weg, den gehet!...* (Jes. 30:21)

5. Bereits vor Tausenden von Jahren lehrten die Upanischaden: „Der Mensch in seinem Traum wird zum Schöpfer." Robert Louis Stevenson erhielt nach seiner Kontemplation über die duale Natur des Menschen, als Antwort eine Romanhandlung, die er *Dr. Jekyll und Mr. Hyde* nannte – ein Buch, das in alle bekannten Sprachen der Welt übersetzt worden ist.

6. Ein Multimillionär, der regelmäßig große Investitionen vorzunehmen pflegt, sagte mir, daß sein gesamtes Leben von einem unsichtbaren Führer bestimmt wird. Er hört jeweils eine innere Stimme, die entweder „ja" oder „nein" zu bestimmten Investitionsvorhaben sagt. Seit Jahren hat er sein Unterbewußtsein konditioniert, auf diese Weise zu reagieren. Sein ständiges Gebet ist „Gott (Unendliche Intelligenz) ist mein unsichtbarer Partner und Führer und ich höre die innere Stimme, die klar und deutlich zu mir sagt ‚ja, ja' und ‚nein, nein'." *Eure Rede sei ja, ja; nein, nein...* (Matth. 5:37).

7. Ein Alkoholiker mit dem aufrichtigen Wunsch, von seiner Trunksucht geheilt zu werden, erfuhr eine vollkommene Heilung, weil er zu einer klaren Entscheidung gekommen war und sein Unterbewußtsein entsprechend reagieren konnte. Er wandte eine ganz einfache Technik der schöpferischen Imagination an: Er stellte sich vor, wie ich ihm zu seiner Befreiung gratulierte. Er fixierte seine Aufmerksamkeit auf den erwünschten Zustand, entspannte sich und war sich bewußt, daß seine Imagination in diesem entspannten Zustand seinem Unterbewußtsein aufgeprägt würde. Sein Unterbewußtsein antwortete auf eine recht ungewöhnliche und dramatische Weise: Seine verstorbene Frau und seine zwei Söhne erschienen ihm im Traum und sagten zu ihm: „Dad, wir wollen, daß du lebst. Wir sind hier, wo wir sind, sehr glücklich." Diese vierdimensionale Antwort hatte auf ihn eine gewaltige Wirkung, und er war auf der Stelle geheilt.

8. Ein im Dschungel von Vietnam verirrter Sergeant wandte als Gebet einen einzigen Vers des 91. Psalms an: ... *der darf sprechen zum Herrn: „Meine Zuflucht, meine Festung, mein Gott, auf den ich vertraue!"* (Psalm 91:2). Die Antwort seines Unterbewußtseins war einzigartig. Sein bei Kampfhandlungen in Vietnam getöteter Bruder erschien ihm in voller Uniform, wies ihm einen sicheren Platz an und bedeutete ihm, dort zu warten. Am nächsten Morgen wurde er von einer Patrouille gefunden und mit einem Hubschrauber zurück ins Lager gebracht. Die Wege und Möglichkeiten des Unterbewußtseins sind wahrhaftig jenseits allen Fassungsvermögens.

9. Eine sehr deprimierte Frau hatte einen Selbstmordkomplex. Sie hatte ihre zwei Söhne im Vietnamkrieg verloren und glaubte, ihre Depres-

sionen durch einen Sprung von der Brücke loswerden zu können. Sie lernte die Wahrheit, daß sie bis in alle Ewigkeit über einen Körper verfügen würde, der ohnehin nichts anderes ist, als ein Werkzeug und Träger des Geistes. Das Problem war in ihrem Gemüt und bestand aus einem starken Wunsch nach Befreiung – nicht nach einem Auslöschen des Lebens, was ohnehin nicht möglich gewesen wäre. Sie erfaßte die Idee, daß sie ihr Problem in ihrem Gemüt zu lösen hätte, in Gottes Obhut und betete von da an regelmäßig für sie, indem sie Liebe, Frieden, Harmonie, Freiheit und Freude auf sie ausstrahlte und bei jedem Gedanken an sie bejahte: „Gott liebt euch und sorgt für euch." Ihre Vitalität und ihr Seelenfrieden kehrten daraufhin zurück.
Befreunde dich doch mit ihm und halte Frieden... (Hiob 22:21).

KAPITEL 10

Wie Tele-PSI die höheren Kräfte des Gemüts freisetzt

Während ich dieses Kapitel schrieb, hatte ich eine sehr interessante Unterhaltung mit einem früheren Obersten der amerikanischen Luftwaffe. Er hatte, wie er mir erzählte, vor einigen Jahren einen Forschungsbericht von Dr. E. R. Rawson gelesen. Darin wurde geschildert, wie eine seiner Studentinnen im Traum den genauen Standort eines brennenden Flugzeugs mit zwei Insassen gesehen hatte, die bei dem Unglück verbrannten. Daraufhin begab sie sich zusammen mit einer Freundin an den bezeichneten Ort und betete. Das Flugzeug erschien und brannte tatsächlich, aber die Männer blieben unversehrt.

Dieser Bericht hatte, wie er mir sagte, einen gewaltigen Eindruck auf ihn gemacht, weil er sich mit einem Mal der höheren Kräfte seines Gemüts bewußt wurde, die ihn jederzeit aus der Mitte einer Feuersbrunst oder irgendeiner anderen Katastrophe retten konnten.

Das Einstimmen auf sein höheres Selbst rettete ihm das Leben

Während eines Einsatzes in Vietnam hatte das Flugzeug dieses Obersten Feuer gefangen und war in der Luft explodiert. Er selbst war noch während des Brandes „ausgestiegen" und auch nicht ein Haar auf seinem Kopf war angesengt. Er sagte mir, er habe genau gewußt, daß ihm nichts geschehen könne. Er bewies sich selbst mit dieser Demonstration, daß der Mensch in einer höheren Dimension des Gemüts unverwundbar ist – daß ihm weder Feuer noch irgendein anderes etwas anzuhaben vermag.

Ohne Zweifel hatte er diese Immunität in sich errichtet, indem er über diesen Forschungsbericht nachsann mit den beiden Frauen, die durch ihr Gebet zwei Männer aus einem brennenden Flugzeug gerettet hatten.

Tele-PSI oder Kommunikation mit den unendlichen Kräften Ihres Unterbewußtseins ist es, was die Bibel meint, wenn sie sagt:... *Wenn Gott (Unendliche Macht) für uns ist, wer kann wider uns sein?* (Römer 8:31).

Wie Hindus auf glühenden Kohlen gehen, ohne verbrannt zu werden

Das Folgende ist das gekürzte Zitat eines Berichtes, den Jack Kelley in der Zeitung *Enquirer* veröffentlicht hatte:
Die erstaunlichen Kunststücke der Hindu-Fakire, die alle Naturgesetze auf den Kopf zu stellen scheinen, indem sie barfuß auf glühenden Kohlen gehen, haben die Menschen seit Jahrhunderten immer wieder verblüfft. Auf dem alljährlich abgehaltenen Thaipsam-Fest in Singapur, wo Fakire zu Hunderten auf glühenden Kohlen gehen, erklärte der Arzt, Dr. Narasionhala Ramaswami, dem Enquirer, er habe solche Feuergänger seit nunmehr 18 Jahren laufend untersucht, ohne jemals bei einem von ihnen Verbrennungen oder irgendwelche anderen Verletzungen festgestellt zu haben. Die Gründe dafür seien teils mystischer, teils wissenschaftlicher Natur. Der mystische Teil gründet sich auf den Glauben – die Macht des Gemüts. Weil sie sich so eindringlich sagten, daß sie keinerlei Schmerzen empfinden würden, empfanden sie auch keine.
Gopala Krishman, ein neunzehnjähriger Feuergänger aus Singapur, berichtete dem Enquirer: „Vor der Vorführung müssen wir fasten. Wir schlafen im Tempel und haben keinerlei Kontakt mit unseren Familien. Während der ganzen Zeit beten wir. Wir beten so intensiv, daß wir in einen Trancezustand geraten. Unser Glaube ist so stark, daß er uns vor jeglichen Schmerzen, Verletzungen oder Krankheiten bewahrt."

Wie Sie Ihr Denken mit der unendlichen Kraft gleichschalten

Das Denken – so wird gesagt – regiert die Welt. Ralph Waldo Emerson sagte einmal: „Die Gedanken sind nur das Eigentum derer, die sie auch unterhalten können." Wir sollten lernen, vor unseren Gedanken eine gesunde, zuträgliche Hochachtung zu haben. Gesundheit, Glück, Wohlergehen, Sicherheit und Schutz werden weitgehend von Ihrem Gewahrsein der Macht des Denkens bestimmt.

Gedanken sind Dinge und Gedanken bringen sich selbst zur Ausführung. Ihr Gedanke ist eine mentale Schwingung und eine definitive Kraft; Ihre Handlungen sind lediglich äußere und weltliche Manifestation – äußerer Ausdruck – Ihres individuellen Denkens. Wenn Ihr Denken weise ist, dann ist auch Ihr Handeln weise. William Shakespeare sagte: „Die Gedanken sind unser; nicht jedoch ihr Ende."

Was immer von Ihnen gedacht und als wahr empfunden wird, das wird von Ihrem Unterbewußtsein verwirklicht. Ihr Denken und Fühlen schafft Ihr Schicksal. Fühlen – soweit es Ihr Denken betrifft – bedeutet Interesse. Das ist die Bedeutung der biblischen Phrase *Wie er in seinem Herzen denkt, so ist er...* (Sprüche 23:7).

Wenn Sie ein echtes Interesse für Ihren Beruf haben, an einer speziellen Aufgabe arbeiten, dann werden Sie Erfolg haben, denn Sie sind mit dem Herzen bei der Sache. Sie denken tiefer oder spüren die Wirklichkeit des Gedachten – und das ist „Denken im Herzen."

Wie ein Detektiv sein Unterbewußtsein anzapfte

Während einer Kreuzfahrt mit der Princess Carla, auf der ich ein Seminar über die höheren Aspekte des Lebens gab, hatte ich ein höchst interessantes Gespräch mit einem Detektiv aus einer Stadt an der amerikanischen Ostküste. Er erzählte mir, daß er dem Rauschgiftdezernat der dortigen Kriminalpolizei angehöre und schon manches Mal sein Unterbewußtsein zur Lösung eines Falles zu Hilfe genommen hatte. Ein besonders schwieriges Problem stellte einmal die Überführung von drei hinreichend verdächtigen Männern dar. Es ging um den Handel mit beträchtlichen Mengen von Kokain und Heroin, aber er und seine Mitarbeiter waren außerstande, irgendwelche Beweise dafür zu finden.

Eines Abends dachte er sehr intensiv an den bereits gelösten Fall und bat um Führung, um den Aufbewahrungsort des Rauschgifts ermitteln zu können. Er begab sich zur Ruhe mit den Worten: „Mein Unterbewußtsein verschafft mir das Beweismaterial." Er konzentrierte seine ganze Aufmerksamkeit auf das Wort „Beweismaterial" – er überließ sich dem Schlaf mit dem einen Wort „Beweismaterial", „Beweismaterial", „Beweismaterial". In dieser Nacht hatte er einen sehr lebhaften Traum: Er sah drei Männer in einer Garage mit dem Abfüllen eines Pulvers beschäftigt. Auch Namen, Anschrift und Lage konnte er genauestens ausmachen.

Sofort stand er auf, verschaffte sich einen Haftbefehl, verständigte seine Mitarbeiter und unternahm zusammen mit ihnen eine Razzia an dem bezeichneten Ort. Sie fanden das Rauschgift genau an dem Platz, den er im Traum gesehen hatte. Der Wert des beschlagnahmten Heroins allein belief sich auf etwa 3 Millionen Dollar.

Dieser Polizeidetektiv hatte sein Unterbewußtsein erfolgreich mit dem Gedanken an *Beweismaterial* imprägniert, und da sein Unterbewußtsein nur deduktiv reagiert, versorgte es ihn mit der perfekten Antwort. In Ihrem Unterbewußtsein finden sich unendliche Intelligenz und grenzenlose Weisheit – es kennt keine Probleme, sondern nur die Lösung.

Dieser Detektiv sagte mir auch, daß er sich bewußt sei, daß sein Superbewußtsein über ihn wacht und er oftmals eine innere Stimme vernimmt, die ihm sagt, wohin er gehen oder nicht gehen soll (Clairaudience: Die Fähigkeit, die Eingebungen des tieferen Bewußtseins zu hören). Der Begriff *Superbewußtsein* bedeutet nichts anderes als das ICH BIN oder die Gottesgegenwart in Ihrem Unterbewußtsein. Das heißt: Alle Macht, alle Eigenschaften und alle Aspekte Gottes befinden sich in den Tiefen Ihres Unterbewußtseins. Wenn daher in diesem Buch von *Unterbewußtsein* die Rede ist, dann ist dieser Begriff all-umfassend und bedeutet nicht nur das Gesetz Gottes, sondern zugleich alle Eigenschaften und Kräfte Gottes.

Das vereinfacht die Dinge, auf diese Weise werden Sie nicht durch viele Worte verwirrt, wie etwa Bewußtsein, subjektives Bewußtsein, sublimes Gemüt, superbewußtes Gemüt, kollektives Unbewußtes, universelles Gemüt, etc.

Viele Menschen sind hellhörig

Sokrates, der im Ruf stand, einer der weisesten Männer gewesen zu sein, wurde während seiner ganzen Lebenszeit auf dieser Ebene von einer inneren Stimme geführt, der er bedingungslos vertraute. „Sagt niemals, Sokrates sei begraben", sagte er seinen Anhängern, „sagt, ihr hättet meinen Körper begraben." Sokrates hatte verstanden, daß der Mensch ein mentales und spirituelles Wesen ist, mit einer unsterblichen Seele und daß alles, was er jemals gelernt hatte, unauslöschlich bei ihm verbleibt.

Heute würden wir sagen, Sokrates sei hellhörig gewesen, da er sich so oft auf „die warnende Stimme in seinem Ohr" bezog. Hier handelte es sich zweifellos um Warnungen aus seinem Unterbewußtsein, das ihm regelmäßig und systematisch eingab, das Richtige zu sagen und zu tun.

Ein japanischer Student erzählte mir, daß er ein Flugzeug gebucht hatte, das später entführt wurde. Er hatte jedoch klar und deutlich eine innere Stimme gehört, die ihm sagte: „Nimm diese Maschine nicht." Er gehorchte, und ersparte sich damit einen Schock, Verspätungen und unangenehme Erfahrungen.

Wie sie durch Tele-PSI ihre Neurose überwand

Kürzlich suchte mich eine Frau auf, deren Arzt ihr bedeutet hatte, sie leide unter einer „Anspannungsneurose", was in unserer Alltagssprache einfacher als „Sorgsucht" bezeichnet werden kann. Zur Überwindung dieses Zustands empfahl ich ihr eine regelmäßige Kommunikation mit ihrem höheren Selbst – dem allmächtigen lebendigen Geist oder Gott in den Tiefen ihres Unterbewußtseins. Ich erklärte ihr, daß Tele-PSI die Kontaktherstellung mit allen Gotteskräften in ihrem Innern sei und sie sich nur einzustimmen brauche, um die Macht Gottes in ihrem Leben aktiv und wirksam werden zu lassen.

Die Technik, die sie zur Überwindung ihrer Anspannungsneurose anwandte, war folgendermaßen: Drei- oder viermal am Tag trat sie in Verbindung mit ihrem höheren Selbst, in dem Bewußtsein, daß sie auf jeden Fall eine Antwort erhalten würde. Die folgenden Wahrheiten bejahte sie mit Gefühl, Bedeutsamkeit und Wissen:

Aber der Geist erleuchtet die Menschen, und der Hauch des Allmächtigen macht sie verständig (Hiob 32:8). Diese allmächtige Kraft befindet sich in meinem Innern und ich bin jetzt umgeben von dem heiligen Kreis der ewigen Liebe Gottes. Gottes Strom der Liebe durchfließt mich. Gottes Liebe erfüllt meine Seele. Mein Gemüt ist voller Frieden, Ausgeglichenheit und Gelassenheit. Auf allen meinen Wegen werde ich göttlich geführt. Ich setzte Glauben und Vertrauen in Gott und alle guten Dinge. Ich lebe in freudiger Erwartung des Besten. Wann immer Furcht- oder Sorgegedanken in mein Bewußtsein dringen sollten, dann bejahe ich sofort: Ich erhöhe Gott in meiner Mitte... *denn Gott hat uns nicht einen Geist der Verzagtheit gegeben, sondern der Kraft und der Liebe und der Selbstbeherrschung.* (2. Tim. 1:7).

Sie identifizierte sich geistig und gefühlsmäßig mit diesen Wahrheiten und das Besondere an diesem Gebetsverfahren war der Umstand, daß sie jeden auftauchenden Furchtgedanken sofort unwirksam machte, mit der Bejahung: „Ich erhöhe Gott in meiner Mitte." Dadurch war sie imstande, sich von allen Furcht- und Sorgegedanken restlos zu befreien, was wiederum vollkommenen Gemütsfrieden zur Folge hatte. Alle ihre Sorgen hatte sie restlos besiegt, indem sie die Wahrheiten Gottes beanspruchte – Wahrheiten, die immer die gleichen sind, gestern, heute und in Ewigkeit.

Wie ihr Glaube an Gott das Leben ihres Mannes rettete

Als ich vor einiger Zeit in Mexico City auf einen Bekannten wartete, kam in der Hotelhalle eine Dame auf mich zu und sagte: „Oh, ich habe Sie erkannt! Ihr Foto ist in dem Buch *Die Geheimnisse des I Ging*, das ich täglich in Gebrauch habe. Es ist ein Meisterwerk!" Dann berichtete sie mir von einer bemerkenswerten Erfahrung auf dem Gebiet der Präkognition. Sie hatte eine Begebenheit in allen Einzelheiten gesehen, noch bevor sie sich tatsächlich zugetragen hatte.

In zwei aufeinanderfolgenden Nächten hatte sie im Traum einen Mann gesehen, der mit einem Gewehr auf ihren Mann anlegte und ihn erschoß. Zunächst hatte sie das Ganze als eine Art Alptraum angesehen und war jedesmal vor Schreck gelähmt erwacht. Dann jedoch konsultierte sie die

Geheimnisse des I Ging und fragte, was sie tun sollte. Ihre Antwort erhielt sie in Hexagramm 24, das besagte:

... In Umkehr und Ruhe liegt euer Heil; in Stillehalten und Vertrauen besteht eure Stärke... (Jes. 30:15). *Wenn du zum Allmächtigen zurückkehrst... sollst du aufgebaut werden...* (Hiob 22:23). Das bedeutet: Wenn du dich mit der unendlichen Gegenwart in deinem Innern gleichschaltest, dann wird diese Kraft in deinem Leben aktiv und wirksam. Bei dieser inneren Kommunion mit dem Göttlichen fühlst du die Kraft, die Führung und die Liebe seiner Gegenwart.

So lautete die Antwort, die sie vom *I Ging* erhalten hatte – einer uralten chinesischen Methode, die spirituellen Fähigkeiten des Unterbewußtseins zu aktivieren. Sie fixierte ihre Aufmerksamkeit auf einige der großen Bibelwahrheiten, wohl wissend, daß dies der einzige Weg war, das Leben ihres Mannes zu retten.

... Ehe sie rufen, will ich antworten; und während sie noch reden, will ich hören. (Jes. 65:24)

Du bewahrst ihn in vollkommenem Frieden, dessen Sinn auf dich gerichtet ist, denn er vertraut auf dich. (Jes. 26:3)

Wenn du glauben könntest, alle Dinge sind möglich dem, der glaubt. (Matth. 9:22)

Ein frohes Herz macht das Angesicht heiter... (Sprüche 15:13)

... Ich bin der Herr, der dich heilt. (Exodus 15:26)

... alles, um was ihr bittet, glaubt nur, daß ihr es empfangen habt, und es wird euch zuteil werden. (Mark. 11:24)

Aber ich will dich wieder gesund machen und deine Wunden heilen, spricht der Herr... (Jerem. 30:17)

In diesen Bibelpassagen – zusammen mit dem 91. Psalm – hielt sie ihr Gemüt verankert, in dem Bewußtsein, daß Gottes Liebe über ihren Mann wachen würde. Je mehr sie ihr Gemüt mit diesen biblischen Wahrheiten durchtränkte, desto mehr wurde sie von einem wunderbaren Gefühl der Ruhe und des Friedens erfaßt – sie fühlte, daß ihr Mann von der ganzen Rüstung Gottes umgeben war.

Einige Tage danach, kam er nach Hause und erzählte ihr, daß ein Mann drei Schüsse auf ihn abgegeben habe, die ihn alle verfehlt hätten; ein weiterer hätte mit einer Pistole auf ihn gezielt, aber der Mechanismus versagte. Es war eine wunderbare Rettung. Ganz ohne Zweifel hatte die sofort aufgenommene Gebetsarbeit seiner Frau ihn vor dem sicheren Tod bewahrt. Der Mordplan hatte im Unterbewußtsein bereits bestanden und sie – telepathisch mit ihrem Ehemann in Verbindung – hatte ihn aufgefangen. Durch Veränderung des Imaginationsbildes in ihrem Gemüt und Erkennen der Gottesgegenwart in ihrem Mann, hatte sie ihm das Leben gerettet.

... *Dein Glaube hat dich gesund gemacht*... (Matth. 9:22)

ZUSAMMENFASSUNG

1. Wenn Sie sich auf eine höhere Bewußtseinsebene begeben, sind Sie für niedere Schwingungen unerreichbar. Sie sind dann immun gegen jegliches Ungemach. Es handelt sich hierbei um einen sehr hohen Bewußtseinszustand – Sie fühlen sich auf das Unendliche eingestimmt, das allmächtig und allweise ist.
2. Sie können völlige Immunität gegen Unglücksfälle jeglicher Art bewirken, indem Sie beständig über Gottes Liebe nachsinnen, von der Sie immer umgeben und eingehüllt sind. Sie werden zu dem, was Sie kontemplieren.
3. Es gibt Hindus, die auf glühenden Kohlen gehen können, ohne die geringsten Verletzungen davonzutragen. Ihr Bewußtsein ist für einen längeren Zeitraum darauf eingestellt. Sie sind überzeugt, von ihrem Gott völlig in Besitz genommen zu sein und haben eine unterbewußte Überzeugung ihrer Unverletzlichkeit entwickelt. Ihr blinder Glaube wird von ihrem Unterbewußtsein restlos akzeptiert und somit bleiben sie unverletzt. Auf ähnliche Weise können Sie in hypnotisiertem Zustand operiert werden, ohne den geringsten Schmerz zu spüren.
4. Das Denken regiert die Welt. Der Mensch ist das, was er den ganzen Tag lang denkt. Hegen Sie Ihren Gedanken gegenüber einen gesunden Respekt. Ihr Denken ist schöpferisch. Wenn Ihre Gedanken weise sind, dann sind es auch Ihre Handlungen.
5. Alles, was Sie im Denken und Fühlen als wahr empfinden, wird von

Ihrem Unterbewußtsein verwirklicht. Denken und Fühlen erschafft Ihr Schicksal.

6. Ein Detektiv konzentrierte sich unmittelbar vor dem Einschlafen auf das Wort „Beweismaterial". Seinem Unterbewußtsein war bekannt, daß er den Aufbewahrungsort einer größeren Rauschgiftmenge ausfindig machen wollte. Es enthüllte ihm daher im Traum den genauen Ort und er löste das Problem. Ihr Unterbewußtsein kennt immer die Antwort.
7. Viele Menschen verfügen über die Fähigkeit der Clairaudience. Sokrates wurde während seines ganzen Lebens von einer inneren Stimme geleitet, an die er bedingungslos glaubte. Es handelte sich hier zweifellos um die Stimme seines Unterbewußtseins, die ihm eingab, das Richtige zu tun.
8. Ein japanischer Student hatte einen bestimmten Flug gebucht, aber seine innere Stimme sagte ihm: „Nimm diese Maschine nicht." Er gehorchte, und das Flugzeug wurde auf dieser Reise entführt. Er hatte sich damit vielerlei Ängste und Unannehmlichkeiten erspart.
9. Anspannungen jeglicher Art können Sie leicht überwinden, indem Sie Ihr Gemüt mit den großen ewigen Wahrheiten anfüllen, die alle negativen Denkschablonen neutralisieren und auslöschen. Sättigen Sie Ihr Gemüt mit den Wahrheiten des 27. und 91. Psalms, und Sie werden Gemütsfrieden und Serenität erfahren.
10. Eine Frau erlebte Präkognition im Schlaf. Sie sah, wie ihr Mann erschossen wurde. Sie betete daraufhin, daß die Liebe Gottes ihren Mann einhüllen wüde und daß er von der ganzen Rüstung Gottes umgeben sei. Obgleich zwei Männer direkt auf ihn gezielt hatten, blieb er völlig unversehrt. Ihre Gebete hatten ihm das Leben gerettet.

... Wenn du glauben könntest, alle Dinge sind möglich dem, der da glaubt. (Markus 9:23)

KAPITEL 11

Wie Tele-PSI die Magie des Glaubens bewirkt

Glauben ist eine Art des Denkens, bei der wir vom Standpunkt ewiger Wahrheiten und Prinzipien ausgehen. Glauben kann als eine konstruktive Geisteshaltung angesehen werden oder als ein Gefühl des Vertrauens oder der Sicherheit, das Erbetene zu erhalten. Glauben – biblisch gesehen – bezieht sich selbstverständlich nicht auf den oftmals verlangten blinden Glauben einer bestimmten Lehrmeinung, einem Dogma oder einem religiösen Bekenntnis gegenüber. Glauben und Vertrauen sollten Sie hingegen in die schöpferischen Gesetze Ihres Gemüts haben und in Ihr Verständnis der Tatsache, daß es eine unendliche Intelligenz – Gott – gibt, in Ihrem Unterbewußtsein, die auf Ihren Glauben und Ihre Überzeugungen reagiert.

Denken wir einmal darüber nach: Genau genommen ist jede unserer Handlungen ein Akt des Glaubens. Eine Hausfrau beweist Glauben beim Backen eines Kuchens. Jeder Autofahrer glaubt an seine Fähigkeit, sein Fahrzeug zu handhaben. In der Fahrschule beispielsweise haben wir verschiedene Denkprozesse und Muskelbewegungen so lange wiederholt, bis sie zu einem automatischen Vorgang wurden; nach einer gewissen Zeit wurde das Autofahren zu einer fast mechanischen Angelegenheit. Hier kam eine automatische Reflexhandlung aus dem Unterbewußtsein ins Spiel, und wir fuhren unseren Wagen ohne bewußte Anstrengung. Nach dem gleichen Verfahren lernten wir schwimmen, tanzen, laufen oder viele andere Fertigkeiten.

Auf genau die gleiche Weise können wir wachsen im Glauben und Verständnis der Gesetze des Lebens. Alles Erreichte in dieser sich ständig verändernden Welt wurde durch Glauben und Vertrauen zustandegebracht. Der Farmer oder Landwirt lernte, an die Gesetze der Agrikultur zu glauben. Ebenso glaubt der Elektriker an die Gesetze der Elektrizität und hat alles Wissenswerte über die Gesetze der Konduktivität und Isolierung gelernt. Er weiß, daß die Elektrizität von einem höheren zu einem niedrigeren Potential fließt. Der Chemiker wiederum hat Vertrauen in die Prinzipien der Chemie, ohne daß den Möglichkeiten seiner Forschungen und Entdeckungen ein Ende gesetzt wäre.

Sein Glauben befähigte ihn, ohne Augen zu sehen

Vor einigen Wochen erhielt ich einen Anruf von einem Mann, der im Begriff war, sich einer schwierigen Operation zu unterziehen. Er bat mich um einige spirituelle Phrasen, die dabei hilfreich seien. Ich schlug ihm vor, den folgenden Satz des öfteren zu wiederholen: „Gott leitet die Ärzte und Schwestern – Gott in meinem Innern heilt mich jetzt – ich habe absolutes Vertrauen in die Heilkraft Gottes."

Nach der erfolgreich verlaufenden Operation erzählte er mir, daß er sich während der ganzen Zeit im Operationssaal außerhalb seines Körpers befunden habe und bei dem chirurgischen Eingriff zuschauen konnte. Er hatte seinen narkotisierten Körper auf dem Operationstisch liegen sehen und hörte die Ärzte und Schwestern klar und deutlich. Er hörte, wie der Narkosearzt sagte, das Herz habe ausgesetzt, er sah, wie seinem Körper eine Injektion und Herzmassage verabfolgt wurde – alles das konnte er mit aller Deutlichkeit wahrnehmen. Er fühlte sich völlig losgelöst von seinem Körper – er empfand sich nicht länger als ein Teil davon. Plötzlich jedoch fühlte er, wie er mit aller Macht in den Körper zurückgezogen wurde und ihn wieder in Besitz nahm. Nach dem Erwachen erzählte er dem Arzt alles, was er gesehen und gehört hatte.

Der Gesundheitszustand dieses Mannes ist jetzt besser als jemals zuvor. Er hatte von der Bejahung, die ich ihm gegeben hatte, regen Gebrauch gemacht. „Ich habe von jeher an die Heilkraft Gottes geglaubt", sagte er mir, „doch nie so überzeugt wie jetzt, nach meiner ‚Auferstehung von den Toten'."

Dieser Mann kannte jetzt keine Todesfurcht mehr. Für alle bei der Operation Anwesenden hatte er als klinisch tot gegolten, dennoch befand er sich außerhalb seines Körpers als Zuschauer, wobei er sich zugleich der Anwesenheit seit langem verlorener Angehöriger bewußt war. Darüber hinaus war er imstande, alle Bemerkungen der Ärzte und Schwestern widerzugeben. Er fand sich in der anomalen Position, auf sich selbst herunterblicken zu können und war sich dabei der Tatsache voll bewußt, von seinem Körper getrennt zu sein. Diese Erfahrung hatte seinen Glauben an Gott um hundert Prozent verstärkt.

Jeder Mensch hat Vertrauen in irgend etwas. Der sogenannte Atheist hat Vertrauen in die Naturgesetze, in die Prinzipien der Elektrizität, Chemie und Physik. Der Atheist macht also ständig Gebrauch von dem, was er eigentlich verneint. Hat er ein Problem zu lösen – sei es in der Mathematik, der Nuklearphysik oder Medizin, dann sucht er immer eine höhere Intelligenz als die eigene. Keine Kombination von Atomen und Molekülen hat jemals eine Sonate komponiert, eine gothische Kathedrale erbaut oder eine Bergpredigt geschrieben. Eine unsichtbare und nicht greifbare Kraft und Gegenwart formt die Atome und Moleküle der Welt. Sie kann weder gewogen noch gemessen werden.

Wie Tele-PSI ein Familienproblem löste

Ein Ehepaar konsultierte mich einmal wegen eines verwirrenden Problems, mit dem es sich konfrontiert sah. Von zwei Anwälten hatten sie absolut gegensätzliche Empfehlungen erhalten, und mit dem Rat ihres Pfarrers waren sie auch nicht einverstanden.

Ich erklärte ihnen, daß jede Idee dazu neigt, sich zu manifestieren, so lange sie nicht von einer anderen Idee ersetzt und damit neutralisiert wird. Ich hob hervor, daß der leidenschaftliche Wunsch nach einer göttlichen Lösung und bedingungslose Hingabe an rechtes Handeln ihren Weg in ihr Unterbewußtsein fänden, das die Frage abwägen und die Antwort dem Anliegen entsprechend synthetisieren würde.

Die Mutter der Ehefrau lebte bei ihnen – d. h. sie lebte nicht, sie vegetierte schwer krank dahin – und gab dem Mann Anlaß zu beträchtlichen Ressentiments. Sie hatten deshalb die Möglichkeit erwogen, sie in einem ihrem Standard gemäßen Seniorenheim unterzubringen, was den erbitterten Widerstand der Geschwister herausforderte, da sich alle zu gleichen Teilen an den Kosten beteiligen sollten.

Das Resultat unserer kleinen Konferenz war, daß beide Eheleute das folgende Verfahren anwandten. Sie übergaben ihr Anliegen ihrem tieferen Bewußtsein mit der Bejahung:

Wir übergeben ——————————— der Gottesgegenwart, in der sie lebt, sich bewegt und ihr Sein hat.* Unendliche Intelligenz weiß, was am besten ist und führt eine göttliche Lösung herbei. Wir haben absolutes Vertrauen in die Größe des unendlichen Einen. Er wird für sie sorgen, sein eigenes Kind und ihr Freiheit, Frieden und Harmonie geben. Gott weiß und Gott sorgt. Wir ruhen in der festen Überzeugung, daß die vollkommene Lösung vorhanden ist.

Gleich in der ersten Nacht, nachdem sie auf diese Weise gebetet hatten – in aufrichtiger Hingabe für eine göttliche harmonische Lösung, war die kranke Frau friedlich in die nächste Dimension übergewechselt. Vorher hatte sie noch einige klare Momente. So sagte sie zu ihrer Tochter: „Euer Gebet hat mich befreit." Darauf verließ sie plötzlich diese Dimension.

Ihr Unterbewußtsein kennt die Antwort. Hören Sie auf seine Eingebungen. Die Antwort kommt auf vielfältigste Weise.

Wie Sie bereits wissen, ist Tele-PSI Ihr Kontakt mit den Kräften des Unendlichen, die in den Tiefen Ihres Unbewußten logieren. In Ihrem Unterbewußtsein befindet sich das „ICH BIN" der Bibel – die Gegenwart und Macht Gottes, Reines Sein, Selbst – Bewußter Geist – oder das „AUM" Indiens = Sein, Leben, Bewußtheit. Zugleich ist Ihr Unterbewußtsein das Gesetz Ihres Lebens – ein Gesetz, das Sie, wie Sie wissen, sowohl positiv als auch negativ anwenden können.

Wenn Sie träumen, dann träumen Sie nicht mit Ihrem Wachbewußtsein. Ihr wachbewußter Verstand schläft nämlich und ist dabei mit Ihrem Unterbewußtsein schöpferisch verbunden. Wie bereits diskutiert, drama-

---

* Anmerk. d. Übers.: Die Luther-Übersetzung *In ihm leben, weben und sind wir*, ist in der englischen King-James-Bibel präziser formuliert: *In ihm leben wir, in ihm bewegen wir uns, und in ihm haben wir unser Sein.* (Ap.-Gesch. 17:28)

tisiert das Unterbewußtsein oftmals seinen Inhalt während des Schlafes und präsentiert dabei symbolische Bilder und aus scheinbaren Ungereimtheiten bestehende Situationen.

Träume sind sozusagen die Fernsehserien Ihres tieferen Bewußtseins. Es gibt alle möglichen Arten der Träume einschließlich solcher prävisioneller Art, wobei Sie Begebenheiten in allen ihren Einzelheiten wahrnehmen, noch bevor sie sich objektiv ereignet haben. Dabei können Sie selbst betroffen sein, Mitglieder Ihrer Familie oder andere Menschen. Ebenso kann Ihr Traum Ihnen die Erfüllung eines Wunsches enthüllen; desgleichen kann er als Warnung vor möglichem Mißgeschick dienen.

Wie Tele-PSI durch einen Traum sein Leben rettete

Ein alter Freund von mir, der morgens und abends den 91. Psalm liest, hat sein Unterbewußtsein mit den Wahrheiten dieses Psalms durchtränkt und er glaubt bedingungslos, was er besagt:

Denn er hat seinen Engeln (schöpferischen Ideen, Andeutungen, Fingerzeigen, Eingebungen, Vorahnungen) *befohlen, daß sie dich behüten auf allen deinen Wegen, daß sie dich auf Händen tragen und du deinen Fuß nicht an einen Stein stoßest* (Unfälle, Mißgeschick oder Verluste irgendwelcher Art). (Psalm 91:11,12)

Dieser Mann bereist viele Länder im Auftrag unserer Regierung – in Europa, Asien und Südamerika. Vor einiger Zeit war eine Reise nach Peru vorgesehen. In der Nacht vor dem Abflug las er jedoch im Traum die Balkenüberschrift einer Zeitung: Schwere Flugzeugkatastrophe – 92 Opfer, nur ein Überlebender. Er erwachte voller Bestürzung mit einem sicheren Gefühl der Vorahnung. Er annulierte seine Platzbuchung und es stellte sich heraus, daß sein vorgesehenes Flugzeug in den peruanischen Dschungel stürzte. Es gab nur eine Überlebende – die Tochter eines Missionars, die nach tagelangem Marsch durch den Urwald schließlich von Fischern an einem Flußufer aufgespürt wurde.

Das gewaltige Vertrauen dieses Mannes in die Weisheit seines Unterbewußtseins hatte ihm zweifellos das Leben gerettet, indem es ihn auf lebhafte und dramatische Weise vor dieser Katastrophe warnte. Der Grund, weshalb sein Unterbewußtsein Kenntnis von dem Unglück hatte, noch bevor es sich tatsächlich ereignete, liegt in der Tatsache, daß diese Tragödie im Bewußtsein bereits stattgefunden hatte. Sein Unterbewußtsein wußte Bescheid, sowohl über Defekte am Flugzeug, als auch über die herrschenden Wetterverhältnisse und den Gemütszustand des Flugkapitäns, der Besatzung und der Passagiere.

Emerson sagte einmal: „Nichts geschieht rein zufällig. Alles wird von hinten geschoben." Hinter allem, was wir auf dieser Welt tun, steckt Bewußtsein, eine Stimmung oder eine Gemütshaltung.

Das große psychische Meer – und wie man sich aus ihm befreien kann

Wir alle befinden uns in dem großen Meer des Massen-Gemüts. Millionen glauben an Unfälle, Mißgeschick, Tragödien, Feuersbrünste, Krankheit, Leiden, Verbrechen, Racheakte und an alle Arten sonstigen destruktiven Denkens. Das große Meer des Massenbewußtseins ist von diesen negativen Gedanken und Emotionen durch und durch getränkt. Selbstverständlich befindet sich immer auch etwas Gutes im Massengemüt – das weitaus Meiste von ihm ist jedoch geradezu beängstigend negativ. Wenn wir daher nicht durch richtige Bejahungen „positiv aufgeladen" sind und in uns gesunde Gegen-Überzeugungen etablieren – als Schutzwall gegen alle Befürchtungen und allen Falschglauben des Massengemüts –, dann wirken diese negativen Emotionen auf unser immer empfängliches Gemüt ein, erreichen schließlich einen gewissen Sättigungsgrad und schlagen sich nieder als tatsächliche Ereignisse negativer Art – als Unfälle, Krankheiten und anderes Mißgeschick.

Dieser Freund von mir war durch richtige Bejahungen „positiv aufgeladen"; daher konnte er einfach nicht als Passagier in dem verunglückten Flugzeug sein. Zwei ungleiche Dinge stoßen einander ab. Harmonie und Mißklang gehen nun einmal nicht zusammen. Die Liebe Gottes umgibt Sie und hüllt Sie ein – machen Sie das zu einem festen Bestandteil Ihrer Überzeugungen. Wenn Sie sich dieser fundamentalen Wahrheit von ganzem Herzen öffnen und sich ihr ganz hingeben, dann wird Ihr Unterbewußtsein entsprechend reagieren und Ihr Leben wird sichtbar harmonisch verlaufen.

Wie sein „Unsichtbarer Partner" seine Verluste wiedergutmachte

Kürzlich hielt ich einige Vorträge an der Church of Religious Science in Las Vegas, Nevada, der mein Freund, Dr. David Howe, vorsteht, der in meiner Organisation einmal angefangen hatte. Bei dieser Gelegenheit erzählte mir ein Zuhörer von einer interessanten Episode in seinem Leben. Noch vor wenigen Jahren war er ein eingefleischter Spieler gewesen; als er das erste Mal nach Las Vegas gekommen war, hatte er nur eines im Auge: das Glücksspiel. In nur zwei Nächten verlor er mehr als 200 000 Dollar, und in der dritten Nacht wurde er völlig mittellos. Er mußte telegrafisch Geld anfordern, um seine Hotelrechnung und die Heimreise bezahlen zu können.

Irgendwie gelangte ein Exemplar meines Buches „Die Macht Ihres Unterbewußtseins" in seine Hände, das er geradezu verschlang. Er lernte hier mit einem Mal, daß alle Transaktionen nur durch Mitwirkung des Gemüts vor sich gehen – daß er weder gewinnen noch verlieren kann, wenn es nicht im Gemüt geschieht. Aufgrund dieser Erkenntnis bejahte er: „Ich bin geistig und emotionell eins mit diesen 225 000 Dollar. Dieses Geld kehrt zu mir zurück, vervielfältigt und in göttlicher Ordnung."

An dieser Bejahung hielt er beharrlich fest, in dem Bewußtsein, daß konzentrierte Gedanken, leidenschaftliche Wünsche und im Brennpunkt gehaltene Aufmerksamkeit von seinem Unterbewußtsein registriert wird. Dieses wiederum wird – das wußte er – die Lösung nach einer gewissen Inkubationszeit synthetisieren und sie in voller Größe seinem wachbewußten Verstand präsentieren.

Drei Monate vergingen ohne die geringste Reaktion. Das entmutigte ihn jedoch nicht im geringsten, er hielt seine positive Gemütshaltung aufrecht – und eines Nachts sah er sich im Traum wieder am Spieltisch in Las Vegas, und der Kassierer zahlte ihm die Summe von 250 000 Dollar. Alles dies war der Inhalt eines sehr lebhaften Traumgeschehens. Er hörte den Kassierer sagen: „Na, da haben Sie ja mehr, als Sie verloren hatten", was sich schließlich auch verwirklichte. Ihr Unterbewußtsein vergrößert immer das, was Sie ihm eingeben.

Kurz darauf wurde er von seiner Firma nach Las Vegas versetzt. Dort angekommen, begab er sich noch am gleichen Abend an den Spieltisch, den er im Traum gesehen hatte. Er erkannte die Gesichter der Menschen am Tisch und er *wußte*, daß er gewinnen würde. Und tatsächlich schien er an diesem Abend über die sprichwörtliche „glückliche Hand" zu verfügen: Jede Zahl, auf die er setzte, verwandelte sich für ihn in pures Gold. Er gewann in der Tat 250 000 Dollar und auch der Kassierer sagte genau die Worte, die er drei Monate zuvor im Traum von ihm gehört hatte. Sein unerschütterlicher Glaube an die Macht seines Unterbewußtseins zahlte ihm sagenhafte Dividenden.

Ich, der Herr (Ihr Unterbewußtsein), *offenbare mich ihm in Gesichten und rede in Träumen mit ihm.* (Numeri 12:6)

ZUSAMMENFASSUNG

1. Glauben ist eine Art des Denkens, bei der wir vom Standpunkt ewiger Wahrheiten und Prinzipien ausgehen. Glauben bezieht sich nicht auf den oftmals verlangten blinden Glauben oder Gehorsam einer bestimmten Lehrmeinung, einem Dogma oder einem religiösen Bekenntnis gegenüber. Glauben sollten Sie hingegen an die schöpferischen Gesetze Ihres Gemüts haben und an die Güte Gottes.
2. Jede unserer Handlungen ist ein Akt des Glaubens, z. B. Autofahren, Kuchenbacken, Telefonieren oder Klavierspielen. Den Glauben an unsere Fähigkeit, Radzufahren, haben wir entwickelt, indem wir bestimmte Gedankenmuster und Muskelbewegungen wieder und wieder vollzogen, bis das Unterbewußtsein dieses Muster assimiliert hatte und uns befähigte, das Gelernte automatisch zu tun. Zuweilen wird dies als „zweite Natur" bezeichnet – die automatische Reaktion des Unterbewußtseins auf unser bewußtes Denken und Handeln. Aktion und Reaktion sind kosmisch und universell.

3. Ein Mann glaubte unbeirrt, daß die heilende Macht Gottes für ihn sorgen würde, während er sich einer schwierigen Operation unterzog. Er fand sich plötzlich außerhalb seines Körpers und konnte alle Vorgänge wahrnehmen. Er erfuhr eine bemerkenswerte Heilung und erfreut sich heute besserer Gesundheit als je zuvor.
4. Jeder Mensch hat Vertrauen in irgend etwas. Der sogenannte Atheist macht ständig Gebrauch von der unsichtbaren Macht, deren Existenz er doch eigentlich bestreitet. Wenn er einen Stuhl anhebt, gebraucht er diese unsichtbare Kraft und wenn er denkt, dann ist sein Denken schöpferisch. Wenn Sie die schöpferische Kraft entdeckt haben, dann haben Sie Gott entdeckt, denn es gibt nur eine einzige schöpferische Kraft... *Das Wort* (ausgedrückter Gedanke) *war Gott* (oder schöpferisch) – Joh. 1:1. Steine und Moleküle können schließlich keine Kathedralen bauen, Sonaten komponieren oder heilige Schriften verfassen.
5. Eine Ehepaar sah sich mit einem verwirrenden Problem konfrontiert – die Mutter der Frau vegetierte nur so dahin. Sie bejahten vertrauensvoll: „Wir übergeben Mrs.——
der Gottesgegenwart und die Größe des unendlichen Einen gibt ihr Freiheit, Frieden und Harmonie." Sie wechselte darauf friedlich im Schlaf in die nächste Dimension über. Vorher hatte sie in einem klaren Moment ihrer Tochter gedankt, für die Befreiung durch ihr Gebet.
6. Sie träumen mit ihrem Unterbewußtsein. Träume sind die „Fernsehserien" Ihres tieferen Bewußtseins. Ein Mann, der die Wahrheiten der Macht Gottes fest in seinem Unterbewußtsein verankert hatte, träumte von einer Flugzeugkatastrophe. Er annullierte seinen für den nächsten Tag gebuchten Flug. Die betreffende Maschine stürzte mit 92 Passagieren an Bord in den Dschungel und nur eine Überlebende – die Tochter eines Missionars – wurde gefunden. Dieser Mann hatte den gesamten Ablauf der Katastrophe im Traum vorhergesehen und genauso spielte sich alles ab. Er hatte die Warnung seines Unterbewußtseins, das ihn zu schützen suchte, als solche erkannt und seine Platzbuchung in der Unglücksmaschine annulliert.
7. Wir alle sind eingetaucht in dem großen psychischen Meer des Massen-Gemüts – einem Meer, in das Milliarden Menschen tagtäglich alle möglichen Arten negativer Gedanken hineinschütten: Aberglauben, Be-

fürchtungen, Haß, Eifersucht, Neid, Glaube an Unglück und Krankheit etc. Wenn wir daher nicht durch richtige Bejahungen „positiv aufgeladen" sind und in uns gesunde Gegen-Überzeugungen etablieren, finden diese negativen Gedanken und Gefühle des Massengemüts Eingang in unser Bewußtsein und übernehmen das Kommando über unser Denken, d. h. das Massengemüt denkt dann für uns – mit den entsprechenden negativen Resultaten. Füllen Sie Ihr Gemüt regelmäßig mit den Wahrheiten Gottes. Damit neutralisieren Sie alle negativen Schwingungen und Wellenlängen des Massenbewußtseins.

8. Ein Mann hatte an den Spieltischen von Las Vegas 225 000 Dollar verloren. Er begriff jedoch die Wahrheit, daß wir in Wirklichkeit weder gewinnen noch verlieren, wenn es nicht im Bewußtsein geschieht, da alle Handlungen und Transaktionen sich im Gemüt abspielen. Aufgrund dieser Erkenntnis bejahte er vertrauensvoll: „Ich bin geistig und gefühlsmäßig eins mit diesen 225 000 Dollar. Dieses Geld kehrt zu mir zurück, vervielfältigt und in göttlicher Ordnung." An dieser Bejahung hielt er beharrlich fest und eines Nachts sah er sich im Traum wieder am Spieltisch in Las Vegas, wo er die Summe von 250 000 Dollar gewann. Dieser Traum war sehr lebhaft und gegenwartsnah. Als er daher kurz darauf nach Las Vegas versetzt wurde, folgte er den im Traum erhaltenen Instruktionen und gewann tatsächlich 250 000 Dollar. Auch die Bemerkungen des Kassierers waren mit den im Traum gehörten identisch.

... Ich, der Herr, offenbare mich ihm in Gesichten und rede in Träumen mit ihm. (Numeri 12:6)

KAPITEL 12

Wie Tele-PSI zu richtigen Entscheidungen verhilft

Das Prinzip rechten Handelns ist ein Bestandteil des Universums. Wenn daher Ihre Motivation und Intention (Absicht) gut ist, gibt es keinen vernünftigen Grund für Sie, zu verzichten, unschlüssig zu sein oder bei einer Entscheidung zu zögern.

Erfolgreiche Männer und Frauen in allen Bereichen des Lebens haben eine herausragende Charaktereigenschaft gemeinsam: die Befähigung nämlich, rasche Entscheidungen zu fällen und das Beharren in deren restloser Durchführung.

Die Entscheidung zu entscheiden

Bei einer Konsultation sagte vor kurzem eine Frau zu mir: „Ich bin ganz durcheinander. Ich kann und will zu keiner Entscheidung kommen." Dabei war sie sich ganz offensichtlich der Tatsache nicht bewußt, daß sie bereits eine Entscheidung gefällt hatte: die Entscheidung nämlich, nicht zu entscheiden, was bedeutet, sie hatte sich entschlossen, das irrationale Massengemüt für sich entscheiden zu lassen.

Wir alle sind eingetaucht in das große psychische Meer, in das Milliarden Menschen ständig ihre negativen Gedanken, Befürchtungen und Falschglauben hineingießen. Diese Frau begriff schließlich, daß sie, sofern sie sich nicht endlich einmal zu einem Entschluß durchringen würde, es immer wieder dem Massengemüt erlaubt, an ihrer Stelle Entscheidungen zu treffen. Dieser Zustand würde anhalten so lange sie es ablehnt, in ihrem eigenen Gemüt das Kommando zu übernehmen.

Sie begann zu verstehen, daß sie mit ihrem Unterbewußtsein ein leitendes Prinzip zu ihrer Verfügung hatte, das auf ihr Denken reagiert, sobald es angerufen wird. Wenn sie ihr Denken also nicht selbst besorgte, dann würde sie sich dem Gesetz des Durchschnitts weit öffnen – dem Massendenken der Menschheit – und dieses würde ihre Entscheidungen treffen.

Sie änderte daraufhin ihre Haltung und leitete ihr Gemüt zu einer neuen Denkweise an, dem Sinn nach etwa so:

Ich bin mir meiner inneren Kapazität, zu denken, zu wählen und zu erwägen voll bewußt. Ich glaube an die Integrität der mentalen und spirituellen Vorgänge in meinem Innern. Ich habe die feste Absicht, das jeweils Richtige zu tun. Jedesmal, wenn ich eine klare Entscheidung herbeiführen möchte, frage ich mich: „Wenn ich Gott wäre, welche Entscheidung würde ich dann treffen?" Wenn meine Motive auf der goldenen Regel und auf gutem Willen gegenüber jedermann beruhen, dann muß jeder Entschluß, zu dem ich komme, rechtes Handeln bedeuten.

Diese Frau war bis dahin nicht imstande gewesen, sich zu entscheiden, ob sie den Heiratsantrag eines bestimmten Mannes akzeptieren sollte oder nicht. Nachdem sie die obige Bejahung eine Zeitlang mehrmals täglich angewandt hatte, sah sie diesen Mann im Traum in einem völlig verschmutzten Gewässer schwimmen. Mit seinen Schwimmbewegungen wühlte er ständig dunkle häßliche Schlammassen auf. Mit einem Mal wurde ihr bewußt, daß ihr Unterbewußtsein ihr signalisierte, es hier mit einer gestörten Persönlichkeit zu tun zu haben.

Am folgenden Tag erzählte sie ihm von diesem Traum und er gestand ihr, daß er von den Ärzten als paranoid-schizophren diagnostiziert worden sei und sich in psychiatrischer Behandlung befände. Er fügte hinzu, daß er als weiteres Krankheitsmerkmal stark suizide Tendenzen aufweise, also zuweilen einen starken Hang zum Selbstmord verspüre. Sie kamen zu einer harmonischen Entscheidung, indem sie beide übereinkamen, ihr Verhältnis zu lösen.

Diese junge Frau hatte entdeckt, daß die Weisheit in ihrem Innern auf die definitiven Entscheidungen ihres wachbewußten Verstandes reagiert, und sie war sehr dankbar, daß sie einen tragischen Fehler vermeiden konnte.

Sie haben die Macht, zu wählen

Die Macht zu wählen und zu entscheiden ist die ausgeprägteste Eigenschaft und das höchste Vorrecht des Menschen. Josua sagt: *Erwählt euch heute, wem ihr dienen wollt...* (Josua 24:15). Fangen Sie jetzt damit an, die Dinge auszuwählen, die wahr, ehrlich, gerecht, rein und lieblich sind.
... wenn es irgendeine Tugend und wenn es irgendein Lob gibt, dem denket nach. (Phil. 4:8)

Sein Mut zur Entscheidung veränderte sein Leben

Ein Mann verlor im Alter von fünfzig Jahren seine Position, die er Jahrzehnte innegehabt hatte, als die Firma in andere Hände überging. Seine Freunde und Bekannten sagten zu ihm: „Tom, du mußt den Tatsachen des Lebens ins Gesicht sehen. Du bist immerhin Fünfzig jetzt, da ist es sehr schwierig für dich, eine andere Position zu bekommen."

Ich empfahl ihm dringend, sich als allererstes dem Einfluß dieser Freunde zu entziehen, mit ihren trübsinnigen Ratschlägen, den „Tatsachen des Lebens" ins Gesicht zu sehen. Tatsachen sind niemals permanent; sie unterliegen immer der Veränderung. Er begriff sofort, daß es für ihn sinnvoller war, seine Aufmerksamkeit auf das zu richten, das sich niemals verändert: die Intelligenz, Weisheit und Macht des Unendlichen in seinem Innern.

Für ihn war es wichtig, zu einer Entscheidung zu kommen und mutig zu bejahen: „Ich werde göttlich geführt, zu einer neuen Position, bei der man meine Kenntnisse und Erfahrungen zu würdigen weiß, und ich verfüge über ein gutes Einkommen." Ich erklärte ihm, daß sein Unterbewußtsein von dem Augenblick an reagieren würde, wo er mit seinem wachbewußten Verstand zu einer Entscheidung gelangt sei. Dann würde es den Plan zur Erfüllung seines Wunsches enthüllen.

Kurz darauf überkam ihn ein sehr starkes Verlangen, eine andere Firma aus der gleichen Branche zu besuchen, die ihm als stärkster Konkurrent vertraut war. Der dortigen Geschäftsleitung war sofort klar, daß sie hier einen wertvollen Mitarbeiter gewinnen könnte, der über glänzende Kontakte zu einem großen Kundenkreis verfügte und mit seinen außerordentlichen Fähigkeiten das Geschäftsvolumen der Organisation erheblich zu steigern vermochte. Er wurde auf der Stelle engagiert.

Wenn Sie zu einer Entscheidung gelangen und sich bewußt sind, daß Sie viel zu bieten haben und daß alles, was Sie suchen, ebenso Sie sucht – und wenn Sie einem potentiellen Arbeitgeber klarmachen, welch ein Gewinn Sie für seine Organisation darstellen – wie Sie seinen Umsatz zu steigern oder Geld für ihn zu sparen vermögen – wird es für Sie niemals ein Problem sein, eine Position zu finden. Bedenken Sie: Sie verkaufen weder Ihr Alter noch Ihre grauen Haare – Sie verkaufen einzig und allein Ihre Talente, Ihre Kenntnisse, Ihre Fähigkeiten und Ihre Erfahrungen, die Sie sich im Laufe der Zeit erworben haben – alles Eigenschaften, aus denen jede Firma nur Nutzen ziehen kann. Alter ist nicht die Flucht der Jahre – es ist die Dämmerung der Weisheit.

Es ist gut, sich an dieser Stelle zu erinnern, daß alles Wasser im Ozean nicht imstande ist, ein Schiff zum Sinken zu bringen, solange es nicht in das Schiffsinnere dringen kann. Ebensowenig können Probleme, Herausforderungen und Schwierigkeiten Ihnen etwas anhaben, solange Sie keinen Zutritt zu Ihrem Innern haben. Shakespeare war es, der sagte:

Uns're Zweifel sind Verräter
Und lassen uns das Gute, das wir
Oft gewinnen könnten, verlieren
Durch die Furcht vor dem Versuch
                    Maß für Maß

Eine einfache und praktische Bejahung für richtige Entscheidungen

Erinnern wir uns: Wir haben es mit einem universellen Gesetz der Aktion und Reaktion zu tun. Die Aktion ist die Entscheidung Ihres wachbewußten Verstandes – die Reaktion erfolgt automatisch aus den Tiefen Ihres Unbewußten, der Natur Ihrer Entscheidung gemäß. Hier ist eine Bejahung für rechtes Handeln:

Ich weiß, daß die unendliche Intelligenz meines Unterbewußtseins durch mich wirkt und mir alles enthüllt, was ich wissen muß. Ich weiß, daß die Antwort in meinem Innern bereits vorhanden ist und mir jetzt bewußt wird. Die unendliche Intelligenz und grenzenlose Weisheit meines Unterbewußtseins trifft alle Entscheidungen durch mich, und deshalb gibt es nur rechtes Handeln und richtige Entscheidungen in meinem Leben. Ich erkenne die Führung, die in meinen wachbewußten, abwägenden Verstand gelangt. Ich kann sie nicht verfehlen. Die Antwort kommt klar und deutlich, und ich bin dankbar für die Freude des beantworteten Gebets.

Jedesmal, wenn Sie beunruhigt sein sollten über Dinge, die zu tun oder Entscheidungen, die zu treffen sind, können Sie sich dieser Bejahung bedienen. Setzen Sie sich ruhig hin, entspannen Sie sich, lassen Sie los und bejahen Sie die obigen Wahrheiten langsam, still, fühlend und wissend. Tun Sie das zwei- oder dreimal in entspannter, friedvoller Stimmung, dann werden Sie einen Impuls oder eine Eingebung aus Ihrem Unterbewußtsein erhalten – eine Art stillen inneren Wissens der Seele. Sie werden dann „wissen, daß Sie wissen". Die Antwort kommt Ihnen entweder als innere Gewißheit, als dominierende Vorahnung oder als eine spontane Idee, die glasklar in Ihr Bewußtsein aufsteigt.

Wie seine Entscheidung zwei Leben rettete

Dr. David Seabury, der berühmte Psychologe, erzählte mir einmal von einem Freund, der aufgrund zweier Schlaganfälle völlig gelähmt war. Als sein Wohnort einmal von einem schrecklichen Tornado heimgesucht wurde, befand er sich mit seinen zwei Enkeln allein im Haus. Durch Warnmeldungen im Rundfunk wurde die Bevölkerung angehalten, die schützenden Keller aufzusuchen, aufgrund seines Zustands war ihm das jedoch nicht möglich. Wie Dr. Seabury mir berichtete, begann sein Freund daraufhin eine seiner liebsten Psalmen zu zitieren: *Sei still und wisse, daß ich Gott bin...* (Psalm 46:10). Dann sagte er sich: „Jetzt werde ich meine Enkelkinder retten, die nebenan schlafen."

Er war zu einer Entscheidung gelangt und wurde restlos von dem Verlangen beherrscht, die Kinder um jeden Preis zu retten. Mit einer geradezu herkulischen Anstrengung stand er auf und begann zu laufen.

Er ging in das angrenzende Zimmer, packte die beiden Kinder und trug sie nach unten in den Keller. Wenige Minuten später wurde das ganze Haus von dem Wirbelsturm hinweggefegt. Durch seine übermenschliche Anstrengung hatte er die beiden Kinder und sich gerettet; und mehr noch – er erfuhr eine vollkommene Heilung und konnte für den Rest seines Lebens wieder laufen.

Die Kraft, gehen zu können, befand sich nach wie vor im Innern dieses Mannes – sie ruhte unerweckt in seinem Unbewußten. Im Augenblick höchster Gefahr jedoch war sein einziger Gedanke die Rettung der Kinder, so daß er völlig vergaß, daß er eigentlich gelähmt war. Die ganze Macht des Unendlichen war in diesem Moment in den Brennpunkt seiner Aufmerksamkeit geströmt.

Die Geschichte der Medizin ist angefüllt mit Tausenden solcher Beispiele, wo im Fall höchster Gefahr grenzenlose Kräfte mobilisiert werden konnten. Der Mensch ist gelähmt, wenn er diesen Zustand im Bewußtsein als gegebene Tatsache anerkennt. Der Geist in ihm jedoch (Gott), kann nicht krank, verkrüppelt oder gelähmt sein: Er ist allmächtig, allwissend und allgegenwärtig. Der Geist (Spirit) ist die einzige Gegenwart, Macht, Ursache und Substanz im Universum.

Sie sagte: „Ich will Gott für mich entscheiden lassen."

Kürzlich hörte ich eine Frau sagen, sie wolle Gott für sich entscheiden lassen. Sie meinte damit einen Gott außerhalb, irgendwo da oben in den Wolken. Ich erklärte ihr, daß Gott oder die unendliche Intelligenz nur auf eine Art wirksam für sie tätig würde – durch ihr Denken. Das Universelle muß zum Individuum werden, um auf der individuellen Ebene wirken zu können. Sie konnte von mir überzeugt werden, daß Gott der lebendige Geist in ihrem Innern ist und ihr Denken eine schöpferische Kraft darstellt, die ihr jederzeit zur Verfügung steht. Es wurde ihr auch klar, daß sie über die Initiative und die Möglichkeit der Wahl verfügt und daß dies die Grundlage ihrer Individualität darstellt. Sie entschloß sich kurz und bündig, von nun an ihre Göttlichkeit und Entscheidungsverantwortlichkeit zu akzeptieren.

Bedenken Sie, daß kein anderer Mensch „es am besten weiß". Bedenken Sie auch, daß Sie mit Ihrer Weigerung, eigene Entscheidungen zu treffen, Ihre Göttlichkeit verneinen und somit aus der Sicht der Schwäche und Minderwertigkeit heraus denken und handeln – nach Art des ergebenen Untertans.

Wie seine Entscheidung sein Leben veränderte

Vor vielen Jahren hatte ich einmal den unvergessenen Dr. Emmet Fox in das Zeughaus des Siebenten Regiments in New York eingeladen. Dr. Fox zeigte sich sehr interessiert an den historischen Ausstellungsstücken, den größten Sehenswürdigkeiten in diesem prächtigen Gebäude. Beim Essen erzählte er mir dann, daß er früher, als er noch Ingenieur in England war, die berühmten Vorträge von Richter Thomas Troward in London gehört hatte und die Darlegungen Trowards über die Wirkungsweise des Unterbewußtseins einen unauslöschlichen Eindruck auf ihn gemacht hatten.

„Während eines dieser brillanten Vorträge", so berichtete Dr. Fox, „kam ich zu einer Entscheidung, und ich sagte mir: ‚ich werde nach Amerika gehen und zu Tausenden sprechen.'" An dieser Entscheidung hatte er bekanntlich festgehalten, was dazu führte, daß sich innerhalb nur weniger Monate alle Türen für ihn öffneten und er sich in New York wiederfand, wo er jahrelang jeden Sonntag vor etwa 5000 Zuhörern sprach. Seine Entscheidung wurde von seinem Unterbewußtsein registriert und dessen Weisheit veranlaßte alles weitere, um seinen definitiven Entschluß in die Tat umzusetzen.

... Gehe hin, dir geschehe, wie du geglaubt hast... (Matth. 8:13)

ZUSAMMENFASSUNG

1. Durch das gesamte Universum wirkt das Prinzip rechten Handelns. Wenn Ihre Motivation richtig und im Einklang mit dem universellen

Prinzip der Harmonie und des guten Willens ist, dann zögern Sie nicht – treffen Sie Ihre Entscheidung.
2. Die erfolgreichsten Männer und Frauen der Welt haben alle eines gemeinsam: Die Befähigung, rasche Entscheidungen zu fällen und auch restlos durchzuführen.
3. In Wirklichkeit gibt es so etwas wie einen Zustand der „Unentschlossenheit" gar nicht. „Unentschlossenheit" besagt nichts anderes, als daß Sie entschieden haben, nicht zu entscheiden, und das ist recht töricht. Wenn Sie keine Entscheidung treffen, dann werden andere es für Sie tun oder das irrationale Massengemüt übernimmt und trifft Ihre Entscheidungen. Wenn Sie furchtsam und besorgt sind oder unstet und schwankend, dann sind nicht Sie es, der denkt, sondern das Massengemüt, das in Ihnen denkt. Wahres Denken ist frei von jeglicher Furcht, weil es aus der Sicht universeller Prinzipien und ewiger Wahrheiten geschieht.
4. Wenn Sie mit Ihrem wachbewußten Verstand zu einer definitiven, glasklaren Entscheidung gelangt sind, dann wird Ihr Unterbewußtsein ebenso definitiv reagieren. Das kann zuweilen in einer Traumhandlung geschehen, die so lebhaft und einprägsam sein wird, daß Sie keinerlei Schwierigkeiten haben werden, sie zu interpretieren.
5. Die Macht zu wählen und zu entscheiden gehört zu den vorherrschenden Eigenschaften und höchsten Vorzügen des Menschen.
6. Keine Tatsache ist von Dauer; alles unterliegt der Veränderung. Richten Sie Ihre Aufmerksamkeit und setzen Sie Ihr Vertrauen auf ewige Wahrheiten, die sich niemals verändern. Die Intelligenz, Weisheit und Macht Gottes sind ständig verfügbar; sie verändern sich nie. Wer eine bestimmte Position verliert, der kann sich an die Weisheit in seinem Innern wenden und eine andere Tür wird sich auftun, in göttlicher Ordnung. Was Sie suchen, das sucht auch Sie.
7. Sie verkaufen nicht Ihr Alter; Sie verkaufen vielmehr Ihre Talente, Ihre Fähigkeiten und Ihre Erfahrungen, die Sie im Lauf der Jahre erworben und gesammelt haben. Alter ist nicht die Flucht der Jahre, sondern die Dämmerung der Weisheit.
8. Aktion und Reaktion sind kosmisch und universell. Wenn Sie zu einer glasklaren, definitiven Entscheidung gelangt sind, dann bewirken Sie

eine automatische Antwort aus Ihrem Unterbewußtsein, der Natur Ihrer Entscheidung gemäß.
9. Die Antwort aus Ihrem Unterbewußtsein erfolgt oftmals in Form einer inneren Gewißheit, einem dominierenden Vorgefühl oder einer spontanen Idee, die aus Ihren sublimen Tiefen aufsteigt.
10. In akuten Gefahrenmomenten, während einer Krise oder bei einem schweren Schock kann es geschehen, daß ein Mensch seinen verkrüppelten oder gelähmten Zustand völlig vergißt, weil er einzig von dem Gedanken beherrscht wird, das Leben geliebter Menschen zu retten. Als bei einem heranziehenden Tornado die entsprechende Warnung gegeben wurde, hatte ein völlig gelähmter Mann den intensiven Wunsch, das Leben seiner Enkel zu retten. Er erhob sich aus seinem Rollstuhl, lief in das angrenzende Zimmer, griff sich die beiden Kinder und trug sie in den schützenden Keller. Alle Macht des Unendlichen floß dabei in den Brennpunkt seiner Aufmerksamkeit. Er kam zu der Entscheidung, daß er sein Vorhaben ausführen könnte und die Macht des Unendlichen reagierte.
11. Wenn ein Mensch sagt: „Ich werde Gott entscheiden lassen", dann meint er damit nur zu oft einen äußeren, fernen Gott. Sie sind jedoch ein selbständiges, mit Entschlußkraft ausgestattetes Wesen und durchaus in der Lage, auszuwählen und zu eigenen Entscheidungen zu gelangen. Das Universelle wird nur für Sie wirksam, wenn es *durch* Sie wirken kann – d. h. durch Ihr Denken, Ihre Imaginationen und Ihre Überzeugungen. Sie müssen die Auswahl treffen, dann wird die unendliche Intelligenz Ihres Unterbewußtseins reagieren. Akzeptieren Sie Ihre eigene Göttlichkeit; wenn Sie das ablehnen, dann verneinen Sie die Weisheit und Intelligenz des Unendlichen in Ihrem Innern.
12. Dr. Emmet Fox sagte: „Ich gehe nach Amerika und spreche dort zu Tausenden." Er hielt an dieser Entscheidung fest und alle Türen öffneten sich daraufhin für ihn. Innerhalb weniger Jahre nach diesem gefaßten Entschluß fand er sich in New York City wieder. Dort sprach er schließlich in der Carnegie Hall vor mehr als 5000 Zuhörern.

KAPITEL 13

Tele-PSI und die Wunder Ihres Unterbewußtseins

Der folgende Brief einer Frau aus New York zeigt, auf welche Weise Sie die wunderbare Heilkraft Ihres Unterbewußtseins erfahren können:
Sehr geehrter Dr. Murphy,
Es wird Sie gewiß interessieren, daß ich das Gebet aus Ihrem Buch „Die Gesetze des Denkens und Glaubens" (Seite 115) für die Heilung eines Glaukoms angewandt habe, wobei ich in der zweiten Zeile die Begriffe auswechselte und „... regeneriert meine Augen bzw. stellt meine Sehkraft wieder her" sagte. Die übliche Behandlungsweise war leider erfolglos geblieben – nach fünfmonatiger Anwendung dieser starken Bejahung jedoch setzte die Heilung ein. Sie können sich vorstellen, weshalb ich jedesmal, wenn das Thema Krankheit auftaucht, Exemplare dieses Buches verschenke.

G. V.
New York

Hier ist das Gebet von der Seite 115 des Buches „Die Gesetze des Denkens und Glaubens", das diese Frau so erfolgreich anwandte:
Die schöpferische Weisheit, die meinen Körper erschaffen hat, regeneriert jetzt meine Augen und stellt meine Sehkraft wieder her. Die heilende Gegenwart weiß genau, wie sie die Heilung herbeiführt. Sie transformiert jede Zelle nach Gottes vollkommenem Plan. Ich höre und sehe meinen Arzt zu mir sagen, ich sei geheilt. Dieses Bild halte ich beständig in meinem Bewußtsein. Ich sehe ihn deutlich vor mir und höre seine vertraute Stimme. Er sagt: „Sie sind vollkommen geheilt. Es

ist ein Wunder!" Ich weiß: Diese konstruktive Imagination sinkt tief in mein Unterbewußtsein. Dort wird sie entwickelt, um sich dann auf der äußeren Ebene zu verwirklichen. Ich weiß, daß die unendliche Heilungsgegenwart meine Sehkraft jetzt wiederherstellt, ungeachtet aller gegenteiligen Erscheinungen im Äußeren. Ich fühle das, glaube das und identifiziere mich völlig mit meinem Ziel – vollkommener Gesundheit.

Es ist wohl nicht schwer zu sehen, weshalb diese Frau ganz bemerkenswerte Resultate erzielte. Sie war standhaft geblieben, weil sie wußte, daß sie durch ständige Repetition, Glauben und Erwartung ihr Unterbewußtsein veranlassen würde, diese Wahrheiten aufzunehmen und entsprechend tätig zu werden. Die heilende Macht ihres Unterbewußtseins veranlaßte ihre Augen der Natur und dem Inhalt ihrer Bejahung gemäß zu reagieren.

Sie bejahte Gesundheit und ihre Krankheit verschlimmerte sich

Kürzlich besuchte mich eine Frau und berichtete mir, daß ihre Krankheit sich von Tag zu Tag verschlimmerte, obgleich sie seit mehr als einem Monat regelmäßig vollkommene Gesundheit bejaht hatte. Ihr Arzt hatte ihr klargemacht, daß ihre Magengeschwüre nicht heilen konnten, solange sie ihre chronische Sorgsucht und Gefühle der Feindseligkeit aufrechterhielt.

Ich wies sie eindringlich darauf hin, daß sie ihren Widerstand gegenüber der heilenden Kraft in ihrem Innern aufgeben müsse. Sie war der Ansicht, daß ihr Zustand nichts mit ihrer Gemütshaltung zu tun habe – und diese Haltung war einfach katastrophal: Sie war angefüllt mit Zorngefühlen, Groll und Feindseligkeit gegen mehrere Personen. Damit blockierte sie die Heilungsmaßnahmen ihres Arztes und machte jeden therapeutischen Effekt der eingenommenen Medizin zunichte.

Sie begann einzusehen, daß ihr Unterbewußtsein nicht auf irgendwelche leeren Bejahungen anspricht, sondern nur die Ansichten und Überzeugungen ihres wachbewußten Verstandes annimmt. Darüber hinaus war es für sie unerläßlich, sich selbst zu vergeben, denn es ist entschieden leichter, anderen zu vergeben als sich selbst.

Sie entschloß sich daraufhin zur sofortigen Aufgabe ihre negativen und höchst destruktiven Denkweise und machte sich daran, jeden auftauchenden negativen Gedanken durch einen Gott-gleichen zu ersetzen. Gleichzeitig begann sie, für das Wohlergehen aller derer zu beten, gegen die sie bislang noch Grollgefühle gehegt hatte. Für jeden einzelnen dieses Personenkreises bejahte sie Gesundheit, Glück und Wohlstand. Wenn Gedanken der Feindseligkeit, des Ärgers und des Grolls Magengeschwüre verursachten – so sagte sie sich – dann muß dieses Gesetz auch umgekehrt wirken. Mit dieser Erkenntnis hatte sie den ersten Schritt zu ihrer Heilung getan.

Sie hörte also auf, der heilenden Kraft Widerstand zu leisten und begann ihr Gemüt zu disziplinieren, indem sie ständig an Harmonie, Frieden, Liebe, Freude, rechtes Handeln und guten Willen für alle dachte. Damit machte sie sich zu einem offenen Kanal für die heilende Macht und Harmonie und vollkommene Gesundheit wurden wieder hergestellt.

Wenn wir auf der einen Seite Gesundheit und Harmonie bejahen, zugleich aber die unterbewußte Überzeugung nähren, unheilbar krank zu sein oder negative und destruktive Emotionen unterhalten, dann sind unsere Bejahungen gleich Null. Die heilende Macht und Liebe des Unendlichen ist dann blockiert. Sie kann ein verunreinigtes Gemüt nicht durchfließen.

Wie er die Wunder des Unterbewußtseins entdeckte

Im *West Magazine* der *Los Angeles Times* vom 23. April 1972 erschien ein faszinierender Artikel der auf einem Dialog zwischen Digby Diehl und Bill Lear basierte. Die bemerkenswertesten Stellen dieses Artikels möchte ich im folgenden zitieren:

Lear begann als Botenjunge für Rotary International in Chicago. Es gelang ihm, eine lückenhafte Schulbildung, gepaart mit einem beachtlichen Scharfsinn und einem bemerkenswerten Unterbewußtsein in ein Vermögen zu verwandeln, das heute seine 28 Millionen Dollar wert ist ... „Ich habe mein ganzes Leben damit zugebracht, Ausschau nach Bedarf zu halten und Möglichkeiten zu seiner Erfüllung ausfindig zu machen... Ich sammle einen Wust von Informationen, aus dem ich mir die herausragenden Dinge aussortiere und die unwichtigen wegwerfe. Ich halte mir immer das Ziel vor Augen und bin bestrebt, das Problem mit geringstem Kostenaufwand zu lösen."

„Das Unterbewußtsein spielt eine wichtige Rolle in diesem schöpferischen Prozeß... Ihr Unterbewußtsein ist ein Computer. Diesen Computer füttern Sie mit allen Ihnen zugänglichen Informationen. Dann lassen Sie ihn in Ruhe. Nach wenigen Tagen meldet er sich dann mit der Antwort... Sie gingen los – ganz und gar unsicher, aber ich garantiere Ihnen, sie kamen zurück mit der Antwort!"

„Einer der Nachteile unseres Erziehungssystems ist der Umstand, daß wir unseren Studenten nicht beibringen, wie sie sich ihre unterbewußten Fähigkeiten nutzbar machen können. Wir sagen ihnen nicht, daß sie über Computer verfügen, die mit dem Unendlichen verbunden sind – Computer, die mit einer unbegrenzten Zahl relativ unwichtiger Details gespeist sind, die aber jeweils eine korrekte Antwort ergeben können."

„Sie bedienen sich ständig Ihres Unterbewußtseins, ob Sie sich dessen nun bewußt sind oder nicht. Wenn Sie beispielsweise einen Namen vergessen haben und sich seiner später wieder erinnern. Was ist da geschehen? Sie haben Ihren Unterbewußtseins-Computer mit der Information gespeist, danach haben Sie an etwas ganz anderes gedacht. Ihr Unterbewußtsein jedoch sagte sich: ‚Ich muß jetzt daran arbeiten' und kam heraus mit der Antwort. Wir bringen aber unseren Studenten nicht bei, wie das gemacht wird. Wir erzählen ihnen ja nicht einmal, daß sie überhaupt ein Unterbewußtsein haben!... Menschen, die der Meinung sind, ein schweres Los zu haben, die haben natürlich auch eins, weil sie den ganzen Mechanismus dafür betätigen! Menschen, die andererseits an ihr Glück glauben und überzeugt sind, die Antwort zu finden, die finden sie selbstverständlich, weil sie den Gedanken an Erfolg ihrem Unterbewußtsein übermittelt haben. Wir haben doch einmal unseren Kindern gezeigt, wie das gemacht wird, als wir sie beten lehrten. Das Gebet ist eine andere Art, dem Unterbewußtsein Instruktionen zu erteilen..."

Das waren einige der Antworten, die Bill Lear auf die Fragen von

Digby Diehl gab. Kürzlich konstruierte Bill Lear einen 50-Personen-Bus, der durch Dampf angetrieben wird; ein Beweis, daß der Verbrennungsmotor durchaus ersetzt werden kann.

Ihr Unterbewußtsein verfügt über ganz gewaltige Kräfte. Für jedes Problem unter der Sonne gibt es eine Lösung. Wenn Sie nach einer Lösung suchen, dann sammeln Sie alle verfügbaren Informationen, die das bewußte Problem bzw. seine Lösung betreffen. In anderen Worten: Versuchen Sie zunächst, es mit Ihrem wachbewußten Verstand – Ihrem Intellekt zu lösen. Wenn sich dann irgendwann eine Mauer vor Ihnen auftut, dann übergeben Sie das Ganze vertrauensvoll Ihrem Unterbewußtsein und Sie werden feststellen, daß es alle erforderlichen Daten zusammenbringt. Nachdem es die Antwort synthetisiert hat, präsentiert es sich in voller Blüte Ihrem Wachbewußtsein.

Er betete ohne Unterlaß

Während einer Reise nach Mexiko verbrachte ich einen Abend im Haus von Freunden. Im Lauf der Unterhaltung kamen wir auch auf die Macht des Unterbewußtseins zu sprechen. Unter den Gästen war auch ein Amerikaner, der seit 20 Jahren in Mexico City lebt. Wie er mir erzählte, hatte er vor mehr als 20 Jahren ein schweres Krebsleiden; sein Arzt hatte ihm nur noch drei Monate gegeben, da die Metastasen sich bereits über sein gesamtes System verbreitet hatten. Er hatte eine kleine Tochter, die damals gerade ein Jahr alt war. Seine Frau hatte ihn verlassen und er mußte das Kind selbst betreuen. Die Eröffnung des Arztes war deshalb ein schwerer Schock für ihn.

Freunde rieten ihm, sich in Tijuana, Mexiko, behandeln zu lassen. Eine Spezialklinik dort hatte damals spektakuläre Erfolge mit einer neuartigen Behandlungsweise. Er beauftragte eine Agentur, geeignete Adoptiveltern für seine kleine Tochter zu finden und man versprach ihm, auf das Beste für sie zu sorgen. Nachdem er in der Klinik in Tijuana etwa zehn Injektionen erhalten hatte, erfuhr er eine vollkommene Heilung und seither war auch nicht das geringste Anzeichen einer Wiederkehr dieser Krankheit erkennbar. Zweifellos hatte dieser Mann absolutes Vertrauen in die Therapie und sein Unterbewußtsein reagierte entsprechend.

Es ist völlig bedeutungslos, ob der Gegenstand Ihres Vertrauens wahr oder unwahr, richtig oder falsch ist – Sie werden von Ihrem Unterbewußtsein immer Resultate erhalten. Es reagiert immer auf Ihre festen Überzeugungen. Im Fall dieses früheren Krebspatienten war es ein blinder Glaube an die Wirksamkeit der Injektion eines Aprikosenextrakts.

Nach der erfolgreichen Behandlung kehrte er nach San Francisco zurück und bemühte sich, den Verbleib seiner Tochter ausfindig zu machen, aber es war ihm nicht möglich, auch nur die kleinste Information zu erhalten – laut Mitteilung der Agentur bestand dazu keine legale Möglichkeit. In seiner Verzweiflung wandte er sich an eine Bekannte in San Francisco. Die sagte ihm: „Bete ohne Unterlaß und du wirst sie finden." Auf seine Frage, wie sie das denn meine, erklärte sie: „Du liebst deine Tochter und du kannst ohne Unterlaß lieben. Du hörst niemals auf, deine Tochter zu lieben. Deshalb mußt du durchaus nicht den ganzen Tag lang an sie denken, aber deine Liebe stirbt niemals, schläft niemals und verringert sich niemals. Die Liebe wird dich zu ihr führen."

Auf ihren Rat hin wandte er sich jeden Abend an sein Unterbewußtsein und bejahte: „Liebe ebnet mir den Weg und ich werde mein Kind wiedersehen." Nach Ablauf einer Woche hatte er einen sehr lebhaften Traum: Er sah sein Kind und dessen neue Eltern deutlich vor sich, und auch die genaue Adresse wurde ihm enthüllt.

Am nächsten Tag begab er sich dorthin und überzeugte die Adoptiveltern, daß er seine Tochter lediglich zu sehen wünsche und keinerlei Absichten habe, ihnen das Kind wieder zu nehmen. Er berichtete ihnen von seiner Verzweiflung und Panik, als ihm bedeutet wurde, er habe nur noch drei Monate zu leben. Er erklärte ihnen, daß sein alles beherrschender Gedanke war, sein Kind gut versorgt zu wissen. Die einzige Möglichkeit hierzu schien ihm das Adoptions-Center zu bieten.

Man war sich einig darüber, daß das Kind noch zu klein sei, um die Zusammenhänge zu begreifen, die Eheleute versicherten ihm aber zugleich, daß er in ihrem Haus zu jeder Zeit willkommen sei, und wenn seine Tochter eines Tages alt genug sei, würde sie gleichfalls verstehen. Er und seine Tochter korrespondieren jetzt regelmäßig miteinander, und sie hat ihn auch schon oftmals in Mexiko besucht. Dieser Mann hatte „ohne Unterlaß" geliebt, worauf sein Unterbewußtsein, das alles weiß, alles sieht und über das Know-how der Erfüllung verfügt, den Weg freimachte, in göttlicher Ordnung. Die Liebe geht niemals fehl.

Tele-PSI und Gebet

Wie bereits erläutert, besteht Tele-PSI aus der Kommunikation mit Ihrem Unterbewußtsein, um von ihm Antworten zu erhalten und Problemlösungen zu bewirken. Die Bibel sagt: ... *Sprich nur ein Wort, so wird mein Knecht geheilt werden.* (Matth. 8:8). Das „Wort" steht in der Bibel für einen klar geformten Gedanken oder eine Konzeption für das Gute. Der Begriff „Heilung" bezieht sich nicht allein auf die körperliche Heilung, sondern ebenso auf die Heilung des Gemüts, der Geldbörse, der Familienbeziehungen, des Geschäfts, finanzieller Zustände, zwischenmenschlicher Beziehungen etc. Dabei ist es unerheblich, ob es sich um Sie selbst oder einen anderen Menschen handelt.

Ihr wachbewußter Verstand ist selektiv – d. h. er verfügt über die Fähigkeit, auszuwählen; verweilen Sie deshalb niemals bei Gedanken des Zweifels, der Anspannung, der Kritik etc. Skeptiker und Zweifler haben es immer sehr schwer. Das „Wort" ist Ihre Überzeugung – das, was Sie wirklich glauben. Ein eiliges Gebet oder eines, das Zwangsanwendung beinhaltet, wird niemals erfolgreich sein. Das Unterbewußtsein zu irgend etwas zu zwingen, wäre vergleichbar mit einer Einstellung, die etwa besagt: „Ich muß dieses Problem bis zum Wochenende gelöst haben – es ist ungeheuer wichtig!"

Statt also frustriert und angespannt zu sein, übergeben Sie Ihr Anliegen ruhig und vertrauensvoll Ihrem Unterbewußtsein, in dem Wissen, daß die Antwort Ihrem Wunsch gemäß erfolgen wird – so wie eine in den Boden gegebene Saat ein ihrer Art entsprechendes Gewächs hervorbringt.

Wie sein Kind sein Problem löste

Ein Mann erzählte mir, daß er einmal kurz vor dem Bankrott gestanden hatte. Die Erkenntnis, daß viele Menschen davon mitbetroffen wären, versetzte ihn in Panik und Verzweiflung. In dieser Gemütsverfassung bat er auch seine kleine Tochter, zu Gott um Frieden und Befreiung zu beten. Er erklärte ihr: „Pappi ist in Schwierigkeiten." Kurz darauf kamen ihm Freunde zu Hilfe – sozusagen aus heiterem Himmel.

Seine kleine Tochter hatte ihm vorher erzählt, daß ihr im Traum ein Engel erschienen sei und gesagt habe, daß für den Pappi gut gesorgt werde. Das Kind glaubte uneingeschränkt. Wenn Sie beten, müssen Sie den kindlichen Glauben zurückgewinnen. Ein kleines Kind ist weder kritisch noch analytisch oder indifferent. Spiritueller Stolz ist ein großes Hindernis beim Beten. Entspannen Sie sich, lassen Sie los, vertrauen Sie Ihrem tieferen Bewußtsein, und haben Sie das Vertrauen eines Kindes. Auch Sie werden eine Antwort bekommen.

Wie ein Bankier mit seinem Unterbewußtsein arbeitet

Ein Freund von mir – Bankier von Beruf – pflegt seine Probleme auf folgende Weise zu lösen:
Ich denke an die unendliche Gegenwart in meinem Innern und sinne über ihre Attribute nach. Gott ist grenzenlose Weisheit, unendliche Macht, unendliche Liebe, unendliche Intelligenz. Deshalb ist dem unendlichen Einen nichts unmöglich. Gott nimmt sich dieser Sache an, und ich akzeptiere die Antwort jetzt – in diesem Moment. Danke, Vater.

Diese Gebetstechnik versagt nie – das konnte mein Freund mir bestätigen. Jedesmal, wenn Ihnen ein negativer Gedanke in den Sinn kommt, lachen Sie darüber. Entspannen Sie sich geistig.

Sprich nur das Wort, so wird mein Knecht geheilt werden. (Matth. 8:8)

Wie man die Freude der Gebetsbeantwortung fühlt

Viele Menschen fühlen sich außerstande, eine Sinnesempfindung für etwas hervorzurufen, das noch nicht erlebt wurde. Wieso eigentlich? Wenn ich Ihnen jetzt sagen würde, daß etwas ganz Wunderbares geschehen sei, das Sie unmittelbar betrifft, ohne dabei in die Details zu gehen und Sie dadurch für einige Minuten in Spannung halte – verspüren Sie dann nicht ein Gefühl freudiger Erwartung? Auf die gleiche Weise können Sie die Freude des beantworteten Gebets erfahren.

ZUSAMMENFASSUNG

1. Eine Frau heilte sich selbst von einem Glaukom, durch Behaupten, Fühlen und Wissen, daß die schöpferische Intelligenz ihres Unterbewußtseins, die ihre Augen geschaffen hat, sie auch heilt. Sie bejahte regelmäßig: „Die schöpferische Intelligenz, die meinen Körper geschaffen hat, stellt meine Sehkraft wieder her." Zur gleichen Zeit stellte sie sich vor, daß ihr Arzt sie von ihrer völligen Genesung informierte und in diesem Zusammenhang von einem Wunder sprach.
2. Eine Frau hatte mit ihren Gesundheitsbejahungen keinen Erfolg, weil sie mehreren Menschen gegenüber Gefühle des Grolls und der Feindseligkeit hegte. Damit wurde jede Heilungsmöglichkeit blockiert und ihr Zustand verschlechterte sich zusehends. Auf diesen Umstand hingewiesen, entschloß sie sich zu einer veränderten Gemütshaltung. Sie vergab sich selbst für ihre gehässigen Gedanken und ersetzte sie durch Gott-gleiche. Zugleich sandte sie Segnungen aus für alle Menschen, denen sie gegrollt hatte. Kurz darauf waren alle Krankheitssymptome verschwunden.
3. Bill Lear, der Erfinder des dampfgetriebenen Busses und anderer bemerkenswerter Dinge, schreibt seine außergewöhnlichen Erfolge seiner Kenntnis des Unterbewußtseins zu. Nachdem er ein Forschungsprojekt von allen Seiten her durchdacht hat und schließlich auf ein Hindernis stößt, übergibt er das Problem seinem Unterbewußtsein, das schließlich mit allen einschlägigen Informationen trächtig wird. Die Antwort kommt dann zumeist zu einem Zeitpunkt, wenn er mit ganz anderen Dingen beschäftigt ist. Die schöpferischen Ideen aus seinem Unterbewußtsein haben ihm bislang immerhin ein Vermögen von 28 Millionen Dollar eingebracht.

4. „Beten ohne Unterlaß" bedeutet selbstverständlich nicht, den ganzen Tag lang zu beten. Es bedeutet die Aufrechterhaltung einer durch und durch positiven Gemütsverfassung, also konstruktives und liebevolles Denken. Ein Mensch beispielsweise, der sein Kind liebt, dessen Liebe vermindert sich nicht und ermüdet auch niemals. Ganz gleich, wie beschäftigt er auch sein mag, jedesmal, wenn er an sein Kind denkt, wallt ein Gefühl der Liebe in ihm auf. Die Liebe stirbt nicht und sie wird niemals alt; sie ist ewig. Ein Mann, dessen Töchterchen durch außergewöhnliche Umstände adoptiert wurde, hatte den starken Wunsch, es wiederzusehen. Sein Unterbewußtsein reagierte auf sein starkes Gefühl der Liebe und zeigte ihm den Aufenthaltsort des Kindes. Es gab ein frohes Wiedersehen.

5. In einer Spannungs- oder Streß-Situation ist es unmöglich, dem Unterbewußtsein etwas aufzuprägen. Entspannen Sie sich, lassen Sie los und übergeben Sie ihm Ihr Anliegen voller Glauben und Vertrauen in dem Wissen, daß die Antwort erfolgen wird.

6. Ein Mann, der vor dem Bankrott stand und deshalb von einem Gefühl der Panik ergriffen war, bat seine kleine Tochter, für ihn zu beten. Das Kind hatte absolutes Vertrauen, daß Gott sich um seinen Vater kümmern würde, und sein Unterbewußtsein präsentierte ihm die Antwort in der Form einer lieblichen Engelsgestalt, die ihm sagte, daß für den Pappi gesorgt werde. Freunde kamen zu Hilfe und er blieb solvent. Wenn wir beten (bejahen), müssen wir unser Ego völlig außer acht lassen und das als wahr akzeptieren, was unser Verstand und die Sinne verneinen.

7. Ein Bankier löst die schwierigsten Probleme, indem er sich die Attribute Gottes bewußt macht: Grenzenlose Liebe, vollkommene Harmonie, unendliche Weisheit, unendliche Intelligenz und universelle Macht. Dann spricht er mit seinem höheren Selbst: „Du nimmst dich dieser Sache jetzt an und ich akzeptiere die Antwort jetzt, in diesem Moment." Er erhält Resultate in göttlicher Ordnung.

8. Angenommen, Sie reisen durch die Wüste und sind sehr durstig – würden Sie dann nicht ein herrliches Gefühl der Vorfreude empfinden, wenn Sie in der Ferne eine Oase erblickten? Ebenso können Sie sich einem freudevollen Gefühl hingeben, wenn Sie sich vorstellen, die

Antwort auf Ihr Gebet jetzt zu erfahren. Wenn Sie Ihr Haus verkaufen wollen und der Käufer Ihnen den vereinbarten Preis gezahlt hat, dann würden Sie über die geglückte Transaktion auch glücklich sein. Zäumen Sie das Ganze rückwärts auf: Nehmen Sie dieses Glücksgefühl vorweg und Sie werden damit den Käufer zu sich heranziehen. Aktion und Reaktion sind sich gleich.

KAPITEL 14

Die Macht von Tele-PSI bringt Ihnen die guten Dinge des Lebens

Vor einiger Zeit kam eine Frau zu mir in die Sprechstunde, völlig verzweifelt, weil ihr Mann ihr eröffnet hatte, daß er sie wegen einer anderen Frau verlassen wollte. Nach 30jähriger Ehe war das ein furchtbarer Schlag für sie. Ich erklärte ihr die Bedeutung der Bibelstelle *Ich bin überreich an Freude bei aller unserer Bedrängnis* (II Kor. 7:4). Sie besagt, daß, ganz gleich was geschieht, Sie sich freuen sollten, daß Gott, der lebendige allmächtige Geist in Ihrem Unterbewußtsein etwas Wunderbares für Sie bereithält. Alles, was Sie zu tun haben ist, Ihr Herz und Gemüt zu öffnen und die herrliche Gabe aus den Tiefen Ihres Seins entgegenzunehmen.

Gleichzeitig empfahl ich ihr, ihren Mann „loszulassen" und ihm alle Segnungen des Lebens zu wünschen, denn wahre Liebe befreit immer. Ich machte ihr klar, daß rechtes Handeln für ihn auch rechtes Handeln für sie bedeutet. Demzufolge ließ sie ihren Mann geistig völlig frei, worauf er in Las Vegas die Scheidung durchführen ließ. Dessen ungeachtet hielt sie an ihrer Bejahung fest: „Ich freue mich und sage Dank für die Wunder und Segnungen Gottes, die jetzt in meinem Leben wirksam sind."

Als Resultat dieser Tele-PSI-Anwendung – die ja nichts anderes ist, als die bewußte Einstimmung und Kommunikation auf die resp. mit der Weisheit ihres Unterbewußtseins – erfolgte eine bemerkenswerte Geste ihres Ex-Ehemannes, der inzwischen wieder geheiratet hatte: Er schickte ihr einen Scheck von 50 000 Dollar, zusätzlich zu der vereinbarten Vermögensaufteilung. Kurze Zeit darauf machte ihr der mit dieser Angelegenheit befaßte Anwalt einen Heiratsantrag und sie sind jetzt glücklich verheiratet. (Ich hatte die Ehre, die Trauung vorzunehmen.)

Sie sagte zu mir: „Ich weiß jetzt, was Tele-PSI ist: Kommunikation mit dem Unendlichen." Diese Frau hatte die wirkliche innere Bedeutung der *Freude in der Bedrängnis* erkannt. Entgegen oft geäußerten Behauptungen ist damit nicht gemeint, man solle darüber erfreut sein, von Schmerzen, Krankheiten und Trübsal jeglicher Art heimgesucht zu werden, sondern, daß man an dem Gefühl der Freude und Dankbarkeit festhalten soll, daß eine unendliche Heilungsgegenwart, die immer bestrebt ist, Ihr ganzes Sein zu heilen und wiederherzustellen, jetzt am Werk ist – vorausgesetzt, Sie öffnen Ihr Herz und Gemüt für ihren Einstrom. Des weiteren freuen Sie sich, weil Sie wissen, daß der Wille des unendlichen Lebens ein größeres Maß an Freiheit, Freude, Glück, Frieden und Vitalität ist – in anderen Worten: Ein erfüllteres Leben. Das Leben ist immer bestrebt, sich auf höheren Ebenen durch Sie auszudrücken. Durch Anwendung von Tele-PSI pflegen Sie Kommunikation mit den unendlichen Reichtümern Ihres tieferen Bewußtseins. Sie erhalten wunderbare Antworten!

Wie Tele-PSI Erfolg in sein Leben brachte

Vor einigen Jahren sprach ich mit einem Mann, der – obgleich er auf seinem Gebiet ein absoluter Könner war, nach eigenen Bekundungen „nie vorwärts zu kommen schien". Dieser Mann wußte nichts von seiner Psyche und wie er Kontakt zu ihr herstellen konnte.

Ich erklärte ihm, daß zwischen einem erfolgreichen Leben einerseits und den Denkmustern und Mentalvorstellungen des Menschen andererseits ein ursächlicher Zusammenhang besteht. Es ist schlechthin unmöglich, erfolgreich zu sein, solange man sich nicht mit dem Erfolg identifiziert! Erfolg *ist* ein erfolgreiches Leben: Es beinhaltet Erfolg in Ihren Bejahungen, Ihren zwischenmenschlichen Beziehungen, Ihrem Berufsleben und bei Ihren Kommunikationen mit Ihrer eigenen Psyche.

Dieser Mann hatte sich nicht mit dem Erfolg identifiziert, sondern jahrelang mit Verworrenheit, Befürchtungen und Fehlschlägen. Nachdem er erkannt hatte, welchen Schaden er sich selbst zufügte, nahm er eine gegensätzliche Gemütshaltung ein und bejahte regelmäßig:

Ich habe mich jetzt geistig und emotionell mit Erfolg, Harmonie, Frieden und Überfluß identifiziert, und ich weiß, daß ich von diesem Moment an ein magnetisches Zentrum der Anziehung bin, das die Macht meiner Psyche (Unterbewußtsein) wieder errichtet und das Bejahte zur äußeren Manifestation bringt.

In diese Bejahungen legte er Gefühl, Überzeugung und Bedeutung hinein, jedesmal, wenn er sie anwandte – und das geschah mehrmals am Tag. Wenn Befürchtungen oder Gedanken an Fehlschläge auftauchten, ersetzte er sie auf der Stelle mit den Worten: „Erfolg und Reichtum sind jetzt mein." Wenn negative Gedanken an die Tür seines Bewußtseins hämmerten, dann verjagte er sie mit der Feststellung: „Erfolg und Reichtum sind jetzt mein." Nach einer Weile hatten diese negativen Gedanken jegliche Wirksamkeit eingebüßt und er wurde zu einem gradlinigen Denker, d. h. er wurde ein konstruktiver Denker – ein Mensch, der von Prinzipien und ewigen Wahrheiten ausgehend denkt.

Durch diese Kommunikation mit seiner eigenen Seele, die wir Tele-PSI nennen, wurde ein Wunsch in ihm übermächtig – der Wunsch, Lehrer der mentalen und spirituellen Gesetze zu sein. Heute ist er Geistlicher und lehrt diese Gesetze. Er liebt seinen Beruf und ist von seiner Aufgabe ganz erfüllt. Er ist jetzt ein ganz außergewöhnlicher Erfolg auf allen Ebenen des Lebens. Nachdem er erst einmal in richtiger Weise Kommunikation mit seiner Psyche betrieben hatte, kam die Antwort, die ihm seinen wahren Platz im Leben aufzeigte und ihm zugleich alle Türen öffnete, um seinen Herzenswunsch zu erfüllen.

Wenn Sie das tun, was Sie gern und mit Freude tun, dann sind Sie glücklich und erfolgreich.

Tele-PSI lehrt: Das Gesetz, das Sie bindet, befreit Sie auch

Denken Sie Gutes und Gutes wird sich ereignen; denken Sie Mangel und Mangel wird die Folge sein. Jede Kraft läßt sich auf zweierlei Arten verwenden. Wenn Sie Ihr Gemüt ganz bewußt mit positiven Denkmustern – mit Gedanken an Harmonie, Gesundheit, Frieden, Überfluß und rechtes Handeln angefüllt halten, dann werden Sie das auch ernten, was

Sie gesät haben. Wenn Sie andererseits ständig über Fehlschläge, Mangel, Begrenzung und irgendwelche Befürchtungen nachsinnen, dann werden Sie selbstverständlich die Resultate dieser negativen Denkweise in Kauf nehmen müssen.

Regelmäßige Konzentration auf Gott-gleiche Gedanken werden Wunder bewirken in Ihrem Leben. Es ist der gleiche Wind, der das Boot auf die Klippen wirft oder in den sicheren Hafen trägt.

Ein Schiff fährt ostwärts und ein anderes nach Westen
Es ist der gleiche Wind, der weht
Die gesetzten Segel sind's und nicht die Brise
Die uns sagen, wohin es geht.

Tennyson sagte: „... Mehr Dinge wurden durch Gebet hervorgebracht als diese Welt sich träumen läßt." Gebet ist eine Denkweise; es ist eine konstruktive Geisteshaltung zusammen mit ständigem Gewahrsein, daß alles dem Unterbewußtsein Aufgeprägte sich auf dem Bildschirm des Raumes zeigen wird.

Die Tele-PSI-Begabung eines Jungen rettete das Leben seiner Mutter

Ein kleiner Junge von zehn Jahren, der sich jeden Morgen meine Radiosendung anhört, schrieb mir, daß er jeden Abend vor dem Einschlafen das Gebet anwendet, das ich ihm einige Monate zuvor geschickt hatte:

> Ich schlafe friedlich und erwache freudig. Gott liebt mich und meine Mutter und sorgt für uns. Gott sagt mir alles, was ich wissen muß, zu jeder Zeit und überall.

Dieser Junge hatte zuweilen unter Alpträumen zu leiden. Nachdem er das obige Gebet regelmäßig anwandte, wurde er jedoch sehr bald von diesen negativen Erscheinungen geheilt.

Seine Mutter war in der Küche mit der Zubereitung einer Mahlzeit beschäftigt, als er gerade aus der Schule heimgekommen war. Plötzlich stürmte er in die Küche und schrie laut: „Mami, schnell raus hier! Gleich gibt es eine Explosion!" Seine Mutter sah auf, bemerkte seine aschfahle Miene und sein Zittern, und sie rannten beide ins Freie. Wenige Sekunden später erfolgte eine Gasexplosion in der Küche, offensichtlich hervorgerufen durch ein undichtes Rohr. Dabei wurde ein Teil des Hauses zerstört. Der Junge hatte eine innere Stimme gehört, die ihm den Befehl gab, genau das zu sagen und zu tun, was er dann getan hatte.

Das ist Tele-PSI in Aktion. Jeden Abend hatte dieses Kind bejaht, daß Gott oder unendliche Intelligenz es und seine Mutter beschützt und daß ihm jederzeit alles Nötige gesagt werden würde. Seine ständige Kommunikation mit seiner Psyche brachte die notwendige Antwort hervor, um das Leben seiner Mutter zu retten.

Wie sie durch Tele-PSI die „kleinen Füchse" unwirksam machte

Vor einigen Monaten sprach ich mit einer jungen Frau, die gerade ihre vierte Scheidung hinter sich gebracht hatte. Sie war völlig von den zwei „kleinen Füchsen" beherrscht – Groll und Eifersucht, zwei wirklichen Mentalgiften. Ihre tiefsitzenden Ressentiments ihrem ersten Ehemann gegenüber, dem sie niemals vergeben hatte, bewirkten, daß sie immer wieder einen Mann des gleichen Typs anzog, gemäß dem Gesetz der unbewußten Anziehung.

Sie begann einzusehen, daß Groll eine negative, destruktive Emotion ist, erzeugt allein in ihrem Innern – ein psychischer Schmerz, der den gesamten Organismus in Mitleidenschaft zieht und ein unterbewußtes Muster der Selbstzerstörung schafft. Groll bedeutet Rache an sich selbst.

Der andere „kleine Fuchs" war die Eifersucht – ein Kind der Furcht – zusammen mit tiefsitzenden Unsicherheits- und Minderwertigkeitsgefühlen. Wie so oft schon, war auch hier die Erklärung zugleich die Heilung. Sie wurde sich bewußt, daß man mit aufwallender Eifersucht nichts anderes tut, als den anderen Menschen auf ein Podest zu plazieren und sich gleichzeitig selbst zu erniedrigen. Sie hörte deshalb sofort auf, sich mit anderen zu vergleichen und begann einzusehen, daß sie – wie jeder Mensch auch – einzig in ihrer Art war, daß es niemanden auf der ganzen Welt gab, der ihr genau glich, und daß sie die Befähigung hatte, das Verlangte zu beanspruchen. Ihr Unterbewußtsein – das wußte sie jetzt – würde das wahrmachen, was sie beanspruchte und innerlich als wahr empfand.

Sie bejahte wie folgt:
Ich lasse alle meine Ex-Ehemänner geistig frei und übergebe sie Gott. Jedem von ihnen wünsche ich alle Segnungen des Lebens. Ich weiß, daß ihr Wohlergehen auch mein Wohlergehen – ihr Erfolg auch mein Erfolg ist. Ich bin mir voll bewußt, daß „das Schiff, das zu meinem Bruder heimkehrt, auch zu mir kommt." Ich weiß, daß Liebe und Eifersucht nicht zusammengehen können. Ich beanspruche regelmäßig und systematisch, daß Gottes Liebe meine Seele erfüllt und sein Frieden mein Gemüt überflutet. Ich ziehe jetzt den Mann zu mir heran, der mit mir in jeder Weise harmoniert. Zwischen uns gibt es nur gegenseitige Liebe, Freiheit und Achtung. Ich vergebe mir selbst meine negativen Gedanken. Jedesmal, wenn mir das Gedankenbild eines meiner Ex-Ehemänner ins Bewußtsein kommt, werde ich das alte Image durch ein freundliches, friedvolles ersetzen. Ich werde auch keine Bitterkeit mehr fühlen. Das ist für mich das Zeichen, daß ich vergeben habe. Ich bin in Frieden.

Diese Wahrheiten wiederholte sie mehrmals am Tag und prägte sie damit ihrem Unterbewußtsein auf. Das wiederum resultierte in einer inneren und äußeren Wandlung. Inzwischen ist sie mit einem wundervollen Mann verheiratet und ihre Reise durch das Leben führt sie vorwärts, aufwärts und Gottwärts.

Diese Frau hatte gelernt, daß Groll die Kette ist, mit der Sie sich unweigerlich an die andere Person schmieden. Erst wenn Sie vergeben und den Menschen segnen, der Ihnen vermeintlich geschadet hat, werden Sie frei. Von erfolgreicher Vergebung können wir sprechen, wenn das Mentalbild des anderen bei uns keine negativen Gefühle mehr verursacht, sobald es uns in den Sinn kommt und wir ein Gefühl des Friedens empfinden. Liebe und Wohlwollen treibt sie aus, ... *die kleinen Füchse, die den Weinberg verwüsten*... (Hohelied 2:15).

ZUSAMMENFASSUNG

1. Das Ansinnen, sich in seiner Bedrängnis und Trübsal zu freuen, erscheint auf den ersten Blick paradox. Es besagt jedoch lediglich, daß

Sie sich bewußt sind, daß die innewohnende Gegenwart Sie nicht im Stich lassen wird. Sie wird Ihnen antworten, Sie heilen, alle Tränen fortwischen und Sie auf die königliche Straße zum Glück und Seelenfrieden führen. Eine verlassene Ehefrau gab ihrer Freude Ausdruck, daß Gott etwas Wunderbares für sie bereithielt. Sie hielt an ihrer Vergebung fest und zog damit Positives in ihr Leben. Ihr Ex-Ehemann regelte die finanziellen Angelegenheiten auf das Großzügigste und kurz darauf begegnete sie dem Mann ihrer Träume und ist jetzt glücklich verheiratet. Sie erfreute sich der Güte Gottes im Land der Lebenden und diese Tele-PSI erbrachte ihr sagenhafte Dividenden.

2. Es ist unmöglich, erfolgreich zu sein, so lange man sich nicht mit dem Erfolg identifiziert! Erfolg bedeutet insgesamt erfolgreich leben. Durchtränken Sie Ihr Gemüt mit den Ideen „Erfolg und Wohlstand" und wenn Ihnen Fehlschlagsgedanken oder Befürchtungen in den Sinn kommen, dann ersetzen Sie diese sofort durch Gedanken an Erfolg und Wohlstand. Bald darauf wird Ihr Bewußtsein auf Erfolg und Wohlstand *programmiert* sein. Wenn Sie auf diese Weise mit Ihrer Psyche Kommunikation pflegen, werden Ihre wirklichen Talente und Begabungen freigelegt und der Erfolg erzwungen.

3. Das Gesetz, das Sie bindet, befreit Sie auch. Denken Sie Gutes und Gutes wird sich ereignen; denken Sie negativ und Negatives wird die Folge sein. Wenn Sie Ihrem Unterbewußtsein Ideen des Mangels, der Begrenzung und des Fehlschlags aufgeprägt haben, dann können Sie diese Denkschablone unwirksam machen, indem Sie Ihre Denkgewohnheiten umkehren und Ihr Gemüt mit Gedanken an Erfolg, Wohlstand, Frieden, Harmonie und rechtes Handeln erfüllen. Damit sind die alten Denkmuster gelöscht und Ihr Unterbewußtsein befreit Sie von Ihrer früheren Gebundenheit.

4. Ein kleiner Junge rettete seine Mutter vor einer Gasexplosion in ihrer Küche. Er hatte die Gewohnheit, jeden Abend Tele-PSI zu praktizieren, indem er sich an die Weisheit seines Unterbewußtseins wandte und dieses veranlaßte, über ihn und seine Mutter zu wachen. Sein Unterbewußtsein, dem das defekte Gasrohr in der Küche selbstverständlich bekannt war, machte sich ihm als drängende innere Stimme bemerkbar, so daß er seine Mutter veranlassen konnte, sich auf schnell-

stem Wege in Sicherheit zu bringen. Die Weisheit in Ihrem Innern kennt alles und sieht alles. Auf Verlangen enthüllt sie Ihnen alles erforderliche Wissen. Das und noch mehr kann Ihr Unterbewußtsein für Sie tun.

5. Groll ist die Kette, die Sie festhält. Er ist ein destruktives Mentalgift, das Sie ihrer Vitalität, Begeisterung und Energie beraubt. Eifersucht ist ein Kind der Furcht und basiert auf Gefühlen der Unsicherheit und Minderwertigkeit. Eine Frau, die sich mit diesen zwei „kleinen Füchsen" eingelassen hatte, hatte sich damit vier Ehemänner angezogen, von denen einer schlimmer war als der andere. Ihre unterbewußten Denkmuster von Groll und Eifersucht hatten dem Gesetz der Anziehung gemäß gleichartige Menschentypen angezogen. Nachdem sie alle vier Ex-Ehemänner geistig losgelassen und ihnen Glück und Wohlergehen gewünscht hatte, trat der richtige Ehepartner in ihr Leben und sie fand schließlich ihr Glück. Liebe und Wohlwollen treibt sie aus, ... *die kleinen Füchse, die den Weinberg verwüsten*... (Hohelied 2:15).

KAPITEL 15

Wie Tele-PSI Ihr Leben verändern kann

Der folgende Brief eines Hörers und Lesers meines populärsten Buches „Die Macht Ihres Unterbewußtseins" spricht für sich selbst. Der Verfasser hat mich autorisiert, sein Schreiben zu veröffentlichen, mitsamt Namen und Anschrift:

Los Angeles, Cal.
Sehr geehrter Dr. Murphy,
Vor fünf Jahren hatte ich erstmals Ihre Radiosendungen gehört, die sofort meine Aufmerksamkeit fesselten, weil Sie so kühn, emphatisch und positiv in Ihren Feststellungen waren, von denen viele das genaue Gegenteil dessen darstellten, was man mir in den ganzen fünfzig Jahren meines Lebens eingeredet hatte. Mein Leben war damals ein einziges Chaos – finanziell, spirituell und meine Häuslichkeit betreffend; deshalb meinte ich, nichts verlieren zu können, wenn ich Ihren Lehren eine faire Chance gebe.
So begann ich mit dem Besuch Ihrer Sonntagmorgen-Vorträge im Wilshire Ebell Theater und las Ihr Buch „Die Macht Ihres Unterbewußtseins". Dieses Buch veranlaßte mich zu einer 180-Grad-Drehung der meisten meiner Denkgewohnheiten. So wie sich mein Denken änderte, so änderten sich auch meine Verhältnisse, wie es ja nicht anders sein kann.
Am Anfang fuhr ich ein sehr altes Auto, das ich jedesmal in gebührender Entfernung vom Wilshire Ebell Theater parkte, um einer möglichen Blamage vorzubeugen. Ich hatte auch keinen Beruf – nicht einmal

einen Job – ich wußte nicht einmal, nach welchem Job ich mich umsehen sollte. Meine Familie und ich lebten in einer zu engen Etagenwohnung, mit der Miete war ich im Rückstand. Ich befand mich in einem verängstigten, verzweifelten Gemütszustand und wußte nicht, wie es weitergehen sollte.

Jedenfalls, Dr. Murphy, haben die Dinge sich *wirklich gewandelt*, so sehr, daß ich fast versucht bin, mich zu kneifen, um sicher zu sein, daß alle diese wunderbaren Ereignisse sich auch tatsächlich zutrugen. Ich schulde Ihnen so viel Dank, denn es waren ja Ihre Lehren, die mir den rechten Weg gewiesen haben. Seither habe ich viele Ihrer Bücher gelesen.

Ich besitze jetzt ein eigenes Unternehmen, das mir jeden Tag Freude bereitet, weil es wächst und sich ausdehnt; wir haben ein schönes, komfortables Haus auf einem Hügel, mit herrlichem Ausblick, meine Frau und ich haben jeder ein Auto unserer Wahl mit allen Schikanen. Wir haben viele neue Freundschaften geschlossen; alle unsere Kinder (6) sind glücklich verheiratet und kommen im Geschäftsleben gut voran. Ich weiß überhaupt nicht, was wir uns eigentlich noch wünschen sollten, denn „mein Becher fließt wahrhaftig über".

Ich möchte gern 5.00 Dollar monatlich für Ihr Radioprogramm spenden, damit Sie auch weiterhin „sagen können, wie es ist". Ich danke Ihnen von ganzem Herzen und wünsche Ihnen Gottes reichen Segen.

Alle guten Wünsche
gez. Louis Menold

P.S. Sie können dieses Schreiben ganz oder teilweise verwenden, auf jede Weise, die Ihnen zusagt und auch Namen und Adresse veröffentlichen. Sie lautet:
2688 Banbury Pl., Los Angeles, Cal. 90065.

Wie Tele-PSI für einen Bauunternehmer Wunder bewirkte

Vor ein paar Tagen hatte ich ein sehr interessantes Gespräch mit einem Bauunternehmer, der mir erzählte, daß die meisten seiner Probleme durch Träume gelöst werden konnten – und das seit dreißig Jahren. Jeden Abend vor dem Einschlafen instruierte er sein Unterbewußtsein folgendermaßen:

Heute nacht werde ich träumen. An diesen Traum werde ich mich am Morgen erinnern. Die Lösung wird mir im Traum gegeben und in dem Moment, da die Antwort erfolgt, werde ich aufwachen und mir sofort Notizen machen.

Papier und Bleistift lagen immer neben seinem Bett bereit. Diese Traumtechnik hatte er, wie gesagt, bereits seit vielen Jahren angewandt und dabei ganz erstaunliche Antworten erhalten. Kürzlich benötigte er einen 500 000-Dollar-Kredit, aber sein Antrag war von allen Banken abschlägig beschieden worden. Im Traumzustand erschien ihm daraufhin ein alter Freund, den er seit zwanzig Jahren nicht mehr gesehen hatte. Dieser Freund, ein Bankier, sagte: „Ich werde dir das Geld geben." Er erwachte auf der Stelle und schrieb diese Nachricht auf. Später am Vormittag rief er diesen Freund an und erhielt den gewünschten Kredit ohne die geringste Schwierigkeit.

Bei anderer Gelegenheit löste er einen Konflikt mit seinem Sohn. Hier erschien ihm seine Mutter im Traum und riet ihm, den Jungen gewähren zu lassen und ihn damit von seiner Frustration zu heilen. Sie eröffnete ihm, daß es der Herzenswunsch ihres Enkels sei, Priester zu werden. Bei dem nachfolgenden Gespräch mit seinem Sohn kam er zu der Überzeugung, daß es die beste Lösung sei, diesen Wunsch zu erfüllen und es gab keine weiteren Probleme.

Dieser Bauunternehmer verlangte von seinem Unterbewußtsein, das alles weiß, ihm die richtigen Antworten im Traumzustand zu enthüllen. Da das Unterbewußtsein immer auf Suggestionen anspricht, reagierte es der Natur der jeweiligen Suggestion gemäß. Die Charaktere, die in diesen Traumhandlungen eine Rolle spielten, waren lediglich Dramatisationen seines Unterbewußtseins, das ihm die Antworten auf die wirkungsvollste Weise gab – einer Weise, die seine Aufmerksamkeit fesselte und sein bedingungsloses Vertrauen gewann. Es waren somit seine Träume, die ihm Maßnahmen nahelegten, die sich als höchst erfolgreich bei der Lösung seiner persönlichen Probleme erweisen sollten.

Beginnen Sie jetzt damit, Ihre Probleme zu lösen

Verfahren Sie folgendermaßen: Bevor Sie sich am Abend zur Ruhe begeben, konzentrieren Sie sich auf die Lösung Ihres Problems – gleichgültig, wie verwirrend es auch sein mag. Erwarten Sie – so, wie dieser Bauunternehmer – voller Vertrauen, die richtige Antwort zu träumen. Dann werden Sie sehr schnell feststellen, daß Ihnen für das, was Ihnen als unlösbar erschien, neue Einsichten und Antworten präsentiert werden – in voller Größe, und das entweder im Traumzustand oder unmittelbar beim Erwachen am Morgen.

Wie sie ihre Frustration überwand

Vor kurzem hatte ich ein langes Gespräch mit einer Frau, die erklärte, von ihrer Schwiegermutter „in den Wahnsinn getrieben" zu werden. Diese Redensart wiederholte sie ständig wie eine gesprungene Schallplatte. Ich wies sie darauf hin, daß ihr Unterbewußtsein sie beim Wort nimmt, und diese Überzeugung – sofern sie aufrechterhalten wird – als ihr Verlangen auffaßt und sich an dessen Verwirklichung machen wird, und damit einen recht abnormen Mentalzustand herbeiführt, der bereits eine Art Psychose darstellt.

Meinen Erläuterungen entsprechend, daß ihre Schwiegermutter über keinerlei Macht verfügt, ihren inneren Frieden zu stören, änderte sie ihre Einstellung und bejahte still:

Meine Gedanken und Gefühle wenden sich an die unendliche Gegenwart in meinem Innern. Gott ist mein Führer, mein Berater, mein Wegweiser und die Quelle meiner Versorgung. Gottes Frieden erfüllt meine Seele und in meinem Haus ist göttliche Ordnung vorherrschend. Ich werde niemals wieder einem anderen Menschen irgendwelche Macht zugestehen. Die einzige Macht besitzt der Geist in meinem Innern – Gott.

Bald erreichte sie den „Neutralpunkt" in ihrem Innern und sie war imstande, bei jedem Gedanken an die Schwiegermutter oder wenn diese wieder einmal kritische oder gehässige Bemerkungen von sich gab, sich zu sagen: „Gott ist mein Führer. Gott denkt, spricht und handelt durch mich. Ich befreie dich und lasse dich los."

Nachdem sie diese Technik etwa eine Woche lang praktiziert hatte, packte ihre Schwiegermutter ganz einfach ihre Koffer und verschwand mit unbekanntem Ziel.

Diese Frau löste ihr Problem in ihrem eigenen Gemüt, nachdem sie erkannt hatte, daß die Schwiegermutter nicht die eigentliche Ursache ihrer Verstimmung war. Daraus folgt eine wichtige Lektion für uns alle: Gestehen Sie niemals – unter keinen Umständen – anderen Menschen, Zuständen oder Verhältnissen irgend eine Macht zu. Geben wir statt dessen all unsere Loyalität, Treue und Verehrung der einen schöpferischen Kraft in unserem Innern: dem lebendigen allmächtigen Geist.

Nichts kann Sie verletzen – lernen Sie, das zu begreifen

Kürzlich sprach ich mit einem Kongreßabgeordneten, der mir erzählte, daß über ihn schon die schlimmsten Lügen verbreitet wurden, daß er zum Buhmann gestempelt und bereits mehrmals aller möglichen Vergehen beschuldigt worden sei, daß er jedoch gelernt habe, sich nicht davon beeindrucken zu lassen. Er hatte erkannt: Nicht die Handlungen und das Gerede anderer sind es, die zählen, sondern einzig und allein seine Reaktion darauf. In anderen Worten: Die Ursache eventuell verletzter Gefühle liegt immer in seinen Gedankenbewegungen; deshalb hatte er es sich zur Gewohnheit gemacht, sich sofort mit der göttlichen Gegenwart in seinem Innern zu identifizieren, mit Bejahungen wie: „Der Friede Gottes durchströmt mein Herz und Gemüt. Gott liebt mich und sorgt für mich."

Ungerechtfertigte Kritik und Verurteilung überwindet er seit langem durch diese Identifikation mit dem Gott-Selbst in seinem Innern. Diese Haltung ist ihm bereits zur Gewohnheit geworden und damit machte er sich immun gegen die zuweilen auf ihn abgeschossenen verbalen Giftpfeile.

Tele-PSI bewältigte eine hoffnungslose Situation

Nach einem meiner sonntäglichen Vorträge im Wilshire Ebell Theatre bat mich einmal ein Mann, mich kurz sprechen zu dürfen. Was an diesem Mann so faszinierte, war so eine Art stilles Leuchten, das von ihm auszugehen schien. Seine Augen strahlten mit einem verinnerlichten Glanz. Dabei hätte das, was er mir zu erzählen hatte, kaum schlimmer sein können: Nur wenige Wochen zuvor waren seine beiden Söhne im Vietnamkrieg gefallen, seine Frau an Gehirnkrebs gestorben und seine Tochter an einer Überdosis LSD zugrunde gegangen. Die Mitarbeiter in seinem Ladengeschäft hatten ihn während der langen Krankheit seiner Frau dermaßen bestohlen, daß er in Konkurs gehen mußte.

Das alles waren harte Schicksalsschläge, die einen Menschen schon zugrunde richten konnten. Wie er mir sagte, sei er auch eine geraume Zeitlang wie betäubt herumgelaufen. Schließlich gab ihm seine treue Sekretärin mein Buch *Das Wunder Ihres Geistes*, das er begierig las, besonders das Kapitel, das sich mit dem Tod geliebter Menschen befaßt »Jedes Ende ist ein Anfang". Es eröffnete ihm neue Horizonte und einen neuen Einblick in das Leben. Sein Betäubungszustand verflüchtigte sich zusehends und er verspürte ein wunderbares Gefühl inneren Friedens; die Last war von ihm genommen und er fühlte eine Art Erleuchtung.

Nach meinem Vortrag mit dem Thema „Erwarte das Beste im Leben" machte er seiner Sekretärin einen Heiratsantrag, der angenommen wurde. Eine Woche später vollzog ich die Trauung.

Dieser Mann hatte seinen Weg ins Leben zurückgefunden – in ein neues bereicherndes Leben. Er ist jetzt mit einem speziellen Regierungsauftrag betraut und hat ein schönes Einkommen.

Wie Sie sehen, ist keine Situation wirklich hoffnungslos, wenn Sie mit dem Unendlichen in Ihrem Innern Kontakt haben.

Wie er die Worttherapie praktizierte

Dr. Dan Custer, der viele Jahre lang in San Francisco an der Science of Mind Church lehrte – ein alter Freund von mir – praktizierte mit Erfolg etwas, das er als „Therapie der Worte" bezeichnete. Wenn er sich beispielsweise angespannt fühlte, dann wiederholte er still das Wort „Frieden" immer wieder. Wenn ihn Besorgnis über irgend etwas ankam, bejahte er still „Unbezwinglichkeit" und wenn sich akute Probleme präsentierten, dann sagte er „Sieg", mehrmals und mit Gefühl.

Diese Therapie der Worte, wie Dr. Custer es nannte, hatte eine geradezu magische Wirkung in seinem Leben. Durch ständige Repetition der Worte rührte er die latenten Kräfte seines Unterbewußtseins auf, und diese Kräfte wurden zu aktiven und machtvollen Faktoren in seinem Leben.

ZUSAMMENFASSUNG

1. Ein Mann, der fünfzig Jahre lang negativ gedacht hatte, las *Die Macht Ihres Unterbewußtseins* und verwandelte ein bis dahin chaotisches Leben in ein friedvolles und glückliches. In allen Bereichen seines Lebens erfuhr er eine Veränderung zum Guten, durch Anwendung der darin aufgeführten Prinzipien.
2. Sie können Ihr Unterbewußtsein unmittelbar vor dem Einschlafen auf folgende Weise instruieren: „Ich werde heute nacht träumen. An diesen Traum werde ich mich dann am Morgen erinnern; die gesuchte Lösung wird mir im Traum gegeben. In dem Augenblick wo die Antwort erscheint, werde ich aufwachen und sie notieren." Halten Sie zu diesem Zweck Papier und Bleistift bereit. Ihr Unterbewußtsein reagiert auf jede Suggestion, deshalb werden Sie erstaunt sein über die Antworten, die Sie erhalten. Praktizieren Sie das – wissend, fühlend und mit Verständnis – und Sie werden definitive Resultate erzielen.
3. Konzentrieren Sie sich auf die Lösung eines jeden Problems – auch des schwierigsten und verworrensten – unmittelbar vor dem Einschlafen. Die Weisheit Ihres Unterbewußtseins wird dann während Ihres Schlafes an der Lösung arbeiten und Ihnen die Antwort präsentieren.
4. Jede Ihrer Bejahungen wird von Ihrem Unterbewußtsein für bare Münze genommen, und das ausnahmslos! Kein anderer Mensch besitzt

die Macht, Sie aus der Fassung zu bringen, wenn Sie es nicht zulassen! Ganz gleich, wo Sie sich befinden – Ihr Denken kann mit dem Gott in Ihrem Innern sein. Der andere Mensch ist niemals der Verursacher – die Ursache liegt in Ihrem Gemüt und Denken. Stimmen Sie sich ein auf das Unendliche und denken, reden und handeln Sie Gottgleich. Dann erleben Sie den glücklichen Ausgang.

5. Nicht das Gerede oder die Handlungen anderer Menschen sind es, die Sie aufregen, sondern nur Ihre Reaktion darauf. Die aber bestimmen Sie ganz allein! Immunisieren Sie sich, indem Sie die Gottesgegenwart in sich kontemplieren. Machen Sie sich das zur Gewohnheit und Sie entwickeln damit spirituelle Antikörper zu den negativen Gedanken und Äußerungen anderer.

6. Keine Situation ist wirklich hoffnungslos. Wenn ein geliebter Mensch von Ihnen gegangen ist, sollten Sie sich bewußt machen, daß jedes Ende ein neuer Anfang ist und sich über seinen neuen Geburtstag in Gott freuen. Der „Verstorbene" wirkt jetzt in der vierten Dimension des Lebens und verfügt über einen neuen Körper. Er hat einen Anspruch auf Ihre Liebe, Ihre Gebete und Ihre Segnungen auf seiner Reise, die kein Ende kennt. Ein Mann las das Kapitel „Jedes Ende ist ein Anfang" aus *Das Wunder Ihres Geistes*. Damit veränderte sich sein ganzes Leben.

7. Sie können die Therapie der Worte praktizieren. Wenn Sie sich ängstigen, bejahen Sie „Unbezwinglichkeit"; bei Verwirrung „Frieden"; wenn Probleme auftauchen „Sieg"; bei Anspannungen „Gelassenheit". Durch Repetition dieser Worte aktivieren Sie die latenten Kräfte Ihres Unterbewußtseins und lassen in Ihrem Leben Wunder geschehen.

KAPITEL 16

Wie Tele-PSI Ihnen ein neues Selbst-Image verschafft

Auf Verlangen eines Ehepaares flog ich vor einigen Monaten nach Reno. Nach zwanzigjähriger Ehe trug man sich mit Scheidungsabsichten. Bereits bei unserem ersten Gespräch konnte ich feststellen, daß die Frau die Angewohnheit hatte, ihren Mann ständig herabzusetzen. Sie gab sogar freimütig zu, daß es zu ihren Gepflogenheiten gehörte, ihn in aller Öffentlichkeit – in Restaurants oder bei geselligen Zusammenkünften – anzuschreien und ihm dabei alle möglichen Obszönitäten an den Kopf zu werfen. Er beklagte sich, daß sie ihn permanent der Untreue verdächtigte – Vorwürfe, die völlig aus der Luft gegriffen waren.

Ein unerträglicher Fall ständiger Temperamentsausbrüche

Neben diesen unkontrollierten Temperamentsausbrüchen litt sie unter krankhafter Eifersucht und war zudem ausgesprochen starrsinnig. Sie vermochte nicht einzusehen, daß sie die alleinige Schuld an diesem ehelichen Konflikt trug. Der Mann wiederum war übertrieben passiv und ihren Launen und tyrannischen Ausbrüchen hilflos ausgeliefert. Selbstverständlich liegt jetzt die Schlußfolgerung nahe, daß ein Mann, der sich dieses Benehmen widerspruchslos gefallen läßt, ebenfalls einen Teil der Schuld für das Scheitern der Ehe trägt.

Wie sich herausstellte, stammte sie aus einem Elternhaus, in welchem die Mutter der dominierende Teil war. Diese Mutter pflegte den Vater herumzukommandieren und zudem schamlos zu betrügen. Sie erklärte mir: „Meine Mutter besaß keine Moral. Sie war grausam und schlampig. Mein Vater wiederum war ein Narr, gutgläubig, dem Treiben meiner Mutter gegenüber völlig blind und ihr vollkommen hörig."

Ich erklärte ihr die tiefere Ursache ihres Verhaltens. Zunächst einmal hatte sie als Kind keine wirkliche Liebe und Zuneigung erfahren. Höchstwahrscheinlich war ihre Mutter auf sie eifersüchtig und gab ihr bewußt ein Minderwertigkeitsgefühl und die Überzeugung, unerwünscht zu sein. Konsequenterweise hatte sie sich in den folgenden zwanzig Jahren einen Schutzwall gegen erneute Verletzungen aufgebaut. Ihre Eifersucht leitete sich – wie in jedem anderen Fall auch – aus einem Furchtgefühl her, aus Unsicherheit und Minderwertigkeitsgefühlen. Ich machte ihr klar, daß ihr grundlegendes Problem ihre Weigerung war, Liebe und Wohlwollen zu geben.

Die Wirkungen eines frustrierten Temperaments

Der Ehemann hatte seither Magengeschwüre und hohen Blutdruck entwickelt, als Auswirkung unterdrückter Zorngefühle und tiefsitzender Ressentiments. Er war jedoch ein derartiger Pantoffelheld, daß er nie ein Wort sagte und die unerträglichen Zustände zwanzig Jahre lang widerspruchslos hingenommen hatte.

Beide sahen sich nun veranlaßt, nach Innen zu schauen. Dabei erkannte die Ehefrau plötzlich, daß sie unbewußt einen Mann geheiratet hatte, der es sich gefallen ließ, manipuliert, angefahren und beschimpft zu werden. Es wurde ihr klar, daß sie nach wie vor keine wirkliche Zuneigung erfuhr. Ihre Herrschsucht und übertriebene Eifersucht ihrem Mann gegenüber war in Wirklichkeit ein Sehnen nach der Liebe, die sie in ihrer Kindheit nie erfahren hatte; darüber hinaus wurde ihr bewußt, daß sie ein Vater-Image geheiratet hatte.

Er andererseits meinte: „Ich habe den Punkt erreicht, der mich nichts mehr ertragen läßt. Mein Arzt hatte gesagt: ‚Bloß weg von dieser Frau.' Ihre unentwegten Nörgeleien machen mich krank und das Leben unerträglich."

Dessen ungeachtet erklärten sie sich bereit, einen ehrlichen Versuch zu einer wirklich guten Ehe zu machen. Für sie bestand der erste Schritt in restlosem Aufgeben aller ihrer Gewohnheiten, die geeignet waren, ihren Ehemann zu verletzen und zu demütigen. Er wiederum erklärte sich bereit, auf seinen Rechten als Mensch und Ehemann zu bestehen und sich nicht länger als Pantoffelheld zu gebärden.

Die Spiegel-Behandlung

Beiden gab ich eine Verfahrensweise, die weithin als die einfachste aller Gebetstechniken bekannt ist: Die „Spiegel-Behandlung". Die Ehefrau erklärte sich einverstanden, dreimal täglich vor einem Spiegel die folgende mutige Bejahung zu machen:
Ich bin ein Kind Gottes. Gott liebt mich und sorgt für mich. Ich strahle Liebe aus – Liebe, Frieden und Wohlwollen auf meinen Mann und seine Angehörigen. Jedesmal, wenn ich an meinen Mann denke, bejahe ich: „Ich liebe dich und sorge für dich." Ich fühle mich glücklich, froh, liebevoll, freundlich und harmonisch und ich strahle von Tag zu Tag mehr Gottesliebe aus.
Sie lernte diese Bejahung auswendig, stellte sich vor ihren Spiegel und verfuhr genau nach meinen Anweisungen. Sie wußte jetzt: Ihr Gemüt ist mit einem Spiegel vergleichbar – es reflektiert das, was sie ihm vorhält. Ausdauer und Zähigkeit machten sich schließlich bezahlt. Nach Ablauf von zwei Monaten besuchte sie mich in Beverly Hills und ich erblickte eine völlig veränderte Frau – charmant, liebenswürdig, freundlich und sprühend vor neuer Lebensfreude.
Das spirituelle Rezept für den Ehemann war ähnlich. Er sollte zweimal täglich vor dem Spiegel jeweils fünf Minuten lang das Folgende bejahen:
Du bist stark, mächtig, liebevoll, harmonisch, erleuchtet und inspiriert. Du bist ein gewaltiger Erfolg, glücklich und wohlhabend. Du liebst deine Frau und sie liebt dich. Jedesmal, wenn du an sie denkst, sagst du: „Ich liebe dich und sorge für dich." Wo Mißklang war, herrscht jetzt Harmonie, wo es Schmerz gab, ist Frieden, und Haß wurde durch Liebe überwunden.
Diese Bejahung brachte auch ihm die Heilung. Obgleich er sein Vorge-

hen anfangs für glatte Heuchelei hielt, vermochte er doch einzusehen, daß diese Wahrheiten durch ständige Repetition von seinem Unterbewußtsein aufgenommen würden. Dieses wiederum hatte keine andere Wahl, als das ihm Aufgeprägte zu verwirklichen. Das ist das Gesetz des Gemüts.

Wie ein neues Selbst-Image erlangt werden konnte

Kürzlich sprach ich mit einem jungen Ausreißer, der mir von seiner Tante gebracht worden war. Bei der Erörterung seines Problems wurde offenkundig, daß er sich mit dem Image einer herrschsüchtigen Mutter herumschlug, bei der er weder Liebe noch Verständnis gefunden hatte. Soweit er sich zurückerinnern konnte, hatte sie ihn nur mit Prügel und Kritik erzogen.

Im Alter von 18 Jahren hatte dieser Junge ziemliche Schwierigkeiten mit Mädchen – nicht nur das, er konnte eigentlich mit niemandem so recht auskommen. Seine Tante hatte ihn bei sich aufgenommen, in ein Heim, das von Liebe und Harmonie erfüllt war. Er konnte jedoch seine Neid- und Eifersuchtsgefühle seinen Vettern und Kusinen gegenüber nicht unterdrücken. Er nahm ihnen übel, daß sie so liebevolle Eltern hatten.

Ich erklärte ihm, daß seine gegenwärtige Einstellung lediglich eine Art Verteidigungsmechanismus sei, der ihn veranlaßte, auch Menschen abzulehnen, die nett und freundlich zu ihm waren. Das alles sei auf die traumatischen Erfahrungen in seiner Kindheit zurückzuführen. Sein Vater hatte seine Mutter verlassen, als er ein Jahr alt war. Dadurch hatte er schreckliche Haßgefühle auf diesen Vater entwickelt, der sich nie um ihn und seine Mutter gekümmert hatte.

Dieser junge Mann begann nun zu begreifen, daß seine Mutter zweifellos sich selbst am meisten haßte, denn man muß sich zunächst einmal selbst hassen, bevor man jemand anderen hassen kann. Sie hatte ihren ganzen Haß auf ihren Ex-Ehemann gerichtet, auf ihren Sohn und alle, die ihr nahestanden.

Die Heilung für den Jungen war recht einfach. Ich erklärte ihm, alles, was er zu tun hätte, sei sein Image von seiner Mutter zu ändern. Als wir miteinander die Gesetze des Gemüts diskutierten, begriff er mit einem Mal, daß das Image, das er von seiner Mutter hatte, zugleich das Image von sich selbst ist, denn jeder im Gemüt festgehaltene Eindruck wird von seinem Unterbewußtsein verarbeitet und im persönlichen Bereich zum Vorschein gebracht.

Auch diese Bejahungstechnik war recht einfach: Vor seinem geistigen Auge sah er seine Mutter glücklich, froh, friedlich und liebevoll. In seiner schöpferischen Imagination sah er, wie sie lächelte, strahlte, ihn umarmte und zu ihm sagte: „Ich liebe dich. Ich bin so froh, daß du zurückgekommen bist."

Nach einem Zeitraum von sechs Wochen hörte ich wieder von diesem jungen Mann. Er ist wieder zu Hause bei seiner Mutter und hat eine wunderbare Position bei einer Elektronikfirma. Das haßerfüllte, destruktive Image von seiner Mutter hatte er ablegen können und zugleich ein neues Selbst-Image erworben, das sein Leben entscheidend veränderte. Göttliche Liebe erfüllte sein Herz und die Liebe löst alles ihr nicht Gemäße völlig auf. Liebe befreit, sie gibt; sie ist der Geist Gottes in Aktion.

Was die Liebe einer Frau vermochte

Im August 1969 erschien im *Fate Magazine* der folgende Artikel:
Im Frühjahr 1968 vollbrachte eine junge Frau eine ganz erstaunliche Leistung, um das Leben ihres Vaters zu retten. Janet K. Stone, 20 Jahre alt, Größe 1,65, Gewicht 58 Kilo ist die Tochter von Robert H. Stone aus Covina, Kalifornien. Mr. Stone war mit Reparaturarbeiten an der Unterseite seines Wagens beschäftigt, als der Wagenheber plötzlich ausrutschte und das Auto mit seinem ganzen Gewicht auf ihn fiel. Janet hörte seine Schreie und fand ihn unter dem Wagen hilflos eingeklemmt. Mit schier unglaublicher Kraftanstrengung hob Janet das 750 Kilo schwere Auto an, befreite ihren Vater, trug ihn zu ihrem Wagen und fuhr ihn in das Hospital.

Die Liebe der Tochter für ihren Vater, zusammen mit dem alles beherrschenden Wunsch, sein Leben um jeden Preis zu retten, veranlaßte die Macht des Allmächtigen in den Zentralpunkt ihrer Aufmerksamkeit zu strömen. Das befähigte sie zu diesem herkulischen Kraftakt, der das Leben ihres Vaters rettete. Denken Sie daran: Alle Kraft des Unendlichen ist in Ihnen und befähigt Sie zu außergewöhnlichen Leistungen in allen Bereichen des Lebens.

Er verliebte sich in ein neues Selbst-Image

In einem der Casinos von Las Vegas unterhielt ich mich einmal mit einem bekannten Sänger, der dort gerade ein Gastspiel gab. Er erzählte mir, daß er einige Jahre als Kellner gearbeitet habe, aber von jeher ein intensives Bedürfnis zu singen verspürt hatte. Viele seiner Freunde, die ihn gehört hatten, waren übereinstimmend der Ansicht, daß er das Zeug zu einem außergewöhnlichen Sänger habe.

Eines Tages bekam er von einem Gast mein Buch *Die Macht Ihres Unterbewußtseins* geschenkt, das er mit wachsender Begeisterung las. Wie er mir sagte, praktizierte er allabendlich eine der in diesem Buch dargelegten Techniken. Er setzte sich jeweils etwa zehn Minuten lang hin und stellte sich lebhaft vor, wie er auf der Bühne stand und vor einem begeisterten Publikum sang. Diese mentale schöpferische Imagination gestaltete er so realistisch – so greifbar wie er nur konnte. Er sah und fühlte das Publikum applaudieren und hörte, wie seine Freunde ihn zu dieser großartigen Stimme beglückwünschten. Er sah sie lächeln und spürte ihren imaginären Händedruck.

Nach Ablauf von etwa drei Wochen kam die Gelegenheit und eine neue Tür des Selbstausdrucks öffnete sich für ihn. Er erlebte alles das auf der objektiven Ebene, was er subjektiv so unentwegt imaginiert hatte. Liebe ist eine emotionale Bindung, deshalb reagierte sein Unterbewußtsein von dem Augenblick an, da er begann, sich mit einem größeren Image von sich zu identifizieren. Sein mit Inbrunst wachgehaltener Herzenswunsch hatte sich erfüllt.

Die heilende Macht der Liebe

Vor zwei Jahren besuchte ich einen Geschäftsmann, der mit einer sehr schmerzhaften Gürtelrose in einer Klinik lag. Außerdem hatte er einen Herzinfarkt gehabt. Das Zusammentreffen unglücklicher Umstände hatte zu seinem Zusammenbruch geführt – finanziell und körperlich. Infolge verschiedener Fehlinvestitionen hatte er seine gesamten Ersparnisse verloren. Und obendrein litt er unter einer geradezu manischen Todesfurcht.

Zunächst appelierte ich an seine Vatergefühle; er hatte eine fünfzehnjährige Tochter, sein einziges Kind. Ich hob hervor, daß sie auf seine Liebe und Fürsorge ein Anrecht hat. Sie war noch auf seinen Schutz angewiesen, sie brauchte eine gute Schulbildung, um ihren richtigen Platz im Leben finden zu können. Außerdem wies ich ihn auf folgendes hin: Da man immerhin davon ausgehen kann, daß er seine Tochter sehr liebt und gleichzeitig noch die Mutterstelle einnehmen muß (seine Frau war bei der Geburt des Kindes gestorben), sollte er nun auch alles daransetzen, daß seine Tochter in den Genuß aller Möglichkeiten kommt, die ihr nur liebevolle Eltern bereiten können.

Ich gab ihm eine einfache Visualisationstechnik: Er sollte sich bereits daheim sehen, in seiner gewohnten Umgebung. Dies sollte er sich so wirklichkeitsnah wie nur irgend möglich vorstellen. Er sollte im Haus umhergehen, an seinem Schreibtisch sitzen, Anrufe entgegennehmen, und auch die Natürlichkeit und Greifbarkeit der Umarmung seiner Tochter fühlen.

Dann gab ich ihm ein Gebet, das er mit Gefühl und Verständnis mehrmals täglich wiederholen sollte: „Vater, ich danke dir für die wunderbare Heilung, die sich jetzt vollzieht. Gott liebt mich und sorgt für mich." An diese Instruktionen hielt er sich voller Vertrauen einige Wochen lang. Dann geschah etwas Wunderbares. Er sagte: „Plötzlich fühlte ich mich aus der Dunkelheit herausgehoben in ein blendendes Licht. Ich fühlte, wie göttliche Liebe meine Seele erfüllte. Aus meinem Elend heraus fühlte ich mich ins Paradies versetzt."

Kurz darauf erfuhr er eine bemerkenswerte Heilung und ist jetzt froh und glücklich und ein erfolgreicher Geschäftsmann. Seine Verluste hatte er wieder eingebracht und darüber hinaus gute Gewinne erzielen können. Seine Tochter besucht jetzt ein College.

Es ist immer von großem Nutzen, bei einem kranken Menschen an die ihn beherrschende Liebe zu appelieren, denn Liebe besiegt alles.

ZUSAMMENFASSUNG

1. Ein einfersüchtiger Mensch ist in Wirklichkeit krank. Er leidet unter starken Unsicherheits-, Furcht- und Minderwertigkeitsgefühlen. Abnorme Eifersuchtsgefühle sind oftmals auf Mangel an Liebe und Zuneigung seitens der Eltern zurückzuführen.
2. Ein Ehepaar begehrte nach zwanzigjähriger Ehe die Scheidung. Eine Analyse der Zusammenhänge ergab folgendes Bild: Der Ehemann litt unter hohem Blutdruck und Magengeschwüren aufgrund tiefsitzender unterdrückter Zorngefühle und Ressentiments. Die Frau wiederum – und das war das grundlegende Problem mit ihr – konnte sich nicht bereitfinden, Liebe und guten Willen zu geben. Der Ehemann ließ sich widerspruchslos herumkommandieren und machte sich damit zum Gespött. Dennoch stimmten beide einem neuen Versuch zu. Der erste Schritt für die Frau bestand im völligen Aufgeben aller Gewohnheiten, die geeignet waren, ihren Mann zu demütigen und in seiner Menschenwürde herabzusetzen. Er seinerseits war einverstanden, sich nunmehr zusammenzunehmen und aufzuhören, sich zum Spielball ihrer Launen und Anfälle zu machen. Jeder von ihnen praktizierte die „Spiegelbehandlung" – eine Methode, vor dem Spiegel zu bejahen: „Ich bin glücklich, froh, liebevoll, harmonisch und freundlich. Ich bringe täglich Gottes Liebe zum Ausdruck – mit jedem Tag mehr." Beide hatten begriffen, daß man zu dem wird, was man dem „Ich bin" hinzufügt. Jedesmal, wenn ihnen der Ehepartner in den Sinn kam, bejahte jeder von ihnen: „Ich liebe dich und sorge für dich." Mit diesen ewigen Wahrheiten wurde ihr Unterbewußtsein schließlich gesättigt und die Veränderung zum Guten trat ein.
3. Ein Junge lief seiner herrschsüchtigen Mutter davon und hatte große

Schwierigkeiten im Umgang mit anderen Menschen. Alles das war auf traumatische Erfahrungen in frühester Kindheit zurückzuführen. Die Heilung war einfach: Er brauchte nur das große Gesetz der Substitution zu praktizieren . Er verbildlichte sich seine Mutter als glücklich, froh, friedlich und liebevoll. Er sah sie lächeln, strahlen und spürte ihre Umarmung. Dann hörte er sie sagen: „Ich liebe dich und ich bin glücklich, daß du zurückgekommen bist." Als sein Unterbewußtsein von diesen neuen Vorstellungsbildern durchtränkt war, kehrte er zu seiner Mutter zurück, und es gab eine frohe Wiedervereinigung. Die Liebe treibt alles aus, was nicht ihrem Wesen gemäß ist.

4. Ein junges Mädchen, Größe 1,65, Gewicht 58 Kilo, hob ein 750 Kilo schweres Auto, um ihren Vater zu befreien und ihm damit das Leben zu retten. Der Gedanke, das Leben ihres Vaters um jeden Preis zu retten, hatte von ihrem ganzen Sein Besitz ergriffen, und die Macht des Unendlichen reagierte entsprechend. Liebe bewirkt Wunder.

5. Ein Kellner in Las Vegas hatte *Die Macht Ihres Unterbewußtseins* gelesen und damit sein ganzes Leben verändert. Er besaß ein überdurchschnittliches Gesangstalent, sah jedoch keine Möglichkeit, dieser außergewöhnlichen Begabung Ausdruck zu geben. Schließlich stellte er sich regelmäßig und systematisch vor, auf der Bühne zu stehen und vor einem begeisterten Publikum zu singen. Er sah und hörte auch, wie seine Freunde ihn beglückwünschten. Er wußte, daß alles, was er in seinem Gemüt dramatisierte und als wahr empfand, von seinem Unterbewußtsein verwirklicht würde. Nach Ablauf von drei Wochen öffneten sich ihm neue Türen und heute ist er ein sehr erfolgreicher Sänger. Er hatte sich in das größere, erfolgreichere Image von sich verliebt.

6. Ein Geschäftsmann war gesundheitlich und finanziell völlig am Ende. Als ich an seine Vatergefühle – seine Liebe zu seiner Tochter – appellierte, rief das einen intensiven Wunsch, für sie weiterzuleben, hervor. Damit konnte er auch seine geradezu manische Todesfurcht überwinden. Nunmehr wandte er die Technik der schöpferischen Imagination an. Er sah sich wieder zu Hause, umarmte seine Tochter und sah die Liebe in ihren Augen. Er fühlte sich wie gewohnt an seinem Schreibtisch sitzen und alle die Dinge tun, die er immer zu Hause getan hatte. Dabei fühlte er die Gegenwartsnähe und Greifbarkeit der ganzen

Szene. Sein ständiges Gebet war: „Vater, ich danke dir für die wunderbare Heilung, die sich jetzt vollzieht. Gott liebt mich und sorgt für mich." Er erfuhr eine wunderbare Heilung und konnte auch seine geschäftlichen Verluste wieder wettmachen. Seine Tochter besucht jetzt das College. Gott ist Liebe und Liebe besiegt alles.

KAPITEL 17

Wie Tele-PSI Ihr Unterbewußtsein einschaltet und Sie mit neuer Kraft ausgestattet werden

Sie sind imstande, wunderbare schöpferische Ideen und Inspirationen zu empfangen, wenn Sie mit den bewußten und unbewußten Aspekten Ihres Gemüts vertraut sind. Ihr wachbewußter Verstand – zuweilen auch objektives Gemüt genannt – ist der abwägende, analytische Teil Ihres Gemüts. Im Schlafzustand sind Ihr Wach- und Unterbewußtsein schöpferisch miteinander verbunden. Letzteres übernimmt dabei das Kommando über alle lebenswichtigen Vorgänge in Ihrem Körper. Ihr Unterbewußtsein wiederum ist eins mit dem universellen subjektiven Gemüt, und hat damit Zugang zu aller Weisheit und Macht.

Sie können lernen, mit diesem universellen Gemüt in Kontakt zu kommen und aus ihm schöpferische Ideen und Inspirationen für alle Lebensbereiche zu ziehen.

Wie Sie die telepsychischen Energien Ihres Unterbewußtseins erschließen können

Ihr Unterbewußtsein unterhält einen ständigen Kontakt mit dem universellen Unbewußten. Dieser Kontakt erfährt niemals eine Unterbrechung – er besteht 24 Stunden am Tag. Zu jeder Zeit strömen schöpferische Ideen aus den Tiefen Ihres Unbewußten in Ihr Gemüt.

Ich schreibe dieses Kapitel im Castaways Hotel in Las Vegas, einer zauberhaften polynesischen Touristenattraktion. Hier führte ich auch lange Gespräche mit meinem alten Freund Dr. David Howe, Geistlicher der Religous Science in Las Vegas.

Seine erfolgreiche Bejahungstechnik besteht darin, sein Gemüt durch die stille Repetition eines Psalms zur Ruhe zu bringen um dann in passivem, empfänglichen Gemütszustand um schöpferische Ideen zu bitten, die ihm den nächsten Schritt für seine spirituelle Entwicklung enthüllen. Ganz wundervolle Ideen waren es, die ihm so in den Sinn gekommen sind. Sie befähigten ihn, auf wirksamere Weise zu dienen. Seine Kirche, deren Gebäude einen Wert von mehr als einer halben Million Dollar repräsentiert, konnte um viele nützliche Anlagen bereichert werden.

Kürzlich ersuchte er sein tieferes Bewußtsein, ihm bei der Planung des idealen Urlaubs zu helfen. Kurz darauf betrat ein Ehepaar sein Büro und überreichte ihm fertig ausgestellte Tickets für eine mehrwöchige Kreuzfahrt in der ersten Klasse eines Luxusschiffes. Das war nur eins der vielen Geschenke, die er und seine Mitarbeiter im Lauf der Zeit erhalten haben – sie haben sich die Weisheit ihres Unterbewußtseins zunutze gemacht.

Tele-PSI und „Wie werde ich morgen spielen?"

Ich führte in den letzten paar Tagen mit vielen Gästen des Castaways Hotel Unterhaltungen, die bislang bemerkenswerteste jedoch hatte ich mit einem Mann aus Dublin, Georgia, den wir Max nennen wollen.

Wir sprachen über die Kräfte des Unterbewußtseins und er erzählte mir, daß er einmal im Jahr auf ein paar Wochen nach Las Vegas komme, um, wie er es nannte, „die Nummern" am Roulettetisch zu spielen. Seine Technik, das Unterbewußtsein anzuzapfen: Er liegt mit geschlossenen Augen da und begibt sich in einen schläfrigen Zustand. In diesem Dämmerzustand spricht er sein Unterbewußtsein folgendermaßen an: „Enthülle mir die Nummern, die ich morgen spielen soll."

Mit dieser Methode hat er, wie er mir sagte, einen geradezu erstaunlichen Erfolg. Selbstverständlich behält er sein Geheimnis streng für sich; er notiert sich in aller Ruhe die Zahlen, die ihm im Schlaf offenbart werden. Sein Unterbewußtsein weckt ihn stets zur rechten Zeit auf, so daß er sich an alle Zahlen erinnern kann. Letzte Woche gewann er 50 000 Dollar in einem der größten Kasinos hier. Jetzt will er mit seiner Familie eine Weltreise unternehmen.

Sie fragte: „Soll ich die Position akzeptieren?"

Einen Tag in dieser Woche hier in Nevada, habe ich für Unterredungen mit ratsuchenden Menschen freigehalten. Gestern hatte ich den Besuch einer jungen Lehrerin, die sich nicht schlüssig war, ob sie die ihr angebotene Position in einem Mädchen-College im Osten der Vereinigten Staaten akzeptieren sollte oder nicht. Ich empfahl ihr, vor dem Einschlafen ihr Unterbewußtsein vertrauensvoll anzuweisen: „Enthülle mir die Antwort, die angebotene Position betreffend. Ich sage Dank für die Antwort."

Die Antwort kam bereits am nächsten Morgen – förmlich als ein Gedankenblitz. Eine innere Stimme sagte: „Nein." Sie sagte mir: „Ich verspüre jetzt ein herrliches Gefühl inneren Friedens. Ich werde da bleiben, wo ich bin." Die Antwort kam aus der Weisheit ihres Unterbewußtseins, das alles weiß und alles sieht. Wenn die richtige Antwort erscheint, verspüren Sie jedesmal ein Gefühl tiefen Friedens.

Tele-PSI und „Fragen und Antworten"

Ihr Unterbewußtsein antwortet Ihnen auf jede Frage – ausnahmslos –; Sie müssen jedoch furchtlos und ohne den geringsten Zweifel fragen, mit dem sicheren Gefühl, daß Ihnen die Antwort zuteil wird, in göttlicher Ordnung, durch göttliche Liebe. Auch in Ihren wachen Stunden können Sie selbstverständlich Antworten erhalten. Vielleicht sind Sie ein Geschäftsmann, der einen Ausweg aus einer verworrenen Situation sucht; vielleicht eine Hausfrau, die Geldmittel für eine Hypothekenzahlung benötigt; oder Sie sind vielleicht ein Ingenieur, der ein akutes Problem zu lösen hat. Denken Sie daran: Ihr Unterbewußtsein kennt die Antwort.

Eine Tages-Technik

Viele Geschäftsleute, Wissenschaftler und Berufstätige aller Art folgen dieser einfachen Prozedur: Begeben Sie sich in einen ruhigen Raum, werden Sie still, entspannen Sie sich und denken Sie an die unendliche Intelligenz und grenzenlose Weisheit in Ihrem Innern, die alle Ihre Vitalkräfte kontrolliert und den gesamten Kosmos beherrscht – mit mathematischer Präzision und unfehlbarer Genauigkeit. Schließen Sie die Augen und richten Sie Ihre Aufmerksamkeit auf die Antwort bzw. Lösung Ihres Problems. Machen Sie sich bewußt, daß die unendliche Intelligenz in Ihrem Innern empfänglich ist für Ihr Begehren. Denken Sie an nichts anderes als an die Antwort auf Ihre Frage. Verbleiben Sie in diesem ruhigen, entspannten und passiven Gemütszustand noch für einige Minuten. Sollten Ihre Gedanken abirren, dann bringen Sie sie behutsam wieder zurück zur Kontemplation der Antwort. Sollte die Antwort nach ca. drei bis vier Minuten nicht da sein, dann lassen Sie still und ruhig los und wenden sich anderen Aufgaben zu. Wenn Ihnen dann das Problem irgendwann in den Sinn kommt, sagen Sie sich: „Ich habe mein Anliegen der unendlichen Intelligenz in meinem Innern übergeben. Sie erledigt alles bestens."

Diese Gemütshaltung – das werden Sie sehr bald feststellen – wird die Antwort klar und deutlich Ihrem wachbewußten Verstand eingeben. Mit höchster Wahrscheinlichkeit wird sie Ihnen in einem Moment zuteil werden, wenn Sie gerade mit anderen Dingen beschäftigt sind, oder gerade dann, wenn Sie sie am wenigsten erwarten – auf Wegen, von den Sie nichts wissen.

Tele-PSI und das schöpferische Genie

Bedeutende Wissenschaftler, Weise, Seher, Musiker, Giganten der Philosophie, hervorragende Maler, Dichter und Komponisten bekundeten übereinstimmend, daß ihre Entdeckungen, Meisterwerke und Erfindungen durch Intuition, göttliche Inspiration oder blitzartige Erleuchtung zustande kamen.

Somit sind die größten Meisterwerke der Welt, als auch die Lösungen zahlloser Probleme des Alltags durch Vertrauen in die Kräfte des Unterbewußtseins zustande gekommen.

Tele-PSI neutralisiert den sogenannten „Fluch"

Beim Abendessen mit einem alten Freund, hier in Las Vegas, kam das Gespräch auf die interessante Tatsache, daß in den USA etwa alle zwanzig Jahre der Präsident verstorben war. (Mancher von Ihnen wird sich an die vielen Voraussagen und Statements erinnern, die während der jeweiligen Amtszeit der Präsidenten Harding, Franklin D. Roosevelt und John F. Kennedy gemacht wurden.) Diese Prophezeihung, sagte mein Freund, wurde auch dem verstorbenen Präsidenten Kennedy zur Kenntnis gebracht. Wie es heißt, soll Kennedy daraufhin erwidert haben, daß er diese Prophezeiung widerlegen werde, oder dem Sinn nach ähnliches.

Mein Freund erinnerte an die Tatsache, daß – angefangen mit Präsident Harrison im Jahre 1840 – jeweils im Abstand von 20 Jahren, der amtierende Präsident plötzlich und unerwartet verstorben war. Mein Dinnergast hatte auch eine Erklärung für dieses Phänomen: Präsident Van Buren war seinerzeit so wütend über seine Wahlniederlagen in den Jahren 1840 und 1848, daß er über jeden Präsidenten einer Generation (unter Zugrundelegung eines Zeitraums von zwanzig Jahren) einen Fluch verhängte.

Die Erklärung für dieses „Phänomen" ist recht einfach: Es mag zutreffen, daß Präsident Van Buren einen Fluch oder eine Verwünschung ausgesprochen hat. Ebenso wahr ist es aber auch, daß wir uns alle innerhalb der Schwingungssphäre des Massengemüts bewegen – auch Gesetz des Durchschnitts genannt. Dieses Massengemüt ist zumeist negativ und wirkt auf uns alle ein. Hauptsächlich glaubt es an Mißgeschick, Chaos, Elend und Leiden; ebenso kann es angefüllt sein mit Haß, Eifersucht, Neid und Feindseligkeit. Auf der anderen Seite ist natürlich auch Gutes in ihm enthalten, denn Millionen Menschen auf der Welt bejahen Frieden, Harmonie und rechtes Handeln etc., aber sie sind bei weitem in der Minderheit. Wenn wir uns nicht positiv „aufgeladen" halten, können wir sehr leicht zu Opfern dieses Massengemüts werden, mit seinen Lawinen von Negativitäten – seinem Weh und Ach, seinen Befürchtungen und seinen so unterschiedlichen Auffassungen von Gut und Böse.

Solche Tragödien müssen sich nicht ereignen; es gibt kein unausweichliches Schicksal. Nichts – auch nicht das Geringste – kann einem Menschen widerfahren, solange er nicht das mentale Äquivalent (die geistige Entsprechung) dafür in sich trägt; immer muß eine verwandte Geisteshaltung vorhanden sein, oder eine dominierende unterbewußte Befürchtung, die das Unheil anzieht. Leben ist Bewußtsein; daher geschieht nichts ohne Bewußtsein. Unser Bewußtsein wiederum ist die Totalsumme dessen, was wir bewußt und unbewußt denken, wissen und glauben – also alles, was wir als wahr akzeptieren. Die Bibel sagt: *Niemand kann zu mir kommen, es ziehe ihn denn der Vater, der mich gesandt hat* (Joh. 6:44). Das heißt, daß keinem Menschen eine Manifestation oder Erfahrung zuteil werden kann, wenn der Vater (die schöpferische Kraft – insbesondere Ihr Denken und Fühlen, der Vater aller Ihrer Erfahrungen) sie nicht akzeptiert. Mag sein, daß wir den Inhalt Ihres Unterbewußtseins nicht kennen, auf jeden Fall können wir ihn verändern durch wissenschaftliches Gebet.

Der 23. Psalm sagt: *Ich fürchte kein Unglück, denn du bist bei mir...* (Psalm 23:4). Der 91. Psalm sagt:

Wer unter dem Schirm* des Höchsten wohnt,
wer im Schatten des Allmächtigen ruht,
der darf sprechen zum Herrn: Meine Zuflucht,
meine Feste, mein Gott, auf den ich vertraue!
Denn er errettet dich aus der Schlinge des Jägers,
vor Tod und Verderben.
Mit seinem Fittich bedeckt er dich,
und unter seinen Flügeln findest du Zuflucht.
Du brauchst dich nicht zu fürchten vor dem Schrecken der Nacht,
noch vor dem Pfeil, der am Tage fliegt,
nicht vor der Pest, die im Finstern einhergeht,
noch vor der Seuche, die am Mittag verwüstet.
Ob tausend fallen an deiner Seite,

---

* In der engl. King-James-Bibel: *An dem geheimen Ort des Höchsten* (Anmerk. d. Übers.)

zehntausend zu deiner Rechten,
dich trifft es nicht;
Schild und Schutz ist seine Treue.
Ja, mit eignen Augen darfst du es schauen,
darfst sehen, wie den Gottlosen vergolten wird.
Denn deine Zuversicht ist der Herr,
den Höchsten hast du zu deiner Zuflucht gemacht.
Es wird dir kein Unheil begegnen,
keine Plage zu deinem Zelte sich nahen.
Denn seine Engel wird er für dich entbieten,
dich zu behüten auf all deinen Wegen.
Sie werden dich auf den Händen tragen,
daß dein Fuß nicht an einen Stein stoße.
Über Löwen und Ottern wirst du schreiten,
wirst zertreten Leuen und Drachen.
Weil er an mir hängt, will ich ihn erretten,
will ihn schützen, denn er kennt meinen Namen.
Er ruft mich an, und ich erhöre ihn;
ich bin bei ihm in der Not,
reiße ihn heraus und bringe ihn zu Ehren.
Ich sättige ihn mit langem Leben
und lasse ihn schauen mein Heil.

Auch die vorzeitig verstorbenen Präsidenten hätten die Tragödien vermeiden können, wenn sie, statt die Überzeugungen des Massen-Gemüts beiseite zu schieben, die wunderbaren Wahrheiten des großen Psalms des Schutzes (91) und des Psalms der Führung und des rechten Handelns (23) bejaht hätten.

Durch Bejahung dieser großen Wahrheiten machen Sie sich immun gegen jegliches Unheil; mehr noch – Sie schaffen sich spirituelle Antikörper in Ihrem Unterbewußtsein, die alle Meinungen und abergläubischen Vorstellungen der Masse neutralisieren.

Es wird dir kein Unheil begegnen... (Psalm 91:10)
Ist Gott für uns, wer kann wider uns sein? (Römer 8:31)

Die Antwort auf alle Flüche und Verwünschungen – auf alle Meinungen und Überzeugungen der Masse, auf alle Attentats- und sonstigen

Todesprophezeiungen ist im Grunde recht einfach: Halten Sie sich positiv aufgeladen, füllen Sie Ihr Unterbewußtsein mit lebengebenden Denkmustern. Damit löschen Sie alles Niederzerrende und Negative aus und machen es unwirksam.

Ein Schutzgebet

Setzen Sie sich drei- oder viermal am Tag hin und bejahen Sie still:
Der heilige Kreis der ewigen Liebe Gottes schließt mich ein. Die ganze Rüstung Gottes umgibt und umhüllt mich, und ich führe ein wunderbares Leben. Die Liebe Gottes behütet und beschützt mich. Ich bin immun gegen alles Unheil durch den allmächtigen, lebendigen Geist. Ich bin von Gott erfüllt.
Dieses Gebet, zusammen mit dem großen Psalm des Schutzes, wird Sie befähigen, Ihren Weg voller Mut und Vertrauen zu gehen. Sie haben sich dann mit dem Unendlichen gleichgeschaltet. Es wird Ihnen kein Übel begegnen, keine Plage Ihrem Zelt sich nahen. Sie fühlen sich umfangen von der ewigen Liebe Gottes und werden gegen jedes Unheil gefeit sein.
Mit diesen Erklärungen konnte ich meinen Freund überzeugen. Er sah ein, daß Zeitungsstories, Kommentare und andere Publikationen, die in Abständen von zwanzig Jahren den Tod eines Präsidenten prophezeien, damit nur eines verursachen: Die verängstigte Masse glaubt solche Voraussagen. Damit wird eine geradezu beängstigend negative Kraft in Bewegung gesetzt, die die Gemüter von Millionen Menschen durchdringt – und „ihnen geschieht nach ihrem Glauben".
Jeder spirituell gesinnte, mit dem Gesetz des Lebens vertraute Präsident wäre jedoch imstande, solche Unheilsprophezeiungen zu neutralisieren, wenn er positiv „aufgeladen" bleibt. Dann könnte er über derart abergläubische Weissagungen lachen. Denn er weiß selbstverständlich, daß auch ihm nach seinem Glauben geschieht.

Sie lernte, das I Ging anzuwenden

Unter den Klassikern des fernen Ostens ist wohl kaum ein Buch gewinnbringender, als das 5000 Jahre alte Buch der Wandlungen, bekannt als das I Ging. Prof. C. G. Jung bemerkte in seinem Vorwort zu der von Richard Wilhelm übersetzten Ausgabe, daß auch er es ein Vierteljahrhundert lang angewandt habe. Seine schier unheimliche Genauigkeit habe ihn immer wieder in Erstaunen versetzt. Das I Ging ist das Buch der Weisheit. Wenn Sie es befragen, werden alle spirituellen Kräfte Ihres Unterbewußtseins mobilisiert und die Antwort erscheint mit unfehlbarer Sicherheit. Die wohl populärste Methode dabei ist allgemein als Münzenorakel bekannt. Man wirft dabei drei Münzen, insgesamt sechsmal. Dabei notiert man das jeweilige Resultat (Kopf oder Rückseite), aus dem sich dann das Hexagramm ergibt, das die Antwort enthüllt.

Ein Mann, (nennen wir ihn Dr. X), fragte mich einmal nach meiner Meinung über die Antwort, die er vom I Ging erhalten hatte. Er hatte die Absicht, 100 000 Dollar in ein – wie es schien – lukratives Unternehmen zu investieren, aber das erhaltene Hexagramm war 33 = Rückzug. Ich wies ihn eindringlich darauf hin, daß sein Unterbewußtsein immer – ausnahmslos – bestrebt ist, ihn zu schützen, daß es daher bestimmt das Beste sei, von dem geplanten Vorhaben Abstand zu nehmen. So geschah es dann auch.

Gerade heute abend rief er mich wieder an und berichtete mir, daß sein Anwalt in letzter Minute einige Merkwürdigkeiten bei diesem Geschäft entdeckt hatte, die er als „etwas anrüchig" bezeichnete. Die Konsultation der *Geheimnisse des I Ging* hatte ihn vor dem Verlust von 100 000 Dollar bewahrt. Darüber hinaus hatte es noch eine weitere Frage beantwortet, die er nicht einmal gestellt hatte.

Wenn Sie die *I Ging* Übersetzung von Richard Wilhelm zu Hilfe nehmen oder mein Buch *Die Geheimnisse des I Ging*, das zugleich ein Kommentar zu diesem uralten Weisheitsbuch ist, dann werden Sie feststellen, daß das *I Ging* über die außergewöhnliche Gabe verfügt, auch nicht gestellte Fragen in Ihrem Unterbewußtsein aufzustöbern, während es zugleich die Antwort auf die gestellte Frage erteilt, zusammen mit spezifischen Lösungsmöglichkeiten.

Tele-PSI und die Betreuung der Kuh

Eine junge Dame, mit der ich *Die Geheimnisse des I Ging* diskutierte, berichtete mir, daß ein hartnäckiger junger Mann sie mit seinen Heiratsanträgen verfolge. Vom *I Ging* erhielt sie die Antwort Hexagramm 30 = das Anhaftende, Feuer. Gleichzeitig besagt dieses Hexagramm: Die Betreuung der Kuh bringt großes Glück. (Die Kuh steht im altertümlichen Symbolismus für das Unterbewußtsein.)

Soweit es das Anhaftende betrifft, so hielt sie in der Tat an tiefsitzenden Gefühlen des Grolls und der Feindseligkeit hartnäckig fest – Grollgefühle, die sie einem früheren Ehemann gegenüber hegte. Diese Feuer des Hasses und der Animosität schwärten in ihrem Unterbewußtsein. Der Mann, dessen Heiratsantrag sie in Erwägung gezogen hatte, war Alkoholiker und rauschgiftsüchtig.

Ich erklärte ihr, daß es für sie dringend erforderlich sei, die Kuh gut zu versorgen. Da sie die Mentalgifte in ihrem Unterbewußtsein hartnäckig festhielt, zog sie diesen kranken Mann zu sich heran – unbewußt hielt sie Ausschau nach Bestrafung. Sie entschloß sich, die Beziehung zu dem Alkoholiker abzubrechen, die Kuh (ihr Unterbewußtsein) zu betreuen, und alle Negation und Bitterkeit auszulöschen. Sie vergab sich selbst für ihre destruktiven Gedanken und gab ihren früheren Ehemann frei. Sie wünschte ihm aufrichtig alle Segnungen des Lebens, wissend, daß es unmöglich ist, einen Menschen zu segnen und gleichzeitig Grollgefühle zu unterhalten.

Ich machte ihr klar, daß sie es auf jeden Fall wissen würde, wenn sie ihren früheren Mann geistig freigesetzt hätte. Dann nämlich würde sie imstande sein, an ihn zu denken, ohne innerlich zu kochen; die Wurzeln von Groll und Haß würden restlos verdorrt sein – durch die Wirkung göttlicher Liebe.

Diese junge Frau ist jetzt befreit. Sie befolgte den Rat des *I Ging* und betreute ihre Kuh (das Unterbewußtsein). Inzwischen ist ein Monat vergangen, seit ich Las Vegas verlassen habe, und gerade habe ich einen Brief von ihr erhalten. Sie heiratet jetzt einen Professor.

Lassen Sie durch Tele-PSI in Ihrem Leben Wunder geschehen.

ZUSAMMENFASSUNG

1. Ihr Unterbewußtsein kann Ihnen wunderbare neue schöpferische Ideen vermitteln, wenn sie lernen, es richtig anzuzapfen. Ihr Unterbewußtsein ist eins mit dem universellen subjektiven Geist und damit eins mit aller Weisheit und Macht des Unendlichen.
2. Den Kontakt mit Ihrem Unterbewußtsein stellen Sie her, indem Sie Ihren wachbewußten Verstand zur Ruhe bringen, sich entspannen, entkrampfen und loslassen, um sodann Ihr Anliegen Ihrem tieferen Bewußtsein zu übergeben, in dem Wissen, daß die Antwort kommen wird, in göttlicher Ordnung.
3. Ein Mann, der an den Spieltischen von Las Vegas 50 000 Dollar gewonnen hatte, verfuhr nach der folgenden Technik, um Antworten aus seinem Unterbewußtsein zu erhalten: Er legte sich nieder, schloß die Augen, entspannte sich und begab sich in einen dämmrigen Halbschlaf-Zustand. Dann wirkte er auf sein Unterbewußtsein ein: „Enthülle mir die Nummern, die ich morgen spielen soll, um zu gewinnen." Er gewinnt auf diese Weise jedes Jahr im Urlaub beträchtliche Summen.
4. Eine Lehrerin war sich nicht schlüssig, ob sie eine ihr angebotene Position in einem anderen US-Staat annehmen sollte oder nicht. Deshalb ersuchte sie ihr Unterbewußtsein, ihr die Antwort zu enthüllen. Unmittelbar beim Erwachen am nächsten Morgen erhielt sie die Antwort als Stimme der Intuition: „Nein." Diese Antwort stimmte mit dem stillen inneren Wissen der Seele überein und war in jeder Hinsicht zufriedenstellend.
5. Wenn Sie eine Frage an Ihr Unterbewußtsein richten, dann muß das in absolutem Vertrauen geschehen – in der Überzeugung, daß die richtige Antwort mit unfehlbarer Sicherheit kommen wird. Auch wenn Sie tagsüber, inmitten beruflicher Pflichten Hilfe für eine wichtige Entscheidung benötigen, können Sie sich in die Stille begeben und Ihr ganzes Sein entspannen. Dabei ist es hilfreich, einen Psalm, wie z. B. den 23. zu lesen. Dann richten Sie Ihre ganze Aufmerksamkeit auf die Lösung oder Antwort. Wenn nach drei oder vier Minuten noch keine Antwort da ist, dann beenden Sie die Meditation und

widmen sich anderen Dingen. Die Antwort kommt dann mit Sicherheit zu einem Zeitpunkt, da Sie mit anderen Dingen beschäftigt sind und sie am allerwenigsten erwarten.
6. Von jeher haben Dichter, Komponisten, Maler, Wissenschaftler, Erfinder, Musiker, Weise und Seher ihre Inspirationen, Einfälle und Entdeckungen durch Anzapfen ihres Unterbewußtseins erhalten.
7. Der Tod eines amerikanischen Präsidenten alle zwanzig Jahre – wie er sich in der Überzeugung des Massen-Gemüts darstellt – geht mit aller Wahrscheinlichkeit auf einen „Fluch" zurück, den Präsident Van Buren ausgesandt haben soll. Letzterer könnte mit Leichtigkeit von jedem spirituell gesinnten Präsidenten zunichte gemacht werden. Er müßte dazu lediglich sein Unterbewußtsein mit den ewigen Wahrheiten Gottes durchdringen und damit alle abergläubischen Befürchtungen und negativen Prophezeiungen des Massen-Gemüts unwirksam machen. Ein Präsident, der beispielsweise sein Unterbewußtsein mit den lebengebenden Denkmustern des 91. Psalms (des großen Psalms des Schutzes) angefüllt hat, hat sich damit gegen jeden Falschglauben des Massengemüts immunisiert.
8. Eine wunderbare Möglichkeit, Immunität gegen Unheil jeder Art aufzubauen, ist die folgende Bejahung, wenn sie im Denken und Fühlen völlig aufgeht und als wahr empfunden wird: „Der heilige Kreis der ewigen Liebe Gottes schließt mich ein. Die ganze Rüstung Gottes umgibt und umhüllt mich, und ich führe ein wunderbares Leben. Die Liebe Gottes behütet und beschützt mich. Ich bin immun gegen alles Unheil durch den allmächtigen lebendigen Geist. Ich bin von Gott erfüllt."
9. Prof. C. G. Jung bekundete, daß auch er ein Vierteljahrhundert lang auf den Rat des *I Ging* gehört habe, und von dessen schier unheimlicher Akkuratesse immer wieder in Erstaunen versetzt worden sei. Ein gewisser Dr. X. berichtete mir einmal, daß er vom *I Ging* auf Befragen die Antwort „Rückzug" erhalten habe. Er war im Begriff, 100 000 Dollar in ein neues Unternehmen zu investieren; aufgrund der erhaltenen Antwort ließ er den Gedanken fallen. Wie sein Anwalt ihm kurz darauf mitteilte, hätte er das Geld anderenfalls mit Sicherheit verloren.

10. Beim Befragen des *I Ging* werden Sie feststellen, daß Sie zusätzlich Auskunft über nicht direkt gestellte Fragen erhalten können, die jedoch in einem ursächlichen Zusammenhang mit Ihrem Anliegen steht. In meinem Buch „*Die Geheimnisse des I Ging*, das Kommentierungen des *I Ging* in Zusammenhang mit biblischen und psychologischen Erläuterungen der Hexagramme enthält, habe ich auf dieses Phänomen hingewiesen.
11. Ein junger Mann (Alkoholiker) verfolgt eine junge Dame hartnäckig mit seinen Heiratsanträgen. *Die Geheimnisse des I Ging* enthüllten auf Befragen Hexagramm 30: Betreue „die Kuh". Die Kuh steht symbolisch für das Unterbewußtsein, die Quelle der (geistigen) Nahrung und des Schutzes. Es stellte sich heraus, daß sie voller Haßgefühle und Ressentiments einem früheren Ehemann gegenüber war und diese Mentalgifte in ihrem Unterbewußtsein Schaden anrichteten. Damit hatte sie diesen Alkoholiker und Rauschgiftsüchtigen zu sich herangezogen. Sie löste diese Verbindung auf der Stelle und übergab ihren früheren Mann der Liebe des Unendlichen und wünschte ihm alle Segnungen des Lebens. Inzwischen sind vier Wochen vergangen, seit ich sie zuletzt gesehen habe – sie ist jetzt im Begriff einen Professor zu heiraten. Tele-PSI hat Wunder für sie bewirkt.

KAPITEL 18

Tele-PSI und Ihre Verbindung mit unendlicher Weisheit

Ihr Gedanke ist das Bindeglied zum Unendlichen, und es heißt allgemein, daß der Gedanke die Welt regiert. Ralph Waldo Emerson sagte: „Der Gedanke ist das Eigentum nur derer, die ihn hegen können." Gedanken sind Dinge. Was Sie denken und fühlen, das ziehen Sie an; was Sie imaginieren (sich bildhaft vorstellen), zu dem werden Sie. Emerson sagte auch: „Der Mensch ist das, was er den ganzen Tag lang denkt."

Geist ist Gott und die Befähigung des Geistes ist es, zu denken. Deshalb hört man gelegentlich von denen, die mit den mentalen und spirituellen Gesetzen vertraut sind, den Ausspruch: „Wenn meine Gedanken die Gedanken Gottes sind, dann ist die ganze Macht Gottes mit meinen Gedanken des Guten." Bedenken Sie: Gott und das Gute sind synonym in allen der vielen heiligen Schriften der Welt.

Lernen Sie, Ihren Gedanken Achtung zu zollen. Machen Sie sich bewußt, daß Ihr Glück, Ihr Erfolg, Ihr Gemütsfrieden und Ihre Erfüllungen von Ihrem gewohnheitsmäßigen Denken abhängig sind. Gedanken tragen ihre Erfüllung in sich – sie führen sich gewissermaßen selbst aus. Ihr Gedanke ist eine mentale Schwingung und eine definitive Kraft, daher sind Ihre Handlungen, Ausdrucksformen und Erfahrungen das Resultat Ihrer üblichen Denkweise. Errichten Sie in Ihrem Gemüt Gedanken des Friedens, der Harmonie, des rechten Handelns, der Liebe und des guten Willens, und Ihre äußeren Handlungen und Erfahrungen werden Aufschluß über Ihre inneren Denkmuster geben.

Wenn Sie einen Gedanken festhalten und über ihn nachsinnen, dann entlassen Sie seine latente Kraft in die Aktion. William Shakespeare sagte:

„Unsere Gedanken sind unser; ihr Ende unser nicht." Alles, was Sie im Denken und Fühlen als wahr empfinden, das bringen Sie in Ihr Leben. Ihr Denken und Fühlen erschafft Ihr Schicksal.

Fühlen, soweit es die Sprache der Bibel betrifft, bedeutet ein tiefes *Interesse* an etwas. Wenn Sie in den Sprüchen lesen: *... denn wie er in seinem Herzen denkt, so ist er...* (Spr. 23:7), dann bedeutet das: Wenn Sie an Musik, Wissenschaft, Kunst oder Ihrem Beruf ein vitales Interesse bekunden und ganz darin aufgehen, dann werden Sie außergewöhnlich erfolgreich sein, aus dem einfachen Grunde, weil Sie mit ganzem Herzen bei Ihrer Aufgabe sind. Sie denken dann „in der Tiefe" oder fühlen die Wirklichkeit Ihres Gedankens oder Ihrer Mentalvorstellung, und das ist „Denken im Herzen."

Er sagte: „Ich mache mir derartige Sorgen, daß ich weder arbeiten noch schlafen kann."

Kürzlich kam ein junger Mann in meine Sprechstunde und sagte: „Vorher, als ich noch nicht so ängstlich und verkrampft war, konnte ich den ganzen Tag arbeiten und fühlte mich trotzdem großartig. Jetzt bin ich dermaßen durcheinander, daß ich meinen Wagen an die Seite fahren und anhalten muß, damit ich mich ausruhen kann, damit ich die Kraft zum Weiterfahren habe."

Dieser junge Mann, etwa 28 Jahre alt, war ein Vertreter. Er hatte einen Arzt konsultiert, der gab ihm Beruhigungspillen, die sogenannten Tranquilizers, konnte aber sonst keine organische Erkrankung bei ihm feststellen. Wenn die Wirkung der Beruhigungstabletten nachließ, war er wieder am Ende – zittrig, nervös und schwach.

Ich befragte ihn über sein Liebesleben und konnte seinen Auskünften entnehmen, daß seine attraktive Verlobte mit einem anderen jungen Mann auszugehen pflegte, während er auf Geschäftsreisen war. Das also war die Ursache seiner Verkrampfungen und Besorgnisse: er fürchtete, sein Mädchen zu verlieren. Seine Schwäche und Ermüdung waren die Auswirkungen seiner Besorgnis, seine Verlobte verloren zu haben.

Medizinische Forschungsergebnisse haben – das erklärte ich ihm – die klare Erkenntnis erbracht, daß Stress, Verkrampfung und Besorgnis zu totaler Erschöpfung und völliger Schwächung des gesamten Organismus führen. Ich schlug ihm vor, dem Problem mutig ins Gesicht zu sehen. Er hatte eine Aussprache mit seiner Verlobten und sie konnten die Situation gemeinsam korrigieren. Wie sich herausstellte, hatte sie sich alleingelassen gefühlt und war während der Abwesenheit des jungen Mannes mit ihrem Vetter ins Kino gegangen.

Bald konnte er seine Kräfte zurückgewinnen und seine Erscheinung verbesserte sich um hundert Prozent. Wenige Wochen später heiratete er seine Verlobte. Göttliche Liebe hatte sie vereint.

Tele-PSI und ihre Asthmaanfälle

Vor kurzem war ich Gastredner in einem Frauenclub. Während des Frage-und-Antwort-Teils wurde ich von einer Frau aus Trinidad gefragt, wie es zu erklären sei, daß sie jedesmal, wenn sie an einem Gotteshaus vorbeigeht – sei es protestantisch, katholisch oder jüdisch – auf der Stelle einen Asthmaanfall erleidet. Ich erwiderte, daß es in ihrem Leben möglicherweise eine Episode gegeben hat, deren Trauma nach wie vor in ihrer Psyche (Unterbewußtsein) schwärt – eine vergrabene Erinnerung – und daß eine Kirche oder ein Tempel sie an diese psychische Wunde erinnert.

Es entstand eine nachdenkliche Pause. Dann berichtete sie stockend, daß sie vor einigen Jahren an ihrem Hochzeitstag zusammen mit ihrer Familie und den Hochzeitsgästen auf ihren Bräutigam gewartet hatte, als plötzlich ein Bote mit der Nachricht erschien, daß ihr Zukünftiger bei einem Verkehrsunfall umgekommen sei. Seither würde sie jedesmal Asthmaanfälle erleiden, wenn sie an einer Kirche vorbei käme. Ein paar Minuten später jedoch sei alles wieder in Ordnung.

Ich empfahl ihr eine recht einfache Verfahrensweise. Alles, was sie zu tun hatte, war, diesen Mann freizugeben und ihn dem Unendlichen zu überlassen. Sie hatte mit diesem Unglücksfall nichts zu tun, denn sie hatte keinerlei Kontrolle über sein Leben. Was auch immer in seinem Gemüt als verursachende Faktoren gewirkt haben mag, sie war auf gar keinen Fall dafür verantwortlich. Auf meinen Rat hin, bejahte sie jeden Abend:

Ich übergebe _____ voll und ganz Gott. Ich strahle Liebe, Frieden und Freude auf ihn aus, und ich weiß, daß sein Weg vorwärts, aufwärts und Gottwärts führt. Jedesmal, wenn ich an ihn denke, bejahe ich sofort: „Ich habe dich freigesetzt und Gott übergeben. Gott ist mit dir."

Gleichzeitig riet ich ihr, sofort am darauffolgenden Tag die nächste Kirche aufzusuchen und zu bejahen: „Göttliche Liebe geht vor mir her und ebnet mir einen frohen und glücklichen Weg. Ich gehe jetzt in diese Kirche, um in göttlicher Ordnung und Liebe zu beten."

Genau das tat sie und bereits einen Tag später war sie von ihrem Asthma völlig geheilt. Emerson sagte: „Tue das, wovor du dich fürchtest und der Tod der Furcht ist gewiß." Sie hatte sich überwunden und damit bewiesen, daß Liebe die Furcht austreibt.

Tele-PSI und objektives Denken

Sie denken im wahrsten Sinne des Wortes, wenn Sie von universellen Prinzipien und ewigen Wahrheiten ausgehend denken, die seit ewigen Zeiten die gleichen sind – gestern, heute und für immer. Ein Mathematiker denkt von den Prinzipien der Mathematik ausgehend, und nicht von den vergänglichen Ansichten der Menschen aus. Sie denken nicht wirklich, wenn Sie auf Schlagzeilen oder Rundfunkmeldungen reagieren, oder sich von Traditionen, Lehrmeinungen, Dogmen oder Umwelteinflüssen bestimmen lassen.

Solange Ihr Denken von Frucht, Besorgnis oder Anspannung erfüllt ist, solange kann von *wirklichem Denken* keine Rede sein. Wirkliches Denken ist frei von jeglicher Furcht oder Negation. Furchtgedanken sind jedesmal die Folge, wenn Sie rein äußere Dinge zur Ursache erheben, und das ist eine große Lüge. Äußerlichkeiten sind Wirkungen, keine Ursachen. Die Ursache liegt in Ihrem Denken und Fühlen, äußere Umstände oder Situationen unterliegen immer der Veränderung.

Wenn Ihnen Gedanken oder Suggestionen irgendwelcher Art in den Sinn kommen, dann erwägen Sie die Dinge aus der Sicht der ewigen Wahrheiten, die sich niemals verändern und ziehen Sie Ihre Schlüsse aus der Sicht spiritueller Prinzipien.

Das wahre Prinzip, zum Beispiel, ist das der Harmonie, nicht des Mißklangs; das Prinzip der Wahrheit, nicht des Irrtums; des Lebens und nicht des Todes; der Liebe, nicht des Hasses; der Freude, nicht der Traurigkeit; des Überflusses, nicht der Armut; der Gesundheit, nicht der Krankheit; der Schönheit, nicht der Häßlichkeit; des rechten Handelns, nicht des falschen Handelns; ein Prinzip des Lichtes, nicht der Dunkelheit.

Wenn es ein Prinzip der Krankheit gäbe, dann gäbe es auch keine Heilung – niemand könnte dann geheilt werden. Krankheit ist abnorm; Gesundheit ist normal. Es gibt nur ein Prinzip des Heilseins (Gesundheit). Da Sie aber über die Möglichkeit zur Wahl verfügen, liegt es ganz bei Ihnen, ob Sie Ihr Unterbewußtsein mit krankheits-durchtränkten Gedanken der Furcht, der Sorge, des Hasses, des Grolls etc. anfüllen und damit die Prinzipien des Heilseins, der Harmonie und der Liebe verletzen wollen. Dann müssen Sie allerdings auch die unausweichlichen Konsequenzen in Kauf nehmen.

Beginnen Sie damit, Ihr eigener Denker zu sein und legen Sie dabei diesen spirituellen Maßstab an:

allem, was wahr, was ehrbar, was gerecht, was rein, was liebenswert, was wohllautend ist, wenn es irgendeine Tugend und wenn es irgendein Lob gibt, dem denket nach.

(Philipper 4:8)

Tele-PSI zeigt Ihnen, wie Sie sich aus dem Gesetz des Durchschnitts erheben

Vor einigen Wochen interviewte ich einen jungen Akademiker, der seit mehr als zehn Jahren für die gleiche Firma tätig war und in dieser Zeit weder eine Beförderung, noch die geringste Gehaltserhöhung erhalten hatte. Er hatte mit ansehen müssen, wie andere Mitarbeiter mit weniger Sachkenntnis und geringerer Bildung stetig auf der beruflichen Leiter nach oben stiegen und an Prestige gewannen, während er jedesmal übergangen wurde. Die Erfahrungen und Demonstrationen dieses Mannes unterlagen dem „Gesetz des Durchschnitts."

Das Gesetz des Durchschnitts ist einfach Bestandteil des Massengemüts der Menscheit, das nun einmal in der Hauptsache an Fehlschlag, Mangel, Begrenzung und alle Arten von Mißgeschick glaubt. Dieses Massengemüt wird zum größten Teil von traditionellen Glaubensüberlieferungen beherrscht; aus diesem Grunde ist es zumeist negativ.

Dieser junge Mann befand sich jetzt in einem seelischen Tief. Ich konnte ihn jedoch aufrütteln und ihm klarmachen, daß es für ihn unerläßlich sei, das Steuer selbst in die Hand zu nehmen. Wenn er nicht endlich anfangen würde, selbst zu denken – so erklärte ich ihm – dann würde er automatisch ein Opfer des Massengemüts werden, das auf sein empfängliches Gemüt einwirkt und das Denken für ihn besorgt. Das wiederum ruft Negationen, Mangel und alle möglichen Miseren hervor.

Nach meinen Anweisungen begann er seinen wachbewußten Verstand spirituell zu aktivieren und ihn damit zum Gesetz des Handelns auf der unterbewußten Ebene zu machen. Er hatte den grundlegenden Unterschied zwischen spirituellem und Durchschnitts-(Massen)-denken sehr schnell begriffen.

Die folgenden Wahrheiten bejahte er mehrmals am Tag, wobei er sehr genau darauf achtete, daß er das soeben bejahte nicht durch Achtlosigkeit später wieder verneinte:

Ich werde jetzt beruflich in jeder Weise gefördert. Erfolg ist jetzt mein. Rechtes Handeln ist jetzt mein. Wohlstand ist jetzt mein. Bei Tag und bei Nacht komme ich voran. Ich bewege mich vorwärts, ich wachse und gedeihe – spirituell, mental, materiell, gesellschaftlich und finanziell. Ich bin mir bewußt, daß ich zu dem werde, was ich kontempliere. Ich weiß, daß diese bejahten Wahrheiten tief in mein Unterbewußtsein sinken und wie eine Saat sich ihrer Art gemäß entwickeln. Ich wässere diese Saat (Ideen) regelmäßig tagsüber mit Vertrauen und Erwartung und sage Dank für die Freude des beantworteten Gebets.

Damit disziplinierte dieser junge Mann sein Gedankenleben. Jedesmal, wenn ihm Gedanken der Furcht, des Mangels, der Kritik oder der Selbstverurteilung in den Sinn kamen, ersetzte er diese destruktiven Gedanken auf der Stelle. Nach einer Weile verloren alle negativen Gedanken ihre Wirksamkeit. Heute (bereits drei Monate später) ist er Vizepräsident seiner Gesellschaft. Er ist sich bewußt, daß er sich im Grunde selbst befördert hatte und daß seine Bejahungen sein Schicksal formen.

Er wollte sich bestraft sehen

Eines Abends wurde ich von einem etwa sechzigjährigen Mann aufgesucht. Wie er mir sagte, litt er unter erheblichen Schlafstörungen, hervorgerufen durch unerträgliche Schuld- und Reuegefühle. Der Arzt hatte ihm bedeutet, daß sein Blutdruck gefährlich hoch und er außerdem von einem Nervenzusammenbruch nicht mehr weit entfernt sei. Die verschriebene Medizin konnte seinen Blutdruck zwar etwas senken und durch Beruhigungstabletten schlief er wieder etwas besser, was er jedoch wirklich brauchte, war, wie er sagte, Medizin für die Seele. „Für das, was ich getan habe, sollte ich eigentlich eingesperrt sein."

Dieser Mann hatte zuvor schon einen Lehrgang besucht, den ich über das Thema „Shakespeare im Lichte der mentalen und spirituellen Gesetze" gehalten hatte. Deshalb erinnerte ich ihn an die Krankheit der Lady Macbeth. Die tiefere Ursache dafür war ihr tiefsitzendes Schuldgefühl wegen des Mordes an Duncan. Als der behandelnde Arzt von Macbeth wegen ihrer Krankheit befragt wurde, antwortete er bekanntlich:
Nicht krank, my Lord, sowohl als durch gedrängte
Phantasiegebilde
gestört, der Ruh' beraubt.
Worauf Macbeth fragte
Kannst nichts ersinnen für ein krank Gemüt?
Tief wurzelnd Leid aus dem Gedächtnis reuten?
Die Qualen löschen, die ins Hirn geschrieben
und mit Vergessens süßem Gegengift
die Brust entled'gen jener gift'gen Last,
die schwer das Herz bedrückt?
und der Arzt antwortete
Hier muß der Kranke selbst das Mittel finden.

Shakespeare war ein profunder Kenner der Bibel und war mit den inneren psychologischen Bedeutungen der Allegorien, Parabeln und kryptischen Darlegungen wohl vertraut. Er wußte, daß dieses Schuldgefühl es war, das Lady Macbeth in den Wahnsinn trieb, und der behandelnde Arzt mit einem Fall konfrontiert war, jenseits der Heilwirkung aller Kräuter.

Ich erklärte diesem Mann, daß in seinem Fall ein gutes Geständnis eine Heilwirkung zeitigen würde, die mit dem Aufstechen einer schwärenden Wunde vergleichbar sei. Alle Unreinheiten könnten dann abfließen und dem Heilungsprozeß stünde dann nichts mehr im Wege. Daraufhin gestand er eine Reihe krimineller Handlungen – einfach und rundheraus – und entledigte sich damit, wie Shakespeare sagte „jener gift'gen Last, die schwer das Herz bedrückt". Die Schuld hatte an seinem Inneren gezehrt.

Ich stellte ihm eine einfache Frage: „Würden Sie diese Handlungen jetzt noch einmal begehen?" Seine Antwort: „Auf gar keinen Fall. Ich führe ein vollkommen neues Leben. Ich bin jetzt verheiratet und meine beiden Töchter studieren Medizin." Daraufhin machte ich ihn auf den Umstand aufmerksam, daß er physisch, mental, emotional und spirituell nicht mehr der gleiche Mensch sei – nicht mehr der Mensch, der sich dieser Handlungen schuldig gemacht habe, daß er daher mit seinen Selbstverurteilungen aufhören solle.

Der Prozeß der Selbsterneuerung von Körper und Seele

Wissenschaftler haben festgestellt, daß wir praktisch alle elf Monate über „einen neuen Körper" verfügen. Dieser Mann nun, begann seine Ansichten über das Leben radikal zu ändern. Er interessierte sich jetzt für die spirituellen Wahrheiten und war bemüht, ein anderes Leben zu führen. Daher war der Mann, der einmal kriminelle Handlungen begangen hatte, nicht länger existent. Es gab ihn nicht mehr.

Das Lebensprinzip (Gott) straft und verurteilt nicht; es ist vielmehr der Mensch selbst, der sich bestraft, durch falsche Anwendung der Gesetze des Geistes. Wenn er sich dagegen selbst vergibt und das Gesetz in rechter Weise anwendet, durch rechtes Denken, rechtes Fühlen und rechtes Handeln, erfolgt eine automatische Reaktion des Unterbewußtseins, dem neuen Denkmuster gemäß, und die Vergangenheit ist vergessen – „ihrer wird nicht mehr gedacht." Ein neuer Anfang ist ein neues Ende, denn Anfang und Ende sind gleich.

Gott ist Liebe und kann somit nichts Liebloses tun. Das Gefühl, vom unendlichen Leben nicht restlose Vergebung erfahren zu haben, offenbart

Aberglauben und ist ein entscheidender Fehler. Selbstverurteilung und Schuldgefühle war die Krankheit dieses Mannes – Selbstvergebung brachte die Heilung. Nur eine Stunde der Diskussion ewiger Wahrheiten veränderte sein Leben, und heute ist er glücklich und gesund.

... Weib, wo sind deine Ankläger? Hat dich niemand verurteilt? Sie aber sagte: Niemand, Herr! ... Auch ich verurteile dich nicht; geh, sündige von jetzt an nicht mehr! (Joh. 8:10,11)

ZUSAMMENFASSUNG

1. Ihr Gedanke ist Ihre Verbindung mit dem Unendlichen. Der Gedanke regiert die Welt. Gedanken sind Dinge; was Sie fühlen, ziehen Sie an, was Sie sich vorstellen, zu dem werden Sie. Emerson sagte: „Der Mensch ist, was er den ganzen Tag lang denkt." Ihr Denken ist schöpferisch. Hegen Sie Ihrem Denken gegenüber einen gesunden Respekt, denn Ihre Gedanken verwirklichen sich selbst.
2. Gefühl – soweit es Aussagen der Bibel betrifft – bedeutet ein tiefes, anhaltendes Interesse. Wenn Sie an Ihrer Arbeit oder einem bestimmten Vorhaben ein vitales Interesse beweisen, werden Sie auch erfolgreich sein.
3. Besorgnis und Anspannung schwächen den gesamten Organismus. Das Resultat ist Abgespanntheit, Erschöpfung und Depression. Ein Mann litt unter Anspannungsneurose (chronischer Sorgsucht) und Schlaflosigkeit, weil er fürchtete, seine Verlobte zu verlieren. Er besprach die Situation mit ihr, sie legten ihre Streitigkeiten bei und heirateten. Er war wieder glücklich wie eh und je. Göttliche Liebe hat sie vereint und die Erklärung brachte die Heilung.
4. Eine Frau bekam Asthmaanfälle, jedesmal, wenn sie an einer Kirche vorbeiging. Sie waren auf ein noch nicht bewältigtes psychisches Trauma zurückzuführen. An ihrem Hochzeitstag erhielt sie in der Kirche die Nachricht, daß ihr Bräutigam auf dem Weg zur Trauungszeremonie tödlich verunglückt war. Sie entließ ihren früheren Verlobten gedanklich und betete für seinen Seelenfrieden. Damit konnte sie sich

auch selbst freisetzen. Dann betrat sie mutig die nächste Kirche und bejahte dort: „Göttliche Liebe geht vor mir her und die Freude des Herrn ist meine Stärke." Daraufhin kehrte ihre Kraft zurück und die Asthmaanfälle hörten auf. Tun Sie genau das, wovor Sie sich fürchten und der Tod der Furcht ist sicher.

5. Wahres Denken geschieht aus der Sicht universeller Prinzipien und ewiger Wahrheiten heraus. Diese Prinzipien verändern sich nie – sie sind die gleichen gestern, heute und in Ewigkeit. Sie denken nicht wirklich, wenn in Ihren Gedanken Furcht, Zweifel und Sorge vorherrschen. Wenn Ihr Denken gottgleich ist, dann ist Gottes Macht mit Ihren Gedanken des Guten. Ein wissenschaftlicher Denker gesteht reinen Äußerlichkeiten niemals irgendwelche Macht zu. Anerkennung zollt er allein der Gottesgegenwart in seinem Innern, der höchsten Macht und Allkraft.

6. Es gibt nur ein Prinzip der Harmonie und nicht des Mißklangs; ein Prinzip der Liebe und nicht des Hasses; ein Prinzip der Freude und nicht der Traurigkeit; ein Prinzip der Wahrheit und nicht der Falschheit; ein Prinzip der Gesundheit und nicht der Krankheit.

7. Das Gesetz des Durchschnitts umfaßt das gewohnheitsmäßige Denken aller Menschen auf dieser Welt. Das meiste dieses Denkens ist negativ. Die Massen glauben an Krankheit, Tragödien, Mißgeschick, Kalamitäten etc. Außerdem unterliegen sie abergläubischen Vorstellungen jeder Art. Zum geringen Teil ist auch Gutes im Massengemüt enthalten, zurückgehend auf das konstruktive Denken unzähliger anderer – als Ganzes betrachtet jedoch, ist das Massengemüt sehr negativ. Wenn Sie nicht auf eigenem Denken bestehen, dann übernimmt das Massengemüt mit seinen Lawinen der Furcht, des Hasses, der Eifersucht und des morbiden Aberglaubens das Denken für Sie. Erheben Sie sich aus dem Massenbewußtsein (auch Gesetz des Durchschnitts genannt) und besorgen Sie Ihr eigenes Denken. Verweilen Sie bei Gedanken des Guten. Denken Sie Gutes, Liebliches, Nobles, Erhebendes und Gott-gleiches.

8. Ein junger Mann, der bislang im Leben nicht vorangekommen war, begann damit, sein Gemüt spirituell zu aktivieren. Damit machte er es zum Gesetz des Handelns auf der unterbewußten Ebene. Er erkannte den gewaltigen Unterschied zwischen spirituellem Denken und dem

durchschnittlichen des Massengemüts. Er bejahte folgende Wahrheiten: „Ich werde jetzt beruflich in jeder Weise gefördert. Erfolg ist jetzt mein. Rechtes Handeln ist jetzt mein. Wohlstand ist jetzt mein." Jedesmal, wenn ihm negative Gedanken in den Sinn kamen, ersetzte er sie durch konstruktive, wie Reichtum, Frieden, Harmonie, Beförderung, Sieg etc. Durch ständige Disziplinierung seiner Gedanken transformierte er sein Leben und gelangte zu Wohlstand und Ansehen.

9. Ein Mann, der voller Schuldgefühle und Selbstverurteilung war, konnte durch ein freimütiges Geständnis seiner kriminellen Handlungen sein Unterbewußtsein von diesen Mentalgiften befreien. Die vom Arzt verschriebene Medizin konnte ihm zwar körperliche Linderung bringen – was er jedoch in Wirklichkeit brauchte, war eine spirituelle Medizin. Im Fall der Lady Macbeth sagte Shakespeare: „Hier muß der Kranke selbst das Mittel finden, um das Gemüt zu reinigen und die Brust entled'gen jener gift'gen Last, die schwer das Herz bedrückt." Dieser Mann begann nun ein ehrliches Leben zu führen und ich erklärte ihm, daß er sich als gut und ehrlich fühlen könne, so als sei er niemals schlecht gewesen. Da er nicht mehr der gleiche Mensch sei, mental, physisch, emotional und spirituell, müsse er auch mit seinen Selbstverurteilungen aufhören. Er müsse damit aufhören, einen Unschuldigen – nämlich sich selbst – zu verdammen. Gott verurteilt niemanden, und da er jetzt ein ehrliches Leben führt, ist die Vergangenheit vergessen. „Ihrer wird nicht mehr gedacht." Dieser Mann war nicht mehr imstande, die alten Fehler erneut zu begehen, deshalb war er wirklich transformiert. Er vergab sich selbst und ging als seelisch befreiter Mann. Unser einstündiges Gespräch rettete sein Leben und brachte die völlige Veränderung.

... Auch ich verurteile dich nicht; geh, sündige von jetzt an nicht mehr! (Joh. 8:11)

KAPITEL 19

Wie Tele-PSI das Gesetz des Geistes in Aktion anregt

Kürzlich kam eine völlig verzweifelte Frau in meine Sprechstunde. Ihr fünfzigjähriger Ehemann hatte ganz plötzlich angefangen übermäßig zu trinken und schien auf dem besten Weg zum Alkoholiker zu sein. Wie sie sagte, hätten einige ihrer Glaubensgenossen ihr bedeutet, es sei grunfalsch, in dieser Situation für ihn zu beten, da er zunächst selbst den Wunsch haben müsse, dem Alkohol zu entsagen.

Ich erklärte ihr, daß eine solche Auffassung natürlich blanker Unsinn sei und fragte sie in diesem Zusammenhang, was ihrer Meinung nach Gebetstherapie überhaupt sei. Ich konnte ihr nachdrücklich klarmachen, daß Gebetstherapie auf gar keinen Fall mit irgendeinem mentalen Zwang zusammenhängt oder etwas mit einer Beeinflussung der anderen Person zu tun hat. Angenommen, Sie beobachten, wie auf der Straße eine Frau zusammenbricht – möglicherweise infolge eines Herzanfalls – dann ist es nur vernünftig, einen Notarztwagen zu rufen und auch sonst die bestmögliche Hilfe zu gewähren. Ebenso haben Sie das Recht, keinen Notarzt zu rufen, sondern andere Maßnahmen zu treffen, die Ihnen angemessen erscheinen.

Machen wir uns klar: Pathologische Krankheiten, mentale Verirrungen, Armut, Alkoholismus, Rauschgiftsucht oder Krankheiten jeglicher Art sind keine Merkmale der Göttlichkeit in uns. Diese ist immer heil, rein und vollkommen. Es ist völlig richtig und in göttlicher Ordnung, für einen anderen Menschen zu beten, ob der Betreffende nun davon weiß oder nicht, oder ob er darum ersucht hat oder nicht. Die Annahme, für einen anderen Menschen nicht beten zu dürfen, weil er uns nicht darum gebeten hat, ist purer Aberglaube.

Wenn Sie für einen anderen Menschen beten, dann bejahen Sie die Attribute Gottes in der anderen Person. Sie bejahen, daß alles, was über Gott wahr ist, auch die Wahrheit für diesen Menschen darstellt. Sie identifizieren sich einfach mit der Gottesgegenwart in dem anderen und errichten die Eigenschaften, Attribute und Aspekte Gottes in Ihrem Denken und Fühlen. Da es nur einen Geist gibt, sind diese dominierenden Eigenschaften zur gleichen Zeit in seinem Gemüt wiedererrichtet.

Wie Sie beten, wenn Sie krank sind

Wenden Sie sich dem innewohnenden Gott zu und denken Sie an seinen Frieden, seine Harmonie, Vollkommenheit, Schönheit, grenzenlose Liebe und unendliche Macht. Machen Sie sich bewußt: Gott liebt Sie und sorgt für Sie. Wenn Sie das tun, wird sich jegliches Furchtgefühl verflüchtigen.

Wenden Sie Ihr Denken Gott zu und seiner Liebe. Fühlen und wissen Sie, daß es nur eine heilende Gegenwart und Macht gibt und seine Folgeerscheinungen: Es gibt keine Macht, die Gott herausfordern könnte. Bejahen Sie ruhig und liebevoll, daß die erhebende, heilende, stärkende Kraft der Heilungsgegenwart Sie jetzt durchströmt und Sie in jeder Weise heilt. Wissen und fühlen Sie, daß die Harmonie, Schönheit und das Leben Gottes sich in Ihrem Innern manifestiert, als Kraft, Frieden, Vitalität, Schönheit Gesundheit und rechtes Handeln. Machen Sie sich davon ein klares Bild und jede Krankheit löst sich auf im Licht der Liebe Gottes.

Verherrlicht Gott mit eurem Leib. (1. Kor. 6:20)

Wenn Sie für einen anderen Menschen beten, dann nennen Sie ihn still beim Namen und bejahen Sie die gleichen Wahrheiten für ihn.

Er glaubte, von üblen Wesenheiten besessen zu sein

Im Verlauf vieler Jahre sind mir bei meinen Beratungen sowohl hier in den USA als auch in Großbritannien und Irland immer wieder Menschen begegnet, die behaupteten, von sogenannten bösen Geistern besessen zu sein. Viele dieser Menschen litten unter dem, was in der Fachwelt als multiple Obsession bezeichnet wird.

Das folgende ist ein sehr interessanter Fall eines etwa 60 jährigen Mannes, der mich kürzlich aufsuchte und behauptete, von verschiedenen Teufeln besessen zu sein, die ziemlich merkwürdige Dinge mit ihm anstellten. Drei Jahre zuvor hatte er sich dieserhalb bereits einer Schocktherapie unterzogen und auch für einige Monate etwas Erleichterung verspürt. Dann aber seien die Teufel zurückgekehrt, um ihn zu verfolgen. Sie hätten ihn mit Obszönitäten, Verwünschungen und Flüchen überhäuft und ihn zu Trunkenheit und Vergewaltigung verführt. Diese sogenannten bösen Geister plagten ihn insbesondere des Nachts und führten zu Schlaflosigkeit. Sie würden nicht müde, ihm zu sagen, wie sehr sie ihn verabscheuten.

Selbstverständlich gab es keine bösen Geister, die hier zu beseitigen waren, sondern es war einzig und allein sein Unterbewußtsein, das sich hier bemerkbar machte. Es stellte sich heraus, daß er seiner früheren Ehefrau gegenüber Haßgedanken und jede Art von Ressentiments hegte. Seine Frau war ihm seinerzeit davongelaufen und hatte einen anderen Mann geheiratet. Sein übles und destruktives Denken sank hinab in sein Unterbewußtsein und formte „üble" Komplexe. Bedingt durch seinen Haß entwickelte er Schuldgefühle, die sich zu handfester Straferwartung auswuchsen.

Ich gab ihm den 91. Psalm zu rezitieren – laut, dreimal täglich. Desgleichen den 27. Psalm für die Nacht. Letzterer ist der große „Furchtüberwinder." Wir vereinbarten, daß er mich einmal wöchentlich aufsuchen sollte. Durch das angewandte Gebetsverfahren war er nach und nach imstande, seine Exfrau freizugeben und ihr alle Segnungen des Lebens zu wünschen, so daß er seinem Gemüt erlauben konnte, ohne Ressentiments an sie zu denken.

Ich erläuterte ihm, daß andere Menschen in unseren Träumen zu uns sprechen und auch wir selbst manchmal dazu neigen, im Traum zu reden. Wenn wir Gefühle des Hasses und der Feindseligkeit an unser Unterbewußtsein weiterreichen, dann hat letzteres keine andere Alternative, als solche Gefühle auf seine eigene Weise zum Vorschein zu bringen.

Eines Abends, während einer Meditation, sagte ich zu mir selbst:

„Jetzt habe ich aber endgültig genug von diesem Gerede über böse Geister. Dieser Mann spricht nur zu sich selbst und ich weiß das. Es gibt nur einen Geist (Gott), der Ewige, der All-Weise, der Allwissende, der einzige göttliche Geist. Dieser Mann ist sich jetzt dessen bewußt, was auch ich weiß und er fühlt Gottes Liebe in seinem Herzen, jetzt, in diesem Augenblick."

Als er mich am nächsten Tag aufsuchte, sagte er: „Mir ist in der letzten Nacht etwas Seltsames passiert. Jesus war mir erschienen und hatte gesagt: ‚Diese bösen Geister sind nicht wirklich; sie sind lediglich Erscheinungen deines eigenen Gemüts und du bist jetzt befreit.'" Der Mann erfuhr eine vollkommene Heilung.

Nach so vielen Konsultationen mußte ich mich schließlich auch selbst zu dem Punkt der unterbewußten Überzeugung bringen, der seine Überzeugung aus meinem Gemüt entfernen würde. Es war also nicht nur der mental gestörte Mann, der von seinen falschen Annahmen befreit werden mußte; es war auch ich, der befreit und geheilt werden mußte. Meiner Ansicht nach ist das bei jeder Gebetstherapie der Fall, gleichgültig, ob sich der Berater dieses Umstandes bewußt ist oder nicht.

Als ich in meinem eigenen Gemüt zu einer glasklaren Entscheidung gekommen war über diese angeblichen bösen Wesenheiten in seinem Gemüt, wurde ihm diese Entscheidung auf der Stelle übermittelt. Da es nur ein Gemüt gibt, konnte Frieden und Vollkommenheit in ihm wieder auferstehen.

Ihr psychisches Erlebnis enthüllte versteckten Reichtum

Eine junge Sekretärin, die meine Vorträge im Wilshire Ebell Theatre an jedem Sonntagvormittag besucht, erzählte mir, daß sie etwa eine Woche lang jede Nacht einen sehr lebhaften Traum gehabt habe. Jedesmal habe sie einen Spaten zur Hand genommen und im Garten hinterm Haus gegraben. Nach jedem dieser Träume fühlte sie sich in gehobener Stimmung. Nun wollte sie meine Meinung zu der ganzen Sache hören.

Ich erklärte ihr, daß ein Traum immer eine sehr persönliche Sache sei und er in diesem Fall bedeuten könnte, daß sie irgendein verborgenes

Talent zum Vorschein bringen sollte. Sofern ihr das nichts sagte, wäre es vielleicht doch angebracht, ihren Bruder oder Vater zu veranlassen, hinter dem Haus zu graben. Sie bat also ihren Vater darum und er kam ihrem Wunsch mit einigem Widerstreben nach. Zu ihrem größten Erstaunen förderte er einen alten Tonkrug zutage, der bis zum Rand mit Goldmünzen aus dem Jahr 1898 angefüllt war.

Der Wert dieser Goldmünzen ging in die Tausende. Das ermöglichte ihr den Collegeabschluß und die Erfüllung eines langgehegten Wunsches: ein Rolls Royce. Darüber hinaus blieb noch genug übrig für die ganze Familie. Diese junge Frau, die für Wohlstand und eine Möglichkeit, ihre Collegeausbildung abzuschließen gebetet hatte, fand die Erfüllung ihres Wunsches in eine Traumhandlung eingebettet.

Tele-PSI vertrieb ihre Frustration

Eine Witwe mit zwei Söhnen hatte seit längerem um einen geeigneten Ehepartner gebetet – einen Partner, mit dem sie in jeder Hinsicht harmonierte und der ihren beiden Söhnen auch ein guter Vater sein würde. Daraufhin hatte sie in letzter Zeit immer wiederkehrende Träume, in denen sie jedesmal den Bus verpaßte und verspätet im Büro erschien. Das war, wie gesagt, die Traumhandlung. In Wirklichkeit erschien sie selbstverständlich pünktlich an ihrem Arbeitsplatz. Ich fragte sie, ob es in ihrer Firma jemanden gäbe, der ihr als zukünftiger Ehemann gefallen könnte. Sie erwiderte, der Assistent des Vizepräsidenten habe sie schon mehrmals zu einem Theaterbesuch mit anschließendem Essen eingeladen, aber sie habe jedesmal abgelehnt, weil sie finde, daß so etwas innerhalb der Firma nicht angemessen sei und von den Firmenoberen mit Argwohn betrachtet würde.

Ich sagte ihr, daß meinem Gefühl nach ihr Gebet bereits beantwortet sei und sie ganz offensichtlich eine wunderbare Gelegenheit zur Heirat vorübergehen ließe. Ihr Unterbewußtsein gab sich alle Mühe, sie auf diese Möglichkeit hinzuweisen. Der Bus ist ein Symbol für den Sex – ein wesentlicher Bestandteil des Ehelebens. Am nächsten Tag sagte sie dem Herrn, daß sie entzückt sei, seine Einladung anzunehmen, die sie ein paar

Tage zuvor infolge außergewöhnlicher Umstände hatte ablehnen müssen. Ein paar Wochen später waren sie glücklich verheiratet, und es stellte sich heraus, daß er auch der ideale Vater für die Jungen war.

Eigentlich hatte diese Witwe die Antwort auf ihr Gebet über einen gewissen Zeitraum hinweg zurückgewiesen, so daß ihr Unterbewußtsein keine andere Alternative hatte, als im Traum zu ihr zu sprechen.

... Ich der Herr (das Unterbewußtsein), offenbare mich ihm in Gesichten und rede in Träumen mit ihm. (Numeri 12:6)

Lassen Sie das Gesetz der Anziehung für sich arbeiten

Ihre Gedanken haben ihre Affinitäten. Wie Mark Aurelius, der große römische Kaiser und Philosoph so treffend sagte: „Unser Leben ist das, was unser Denken daraus macht." Ihr dominierender Gedanke macht sich alle anderen Gedanken untertan, so wie eine winzige Menge Indigo-Farbe einen 10-Liter-Eimer mit Wasser verfärben würde. William James, der Vater der amerikanischen Psychologie sagte: „Die größte Entdeckung meiner Generation ist die Tatsache, daß menschliche Wesen ihr Leben verändern können, indem sie ihre Gemütshaltung ändern."

Bei einem Gespräch mit einer hübschen jungen Frau – talentiert, charmant, voller Esprit und hochgebildet – mußte ich feststellen, daß sie auf dem besten Weg war, ihr Leben zu ruinieren, durch ihre destruktiven, haßerfüllten Denkmuster. Sie ließ eine Tirade gegen ihren verstorbenen Vater los und auch an ihrer Mutter ließ sie kein gutes Haar. Innerhalb eines Jahres hatte sie drei gute Positionen verloren – alles das Werk ihrer sarkastischen und bissigen Zunge. Diese emotionelle Vergiftung zog selbstverständlich entsprechende physische Leiden nach sich. So mußte sie sich zwei chirurgischen Eingriffen unterziehen, einer Gebärmutterentfernung und einer Operation von Magengeschwüren.

Ich erklärte dieser jungen Dame, daß sie noch ihr ganzes Leben vor sich habe, und daß sie noch heute mit einem neuen Leben beginnen könne, um den Beweis zu liefern, daß ihre ganze Welt, ihr Körper, ihre Umgebung, ihre Situation, ihr finanzieller Status, ihr gesellschaftliches Leben – kurz, alles, was ihr eigentliches Leben ausmacht, ihrem gewohnheitsmäßigen Denken entspricht.

Sie zeigte sich einverstanden, ihr Denken zu ändern und geändert zu halten. Jedesmal, wenn ihr ein negativer Gedanke in den Sinn kam, ersetzte sie ihn durch einen Gedanken der Liebe und des Wohlwollens. Sie hatte begriffen, daß sie durch ein systematisches Vorgehen in dieser Weise die Auswirkungen ihres bisherigen negativen Denkens durchbrechen und überwinden würde, die ihr Leben ruiniert hatten.

Eine wirksame Bejahung

Die folgende Bejahung gab ich ihr zur regelmäßigen Anwendung. Ich erklärte ihr, daß diese Wahrheiten, wenn sie mit Gefühl vorgebracht werden, Eingang in ihr Unterbewußtsein fänden, was wiederum dazu führen würde, daß sie automatisch auf Wege der Freude und des Friedens geführt würde. Ich war gewiß, daß von nun an ihre ganze Reise vorwärts, aufwärts und gottwärts führen würde:
Die Gaben Gottes sind jetzt mein. Ich lebe in der Gegenwart Gottes, von dem alle Segnungen kommen. Ich nutze jeden Augenblick dieses Tages, um Gott zu verherrlichen. Gottes Harmonie, Frieden und Überfluß sind jetzt mein. Göttliche Liebe geht von mir aus und segnet alle, die in meine Atmosphäre gelangen. Gottes Liebe ist für jeden hier spürbar. Sie heilt alle.
Ich fürchte kein Übel, denn Gott ist bei mir. Ich bin immer umgeben vom heiligen Kreis der Liebe und Macht Gottes. Ich fühle, ich weiß und ich glaube definitiv und positiv, daß der Strahl von Gottes Liebe und ewiger Fürsorge mich auf allen meinen Wegen begleitet. Er führt, heilt und behütet mich und alle Mitglieder meiner Familie.
Ich vergebe jedem Menschen und bin aufrichtig bemüht, Gottes Liebe, Frieden und Wohlwollen auf alle auszustrahlen. Im Zentrum meines Seins ist Frieden; es ist der Frieden Gottes. In dieser Stille spüre ich seine Kraft, Führung und die Liebe seiner heiligen Gegenwart. Auf allen meinen Wegen werde ich göttlich geführt. Ich bin ein reiner Kanal für Gottes Liebe, Licht, Wahrheit und Schönheit. Ich spüre, wie sein Fluß des Friedens mich jetzt durchströmt. Ich weiß, daß alle meine Probleme sich im Gemüt Gottes auflösen. Gottes Wege sind

meine Wege. Die Worte, die ich gesprochen habe, kehren zurück, beladen mit dem, wozu sie ausgesandt worden sind. Ich freue mich und sage Dank im Wissen, daß meine Gebete beantwortet sind. So ist es.

Tele-PSI-Materialisationen sind reale Phänomene

Bei Diskussionen über Tele-PSI, das die wunderwirkenden Kräfte Ihres Unterbewußtseins darstellt, werde ich oftmals nach meiner Ansicht über Materialisationen bei Sèancen gefragt. Zunächst einmal bin ich überzeugt, daß die sogenannte Kontrolle über ein Medium einfach nur eine dominierende Idee des Unterbewußtseins ist. Es ist selbstverständlich eine Tatsache, daß psychische Phänomene existieren. Ihr Unterbewußtsein verfügt über die Kapazitäten des Hellsehens, Hellhörens und der Telekinese. Das alles sind Fähigkeiten, die wir alle latent in uns tragen.

Vor einigen Jahren wurde ich von Dr. Evelyn Fleet und einem pensionierten Obersten der Armee zu einer Sèance in London eingeladen, wo wir Zeugen von acht Materialisationen waren – so wirklich, wie unsere eigenen Körper. Der Oberst – pensionierter Truppenarzt – untersuchte die Materialisationen, prüfte Puls und Blutdruck, kontrollierte ihre Zähne und schnitt ein paar Strähnen ihrer Haare ab.

Auch das Gewicht jeder dieser Materialisationen war das eines normalen Menschen. Wir sprachen auch mit ihnen und Dr. Fleet hatte das Gefühl, daß die Frau, mit der sie gesprochen hatte, möglicherweis ihre Mutter war, aber so ganz sicher war sie da nicht. Wir erhielten auch recht intelligente Antworten von ihnen und eine von den Frauen hatte eine Ähnlichkeit mit der Schwester des Obersten, die einige Jahre zuvor verstorben war. Alles das spielte sich in einem hellerleuchteten Raum ab – keine Spur von Dämmerlicht oder ähnlichem. Das Medium befand sich im Trancezustand. Alle Männter trugen Anzüge, die Frauen Kleider. Irgendwelche Tricks schieden völlig aus. Diese Materialisationen waren keine Täuschung. Eine Illusion kann nicht demonstriert werden als Wesenheit von Fleisch und Blut, Haar, Kleidung, Stimmorganen und Puls. Eine Illusion ist etwas durch falschen Eindruck vorgetäuschtes: eine Situation oder ein Zustand des Getäuschtseins. Alle diese Materialisationen waren, wie gesagt, offensichtlich real, dennoch glaube ich nicht, daß eine der Frauen Dr. Fleet's Mutter oder die andere die Schwester des Obersten war.

Alle waren also wirklich als Phänomene, Manifestationen oder Projektionen der ektoplasmischen Substanz des Mediums. Das im Trance befindliche Medium hat die Befähigung, den Anwesenden Gedankenmuster von Angehörigen in das Unterbewußtsein zu projizieren, ihnen damit Fleisch und Blut zu geben und die Fähigkeit, zu sprechen, handeln und auf Befragen angemessen zu antworten. Ich bin überzeugt, daß alle diese Materialisationen nichts anderes als Dramatisationen des Unterbewußtseins des Mediums waren.

Dr. Fleet ließ die abgeschnittenen Haarteile labortechnisch untersuchen. Der Befund war: Keine Möglichkeit, analysiert zu werden, es war von „unbekannter Herkunft." Einige Tage später hatte sich das Haar völlig aufgelöst und nicht die geringste Spur hinterlassen.

Ich war mir mit Dr. Fleet einig, daß es doch recht naiv sei, einfach eine Sèance abzuhalten, in der Annahme, Freunde oder Angehörige aus der nächsten Dimension erscheinen zu lassen, um irgendwelche Fragen zu beantworten. Alle Ihre weitergegangenen Lieben wirken jetzt in vierdimensionalen Körpern – in „den vielen Wohnungen in unseres Vaters Haus." Sie bewegen sich vorwärts und aufwärts, von Herrlichkeit zu Herrlichkeit, auf der Reise, die kein Ende kennt.

ZUSAMMENFASSUNG

1. Es ist reiner Aberglaube, anzunehmen, für einen anderen zu beten – etwa einen Alkoholiker oder Krebskranken – sei unangemessen. Bei einem Unfall, dessen Zeuge Sie sind, würden Sie schließlich auch den Notarzt rufen oder sonstwie angemessene Hilfe leisten. Gebetstherapie ist keine Nötigung. Im Gebet machen Sie geltend, daß alles was über Gott wahr ist auch für diesen Menschen zutrifft. Die göttliche Natur wohnt jedem Menschen inne und es ist der göttliche Wille, daß dies in allen Menschen zum Ausdruck kommt.

2. Wenn Sie für einen kranken Menschen beten, dann dürfen Sie nicht über Symptome, Schmerzen oder Beschwerden nachsinnen. Bejahen Sie still, daß die heilende Gegenwart diesen Menschen durchströmt und ihn heil und vollkommen macht.
3. Die Teufel, die den Menschen plagen und eine multiple Besessenheit verursachen, sind Haß, Eifersucht, Neid, Bosheit, Schuldgefühle und Selbstverurteilung. Wenn diese mentalen Gangster in unserem Gemüt das Kommando übernommen haben, dann verlieren wir jegliche Verstandeskraft und werden zu Opfern unseres eigenen destruktiven Denkens. Wenn ein Mensch Stimmen zu hören glaubt, die ihn zu irgendwelchen destruktiven Handlungen auffordern, so handelt es sich hier um nichts anderes, als sein Unterbewußtsein, das zu ihm spricht. In anderen Worten: Er spricht zu sich selbst. Ein Mann vermochte schließlich einzusehen, daß es sein Unterbewußtsein war, das auf sein destruktives Denken reagierte. Als ich mein eigenes Gemüt von all diesem Unsinn reinigte und dabei beanspruchte, daß auch dieser Mann zu den gleichen Schlußfolgerungen kommen würde, erfuhr er eine spontane Heilung.
4. Oftmals enthüllen Ihnen Träume die Antworten auf Ihre verworrensten Probleme. Eine junge Frau hatte einen immer wiederkehrenden Traum, in dem sie im Garten hinter dem Haus nach einem Schatz grub. Sie hatte um Wohlstand gebetet und veranlaßte ihren Vater, auf meinen Rat im Garten tatsächlich nachzugraben, wo sie daraufhin einen Krug mit Goldmünzen fanden, der ein kleines Vermögen wert war.
5. Eine junge Witwe, die gern wieder heiraten wollte, berichtete von einem wiederkehrenden Traum, in dem sie ständig den Bus verpaßte. Sie kam dadurch jedesmal zu spät ins Büro, obgleich sie objektiv immer pünktlich war. Sie erkannte, daß sie sich hier eine gute Gelegenheit zur Wiederverheiratung entgehen ließ, indem sie die Einladung einer der Manager ausschlug. Nachdem sie diesen Fehler korrigiert und seine Einladung angenommen hatte, erlebte sie die Beantwortung ihres Gebets. Kurze Zeit darauf war sie verheiratet.
6. Mark Aurelius sagte: „Unser Leben ist das, was unser Denken aus ihm macht." Emerson sagte: „Der Mensch ist das, was er den ganzen Tag lang denkt." Der in Ihrem Gemüt vorherrschende Gedanke beherrscht

und färbt alle anderen Gedanken. Eine junge Frau zerstörte ihr Leben durch haßerfüllte Gedanken ihren Eltern und anderen gegenüber. Das Resultat war eine völlig ruinierte Gesundheit, die zwei Operationen erforderlich machte. Sie änderte ihre Denkweise und entschloß sich, jeden auftauchenden negativen Gedanken durch einen positiven zu ersetzen – durch einen Gott-gleichen, liebevollen Gedanken. Als sie sich das zur Gewohnheit machte, verschmolz ihre Welt auf magische Weise mit dem Image ihrer Kontemplation. Sie wurde zu dem, was sie kontempliert hatte.

7. Oftmals werde ich über Materialisationen bei Sèancen befragt, bei denen es Erscheinungen gibt, die sprechen, gehen und Fragen beantworten. Diese Phänomene sind zweifellos real und dennoch nur scheinbar real. Es handelt sich keineswegs um Ihre Angehörigen. Diese wirken in der nächsten Dimension des Lebens und bewegen sich vorwärts, aufwärts und gottwärts. Sie sind von Ihnen lediglich durch eine höhere Schwingungsfrequenz getrennt. Auch ein Haar von solchen Materialisationen kann nicht analysiert werden, da es aus einer unbekannten Substanz besteht. Ein im Trance befindliches Medium kann jedoch Images Ihrer Angehörigen anzapfen und ektoplasmische Projektionen von ihnen hervorbringen und somit scheinbar reale Formen.

KAPITEL 20

Wie Tele-PSI die Macht Ihres Bewußtseins schärft

Ihr Unterbewußtsein ist der Erbauer und Wiedererbauer Ihres Körpers, mit Kontrolle über alle seiner sogenannten unfreiwilligen Funktionen. Es beherrscht Atmung, Verdauung, Verwertung, Kreislauf, Ausscheidung und alle anderen automatischen Tätigkeiten. Das Unterbewußtsein ist zugleich ein großartiger Chemiker, der alle genossene Nahrung in Gewebe, Muskeln, Knochen, Blut und Haar verwandelt und ständig neue Zellstrukturen aufbaut.

Ihr Unterbewußtsein ist zugleich der Aufbewahrungsort Ihrer Erinnerungen. Alles, was von Ihrem wachbewußten Verstand als wahr akzeptiert wird, das wird von Ihrem Unterbewußtsein verwirklicht. Ihr tieferes Bewußtsein ist für Suggestionen empfänglich, es ist gleichzeitig der Sitz der Gewohnheiten.

Bei Hypnoseexperimenten werden Sie feststellen, daß Ihr Unterbewußtsein jede Suggestion akzeptiert, da es ausschließlich deduktiv wägt. Seine Deduktionen sind immer in Harmonie mit der Prämisse; deshalb sollten alle Suggestionen in ihrer Qualität lebengebend und konstruktiv sein.

Die Sprache Ihres Unterbewußtseins ist eine symbolische. Das kommt insbesondere in Ihren Träumen zum Ausdruck, die oftmals Ihre unerfüllten oder unterdrückten Wünsche dramatisieren. Ihr Unterbewußtsein ist ein wunderbarer Imitator; es wird alles personifizieren, was ihm lebhaft suggeriert wird. Als Sitz aller psychischen Erfahrungen empfängt es intuitiv und unabhängig von den Begrenzungen durch Zeit und Raum. Bedenken Sie auch, daß sich innerhalb Ihres Unterbewußtseins das Superbewußtsein befindet (von Emerson als die große Überseele bezeichnet), oder die Gegenwart Gottes oder der höchsten Intelligenz. In anderen Worten: das ICH BIN oder der lebendige allmächtige Geist, der alles weiß und alles sieht, befindet sich in Ihrem Innern. Ihr Unterbewußtsein beherbergt unendliche Weisheit, unendliche Liebe und alle Eigenschaften und Attribute des unendlichen Seins, Gott genannt.

Ihr wachbewußter Verstand nimmt die äußere Welt durch das Mittel der fünf Sinne wahr: Er wägt durch Induktion, Deduktion, Analyse und Analogie. Sie bestimmen, selektieren und planen mit Ihrem Verstand, dem Sitz der Willenskraft. Ihr Wille wiederum setzt sich zusammen aus Wunsch, Entscheidung und Entschluß.

Sie konzentrieren sich mit ihrem wachbewußten Verstand und prägen Ihrem Unterbewußtsein durch scharfgezogene Aufmerksamkeit Eindrücke auf. Da Sie Ihre Mentalbilder mit Ihrem Verstand imaginieren, können Sie Ihr Unterbewußtsein weitaus wirksamer imprägnieren, wenn Sie eine klarere Vision dessen erstellen, was Sie sein, tun oder haben wollen. Ihr Wachbewußtsein kann Erfolg und Wohlstand erklären und behaupten durch seine Macht der bewußten Kontrolle in konstruktivem Denken, Reden und Vorstellungen. Sie können Ihr Unterbewußtsein völlig durchtränken mit Gedanken des Wohlstands und Erfolgs.

Notfälle als Stimulatoren der mentalen Kräfte

Ihr wachbewußter Verstand wird in ausgesprochenen Notsituationen zu einem äußerst empfänglichen Organ für Eingebungen aus dem Unterbewußtsein. In solchen Augenblicken übernimmt die Weisheit und Intelligenz Ihres Unterbewußtseins die Kontrolle. Ihr Wachbewußtsein übernimmt dann eine rein rezeptive Rolle. Auf diese Weise verwirklichen sich psychische Phänomene. Ihr Verstand kann erleuchtet und inspiriert werden, durch Anrufen der Weisheit und Intelligenz Ihres tieferen Bewußtseins, das alles sieht und weiß.

Tele-PSI und der Trancezustand

Ich hatte die große Geraldine Cummins zu ihren Lebzeiten oftmals in ihren Häusern in London und Cork, Irland besucht. (Sie ist die Autorin von *Unsichtbare Abenteuer*, *Die Schriften der Cleophas* und vieler anderer Bücher.) Sie ist bei vielen Gelegenheiten von den hervorragendsten Wissenschaftlern Englands untersucht worden. Alle waren sie der einhelligen Meinung, es bei ihr mit ganz bemerkenswerten psychischen Kräften zu tun zu haben.

Ich habe an vielen Sitzungen mit ihr teilgenommen, da ich mich von jeher für außersinnliche Wahrnehmung und psychische Phänomene aller Art interessiere. Bei solchen Sitzungen wurde Miss Cummins sehr still und gelangte in einen passiven, empfänglichen Zustand. Ihr wachbewußter Verstand war teilweise untergetaucht, und plötzlich behauptete sie, daß ihr Kontrollgeist „Astor" übernommen habe und sie begann zu schreiben – Seite für Seite außergewöhnlicher Information.

In einem Fall sagte sie, daß meine Schwester Mary Agnes, die in die nächste Dimension übergewechselt war, sich gemeldet habe. Beim Überfliegen der Seiten machte ich die Entdeckung, daß viele Passagen in Gaelisch, Französisch und Latein abgefaßt waren – alles Sprachen, die Geraldine nicht beherrschte. Desgleichen hatte meine Schwester in das Geschriebene sechs besondere Merkmale eingeschlossen, an denen ich sie erkennen konnte, jedes von ihnen außerordentlich akkurat. Sie berichtete aus unserer Kindheit unter Berücksichtigung nur mir bekannter Details und machte außerdem einige bemerkenswerte Voraussagen, die alle inzwischen eingetroffen sind.

In dieser Hinsicht fungierte Geraldine lediglich als schreibendes Instrument, indem sie Dinge zu Papier brachte, von denen sie im Grunde nichts wußte. Als Geraldine mit dem Schreiben fertig war, hatte sie keine Ahnung von dem, was sie da eigentlich geschrieben hatte. In diesem Fall war die Beweislast überwältigend und ich bin selbstverständlich restlos überzeugt, daß es sich hier um meine Schwester gehandelt hatte, die sich aus der nächsten Dimension zu Wort gemeldet hatte.

Normale psychische Kraft

Es gibt viele psychisch begabte Menschen, die Ihr Unterbewußtsein anzuzapfen vermögen, während sie sich im Normalzustand befinden, d. h. völlig wachbewußt sind. Diese Befähigung ist latent in jedem Menschen angelegt, nur haben einige sie besser entwickelt als andere.

Abnorme psychische Kräfte

Bei anderer Gelegenheit hatte Geraldine Cummins mich zu einer Sèance eingeladen, die eine Freundin von ihr in Südirland leitete. Dieses irische Medium fiel in einen Volltrance und behauptete, von einem ägyptischen Priester kontrolliert zu werden. In diesem Zustand enthüllte sie wunderbare psychische Kräfte. Wir saßen zu sechs Personen um den Tisch herum, der mit einer erstaunlichen Leichtigkeit angehoben wurde, allein durch die Kraft des Unterbewußtseins dieses Mediums.

Ein anwesender Professor war überzeugt, mit seiner Mutter zu sprechen. Er machte geltend, daß es sich einwandfrei um ihre Stimme handelte, daß sie ihn mit seinem Kosenamen angeredet habe, und daß sie sich auf griechisch mit ihm unterhalten habe, ihrer Muttersprache, die das im Trance befindliche Medium ohnehin nicht verstehen könne.

Viele materialisierte Formen erschienen noch – einige von ihnen sprachen. Alle waren bekleidet und verfügten über Befähigungen, wie sie auch Menschen zu eigen sind. Eine Frau hielt einen Schwatz mit einem materialisierten jungen Mädchen, das sie für ihre Tochter hielt. Diese Materialisationen hielten noch etwa fünf oder sechs Minuten an und verschwanden dann völlig. Alles das spielte sich am Nachmittag ab – nicht bei gedämpftem Licht, sondern für alle Anwesenden deutlich sichtbar. Die Formen waren aller Wahrscheinlichkeit nach ektoplasmische Projektionen des Mediums.

Psychometrische Kontakte

Kürzlich machte Dr. David Howe aus Las Vegas mich mit einer psychometrisch begabten Frau bekannt, die über die außergewöhnliche Fähigkeit verfügte, die subjektive Seite der Dinge lesen zu können. Lediglich durch Berührung eines Gegenstandes, der mit einer bestimmten Person verbunden ist, wie ein Ring, ein handgeschriebener Brief etc. ist sie imstande, eine detaillierte Beschreibung dieser Person zu geben, mit allen Charakteristiken, Neigungen, Beruf, Alter, familiären Verhältnissen und Zukunftsaussichten. Wenn sie einen Ring berührt, den der betreffende Mensch getragen hat, dann spürt sie eine bestimmte Schwingung und begibt sich in die mentale Atmosphäre dieser Person. Der Grund dafür liegt in der Tatsache, daß das Unterbewußtsein alles durchdringt und der Ring mit der mentalen Atmosphäre des betreffenden Menschen imprägniert ist, und es dadurch dem Medium ermöglicht, in sein innerstes Gedankenleben einzudringen.

Tele-PSI und innere Stimmen

Bei einem Seminar an Bord eines Schiffes, im letzten Jahr, erzählte mir ein Offizier bei Tisch, daß er zeitweilig innere Stimmen höre, besonders, wenn mit dem Schiff irgend etwas nicht in Ordnung ist. Diese Stimmen sagten ihm dann genau, um welche Schwierigkeiten es sich handele und wie sie zu beheben seien. Er war sich bewußt, daß er damit über eine bemerkenswerte Fähigkeit verfügte, die andere Besatzungsmitglieder nicht hatten, und daß es sich in den meisten Fällen auch um Warnungen irgendwelcher Art gehandelt habe.

Einmal, vor der italienischen Küste hörte er die innere Stimme sagen, ein Mannschaftsangehöriger sei auf dem Weg zu seiner Kabine, um ihn zu erschießen. Dieser Mann lief Amok. „Ich verriegelte meine Kabinentür", sagte er mir, „rief den Kapitän und ließ den Mann einsperren. Als wir den Hafen erreichten, wurde er in eine Nervenheilanstalt geschafft." Die innere Stimme war hundertprozentig richtig: der Mann war mit einer Pistole bewaffnet und hatte die Absicht, den Offizier umzubringen.

Solche Warnungen können uns auch im Traum und in Nachtvisionen zuteil werden.

Die innere Stimme dieses Offiziers war eine Realität, denn er hatte es sich zur Gewohnheit gemacht, sein Unterbewußtsein zu instruieren, durch eine Stimme jederzeit beschützt, behütet und auf jede Weise gesegnet zu sein. Diese Stimme ist die Stimme seines höheren Selbstes. Er machte sich ständig bewußt, daß alle Warnungen, Eingebungen und Instruktionen von der unendlichen Gegenwart innerhalb seines Unterbewußtseins kommen.

Gespräche mit Stimmen in Sèance-Räumen

Während vieler Sèancen, die ich in London, Johannesburg, Kapstadt und New York City miterlebt habe, mit Medien im Tieftrance, hatte es den Anschein, daß die Luft mit den Stimmen körperloser Wesenheiten angefüllt sei. Ich habe mich des längeren mit einigen dieser Stimmen unterhalten und zum Teil erstaunlich intelligente Antworten erhalten. Oftmals waren andere Anwesende – Psychologen, Ärzte, Universitätsprofessoren – der Ansicht, es mit früheren Kollegen oder Angehörigen zu tun zu haben. Diese Annahme gründete sich auf die Sachkenntnis, Diktion, Charakteristiken, Umgangsformen und Besonderheiten derer, die in der vierten Dimension wirkten.

Was mich persönlich betrifft, so war ich keineswegs zufriedengestellt. Es blieben erhebliche Zweifel bezüglich derer, die sich als meine Angehörigen ausgaben. Ich war mir durchaus nicht im klaren, ob diese Stimmen auf das Unterbewußtsein des Mediums zurückzuführen waren, oder ob es sich in der Tat um die Stimmen meiner Verwandten in der nächsten Lebensdimension handelte.

Auf jeden Fall ist das Ganze ein spannendes, faszinierendes Erlebnis. Bei einer Gelegenheit glaubte ich die Stimme meines Vaters zu hören, der insgesamt vier Sprachen beherrschte: Gaelisch, Englisch, Französisch und Latein. Seine Stimme klang natürlich und vertraut – so, als ob er sich im Zimmer befände. Er sagte zu mir: „Joe, du wirst es jetzt wissen, daß es dein Vater ist, der zu dir spricht. Ich habe dir dieses Gebet beigebracht, als du fünf Jahre alt warst." Dann sprach er das Vaterunser auf Gaelisch, Französisch und Lateinisch. Er bat sodann, allen Anwesenden vorgestellt zu werden und meinte, er würde keinen von ihnen erkennen. Er brachte mir viele Begebenheiten aus meiner frühen Kindheit in Erinnerung, die ich inzwischen vergessen hatte. Diese Begebenheiten wurden später von meiner noch lebenden Schwester bestätigt.

Man könnte jetzt sagen, daß das Medium mein Unterbewußtsein angezapft habe und damit imstande gewesen sei, meinen Vater zu kopieren und seine Stimme nachzuahmen, aber das dürfte in diesem Fall zu weit hergeholt sein. Sie können einen Menschen hypnotisieren und ihm erzählen, er sei jetzt Ihr Bruder. Da er aber Ihrem Bruder noch niemals begegnet ist, kann er weder seine Stimme nachahmen, noch seine Gestik oder Persönlichkeit kopieren.

Sie sah ihre Mutter, bevor sie überwechselte

Eine junge Lehrerin, die meine Sonntagsvorträge besucht, erzählte mir, daß sie sich eines Tages während der Mittagspause in der Schule allein im Klassenzimmer befand, um die nächste Stunde vorzubereiten. Plötzlich sei ihre Mutter erschienen, hätte „Auf Wiedersehen" gesagt und sei verschwunden.

Diese Art der Erscheinung ist keineswegs ungewöhnlich. Ohne Zweifel hatte ihre Mutter in New York City unmittelbar vor ihrem Übergang in die nächste Lebensdimension an ihre Tochter gedacht und ihre Persönlichkeit zu ihr projiziert. Unter Berücksichtigung des Zeitunterschieds zwischen New York und Los Angeles, war die Mutter ihr zum genauen Zeitpunkt ihres Übergangs erschienen.

Der Geist gab ihm eine Nachricht und verschwand

Bei anderer Gelegenheit machte Geraldine Cummins mich mit einem Mann bekannt, der das Gefühl hatte, sein Haus werde von Spukgeistern heimgesucht, da er regelmäßig laute Schritte die Treppe hinaufpoltern höre. Einmal hatte das Hausmädchen eine Erscheinung zu Gesicht bekommen und war minutenlang vor Schreck gelähmt. Sie war danach nicht mehr zum Bleiben zu bewegen und verließ das Haus am nächsten Morgen.

Ich erklärte ihm, daß es sich bei dem sogenannten Geist sehr wohl um eine Gedankenform handeln könne, wahrscheinlich von jemandem ausgesandt, dem Böses widerfahren sei und der vor seinem Tod den intensiven Wunsch gehabt hatte, das Geschehene anderen mitzuteilen. Dieser intensive Wunsch als Gedankenform nimmt oftmals die Gestalt einer Person an. Nachdem die Botschaft jedoch übermittelt worden ist, löst die Gedankenform sich auf. Ich beschwor ihn, sich diesem Geist zu stellen, in dem Moment, da er die Schritte auf der Treppe wieder hört, nach seiner Botschaft zu fragen und auf das zu hören, was er ihm zu sagen hat. Genau das tat er. Eines Abends sah er die Erscheinung und er sagte: „Gib mir deine Nachricht." Darauf erfuhr er, daß dieser Geist von seinem Bruder ermordet worden war. Unmittelbar nach dieser Eröffnung verschwand die Form.

Eine Gedankenform ist nicht die Persönlichkeit des Menschen; sie ist ein ausgesandtes Wort oder eben die Gedankenform und kann unter Umständen hunderte von Jahren bestehen, bis jemand die Botschaft empfangen hat.

Die Bibel sagt:

So auch mein Wort, das aus meinem Munde kommt: es kehrt nicht leer zu mir zurück, sondern wirkt, was ich beschlossen, und führt durch, wozu ich es gesendet. (Jes. 55:11)

Im Falle dieser Erscheinung war das Wort der Gedanke und intensive Wunsch, jemandem mitzuteilen, daß er gewaltsam ums Leben gekommen sei. Dieses Wort (Gedankenform) hing dort in der Atmosphäre herum, bis jemand sich ihm stellte und zuhörte. Wie sich später herausstellte, war in dem Haus tatsächlich ein Mann ermordet worden, der Täter jedoch nie ermittelt.

Sie sagte: "Man praktiziert schwarze Magie gegen mich."

Schwarze Magie, Hexerei und Teufelsanbetung sind seit urdenklichen Zeiten gelehrt und praktiziert worden. Genau betrachtet basiert das, was sich da Hexerei nennt auf glatte Unwissenheit; sie bedeutet lediglich, über einen anderen Menschen negativ zu denken und ihm Übles zu wünschen. Einem anderen Übles zudenken heißt aber, das Gleiche für sich zu wünschen – was wir einem anderen wünschen, das wünschen wir im Grunde auch uns selbst.

Die Sekretärin, die den Terminus "Schwarze Magie" anwandte, sagte mir, daß eins der Mädchen im Büro ihr anvertraut habe, daß die anderen Voodoo-Zauber gegen sie praktizierten und mit ihren Gebeten sie zum Verlassen ihres Körpers bringen wollten. Das verängstigte sie natürlich ganz erheblich, sodaß sie mich schreckerfüllt um Rat ersuchte. Ich erklärte ihr, daß alle diese Gebete null und nichtig seien und daß alles, was sie zu tun hätte, sei, zu bejahen:

Ich bin lebendig im Leben Gottes. Gott ist Leben, und das ist jetzt mein Leben. Gottes Liebe erfüllt meine Seele. Seine Liebe umgibt mich, umhüllt mich und schließt mich ein. Ich führe ein wunderbares Leben. Der Strahl Gottes umhüllt mich jederzeit.

Ich wies sie an, dieses Gebet auswendig zu lernen und regelmäßig zu bejahen. Wenn diese Wahrheiten dem Gemüt regelmäßig unterbreitet würden, dann brächte das jedes Furchtgefühl zum Verschwinden. Jedesmal, wenn der Gedanke an Voodoo oder Schwarze Magie auftaucht, sollte sie bejahen: "Gott liebt mich und sorgt für mich." Ich hob hervor, daß Geist (Gott) Einer ist, und daher unteilbar, und daß ein Teil des Geistes nicht im Gegensatz zum anderen Teil stehen kann. In anderen Worten: Geist kann nicht gegen sich selbst geteilt werden. Die Wahrheit ist endgültig, absolut und ewig. Diese einfache universelle Wahrheit erledigt damit die Frage der schwarzen Magie, der Hexerei und sonstiger bösartiger Praktiken ein für allemal.

Ich konnte sie überzeugen und sie befolgte meine Instruktionen auf das genaueste. Dann geschah etwas seltsames: Die drei Mädchen, die ihr Unglück und Verletzungen gewünscht hatten, wurden auf dem Weg zur Arbeit bei einem Verkehrsunfall getötet. Das Böse, das sie diesem Mädchen zugedacht hatten, fiel mit verstärkter Wirkung auf sie selbst zurück, da es im Gemüt der Empfängerin keine Entsprechung finden konnte, also nicht wußte, wohin es gehen sollte. Somit hatten sie sich im Grunde selbst zerstört.

In vielen Teilen der Welt gibt es Menschen, die versuchen, ihre mentalen Kräfte zum Schaden anderer einzusetzen. Niemand, der seinen Gleichklang mit dem Unendlichen begriffen hat, kann jedoch von solchen Praktiken berührt werden. Im Grunde verfügen Menschen, die schwarzmagische Praktiken, Hexerei oder Voodoo-Zauber anwenden überkeinerlei Macht. Sie gebrauchen Suggestionen, die zwar *eine* Macht, aber nicht *die* Macht darstellen. *Die* Macht ist allmächtig und bewegt sich als Einheit, Harmonie, Schönheit, Liebe und Frieden.

Ganz gleich, mit welchem Namen Sie diese Dinge auch belegen – sei es Satan, Schwarze Magie, Hexerei, bösartige Praktiken – alle diese Dinge sind einfach nur negative Suggestionen. Weigern Sie sich, den Suggestionen anderer irgendwelche Macht zuzugestehen. Geben Sie diese Macht nur der einen Gegenwart und Kraft. Lesen Sie den 91. Psalm und glauben Sie ihm, und Sie werden ein wunderbares Leben führen.

Sie schrieb Antworten ohne Schreibstift

Kürzlich war ich zu Gast im Haus eines alten Freundes in Mexico City. Mit uns war eine sehr schöne Frau eingeladen, die automatisches Schreiben praktizierte. Sie hielt einen Schreibstift in der Hand, die ganz plötzlich von ihrem Unterbewußtsein kontrolliert wurde. Wie sie sagte, würde ihre Hand von einer „entkörperten Wesenheit" geführt, Dr. Latella mit Namen, vermutlich ein früherer Arzt aus Spanien.

Sie brachte wunderbare Botschaften hervor, für alle acht Anwesenden, und alle waren sich einig, daß alles Geschriebene der Wahrheit entsprach. Sie enthüllte zukünftige Begebenheiten mit erstaunlicher Akkuratesse; am meisten faszinierte jedoch ihre Demonstration, bei der sie Stift und Papier auf den Boden warf, und der Stift zu schreiben begann, ohne daß ihn jemand berührte.

Diese Botschaften hatten mit vergangenen Ereignissen in meinem Leben und im Leben anderer Anwesender zu tun. Eine Botschaft besagte, daß ein Mann aus Pennsylvania am nächsten Tag einen diplomatischen Posten bekleiden würde, was in der Tat zutraf. Man könnte jetzt Spekulationen anstellen und sagen, daß die unterbewußte Kraft der Anwesenden sich des Schreibstifts bemächtigt habe, oder daß es irgendwelche entkörperten Wesenheiten aus der nächsten Dimension waren, die den Stift führten. Hierbei müssen wir uns jedoch klarmachen, daß Wesenheiten aus der nächsten Dimension über einen weitaus verfeinerten Körper verfügen, als es unser dreidimensionaler Körper ist.

Psychische Phänomene werden von subjektiven Kräften verursacht und können unabhängig vom physischen Instrument durchgeführt werden. Menschen in der nächsten Dimension verfügen ebenfalls über ein subjektives Bewußtsein und befinden sich auch im Fleisch. („Fleisch" in der Bibel bedeutet „Verkörperung"). Das bezieht sich natürlich nicht auf Gewebe, Muskeln, Knochen und Blut als solches; wir werden bis in alle Ewigkeit über einen Körper verfügen. Sie können niemals ohne einen Körper sein.

Bei streng wissenschaftlichen Untersuchungen in Séance-Räumlichkeiten wurde einwandfrei erwiesen, daß hier Objekte völlig unabhängig von physischer Berührung bewegt und gehandhabt wurden. Tische und Möbel sind bewegt worden und bei einer Gelegenheit in London war ich Zeuge, wie Geschirr gespült wurde, ohne von Hand berührt zu werden. In ASW-Kreisen wird das als telekinetische Energie bezeichnet, d. h. die Fähigkeit, bewegliche Objekte ohne die übliche physische Anstrengung und ohne den üblichen Kontakt zu handhaben.

Wer öffnete die Weinflasche?

Vor einigen Jahren, als ich Dr. Evelyn Fleet wieder einmal in London besuchte, machte sie mich mit einem Psychokineten bekannt, der uns Wein servieren sollte, ohne ein Glas oder eine Flasche zu berühren. Direkt vor unseren Augen wurde eine Flasche geöffnet, ohne daß irgendjemand irgend etwas angefaßt hätte, und ein Glas bis zum Rand vollgeschenkt. Das Glas wurde mir vor den Mund gehalten, worauf ich bestätigen konnte, daß es in der Tat *richtiger* Wein in einem *richtigen* Glas war.

Wie Dr. Fleet erklärte, war es das Unterbewußtsein des Telekineten, das dieses Phänomen zustandegebracht hatte. Offensichtlich hatte er das schon des öfteren in Gegenwart von Dr. Fleet getan.

Wir haben wunderbare Kräfte in uns, von denen viele uns noch nicht einmal bewußt sind. Man könnte sagen, daß psychische Phänomene von vierdimensionalen Wesenheiten oder dem Unterbewußtsein verursacht werden. Das Wesentliche dabei ist, daß letztlich alle Phänomene durch Geisteskraft bewirkt werden, ob auf dieser Ebene oder der nächsten.

Ihr Unterbewußtsein ist imstande zu sehen, hören, fühlen, riechen, tasten und schmecken sowie reisen, ohne Zuhilfenahme des physischen Organismus. Sie können sich selbst in eine Entfernung von mehreren tausend Meilen projizieren – sehen, was sich tut und auch nach Wunsch gesehen werden. Vierdimensionales oder astrales Reisen ist wohlbekannt und findet auch allgemeine Anerkennung. Solche Phänomene zu verneinen und ihre von tausenden in aller Welt bewiesene Existenz abzustreiten, wäre glatte Ignoranz.

Weshalb viele Voraussagen zutreffen

Wenn Sie eine Eichel in den Boden senken, dann ist das vollkommene Muster der Eiche bereits darin enthalten. Die Idee der ausgewachsenen Eiche muß daher in der Saat vorhanden sein, anderenfalls könnte sie sich nicht verwirklichen. Die Saat macht in der Erde einen Zersetzungsprozeß durch und die subjektive Weisheit macht sich daran, eine mächtige Eiche zu bauen. Ihre Gedanken sind wie Samenkörner, und da Ihr Gemüt zeit- und raumlos ist, sind Ihre Gedanken und deren Manifestationen ein und dasselbe im Gemüt. In anderen Worten: Ihr Gemüt betrachtet Ihren Gedanken als vollendet. Gedanken sind Dinge. Ein gutes Medium, das Ihr Gemüt anzapft, sieht daher die vollzogene Manifestation Ihrer Gedanken, bevor sie sich auf dem Bildschirm des Raumes objektiviert haben.

Das Medium stimmt sich auf Ihre subjektiven Tendenzen ein – Ihre Überzeugungen, Pläne und Vorhaben und sieht sie als bereits verwirklicht an. Das Unterbewußtsein des Mediums – gleich dem Ihren – wägt nur deduktiv. Selbstverständlich können Sie jede Voraussage unwirksam machen, durch Veränderung des Denkens, wenn Sie das wünschen, denn eine veränderte Einstellung verändert auch alles andere.

Sie können bewußtes Gewahrsein praktizieren

Dr. Phineas Parkhurst Quimby, der in der Mitte des 19. Jahrhunderts im US Staat Maine lebte, war imstande, seine Identität zu kondensieren und anderen Menschen hunderte von Meilen entfernt zu erscheinen. Dabei blieb er voll bewußt und verfiel auch niemals in Trance zu diesem Zweck oder um die Gedanken anderer zu lesen. Er konnte jede Krankheit auf das genaueste diagnostizieren und ihren Ursprung finden, und dadurch viele Heilungen bewirken. Er wurde hellsichtig, weil er jeden orthodoxen Falschglauben aus seinem Bewußtsein entfernt und sein Gemüt mit den Wahrheiten Gottes angefüllt hatte.

Alle seine wunderbaren Phänomene vollbrachte er in vollbewußtem Zustand. Quimby wußte, daß der Mensch unabhängig von seinem Körper wirken und sich dessen Gegenwart, d. h. seinen subtilen oder Astralkörper zunutze machen konnte. Sogar während eines Gesprächs mit einem Patienten konnte er die hellsichtige Vision eines anderen Patienten haben, der – hunderte von Meilen entfernt – sich aus seinem Bett erhob und vollkommen geheilt nach unten ging. Alles das konnte er wahrnehmen, ohne dabei die Augen schließen zu müssen.

Sie verfügen auch noch über einen anderen Körper, der unabhängig von Ihrem dreidimensionalen wirkt. Zudem ist Ihr Gemüt imstande, die Materie zu beherrschen und zu bewegen. Wenn sich daher psychische Phänomene ereignen, so kann das aufgrund der Einwirkung Ihres Unterbewußtseins oder des Unterbewußtseins eines anderen, in der nächsten Dimension befindlichen geschehen. Wichtig ist hierbei nur, zu bedenken, daß es nur einen Geist gibt, der allen Individuen gemeinsam ist.

ZUSAMMENFASSUNG

1. Ihr Unterbewußtsein ist der Erbauer und Erhalter Ihres Körpers. Es kontrolliert alle Lebensfunktionen Ihres Körpers. Es ist der Sitz der Erinnerung und Gewohnheiten. Es urteilt nicht, sondern wägt nur deduktiv – es nimmt also nur an. Füttern Sie Ihr Unterbewußtsein mit Prämissen, die wahr und gut sind, und es wird entsprechend reagieren. Ihr Unterbewußtsein kann ohne Augen sehen und ohne Ohren hören. In Ihrem Unterbewußtsein ist grenzenlose Weisheit und unendliche Intelligenz eingebettet. In anderen Worten: In Ihren subjektiven Tiefen sind alle Eigenschaften und Kräfte Gottes vorhanden.
2. Ihr Wachbewußtsein ist das abwägende analytische Gemüt. Sie wählen, sortieren und untersuchen induktiv, deduktiv und analog. Ihr wachbewußter Verstand kontrolliert Ihr Unterbewußtsein. Deshalb wird alles von Ihrem Wachbewußtsein akzeptierte von Ihrem Unterbewußtsein verwirklicht.
3. Geraldine Cummins, eine alte Freundin von mir, praktizierte automatisches Schreiben, indem sie sich in einen rezeptiven Zustand versetzte und ihren Kontrollgeist „Astor" übernehmen ließ. Dann konnte sie zuweilen in Fremdsprachen schreiben, die sie sonst nicht beherrschte. Sie war dann auch imstande, genaue Voraussagen zu machen, die alle eintrafen. Sie befand sich in Halb-Trance und hatte keine Ahnung, was sie da aufschrieb. Ich bin überzeugt, daß sie bei vielen Gelegenheiten das Diktat von Menschen aus der nächsten Lebensdimension entgegengenommen hatte.
4. Es gibt viele telekinetische Begabungen, die imstande sind, Ihr Unterbewußtsein anzuzapfen, während sie sich in normalem, wachbewußtem Zustand befinden.
5. Es gibt Medien, die imstande sind, im Trance schwere Möbelstücke zu bewegen. Ich habe solchen Demonstrationen mehrfach beigewohnt. Ein irisches Medium bedeutete einmal einem Professor, daß seine Mutter durch es zu ihm sprechen wolle. Die Mutter sprach zu ihrem Sohn in griechischer Sprache, etwa 15 Minuten lang. Er war überzeugt, es mit seiner Mutter zu tun gehabt zu haben. Bei dieser Sitzung

wurden vielerlei Formen materialisiert, von denen einige sprachen und für fünf oder sechs Minuten ihre Form behielten, bevor sie sich auflösten.
6. Psychometriker sind imstande, eine genaue Beschreibung einer Person zu geben, wenn sie dazu einen dieser Person gehörenden Gegenstand in die Hand nehmen – etwa einen Ring oder einen Brief etc. Die Persönlichkeitsmerkmale sind diesen Gegenständen aufgeprägt und haften ihnen an. Das gibt ihm die Möglichkeit, sich auf die innersten Gedanken des Betreffenden einzustimmen.
7. Viele Menschen hören eine innere Stimme, die sie vor möglichen Gefahren warnt und ihnen sagt, wie sie sich wirkungsvoll schützen können. Manchmal erfolgen diese Warnungen in Träumen oder Visionen der Nacht. Ein Schiffsoffizier hatte sich angewöhnt, sein Unterbewußtsein entsprechend zu instruieren. Auf diese Weise war er immer vor allen Gefahren geschützt. Es war in jedem dieser Fälle sein höheres Selbst, das zu ihm sprach.
8. Wenn auf manchen Séancen das Medium in Trance verfallen ist, ist die Luft dann von den Stimmen entkörperter Wesenheiten erfüllt. Ich habe mich des öfteren mit solchen Stimmen unterhalten und dabei zum Teil recht intelligente Antworten erhalten. Ich bin überzeugt, daß die meisten dieser Stimmen aus dem Unterbewußtsein des Mediums stammen, während andere aus der nächsten Lebensdimension kamen.
9. Es ist möglich, die Erscheinung eines nahen Angehörigen zu haben, wenn dieser unmittelbar vor dem Überwechseln in die nächste Dimension eine Mitteilung zu machen wünscht. Die wahrgenommene Erscheinung ist eine Projektion des vierdimensionalen Körpers und der Persönlichkeit des Angehörigen.
10. Eine Erscheinung in Form einer Stimme oder von Schritten kann unter Umständen eine Gedankenform sein, von einer Person, der in der Vergangenheit Schlimmes angetan worden war und die auf diese Weise der Nachwelt von der Tat berichten will. Nachdem das geschehen ist, löst sich die Gedankenform auf.
11. Schwarze Magie, Hexerei und bösartige Praktiken fallen alle in die gleiche Kategorie: Negatives, destruktives Denken und Mißbrauch

der Gesetze des Geistes. Dieses negative Denken geht auf grobe Unwissenheit zurück. Suggestion ist *eine* Kraft, aber sie ist nicht *die* Kraft. *Die* Kraft ist die höchste Intelligenz oder der lebendige Geist in Ihrem Innern – unteilbarer Einer, der sich als Liebe, Harmonie und Schönheit bewegt. Sie können negative Suggestionen und Gedanken anderer jederzeit zurückweisen. Die Suggestionen anderer haben keine Macht, solange Sie Ihnen keine Macht zugestehen. Einem Mädchen wurde gesagt, daß andere ihr Übles zudachten. Sie bejahte ihr Einssein mit dem Unendlichen und daß Gottes Liebe sie umgab und sättigte mit diesen Wahrheiten ihr Gemüt. Sie gestand diesen Suggestionen keine Macht zu und wandte ihre Aufmerksamkeit der einen Macht und Gegenwart zu. Die übelwollenden Mädchen wurden bei einem Verkehrsunfall getötet, d. h. sie töteten sich im Grunde selbst, denn ihre negativen Gedanken kehrten mit verstärkter Kraft zu ihnen zurück. Achten Sie darauf, anderen ausschließlich Gutes zuzudenken, denn was sie anderen zudenken, das erschaffen Sie für sich selbst.
12. Die meisten automatischen Schreiber begeben sich in einen Halbtrance und sind dann imstande, wunderbare Botschaften zu übermitteln und Antworten auf die verworrensten Probleme zu finden. Automatisten schreiben ohne bewußte Kenntnis dessen, was sie tun. Man kann zuweilen auch einen Schreibstift in Bewegung sehen, ohne daß eine Hand ihn berührt. Solche Dinge habe ich oftmals beobachtet.
13. Einem guten Medium ist ea auch möglich, Flaschen zu öffnen und Wein auszuschenken, ohne Glas oder Flasche zu berühren. Auch das gehört zu den Kräften Ihres Unterbewußtseins. Ihr Körper verfügt über keine dieser Kräfte – die Kraft liegt in Ihrem Geist und Gemüt.
14. Wenn sich eine sensitive Person auf Sie einstimmt, dann liest sie in Ihrem Gemüt. Ihre Gedanken und deren Manifestationen sind jedoch eins – so wie der Eichbaum in der Eichel enthalten ist. Daher sind Voraussagen solcher Personen erstaunlich genau.

Ein abschließendes Wort

Stimmen Sie sich ein auf die unendliche Gegenwart und Macht in Ihrem Innern und fühlen Sie, daß Sie von oben inspiriert werden und Gott durch Sie spricht und handelt. Erkennen Sie, daß Gott Sie liebt und für Sie sorgt und daß sein Frieden Ihr Herz erfüllt. Fühlen Sie sich eingetaucht in seine heilige Gegenwart, überflutet mit grenzenlosem Licht und berühren Sie den Einen, der ewig ist und erleben Sie den Moment, der ewig andauert.

Worterläuterungen*

Avatar: (buddhistisch „Boddisattwa", christlich „Heiland" = Heilsbringer, Erlöser) ist ein Vollendeter, in Gott Eingegangener, der sich freiwillig verkörpert, um als „Übermittler reinen Bewußtseins" den Menschen beizustehen.

Bewußtsein: Alles ist Bewußtsein, d. h. bewußtes Sein in verschiedensten Bewußtseinsgraden – vom absoluten, für uns unfaßbaren höchsten Bewußtsein und dem universellen, allumfassenden göttlichen Bewußtsein über das kosmische, astrale, planetarische und humane Menschheitsbewußtsein bis zum individuellen Persönlichkeitsbewußtsein des einzelnen Menschen und weiter zum tierischen, pflanzlichen und mineralischen Bewußtsein bis hinab zum molekularen und elementaren Bewußtsein (von Leibniz „Monade" genannt). Demnach ist alles, was in Erscheinung tritt, Bewußtsein in fortschreitender Offenbarung, so daß es sich bei geistiger Entwicklung eigentlich nicht um Bewußtseinserweiterung oder Bewußtseinssteigerung handelt, sondern um immer klareres Gewahrwerden der Tatsache, daß „Höchstes Bewußtsein mein Wesen ist". Und je ungetrübter das gesamte Wollen, Denken, Fühlen und Wirken dieses Wesen widerspiegelt, desto vollkommener ist dessen irdische Erscheinungsform.

Brainstorming: wörtliche Bedeutung „Gehirnsturm erzeugen". Man versucht dadurch der Trägheit oder gar Stagnation des gewöhnlichen Denkprozesses entgegenzuwirken, indem die Beteiligten zu irgendeinem

---
* Copyright Verlag CSA Rosemarie Schneider, 6000 Frankfurt

Problem oder „Reizwort" einfach alles spontan herausprudeln, was ihnen dazu einfällt, ohne sich durch kritische Überlegung hemmen zu lassen. Sicherlich ist diese Methode in manchen Fällen ganz brauchbar, doch ist sie eben nur ein Ersatz, bestenfalls ein Vorläufer schöpferischer Imagination, denn wer gelernt hat, sich ständig für den Strom geistigen Bewußtseins offen zu halten, der braucht nicht mehr gewaltsam intellektuelle Barrieren zu durchbrechen.

Ego: das persönliche „Schein-Ich", das unser wahres Selbst verdeckt und so die Täuschung des Getrenntseins, des „Sonderscheins" (Ekkehard) verursacht.

Einweihung: „wird immer dann erfahren, wenn wir zu einem größeren Verständnis des Lebens erwachen" (so sagt man ja auch im gewöhnlichen Sprachgebrauch: man wird in eine Kunst oder in ein Geheimnis eingeweiht). Es gibt infolgedessen fortschreitende Stufen der Einweihung, bis das letzte Geheimnis offenbart wurde: „ich bin ein individualisierter Teil Gottes – ein verkörperter Gottesfunke".

emotional: gleichbedeutend mit affektiv oder irrational, d. h. gefühlsmäßig bzw. erlebnishaft.

Erweckung: gleichbedeutend mit Erleuchtung oder Befreiung (weil wir aus dem bewußtseinsverdunkelnden „Lebenstraum" zum „Licht der Erkenntnis" erwacht sind und dadurch von begrenzenden Irrtümern und Bindungen befreit wurden) ist das Ziel der menschlichen Entwicklung, gewissermaßen die „geistige Geburt", durch welche die mit der körperlichen Geburt eingeleitete Menschwerdung im Bewußtsein vollendet wird.

Evolution: wörtliche Bedeutung „Auswicklung". Der als fortschreitende Entwicklung in Erscheinung tretende Schöpfungsablauf.

Frustration, frustriert: seelische Verkümmerung auf Grund von Enttäuschung und Zurücksetzung, Freudlosigkeit und Unbefriedigtheit, Einengung und fehlender Entfaltungsmöglichkeit, also insgesamt durch eine menschenunwürdige Existenz. Eine solche kann gerade auch ein Leben in äußerem Luxus und Überfluß ohne inneren Sinn bedeuten, so daß heute mehr denn je das Paulus-Wort gilt. „Was nützte es dem Menschen, wenn er die ganze Welt gewänne und doch Schaden nähme an seiner Seele."

Geist, geistig: ist keinesfalls in dem bei uns üblichen Sinne von intellektuell, verstandesmäßig, gedanklich (Geisteswissenschaften, geistige Anstrengung usw.) zu verstehen, sondern bedeutet „Die *eine* Gegenwart, *eine* Macht und *eine* Substanz in diesem und als dieses manifestierte Universum" ebenso wie das wahre Selbst, denn „Ich bin ein Lebengebender Geist".

Gemüt: (englisch „mind" – also *nicht* mit „Geist" zu übersetzen) ist im Seelen-Organismus jener zentrale Zwischenbereich zwischen dem Überbewußten und Unbewußten, in dem sich die gesamte mental-emotionale Bewußtseinstätigkeit abspielt, d. h. sowohl die bewußten Gedankenformen als auch die unterbewußten Vorstellungsbilder entstehen. Zwar muß man Denken und Fühlen theoretisch unterscheiden, doch vollzieht sich im praktischen Leben bzw. Erleben beides immer gleichzeitig, so daß es sich eigentlich um „Denkendes Fühlen" oder „Fühlendes Denken" mit jeweils verlagertem Schwerpunkt handelt.

Gewahrsein: (englisch „awareness") ist der durch die Erweckung erlangte Dauerzustand eines Menschen, für den die geistige Wirklichkeit nicht mehr nur einen durch andere vermittelten theoretischen Glaubensinhalt bedeutet, sondern zur eigenen praktischen Erfahrung und selbst erlebten Gewißheit geworden ist.

Imagination, imaginativ: die bildhafte Vorstellungskraft, durch die Gedachtes erst mit seelischer Energie erfüllt und so in allen Bewußtseinsbereichen wirksam werden kann (das „innere Bild").

Initiative: innerer Beweggrund oder auslösende Kraft, die sofortiges Handeln bewirkt („Willens-Zündung").

Inkarnation: Verkörperung (Reinkarnation = Wiederverkörperung) der Seele in einem lebendigen Organismus.

Inspiration, inspirativ: einer geistigen Offenbarung entspringende und das Denken mit höherem Bewußtsein erfüllende Eingebung (das „innere Wort").

Intuition, intuitiv: höchste Erkenntnis durch „liebende Vereinigung" von Erkennendem und Erkanntem, unmittelbare Erfahrung der Wahrheit (die „innere Führung").

Involution: wörtliche Bedeutung „Einwicklung". Der ursächliche Schöpfungsimpuls, aus dem die ganze Evolution hervorgeht.

Karma: gleichbedeutend mit Schicksal im Sinne der Gesetzmäßigkeit von Ursache und Wirkung, Saat und Ernte. Der zwingende Ablauf von Kausalreihen in der Naturgesetzlichkeit hat sich jedoch im menschlichen Bewußtsein in das geistige Gesetz der Wechselwirkung von Notwendigkeit und Freiheit gewandelt: so wie wir die Notwendigkeit vergangenen Karmas erkennen und erfüllen, gewinnen wir dadurch zugleich die Freiheit zum Schaffen künftigen Karmas. Vom Karma selbst können wir befreit werden, wenn unser Eigenwille aufgeht in Gottes Wille, weil wir auf dem Wege des Gehorsams („nicht mein, sondern Dein Wille geschehe") zur erlösenden Erkenntnis gelangt sind: Der *eine* Wille geschieht in allem.

Kontemplation: wörtliche Bedeutung „innere Betrachtung". Sich immer intensiver mit etwas verbinden, sich immer tiefer hineinversenken und schließlich ganz darin aufgehen („Identifikation").

Konzentration: wörtliche Bedeutung „auf einen Punkt gerichtetes Bewußtsein". Die Kraft der gesammelten Aufmerksamkeit wirkt psychisch ebenso stark wie physikalisch die Kraft der in einem Brennpunkt gebündelten Lichtstrahlen.

Manifestation: wörtliche Bedeutung „faßbare Offenbarung, endgültige Festlegung". Die Welt als greifbarer und sichtbarer Ausdruck des schöpferischen Bewußtseins.

materiell: gleichbedeutend mit mechanisch oder anorganisch, d. h. körperlich bzw. stofflich.

Meditation: wörtliche Bedeutung „von der Wesens-Mitte aus den Umkreis (des Bewußtseins) ermessen". Die gezielte Lenkung unserer Aufmerksamkeit auf den reinen Aspekt (Spiegelung) unseres Seins („Grals-Schale").

mental: gleichbedeutend mit intellektuell oder rational, d. h. gedanklich bzw. begrifflich.

Metaphysik, metaphysisch: wörtliche Bedeutung „hinter bzw. über dem Körperlichen", also die Lehre von den wirklichen Ursachen und bewirkenden Energien in allen materiellen Vorgängen und Erscheinungen.

Modelle: prägende Prinzipien oder Vorbilder, die den Ablauf von Geschehnissen oder Entwicklungen bestimmen. Es gibt *Denkmodelle,* auch „Ideen" genannt, die Grundlage aller bewußten Denkprozesse sind, und

Erfahrungsmodelle, auch „Engramme" genannt, die sich in allen unterbewußten Reaktionen auswirken.

okkult: wörtliche Bedeutung „verborgen, geheim", so daß also auch Atomphysik oder Medizin für jeden Nichtakademiker, aber ebenso technische oder handwerkliche Praktiken für jeden Laien „okkult" sind. Die übliche eingeengte Wortbedeutung in bezug auf unerklärliche Vorgänge und ungewöhnliches Verhalten resultiert daher nur aus einem einseitig materialistisch eingestellten Bildungssystem, weshalb dem solchermaßen eingeengten Bewußtsein vieles als „okkult" erscheint, was z. B. für Ostasien völlig klar und selbstverständlich ist.

psycho-somatisch: hauptsächlich im medizinischen und psychologischen Bereich gebrauchter Ausdruck für die körperlichen Erscheinungsformen seelischer Vorgänge aufgrund der *psycho-physischen Identität,* d. h. einfach ausgedrückt „der Körper ist die Haut der Seele".

Samadhi: (im Zen „Satori", im Christlichen „Glückseligkeit") ist die höchstmögliche Steigerung des menschlichen Bewußtseins zum reinen Gott-Bewußtsein, indem ich erkenne, daß „Gott durch mich und als ich wirkt", und diese Erkenntnis mein ganzes Wesen restlos erfüllt.

Seele, seelisch: Die Schöpfungs-Ideen des „väterlichen" Geistes werden von der „mütterlichen" Weltseele empfangen und als konkrete Schöpfung „geboren" (in der göttlichen Gesamtschöpfung ebenso wie in jedem menschlichen Schöpfungsprozeß). Alles in Erscheinung Tretende existiert also zuerst als Seele bzw. ist ein Teil der Weltseele in verschiedenartigsten Formen der Verkörperung. Ein lebender Mensch *hat* demnach nicht eine Seele, sondern er *ist* eine verkörperte Seele, die beim „Sterben" ihre körperliche Hülle wieder ablegt. Und wie ein körperlicher Organismus aus den verschiedensten Organen besteht, so besteht auch der seelische Organismus aus den verschiedensten unterbewußten, oberbewußten und überbewußten Bereichen.

spirituell: gleichbedeutend mit geistig (hat also nichts mit „Spiritismus" zu tun, der sich mit „Geistern" und nicht mit „Geist" befaßt).

Substanz: Das eigentliche Wesen, der beständige Urgrund, das in allem Wandel der Erscheinungsformen stets sich selbst gleich Bleibende.

Transformation, transformieren: analog zur Umwandlung elektrischer Energie im Transformator kann und soll auch geistig-seelische

Energie umgewandelt werden. Es ist daher die doppelte Aufgabe des Menschen, durch den „Transformator" seines Bewußtseins einerseits den „Starkstrom" des reinen Geistes in den „Schwachstrom" allgemeinverständlicher Denkformen und Vorstellungsbilder umzuwandeln, andererseits aber auch umgekehrt ständig Materie niederer Schwingung in höherschwingende Materie zu transformieren, bis schließlich im verklärten Leib des Vollendeten die totale Vergeistigung der Materie erreicht ist.

Visualisierung, visualisieren: wörtliche Bedeutung „sichtbar machen", ist das Vermögen, reine Gedankenformen in möglichst plastische Vorstellungsbilder zu übertragen, also innerlich zu schauen (Goethe nannte dies „Anschauung"). Je besser dies gelingt, desto wirksamer ist die Praxis schöpferischer Imagination.

vital: gleichbedeutend mit reaktiv oder organisch, d. h. leiblich bzw. triebhaft.

Wahrheit: das höchste Bewußtsein, das in seiner Absolutheit dem begrenzten Denkvermögen unfaßbar bleibt, wohl aber für die unbegrenzte Seele unmittelbar erfahrbar ist (siehe Samadhi).

Wahrheitslehre(r): erhebt, richtig verstanden, nicht den Anspruch, die absolute Wahrheit lehren zu können, sondern zeigt jedem Menschen die Mittel und Wege, wie er zu seinem ureigensten „Gewahrsein" der Wahrheit gelangen kann (siehe Erweckung oder Erleuchtung).

IHR PROGRAMM ZUR SELBSTHILFE

Dr. Joseph Murphy

LASS LOS UND LASS GOTT WIRKEN
103 Meditationen für Gesundheit, Wohlstand, Erfolg und Harmonie

Meditieren heißt loslassen und gleichzeitig neue Kraft schöpfen. Schmerzliche Erfahrungen werden aufgelöst, es wächst das Urvertrauen in die Schöpfung und ihre Wege. Das Leben gewinnt an Intensität und erfährt eine Wandlung zum Positiven.
Dies ist eine exklusive Sonderausgabe als Geschenkkassette.
Darin sind enthalten: 1 Broschüre Murphy Meditationen I „Stille Momente mit Gott", 1 Broschüre Murphy Meditationen II „für Gesundheit, Wohlstand, Liebe und Selbstausdruck" und 3 Kassetten dieser Meditationen.

DAS GOLDENE BUCH VON DR. JOSEPH MURPHY
Zwei Bestseller über außersinnliche Kräfte und die Macht ihrer Gedanken in einem Sonderband

Mehr als dreiviertel der gesamten Bevölkerung glauben an außersinnliche Kräfte wie Telepathie, Hellsehen, Kontakte mit Verstorbenen. Denn es ist inzwischen bewiesen, daß es diese Kräfte tatsächlich gibt, und daß wir von diesen unsichtbaren Kräften in vielen Entscheidungen gelenkt und geleitet werden. Ob wir dies nun wollen oder nicht! Dr. Joseph Murphy zeigt Ihnen in diesem Buch, wie Sie sich diese Kräfte zunutze machen können, um Ihr Leben erfolgreich zu gestalten. (ASW und TELE-PSI in einem Band.) 500 Seiten.

DAS SUPERBEWUSSTSEIN
WIE SIE UNMÖGLICHES MÖGLICH MACHEN

Jeder Mensch kann sich erheben, wachsen und sich entfalten, unabhängig von Geburt und Herkunft, wenn er es versteht, das SUPERBEWUSSTSEIN im Innern zu berühren. Ihre Aktionen gehen vom wachbewußten Verstand aus, Ihre Reaktionen sind Sache des Superbewußtseins. 252 Seiten.

ASW
IHRE AUSSERSINNLICHE KRAFT

Jeder Mensch besitzt übersinnliche Kräfte und kann diese Tatsache jederzeit an sich erfahren. Sie können ohne Schwierigkeiten lernen, diese außerordentlichen Kräfte wie Hellsichtigkeit, Telepathie, Präkognition und Retrokognition im täglichen Leben sinnvoll einzusetzen und das mit Ergebnissen, die Sie nicht für möglich gehalten haben. 244 Seiten.

TELE-PSI
DIE MACHT IHRER GEDANKEN

TELE-PSI ist eine einfache, praktische, logische und wissenschaftliche Methode, durch deren Anwendung Sie Ihre sehnlichsten Wünsche erfüllen können. Dr. Murphy stellt hier ganz entschieden und unmißverständlich fest: wenn Sie den Instruktionen des Buches folgen, werden Wunder in Ihrem Leben geschehen. 256 Seiten.

MEHR GLÜCK UND ERFOLG DURCH DIE RICHTIGE ANWENDUNG DER GEISTIGEN GESETZE

Dieses Buch zeigt Ihnen, wie wichtig es ist, die geistigen Gesetze im Leben zu beachten und danach zu handeln. Denn diese Gesetze sind ebenso gültig wie die aus Mathematik und Physik. Dieses Buch bietet eine Vielzahl von Suggestionshilfen und Techniken, die von jedermann anwendbar sind, um unser Leben bewußt durch konstruktives Denken positiv zu verändern. 255 Seiten.

GROSSE BIBELWAHRHEITEN
FÜR EIN PERFEKTES LEBEN

Der weltberühmte Autor hat eine Vielzahl von interessanten Bibelstellen auf ihre wahre, innere Bedeutung hin untersucht. Seine Interpretationen und Erkenntnisse weichen absolut von der „Buchstäblichkeit" der Gleichnisse und Allegorien ab. Er zeigt Ihnen, daß diese Bibelwahrheiten der Schlüssel für ein perfektes Leben in Glück und Freiheit sind. 242 Seiten.

Verlangen Sie das Gesamtprogramm beim
**Verlag Peter Erd, Gaißacherstraße 18, Postfach 75 09 80,
8000 München 75; Telefon (0 89) 7 25 01 26**

IHR PROGRAMM ZUR SELBSTHILFE

MEDITATIONEN I + II

Diese Meditationen sind Musterprogrammierungen, die schon Zigtausenden von Menschen geholfen haben ihr Leben zu ihren Gunsten zu verändern. Sie sind absolut gezielt und sicher anwendbar. 54 Seiten, 70 Seiten.

KASSETTEN

Endlich sind sie da, die Kassetten mit den Murphy Meditationen I (2 Kassetten: 1. Teil und 2. Teil) sowie die Murphy Meditationen II (1 Kassette) – zur Freude aller Murphy-Fans. Überlassen Sie sich ganz diesen geübten Stimmen, mit deren Hilfe Sie an sinnvolles meditatives Arbeiten herangeführt werden. Damit verstärken Sie Ihren Erfolg bei der Selbstprogrammierung durch die Meditations-Broschüren ganz wesentlich!

Catherine Ponder

DIE HEILUNGSGEHEIMNISSE DER JAHRHUNDERTE

Die Heilungsgeheimnisse der Jahrhunderte bestehen darin, daß jeder Mensch zwölf dynamische Geisteskräfte besitzt, die in zwölf beherrschenden Nervenzentren im Gehirn und mitten im Körper liegen. Das Buch zeigt Ihnen weiterhin, wie dieses Wissen angewendet werden muß, um jedes Leiden Ihres Körpers zu heilen. 282 Seiten.

DIE DYNAMISCHEN GESETZE DES REICHTUMS

Sie können durch DIE DYNAMISCHEN GESETZE DES REICHTUMS einen goldenen Strom von Reichtümern in Ihr Leben leiten. Dieses Buch enthüllt Ihnen, wie bestimmte geistige Einstellungen in Ihrem Leben Wohlstand hervorrufen, warum die stärkste Kraft der Welt zu Ihren Gunsten wirkt und wie man die geheimen „Gesetze für Wohlbefinden" zur Erlangung des eigenen Glücks anwendet. 349 Seiten.

DAS WOHLSTANDSGEHEIMNIS ALLER ZEITEN

Sie können alles haben, sobald Sie das Wohlstandsgeheimnis aller Zeiten kennen- und anzuwenden gelernt haben. Dieses Buch zeigt Ihnen Seite für Seite, was es mit diesem verblüffenden Geheimnis auf sich hat, wie es angewendet wird und wie es den Weg in Ihr Leben finden kann. 265 Seiten.

BETE UND WERDE REICH

Dieses Buch möchte Sie mit vielen faszinierenden Arten bekannt machen, auf die man beten kann: durch Entspannung, Verneinung, Bejahung, Konzentration, Meditation, in der Stille, durch Erkenntnis, durch Danksagung. Sie werden sehen, es gibt für jede Lebenslage einen Weg, zu beten – der zu Stimmung und Umständen paßt – eine Methode, die unweigerlich funktioniert! Auf keine bessere Weise können Sie sich die Lebensqualität sichern, die Sie sich so sehnlich wünschen. 272 Seiten.

Claude M. Bristol
Harold Sherman

TNT – EINE KRAFT IN DIR WIE DYNAMIT

Die meisten Menschen blockieren sich ständig selbst und behindern damit ihr natürliches Vorwärtskommen. Sie halten es für vermessen, sich in einer Position zu sehen, die ihnen nach der sozialen Stufenleiter „nicht zukommt". Und das ist das grundlegende Übel. Nur derjenige, der eine solche Idee zuläßt, der sie ständig im Auge behält, d. h. sie innerlich verbildlicht, wird sie unweigerlich durchsetzen. Die Kraft in uns, die ihr zum Durchbruch verhilft, ist bei jedem Menschen in der gleichen Stärke vorhanden. Es ist ein schier grenzenloses Potential, über das wir verfügen. Aber nur wenige Menschen wissen davon und nutzen es für ihre Ziele. Diejenigen, die es tun, sind die Planer und Vollbringer auf dieser Welt. Die große Masse gedankenloser menschlicher Wesen folgt nur ihrem Kielwasser. 216 Seiten, Leinen.

Verlangen Sie das Gesamtprogramm beim
**Verlag Peter Erd, Gaißacherstraße 18, Postfach 75 09 80,
8000 München 75; Telefon (0 89) 7 25 01 26**

IHR PROGRAMM ZUR SELBSTHILFE

Brunhild Börner-Kray **DER GEISTIGE WEG – DER WEG ZUM ÜBERLEBEN**
Daß es eine höhere Wirklichkeit gibt, jenseits der Physik, davon war selbst Einstein zutiefst überzeugt. Mit dem Intellekt meistern wir die physische Welt. Unsere Daseinsberechtigung aber liegt begründet in unserer geistig-seelischen Existenz, die viele Leben durchwandert und unsterblich ist. Für jeden wahrhaft Suchenden ist das Werk dieser Autorin ein kostbares Geschenk. Nein, mehr noch: eine Offenbarung.
Hier wird klar, eindringlich und überzeugend dem Menschen sein geistiger Weg zum Überleben aufgezeigt. Der Leser wird das Buch nicht mehr aus der Hand legen, bevor er die letzte Zeile gelesen hat. 363 Seiten, Leinen.

Dan Custer **ICH BIN – ICH KANN – ICH WERDE**
Das Wunder Ihrer Geisteskraft! Welche Aussage machen Sie häufiger: „Ich kann" oder „Ich kann nicht"? Seien Sie ehrlich, meistens bringen Sie eine negative Einstellung zum Ausdruck. Zugegeben, da spielen Frustrationen aus der Kindheit eine Rolle. Man hat uns häufig eine falsche Bescheidenheit beigebracht, Erwartungen und Wunschvorstellungen lächerlich gemacht. Dabei ist nichts so notwendig, als sich selbst zu akzeptieren als selbstbewußten Mittelpunkt, als einmalige Schöpfung, die alles ist, sein kann und sein wird. Ihre Möglichkeiten sind unbegrenzt, ob Sie nun Ihr Bewußtsein für körperliche Gesundheit und Jugendlichkeit, finanzielle Sicherheit, Entscheidungskraft oder Persönlichkeitsentfaltung einsetzen. 344 Seiten, Leinen.

Dr. Ian Gawler **KREBS – EIN SIGNAL DER SEELE?**
VORBEUGEN UND HEILEN IST MÖGLICH
Der Autor dieses Buches kennt die Gefühle eines Krebskranken. Er war Krebspatient, und sein Arzt nannte ihm eine Lebenserwartung von 3 bis 6 Monaten. Jetzt ist er geheilt.
Wie er mit dieser Krankheit fertig geworden ist, welche Therapie angewandt wurde und warum er jetzt weiß, daß Vorbeugen und Heilen möglich ist, lesen Sie in diesem Buch, das alle angeht, nicht nur die direkt Betroffenen. Es ist Warnung und Hilfe zugleich, und was das allerwichtigste ist: es macht die Zusammenhänge transparent und verhilft uns zu einer neuen, versachlichten Einstellung gegenüber dieser gefürchteten Krankheit. 283 Seiten, Leinen.

Vernon Howard **DURCH MYSTISCHE WEISHEIT ZU KOSMISCHER KRAFT**
Hier ist endlich ein Buch, das es wagt, das Geheimnis der Ewigkeit zu enthüllen! Ja, es ist wahr. Sie werden herausfinden, wie Sie sich „in Berührung" mit der Mystischen Gemeinschaft bringen, um die goldene Ernte von Weisheit, Verstehen, Kraft und Liebe einzubringen. Sie werden sehen, wie Ihnen das ungeheure Wissen hinter jahrhundertealten Symbolen genutzt kann, wie Sie die „versteckten Kräfte", die in Ihrem Bewußtsein schlummern, wecken und wie Sie damit umgehen können. Wer die wunderbaren Möglichkeiten des Menschenlebens nutzen möchte, wer mit seiner gegenwärtigen Lage unzufrieden ist, kann in diesem praxisbezogenen Buch eine unerschöpfliche Quelle für die Arbeit an sich selbst finden. 283 Seiten, Leinen.

D. Scott Rogo **REISEN IN DIE UNSTERBLICHE DIMENSION**
Ein 8-Schritte-Führer für Astralreisen!
Die Astralreise, d. h. die Fähigkeit, den Körper zu verlassen, ist ein Phänomen, das schon seit langem sowohl die Wissenschaft als auch die breite Öffentlichkeit fasziniert. Wenn diese seltsame Kraft immer schon Ihre Neugier erregt hat und Sie bereit sind, diese Neugier einen Schritt weiter zu verfolgen, dann finden Sie in dem vorliegenden Buch eine vollständige Einführung in acht authentische Methoden, die nachweislich Erlebnisse der Loslösung vom Körper bewirkt haben. Ein Buch, das Ihr Denken, aber auch Ihr Leben verändern kann. 279 Seiten, Leinen.

Verlangen Sie das Gesamtprogramm beim
**Verlag Peter Erd, Gaißacherstraße 18, Postfach 75 09 80,
8000 München 75; Telefon (0 89) 7 25 01 26**

IHR PROGRAMM ZUR SELBSTHILFE

Dr. Rosemarie Schultz   **WER BIN ICH?**
Ein Führer in das Zentrum Ihres Innersten! – Welche Rolle ist es, die Sie spielen? Fühlen Sie sich immer als bedauernswertes Opfer oder sehen andere Sie vielleicht als Monster, das seine Umwelt terrorisiert? Möglicherweise wenden Sie unbewußt schon ein Leben lang die falschen Mechanismen an und manöverieren sich so ständig in Situationen, die Sie eigentlich vermeiden wollen.
Dieses Buch führt den Leser anhand von ausführlichen Beispielen und Analysen aus der therapeutischen Praxis sowie gezielten Anleitungen zu einem ehrlichen und erkenntnisreichen Dialog mit sich selbst. Sie werden erstaunt sein über die neu gewonnene Charakterisierung Ihrer Person, sobald Sie in diesen Stichwort-Dialog einsteigen. 295 Seiten, Leinen.

Dr. Frank S. Caprio und   **SELBSTHILFE MIT SELBSTHYPNOSE**
Joseph R. Berger
Der Begriff Hypnose ist auch heute noch für viele ein Reizwort. Es ist ein Verdienst der Autoren, daß sie hier Vorurteile und Irrmeinungen ausräumen. Dieses Buch ist ein ausgezeichneter Leitfaden für den Laien, der erkennen wird, daß Selbsthypnose Außerordentliches vollbringt – zum Nutzen und Guten des Menschen. Selbsthypnose ist weder etwas Geheimnisvolles noch etwas Gefährliches und unerhört erfolgreich, wenn man sie anzuwenden versteht. **75 % aller Krankheiten können erfolgreich mit Selbsthypnose behandelt werden, ebenso Angstzustände, Depressionen und Unsicherheit.** Es gibt noch **vielerlei Anwendungsgebiete,** die ausführlich in diesem Buch beschrieben sind. 264 Seiten.

Dr. Donald Curtis   **DIE MAGISCHEN KRÄFTE DEINES UNTERBEWUSSTSEINS**
Der Autor zeigt hier auf, wie sie das destruktive, negative Denkmuster aus Ihrem Bewußtsein entfernen. Sie lernen, wie Sie die fünf schwierigkeitsverursachenden Gemütshaltungen eliminieren und durch andere glückbringende Einstellungen ersetzen. 287 Seiten.

Dr. Masaharu Taniguchi   **365 SCHLÜSSEL UM OHNE ANGST ZU LEBEN**
Mit welchen Ängsten sind wir doch alle zeitweilig belastet! Zu Recht, mögen Sie denken, denn die Situation ist wohl auch danach. Aber nun fragen Sie sich einmal ernsthaft: Haben Sie je ein Problem gelöst durch Ärger und ängstliche Verkrampfung? Im Gegenteil, sie erschweren und komplizieren die Situation. Erst wenn Sie ein Problem ganz loslassen und die Freiheit Ihres Geistes wiedergewinnen, werden segensreiche Kräfte frei. Dieses Buch enthält keine Hypothesen. Der Autor legt zwingend dar, was unter bestimmten geistigen Voraussetzungen einfach eintreten muß. Und dafür gibt er Ihnen 365 Schlüssel an die Hand. Seine Bücher und Vorträge haben schon Millionen von Menschen vor weiterem Elend, Krankheit und Armut bewahrt. 272 Seiten.

Anthony Norvell   **WIE MAN SEINE WÜNSCHE UND TRÄUME ERFOLGREICH VERWIRKLICHT**
Es gibt sechsundzwanzig Gründe, warum dieses Buch Ihr Leben verändern kann. Sie lernen z. B. John D. Rockefeller Senior's „Randvoll-mit-Geld-gestopfte-Taschen-Theorie" kennen. Sie lernen Ihren Schlaf besser zu nutzen, Ihr Gedächtnis zu stärken, Fremdsprachen zu lernen, Ihre Träume zu steuern, eine außerordentliche Persönlichkeit zu entwickeln, u. v. a. m. 332 Seiten.

SEI ERFOLGREICH UND WOHLHABEND
Dieses Buch zeigt Ihnen, wie Sie ein „Erfolgsmagnet" werden können, wie Sie dem kosmischen Überfluß befehlen, in Ihr Leben zu strömen, wie Sie ein magnetisches Glücksrad für sich erschaffen und Erfolg und Reichtum unwiderstehlich zu sich heranziehen, u. v. a. m. 282 Seiten.

Verlangen Sie das Gesamtprogramm beim
**Verlag Peter Erd, Gaißacherstraße 18, Postfach 75 09 80,
8000 München 75; Telefon (0 89) 7 25 01 26**

IHR PROGRAMM ZUR SELBSTHILFE

Sidney Petrie und **SELBSTHILFE DURCH AUTOGENIC**
Dr. Robert Stone

Nichts ist so anhänglich wie schlechte Gewohnheiten! Was wollen wir uns nicht alles abgewöhnen: das Rauchen, übermäßigen Alkoholgenuß, das ewige Naschen, in unerwarteten Situationen sofort Versagerängste zu entwickeln, und überhaupt immer gleich emotional zu reagieren, u. v. a. m. Es ist so schwer, wenn nicht gar unmöglich, denken Sie. Wenn es Ihnen bisher nicht gelungen ist – **mit Autogenic schaffen Sie es!** Die Autogenic-Methode orientiert sich zwar am Autogenen Training, ist aber eine durch neue Erkenntnisse wesentlich verbesserte Methode und führt in der Praxis zu außerordentlichen Erfolgen. 256 Seiten.

Alle wichtigen Autogenic-Formeln dieses Buches haben wir auch als **Kassetten** verfügbar. Damit können Sie Ihren Erfolg mühelos steigern.

Duane Newcomb **ZAUBERKRAFT SELBSTBEWUSSTSEIN**

Haben Sie sich jemals gefragt, warum manche Menschen zwanzigmal soviel mehr Geld verdienen als Sie? Sie sind weder zwanzigmal intelligenter, noch arbeiten Sie zwanzigmal so hart. Sie waren allerdings zwanzigmal mehr davon überzeugt als Sie, daß sie das große Geld machen würden. Der Autor macht Sie bekannt mit den Strategien dieser Erfolgreichen, die am Anfang nichts weiter besaßen, als ein ausgeprägtes Selbstwertgefühl. Lassen Sie sich inspirieren, und glauben Sie dem Autor: Sie brauchen keinen Zaubertrank, um den Grundstein zu Ihrem Wohlstand zu legen, wohl aber sollten Sie sich einer Zauberkraft bedienen: Sie heißt Selbstbewußtsein. 264 Seiten.

Dr. Emmet Fox **MACHT DURCH POSITIVES DENKEN**

Dieses Buch gehört zu den Klassikern, die konstruktives Denken lehren. Es lehrt Sie die Prinzipien für einen erfolgreichen Lebensaufbau und es verweist auf die einzig mögliche Methode, um Furcht, die Ursache und Wurzel allen Versagens ist, zu überwinden. 256 Seiten.

Marianne Streuer **GESUNDHEIT FÜR EIN GANZES LEBEN**

Wir sind immer erst dann bereit, ein gesundes Leben zu führen, wenn wir krank sind! Durch seine Lebensweise stellt jeder Mensch die Weichen selbst. Ein regelmäßiges Fitneßtraining und eine gesunde Ernährung sind ganz sicher entscheidende Faktoren, und Sie werden hier auch eine Menge darüber erfahren. Aber all dies allein ist keine Garantie für unbegrenzte Gesundheit. Eine gesunderhaltende und naturentsprechende Lebensweise kann nur die logische Folge einer gesunden, nämlich lebensbejahenden Grundeinstellung sein. Und daß die Autorin diesen so wesentlichen Aspekt mit einbezieht, unterscheidet dieses Buch von den im Übermaß angebotenen mehr oder weniger einseitig ausgerichteten Fitneß-, Ernährungs- und Schönheitsfahrplänen und macht es so wertvoll. 152 Seiten.

LEXIKON DER TRAUMDEUTUNG

Wir alle träumen pro Nacht eineinhalb Stunden. Durch die Träume versucht unser Unterbewußtsein Kontakt mit unserem Verstand herzustellen und ihm eine Botschaft zu übermitteln. Doch meistens können wir die vielen Symbole und okkulten Sinnbilder, die es dabei anwendet, nicht entschlüsseln. Wir können die Botschaft nicht aufnehmen. Dieses Lexikon lüftet den Schleier der Geheimnisse. Es deutet 2500 Träume. Es enthüllt Ihnen, was die seltsamen Begebenheiten, Gegenstände, Menschen, Orte und Gefühle Ihrer Traumwelt in Wirklichkeit für Sie bedeuten. 432 Seiten, kartoniert.

Verlangen Sie das Gesamtprogramm beim
**Verlag Peter Erd, Gaißacherstraße 18, Postfach 75 09 80,
8000 München 75; Telefon (0 89) 7 25 01 26**

IHR PROGRAMM ZUR SELBSTHILFE

Joseph J. Weed **LEBEN, TOD UND WIEDERGEBURT – EIN EWIGES KARMA?**

In diesem Buch erfahren Sie alles über Karma, Geburt, Tod und Reinkarnation. Sie erfahren, wie Sie mit dem Prinzip des Karma Ihre Zukunft schaffen und auch ändern können. Oder was ist nach dem Tod? Wie wird die Entwicklung zwischen den Inkarnationen weitergehen? Was geschieht vor der Wiedergeburt und warum? Dieses Buch schildert Tatsachenberichte, keine romantischen Phantasien. Es zeigt Ihnen Beispiele und Wege zum neuen Leben. 272 Seiten.

PSYCHOENERGIE – DIE URKRAFT DES LEBENS

Dieses Buch ist ein Lehrbuch, wie Sie parapsychologische Fähigkeiten entwickeln und für Ihren Erfolg einsetzen. Z. B. finden Sie: die Gabe der Prophetie – Entwicklung der Telepathie – das Geheimnis der Radiästhesie – sich selbst und andere in früheren Leben zu sehen mit Psychoenergie – wie Psychoenergie Ihnen Vorahnungen bringen und Sie hellsichtig machen kann – entwickeln Sie die Fähigkeiten des Hellhörens und der Psychometrie – Projektionen des Ätherkörpers und des Mentalkörpers – Methoden zum Erlernen der Astralprojektion – u. v. a. m. 256 Seiten.

Dr. Jack Addington **VOLLKOMMENE GESUNDHEIT AN KÖRPER, GEIST UND SEELE**

Warum ist Heilung so wichtig? Irgendwann braucht jeder Heilung. Niemand ist völlig immun gegen Krankheit oder Verwundungen. Warum werden einige Leute rasch gesund, während andere unheilbar zu sein scheinen? Gibt es Spontanheilung? Geschehen heutzutage noch Wunder? Dieses Buch zeigt uns, daß heute tatsächlich Wunder geschehen und daß sie alle einen gemeinsamen Nenner aufweisen. Jeder, der diesen gemeinsamen Nenner anzuwenden versteht, hat das Geheimnis der vollkommenen Gesundheit entdeckt. 206 Seiten.

Helyn Hitchcock **SELBSTHILFE DURCH NUMEROLOGIE**

Dieses Buch enthüllt eine geheime Methode der Zukunftsdeutung durch Numerologie. Es ist ein leicht verständlicher, praktischer Führer zum täglichen Gebrauch. In nur wenigen Minuten können Sie Ihr eigenes Numeroskop erstellen und damit feststellen: Wann sollen Sie Anschaffungen machen oder finanzielle Investitionen vornehmen – welche Hindernisse Sie überwinden müssen – bei welchen Bestrebungen oder Tätigkeiten Sie den größten Erfolg haben können – die Bedeutung Ihres Namens – wie Sie die richtigen Partner für Ehe, Geschäft und Umgebung finden – u. v. a. m. 280 Seiten.

DAS GROSSE BUCH DER WAHRSAGEKUNST

Ein Ratgeber, um Glück und Zukunft zu befragen. Wußten Sie schon, wie man ein Glücksrad erstellt, ein Orakel befragt, Handlinien deutet, anhand von Geburtsdaten Charakter, Lebens- und Eheverlauf ermittelt oder Schicksale aus fremden Gesichtern liest?
Welche Farbe sollten Sie meiden, welcher Stein bringt Ihnen das ersehnte Glück? Wie wählt man den richtigen Tag für die Hochzeit aus, und warum darf man auf gar keinen Fall dreimal als Brautjungfer fungieren? Wie finden Sie Ihre Glückszahl, wie Ihren Glückstag heraus? All das und vieles mehr erfahren Sie in diesem Buch. 406 Seiten, 48 Abbildungen.

Verlangen Sie das Gesamtprogramm beim
**Verlag Peter Erd, Gaißacherstraße 18, Postfach 75 09 80,
8000 München 75; Telefon (0 89) 7 25 01 26**

IHR PROGRAMM ZUR SELBSTHILFE

Petrie / Stone **DAS AUTOGENIC-KASSETTEN-PROGRAMM**

Was ist Autogenic? Autogenic ist eine in Amerika entwickelte Selbsthilfemethode, die sich zusammensetzt aus Autogenem Training (Selbstentspannung von Körper und Geist) und bestimmten Konditionierungsformeln. Eine mit Erfolg praktizierte Therapie, von der heute Menschen in allen Lebensbereichen profitieren. Und das ohne Willensanstrengung! Die erwünschte Wirkung wird erreicht durch Entspannung und Imagination (geändertes Vorstellungsbild). **Die Resonanz ist überwältigend.** Was man häufig weder mit guten Vorsätzen, Diäten noch Medikamenten erreichte, wird möglich durch Selbstsuggestion.

Mit folgenden Kassetten:

- Mühelos schlank auf Dauer
- Erfolg beim anderen Geschlecht
- Andere für seine Ziele gewinnen
- Ab sofort Nichtraucher
- Frei von Schlafstörungen
- Frei von Migräne
- Mühelos lernen
- Nicht mehr alkoholabhängig

Marianne Streuer **SEIN LEBEN VERSTEHEN UND MEISTERN**

Persönlichkeitsentfaltung und Bewußtseinserweiterung als Erfolgsprogramm. Das Erfolgs-Training „SEIN LEBEN VERSTEHEN UND MEISTERN" ist für alle die Menschen, die bereit sind, mehr aus ihrem Leben zu machen. Es dient zur Weckung und Entfaltung der Persönlichkeit durch Charakterschulung und Bewußtseinserweiterung. Es bringt Antwort auf wichtige Lebensfragen. Dabei ist alles, was Ihnen vermittelt wird, praktisch anwendbar.
Dieses Erfolgs-Training besteht aus **sechs Lehrheften** mit insgesamt rd. 670 Seiten, eingeordnet in 3 DIN-A4-Ordner sowie 4 Kassetten-Ordnern mit 4 Tonkassetten. Zwei der Tonkassetten „**Hatha-Joga (Körper-Joga)**" sowie „**Tiefenentspannung durch Autogenes Training – Einführung zur Selbstprogrammierung**" sind von der Autorin. Zwei weitere Tonkassetten „**Das Gesetz des Erfolgs**" und „**Wunscherfüllung**" sind von Dr. Joseph Murphy.
Dieses Erfolgs-Training wird deshalb auch für Sie zu einer Quelle neuer Vitalität und Lebenstüchtigkeit. Mit etwas Engagement und täglich wenigen Minuten Konzentration hilft es Ihnen Glück, Erfolg, Gesundheit und Zufriedenheit als reiche Ernte einzubringen.
Überzeugen Sie sich selbst. **Fordern Sie unseren ausführlichen Einzelprospekt an!**
Themen aus dem Inhalt:
Heft 1: Für den Menschen gibt es keine Begrenzung · Aussehen und Ausstrahlung als Hilfe zum Erfolg · gesund durch richtiges Atmen · die Aufnahme von Prana.
Heft 2: Der Gefühlskomplex · die 5 Urängste · System zur Lösung von Ängsten · Liebe, der Impuls aus dem Selbst · unkontrollierte Gefühle machen krank · Muster zur Selbstkontrolle.
Heft 3: Der Denkkomplex · jeder erbaut sich seine Welt · jeder Gedanke ist eine Ursache · Denken hat Macht über Gefühle · Ichverwirklichung zum Erfolg · Persönlichkeitsentfaltung · erweitertes Bewußtsein als Fundament · Selbsterziehung zur positiven Lebenseinstellung · rechte Stimmung durch Gedankenkontrolle · wie erarbeite ich eine Denkformel · wie erschaffe ich mir eine Visualisation.
Heft 4: Präexistenz · Seelenwanderung · Wiederverkörperung · Wiedergeburt · spontane Rückerinnerung · Wunderkinder · Karma und Wiedergeburt · Gerechtigkeit und Lebenssinn · die Unsterblichkeit des Menschen · der Aufbau einer neuen Person · vom Wissen zur Weisheit · angewandte praktische Konzentration.
Heft 5: Ein unsterblicher Teil des Menschen: sein Bewußtsein · Erkenntnisweg der Mystik · Rückwirkung des Bewußtseins in die Materie · im Alltag gelebtes Bewußtsein entscheidet über die Zukunft · die menschliche Seele · hat die Seele im Körper ein Zuhause · Selbstverwirklichung als Ziel · Meditation.
Heft 6: Ichverwirklichung zum persönlichen Gewinn · Selbstverwirklichung zum Seelenfrieden · „Ich bin es" bedeutet: Ich bin göttlicher Geist · die Erkenntnis vom Selbst macht stark und gibt dem Leben einen Sinn · wer sein Leben meistert, ist erfolgreich.

Verlangen Sie das Gesamtprogramm beim
**Verlag Peter Erd, Gaißacherstraße 18, Postfach 75 09 80,
8000 München 75; Telefon (0 89) 7 25 01 26**